Verhandlungen

des

Zweiten Deutschen Juristentages.

Herausgegeben

von

dem Schriftführer-Amt der ständigen Deputation.

Zweiter Band.

Berlin, 1862.

Druck und Commissions-Verlag von G. Jansen.

Statut des Deutschen Juristentages.

Nach den Beschlüssen vom 27. August 1861 redigirt
von dem Schriftführer-Amt der ständigen Deputation.*)

§. 1.

Der Zweck des Deutschen Juristentages ist: eine Vereinigung für den lebendigen Meinungsaustausch und den persönlichen Verkehr unter den Deutschen Juristen zu bilden, auf den Gebieten des Privatrechts, des Prozesses und des Strafrechts den Forderungen nach einheitlicher Entwickelung immer größere Anerkennung zu verschaffen, die Hindernisse, welche dieser Entwickelung entgegenstehen, zu bezeichnen und sich über Vorschläge zu verständigen, welche geeignet sind, die Rechtseinheit zu fördern.

§. 2.

Der Deutsche Juristentag tritt alljährlich zusammen.

§. 3.

Zur Mitgliedschaft berechtigt sind die Deutschen Richter, Staatsanwälte, Advokaten und Notare, die Aspiranten des Richteramtes, der Anwaltschaft und des Notariats, sowie jeder, der nach seinen

*) Die gesperrt gedruckten Worte sind Aenderungen des bisherigen Statuts, welche von dem Zweiten Deutschen Juristentage beschlossen worden.

Landesgesetzen zum Richteramte, zur Anwaltschaft oder zur Ausübung des Notariats für befähigt erkannt ist, ferner die Lehrer an den Deutschen Hochschulen, die Mitglieder der gelehrten Akademien, die Doktoren der Rechte und die rechtsgelehrten Mitglieder der Verwaltungs-Behörden.

§. 4.

Die Mitgliedschaft beginnt mit dem Empfange der Mitgliedskarte. Sie berechtigt zur Theilnahme an den Verhandlungen und an der Abstimmung.

§. 5.

Der Beitrag der Gesellschaftsmitglieder wird vom 1. Jan. 1862 an auf zwei Thaler jährlich festgesetzt und ist innerhalb vier Wochen nach Beginn jedes neuen Jahres zu entrichten, widrigenfalls derselbe durch Postvorschuß eingezogen wird. Nimmt ein Mitglied den mit Postvorschuß beschwerten Brief nicht an, so wird dies einer ausdrücklichen Austrittserklärung gleich geachtet. — Für die am Orte des Juristentages selbst zu lösende Anmeldungskarte ist Ein Thaler zu entrichten.

§. 6.

Den Plenar-Verhandlungen des Deutschen Juristentages gehen der Regel nach Abtheilungs-Berathungen voraus. Zu diesem Zwecke werden durch freiwillige Einzeichnung der Mitglieder folgende vier Abtheilungen gebildet:

1) Abtheilung für Privatrecht, insbesondere Obligationen- und Pfandrecht,
2) Abtheilung für Handels-, Wechsel-, See- und internationales Recht,*)
3) Abtheilung für Strafrecht, Strafprozeß und Gefängnißwesen,
4) Abtheilung für Gerichtsverfassung, Civilprozeß, juristisches Studium und praktische Ausbildung.

Die Abtheilungen wählen ihre Vorsitzenden, Schriftführer, Berichterstatter und benachrichtigen den Vorsitzenden der Plenar-Versammlung

---

*) Die vom Zweiten Deutschen Juristentage beschlossene Vereinigung der ersten und zweiten Abtheilung geschah ausdrücklich nur für die Dauer des Zweiten Juristentages.

(§. 7), sobald ihre Berathungen über einzelne Gegenstände geschlossen sind; ihre Anträge sind schriftlich zu fassen. In jeder Abtheilung stimmen nur diejenigen mit, welche sich in die betreffende Abtheilung bereits eingezeichnet haben.

§. 7.

Die Verhandlungen der Plenar-Versammlung leitet ein Vorsitzender, welcher für die Dauer eines jeden Juristentages in der ersten Plenar-Versammlung durch Stimmzettel oder Akklamation gewählt wird. Derselbe ernennt zwei bis vier Stellvertreter und vier Schriftführer. Er bestimmt die Tagesordnung und kann einzelne Gegenstände, ohne Vorberathung in den Abtheilungen (§. 6), unmittelbar zur Plenar-Berathung stellen. Auch ist er befugt, Nichtmitglieder als Zuhörer zuzulassen.

§. 8.

Bei allen Beschlüssen der Plenar-Versammlung und der Abtheilungen entscheidet einfache Stimmenmehrheit der anwesenden Mitglieder; bei allen Wahlen relative Majorität und im Falle der Stimmengleichheit das Loos.

§. 9.

Wird Schluß der Debatte beantragt, so wird über diesen Antrag sofort abgestimmt. In der Plenar-Versammlung sind alle Anträge mit Ausnahme des Antrages auf Schluß der Debatte schriftlich zu stellen.

§. 10.

Vor dem Schlusse eines jeden Juristentages wird von der Plenar-Versammlung durch Akklamation oder in einem einzigen Skrutinium durch Stimmzettel eine aus achtzehn Mitgliedern und dem Präsidenten des letzten Juristentages als Ehren-Präsidenten bestehende ständige Deputation gewählt. Von jenen achtzehn Mitgliedern müssen mindestens drei am Orte des letzten Juristentages und jedenfalls zwölf auswärts wohnen. Die Liste der zur Akklamation vorzuschlagenden Personen wird durch den Präsidenten der Plenar-Versammlung, seine Stellvertreter und je zehn von jeder Abtheilung gewählte Vertrauensmänner gemeinschaftlich festgestellt.

Die ständige Deputation hat folgende Befugnisse und Obliegenheiten:

1) sie sorgt für die Ausführung der von dem Juristentage gefaßten Beschlüsse, veranstaltet nach eignem Ermessen den Druck der Protokolle und Vorlagen, bewirkt die Vertheilung der Drucksachen an die Mitglieder und verwahrt alle Akten und Schriftstücke des Juristentages;
2) sie bestimmt Zeit und Ort des nächsten Juristentages, trifft die für denselben nöthigen Vorbereitungen, erläßt die Einladungen, stellt die vorläufige Tagesordnung auf, wobei sie in der Regel nur die bis zum 31. Mai des laufenden Jahres eingegangenen Vorlagen zu berücksichtigen hat, und bereitet Abänderungsvorschläge in Betreff der Geschäftsordnung für die Plenar-Versammlung vor;
3) sie nimmt die Beitrittserklärungen neuer Mitglieder entgegen, fertigt die Mitgliedskarten aus, empfängt die Beiträge, bestreitet die Ausgaben und legt der folgenden Deputation Rechnung;
4) sie ergänzt sich selbst, falls eines oder mehrere ihrer Mitglieder während des Geschäftsjahres ausscheiden.

Die Deputation wählt aus ihrer Mitte einen Vorsitzenden und einen Schriftführer, welcher Letztere ein von der Deputation festzusetzendes Pauschquantum für baare Auslagen erhält. Der Sitz der Deputation ist der Ort des letzten Juristentages. Zur Gültigkeit ihrer Beschlüsse ist die Einladung sämmtlicher Mitglieder, sowie die Mitwirkung von wenigstens fünf Mitgliedern erforderlich.

§. 11.

Abänderungen dieses Statuts können zwar von der Plenar-Versammlung durch einfache Stimmenmehrheit, jedoch nur auf schriftlichen Antrag, der vier Wochen vor dem Zusammentritt des Juristentages der ständigen Deputation (§. 10) überreicht worden, beschlossen werden.

Neue Anträge.

(Fortsetzung und Schluß.)

Siehe Verhandlungen des Zweiten Deutschen Juristentages Bd. 1 S. 227—237 und S. 276—277.

---

19. Anträge des Kreisgerichtsraths (jetzt Stadtgerichtsraths) Dr. Eberty zu Wittenberg (jetzt zu Berlin).

In Bezug auf

I. Gerichts-Organisation.

II. Anwalts-Ordnung.

III. Personal-Arrest.

Der Juristentag wolle Folgendes als seine Ansicht auszusprechen beschließen:

I.

1) Die Erste Aufgabe nationaler Civil-Gesetzgebung ist Einheit in der Gerichts-Organisation.

2) Die Gerichte sind gleichförmig in Deutschland zu organisiren.

3) Die Gerichts-Organisation muß auf

a. Inamovibilität der Richter,

b. deren Befreiung von allen Geschäften außer dem Rechtsprechen,

c. Ausschließlichkeit der richterlichen Befugniß auf dem Gebiete des Rechtsstreits,

d. Kollegial-Verfassung

gegründet werden.

II.

1) Die Anwaltschaft ist freizugeben.

2) Das Notariat ist von der Anwaltschaft zu trennen.

3) Die Trennung der Advokatur von der Anwaltschaft ist wünschenswerth.

III.

Der Personal-Arrest wegen Schulden findet

a. in Wechselsachen,

b. wegen verweigerter Offenlegung des Vermögens,

c. sonst nur bei nachgewiesenem Betruge

statt.

20. Antrag des Ober-Staatsanwalts Dr. Keller zu Wien.

Der Deutsche Juristentag wolle sich für die Nothwendigkeit einer gründlichen Verbesserung der Voruntersuchung im Strafprozesse und hierbei für folgende Grundsätze aussprechen:

§. 1.

Die Erforschung der Verbrechen, die Erhebung des Thatbestandes und aller die Beschuldigung oder die Vertheidigung begründenden Umstände ist Aufgabe des Staatsanwaltes.

§. 2.

Die Verhaftung eines Beschuldigten (§. 3), dessen Vernehmung, die Haussuchung oder die Durchsuchung von Briefen und anderen Schriften, der zum Beweis dienende Augenschein, die Vernehmung von Sachverständigen und von solchen Zeugen, welche voraussichtlich zur Hauptverhandlung nicht erscheinen werden, kann nur von dem zuständigen Richter über Antrag des Staatsanwaltes bewilligt und vorgenommen werden.

Diesen Vernehmungen, der Haus- und Durchsuchung von Schriften kann der Staatsanwalt und der Beschuldigte, dieser auch mit seinem Vertheidiger, beiwohnen und hierbei Anträge stellen. Andere Vernehmungen und Erhebungen kann der Staatsanwalt entweder selbst vornehmen oder durch die zuständigen Behörden, insbesondere durch die ihm im Untersuchungsverfahren unterstehenden Sicherheitsbehörden veranlassen.

§. 3.

Wenn Gefahr im Verzuge ist oder Jemand bei Verübung eines Verbrechens ergriffen wird, so kann die Verhaftung auch von dem Staatsanwalte, der Sicherheitsbehörde oder von der Wache veranlaßt werden. Der Staatsanwalt muß aber in diesen Fällen die Genehmigung oder Aufhebung der Haft binnen 48 Stunden bei dem zuständigen Richter beantragen. Daher muß jede nicht von dem Staatsanwalte selbst verfügte Haft ihm unverzüglich angezeigt werden.

§. 4.

Der zuständige Richter hat die Verhaftung des Beschuldigten nur in folgenden Fällen zu genehmigen:

a. wenn das Verbrechen mit der Strafe des Todes oder eines mindestens 10jährigen Kerkers bedroht ist;

b. wenn gegründete Besorgniß obwaltet, daß die Untersuchung durch die Flucht des Beschuldigten, durch dessen Verabredung mit andern Beschuldigten oder Zeugen vereitelt werden könnte

In dem sub b. erwähnten Falle kann der Beschuldigte über Antrag des Staatsanwaltes gegen Angelobung, daß er bis zur Beendigung der Untersuchung ohne Zustimmung des Staatsanwaltes sich nicht entfernen oder verbergen werde und gegen Erlag einer Kaution, deren Höhe der Richter über Antrag des Staatsanwaltes zu bestimmen hat, auf freiem Fuße belassen werden.

§. 5.

Sobald Jemand eines Verbrechens wegen in Untersuchung gezogen d. i. als Beschuldigter vernommen, verfolgt oder verhaftet wird, hat er das Recht, sich einen Vertheidiger zu bestellen, oder im Falle seiner Vermögenslosigkeit um die Beigebung eines unentgeldlichen Vertheidigers zu bitten.

§. 6.

Der Staatsanwalt hat seinen begründeten, mit den gepflogenen Erhebungen belegten Antrag auf Schöpfung eines Anklagebeschlusses oder auf Ablassung von der weiteren Untersuchung oder auf Haftentlassung dem zuständigen Gerichte vorzulegen.

Wenn der Beschuldigte es begehrt, kann auch ohne Anklagebeschluß die Hauptverhandlung angeordnet werden.

§. 7.

Im Falle einer Privatanklage hat der Privatkläger die Rechte und Pflichten des Staatsanwaltes.

Mitglieder-Verzeichnisse

für 1861.

(Siehe Verhandlungen des Zweiten Deutschen Juristentages Bd. 1 S. 281—319.)

C.

Alphabetisches Verzeichniß

derjenigen

Mitglieder des Deutschen Juristentages,

welche dem Vereine im Jahre 1861 beigetreten sind.

Nachtrag.

Nr.	Name.	Stand.	Wohnort.
1167	Dr. Arens	Friedensrichter	Alzey.
1168	Vater Ritter von Artens	Staatsanwalts-Substitut	Graz.
1169	Dr. jur. et phil. Auerbach	Advokat	Frankfurt a. M.
1170	Bassenge	Bezirksgerichts-Aktuar	Dresden.
1171	Ernst Beck	Notar	Dresden.
1172	Bernau II.	Gerichts-Assessor	Münster.
1173	Beyer	Bacc. jur.	Freystadt bei Graudenz.
1174	von Bock	Ober-Appellationsrath	Celle.
1175	Böttger	Amtsaktuar	Moritzburg.
1176	Bonseri	Appellationsgerichtsrath	Stettin.
1177	Brockhaus	Dr. jur.	Leipzig.
1178	Bulla	Rechtsanwalt	Lauban.
1179	von Buttlar	Assessor	Chemnitz.
1180	Calame	Kreisrichter	Memel.
1181	Canzler	Rechtsanwalt	Dippoldiswalde.
1182	Dechend	Kreisgerichts-Direktor	Glatz.

Nr.	Name.	Stand.	Wohnort.
1183	Moritz Engel	Advokat	Dresden.
1184	Feige	Gerichts-Assessor und Hülfsrichter	Schrimm.
1185	G. Flor	Auditor	Oldenburg.
1186	Forck	Stadtrichter	Berlin.
1187	Fräntzel	Rechtsanwalt	Dresden.
1188	Dr. Frank	Rechtspraktikant	Prag.
1189	Gerlach	Advokat	Dresden.
1190	Hellmuth Geyer	Aktuar	Dresden.
1191	Dr. Glöckner	Geh. Finanzrath	Dresden.
1192	Dr. v. Götz	Professor	Leipzig.
1193	Gutbier	Rechtsanwalt	Dresden.
1194	Hagemeister	Kreisrichter	Stralsund.
1195	Halder	Ober-Amtsrichter	Waldsee.
1196	Hansen	Advokat	Hannover.
1197	Hatze	Advokat und Notar	Chemnitz.
1198	Dr. Gust. Haubold	Rechtsanwalt	Leipzig.
1199	Dr. Heller	Professor	Wien.
1200	Hensel	Rechtsanwalt	Zittau.
1201	Dr. Hertel	Bürgermeister	Dresden.
1202	Herz	Stadtgerichtsrath	Berlin.
1203	Hillmar	Justizrath	Cöslin.
1204	Dr. Hösler	Advokat	Leipzig.
1205	Hohnhorst	Rechtsanwalt	Oppeln.
1206	Hünich	Advokat	Dresden.
1207	Dr. Jacobi	Regierungs-Assessor u. Landarmen-Direktor	Berlin, Köthnerstr. 44.
1208	Dr. jur. Jannasch	Ober-Bürgermeister a. D.	Dresden.
1209	Jaspis	Bezirksgerichts-Aktuar	Bautzen.
1210	Jeiseck	Appellationsrath	Posen.
1211	Kärcher	Amtsrichter	Rastatt.
1212	Klimowicz	Rechtsanwalt	Königsberg i. Pr.
1213	Klinkmüller	Kreisgerichtsrath	Luckau.
1214	König	Rechtsanwalt	Leobschütz.
1215	Kohleis	Kreisrichter	Ostrowo.

Nr.	Name.	Stand.	Wohnort.
1216	Dr. jur. Kokoschinegg	Auskultant	Marburg (Steiermark).
1217	Dr. Josef Kopp	Advokaturs-Kandidat	Wien.
1218	Herrm. Kühn	Rechtsanwalt	Leipzig.
1219	Kuntze	Stadtrath	Meerane.
1220	Lamm	Gerichtsrath	Bautzen.
1221	Lengnick	Rechtsanwalt und Notar	Dresden.
1222	Dr. Jules Levita	Gesandtschafts-Advokat	Paris.
1223	Dr. Hugo Mentz	Professor	Bern.
1224	Dr. jur. Minckwitz	Rittergutsbesitzer	Thun bei Chemnitz.
1225	C. H. Müller	Advokat und Notar	Rostock.
1226	Frhr. v. Mulzer	Justiz-Minister	München.
1227	Noßky	Appellationsrath	Dresden.
1228	Ochernal	Rechtsanwalt	Dippoldiswalde.
1229	Oesterlen	Rechtskonsulent	Stuttgart.
1230	von Otto	Kais. Russ. Wirkl. Staatsrath und Professor emer.	Dresden.
1231	Dr. A. Otto	Rechtskonsulent	Heilbronn.
1232	Dr. Pappermann	Rechtsanwalt	Dresden.
1233	Petermann	Bacc. jur.	Dresden.
1234	Pfotenhauer	Ober-Bürgermeister	Dresden.
1235	v. Reuß	Gerichts-Aktuar	Geilsdorf (Württemberg).
1236	Richter	Appellationsgerichtsrath	Frankfurt a. O.
1237	Rosenkranz	Justizrath	Bromberg.
1238	Rüger	Bürgermeister, Advokat	Dippoldiswalde.
1239	Sack	Justizrath	Essen.
1240	Schäffer	Advokat	Dresden.
1241	Schanz	Rechtsanwalt und Notar	Dresden.
1242	Franz Ritter von Scharschmid	Landesgerichts-Präsident	Wien.
1243	Schlüter	Rechtsanwalt	Witten.
1244	Schmid	Rechtsanwalt	Dresden.
1245	Dr. Schmidt	Finanzprokurator	Dresden.
1246	Georg Schulz	Notar	Dresden.
1247	Schwarz	Kreisgerichtsrath	Greifswald.

Nr.	Name.	Stand.	Wohnort.
1248	Dr. jur. Senft	Landesgerichts-Adjunkt	Brünn.
1249	Siegert	Gerichts-Assessor	Breslau.
1250	v. Spangenberg	Kreisgerichtsrath	Bunzlau.
1251	Stange	Rechtskonsulent	Dresden.
1252	Dr. Jul. Steeger	Advokat	Dresden.
1253	Stegmann	Referendar	Salder.
1254	Steineck	Kreisrichter	Korbach.
1255	Steiner	Landesgerichts-Adjunkt	Klagenfurt.
1256	Stemann	Advokat	Segeberg.
1257	Thesing	Rechtsanwalt	Stallupönen.
1258	Dr. Thesmar	Advokat-Anwalt	Cöln.
1259	Tietz	Rechtsanwalt	Leipzig.
1260	Dr. Versmann	Handelsgerichts-Präsident	Hamburg.
1261	Volkmer	Gerichts-Assessor	Breslau.
1262	Wessel	Justizamtmann	Oerlinghausen.
1263	Westphal	Gerichts-Assessor	Halle a. S.
1264	Wetzel	Rechtsanwalt	Dresden.
1265	Weymann	Kreisrichter	Baerwalde i. d. Neumark.
1266	Wilhelm	Gerichtsamts-Assessor	Großenhain.
1267	von Wilm	Kais. Russ. Kollegien-Assessor, Kronanwalt und Notar	Dresden.
1268	Winter	Advokat	Dresden.
1269	Witte	Stadtrichter	Berlin.
1270	Wölffer	Obergerichts-Anwalt u. Notar	Hannover.
1271	Wolffson	Advokat	Hamburg.
1272	Wollank	Stadtgerichtsrath	Berlin.
1273	Wollenschläger	Appellationsgerichtsrath	Marienwerder.
1274	Zimmer	Advokat	Dresden.
1275	Zumpe I.	Rechtsanwalt	Dresden.

D.

Verzeichniß

derjenigen

Mitglieder des Deutschen Juristentages,

welche dem Vereine im Jahre 1861 beigetreten sind,

nach Staaten geordnet.

Nachtrag.

Nr.	Name.	Stand.	Wohnort.
		Großherzogthum Baden.	
1167	Kärcher	Amtsrichter	Rastatt.
		Königreich Bayern.	
1168	Frhr. von Mulzer	Justiz-Minister	München.
		Herzogthum Braunschweig.	
1169	Stegmann	Referendar	Salder.
		Freie Stadt Frankfurt.	
1170	Dr. jur. et phil. Auerbach	Advokat	Frankfurt a. M.

Nr.	Name.	Stand.	Wohnort.

Frankreich.

1171	Dr Jules Levita	Gesandtschafts-Advokat	Paris.

Freie Stadt Hamburg.

1172	Dr. Versmann	Handelsgerichts-Präsident	Hamburg.
1173	Wolffson	Advokat	Hamburg.

Königreich Hannover.

1174	v. Bock	Ober-Appellationsrath	Celle.
1175	Hansen	Advokat	Hannover.
1176	Wölffer	Obergerichts - Anwalt und Notar	Hannover.

Großherzogthum Hessen.

1177	Dr. Arens	Friedensrichter	Alzey.

Herzogthum Holstein.

1178	Stemann	Advokat	Segeberg.

Fürstenthum Lippe-Detmold.

1179	Wessel	Justizamtmann	Oerlinghausen.

Großherzogthum Mecklenburg-Schwerin.

1180	C. H. Müller	Advokat und Notar	Rostock.

Kaiserreich Oesterreich.

Nr.	Name.	Stand.	Wohnort.
1181	Vater Ritter von Artens	Staatsanwalts-Substitut	Graz.
1182	Dr. Frank	Rechtspraktikant	Prag.
1183	Dr. Heller	Professor	Wien.
1184	Kokoschinegg	Doktor der Rechte	Marburg. (Steiermark).
1185	Dr. Joseph Kopp	Advokaturs-Candidat	Wien.
1186	Franz Ritter von Scharschmid	Landesgerichts-Präsident	Wien.
1187	Dr. jur. Senft	Landesgerichts-Adjunct	Brünn.
1188	Steiner	Landesgerichts-Adjunct	Klagenfurt.

Großherzogthum Oldenburg.

1189	G. Flor	Auditor	Oldenburg.

Königreich Preußen.

1190	Bernau II.	Gerichts-Assessor	Münster.
1191	Beyer	Bacc. Jur.	Freystadt bei Graudenz.
1192	Bonseri	Appellationsgerichtsrath	Stettin.
1193	Calame	Kreisrichter	Memel.
1194	Dechend	Kreisgerichts-Direktor	Glatz.
1195	Feige	Gerichts-Assessor und Hülfsrichter	Schrimm.
1196	Forck	Stadtrichter	Berlin.
1197	Hagemeister	Kreisrichter	Stralsund.
1198	Hertz	Stadtgerichtsrath	Berlin.
1199	Hillmar	Justizrath	Cöslin.
1200	Hohnhorst	Rechtsanwalt	Oppeln.
1201	Dr. Jacobi	Regierungs - Assessor und Landarmen-Direktor	Berlin, Köthnerstr. 44.
1202	Jeisek	Appellationsrath	Posen.
1203	Klimowicz	Rechtsanwalt	Königsberg in Preußen.

Nr.	Name.	Stand.	Wohnort.
1204	Klinkmüller	Kreisgerichtsrath	Luckau.
1205	König	Rechtsanwalt	Leobschütz.
1206	Kohleis	Kreisrichter	Ostrowo.
1207	Richter	Appellationsgerichtsrath	Frankfurt a. O.
1208	Rosenkranz	Justizrath	Bromberg.
1209	Sack	Justizrath	Essen.
1210	Schlüter	Rechtsanwalt	Witten.
1211	Schwarz	Kreisgerichtsrath	Greifswald.
1212	Siegert	Gerichts-Assessor	Breslau.
1213	v. Spangenberg	Kreisgerichtsrath	Bunzlau.
1214	Thesing	Rechtsanwalt	Stallupönen.
1215	Dr. Thesmar	Advokat-Anwalt	Cöln.
1216	Volkmer	Gerichts-Assessor	Breslau.
1217	Westphal	Gerichts-Assessor	Halle a. S.
1218	Weymann	Kreisrichter	Baerwalde i. d. Neumark.
1219	Witte	Stadtrichter	Berlin.
1220	Wollank	Stadtgerichtsrath	Berlin.
1221	Wollenschläger	Appellationsgerichtsrath	Marienwerder.

Königreich Sachsen.

1222	Bassenge	Bezirksgerichts-Aktuar	Dresden.
1223	Ernst Beck	Notar	Dresden.
1224	Böttger	Amtsaktuar	Moritzburg.
1225	Brockhaus	Dr. jur.	Leipzig.
1226	Bulla	Rechtsanwalt	Lauban.
1227	v. Buttlar	Assessor	Chemnitz.
1228	Canzler	Rechtsanwalt	Dippoldiswalde.
1229	Moritz Engel	Advokat	Dresden.
1230	Fräntzel	Rechtsanwalt	Dresden.
1231	Gerlach	Advokat	Dresden.
1232	Hellmuth Geyer	Aktuar	Dresden.
1233	Dr. Glöckner	Geh. Finanzrath	Dresden.
1234	Dr. O. Götz	Professor	Leipzig.
1235	Gutbier	Rechtsanwalt	Dresden.

Nr.	Name.	Stand.	Wohnort.
1236	Hatze	Advokat und Notar	Chemnitz.
1237	Dr. Gust. Haubold	Rechtsanwalt	Leipzig.
1238	Hensel	Rechtsanwalt	Zittau.
1239	Dr. Hertel	Bürgermeister	Dresden.
1240	Dr. Hösler	Advokat	Leipzig.
1241	Hünich	Advokat	Dresden.
1242	Dr. jur. Jannasch	Oberbürgermeister a. D.	Dresden.
1243	Jaspis	Bezirksgerichts-Aktuar	Bautzen.
1244	Herrm. Kühn	Rechtsanwalt	Leipzig.
1245	Kuntze	Stadtrath	Meerane.
1246	Lamm	Gerichtsrath	Bautzen.
1247	Lengnick	Rechtsanwalt und Notar	Dresden.
1248	Dr. jur. Minckwitz	Rittergutsbesitzer	Thun bei Chemnitz.
1249	Noßky	Appellationsrath	Dresden.
1250	Ochernal	Rechtsanwalt	Dippoldiswalde.
1251	v. Otto	Kais. Russ. Wirkl. Staatsrath und Professor emer.	Dresden.
1252	Dr. Pappermann	Rechtsanwalt	Dresden.
1253	Petermann	Bacc. jur.	Dresden.
1254	Pfretenhauer	Oberbürgermeister	Dresden.
1255	Rüger	Bürgermeister, Advokat	Dippoldiswalde.
1256	Schäffer	Advokat	Dresden.
1257	Schanz	Rechtsanwalt nnd Notar	Dresden.
1258	Schmid	Rechtsanwalt	Dresden.
1259	Dr. Schmidt	Finanzprokurator	Dresden.
1260	G. Schulz	Notar	Dresden.
1261	Stange	Rechtskonsulent	Dresden.
1262	Dr. Jul. Steeger	Advokat	Dresden.
1263	Tietz	Rechtsanwalt	Leipzig.
1264	Wetzel	Rechtsanwalt	Dresden.
1265	Wilhelm	Gerichtsamts-Assessor	Großenhain.
1266	v. Wilm	Kais. Russ. Collegien-Assessor, Kronanwalt und Notar	Dresden.
1267	Winter	Advokat	Dresden.

Nr.	Name.	Stand.	Wohnort.
1268	Zimmer	Advokat	Dresden.
1269	Zumpe I.	Rechtsanwalt	Dresden.

Schweiz.

1270	Dr. Hugo Mentz	Professor	Bern.

Fürstenthum Waldeck.

1271	Steineck	Kreisrichter	Korbach.

Königreich Württemberg.

1272	Halder	Ober-Amtsrichter	Waldsee.
1273	Oestersen	Rechtskonsulent	Stuttgart.
1274	Dr. A. Otto	Rechtsconsulent	Heilbronn.
1275	v. Reuß	Gerichts-Aktuar	Geilsdorf.

E.

Alphabetisches Verzeichniß

derjenigen

Mitglieder des Deutschen Juristentages,

welche an den Verhandlungen zu Dresden vom 27.—30. August 1861 Theil genommen haben.

Nr.	Name.	Stand.	Wohnort.
1	Aarons	Advokat	Schwerin.
2	Dr. Abegg	Geh. Justizrath, Professor	Breslau.
3	Abegg	Appelationsgerichts-Referend.	Breslau.
4	Abeken	Gerichtsrath	Dresden.
5	Aberle	Amtsrevisor u. Bezirks-Notar	Müllheim.
6	Ackermann	Finanz-Prokurator u. Hofrath	Dresden.
7	Dr. Adami	Obergerichtsanwalt	Bremen.
8	Ahlemann	Rechtsanwalt	Samter.
9	Ahnert	Gerichts-Amtsaktuar	Großenhain.
10	Albrecht	Appellationsrath und Ober-Staatsanwalt	Hildburghausen.
11	Albrecht	Obergerichtsanwalt	Hannover.
12	Dr. André	Obergerichtsanwalt	Osnabrück.
13	Angelbeck	Obergerichtsanwalt	Lüneburg.
14	Anschütz	Rechtsanwalt	Leipzig.
15	Dr. Arens	Friedensrichter	Alzei.
16	Vater Ritter von Artens	K. K. Staatsanwaltssubstitut	Graz in Steiermark.
17	Aschenborn	Rechtsanwalt	Arnswalde.

Nr.	Name.	Stand.	Wohnort.
18	Dr. Auerbach	Advokat	Frankfurt a. M.
19	Bach	Obergerichts-Advokat	Holzminden.
20	Bachmann	Advokat	Zwickau.
21	A. Bachmann	Rechtsanwalt	Kulmbach.
22	Bachmann	Rechtsanwalt	Pulsnitz.
23	Dr. Baehr	Obergerichtsrath	Cassel.
24	Dr. Baehr	Anwalts-Aspirant	Dresden.
25	Bähr	Bürgermeister	Fürstenberg i. M.
26	Baier	Staatsanwalt	Löwenberg.
27	Bartholdy	Kreisrichter	Massow (Pommern).
28	Bassenge	Kreisrichter	Lauban.
29	Bassenge	Bezirksgerichts-Aktuar	Dresden.
30	Bauermeister	Obergerichtsanwalt	Hannover.
31	Bazing	Ober-Amtsrichter	Neresheim.
32	Beck	Notar	Dresden.
33	Becker	Oberappellationsrath	Oldenburg.
34	Beeger	Advokat	Löbau.
35	Dr. v. Behr	Justiz-Minister	Dresden.
36	Dr. Behr	Rechtsanwalt	Cöthen.
37	Dr. Behrend	Gerichts-Assessor	Berlin.
38	Berentzen	Obergerichtsanwalt	Meppen.
39	Dr. Berger	Hof- und Gerichts-Advokat	Wien.
40	Bergmann	Rechtsanwalt	Spandau.
41	Bergmann	Obergerichts-Assessor	Meppen.
42	Bering	Kreisrichter	Elsterwerda.
43	Bermann	Gerichts-Amtmann	Zöblitz.
44	Bernau II.	Gerichts-Assessor	Münster.
45	Dr. Bernays	Advokat, Ergänzungsrath am Bezirksgericht	Mainz
46	Bernhardi	Gerichts-Assessor	Stollberg.
47	Beschorner	Finanzprokurator, Rechtsanw.	Dresden.
48	v. Beyer	Justizrath, Rechtsanwalt	Frankfurt a. O.
49	Beyer	Bacc. jur.	Freistadt bei Graudenz.
50	Beyrich	Kreisrichter	Beelitz.
51	Bierwirth	Obergerichts-Assessor	Lüneburg.

Nr.	Name.	Stand.	Wohnort.
52	Binder	Ober-Tribunalsrath und General-Staatsanwalt	Stuttgart.
53	Block	Rechtsanwalt	Magdeburg.
54	Dr. Bluntschli	Professor	München.
55	Bock	Gerichts-Direktor a. D.	Hagen.
56	Bode	Kreisrichter	Braunschweig.
57	Bodstein	Kreisrichter	Habelschwerd i. Schl.
58	Böhmer	Aktuar	Lommatzsch.
59	Börner	Aktuar	Löbau.
60	Böttger	Gerichts-Amtsaktuar	Moritzburg.
61	Bonsert	Appellationsgerichtsrath	Stettin.
62	Borchardt	Stadtgerichtsrath	Berlin.
63	Borchers	Oberappellationsgerichts-Anwalt	Celle.
64	v. Bock	Rechtsanwalt	Schönlanke.
65	Bornemann	Geh. Kriegsrath	Berlin.
66	Dr. Bornemann	Gerichts-Assessor	Berlin.
67	Bothe	Rechtsanwalt	Trzemeszno.
68	Brachvogel	Rechtsanwalt	Berlin.
69	Brauer	Hofgerichtsrath	Bruchsal.
70	Briesemann	Advokat	Wismar.
71	Brinkmann	Oberappellationsrath	Kiel.
72	Bromme	Rechtsanwalt	Naumburg a. S.
73	Buddee	Kammergerichtsrath	Berlin.
74	Bulla	Rechtsanwalt	Lauban.
75	Burchard	Rechtsanwalt	Charlottenburg.
76	Dr. Burmeister	Advokat	Plön.
77	v. Buttlar	Assessor	Chemnitz.
78	Buttmann	Gerichts-Assessor	Berlin.
79	Dr. Cäsar	Obergerichtsrath	Detmold.
80	Calame	Kreisrichter	Memel.
81	Calm	Rechtsanwalt	Bernburg.
82	Canzler	Rechtsanwalt	Dippoldiswalde.
83	Casper	Justizrath, Rechtsanwalt	Berlin.
84	Dr. Cnyrim	General-Postdirektions-Sekr.	Frankfurt a. M.

Nr.	Name.	Stand.	Wohnort.
85	A. Cohn	Advokat	Neustrelitz.
86	Colditz	Advokat und Notar	Dresden.
87	Corty	Justizrath, Rechtsanwalt	Luckau.
88	Cunradi	Advokat	Dresden.
89	Dalcke	Staatsanwalt	Memel.
90	Damke	Justizrath, Rechtsanwalt	Filehne.
91	Danner	Justizrath, Rechtsanwalt	Mühlhausen.
92	Dechend	Kreisgerichts-Direktor	Glatz.
93	Detmann	Stadtgerichtsrath	Berlin.
94	Deumer	Rechtsanwalt	Königsbrück.
95	Dietze	Aktuar	Königstein.
96	Döring	Rechtsanwalt	Dresden.
97	Dombois	Amts-Assessor	Wied-Selters (Nassau).
98	Dorn	Justizrath, Rechtsanwalt	Berlin.
99	Dosch	K. K. Kreisgerichts-Adjunkt	Steyer (Ober-Oesterr).
100	Dr. Dove	Privat-Dozent	Berlin.
101	Dr. Drechsler	Bürgermeister	Parchim.
102	Dr. Dresler	Kreisgerichtsrath	Grätz.
103	Dreßler	Gerichtsrath	Dresden.
104	Drewitz	Gerichts-Amtmann	Dippoldiswalde
105	v. Düring	Ober-Appellationsgerichts-Präsident	Celle.
106	Dr. Dugge	Senator	Bützow.
107	Dulheuer	Kreisrichter	Lüdenscheid.
108	Ebers	Stadtrichter	Berlin.
109	Dr. Eberty	Stadtgerichtsrath	Berlin.
110	v. Eck	Obergerichts-Prokurator	Wiesbaden.
111	Eding	Appellationsgerichtsrath	Magdeburg.
112	Ehlers	Kreisgerichtsrath	Halberstadt.
113	Dr. Elvers	Kreisrichter	Höxter.
114	Endemann	Obergerichts-Assessor	Fulda.
115	Engel	Advokat	Dresden.
116	Engelhardt	Justizrath, Rechtsanwalt	Posen.
117	Ernst	Kammergerichts-Auskultator	Berlin.
118	Euler	Notar	Düsseldorf.

Nr.	Name.	Stand.	Wohnort.
119	Eysoldt	Notar und Rechtscandidat	Königstein.
120	Faber	Ober-Tribunalsrath	Stuttgart.
121	Falkmann	Rechtsanwalt	Detmold.
122	Fasoldt	Advokat	Dresden.
123	Feige	Gerichts-Assessor	Schrimm
124	Fellmer	Gerichts-Amtmann	Pulsnitz.
125	Feuerbach	Ober-Justizrath	Ulm.
126	Fiebiger	Rechtsanwalt	Halle a. S.
127	Fiedler	Gerichts-Anwalt	Tharandt.
128	Dr. Filehne	Kreisrichter	Ratibor.
129	Dr. Fischel	Gerichts-Assessor	Berlin.
130	Fischer	Justizrath, Rechtsanwalt	Breslau.
131	Flashar	Kreisgerichtsrath	Nicolai i. O.-Schl.
132	Fleck	General-Auditeur	Berlin.
133	Fleck	Appellationsrath	Bautzen.
134	Fleck	Steuerprokurator	Dresden.
135	Fleck	Kammergerichts-Referendar	Berlin.
136	Fleischauer	Appellationsgerichtsrath	Magdeburg.
137	Flittner	Stadtgerichtsrath	Berlin.
138	Dr. Flögel	Advokat	Jungbunzlau.
139	Flohr	Gerichts-Amtmann	Reichenau.
140	Flor	Auditor	Oldenburg.
141	Florschütz	Kreisrichter	Hagen.
142	Förster	Advokat	Pirna.
143	Forck	Stadtrichter	Berlin.
144	Fränzel	Advokat und Notar	Dresden.
145	Dr. Francke	Obergerichts-Direktor	Lüneburg.
146	Dr. Francke	Bezirksgerichts-Aktuar	Dresden.
147	C. Frank	Advokat	Dresden.
148	Dr. Frank	Rechtspraktikant	Prag.
149	Franke	Kreisgerichts-Direktor	Suhl.
150	Franz	Justizrath, Rechtsanwalt	Naumburg a. S.
151	Frech	Geh. Ober-Tribunalsrath	Berlin.
152	Frech	Staatsanwalt	Berlin.
153	Fretzdorff	Justizrath, Rechtsanwalt	Berlin.

Nr.	Name.	Stand.	Wohnort.
154	v. Freydorff	Ministerialrath	Karlsruhe.
155	Dr. Friedberg	Geh. Ober-Justizrath und vortr. Rath i. Justiz-Min.	Berlin.
156	Dr. Friederici	Geh. Hofrath	Leipzig.
157	Dr. Friederici	Advokat	Leipzig.
158	Friedländer	Geh. O.-Justiz- u. Min.-Rath	Berlin.
159	Friedrich	Gerichts-Amtmann	Chemnitz.
160	Friedrich	Advokat	Pirna.
161	Dr. Gad	Kreisrichter	Sagan.
162	Gareis	Staatsanwalt	Pirna.
163	Gasch	Rechtsanwalt	Dresden.
164	Gebert	Geh. Justiz- u. Minist.-Rath	Dresden.
165	Geck	Kreisgerichtsrath	Werden a. d. Ruhr.
166	Geck	Rechtsanwalt	Hagen.
167	Gedicke	Bergrath	Halberstadt.
168	Geißel	Appellationsger.-Referendar	Cottbus.
169	Gerhard	Rechnungsrath	Karlsruhe.
170	Gerlach	Advokat	Dresden.
171	Geßler	Justizrath, Rechtsanwalt	Bromberg.
172	Dr. Getz	Advokat	Frankfurt a. M.
173	Geyer	Rechtsanwalt	Dresden.
174	Geyer	Bezirksgerichts-Aktuar	Dresden.
175	Gierse	Rechtsanwalt	Münster.
176	Girardet	Auditeur	Großenhain.
177	Dr. Glaser	Professor	Wien.
178	Glasewald	Kreisrichter	Naumburg a. S.
179	Dr. Glöckner	Geh. Finanzrath	Dresden.
180	Glöckner	Bezirksgerichtsrath	Dresden.
181	Dr. Gneist	Professor	Berlin.
182	Gödecke	Justizrath, Rechtsanwalt	Halle a. S.
183	Götting	Obergerichts-Anwalt	Hildesheim.
184	Dr. Götz	Professor	Leipzig.
185	Götze	Appellationsgerichtsrath	Frankfurt a. O.
186	Goldstandt	Gerichts-Assessor	Berlin.
187	Dr. Goltdammer	Ober-Tribunalsrath	Berlin.

Nr.	Name.	Stand	Wohnort.
188	Gotthard	Obergerichts-Advokat	Braunschweig.
189	Gotthelf	Advokatur-Concipient	München.
190	Gottschalk	Kreisrichter	Bielefeld.
191	v. Gottschalk	Gerichts-Amtmann	Rötha.
192	Gottschalk	Advokat	Dresden.
193	Gräffe	Rechtsanwalt	Dresden.
194	Gräper	Obergerichtsrath	Varel.
195	v. Grävenitz	Staatsanwalt	Danzig.
196	Grolp	Rechtsanwalt	Neustadt i. Westpr.
197	Gropius	Ober-Staatsanwalt	Naumburg a. S.
198	Dr. Frhr. v. Groß	Ober-Staatsanwalt	Eisenach.
199	Grotrian	Obergerichtsrath	Wolfenbüttel.
200	Dr. Gundermann	Advokat	München.
201	Gutbier	Advokat	Dresden.
202	v. Gutschmid	Advokat	Zwickau.
203	Haack	Rechtsanwalt	Glogau.
204	Haberkorn	Bürgermeister	Zittau.
205	Hachtmann	Appellationsgerichtsrath	Naumburg a. S.
206	Hacke	Bezirksgerichts-Accessist	München.
207	Dr. Häberlin	Professor	Greifswald.
208	Dr. Hänel	Geheimrath u. Ministerialr.	Dresden.
209	Hänisch	Rechtsanwalt	Colberg.
210	Hagemeister	Kreisrichter	Stralsund.
211	Hagen	Advokat	Neu-Ulm.
212	Hallbauer	Advokat	Meißen.
213	Hanff	Justizrath, Rechtsanwalt	Frankfurt a. O.
214	Hanke	Justizrath, Rechtsanwalt	Eilenburg.
215	Hansen	Advokat	Hannover.
216	Hantusch	Kreisgerichts-Direktor	Wollstein.
217	Dr. Ritter v. Harrasowsky	Raths-Sekretair im Justiz-Ministerium	Wien.
218	Hartung	Senator und Advokat	Waren.
219	Hartung	Bürgermeister und Advokat	Schandau.
220	Hartung	Gerichts-Amtmann	Königsbrück.
221	Hartwich	Advokat	Pirna.

Nr.	Name.	Stand.	Wohnort.
222	Dr. Hase	Appellationsrath	Altenburg.
223	Haße	Advokat	Chemnitz.
224	Hauschteck	Staatsanwalt	Stralsund.
225	Hegelmaier	Ober-Amtsrichter	Geislingen.
226	Heilborn	Stadtrichter	Berlin.
227	Heimbrod	Kreisgerichts-Direktor	Rybnick.
228	Dr. Heimsoeth	Appellationsger.-Präsident	Cöln.
229	Heinsius	Kammergerichts-Referendar	Berlin.
230	Heintze	Justizrath, Rechtsanwalt	Frankfurt a. O.
231	Heinze	Staatsanwalt	Dresden.
232	Heinzel	Justizrath, Rechtsanwalt	Bunzlau.
233	Held	Staatsanwalt	Dresden.
234	Dr. Heldman	Rechtsanwalt	Detmold.
235	Helfer	Advokat	Leipzig.
236	Dr. Heller	Professor	Wien.
237	Hendel	Notar	Dresden.
238	Hensel	Bezirksgerichts-Direktor	Budissin.
239	Hensel	Advokat	Zittau.
240	Herbig	Bezirksgerichts-Direktor	Annaberg.
241	Hermann	Rechtsanwalt	Dresden.
242	Herrmann I.	Gerichts-Assessor	Berlin.
243	Dr. Hertel	Bürgermeister	Dresden.
244	Hertz	Stadtgerichtsrath	Berlin.
245	Herzfeld	Rechtsanwalt	Sprottau.
246	Heß	Kreisgerichtsrath	Glatz.
247	Heß	Ober-Justizprokurator	Ulm.
248	Dr. Hesse	Advokat	Dresden.
249	Hetzer	Auditor	Hildesheim.
250	Hetzer	Bacc. jur.	Dresden.
251	Heubner	Advokat	Zwickau.
252	Dr. Heydemann	Geh Justizrath und Prof.	Berlin.
253	Heydenreich	Rechtsanwalt	Dresden.
254	Dr. Hierl	Bezirksgerichts-Assessor	München.
255	Hiersemenzel	Stadtrichter	Berlin.
256	Hillmar	Rechtsanwalt	Cöslin.

Nr.	Name.	Stand.	Wohnort.
257	Dr. Hilse I.	Kammergerichts-Referendar	Berlin.
258	Dr. phil. Hilse II.	Kammergerichts-Auskultator	Berlin.
259	Höfer	Amts-Aktuar	Grünhain.
260	Höffner	Rechtsanwalt	Nossen.
261	Dr. Höpner	Geh. Ober-Tribunalsrath	Berlin.
262	Dr. Höpner	Geh. Justizrath	Frankfurt a. O.
263	Dr. Hösler	Rechtsanwalt	Leipzig.
264	Hoffmann	Kreisgerichtsrath	Graudenz.
265	Hohnhorst	Rechtsanwalt	Oppeln.
266	Holthoff	Rechtsanwalt	Halberstadt.
267	Frhr. v. Holzschuher	Ober-Justizrath	Stuttgart.
268	Horn	Kreisgerichts-Direktor	Naumburg a. S.
269	Hornbostel	Regierungsrath	Gotha.
270	Horst	Justizrath, Rechtsanwalt	Breslau.
271	Dr. Horwitz	Rechtsanwalt	Liebenwerda.
272	Dr. Hotho	Professor	Berlin.
273	Huber	Ober-Justizrath	Ulm.
274	Huck	Kreisrichter	Zehden.
275	Hünich	Rechtsanwalt	Dresden.
276	Humbert	Stadtgerichtsrath	Berlin.
277	Dr. Jacobi	Regierungs-Assessor	Berlin.
278	Jacobi	Advokat	Grimma.
279	Jahn	Amts-Aktuar	Brand bei Freiberg.
280	Jannasch	Ober-Bürgermeister a. D.	Dresden.
281	Dr. Jaques	Verwaltungsrath	Wien.
282	Jaspis	Bezirksgerichts-Aktuar	Bautzen.
283	Jeisek	Appellationsgerichtsrath	Posen.
284	Jensen	Kreisrichter	Charlottenburg.
285	Jenthe	Rechtsanwalt	Falkenberg.
286	Dr. Jentsch	Advokat	Zittau.
287	Jeschke	Rechtsanwalt	Osterwieck.
288	Jester	Justizrath, Rechtsanwalt	Königsberg i. Pr.
289	Dr. Jhering	Geh. Justizrath und Prof.	Gießen.
290	Jordan	Rechtsanwalt	Ragnit.
291	Judeich	Advokat	Dresden.

Nr.	Name.	Stand.	Wohnort.
292	Jung	Geh. Justizrath, Rechtsanw.	Berlin.
293	Kanngießer	Ober-Staatsanwalt	Greifswald.
294	Keibel	Gerichts-Assessor	Berlin.
295	Dr. Keller	Ober-Staatsanwalt u. Prof.	Wien.
296	Keller	Hof- u. Appellationsgerichts-Prokurator	Dillenburg.
297	Dr. Edler v. Kerstorf	Hofrath und Advokat	Augsburg.
298	Frhr. v. Keudell	Regierungs-Assessor	Breslau.
299	Dr. Kieber	Advokat	Dresden.
300	Dr. Kircher	Rechtsanwalt	Meiningen.
301	von Kirchmann	Apell.-Vice-Präsident	Blasewitz.
302	Dr. Kistemaker	Obergerichts-Anwalt	Meppen.
303	Klemm	Appellationsrath	Dresden
304	Klemm	Bezirksgerichts-Direktor	Dresden.
305	Dr. Klier	Advokat	Tetschen.
306	Klimowicz	Rechtsanwalt	Königsberg i. Pr.
307	Klinger	Rechtsanwalt	Dresden.
308	Klinkmüller	Kreisgerichtsrath	Luckau.
309	Klitzing	Advokat	Parchim.
310	Klotz	Kreisgerichtsrath	Berlin.
311	Knauth	Kreisgerichtsrath	Merseburg.
312	Kneusel	Rechtsanwalt	Ratibor.
313	Kneusel	Kreisrichter	Cosel.
314	Knittel	Obergerichts-Vice-Präsident	Wolfenbüttel.
315	Knorr	Kreisgerichtsrath	Lützen.
316	Koch	Kreisgerichts-Direktor	Rothenburg (O.-L.)
317	Koch	Staatsanwalt	Trebnitz.
318	Koch	Advokat	Buchholz.
319	Köllichen	Kreisrichter	Rothenburg (O.-Schl.).
320	König	Justizrath, Advocat-Anwalt	Cleve.
321	König	Rechtsanwalt	Leobschütz.
322	Körner	Geh. Rath u. Depart.-Direktor i. K. Sächs. Min. d. Innern	Dresden.
323	Körner	Advokat	Auerbach.
324	Köttig	Advokat	Meißen.

Nr.	Name.	Stand.	Wohnort.
325	Koffka	Rechtsanwalt	Frankfurt a. O.
326	Kohleis	Kreisrichter	Ostrowo.
327	Kohli	Kreisrichter	Wolfenbüttel.
328	Kohlschütter	Rechtsanwalt	Dresden.
329	Kokoschinegg	Doktor der Rechte	Marburg in Steiermark.
330	Kortum	Gerichts-Assessor	Halberstadt.
331	Kosche	Kreisrichter	Goldberg i. Schl.
332	Kosegarten	Appellationsger.-Referendar	Halberstadt.
333	von Kräwel	Appellationsgerichtsrath	Naumburg a. S.
334	Kraut	Hofrath, Professor	Göttingen.
335	Krech	Gerichts-Assessor	Berlin.
336	Kremkow	Rechtsanwalt	Gleiwitz.
337	Kremnitz	Justizrath, Rechtsanwalt	Berlin.
338	Kretschmar	Advokat	Leipzig.
339	Kretschmar	Advokat	Großenhain.
340	Kretzschmar	Advokat	Dresden.
341	Kretzschmar	Advokat	Lichtenstein.
342	Krippendorf	Rechtsanwalt	Dresden.
343	von Kronmüller	Ober-Tribunalsrath	Stuttgart.
344	Krug	Geh. Justizrath, Ministerialr.	Dresden.
345	Kühn	Advokat	Leipzig.
346	Kühnas	Kreisrichter	Torgau.
347	Kühne	Kreisgerichtsrath	Berlin.
348	Kühne	Kreisrichter	Prettin.
349	Künzel	Regierungsrath	Dresden.
350	Küttner	Finanzprocurator, Rechtsanw.	Dresden.
351	Kuhn	Rechtsanwalt	Dresden.
352	M. Kuhn	Rechtsanwalt	Dresden.
353	Kummert	Referendar	Gardelegen.
354	von Kunowsky	Kreisgerichts-Direktor	Beuthen (O.-Schl.).
355	Dr. Kuntze	Professor	Leipzig.
356	Kuntze	Stadtrath	Meerane.
357	Kuntzsch	Rechtsanwalt	Chemnitz.
358	Kurlbaum	Stadt- und Kreisrichter	Magdeburg.
359	Kurlbaum	Kreisrichter	Zossen.

Nr.	Name.	Stand.	Wohnort.
360	Lambrecht	Kreisgerichtsrath	Lobsens.
361	Lamm	Bezirksgerichtsrath	Bautzen.
362	Landgraff	Protokollant	Löbau i. Sachsen.
363	Langbein	Rechtsanwalt und Notar	Wurzen.
364	Lauenstein	Advokat	Lüneburg.
365	Laube	Advokat	Dresden.
366	Lauhn	Advokatur-Candidat	Leipzig.
367	von Lauhn	Staatsanwalt	Naumburg a. S.
368	Lehfeld	Kreisrichter	Beuthen (O.-Schl.).
369	Lehfeldt	Kammergerichts-Referendar	Berlin.
370	Lehmann	Rechtsanwalt	Dresden.
371	Lehmann	Dr. jur.	Leipzig.
372	Lengnick	Rechtsanwalt	Dresden.
373	Lent	Rechtsanwalt und Notar	Breslau.
374	Lenz	Rechtsanwalt	Greifswald.
375	Leonhard	Rechtsanwalt	Grünberg.
376	Leske	Staatsanwalt	Schneidemühl.
377	Leupold	Rechtsanwalt	Dresden.
378	Dr. Levita	Gesandtschafts-Advokat	Paris.
379	Lewald	Rechtsanwalt	Berlin.
380	Lezius	Rechtsanwalt	Cöthen.
381	Liman	Stadtgerichtsrath	Berlin.
382	Lincke	Bezirksgerichtsrath	Pirna.
383	Lindemann	Rechtsanwalt	Habelschwerdt.
384	Lindner	Rechtsanwalt	Berent (in Westpr.)
385	Litzkendorf	Gerichtsamtmann	Löbau (Sachsen).
386	Lorenz	Finanzprokurator	Großenhain.
387	von Lossow	Staatsanwalt	Wreschen.
388	Dr. Louis	Kreisgerichtsrath	Berlin.
389	Dr. Lucius	Geh. Regierungsrath, Bezirksgerichts-Direktor	Leipzig.
390	Lücke	Rechtsanwalt	Zittau.
391	Lüdicke	Justizrath, Rechtsanwalt	Berlin.
392	Lührsen	Dr. jur.	Hamburg.
393	Macco	Justizrath, Rechtsanwalt	Siegen.

Nr.	Name.	Stand.	Wohnort.
394	Dr. Maier	Bezirksgerichts-Assessor	München.
395	Makower	Gerichts-Assessor	Berlin.
396	Marggraff	Gerichts-Assessor	Berlin.
397	Dr. Martin	Justizamtmann	Kreuzburg b. Eisenach.
398	Martiny	Rechtsanwalt	Kaukehmen.
399	Maß	Appellationsger.-Auscultator	Anclam.
400	Matteis	Assessor	Wurzen.
401	Maurer	Staatsanwalts-Substitut	Gießen.
402	Dr. Mayersohn	Rechtsanwalt	Aschaffenburg.
403	Mehner	Assessor	Radeberg.
404	Meischeider	Kreisrichter	Liegnitz.
405	Dr. Meischner	Rechtsanwalt und Notar	Penig.
406	Meltzer	Bürgermeister	Frankenberg.
407	Dr. Mentz	Professor	Bern.
408	von Metzsch	Gerichtsamts-Aktuar	Penig.
409	Holm von Metzsch	Assessor und Staatsanwalts-gehülfe	Budissin.
410	Meyen	Staatsanwalt	Berlin.
411	Dr. Meyer	Bezirksgerichts-Assessor	München.
412	Siegm. Meyer	Gerichts-Assessor	Berlin.
413	Mier	Rechtsanwalt	Neustadt a. S.
414	Miller	Rechtsanwalt	Dresden.
415	Minckwitz	Dr. jur.	Thum (Rittergut).
416	Minsberg	Rechtsanwalt	Bunzlau (Schlesien).
417	Dr. Mirus sen.	Advokat	Leisnig.
418	Dr. Mirus jun.	Advokat	Leisnig.
419	Mitscher	Kammergerichts-Referendar	Berlin.
420	Dr. Mittelstaedt	Ober-Staatsanwaltsgehülfe	Posen.
421	Mobel	Stadtgerichtsrath	Berlin.
422	Molitor	Oberappellationsger.-Direkt.	München.
423	Moritz	Rechtsanwalt	Magdeburg.
424	Dr. Moßner	Rechtsanwalt	Luckenwalde.
425	von Mücke	Bezirksgerichts-Direktor	Zittau.
426	Mühlbach	Kreisgerichtsrath	Stargard i. P.
427	Mühlenbeck	Landesgerichts-Assessor	Großwachlin.

Nr.	Name.	Stand.	Wohnort.
428	Müller	Appellationsgerichtsrath	Glogau.
429	Müller	Kreisgerichts-Direktor	Birnbaum.
430	Müller	Bezirks-Direktor	Neustadt a. D.
431	von Müller	Kreisgerichtsrath	Rothenburg (O.-Schl.)
432	Müller	Stadtrichter und Advokat	Fürstenberg i. M.
433	Müller	Advokat	Leipzig.
434	Müller	Advokat	Rostock.
435	Müller	Amtsrichter	Schopfheim.
436	Nake	Rechtsanwalt	Dresden.
437	Dr. Naumann I.	Obergerichts-Anwalt	Hameln.
438	Dr. Naumann I.	Ober - Appellationsgerichts-Anwalt	Celle.
439	Naumann II.	Advokat	Celle.
440	zur Nedden	Staatsanwalt	Bochum.
441	Neidhardt	Bezirksgerichts-Direktor	Zwickau.
442	Nessel	Staatsanwalt	Breslau.
443	Neubert	Bürgermeister	Dresden.
444	Neumann	Kreisgerichtsrath	Brandenburg.
445	Dr. Neußer	Rechtsanwalt	Freiwaldau.
446	Niemand	Kirchspielvogt	Büsum (Holstein.)
447	Niewandt	Justizrath	Weißenfels.
448	Dr. Nißen	Privat-Dozent	Leipzig.
449	Noltemeier	Advokat	Peina.
450	Northoff	Obergerichts-Anwalt	Hildesheim.
451	Noßky	Appellationsrath	Dresden.
452	Oberländer	Bürgermeister	Coburg.
453	Ochernal	Rechtsanwalt	Dippoldiswalde.
454	Odebrecht	Kreisgerichts-Direktor	Berlin.
455	Oehlschlägel	Bergmeister	Schneeberg.
456	Oehr	Rechtsanwalt und Notar	Gleiwitz.
457	Oelzen	Appellationsgerichtsrath	Merseburg.
458	Oertel	Notar	Radeberg.
459	Oesterlen	Advokat	Stuttgart.
460	Opitz	Finanzprokurator, Advokat	Dresden.
461	Opitz	Advokat und Notar	Zittau.

Nr.	Name.	Stand.	Wohnort.
462	Oppenheim	Stadtgerichtsrath	Berlin.
463	Orb	Rechtsanwalt	Königstein.
464	Orlop	Rechtsanwalt	Halberstadt.
465	von Ossowski	Stadtgerichtsrath	Berlin.
466	Oßwald	Advokat	Borna.
467	Dr. Osterloh	Professor	Leipzig.
468	von Otto	Kais. Russ. Wirkl. Staatsrath	Dresden.
469	Palmié	Kreisgerichtsrath	Halberstadt.
470	Panse	Rechtsanwalt	Cölleda.
471	von Pape	Ober - Appellationsgerichts-Vice - Präsident	Celle.
472	Pappermann	Rechtsanwalt	Dresden.
473	Parrisius	Kreisgerichtsrath	Brandenburg.
474	Petermann	Bacc. jur. u. Redakteur	Dresden.
475	Peters	Obergerichts-Anwalt	Cassel.
476	Peters	Justizrath	Wittenberg.
477	Petersen	Rechtsanwalt	Breslau.
478	Petiscus	Rechtsanwalt u. Notar	Oels (in Schlesien).
479	von Petrikowsky	Gerichts-Amtmann	Werdau.
480	Petsch	Gerichtsrath	Löbau (Sachsen).
481	Pezenburg	Rechtsanwalt	Frankfurt a. O.
482	Dr. Pfeiffer	Obergerichts-Anwalt	Bremen.
483	Pflesser	Kreisgerichtsrath	Görlitz.
484	Pfotenhauer	Ober-Bürgermeister	Dresden.
485	Pietsch	Bezirksgerichts-Director	Pirna.
486	Dr. Pilling	Rechtsanwalt	Dresden.
487	Pinckert	Justizrath, Rechtsanwalt	Erfurt.
488	Pitzschky	Justizrath, Rechtsanwalt	Stettin.
489	Dr. Planck	Obergerichts-Assessor a. D.	Göttingen.
490	Plathner	Kammergerichtsrath	Berlin.
491	Plathner	Rechtsanwalt	Breslau.
492	Pohl	Advokat und Notar	Frohburg.
493	Pohlandt	Kreisgerichtsrath	Spandau.
494	Pohle	Rechtsanwalt	Guben.
495	Polenz	Rechtsanwalt	Naumburg a. S.

Nr.	Name.	Stand.	Wohnort.
466	Dr. Preisenhammer	Advokatur-Candidat	Brünn.
497	Preller	Rechtsanwalt und Notar	Chemnitz.
498	Primker	Stadtrichter	Breslau.
499	Pudor	Kammergerichts-Referendar	Berlin.
500	Dr. Pütter	Professor	Greifswald.
501	Qual	Kreisrichter	Sprottau.
502	Quenzel	Assessor	Schneeberg.
503	Rahn	Kreisrichter	Glatz.
504	Dr. Raudnitz	Advokatur-Candidat	Prag.
505	Dr. Reatz	Privat-Dozent	Gießen.
506	Dr. Renger	Landesadvokat und Notar	Tetschen.
507	Rheder	Klostersyndikus	Preetz (Holstein).
508	Ribbentrop	Landgerichtsrath	Posen.
509	von Richter	Kais. Russ. Wirkl. Staatsrath	Dresden.
510	Richter	Appellationsgerichtsrath	Frankfurt a. O.
511	Rieß	Gerichts-Assessor	Berlin.
512	Dr. Rießer	Ober-Gerichtsrath	Hamburg.
513	Ritler	Rechtsanwalt	Torgau.
514	Rivier	Doktor der Rechte	Berlin.
515	Dr. Rizy	Sectionschef im Just.-Minist.	Wien.
516	Röber	Kreisrichter	Lindow.
517	Rommel	Gerichts-Assessor	Trier.
518	Dr. Rosen	Obergerichtsrath	Detmold.
519	Rosenhagen	Advokat	Wandsbeck.
520	Rosenkranz	Justizrath	Bromberg.
521	Roßtäuscher	Staatsanwalt	Bautzen.
522	Dr. Rossy	Landesadvokat	Iglau.
523	Dr. Rubo	Kammergerichts-Referendar	Berlin.
524	Rüger	Bürgermeister, Rechtsanwalt	Dippoldiswalde.
525	Ruhwandl	Advokat	München.
526	Rumpelt	Rechtsanwalt	Radeberg.
527	Sabarth	Rechtsanwalt	Ratibor.
528	Sack	Justizrath, Rechtsanwalt	Essen.
529	Sack	Gerichts-Assessor	Bielefeld.
530	Sauerteig	Rechtsanwalt	Eilenburg.

Nr.	Name.	Stand.	Wohnort.
531	Schäfer	Stadt- und Kreisrichter	Wollmirstedt.
532	Schaeffer	Advokat	Dresden.
533	Dr. Schaffrath	Rechtsanwalt	Dresden.
534	Schanz	Rechtsanwalt	Dresden.
535	Scharff	Kreisgerichtsrath	Jauer.
536	Schede	Justizrath, Rechtsanwalt	Halle a. S.
537	Schedlich	Rechtsanwalt	Rochlitz.
538	Schedlich	Advokat	Crimmitzschau.
539	Scheele	Advokat	Dresden.
540	Schelcher	Rechtsanwalt	Oschatz.
541	Dr. Schelcher	Advokat	Dresden.
542	Scheuffler II.	Advokat	Meißen.
543	Scheufler I.	Advokat	Meißen.
544	Scheurich	Rechtsanwalt	Crossen a. O.
545	Scheurlen	Oberamtsrichter	Mergentheim.
546	Schickert	Bürgermeister	Großenhain.
547	Schlomka	Kreisrichter	Erfurt.
548	Schloß	Staatsanwalt	Kornenburg.
549	Schlüter	Rechtsanwalt	Witten.
550	Dr. Schmelkes	Advokat	Nikolsburg.
551	Schmid	Rechtsanwalt und Notar	Dresden.
552	Dr. Schmidt	Kammergerichts-Referendar	Berlin.
553	Dr. Schmidt	Finanzprokurator, Advokat	Dresden.
554	Schmidt	Kreisrichter	Haynau.
555	F. A. Schmidt	Advokat	Dresden.
556	Dr. Schneider	Appellationsgerichts-Präsid.	Dresden.
557	Schnell	Rechtsanwalt	Zittau.
558	Schöneseiffen	Advokat	M. Gladbach.
559	Schollmeyer	Kreisrichter	Cremmen.
560	Schreck	Advokat	Pirna.
561	Schröder	Gerichts-Assessor u. Special-Commissarius	Tarnowitz.
562	Carl Schröter	Rechtsanwalt	Stollberg.
563	Schück	Strafanstalts-Direktor	Breslau.
564	Schultz	Rechtsanwalt und Notar	Wanzleben.

Nr.	Name.	Stand.	Wohnort.
565	Schultze	Rechtsanwalt	Spandau.
566	Schultze	Kammergerichts-Auskultator	Spandau.
567	Schulz	Notar	Dresden.
568	Schuster	Rechtsanwalt	Eisleben.
569	Schwartz	Gerichts-Assessor	Berlin.
570	Schwarz	Kreisgerichtsrath	Greifswald.
571	Dr. Schwarze	General-Staatsanwalt	Dresden.
572	Schwerin	Kreisrichter	Sommerfeld.
573	Seemann	Kreisgerichts-Director	Spremberg.
574	Segnitz	Rechtsanwalt	Wermsdorf.
575	Sehlmacher	Rechtsanwalt	Pyritz.
576	E. Senft	Landesgerichts-Adjunkt	Brünn.
577	Severin	Kreisgerichtsrath	Swinemünde.
578	Dr. Siebdrat	Geh. Justiz- u. Ministerialrath	Dresden.
579	Siegel	Advokat	Glauchau.
580	Siegert	Gerichts-Assessor	Breslau.
581	Siemens	Justizrath	Berlin.
582	Siemens	Kammergerichts-Auskultator	Jüterbogk.
583	Sierig	Dr. jur.	Leipzig.
584	Dr. Silberschlag	Stadt- und Kreisrichter	Magdeburg.
585	Simon	Kreisrichter	Nauen.
586	Simonson	Justizrath, Rechtsanwalt	Berlin.
587	Slevogt	Justizrath, Rechtsanwalt	Berlin.
588	Sommer	Advokat	Bernstadt (Sachsen).
589	Sommer	Advokat	Parchim.
590	von Spangenberg	Kreisgerichtsrath	Bunzlau.
591	Spiegelthal	Rechtsanwalt	Calbe a. S.
592	Stange	Rechtsanwalt	Dresden.
593	Dr. Starke	Auditeur	Königstein (Festung).
594	Starke	Gerichtsrath	Leipzig.
595	Stauß	Rechtsanwalt	Dresden.
596	Steeger	Rechtsanwalt	Dresden.
597	Stegemann	Staatsanwalt	Wriezen.
598	Stegemann	Rechtsanwalt	Halberstadt.
599	Stegmann	Referendar	Salder.

Nr.	Name.	Stand.	Wohnort.
600	Dr. Stein	Rechtsanwalt	Dresden.
601	Steinbeck	Kreisgerichts-Direktor	Brandenburg a. H.
602	Steineck	Kreisrichter	Korbach.
603	Steiner	Landesgerichts-Adjunkt	Klagenfurt (Kärnthen).
604	Steinhäuser	Advokat	Plauen.
605	Stelzer	Rechtsanwalt	Torgau.
606	Stemann	Advokat	Segeberg.
607	Stephany	Stadtgerichtsrath	Berlin.
608	Frhr. v. Sternenfels	Ober-Tribunalsrath	Stuttgart.
609	Frhr. v. Sternenfels	Justiz-Referendar	Stuttgart.
610	Stiefel	Gerichts-Assessor	Dierdorf.
611	Stöckel	Staatsanwalt	Chemnitz.
612	Stölzel	Stadtgerichts-Assessor	Cassel.
613	von Stößer	Hofgerichtsrath	Bruchsal.
614	von Stößer	Amtmann	Meßkirch.
615	Dr. Stolp	Redacteur der Monatsschrift für Deutsches Städte- und Gemeindewesen	Frankfurt a. O
616	Dr. Straß	Kreisjustizrath a. D. u. Rechtsanwalt	Berlin.
617	Streit	Bürgermeister	Zwickau.
618	Stremel	Advokat	Zittau.
619	Ströbel	Bezirksgerichts-Aktuar	Dresden.
620	Struckmann	Auditor	Blumenthal.
621	Struckmann	Obergerichts-Assessor	Celle.
622	Dr. Strümpell II.	Advokat	Wolfenbüttel.
623	Dr. Stüve	Stadtsecretair und Advokat	Osnabrück.
624	Süßenguth	Rechtsanwalt	Lobenstein.
625	Sulzberger	Rechtsanwalt	Wurzen.
626	Sydow	Geh. Justiz- u Minist.-Rath	Berlin.
627	Tafel	Anwalt	Stuttgart.
628	Tappenbeck	Staatsanwalt	Varel.
629	Teichs	Amtsrichter	Harzburg.
630	Teßmar	Rechtsanwalt	Stargard i. P.
631	Teucher	Rechtsanwalt	Dresden.

Nr.	Name.	Stand.	Wohnort.
632	Thamerus	Rechtsanwalt	Pirna.
633	Thesing	Rechtsanwalt	Stallupönen.
634	Thesmar	Advokat-Anwalt	Cöln.
635	Thiel	Advokat	Bautzen.
636	von Thielenfeld	Justizrath, Rechtsanwalt	Frankfurt a. O.
637	Thiemann	Hofrath	Dresden.
638	Thiemer jun.	Rechtsanwalt	Zittau.
639	Thilo	Assessor b. d. Staatsanwaltsch.	Breslau.
640	Tietz	Rechtsanwalt	Leipzig.
641	von Tippelskirch	Ober-Staatsanwalt	Stettin.
642	Tischer	Advokat	Oberlößnitz.
643	Dr. Tremel	Hof- u. Gerichts-Advokat	Wien.
644	Trentepohl	Ober-Appellationsrath	Oldenburg.
645	von Twardowski	Appellationsger.-Referendar	Stettin.
646	Ubbelohde	Obergerichtsrath	Lüneburg.
647	Dr. Uchatzy	Notar	Reichenberg (Böhmen).
648	Franz Ulrici	Appellationsgerichtsrath	Frankfurt a. O.
649	Bernhard Ulrici	Appellationsger.-Referendar	Frankfurt a. O.
650	Dr. Unger	Professor	Wien.
651	Dr. Uterhart	Senator und Advokat	Rostock.
652	Valois	Rechtsanwalt	Dirschau.
653	Dr. Versmann	Präses des Handelsgerichts	Hamburg.
654	Dr. Viereck	Advokat	Schwerin.
655	Vierling	Bezirksgerichts-Accessist	Weiden.
656	Dr. Volkelt	Notar	Prag.
657	Volkmar	Justizrath, Rechtsanwalt	Berlin.
658	Volkmar	Gerichts-Assessor	Berlin.
659	Dr. Vollert	Kreisgerichts-Assessor	Arnstadt.
660	Vorwerk	Obergerichtsrath	Wolfenbüttel.
661	Wache	Kammergerichts-Assessor a D.	Berlin.
662	Wachs	Advokat	Leipzig.
663	Dr. Waldeck	Ober-Tribunalsrath	Berlin.
664	Walder	Kreisgerichtsrath	Brandenburg a. H.
665	Dr. Wallascheck	Notar	Brünn.
666	Walther	Rechtsanwalt	Meerane.

Nr.	Name.	Stand.	Wohnort.
667	Dr. Graf von Wartensleben	Stadtgerichtsrath	Berlin.
668	Dr. von Weber	Ministerialrath	Dresden.
669	Weber	Advokat	Kiel.
670	Weckmann	Senator	Rostock.
671	Dr. Weeber	Landesadvokat	Weißkirchen.
672	Wegner	Justizrath, Rechtsanwalt	Berlin.
673	Wegner	Gerichts-Assessor	Neustadt E.-W.
674	Wehnert	Advokat	Crivitz.
675	Weickert	Advokat	Zwickau.
676	Weidner	Advokat	Zittau.
677	Weise	Advokat	Meißen.
678	Weltzien	Hofrath	Schwerin.
679	Wengler	Bezirksgerichtsrath	Bautzen.
680	Werner	Kammergerichts-Referendar	Berlin.
681	Wessel	Justizamtmann	Oerlinghausen.
682	Westphal	Gerichts-Assessor	Halle a. S.
683	Wettke	Kreisrichter	Mohrungen.
684	Wetzel	Rechtsanwalt	Dresden.
685	Weymann	Kreisrichter	Bärwalde i. d. Neumark.
686	Wilhelm	Assessor	Großenhain.
687	Wilke	Geh. Justizrath und vortr. Rath im Justiz-Minist.	Dresden.
688	Wilke	Rechtsanwalt	Berlin.
689	Dr. Wilke	Gerichts-Assessor	Berlin.
690	von Wilm	Advokat	Dresden.
691	von Wilmovsky	Geh. Finanzrath	Berlin.
692	von Wilmowsky	Rechtsanwalt	Schlawe.
693	Winkler	Rechtsanwalt	Gleiwitz.
694	Winter	Advokat	Dresden.
695	Dr. Winzer	Bezirksgerichts-Direktor	Löbau (Sachsen.)
696	Wirth	Oberamtsrichter	Horb a. N.
697	Witschel	Advokat	Dresden.
698	Witte	Stadtrichter	Berlin.
699	Dr. Wittgenstein	Kammergerichts-Referendar	Berlin.

Nr.	Name.	Stand.	Wohnort.
700	von Witzleben	Regierungsrath	Leipzig.
701	Wölfel	Rechtsanwalt	Lützen.
702	Wölffer	Obergerichtsanwalt	Hannover
703	Dr. Wolf	Gerichtsrath	Freiberg.
704	Wolff	Kreisgerichtsrath	Strehlen.
705	Wolff	Rechtsanwalt	Bunzlau.
706	Wolff	Obergerichts-Advokat	Holzminden.
707	Wolff	Protokollant	Dresden.
708	Dr. Wolffson	Advokat	Hamburg.
709	Wollank	Stadtgerichtsrath	Berlin.
710	Wollenschläger	Appellationsgerichtsrath	Marienwerder.
711	Dr. Wurzel	Advokat	Jungbunzlau.
712	Zacharias	Rechtsanwalt	Dresden.
713	Dr. Zastrow	Senator	Rostock.
714	Zenker	Finanzprokurator, Vorst. der Advokaten-Kammer	Dresden.
715	Zenkin-Sommer	Staatsanwalt	Helmstedt.
716	Zenthöfer	Kreisrichter	Rybnick.
717	Zimmer	Advokat	Dresden.
718	Dr. Zimmermann	Rechtsanwalt	London.
719	Zimmermann	Stiftssyndikus	Meißen.
720	Zirkler	Oberamtsrichter	Künzelsau.
721	Dr. Zöllner	Gerichts-Assessor	Potsdam.
722	Zumpe II.	Rechtsanwalt	Dresden.

F.

Verzeichniß

derjenigen

Mitglieder des Deutschen Juristentages,

welche an den Verhandlungen zu Dresden vom 27.—30. August 1861 Theil genommen haben,

nach Staaten geordnet.

Nr.	Name.	Stand.	Wohnort.
	Herzogthum Anhalt-Bernburg.		
1	Dr. Calm	Rechtsanwalt	Bernburg.
	Herzogthum Anhalt-Dessau.		
2	Dr. Behr	Rechtsanwalt	Cöthen.
3	Lezius	Rechtsanwalt	Cöthen.
	Großherzogthum Baden.		
4	Aberle	Amtsrevisor u. Bezirks-Notar	Müllheim.
5	Brauer	Hofgerichtsrath	Bruchsal.
6	v. Freydorff	Ministerialrath	Karlsruhe.
7	Gerhard	Rechnungsrath	Karlsruhe.
8	Müller	Amtsrichter	Schopfheim.
9	von Stößer	Hofgerichtsrath	Bruchsal.
10	von Stößer	Amtmann	Meßkirch.

Nr.	Name.	Stand.	Wohnort.

Königreich Bayern.

11	A. Bachmann	Rechtsanwalt	Kulmbach.
12	Dr Bluntschli	Professor	München.
13	Gotthelf	Advokatur-Concipient	München.
14	Dr. Gundermann	Advokat	München.
15	Hacke	Bezirksgerichts-Accessist	München.
16	Dr. Hierl	Bezirksgerichts-Assessor	München.
17	Dr. Edler v. Kerstorf	Hofrath und Advokat	Augsburg.
18	Dr. Maier	Bezirksgerichts-Assessor	München.
19	Dr. Mayersohn	Rechtsanwalt	Aschaffenburg.
20	Dr. Meyer	Bezirksgerichts-Assessor	München.
21	Molitor	Oberappellationsger.-Direkt.	München.
22	Ruhwandl	Advokat	München.
23	Vierling	Bezirksgerichts-Accessist	Weiden.

Herzogthum Braunschweig.

24	Bach	Obergerichts-Advokat	Holzminden.
25	Bode	Kreisrichter	Braunschweig.
26	Gotthard	Obergerichts-Advokat	Braunschweig.
27	Grotrian	Obergerichtsrath	Wolfenbüttel.
28	Knittel	Obergerichts-Vice-Präsident	Wolfenbüttel.
29	Kohli	Kreisrichter	Wolfenbüttel.
30	Stegmann	Referendar	Salder.
31	Dr. Strümpell II.	Advokat	Wolfenbüttel.
32	Teichs	Amtsrichter	Harzburg.
33	Vorwerk	Obergerichtsrath	Wolfenbüttel.
34	Wolff	Obergerichts-Advokat	Holzminden.
35	Zenkin-Sommer	Staatsanwalt	Helmstedt.

Freie Stadt Bremen.

36	Dr. Adami	Obergerichtsanwalt	Bremen.
37	Dr. Pfeiffer	Obergerichts-Anwalt	Bremen.

Nr.	Name.	Stand.	Wohnort.
		Freie Stadt Frankfurt.	
38	Dr. Auerbach	Advokat	Frankfurt a. M.
39	Dr. Enyrim	General-Postdirektions-Sekr.	Frankfurt a. M.
40	Dr. Getz	Advokat	Frankfurt a. M.
		Frankreich.	
41	Dr. Levita	Gesandtschafts-Advokat	Paris.
		Freie Stadt Hamburg.	
42	Lührsen	Dr. jur.	Hamburg.
43	Dr. Rießer	Ober-Gerichtsrath	Hamburg.
44	Dr. Versmann	Präses des Handelsgerichts	Hamburg.
45	Dr. Wolffson	Advokat	Hamburg.
		Königreich Hannover.	
46	Albrecht	Obergerichtsanwalt	Hannover.
47	Dr. André	Obergerichtsanwalt	Osnabrück.
48	Angelbeck	Obergerichtsanwalt	Lüneburg.
49	Bauermeister	Obergerichtsanwalt	Hannover.
50	Berentzen	Obergerichtsanwalt	Meppen.
51	Bergmann	Obergerichts-Assessor	Meppen.
52	Bierwirth	Obergerichts-Assessor	Lüneburg.
53	Borchers	Oberappellationsgerichts-Anwalt	Celle.
54	v. Düring	Ober-Appellationsgerichts-Präsident	Celle.
55	Dr. Francke	Obergerichts-Direktor	Lüneburg.
56	Götting	Obergerichts-Anwalt	Hildesheim.
57	Hansen	Advokat	Hannover.
58	Hetzer	Auditor	Hildesheim.

Nr.	Name.	Stand.	Wohnort.
59	Dr. Kistemaker	Obergerichts-Anwalt	Meppen.
60	Dr. Kraut	Hofrath, Professor	Göttingen.
61	Lauenstein	Advokat	Lüneburg.
62	Dr. Naumann I.	Obergerichts-Anwalt	Hameln.
63	Dr. Naumann I.	Ober-Appellationsgerichts-Anwalt	Celle.
64	Naumann II.	Advokat	Celle.
65	Noltemeier	Advokat	Peina.
66	Northoff	Obergerichts-Anwalt	Hildesheim.
67	von Pape	Ober-Appellationsgerichts-Vice-Präsident	Celle.
68	Dr. Planck	Obergerichts-Assessor a. D.	Göttingen.
69	Struckmann	Auditor	Blumenthal.
70	Struckmann	Obergerichts-Assessor	Celle.
71	Dr. Stüve	Stadtsecretair und Advokat	Osnabrück.
72	Ubbelohde	Obergerichtsrath	Lüneburg.
73	Wölffer	Obergerichtsanwalt	Hannover.

Kurfürstenthum Hessen-Kassel.

74	Dr. Baehr	Obergerichtsrath	Cassel.
75	Endemann	Obergerichts-Assessor	Fulda.
76	Peters	Obergerichts-Anwalt	Cassel.
77	Stölzel	Stadtgerichts-Assessor	Cassel.

Großherzogthum Hessen.

78	Dr. Arens	Friedensrichter	Alzei.
79	Dr. Bernays	Advokat, Ergänzungsrath am Bezirksgericht	Mainz.
80	Dr. Ihering	Geh. Justizrath und Prof.	Gießen.
81	Maurer	Staatsanwalts-Substitut	Gießen.
82	Dr. Reatz	Privat-Dozent	Gießen.

Nr.	Name.	Stand.	Wohnort.
	Herzogthum Holstein.		
83	Brinkmann	Oberappellationsrath	Kiel.
84	Dr. Burmeister	Advokat	Plön.
85	Niemand	Kirchspielvogt	Büsum.
86	Rheder	Klostersyndikus	Preetz.
87	Rosenhagen	Advokat	Wandsbeck.
88	Stemann	Advokat	Segeberg.
89	Weber	Advokat	Kiel.
	Fürstenthum Lippe-Detmold.		
90	Dr. Cäsar	Obergerichtsrath	Detmold.
91	Falkmann	Rechtsanwalt	Detmold.
92	Dr. Heldman	Rechtsanwalt	Detmold.
93	Dr. Rosen	Obergerichtsrath	Detmold.
94	Wessel	Justizamtmann	Oerlinghausen.
	Großherzogthum Mecklenburg-Schwerin.		
95	Aarons	Advokat	Schwerin.
96	Briesemann	Advokat	Wismar.
97	Dr. Drechsler	Bürgermeister	Parchim.
98	Dr. Dugge	Senator	Bützow.
99	Hartung	Senator und Advokat	Waren.
100	Klitzing	Advokat	Parchim.
101	Müller	Advokat	Rostock.
102	Sommer	Advokat	Parchim.
103	Dr. Uterhart	Senator und Advokat	Rostock.
104	Dr. Viereck	Advokat	Schwerin.
105	Weckmann	Senator	Rostock.
106	Wehnert	Advokat	Crivitz.
107	Weltzien	Hofrath	Schwerin.
108	Dr. Zastrow	Senator	Rostock.

Nr.	Name.	Stand.	Wohnort.
	Großherzogthum Mecklenburg-Strelitz.		
109	Bahr	Bürgermeister	Fürstenberg.
110	A. Cohn	Advokat	Neustrelitz.
111	Müller	Stadtrichter und Advokat	Fürstenberg.
	Herzogthum Nassau.		
112	Dombois	Amts-Assessor	Wied-Selters.
113	v. Eck	Obergerichts-Prokurator	Wiesbaden.
114	Keller	Hof- u. Appellationsgerichts-Prokurator	Dillenburg.
	Kaiserreich Oesterreich.		
115	Vater Ritter von Artens	K. K. Staatsanwaltssubstitut	Graz in Steiermark.
116	Dr. Berger	Hof- und Gerichts-Advokat	Wien.
117	Dosch	K. K. Kreisgerichts-Adjunkt	Steyer (Ober-Oesterr).
118	Dr. Flögel	Advokat	Jungbunzlau.
119	Dr. Frank	Rechtspraktikant	Prag.
120	Dr. Glaser	Professor	Wien.
121	Dr. Ritter v. Harrasowsky	Raths-Sekretair im Justiz-Ministerium	Wien.
122	Dr. Heller	Professor	Wien.
123	Dr. Jaques	Verwaltungsrath	Wien.
124	Dr. Keller	Ober-Staatsanwalt u. Prof.	Wien.
125	Dr. Klier	Advokat	Tetschen.
126	Kokoschinegg	Doktor der Rechte	Marburg in Steiermark.
127	Dr. Neußer	Rechtsanwalt	Freiwaldau.
128	Dr. Preisenhammer	Advokatur-Candidat	Brünn.
129	Dr. Raudnitz	Advokatur-Candidat	Prag.
130	Dr. Renger	Landesadvokat und Notar	Tetschen.
131	Dr. Rizy	Sectionschef im Just.-Minist.	Wien.

Nr.	Name.	Stand.	Wohnort.
132	Dr. Rossy	Landesadvokat	Iglau.
133	Schloß	Staatsanwalt	Kornenburg.
134	Dr. Schmelkes	Advokat	Nikolsburg.
135	E. Senft	Landesgerichts-Adjunkt	Brünn.
136	Steiner	Landesgerichts-Adjunkt	Klagenfurt (Kärnthen).
137	Dr. Tremel	Hof- u. Gerichts-Advokat	Wien.
138	Dr. Uchatzy	Notar	Reichenberg (Böhmen).
139	Dr. Unger	Professor	Wien.
140	Dr. Volkelt	Notar	Prag.
141	Dr. Wallascheck	Notar	Brünn.
142	Dr. Weeber	Landesadvokat	Weißkirchen.
143	Dr. Wurzel	Advokat	Jungbunzlau.

Großherzogthum Oldenburg.

144	Becker	Oberappellationsrath	Oldenburg.
145	Flor	Auditor	Oldenburg.
146	Gräper	Obergerichtsrath	Varel.
147	Tappenbeck	Staatsanwalt	Varel.
148	Trentepohl	Ober-Appellationsrath	Oldenburg.

Königreich Preußen.

149	Dr. Abegg	Geh. Justizrath, Professor	Breslau.
150	Abegg	Appelationsgerichts-Referend.	Breslau.
151	Ahlemann	Rechtsanwalt	Samter.
152	Aschenborn	Rechtsanwalt	Arnswalde.
153	Baier	Staatsanwalt	Löwenberg.
154	Bartholdy	Kreisrichter	Massow (Pommern).
155	Bassenge	Kreisrichter	Lauban.
156	Dr. Behrend	Gerichts-Assessor	Berlin.
157	Bergmann	Rechtsanwalt	Spandau.
158	Bering	Kreisrichter	Elsterwerda.
159	Bernau II.	Gerichts-Assessor	Münster.
160	v. Beyer	Justizrath, Rechtsanwalt	Frankfurt a. O.

Nr.	Name.	Stand.	Wohnort.
161	Beyer	Bacc. jur.	Freistadt bei Graudenz.
162	Beyrich	Kreisrichter	Beelitz.
163	Block	Rechtsanwalt	Magdeburg.
164	Bock	Gerichts-Direktor a. D.	Hagen.
165	Bodstein	Kreisrichter	Habelschwerd i. Schl.
166	Bonseri	Appellationsgerichtsrath	Stettin.
167	Borchardt	Stadtgerichtsrath	Berlin.
168	v. Borck	Rechtsanwalt	Schönlanke.
169	Bornemann	Geh. Kriegsrath	Berlin.
170	Dr. Bornemann	Gerichts-Assessor	Berlin.
171	Bothe	Rechtsanwalt	Trzemeszno.
172	Brachvogel	Rechtsanwalt	Berlin.
173	Bromme	Rechtsanwalt	Naumburg a. S.
174	Buddee	Kammergerichtsrath	Berlin.
175	Bulla	Rechtsanwalt	Lauban.
176	Burchard	Rechtsanwalt	Charlottenburg.
177	Buttmann	Gerichts-Assessor	Berlin.
178	Calame	Kreisrichter	Memel.
179	Casper	Justizrath, Rechtsanwalt	Berlin.
180	Corty	Justizrath, Rechtsanwalt	Luckau.
181	Dalcke	Staatsanwalt	Memel.
182	Damke	Justizrath, Rechtsanwalt	Filehne.
183	Danner	Justizrath, Rechtsanwalt	Mühlhausen.
184	Dechend	Kreisgerichts-Direktor	Glatz.
185	Detmann	Stadtgerichtsrath	Berlin.
186	Dorn	Justizrath, Rechtsanwalt	Berlin.
187	Dr. Dove	Privat-Dozent	Berlin.
188	Dr. Dresler	Kreisgerichtsrath	Grätz.
189	Dulheuer	Kreisrichter	Lüdenscheid.
190	Ebers	Stadtrichter	Berlin.
191	Dr. Eberty	Stadtgerichtsrath	Berlin.
192	Eding	Appellationsgerichtsrath	Magdeburg.
193	Ehlers	Kreisgerichtsrath	Halberstadt.
194	Dr. Elvers	Kreisrichter	Höxter.
195	Engelhardt	Justizrath, Rechtsanwalt	Posen.

Nr.	Name.	Stand.	Wohnort.
196	Ernst	Kammergerichts-Auskultator	Berlin.
197	Euler	Notar	Düsseldorf.
198	Feige	Gerichts-Assessor	Schrimm.
199	Fiebiger	Rechtsanwalt	Halle a. S.
200	Dr. Filehne	Kreisrichter	Ratibor.
201	Dr. Fischel	Gerichts-Assessor	Berlin.
202	Fischer	Justizrath, Rechtsanwalt	Breslau.
203	Flashar	Kreisgerichtsrath	Nicolai i. O.-Schl.
204	Fleck	General-Auditeur	Berlin.
205	Fleck	Kammergerichts-Referendar	Berlin.
206	Fleischauer	Appellationsgerichtsrath	Magdeburg.
207	Flittner	Stadtgerichtsrath	Berlin.
208	Florschütz	Kreisrichter	Hagen.
209	Forck	Stadtrichter	Berlin.
210	Franke	Kreisgerichts-Direktor	Suhl.
211	Franz	Justizrath, Rechtsanwalt	Naumburg a. S.
212	Frech	Geh. Ober-Tribunalsrath	Berlin.
213	Frech	Staatsanwalt	Berlin.
214	Fretzdorff	Justizrath, Rechtsanwalt	Berlin.
215	Dr. Friedberg	Geh. Ober-Justizrath und vortr. Rath i. Justiz-Min.	Berlin.
216	Friedländer	Geh. O.-Justiz- u. Min.-Rath	Berlin.
217	Dr. Gad	Kreisrichter	Sagan.
218	Geck	Kreisgerichtsrath	Werden a. d. Ruhr.
219	Geck	Rechtsanwalt	Hagen.
220	Gedicke	Bergrath	Halberstadt.
221	Geißel	Appellationsger.-Referendar	Cottbus.
222	Geßler	Justizrath, Rechtsanwalt	Bromberg.
223	Gierse	Rechtsanwalt	Münster.
224	Glasewald	Kreisrichter	Naumburg a. S.
225	Dr. Gneist	Professor	Berlin.
226	Gödecke	Justizrath, Rechtsanwalt	Halle a. S.
227	Götze	Appellationsgerichtsrath	Frankfurt a. O.
228	Goldstandt	Gerichts-Assessor	Berlin.
229	Dr. Goltdammer	Ober-Tribunalsrath	Berlin.

Nr.	Name.	Stand.	Wohnort.
230	Gottschalk	Kreisrichter	Bielefeld.
231	v. Grävenitz	Staatsanwalt	Danzig.
232	Grolp	Rechtsanwalt	Neustadt i. Westpr.
233	Gropius	Ober-Staatsanwalt	Naumburg a. S.
234	Haack	Rechtsanwalt	Glogau.
235	Hachtmann	Appellationsgerichtsrath	Naumburg a. S.
236	Dr. Häberlin	Professor	Greifswald.
237	Hänisch	Rechtsanwalt	Colberg.
238	Hagemeister	Kreisrichter	Stralsund.
239	Hanff	Justizrath, Rechtsanwalt	Frankfurt a. O.
240	Hanke	Justizrath, Rechtsanwalt	Eilenburg.
241	Hantusch	Kreisgerichts-Direktor	Wollstein.
242	Hauschteck	Staatsanwalt	Stralsund.
243	Heilborn	Stadtrichter	Berlin.
244	Heimbrod	Kreisgerichts-Direktor	Rybnick.
245	Dr. Heimsoeth	Appellationsger.-Präsident	Cöln.
246	Heinsius	Kammergerichts-Referendar	Berlin.
247	Heintze	Justizrath, Rechtsanwalt	Frankfurt a. O.
248	Heinzel	Justizrath, Rechtsanwalt	Bunzlau.
249	Herrmann I.	Gerichts-Assessor	Berlin.
250	Hertz	Stadtgerichtsrath	Berlin.
251	Herzfeld	Rechtsanwalt	Sprottau.
252	Hetz	Kreisgerichtsrath	Glatz.
253	Dr. Heydemann	Geh. Justizrath und Prof.	Berlin.
254	Hiersemenzel	Stadtrichter	Berlin.
255	Hillmar	Rechtsanwalt	Cöslin.
256	Dr. Hilse I.	Kammergerichts-Referendar	Berlin.
257	Dr. phil. Hilse II.	Kammergerichts-Auskultator	Berlin.
258	Dr. Höpner	Geh. Ober-Tribunalsrath	Berlin.
259	Dr. Höpner	Geh. Justizrath	Frankfurt a. O.
260	Hoffmann	Kreisgerichtsrath	Graudenz.
261	Hohnhorst	Rechtsanwalt	Oppeln.
262	Holthoff	Rechtsanwalt	Halberstadt.
263	Horn	Kreisgerichts-Direktor	Naumburg a. S.
264	Horst	Justizrath, Rechtsanwalt	Breslau.

Nr.	Name.	Stand.	Wohnort.
265	Dr. Horwitz	Rechtsanwalt	Liebenwerda.
266	Dr. Hotho	Professor	Berlin.
267	Huck	Kreisrichter	Zehden.
268	Humbert	Stadtgerichtsrath	Berlin.
269	Dr. Jacobi	Regierungs-Assessor	Berlin.
270	Jeisek	Appellationsgerichtsrath	Posen.
271	Jensen	Kreisrichter	Charlottenburg.
272	Jenthe	Rechtsanwalt	Falkenberg.
273	Jeschke	Rechtsanwalt	Osterwieck.
274	Jester	Justizrath, Rechtsanwalt	Königsberg i. Pr.
275	Jordan	Rechtsanwalt	Ragnit.
276	Jung	Geh. Justizrath, Rechtsanw.	Berlin.
277	Kanngießer	Ober-Staatsanwalt	Greifswald.
278	Keibel	Gerichts-Assessor	Berlin.
279	Frhr. v. Keubell	Regierungs-Assessor	Breslau.
280	von Kirchmann	Apell.-Vice-Präsident	Ratibor (Blasewitz).
281	Klimowicz	Rechtsanwalt	Königsberg i. Pr.
282	Klinkmüller	Kreisgerichtsrath	Luckau.
283	Klotz	Kreisgerichtsrath	Berlin.
284	Knauth	Kreisgerichtsrath	Merseburg.
285	Kneusel	Rechtsanwalt	Ratibor.
286	Kneusel	Kreisrichter	Cosel.
287	Knorr	Kreisgerichtsrath	Lützen.
288	Koch	Kreisgerichts-Direktor	Rothenburg (O.-L.)
289	Koch	Staatsanwalt	Trebnitz.
290	Köllichen	Kreisrichter	Rothenburg (O.-Schl.).
291	König	Justizrath, Advocat-Anwalt	Cleve.
292	König	Rechtsanwalt	Leobschütz.
293	Koffka	Rechtsanwalt	Frankfurt a. O.
294	Kohleis	Kreisrichter	Ostrowo.
295	Kortum	Gerichts-Assessor	Halberstadt.
296	Kosche	Kreisrichter	Goldberg i. Schl.
297	Kosegarten	Appellationsger.-Referendar	Halberstadt.
298	von Kräwel	Appellationsgerichtsrath	Naumburg a. S.
299	Krech	Gerichts-Assessor	Berlin.

Nr.	Name.	Stand.	Wohnort.
300	Kremkow	Rechtsanwalt	Gleiwitz.
301	Kremnitz	Justizrath, Rechtsanwalt	Berlin.
302	Kühnas	Kreisrichter	Torgau.
303	Kühne	Kreisgerichtsrath	Berlin.
304	Kühne	Kreisrichter	Prettin.
305	Kummert	Referendar	Gardelegen.
306	von Kunowsky	Kreisgerichts-Direktor	Beuthen (O.-Schl.).
307	Kurlbaum	Stadt- und Kreisrichter	Magdeburg.
308	Kurlbaum	Kreisrichter	Zossen.
309	Lambrecht	Kreisgerichtsrath	Lobsens.
310	von Lauhn	Staatsanwalt	Naumburg a. S.
311	Lehfeld	Kreisrichter	Beuthen (O.-Schl.).
312	Lehfeldt	Kammergerichts-Referendar	Berlin.
313	Lent	Rechtsanwalt und Notar	Breslau.
314	Lenz	Rechtsanwalt	Greifswald.
315	Leonhard	Rechtsanwalt	Grünberg.
316	Leske	Staatsanwalt	Schneidemühl.
317	Lewald	Rechtsanwalt	Berlin.
318	Liman	Stadtgerichtsrath	Berlin.
319	Lindemann	Rechtsanwalt	Habelschwerdt.
320	Lindner	Rechtsanwalt	Berent (in Westpr.)
321	von Lossow	Staatsanwalt	Wreschen.
322	Dr. Louis	Kreisgerichtsrath	Berlin.
323	Lüdicke	Justizrath, Rechtsanwalt	Berlin.
324	Macco	Justizrath, Rechtsanwalt	Siegen.
325	Makower	Gerichts-Assessor	Berlin.
326	Marggraff	Gerichts-Assessor	Berlin.
327	Martiny	Rechtsanwalt	Kaukehmen.
328	Maß	Appellationsger.-Auscultator	Anclam.
329	Meischeider	Kreisrichter	Liegnitz.
330	Meyen	Staatsanwalt	Berlin.
331	Siegm. Meyer	Gerichts-Assessor	Berlin.
332	Mier	Rechtsanwalt	Neustadt a. S.
333	Minsberg	Rechtsanwalt	Bunzlau (Schlesien).
334	Mitscher	Kammergerichts-Referendar	Berlin.

Nr.	Name.	Stand.	Wohnort.
335	Dr. Mittelstaedt	Ober-Staatsanwaltsgehülfe	Posen.
336	Model	Stadtgerichtsrath	Berlin.
337	Moritz	Rechtsanwalt	Magdeburg.
338	Dr. Moßner	Rechtsanwalt	Luckenwalde.
339	Mühlbach	Kreisgerichtsrath	Stargard i. P.
340	Mühlenbeck	Ober-Landesger.-Assessor a. D.	Großwachlin.
341	Müller	Appellationsgerichtsrath	Glogau.
342	Müller	Kreisgerichts-Direktor	Birnbaum.
343	Müller	Bezirks-Direktor	Neustadt a. D.
344	von Müller	Kreisgerichtsrath	Rothenburg (O.-Schl.)
345	zur Nedden	Staatsanwalt	Bochum.
346	Nessel	Staatsanwalt	Breslau.
347	Neumann	Kreisgerichtsrath	Brandenburg.
348	Niewandt	Justizrath	Weißenfels.
349	Odebrecht	Kreisgerichts-Direktor	Berlin.
350	Oehr	Rechtsanwalt und Notar	Gleiwitz.
351	Oelzen	Appellationsgerichtsrath	Merseburg.
352	Oppenheim	Stadtgerichtsrath	Berlin.
353	Orlop	Rechtsanwalt	Halberstadt.
354	von Ossowski	Stadtgerichtsrath	Berlin.
355	Palmié	Kreisgerichtsrath	Halberstadt.
356	Panse	Rechtsanwalt	Cölleda.
357	Parrisius	Kreisgerichtsrath	Brandenburg.
358	Peters	Justizrath	Wittenberg.
359	Petersen	Rechtsanwalt	Breslau.
360	Petiscus	Rechtsanwalt u. Notar	Oels (in Schlesien).
361	Pezenburg	Rechtsanwalt	Frankfurt a. O.
362	Pflesser	Kreisgerichtsrath	Görlitz.
363	Pinckert	Justizrath, Rechtsanwalt	Erfurt.
364	Pitzschky	Justizrath, Rechtsanwalt	Stettin.
365	Plathner	Kammergerichtsrath	Berlin.
366	Plathner	Rechtsanwalt	Breslau.
367	Pohlandt	Kreisgerichtsrath	Spandau.
368	Pohle	Rechtsanwalt	Guben.
369	Polenz	Rechtsanwalt	Naumburg a. S.

Nr.	Name.	Stand.	Wohnort.
370	Primker	Stadtrichter	Breslau.
371	Pudor	Kammergerichts-Referendar	Berlin.
372	Dr. Pütter	Professor	Greifswald.
373	Qual	Kreisrichter	Sprottau.
374	Rahn	Kreisrichter	Glatz.
375	Ribbentrop	Landgerichtsrath	Posen.
376	Richter	Appellationsgerichtsrath	Frankfurt a. O.
377	Rieß	Gerichts-Assessor	Berlin.
378	Ritler	Rechtsanwalt	Torgau.
379	Rivier	Doktor der Rechte	Berlin.
380	Röber	Kreisrichter	Lindow.
381	Rommel	Gerichts-Assessor	Trier.
382	Rosenkranz	Justizrath	Bromberg.
383	Dr. Rubo	Kammergerichts-Referendar	Berlin.
384	Sabarth	Rechtsanwalt	Ratibor.
385	Sack	Justizrath, Rechtsanwalt	Essen.
386	Sack	Gerichts-Assessor	Bielefeld.
387	Sauerteig	Rechtsanwalt	Eilenburg.
388	Schäfer	Stadt- und Kreisrichter	Wollmirstedt.
389	Scharff	Kreisgerichtsrath	Jauer.
390	Schede	Justizrath, Rechtsanwalt	Halle a. S.
391	Scheurich	Rechtsanwalt	Crossen a. O.
392	Schlomka	Kreisrichter	Erfurt.
393	Schlüter	Rechtsanwalt	Witten.
394	Schmidt	Kreisrichter	Haynau.
395	Dr. Schmidt	Kammergerichts-Referendar	Berlin.
396	Schöneseiffen	Advokat	M. Gladbach.
397	Schollmeyer	Kreisrichter	Cremmen.
398	Schröder	Gerichts-Assessor u. Special-Commissarius	Tarnowitz.
399	Schück	Strafanstalts-Direktor	Breslau.
400	Schultz	Rechtsanwalt und Notar	Wanzleben.
401	Schultze	Rechtsanwalt	Spandau.
402	Schultze	Kammergerichts-Auskultator	Spandau.
403	Schuster	Rechtsanwalt	Eisleben.

Nr.	Name.	Stand.	Wohnort.
404	Schwartz	Gerichts-Assessor	Berlin.
405	Schwarz	Kreisgerichtsrath	Greifswald.
406	Schwerin	Kreisrichter	Sommerfeld.
407	Seemann	Kreisgerichts-Director	Spremberg.
408	Sehlmacher	Rechtsanwalt	Pyritz.
409	Severin	Kreisgerichtsrath	Swinemünde.
410	Siegert	Gerichts-Assessor	Breslau.
411	Siemens	Justizrath	Berlin.
412	Siemens	Kammergerichts-Auskultator	Jüterbogk.
413	Dr. Silberschlag	Stadt- und Kreisrichter	Magdeburg.
414	Simon	Kreisrichter	Nauen.
415	Simonson	Justizrath, Rechtsanwalt	Berlin.
416	Slevogt	Justizrath, Rechtsanwalt	Berlin.
417	von Spangenberg	Kreisgerichtsrath	Bunzlau.
418	Spiegelthal	Rechtsanwalt	Calbe a. S.
419	Stegemann	Staatsanwalt	Wriezen.
420	Stegemann	Rechtsanwalt	Halberstadt.
421	Steinbeck	Kreisgerichts-Direktor	Brandenburg a. H.
422	Stelzer	Rechtsanwalt	Torgau.
423	Stephany	Stadtgerichtsrath	Berlin.
424	Stiefel	Gerichts-Assessor	Dierdorf.
425	Dr. Stolp	Redacteur der Monatsschrift für Deutsches Städte- und Gemeindewesen	Frankfurt a. O.
426	Dr. Straß	Kreisjustizrath a. D. u. Rechtsanwalt	Berlin.
427	Sydow	Geh. Justiz- u Minist.-Rath	Berlin.
428	Teßmar	Rechtsanwalt	Stargard i. P.
429	Thesing	Rechtsanwalt	Stallupönen.
430	Thesmar	Advokat-Anwalt	Cöln.
431	von Thielenfeld	Justizrath, Rechtsanwalt	Frankfurt a. O.
432	Thilo	Assessor b. d. Staatsanwaltsch.	Breslau.
433	von Tippelskirch	Ober-Staatsanwalt	Stettin.
434	von Twardowski	Appellationsger.-Referendar	Stettin.
435	Franz Ulrici	Appellationsgerichtsrath	Frankfurt a. O.

Nr.	Name.	Stand.	Wohnort.
436	Bernhard Ulrici	Appellationsger.-Referendar	Frankfurt a. O.
437	Valois	Rechtsanwalt	Dirschau.
438	Volkmar	Justizrath, Rechtsanwalt	Berlin.
439	Volkmar	Gerichts-Assessor	Berlin.
440	Wache	Kammergerichts-Assessor a. D.	Berlin.
441	Dr. Waldeck	Ober-Tribunalsrath	Berlin.
442	Walder	Kreisgerichtsrath	Brandenburg a. H.
443	Dr. Graf von Wartensleben	Stadtgerichtsrath	Berlin.
444	Wegner	Justizrath, Rechtsanwalt	Berlin.
445	Wegner	Gerichts-Assessor	Neustadt E.-W.
446	Werner	Kammergerichts-Referendar	Berlin.
447	Westphal	Gerichts-Assessor	Halle a. S.
448	Wettke	Kreisrichter	Mohrungen.
449	Weymann	Kreisrichter	Bärwalde i. d. Neumark.
450	Wilke	Rechtsanwalt	Berlin.
451	Dr. Wilke	Gerichts-Assessor	Berlin.
452	von Wilmovsky	Geh. Finanzrath	Berlin.
453	von Wilmowsky	Rechtsanwalt	Schlawe.
454	Winkler	Rechtsanwalt	Gleiwitz.
455	Witte	Stadtrichter	Berlin.
456	Dr. Wittgenstein	Kammergerichts-Referendar	Berlin.
457	Wölfel	Rechtsanwalt	Lützen.
458	Wolff	Kreisgerichtsrath	Strehlen.
459	Wolff	Rechtsanwalt	Bunzlau.
460	Wollank	Stadtgerichtsrath	Berlin.
461	Wollenschläger	Appellationsgerichtsrath	Marienwerder.
462	Zenthöfer	Kreisrichter	Rybnick.
463	Dr. Zimmermann	Rechtsanwalt	Berlin (u. London).
464	Dr. Zöllner	Gerichts-Assessor	Potsdam.

Fürstenthum Reuß.

465	Süßenguth	Rechtsanwalt	Lobenstein.

Nr.	Name.	Stand.	Wohnort.
		Königreich Sachsen.	
466	Abeken	Gerichtsrath	Dresden.
467	Ackermann	Finanz-Prokurator u. Hofrath	Dresden.
468	Ahnert	Gerichts-Amtsaktuar	Großenhain.
469	Anschütz	Rechtsanwalt	Leipzig.
470	Bachmann	Advokat	Zwickau.
471	Bachmann	Rechtsanwalt	Pulsnitz.
472	Dr. Baehr	Anwalts-Aspirant	Dresden.
473	Bassenge	Bezirksgerichts-Aktuar	Dresden.
474	Beck	Notar	Dresden.
475	Beeger	Advokat	Löbau.
476	Dr. v. Behr	Justiz-Minister	Dresden.
477	Bermann	Gerichts-Amtmann	Zöblitz.
478	Bernhardi	Gerichts-Assessor	Stollberg.
479	Beschorner	Finanzprokurator, Rechtsanw.	Dresden.
480	Böhmer	Aktuar	Lommatzsch.
481	Börner	Aktuar	Löbau.
482	Böttger	Gerichts-Amtsaktuar	Moritzburg.
483	v. Buttlar	Assessor	Chemnitz.
484	Canzler	Rechtsanwalt	Dippoldiswalde.
485	Colditz	Advokat und Notar	Dresden.
486	Cunradi	Advokat	Dresden.
487	Deumer	Rechtsanwalt	Königsbrück.
488	Dietze	Aktuar	Königstein.
489	Döring	Rechtsanwalt	Dresden.
490	Dreßler	Gerichtsrath	Dresden.
491	Drewitz	Gerichts-Amtmann	Dippoldiswalde
492	Engel	Advokat	Dresden.
493	Eysoldt	Notar und Rechtscandidat	Königstein.
494	Fasoldt	Advokat	Dresden.
495	Fellmer	Gerichts-Amtmann	Pulsnitz.
496	Fiedler	Gerichts-Anwalt	Tharandt.
497	Fleck	Appellationsrath	Bautzen.
498	Fleck	Steuerprokurator	Dresden.

Nr.	Name.	Stand.	Wohnort.
499	Flohr	Gerichts-Amtmann	Reichenau.
500	Förster	Advokat	Pirna.
501	Fränzel	Advokat und Notar	Dresden.
502	Dr. Francke	Bezirksgerichts-Aktuar	Dresden.
503	C. Frank	Advokat	Dresden.
504	Dr. Friederici	Geh. Hofrath	Leipzig.
505	Dr. Friederici	Advokat	Leipzig.
506	Friedrich	Gerichts-Amtmann	Chemnitz.
507	Friedrich	Advokat	Pirna.
508	Gareis	Staatsanwalt	Pirna.
509	Gasch	Rechtsanwalt	Dresden.
510	Gebert	Geh. Justiz- u. Minist.-Rath	Dresden.
511	Gerlach	Advokat	Dresden.
512	Geyer	Rechtsanwalt	Dresden.
513	Geyer	Bezirksgerichts-Aktuar	Dresden.
514	Girardet	Auditeur	Großenhain.
515	Dr. Glöckner	Geh. Finanzrath	Dresden.
516	Glöckner	Bezirksgerichtsrath	Dresden.
517	Dr. Götz	Professor	Leipzig.
518	v. Gottschalk	Gerichts-Amtmann	Rötha.
519	Gottschalk	Advokat	Dresden.
520	Gräffe	Rechtsanwalt	Dresden.
521	Gutbier	Advokat	Dresden.
522	v. Gutschmid	Advokat	Zwickau.
523	Haberkorn	Bürgermeister	Zittau.
524	Dr. Hänel	Geheimrath u. Ministerialr.	Dresden.
525	Hallbauer	Advokat	Meißen.
526	Hartung	Bürgermeister und Advokat	Schandau.
527	Hartung	Gerichts-Amtmann	Königsbrück.
528	Hartwich	Advokat	Pirna.
529	Haße	Advokat	Chemnitz.
530	Heinze	Staatsanwalt	Dresden.
531	Held	Staatsanwalt	Dresden.
532	Helfer	Advokat	Leipzig.
533	Hendel	Notar	Dresden.

Nr.	Name.	Stand.	Wohnort.
534	Hensel	Bezirksgerichts-Direktor	Budissin.
535	Hensel	Advokat	Zittau.
536	Herbig	Bezirksgerichts-Direktor	Annaberg.
537	Hermann	Rechtsanwalt	Dresden.
538	Dr. Hertel	Bürgermeister	Dresden.
539	Dr. Hesse	Advokat	Dresden.
540	Hetzer	Bacc. jur.	Dresden.
541	Heubner	Advokat	Zwickau.
542	Heydenreich	Rechtsanwalt	Dresden.
543	Höfer	Amts-Aktuar	Grünhain.
544	Höffner	Rechtsanwalt	Nossen.
545	Dr. Hösler	Rechtsanwalt	Leipzig.
546	Hünich	Rechtsanwalt	Dresden.
547	Jacobi	Advokat	Grimma.
548	Jahn	Amts-Aktuar	Brand bei Freiberg.
549	Jannasch	Ober-Bürgermeister a. D.	Dresden.
550	Jaspis	Bezirksgerichts-Aktuar	Bautzen.
551	Dr. Jentsch	Advokat	Zittau.
552	Judeich	Advokat	Dresden.
553	Dr. Kieber	Advokat	Dresden.
554	Klemm	Appellationsrath	Dresden.
555	Klemm	Bezirksgerichts-Direktor	Dresden.
556	Klinger	Rechtsanwalt	Dresden.
557	Koch	Advokat	Buchholz.
558	Körner	Geh. Rath u. Departements-Direktor im K. Sächsischen Mininisterium des Innern	Dresden.
559	Körner	Advokat	Auerbach.
560	Köttig	Advokat	Meißen.
561	Kohlschütter	Rechtsanwalt	Dresden.
562	Kretschmar	Advokat	Leipzig.
563	Kretschmar	Advokat	Großenhain.
564	Kretzschmar	Advokat	Dresden.
565	Kretzschmar	Advokat	Lichtenstein.
566	Krippendorf	Rechtsanwalt	Dresden.

Nr.	Name.	Stand.	Wohnort.
567	Krug	Geh. Justizrath, Ministerialr.	Dresden.
568	Kühn	Advokat	Leipzig.
569	Künzel	Regierungsrath	Dresden.
570	Küttner	Finanzprocurator, Rechtsanw.	Dresden.
571	Kuhn	Rechtsanwalt	Dresden.
572	M. Kuhn	Rechtsanwalt	Dresden.
573	Dr. Kuntze	Professor	Leipzig.
574	Kuntze	Stadtrath	Meerane.
575	Kuntzsch	Rechtsanwalt	Chemnitz.
576	Lamm	Bezirksgerichtsrath	Bautzen.
577	Landgraff	Protokollant	Löbau.
578	Langbein	Rechtsanwalt und Notar	Wurzen.
579	Lauhe	Advokat	Dresden.
580	Lauhn	Advokatur-Candidat	Leipzig.
581	Lehmann	Rechtsanwalt	Dresden.
582	Lehmann	Dr. jur.	Leipzig.
583	Lengnick	Rechtsanwalt	Dresden.
584	Leupold	Rechtsanwalt	Dresden.
585	Lincke	Bezirksgerichtsrath	Pirna.
586	Litzkendorf	Gerichtsamtmann	Löbau.
587	Lorenz	Finanzprokurator	Großenhain.
588	Dr. Lucius	Geh. Regierungsrath, Bezirksgerichts-Direktor	Leipzig.
589	Lücke	Rechtsanwalt	Zittau.
590	Matteis	Assessor	Wurzen.
591	Mehner	Assessor	Radeberg.
592	Dr. Meischner	Rechtsanwalt und Notar	Penig.
593	Meltzer	Bürgermeister	Frankenberg.
594	von Metzsch	Gerichtsamts-Aktuar	Penig.
595	Holm von Metzsch	Assessor und Staatsanwaltsgehülfe	Budissin.
596	Miller	Rechtsanwalt	Dresden.
597	Minckwitz	Dr. jur.	Thum (Rittergut).
598	Dr. Mirus sen.	Advokat	Leisnig.
599	Dr. Mirus jun.	Advokat	Leisnig.

Nr.	Name.	Stand.	Wohnort.
600	von Mücke	Bezirksgerichts-Direktor	Zittau.
601	Müller	Advokat	Leipzig.
602	Nake	Rechtsanwalt	Dresden.
603	Neidhardt	Bezirksgerichts-Direktor	Zwickau.
604	Neubert	Bürgermeister	Dresden.
605	Dr. Nitzen	Privat-Dozent	Leipzig.
606	Noßky	Appellationsrath	Dresden.
607	Ochernal	Rechtsanwalt	Dippoldiswalde.
608	Oehlschlägel	Bergmeister	Schneeberg.
609	Oertel	Notar	Radeberg.
610	Opitz	Finanzprokurator, Advokat	Dresden.
611	Opitz	Advokat und Notar	Zittau.
612	Orb	Rechtsanwalt	Königstein.
613	Oßwald	Advokat	Borna.
614	Dr. Osterloh	Professor	Leipzig.
615	von Otto	Kais. Russ. Wirkl. Staatsrath	Dresden.
616	Pappermann	Rechtsanwalt	Dresden.
617	Petermann	Bacc. jur. u. Redakteur	Dresden.
618	von Petrikowsky	Gerichts-Amtmann	Werdau.
619	Petsch	Gerichtsrath	Löbau.
620	Pfotenhauer	Ober-Bürgermeister	Dresden.
621	Pietsch	Bezirksgerichts-Director	Pirna.
622	Dr. Pilling	Rechtsanwalt	Dresden.
623	Pohl	Advokat und Notar	Frohburg.
624	Preller	Rechtsanwalt und Notar	Chemnitz.
625	Quenzel	Assessor	Schneeberg.
626	von Richter	Kais. Russ. Wirklicher Staatsrath	Dresden.
627	Roßtäuscher	Staatsanwalt	Bautzen.
628	Rüger	Bürgermeister, Rechtsanwalt	Dippoldiswalde.
629	Rumpelt	Rechtsanwalt	Radeberg.
630	Schaeffer	Advokat	Dresden.
631	Dr. Schaffrath	Rechtsanwalt	Dresden.
632	Schanz	Rechtsanwalt	Dresden.
633	Schedlich	Rechtsanwalt	Rochlitz.

Nr.	Name.	Stand.	Wohnort.
634	Schedlich	Advokat	Crimmitzschau.
635	Scheele	Advokat	Dresden.
636	Schelcher	Rechtsanwalt	Oschatz.
637	Dr. Schelcher	Advokat	Dresden.
638	Scheuffler II.	Advokat	Meißen.
639	Scheufler I.	Advokat	Meißen.
640	Schickert	Bürgermeister	Großenhain.
641	Schmid	Rechtsanwalt und Notar	Dresden.
642	Dr. Schmidt	Finanzprokurator, Advokat	Dresden.
643	F. A. Schmidt	Advokat	Dresden.
644	Dr. Schneider	Appellationsgerichts-Präsid.	Dresden.
645	Schnell	Rechtsanwalt	Zittau.
646	Schreck	Advokat	Pirna.
647	Carl Schröter	Rechtsanwalt	Stollberg.
648	Schulz	Notar	Dresden.
649	Dr. Schwarze	General-Staatsanwalt	Dresden.
650	Segnitz	Rechtsanwalt	Wermsdorf.
651	Dr. Siebdrat	Geh Justiz- u. Ministerialrath	Dresden.
652	Siegel	Advokat	Glauchau.
653	Sierig	Dr. jur.	Leipzig.
654	Sommer	Advokat	Bernstadt.
655	Stange	Rechtsanwalt	Dresden.
656	Dr. Starke	Auditeur	Königstein (Festung).
657	Starke	Gerichtsrath	Leipzig.
658	Stauß	Rechtsanwalt	Dresden.
659	Steeger	Rechtsanwalt	Dresden.
660	Dr. Stein	Rechtsanwalt	Dresden.
661	Steinhäuser	Advokat	Plauen.
662	Stöckel	Staatsanwalt	Chemnitz.
663	Streit	Bürgermeister	Zwickau.
664	Stremel	Advokat	Zittau.
665	Strödel	Bezirksgerichts-Aktuar	Dresden.
666	Sulzberger	Rechtsanwalt	Wurzen.
667	Teucher	Rechtsanwalt	Dresden.
668	Thamerus	Rechtsanwalt	Pirna.

Nr.	Name.	Stand.	Wohnort.
669	Thiel	Advokat	Bautzen.
670	Thiemann	Hofrath	Dresden.
671	Thiemer jun.	Rechtsanwalt	Zittau.
672	Tietz	Rechtsanwalt	Leipzig.
673	Tischer	Advokat	Oberlößnitz.
674	Wachs	Advokat	Leipzig.
675	Walther	Rechtsanwalt	Meerane.
676	Dr. von Weber	Ministerialrath	Dresden.
677	Weickert	Advokat	Zwickau.
678	Weidner	Advokat	Zittau.
679	Weise	Advokat	Meißen.
680	Wengler	Bezirksgerichtsrath	Bautzen.
681	Wetzel	Rechtsanwalt	Dresden.
682	Wilhelm	Assessor	Großenhain.
683	Wilke	Geh. Justizrath und vortr. Rath im Justiz-Minist.	Dresden.
684	von Wilm	Advokat	Dresden.
685	Winter	Advokat	Dresden.
686	Dr. Winzer	Bezirksgerichts-Direktor	Löbau.
687	Witschel	Advokat	Dresden.
688	von Witzleben	Regierungsrath	Leipzig.
689	Dr. Wolf	Gerichtsrath	Freiberg
690	Wolff	Protokollant	Dresden.
691	Zacharias	Rechtsanwalt	Dresden.
692	Zenker	Finanzprokurator, Vorst. der Advokaten-Kammer	Dresden.
693	Zimmer	Advokat	Dresden.
694	Zimmermann	Stiftssyndikus	Meißen.
695	Zumpe II.	Rechtsanwalt	Dresden.

Herzogthum Sachsen-Altenburg.

696	Dr. Hase	Appellationsrath	Altenburg.

Nr.	Name.	Stand.	Wohnort.

Herzogthum Sachsen-Coburg-Gotha.

697	Hornbostel	Regierungsrath	Gotha.
698	Oberländer	Bürgermeister	Coburg.

Herzogthum Sachsen-Meiningen.

699	Albrecht	Appellationsrath und Ober-Staatsanwalt	Hildburghausen.
700	Dr. Kircher	Rechtsanwalt	Meiningen.

Großherzogthum Sachsen-Weimar.

701	Dr. Frhr. v. Groß	Ober-Staatsanwalt	Eisenach.
702	Dr. Martin	Justizamtmann	Kreuzburg b. Eisenach.

Fürstenthum Schwarzburg-Sondershausen.

703	Dr. Vollert	Kreisgerichts-Assessor	Arnstadt.

Schweiz.

704	Dr. Mentz	Professor	Bern.

Fürstenthum Waldeck.

705	Steineck	Kreisrichter	Korbach.

Königreich Württemberg.

706	Bazing	Ober-Amtsrichter	Neresheim.
707	Binder	Ober-Tribunalsrath und General-Staatsanwalt	Stuttgart.

Nr.	Name.	Stand.	Wohnort.
708	Faber	Ober-Tribunalsrath	Stuttgart.
709	Feuerbach	Ober-Justizrath	Ulm.
710	Hagen	Advokat	Neu-Ulm.
711	Hegelmaier	Ober-Amtsrichter	Geislingen.
712	Heß	Ober-Justizprokurator	Ulm.
713	Frhr. v. Holzschuher	Ober-Justizrath	Stuttgart.
714	Huber	Ober-Justizrath	Ulm.
715	von Kronmüller	Ober-Tribunalsrath	Stuttgart.
716	Oesterlen	Advokat	Stuttgart.
717	Scheurlen	Oberamtsrichter	Mergentheim.
718	Frhr. v. Sternenfels	Ober-Tribunalsrath	Stuttgart.
719	Frhr. v. Sternenfels	Justiz-Referendar	Stuttgart.
720	Tafel	Anwalt	Stuttgart.
721	Wirth	Oberamtsrichter	Horb a. N.
722	Zirkler	Oberamtsrichter	Künzelsau.

Programm

für

den Zweiten Deutschen Juristentag.

Montag, den 26. August.

Abends 6½ Uhr im Saale des Linke'schen Bades (Antonstadt, Schillerstraße): Gesellschaftliche Zusammenkunft zur gegenseitigen Begrüßung. Die Bewirthung erfolgt durch das Königlich Sächsische Staatsministerium der Justiz.

Der Eintritt ist nur gegen Abgabe der Eintrittskarte gestattet, welche auf dem Büreau bei der Anmeldung ausgehändigt wird.

Die in der Altstadt wohnenden Mitglieder des Juristentages können ein zu diesem Zwecke aufgestelltes und um 11 Uhr Abends von dem Linke'schen Bade abfahrendes Dampfboot zur Rückfahrt in die Altstadt benutzen.

Dienstag, den 27. August.

Morgens 8 Uhr im Saale des Linke'schen Bades (Antonstadt, Schillerstraße): Plenar-Sitzung.

Vorläufige Tagesordnung:

1. Wahl des Präsidenten.
2. Vertheilung der eingegangenen Anträge an die Abtheilungen.
3. Antrag der ständigen Deputation wegen Abänderung der §§. 5, 6, 10 der Statuten. Heft 2 Seite 227 der diesjährigen Vorlagen und Nr. 44 Seite 173 des Vereins-Organes „Deutsche Gerichtszeitung."
4. Anträge des Herrn Ober-Tribunalsrath Freiherrn v. Sternenfels zu Stuttgart zu den §§. 3 und 10 der Statuten. Seite 197 des Vereins-Organes.
5. Antrag des Herrn Professor Dr. Glaser zu Wien zu §. 6 Nr. 3 der Statuten. Seite 209 des Vereins-Organes.
6. Erneuerter Antrag des Herrn Kreisrichter Dulheuer zu Lüdenscheid, betreffend die Organisation des Deutschen Juristentages. S. 121—123 der Verhandlungen pro 1860 und Seite 228 der Verhandlungen pro 1861.
7. Antrag des Herrn Obergerichtsrath Vorwerk zu Wolffenbüttel, betreffend die regelmäßige Ertheilung von Auskunft darüber, was in den einzelnen Deutschen Staaten für oder wider die Förderung Deutscher Rechtseinheit geschehen sei. Seite 237 der Verhandlungen pro 1861.
8. Antrag des Herrn Advokat Förster zu Pirna, betreffend die der ständigen Deputation auf-

zutragende Verpflichtung, Vorschläge zur Anbahnung Deutscher Rechtseinheit vorzubereiten. Seite 237 der Verhandlungen pro 1861.

Mittwoch, den 28. August.

Morgens 8 Uhr im Saale der Brühl'schen Terrasse: Sitzung der Ersten Abtheilung.

Vorläufige Tagesordnung:

1. Wahl des Vorsitzenden, der Schriftführer und Berichterstatter.
2. Vorlage der ständigen Deputation, betreffend die Frage, ob es wünschenswerth sei, daß
   a. über den Zeitpunkt der Großjährigkeit,
   b. über die Handlungsfähigkeit großjähriger Personen unter väterlicher Gewalt,
   c. über die Interzessionen der Personen weiblichen Geschlechts

   schon jetzt (bei Gelegenheit der Emanation einer Deutschen Civilprozeß-Ordnung) gemeinsame Bestimmungen getroffen werden. Gutachten des Herrn Professor Dr. Unger zu Wien: Seite 126—128 der Verhandlungen pro 1861.
3. Antrag des Herrn Ober-Tribunals-Präsidenten Dr. Bornemann zu Berlin, betreffend das Hypothekenwesen. Seite 229 der Verhandlungen pro 1861. Motive: S. 174 ff. des Vereins-Organes.
4. Antrag des Herrn Ober-Tribunalsrath Meyer zu Berlin, betreffend leitende Sätze für eine künftige Deutsche Hypotheken-Ordnung. Seite 232 der Verhandlungen von 1861. Motive: S. 189 des Vereins-Organes.

Hierzu

Zusatz-Antrag des Herrn Kreisrichters Geck zu Werden a./R., betreffend die Durchführung des Grundsatzes der Publizität der Hypothekenbücher.

Morgens 8 Uhr im Speisesaale der Harmonie-Gesellschaft (Landhausstraße): Sitzung der Zweiten Abtheilung.

Vorläufige Tagesordnung:

1. Wahl des Vorsitzenden, der Schriftführer und Berichterstatter.
2. Antrag des Herrn Geheimen Justizrath, Professor Dr. Heydemann zu Berlin, betreffend ein gemeinsames Gesetz zum Schutze des Urheberrechts an Werken der Literatur und Kunst gegen Nachdruck sowie gegen unbefugte Nachbildungen und Darstellungen. Seite 236 der Verhandlungen pro 1861. Motive: Seite 195 des Vereins-Organes.

   In Verbindung hiermit:
3. Antrag des Herrn Notar Uchatzy zu Reichenberg in Böhmen, betreffend ein gemeinsames Patent-Gesetz. Seite 236 der Verhandlungen pro 1861. Motive: Seite 190 des Vereins-Organes.
4. Antrag des Herrn Stadtgerichtsrath Borchardt zu Berlin, betreffend die Deklarationen zur Deutschen Wechsel-Ordnung. Motive: Seite 198 des Vereins-Organes.

Morgens 8 Uhr im Ballsaale der Harmonie-Gesellschaft (Landhausstr.): Sitzung der Dritten Abtheil.

Vorläufige Tagesordnung:

1. Wahl des Vorsitzenden, der Schriftführer und Berichterstatter.

2. Bericht des Referenten der ständigen Deputation, Herrn General-Staatsanwalt Dr. Schwarze zu Dresden, über die Anträge des Herrn Rechtsanwalt Lewald zu Berlin und Neben-Anträge, betreffend die Privat-Anklage. Seite 70, 71, 246—258, 323—325, 344, 345 der Verhandlungen pro 1860. Vergl. die Anträge und Beschlüsse der Deputation nebst Motiven in der Nr. 50, 51 u. 52 des Vereins-Organes. Gutachten des Herrn Ober-Staatsanwalt Dr. Freiherrn von Groß zu Eisenach und des Herrn Ober-Tribunalsrath Dr. Freiherrn v. Seckendorff zu Berlin lin. S. 131—223 der Verhandlungen pro 1861. Seite 198 des Vereins-Organes.
3. Antrag des Herrn Kreisrichter Zenthöfer zu Rybnick, betreffend die Unterscheidung der im Strafprozeß zu beantwortenden Fragen in That- und Rechtsfragen.
4. Antrag des Herrn Rechtsanwalt Lewald zu Berlin, betreffend die Aburtheilung der politischen und Preßverbrechen durch Geschworene.
   Hierzu
   Zusatz-Antrag des Herrn Rechtsanwalt Dr. Schaffrath zu Dresden: Seite 236 der Verhandlungen pro 1861. Motive: Seite 195, 198 des Vereins-Organes.

Morgens 8 Uhr im Saale von Braun's Hotel (Pirnaische Straße):

Sitzung der Vierten Abtheilung.

Vorläufige Tagesordnung:

1. Wahl des Vorsitzenden, der Schriftführer und Berichterstatter.
2. Anträge des Herrn Ober-Tribunalsrath Dr.

Waldeck zu Berlin, betreffend folgende prozessualische Fragen:

a. Soll mit der Angabe der thatsächlichen Behauptungen in Klage, Einrede rc. die Angabe der Beweismittel verbunden sein?

b. Sollen Beweis-Interlokute appellabel sein?

c. Soll die Vertretung durch einen Rechtsanwalt obligatorisch werden?

d. Soll eine Abweisung der Klage per decretum zugelassen werden?

e. Soll das Rechtsmittel letzter Instanz die Sache in vollem Umfange oder, mit Ausschluß der thatsächlichen Würdigung, neben Kompetenzüberschreitungen und gewissen Prozedurfehlern nur die Anwendung und Auslegung des Gesetzes zur Entscheidung des höchsten Gerichtshofes bringen?

Seite 9—36 der Verhandlungen pro 1860. Gutachten des Herrn Ober-Tribunalsrath Freiherrn v. Sternenfels zu Stuttgart, des Herrn Obergerichts-Anwalt Dr. André zu Osnabrück und des Herrn Professor Dr. Planck zu Kiel. Seite 3—92 der Verhandlungen pro 1861.

3. Vorlage der ständigen Deputation, betreffend die Fragen:

a. Soll die Thätigkeit der Staatsanwaltschaft auch auf bürgerliche Rechtsstreitigkeiten ausgedehnt werden und inwieweit?

b. Soll der Schwerpunkt des nach dem Grundsatze der Oeffentlichkeit und Mündlichkeit zu regelnden Verfahrens in bürgerlichen Streitsachen in der mündlichen Verhandlung oder in dem als Grundlage dienenden schriftlichen Verfahren liegen, namentlich in erster Instanz?

c. Soll, was den Beweis in bürgerlichen Streitsachen betrifft, das Urtheil nach freier richterlicher Ueberzeugung ohne bindende Beweisregeln erfolgen?

Gutachten des Herrn Hofgerichtsrath Brauer zu Bruchsal und des Herrn Kammergerichtsrath Plathner zu Berlin. Seite 95—125 der Verhandlungen pro 1861.

4. Antrag des Herrn Stadtrichter Primker zu Breslau, betreffend die Unabhängigkeit der Rechtspflege. Seite 229 der Verhandlungen pro 1861 und Seite 143 des Vereins-Organes.

Donnerstag, den 29. August.

Morgens 8 Uhr in den Lokalen wie Tags zuvor: Berathung der einzelnen Abtheilungen. Die Tagesordnung wird vorher bekannt gemacht werden.

Freitag, den 30. August.

Morgens 8 Uhr im Saale des Linke'schen Bades (Antonstadt, Schillerstraße): Plenar-Sitzung. Die Tagesordnung wird vorher bekannt gemacht werden.

Stenographische Berichte.

Tagesordnung der ersten Plenarsitzung.

1. Wahl des Präsidenten.
2. Vertheilung der eingegangenen Anträge an die Abtheilungen.
3. Antrag der ständigen Deputation wegen Abänderung der §§. 5, 6, 10 der Statuten. Heft 2 Seite 227 der diesjährigen Vorlagen und No. 44 Seite 173 des Vereins-Organes „Deutsche Gerichtszeitung."
4. Anträge des Herrn Ober-Tribunalsrath Freiherrn von Sternenfels zu Stuttgart: zu den §§. 3 und 10 der Statuten. Seite 197 des Vereins-Organes.
5. Antrag des Herrn Professor Dr. Glaser zu Wien: zu §. 6 No. 3 der Statuten. Seite 209 des Vereins-Organes.
6. Erneuerter Antrag des Herrn Kreisrichter Dulheuer zu Wernigerode, betreffend die Organisation des Deutschen Juristentages. S. 121 — 123 der Verhandlungen pro 1860 und Seite 228 der Verhandlungen pro 1861.
7. Antrag des Herrn Obergerichtsrath Vorwerk zu Wolfenbüttel, betreffend die regelmäßige Ertheilung von Auskunft

darüber, was in den einzelnen Deutschen Staaten für oder wider die Förderung Deutscher Rechtseinheit geschehen sei. Seite 237 der Verhandlungen pro 1861.

8. Antrag des Herrn Advokat Förster zu Pirna, betreffend die der ständigen Deputation aufzutragende Verpflichtung, Vorschläge zur Anbahnung Deutscher Rechtseinheit vorzubereiten. Seite 237 der Verhandlungen pro 1861.

Erste Plenarsitzung
des Zweiten Deutschen Juristentages
am Dienstag den 27. August 1861
im Saale des Linke'schen Bades.

Die Sitzung wird um 8 Uhr 30 Minuten durch den Stadtgerichtsrath Dr. Graf v. Wartensleben aus Berlin eröffnet.

Stadtgerichtsrath Dr. **Graf v. Wartensleben**: Die Sitzung des Zweiten Deutschen Juristentages erkläre ich hiermit für eröffnet.

Den Herrn Schriftführer der ständigen Deputation ersuche ich, auch hier das Schriftführer-Amt vorläufig zu übernehmen und an meiner Seite Platz zu nehmen.

Meine hochgeehrten Herren! Als stellvertretender Präsident Ihrer ständigen Deputation habe ich die Ehre, die hohe Versammlung zu begrüßen. Der geschäftsführende Präsident ist leider verhindert der diesjährigen Versammlung persönlich beizuwohnen.

Bevor ich zur Tagesordnung übergehe, erlaube ich mir, einen kurzen Bericht über die Wirksamkeit der ständigen Deputation während des abgelaufenen Geschäftsjahres Ihnen zu erstatten:

Von den Vorlagen des vorjährigen Juristentages wurde zunächst der Antrag des Rechtsanwalts Lewald zu Berlin, betreffend die Privat-Anklage, der Deputation zur Prüfung und zur Vorlage bei der diesjährigen Versammlung überwiesen.

Die Gutachten des Ober-Tribunalsrath v. Seckendorff zu Berlin und des Ober-Staatsanwalts v. Groß zu Eisenach über diesen Gegenstand, welche nebst dem Berichte der ständigen Deputation bereits gedruckt in Ihren Händen sich befinden, geben Zeugniß von der eingehenden Prüfung des Gegenstandes.

Sie haben ferner auf dem vorjährigen Juristentage den Beschluß gefaßt, die Debatte über die von dem Ober-Tribunalsrath Dr. Waldeck zu Berlin in Anregung gebrachten Fragen der bürgerlichen Prozeß-Ordnung bis zur diesjährigen Versammlung zu vertagen.

Um die Diskussion über diese Materien vorzubereiten, hat die ständige Deputation Gutachten von dem Ober-Tribunalsrathe v. Sternenfels zu Stuttgart, dem Obergerichtsanwalt Dr. André zu Osnabrück und dem Professor Dr. Planck zu Kiel, und außerdem noch über einige andere, hiermit in naher Beziehung stehende Fragen des Prozeßrechts Gutachten von dem Hofgerichtsrath Brauer zu Bruchsal und dem Kammergerichtsrath Plathner zu Berlin eingezogen. Dieselben befinden sich ebenfalls bereits in Ihren Händen.

Außer diesen wissenschaftlichen Vorlagen sind im Schooße der ständigen Deputation auch Abänderungen der Statuten in Anregung gebracht und die desfallsigen Anträge einer Prüfung unterzogen worden. Es wird Ihnen hierüber Bericht erstattet werden.

Die Frage endlich, in welcher Weise auf den Erlaß einer Allgemeinen Deutschen Prozeßordnung, eines Allgemeinen Deutschen Strafrechts und eines Allgemeinen Deutschen Obligationenrechts hinzuwirken sei, ist mehrfach Gegenstand der Berathung Ihrer ständigen Deputation gewesen.

Bereits in der Sitzung vom November v. J. wurde mit Stimmeneinhelligkeit für wünschenswerth erachtet, daß Seitens der Regierungen der beiden Deutschen Großstaaten schleunigst die Initiative, wenigstens für eine gemeinsame Deutsche Civil- und Strafprozeß-Gesetzgebung, ergriffen werden möge.

In der Sitzung vom Mai d. J. sprach ferner die ständige Deputation in Beziehung auf den damaligen Stand der Frage einstimmig den Wunsch aus:

es möge von den Deutschen Regierungen das nationale Ziel einer einheitlichen Gesetzgebung mit Entschiedenheit angestrebt, und nicht durch Meinungsverschiedenheit über die bloße Zweckmäßigkeit des einzuschlagenden Weges die große Sache selbst gefährdet werden.

Auch bei ihrem jetzigen Zusammentreten hat die ständige Deputation diesen Gegenstand einer erneuten und eingehenden Berathung unterworfen. Das Ergebniß dieser Berathung wird Ihnen in einem Berichte dargelegt werden, welcher, bei der hohen Bedeutung des Gegenstandes, alsbald auf die Tagesordnung gebracht werden soll.

Zur Tagesordnung übergehend habe ich Ihnen die Mittheilung zu machen, daß in Gemäßheit des §. 7 der Statuten, nach welchem der Vorsitzende für die Dauer eines Juristentages in der ersten Plenarversammlung durch Stimmzettel oder Akklamation gewählt wird, — im Hinblicke auf §. 10, welcher der Deputation die nothwendige Vorbereitung für den Juristentag zur Pflicht macht, und nachdem der Herr General-Staatsanwalt Dr. Schwarze zu Dresden, welchen die Deputation in erster Linie zum Vorsitzenden für den diesjährigen Juristentag Ihnen in Vorschlag bringen wollte, zum lebhaften Bedauern der Deputation erklärt hat, daß er die Wahl, wenn sie auf ihn fallen sollte, ablehnen müßte, — die ständige Deputation einhellig beschlossen hat:

Ihnen vorzuschlagen, zum Präsidenten des Zweiten Deutschen Juristentages durch Akklamation zu erwählen den Herrn Professor Dr. Bluntschli aus München.

Diejenigen, welche dafür stimmen, ersuche ich, sich von ihren Plätzen zu erheben. (Die ganze Versammlung erhebt sich.)

Ich proklamire den Herrn Professor Dr. Bluntschli aus München auf Grund Ihrer Akklamation zum Präsidenten des Zweiten Deutschen Juristentages, begrüße ihn in Ihrem Namen als solchen und ersuche ihn, den Präsidenten-Sitz einzunehmen. (Bravo!)

(Graf v. Wartensleben verläßt den Präsidenten-Sitz, der von Professor Dr. Bluntschli eingenommen wird.)

Präsident Dr. Bluntschli: Meine hochgeehrtesten Herren! Das große Vertrauen, das Sie mir erwiesen haben, ermuthiget mich, ein schweres Amt zu übernehmen. Ich fürchte, daß meine Kräfte nicht ausreichen, Ihre Wünsche zu befriedigen; ich hoffe aber nicht blos, daß Sie meine Geschäftsführung mit Nachsicht beurtheilen werden, sondern auch, daß Sie im Interesse des Juristentages selbst die Thätigkeit Ihres gewählten Präsidenten unterstützen werden, wo es darauf ankommt, die Geschäfte in einem ruhigen und raschen Gange zu erhalten.

Im Uebrigen verspreche ich Ihnen meine Kräfte lediglich in Ihrem Dienste zu verwenden, und erlaube mir nun gleich zur Ernennung der Vicepräsidenten überzugehen, die statutengemäß dem Präsidenten anheim gegeben ist, und ebenso zur Bestellung des Büreaus.

Als Vicepräsidenten ernenne ich den Herrn Justizrath Dorn aus Berlin, den Herrn Professor Unger aus Wien, den Herrn Ober-Appellations-Gerichtspräsidenten v. Düring aus Hannover und den Herrn Advokaten Dr. Zencker aus Dresden, und ersuche die verehrten Herren, mir beizustehen, indem sie sich hierher begeben. (Geschieht.)

Als Schriftführer ersuche ich den Herrn Kreisgerichts-Direktor v. Kunowsky aus Beuthen, den Herrn Advokaten Dr. Mayersohn aus Aschaffenburg, den Herrn Ober-Gerichtsrath Dr. Bähr aus Cassel, den Herrn Verwaltungsrath Dr. Jaques aus Wien, den Herrn Bezirks-Gerichts-Direktor Neidhardt aus Zwickau das Büreau zu bestellen. Ich bitte die Herren sich hierher zu mir zu bemühen. (Geschieht.)

Meine hochgeehrtesten Herren! Ich ersuche diejenigen Herren, welche im Verlauf der Debatte Anträge stellen wollen, dieselben dem Büreau einzureichen, unter Bezeichnung ihres Namens, damit ich Gelegenheit habe, sie demgemäß aufzurufen; ebenso ist schon bei dem ersten Juristentage, — weil wir uns Alle persönlich noch nicht kennen und doch zu wissen wünschen, wer spricht, — der Brauch beobachtet worden, daß jeder Sprecher sich zuerst selbst benennt, so daß man dann allseitig weiß, wer einen Vortrag hält. (Pause.)

Meine Herren! Es folgt nach der Tagesordnung, die vorläufig von der Deputation aufgestellt ist, die Vertheilung der eingegangenen Anträge an die Abtheilungen.

In die erste Abtheilung kommen die Vorlagen der ständigen Deputation, betreffend die privatrechtlichen Gesetzgebungsvorlagen. Dahin gehört die Frage wegen der Großjährigkeit, die wegen Intercessionen der Frauenspersonen, nebst einem Antrage des Herrn Professor Unger über die Handlungsfähigkeit; ferner der Antrag des Herrn Präsidenten Bornemann zu Berlin, betreffend das Hypothekenwesen; ferner ein Antrag des Herrn Ober-Tribunalsrath Meyer zu Berlin, ebenfalls betreffend das Hypothekenwesen; endlich ein Antrag des Herrn Kreisrichter Geck zu Werden, als Zusatz zu dem gedachten Antrage des Herrn Ober-Tribunalsrath Meyer. Sind Sie damit einverstanden, daß diese Gegenstände an die erste Abtheilung überwiesen werden? (Ja.)

An die zweite Abtheilung kommen folgende Anträge: des Herrn Notar Dr. Uchatzy zu Reichenberg, betreffend die Patentgesetzgebung; des Herrn Geheimen Justizrath Prof. Dr. Heydemann zu Berlin, betreffend die Nachdrucksgesetzgebung; des Herrn Stadtgerichtsrath Borchardt zu Berlin, betreffend die Deklarationen zur Deutschen Wechselordnung. Ist es Ihnen gefällig, diese Gegenstände an die zweite Abtheilung zu verweisen?

Professor Dr. **Unger** aus Wien: Ich erlaube mir zu fragen, wie diese jetzige Einreihung der Anträge in die Abtheilungen stattfinden kann. Die ständige Deputation hat beantragt, beide Abtheilungen, die erste und zweite, zu einer zu vereinigen. So lange dieser Antrag nicht zur Sprache gekommen, berathen und beschlossen ist, kann, wie mir scheint, über die Verweisung einzelner Anträge in die beiden ersten Abtheilungen als besondere nicht abgestimmt werden. Ich würde mir erlauben, einen Gegenvorschlag zu machen in Betreff der Verweisung des Heydemann'schen Antrags in die zweite Abtheilung, da er mir in die erste zu gehören scheint. So lange aber nicht berathen und beschlossen worden ist, ob zwei Abtheilungen bestehen sollen oder nur eine, so lange, glaube ich, ist diese Bestimmung noch zurückzuhalten. Ich erlaube mir deshalb den Herrn Präsidenten zu fragen, wie es mit der Vereinigung der beiden Abtheilungen eigentlich steht.

Präsident: Herr Stadtrichter Hiersemenzel wird Ihnen im Namen der ständigen Deputation Auskunft ertheilen können.

Stadtrichter **Hiersemenzel** aus Berlin: Als Referent der ständigen

Deputation erlaube ich mir zu bemerken, daß dieselbe beschlossen hat, ihren Antrag, für die diesjährige Sitzungsperiode die erste und zweite Abtheilung zu verschmelzen, zurückzuziehen, weil nach Ansicht der Deputation jetzt genügendes Material für zwei Abtheilungen vorhanden ist.

Professor Dr. **Unger**: Ich bemerke zunächst, daß es mir und, wie ich glaube, einem großen Theile der geehrten Versammlung unbekannt gewesen ist, daß die ständige Deputation diesen ihren Antrag zurückgezogen und es für zweckmäßig erachtet hat, daß zwei Abtheilungen bestehen bleiben..

Der Heydemann'sche Antrag soll nun in die zweite Abtheilung verwiesen werden, die zweite Abtheilung aber Fragen des Handels-, See- und internationalen Privatrechts erledigen. Wie kann nun ein Gesetzentwurf für ganz Deutschland, der die Nachdrucksfrage behandelt, in diese Abtheilung gelangen? das vermag ich nicht einzusehen. Meines Wissens sind die Fragen über den Nachdruck Fragen, die wir sonst als privatrechtliche, und zwar im Privatrechte abgesehen vom Handelsrechte, zu behandeln gewohnt sind. Ich kann mir also einen eigentlichen inneren Grund nicht denken, warum der Heydemann'sche Antrag nicht der ersten Abtheilung zugewiesen worden ist. Ich erlaube mir somit, einen Antrag dahin zu formiren, daß der Heydemann'sche Antrag der ersten Abtheilung zugewiesen werde.

Präsident: Wird ferner das Wort begehrt?

Notar Dr. **Uchatzy** aus Reichenberg (Böhmen): Ich schließe mich dem Herrn Vorredner vollkommen an und muß, da mein Antrag auf Herstellung einer allgemeinen Deutschen Patentgesetzgebung mit dem Antrage des Herrn Prof. Heydemann in inniger Verbindung steht, indem es sich um das Prinzip des geistigen Eigenthums und der Urheberschaft handelt, den Antrag stellen, daß auch mein Antrag an die erste Abtheilung zur gemeinschaftlichen Berathung mit dem Antrage des Herrn Prof. Heydemann überwiesen werde.

Präsident: M. H.! Diese Frage scheint mir ganz entscheidend zu sein. Wenn die beiden Anträge statt der zweiten Abtheilung der ersten überwiesen werden, dann wird wohl Niemand unter Ihnen sein, der die Fortdauer der zweiten Abtheilung für den gegenwärtigen Juristentag wünschen wird. Es bleibt dann nur noch ein ganz kleiner Geschäftskreis übrig, der auch an die erste Abtheilung überwiesen werden könnte. Ich werde nun darüber eine Frage stellen: Wollen Sie für die Dauer dieses Juristentages der zweiten Abtheilung besondere Geschäfte überweisen oder ziehen Sie es vor, dieselbe wenigstens für die Dauer des gegenwärtigen Juristentages mit der ersten zu vereinigen? Im ersteren Falle würde ich Ihnen dann vorschlagen, daß wir sämmtliche drei Gegenstände der zweiten Abtheilung, nicht aber einen einzigen aus diesen dreien nur dorthin verweisen.

Wer nun dafür ist, daß am gegenwärtigen Juristentage die zweite Abtheilung besondere Geschäfte erhalte, im Gegensatze zur vorläufigen Fusion mit der ersten Abtheilung, wer also für eine besondere zweite Abtheilung auch gegenwärtig ist, beliebe aufzustehen. (Geschieht.) Es ist die Mehrheit dagegen, und wäre somit beschlossen, daß die erste Abtheilung ermächtigt werde, auch die Geschäfte der bisherigen zweiten Abtheilung zu übernehmen. Es versteht sich von selber, daß alle drei für die zweite Abtheilung bestimmt gewesenen Vorlagen nun der ersten Abtheilung zugewiesen werden.

Es folgt die dritte Abtheilung. Hier kommen zur Sprache: erstens die vorjährigen Anträge des Herrn Rechtsanwalt Lewald zu Berlin nebst den Nebenanträgen und Vorschlägen der ständigen Deputation bezüglich dieser Anträge; ferner ein neuer Antrag des Herrn Rechtsanwalt Lewald zu Berlin, betreffend die Geschwornengerichte; ferner ein Antrag des Herrn Kreisrichter Zenthöfer zu Rybnick, betreffend die That- und Rechtsfrage im Strafprozesse; ferner ein Antrag des Herrn Rechtsanwalt Dr. Schaffrath zu Dresden, betreffend Schwurgerichte; ein Antrag des Herrn Professor Glaser, betreffend Kriminalverjährung; ferner ein Antrag des Landes-Advokaten Weeber zu Weißkirchen, betreffend ein Deutsches Strafprozeßgesetzbuch; ferner ein Antrag des Herrn Ober-Staatsanwalt Dr. Keller zu Wien, betreffend den Strafprozeß; endlich der Zusatzantrag des Herrn Rechtsanwalt Sabarth zu Ratibor zum Lewald'schen Antrage. Sind Sie einverstanden, daß diese Geschäfte der dritten Abtheilung überwiesen werden? (Ja wohl!)

Endlich kommt dann die vierte Abtheilung. Hierher gehören die vorjährigen Anträge des Herrn Ober-Tribunalsrath Dr. Waldeck zu Berlin; sodann die Vorschläge der ständigen Deputation, betreffend die folgenden Civilprozeßgesetzgebungsfragen: erstens in Bezug auf die Thätigkeit des Staatsanwalts in bürgerlichen Rechtsstreitigkeiten; zweitens: soll der Schwerpunkt .... ich will die einzelnen Punkte nicht verlesen und verweise in dieser Beziehung auf die Druckschrift vom Jahre 1861 Nr. 2; dann gehört hierher endlich der Antrag des Herrn Stadtrichter Primker zu Breslau, betreffend Kompetenzkonflikte. Ist es gefällig, diese Gegenstände der vierten Abtheilung zu überweisen? (Ja!)

Damit wäre die Vertheilung beendigt, und wir könnten zu den folgenden Geschäften übergehen.

Kreisgerichtsrath Dr. **Eberty** aus Wittenberg: Ich bitte um's Wort. — Ich habe einen Antrag gestellt (Laut!), er betrifft die Organisation der Gerichte (Lauter!), er ist gedruckt in der Deutschen Gerichtszeitung.

Präsident: Herr Gerichts-Assessor Makower wird darüber Auskunft geben können.

Gerichts-Assessor **Makower** aus Berlin: Der Antrag ist nach den Statuten verspätet eingegangen. Ich habe aber gar kein Bedenken gehabt, ihn in die Deutsche Gerichtszeitung, die ich damals redigirte, aufzunehmen. In die Vorlagen konnte er indeß nicht mehr aufgenommen werden; denn der Druck derselben war bereits beendet.

Präsident: M. H.! Wir gehen zur Tagesordnung über. Die Hauptaufgabe der heutigen Sitzung wird sich auf statutarische Anträge beziehen, und ich glaube, daß wir in Betreff derselben zu Beschlüssen um so mehr schon heute Morgen gelangen können, als diese Anträge so beschaffen sind, daß eine Ueberweisung an eine Abtheilung der Deputation überflüssig geschienen hat. Ich werde sie daher einen nach dem andern zur Vorlage bringen.

Der erste bezieht sich auf §. 5 des Statuts und ist ein Antrag der ständigen Deputation. Herr Stadtrichter Hiersemenzel ist Referent und wird den Antrag der ständigen Deputation verlesen.

Diesen Augenblick will ich benutzen, um zu bemerken, daß es wohl zweckmäßig sein wird, wenn die Abtheilungen eins und zwei nunmehr in dem Sitzungssaale der ersten Abtheilung berathen, der unzweifelhaft größer ist.

Stadtrichter **Hiersemenzel** aus Berlin: M. H.! Die ständige Deputation hat zunächst beschlossen, an Sie den Antrag zu stellen, §. 5 der Statuten zu modifiziren. Ich erlaube mir den §. 5 zu verlesen, da wohl die Statuten nicht in Aller Händen sind.

„Der Beitrag der Gesellschaftsmitglieder wird auf drei Thaler jährlich festgesetzt und ist innerhalb vier Wochen nach Beginn jedes neuen Jahres zu entrichten, widrigenfalls derselbe durch Postvorschuß eingezogen wird. Nimmt ein Mitglied den mit Postvorschuß beschwerten Brief nicht an, so wird dies einer ausdrücklichen Austrittserklärung gleich geachtet."

Es wird nun folgende veränderte Fassung vorgeschlagen:

> „Der Beitrag der Gesellschaftsmitglieder wird vom *dritten* Vereinsjahre an auf *zwei* Thaler jährlich festgesetzt und ist innerhalb vier Wochen nach Beginn jedes neuen Jahres zu entrichten, widrigenfalls derselbe durch Postvorschuß eingezogen wird. Nimmt ein Mitglied den mit Postvorschuß beschwerten Brief nicht an, so wird dies einer ausdrücklichen Austrittserklärung gleich geachtet. — *Für die am Orte des Juristentages selbst zu lösende Anmeldungskarte ist Ein Thaler zu entrichten.*"

Die Modifikation soll also darin bestehen, daß nur Diejenigen, welche persönlich an den Verhandlungen theilnehmen, drei Thaler, alle Uebrigen nur zwei Thaler Jahresbeitrag bezahlen sollen. Die ständige Deputation erachtet es nämlich der Billigkeit angemessen, die Beitragspflicht der Mitglieder in etwas zu erleichtern, welche nicht persönlich an den Verhandlungen theilnehmen können und deshalb nicht an allen aus der Vereinskasse gewährten Vortheilen participiren. Es ist ferner zu bemerken, daß eine solche Herabsetzung des Jahresbeitrags der Vereinskasse unnachtheilig, wohl aber dem Wachsthume des Juristentages zuträglich sein wird.

Präsident: Begehrt Jemand das Wort darüber? Sind Sie einverstanden, diesen Antrag gut zu heißen? (Ja!) Es ist keine Gegenmeinung?

Eine Stimme: Nur eine Anfrage. Ist das Kalenderjahr gemeint?

Stadtrichter **Hiersemenzel:** Das Vereinsjahr! Es ist auch gesagt: „Vom nächsten Vereinsjahre an."

Präsident: Der letzte Beitrag ist bereits eingezogen; es kann sich also nur um die künftigen handeln. Es folgt nun der Antrag zu §. 6.

Stadtrichter **Hiersemenzel:** Ich werde erst §. 6 verlesen: „Den Plenar-Verhandlungen des Deutschen Juristentages gehen der Regel nach Abtheilungs-Berathungen voraus. Zu diesem Zwecke werden durch freiwillige Einzeichnung der Mitglieder folgende vier Abtheilungen gebildet:

1. Abtheilung für Privatrecht, insbesondere Obligationen- und Pfandrecht;
2. Abtheilung für Handels-, Wechsel-, See- und internationales Recht;
3. Abtheilung für Strafrecht, Strafprozeß und Gefängnißwesen;
4. Abtheilung für Gerichtsverfassung, Civilprozeß, juristisches Studium und praktische Ausbildung.

Die Abtheilungen wählen ihre Vorsitzenden, Schriftführer, Berichterstatter und benachrichtigen den Vorsitzenden der Plenar-Versammlung, sobald ihre Berathungen über einzelne Gegenstände geschlossen sind; ihre Anträge sind schriftlich zu fassen."

Nun war zunächst beantragt, die erste und zweite Abtheilung zu verschmelzen, und Sie haben diesen Antrag bereits dadurch erledigt, daß Sie die Verschmelzung beschlossen haben.

Eine Stimme: Meines Wissens ist der Beschluß blos dahin gegangen, daß für den gegenwärtigen Juristentag die Verschmelzung stattfindet. Es fragt sich nun, ob eine dauernde Statutenveränderung beabsichtigt wird?

Stadrichter **Hiersemenzel:** Nein; nur eine Abänderung der Statuten für diesmal.

Präsident: M. H.! ich will die Frage stellen, ob Jemand

darüber das Wort begehrt, daß beschlossen werde, ob die erste und die zweite Abtheilung des Deutschen Juristentages für immer verschmolzen werden sollen?

Eine Stimme: Wenn es sich um eine Abänderung der Statuten handelt, so würde sich, wie ich glaube, der Antrag empfehlen:

> „Bei jeder Zusammenkunft wird in der ersten öffentlichen Sitzung eine Vereinigung darüber getroffen, ob eine Abtheilung mit einer andern verschmolzen werde."

Präsident: M. H.! Ein Antrag auf Abänderung der Statuten scheint mir nicht nothwendig. Ich glaube für das praktische Bedürfniß ist hinreichend gesorgt, wenn wir bei gegenwärtigem Vorgange verbleiben. Wiederholen sich die Verhältnisse das nächste Jahr in ähnlicher Weise, so ist es um so leichter denselben Weg einzuschlagen, und wir brauchen keine Abänderung der Statuten, um das gewünschte Ziel zu erreichen. Sind Sie mit diesem Vorschlag einverstanden? (Ja!) Wollen wir in der Tagesordnung weiter gehen? (Ja!)

Stadtrichter **Hiersemenzel:** Es wird ferner von der ständigen Deputation eine Modifikation des §. 6 beantragt in der Weise, daß nach den Worten:

> „der Regel nach Abtheilungs-Berathungen voraus"

folgende Bestimmung eingeschaltet werde:

> „Nach der Berathung in der bezüglichen Abtheilung findet eine Erörterung und Entscheidung in dem Plenum nur dann statt, wenn die Abtheilung eine solche beantragt oder das Plenum sich dieselbe vorbehält."

Die ständige Deputation ging nämlich von der Ansicht aus, daß gewisse Fragen wegen ihrer mehr speziellen Natur sich lediglich zur Besprechung und zur Beschlußfassung in einem engeren, kleineren Kreise eignen; daß aber andererseits in die Hand einer einzelnen Abtheilung eine bedenkliche Macht gelegt werden würde, wenn die Entscheidung darüber, ob eine Frage in einer Abtheilung oder im Plenum diskutirt werden soll, nicht auch der Plenarversammlung, sondern lediglich der Abtheilung vindicirt würde.

Präsident: Begehrt Jemand darüber das Wort? Rechtsanwalt Lewald aus Berlin.

Rechtsanwalt **Lewald**: M. H.! Ich halte diesen Antrag für einen außerordentlich wichtigen und, wenn ich ihn richtig auffasse, für einen solchen, der möglicherweise die ganze Bedeutung des Juristentags in Frage stellt. Ich habe den Juristentag dahin aufgefaßt: es soll bei der letzten Debatte, die uns überhaupt vergönnt ist, die Frage entschieden werden, ob über die eine oder andere Ansicht sich in Deutschland — denn wir kommen ja aus ganz Deutschland hier zusammen — eine allgemeine Rechtsansicht, eine communis opinio gebildet habe. Es wird in wichtigen Fragen meistentheils sogar zu entscheiden sein ohne sehr große Vorbereitung. Lösen Sie das bisherige Verfahren jetzt auf, wie Sie es ja wollen, und legen Sie den Schwerpunkt von dem Plenum in die Abtheilungen hinein, so haben Sie nicht mehr Plenarbeschlüsse, sondern blos Abtheilungsbeschlüsse. Denn, m. H, das Ausgleichungsmittel, welches Sie darin finden, daß entweder die Abtheilung oder auch das Plenum entscheiden soll, ob eine Sache vor das Plenum gezogen werden müsse, reicht nicht aus, und zwar aus folgenden Gründen nicht: Das Plenum kann zunächst nicht vorher wissen, ob eine Frage wichtig genug ist, daß sie im Plenum entschieden werde. Die Wichtigkeit einer Frage geht meist erst aus der Debatte selbst hervor. Sie würden also in die Lage kommen, zuvörderst im Plenum darüber diskutiren zu müssen, ob Sie eine Sache für wichtig genug halten oder nicht. Wollen Sie das aber gar der Abtheilung überlassen, so muß ich Sie in diesem Augenblicke auf eine große Gefahr aufmerksam machen, auf eine praktische Gefahr. M. H., ich habe in diesem Augenblicke nachgesehen, wie sich die Zahl derjenigen stellt, die sich haben in die einzelnen Abtheilungen eintragen lassen. M. H.! in die dritte Abtheilung, in die sogenannte Kriminalabtheilung, sind von dieser zahlreichen Versammlung, die, soweit ich es übersehe, vielleicht tausend Mitglieder zählt, 42 Personen eingetragen. Von diesen 42 bilden 22 die Majorität. Wollen Sie durch diese 22 Etwas beschließen lassen?

(Widerspruch in der Versammlung. Zurufe: „Es liegen mehrere Listen aus!")

Wenn das der Fall ist, bitte ich, mich zu berichtigen, ich habe blos eine Liste gesehen. Nehmen Sie aber auch an, es würden alle Abtheilungen gleich stark gemacht, so käme auf jede der drei

Abtheilungen ein Drittel, dadurch würde die Majorität Eins über ein Sechstel sein. Soll diese Majorität im Stande sein, zu sagen, ob eine Sache vor das Plenum gebracht werden soll oder nicht? Nun noch ein anderer Nachtheil! Diejenigen Mitglieder, die in die Kriminalabtheilung kommen, sei es, daß sie im Allgemeinen sehr viel Interesse daran haben, sei es, daß sie eine momentane Veranlassung dahin führt, werden ausgeschlossen von den übrigen Verhandlungen, und umgekehrt werden die Mitglieder anderer Abtheilungen nicht wissen, was in der dritten vorgeht. M. H., wir müssen Plenarbeschlüsse für **Alles** haben, und der Nachtheil ist viel geringer, wenn an jedem Juristentage nur zwei bis drei Sachen entschieden werden, als wenn die Meinung aufkommt, eine **Abtheilung** könnte Plenarbeschlüsse fassen. Der Juristentag darf nur durch seine moralische Macht wirken und das kann nur durch **Plenarbeschlüsse** sein. Ich bitte daher dringend, den Antrag abzulehnen. Die Abtheilungen sind Sectionen und arbeiten für's Plenum! (Vielfacher Beifall.)

Rechtsanwalt **Sabarth** aus Ratibor: Wenn wir den Antrag, wie er eben von dem Herrn Berichterstatter vorgetragen worden ist, annehmen, so kann das möglicherweise zu einer Abschaffung des Juristentags selbst führen. In jeder Abtheilung muß doch jeder Beschluß eine Majorität haben. Nun wohl! Die Majorität braucht ihrem Majoritätsbeschlusse nur noch hinzuzusetzen — was sie unzweifelhaft thun kann —: „Hiermit soll die Sache abgemacht sein," so kommt die Sache nicht vor's Plenum. Wenn das immer geschähe, was ja zu denken ist, so würde der Juristentag bald seine Endschaft erreicht haben. Ich erkenne aber weder ein praktisches Bedürfniß zu dem Antrage der Deputation, noch sehe ich darin einen praktischen Nutzen. Der einzige Fall, wo man der Kompetenz des Plenums entbehren könnte, wäre der, daß eine Sache so unbedeutend und so zweifellos, daß etwa eine Abtheilung vollständig einstimmig wäre. Ist dies aber der Fall, so geht auch im Plenum wenig Zeit verloren. (Ruf der Versammlung: Schluß! Schluß!)

Präsident: Es ist auf Schluß angetragen, sind Sie damit einverstanden? (Ja wohl!)

Stadtrichter **Hiersemenzel**: Als Referent will ich nur zwei Worte bemerken. Ich glaube, es ist vollständige Unmöglichkeit vorhanden, alle diejenigen Gegenstände, welche in den Abtheilungen während mehrerer Tage berathen worden sind, noch in der letzten Plenarversammlung zu berathen. Es werden alle auf die Tagesordnung gesetzt werden müssen; der zufällige Umstand aber, welche Gegenstände früher auf die Tagesordnung gesetzt worden sind, wird dann entscheiden, worüber das Plenum sein Gutachten abzugeben hat, während nach dem Vorschlage der Deputation nicht der Zufall, sondern die Abtheilungen resp. das Plenum entscheiden würden, über welche Fragen sich das Plenum zu äußern habe. Ich möchte also doch befürworten, daß Sie dem Antrage der Deputation beistimmen.

(Es melden sich mehrere Mitglieder zum Worte.)

Präsident: Ich kann das Wort nicht weiter geben. Die Versammlung hat bereits auf Schluß erkannt. Ist es gefällig, zur Abstimmung zu schreiten? (Ja! Ja!)

Wer dafür stimmt, daß der Antrag der Deputation auf Veränderung der Statuten in dem angegebenen Punkte angenommen werde, beliebe aufzustehen.

Es ist die Minderheit. — Wir gehen weiter.

Stadtrichter **Hiersemenzel**: Die ständige Deputation hat noch eine Modifikation des §. 6 vorgeschlagen, die dahin geht, demselben noch hinzuzusetzen:

> „In jeder Abtheilung stimmen nur diejenigen mit, welche sich bei ihrer persönlichen Anmeldung in die betreffende Abtheilung eingezeichnet haben."

In der ersten Abtheilung des vorjährigen Deutschen Juristentages entstand die Frage, ob an der Abstimmung nur diejenigen Theil nehmen dürften, welche sich von Hause aus in die Abtheilung eingezeichnet hätten, oder alle diejenigen, welche im Augenblicke der Abstimmung gerade anwesend wären. Diese Frage gab damals zu einer ziemlich tumultuarischen Scene Veranlassung, und die ständige Deputation erachtete es deshalb für wünschenswerth, diese Frage durch das Statut entscheiden zu lassen. Sie war der Ansicht, daß es der Ordnung entspreche, wenn nur diejenigen Mitglieder zur Abstimmung zugelassen würden, welche sich von Hause aus, also gleich bei der Anmeldung, in die betreffende Abtheilung eingezeichnet haben.

Kreisrichter **Lefeldt** aus Beuthen: Ich beantrage, die Worte: „bei ihrer persönlichen Anmeldung" fortzulassen. Ob sich Jemand gleich einschreibt, oder ein paar Stunden oder einen Tag später, kann ganz gleichgiltig sein. Es genügt, wenn er überhaupt nur seinen Willen durch Einzeichnung in die Liste erklärt.

Rechtsanwalt **Moritz** aus Magdeburg: Man wird die Bestimmung umgehen, indem man sich in alle Abtheilungen einschreibt. Man ist ja gar nicht verpflichtet, nur in einer zu sein. Wer sich also in alle vier Abtheilungen bei der Anmeldung einschreibt, kann überall stimmen. Ich würde also, da die Möglichkeit da ist, die Bestimmung zu umgehen, dafür sein, freie Bewegung zu gestatten und zuzulassen, daß man zu jeder Abtheilung hinzutritt und mitstimmt.

Hof- und Gerichtsadvokat Dr. **Berger** aus Wien: Mir erscheint es überflüssig, daß diese Bestimmung in das allgemeine Statut des Deutschen Juristentages aufgenommen wird. Sie ist ganz selbstverständlich. Die Abtheilung ist eine Vereinigung, und in ihr kann nur derjenige stimmen, der der Abtheilung angehört. Mir scheint es bevormundend für die Abtheilungen, wenn diese Bestimmung im Statut steht. Jede Abtheilung mag die Art und Weise, wie sie abstimmen und Beschluß fassen will, für sich selbst bestimmen. Man mag das der Konstituirung der einzelnen Abtheilungen selbst überlassen, und deshalb bin ich für Weglassung dieses Zusatzes. (Bravo!)

Präsident: Meine Herren! Ist es gefällig, abzustimmen? (Ja, Ja!)

Es sind zwei Hauptanträge: der eine geht dahin, daß nach dem Gutachten der Deputation die Frage statutenmäßig entschieden werde, wer in einer Abtheilung stimmberechtigt sei; die andere Meinung geht dahin, diesen Zusatz wegzulassen. Für den ersteren Fall, daß ein Zusatz aufgenommen werde, ist ein Verbesserungsantrag hinsichtlich der Fassung eingereicht worden, nämlich daß man die Worte „bei ihrer persönlichen Anmeldung" streiche. Ich denke, es wäre vielleicht logisch richtiger, das Sousamendement zuerst zu erledigen; aber es wird doch wohl unsere

Abstimmung erleichtern, wenn wir zuerst über die Hauptfrage abstimmen: Soll ein Zusatz dieser Art aufgenommen werden?

Rechtsanwalt Dr. **Horwitz** aus Liebenwerda: Ist die Debatte geschlossen? — Ich wollte mir nämlich eine Bemerkung über die Art der Abstimmung erlauben.

Präsident: Sie haben das Wort über die Abstimmung.

Rechtsanwalt Dr. **Horwitz:** Ich will mir nur eine Bemerkung gestatten, meine Herren! Der Antrag meines Herrn Collegen Berger geht dahin, den Antrag der ständigen Deputation pure zu verwerfen. Beschließen Sie das, so drücken Sie damit aus, es sei das Motiv, welches die ständige Deputation bei Stellung des Antrages geleitet hat, an sich verwerflich. Das ist nicht die wahre Meinung; diese geht vielmehr dahin, daß es Sache der Abtheilungen sei, darüber Festsetzung zu treffen. Es ist eigentlich also ein Antrag auf motivirte Tagesordnung. (Schluß! Schluß!)

Präsident: Ich will die Frage so zur Abstimmung bringen, meine Herren! Zuerst den Antrag der Deputation im Gegensatz zu dem Ablehnungsantrage. Die Motive näher festzustellen, überlasse ich jedem Einzelnen für sich.

Eine Stimme: Ich bitte, die Modifikation vorzubehalten.

Präsident: Das versteht sich von selbst. Wenn beschlossen wird, es soll ein Zusatz aufgenommen werden, dann werde ich die Modifikation noch eigens zur Abstimmung bringen.

Meine Herren! Wer dafür stimmt, daß durch Statut dieses Verhältniß geordnet werde, wesentlich im Sinne der Deputation, mit Vorbehalt des Sousamendements, wer für diesen Antrag stimmt, beliebe sich zu erheben. (Geschieht.)

Ich bitte die Herren, sich zu setzen, und diejenigen, welche für die Ablehnung des Antrags sind, sich zu erheben.

Die Herren im Büreau erklären, daß die erste Abstimmung die Mehrheit für sich hat.

(Vielfacher Ruf: Nein, Nein! Ruf: Zählung!)

Meine Herren! Man kann sich über nichts leichter täuschen, als über das Resultat einer solchen Abstimmung. Der richtigste Weg wäre die Zählung; diese würde aber ziemlich lang und aufhältlich sein, und daher wünsche ich nochmals die Abstimmung vorzunehmen. Wer dem Antrage der Deputation zustimmt, beliebe aufzustehen. (Geschieht.)

Nun die Gegenprobe! Die Herren, die für das Gegentheil stimmen, mögen jetzt aufstehen.

Das Resultat ist einigermaßen zweifelhaft; mit voller Sicherheit können wir nicht entscheiden; aber wollen Sie es dem Büreau überlassen, zu entscheiden? (Ruf: Ja, Nein!)

Wer dafür ist, daß die Entscheidung dem Büreau überlassen werde, beliebe aufzustehen. (Geschieht.)

Es ist die Mehrheit dafür.

Meine Herren! Vom Büreau haben sich vier Herren dafür erklärt, daß die Mehrheit für den Antrag der ständigen Deputation ist, einer dagegen. Es ist also nach Ansicht des Büreaus die Mehrheit für den Antrag.

(Von vielen Seiten wird um's Wort gebeten.)

Meine Herren! Wir müssen vorwärts! Die Sache ist definitiv entschieden durch den Spruch des Büreaus.

Wir gehen nun weiter und kommen jetzt zu dem Amendement. Es ist ein Amendement gestellt worden, daß die Worte „bei ihrer persönlichen Anmeldung" weggelassen und im Uebrigen der Antrag der Deputation angenommen werden solle. Darüber muß noch abgestimmt werden. Wer für dieses Sousamendement stimmt, beliebe aufzustehen. (Geschieht.)

Das ist eine entschiedene Mehrheit.

Eine Stimme: Ich erlaube mir die Frage, ob die Bestimmung schon während dieses Juristentages in Kraft treten soll.

Präsident: Gewiß!

Stadtrichter **Hiersemenzel:** Endlich beantragt die ständige Deputation auch noch einen Zusatz zu §. 10 des Statuts. §. 10 lautet, in soweit er hier in Betracht kommt:

„Vor dem Schlusse eines jeden Juristentages wird von der Plenarversammlung auf Vorschlag des Präsidenten durch Akklamation oder in einem einzigen Skrutinium durch Stimmzettel eine aus vierzehn Mitgliedern und dem Präsidenten des letzten Juristentages als Ehrenpräsidenten bestehende ständige Deputation gewählt."

Der Antrag der ständigen Deputation geht dahin, hinter dem ersten Alinea folgende Bestimmung einzuschalten:

„Die Liste der zur Akklamation vorzuschlagenden Personen wird nicht von dem Präsidenten allein, sondern durch ihn, seine Stellvertreter und je zehn von jeder Abtheilung gewählte Vertrauensmänner festgestellt."

Die Motive der ständigen Deputation bestehen darin, daß für den Fall, daß der Juristentag die Wahl der ständigen Deputation nicht durch Stimmzettel, sondern durch Akklamation vorzunehmen beschließt, die Beseitigung der dem Präsidenten jetzt beigelegten Befugniß, allein die Liste der zur Akklamation Vorzuschlagenden festzustellen, wünschenswerth erscheint.

Präsident: Wer begehrt das Wort darüber? — Sind Sie einverstanden mit dem Antrage? (Rufe: Ja!)

Eine Stimme: Ich möchte mir die Anfrage erlauben, wie die zehn Vertrauensmänner gewählt werden sollen?

Präsident: Das wird sich in den Abtheilungen sehr leicht von selbst machen. — Es ist beschlossen.

Stadtrichter **Hiersemenzel:** Es kommt nun der Antrag des Herrn Professor Dr. Glaser aus Wien, in Bezug auf die Geschäftsordnung. Derselbe geht dahin:

„Der Deutsche Juristentag wolle beschließen: Es habe §. 6 Nr. 3 der Statuten künftig zu lauten: Abtheilung für Strafrecht und Strafprozeß, mit Einschluß des Militair-Strafrechts, und für Gefängnißwesen."

Neu ist also der Zusatz:

„mit Einschluß des Militair-Strafrechts."

Der Herr Antragsteller hat indeß den Antrag zurückgezogen, weil die ständige Deputation mit ihm darin übereinstimmt, daß auch nach dem gegenwärtigen Statut Gegenstände aus dem Militair-Strafrecht hier erörtert werden und daß auch Militair-Strafrichter schon jetzt Mitglieder des Deutschen Juristentages sein können.

Kammergerichts-Referendar Dr. **Hilse** I. aus Berlin: Ich möchte mir eine Anfrage zu stellen erlauben, in Betreff des vorhergehenden Beschlusses wegen der Vertrauensmänner. Die erste Abtheilung würde ....

Präsident: (Den Redner unterbrechend) Es thut mir leid, ich kann darüber das Wort nicht geben. Wir sind schon weiter gegangen.

M. H.! Es ist eine telegraphische Depesche eingegangen und dem Büreau übergeben, weil der betreffende Herr nicht aufzufinden gewesen. Dieselbe ist gerichtet an den Herrn Justizrath Niewandt aus Weißenfels. Er kann sie hier in Empfang nehmen.

Stadtrichter **Hiersemenzel:** M. H.! Wir kommen jetzt zu dem Antrage des Herrn Ober-Tribunalsrath Freiherrn v. Sternenfels aus Stuttgart. Der Antrag zerfällt in zwei Theile. Ich glaube, es wird zweckmäßig sein, beide Theile getrennt zu halten. Der erste Theil, sich beziehend auf §. 3 des Statuts:

> „Zur Mitgliedschaft berechtigt sind die Deutschen Richter, Staatsanwälte, Advokaten und Notare, die Aspiranten des Richteramtes, der Anwaltschaft und des Notariats, die Lehrer an den Deutschen Hochschulen, die Mitglieder der gelehrten Academien, die Doctoren der Rechte und die rechtsgelehrten Mitglieder der Verwaltungsbehörden —"

schlägt vor, diesen §. 3 dahin abzuändern:

> „Zur Mitgliedschaft berechtigt sind die Deutschen Richter, Staatsanwälte, Advokaten und Notare, die Aspiranten zu einer dieser Stellen, so wie Jeder, welcher dazu nach seinen Landesgesetzen für befähigt erkannt ist, ferner die Lehrer an den Deutschen Hochschulen, die Mitglieder der gelehrten Academien, die Doctoren der Rechte und rechtsgelehrten Mitglieder der Verwaltungsbehörden."

Neu ist der Passus:

> „so wie Jeder, welcher dazu — nämlich zum Amte eines Rich-

ters, Staatsanwaltes, Advokaten oder Notars — nach seinen Landesgesetzen für befähigt erkannt ist."

Die Motive des Antragstellers, welchen auch die ständige Deputation sich angeschlossen hat, lauten wie folgt:

„Die Erwägung, daß bei manchen Gerichten Secretär- und Registrator-Stellen mit Personen besetzt sind, welche nach ihren Landesgesetzen zum Richteramte und zur Advokatur befähigt sind, dennoch auf solche Stellen nicht aspiriren; ferner die Erwägung, daß schon der erste Deutsche Juristentag *) seine Zustimmung dazu gegeben hat, daß Richter, welche ihr Amt niedergelegt haben, zur Mitgliedschaft befähigt sind, dieser Grundsatz aber eines verallgemeinerten Ausdrucks bedarf."

Präsident: Zuerst stelle ich die Frage, will Jemand das Wort über diesen ersten Antrag.

So sind Sie wohl einverstanden mit dieser Modifikation? (Ja!) Also angenommen.

Stadtrichter **Hiersemenzel:** Nun kommen wir zu dem andern Antrag, er lautet:

„§. 10 des Statuts dahin abzuändern,"

doch ich werde mir den betreffenden Passus des §. 10 zunächst wieder vorzulesen erlauben:

„Vor dem Schluß eines jeden Juristentages wird von der Plenarversammlung auf Vorschlag des Präsidenten durch Akklamation oder in einem einzigen Scrutinium durch Stimmzettel eine aus 14 Mitgliedern und dem Präsidenten des letzten Juristentages als Ehren-Präsidenten bestehende ständige Deputation gewählt. Von jenen 14 Mitgliedern müssen sieben am Orte des letzten Juristentages, sieben außerhalb wohnen."

Es beantragt nun Herr v. Sternenfels diesen §. dahin zu ändern:

„Vor dem Schluß eines jeden Juristentages wird von der Plenarversammlung auf Vorschlag des Präsidenten durch Akklamation, oder in einem einzigen Scrutinium durch Stimmzettel

*) Verhandlungen des Ersten Deutschen Juristentages, Seite 205.

eine aus achtzehn Mitgliedern und dem Präsidenten des letzten Juristentages als Ehren-Präsidenten bestehende ständige Deputation gewählt. Von jenen 18 Mitgliedern müssen mindestens drei am Orte des letzten Juristentages, und jedenfalls zwölf auswärts wohnen."

Es soll also die Zahl derer, welche am Orte des letzten Juristentages wohnen müssen, eine arbiträre sein zwischen drei und sechs.

Die Motive des Herrn Antragstellers, welchen die ständige Deputation sich angeschlossen hat, lauten wie folgt:

„Die Erwägung, daß es wünschenswerth ist, daß in der ständigen Deputation möglichst viele Länder mit Rücksicht auf deren Betheiligung am Juristentag vertreten werden, ferner daß dieses Verhältniß auch für die am Sitz der Deputation wohnenden Mitglieder maßgebend ist, für deren Wahl folglich ein Spielraum gelassen werden sollte."

Ich erlaube mir noch Eins zu bemerken: wir haben bereits beschlossen, daß, wenn die Versammlung die ständige Deputation durch Akklamation zu wählen beschließt, nicht der Präsident allein, sondern in Gemeinschaft mit ihm die Vice-Präsidenten und 40 resp. 30 Vertrauensmänner die Liste der Vorzuschlagenden festzustellen haben.

Mit dieser Modifikation würde der zweite Theil des Sternenfels'schen Antrags anzunehmen sein, also diese Modifikation verstände sich von selbst, wenn der Antrag angenommen wird.

Präsident: Wünscht Jemand das Wort?

Sind Sie einverstanden mit dem Antrage? (Ja!)

Er ist also angenommen.

Stadtrichter **Hiersemenzel:** Nun kommen wir .....

Präsident: M. H.! erlauben Sie mir die Verhandlung durch einen andern Gegenstand zu unterbrechen und die Berichterstattung der Deputation über die Frage der Gesetzgebungsarbeiten zwischenhinein zu nehmen. Ich ersuche, da ich als Referent von der Deputation ernannt worden bin, Herrn Justizrath Dorn in der Zwischenzeit das Präsidium zu übernehmen.

(Justizrath Dorn übernimmt das Präsidium.)

Vice-Präsident, Justizrath Dorn: Wir kommen zu einem Gegenstande, der die Versammlung in hohem Grade interessiren wird. Herr Professor Dr. Bluntschli hat Ihnen Bericht zu erstatten über die Gesetzgebungsfrage, über die Erzielung einer einheitlichen Gesetzgebung und in wie weit dieselbe bis jetzt vorgeschritten oder wenigstens vorbereitet ist. Ich bitte den Herrn Professor Dr. Bluntschli den Bericht zu erstatten.

Prof. Dr. **Bluntschli:** M. H.! ich habe es übernommen, im Namen der Deputation Ihnen Bericht zu geben über die Frage, die uns am meisten interessirt, die Berathung der gemeinsamen Gesetzbücher. Ohne auf Details näher einzutreten, werde ich die Hauptsache wenigstens hier zur Sprache bringen. Der Deutsche Juristentag hatte im vorigen Jahre das Bedürfniß dreier großer Gesetzgebungswerke einstimmig anerkannt, erstens das Bedürfniß eines gemeinsamen Gesetzes über den Civilprozeß, zweitens eines gemeinsamen Strafrechts und drittens eines gemeinsamen Gesetzes über das Obligationenrecht. Die ständige Deputation ist in der erwünschten Lage, berichten zu können, daß vor der Hand wenigstens zwei dieser großen Werke nicht blos von der öffentlichen Meinung, sondern, worauf es in der That wesentlich ankommt, auch von den Deutschen Regierungen gebilligt worden sind, nämlich die Bearbeitung einer allgemeinen Deutschen Civilprozeßordnung und eines gemeinsamen Obligationenrechtes. Leider, muß ich Ihnen hinzufügen, hat sich über die Form der Einleitung beider Werke eine Meinungsverschiedenheit unter den Deutschen Regierungen ergeben. Die Einen nämlich legen einen großen Werth darauf, daß diese Einleitung durch Vermittelung des Deutschen Bundestages geschehe, die Andern dagegen wünschen die Vermittelung des Bundestages zu vermeiden und legen einen Werth darauf, daß durch unvermittelte, freie Vereinbarung der Regierungen das Werk eingeleitet werde. Wir, als Juristentag, sind daher wohl veranlaßt, im Namen eines großen Interesses den Wunsch auszusprechen, daß diese, im letzten Grunde blos formelle Streitfrage über das zweckmäßigste Mittel, einen allseitig gewünschten Zweck zu erreichen, nicht in dem Grade erhitzt werde, daß durch sie das Werk selbst gefährdet oder auch nur verzögert werde.

M. H.! ich werde ganz offen sprechen, ich habe mir von der ständigen Deputation für meine Person volle Freiheit der Meinungsäußerung erbeten und hafte daher auch nur individuell für das, was ich sagen werde. — Mir kommt es vor, wie wenn sich die Sache folgendermaßen verhielte. Damit ein Zweck gemeinsam erreicht werde, muß eine Anzahl Personen in einem Saale sich zusammenfinden, sich besprechen und nöthige Vorbereitungen treffen. Der Eine nun sagt: ich gehe nur durch diese bestimmte Thüre in den Saal hinein, also, um bei dem Gegenstande meines Referats zu bleiben, der Eine erklärt, ich gehe nur durch diejenige Thüre hinein, welche mir der Bundestag öffnet. Gut, erwiedere ich, mag er diesen Weg hineingehen, wenn er nur hineingeht. Der Andere sagt: durch jene Thüre gehe ich in meinem Leben nicht mehr, ich mache mir eine eigene Thüre und bahne mir einen eigenen Weg; ich antworte: Auch gut! wenn Du nur durch eine andere Thüre hineinkommst, bist Du gleichfalls willkommen! Gehe immerhin Deinen eignen Weg, wenn Ihr Euch nur zusammenfindet. (Bravo!)

Um nichts Anderes handelt es sich, meines Erachtens, in dieser formellen Angelegenheit. Indessen, ich will der Weisheit der Regierungen durchaus nicht vorgreifen, und wenn ein dritter besserer Weg gefunden wird, auf welchem sie Arm in Arm zur Saalthür hineingehen, ist mir das noch lieber. (Allseitiges Bravo!)

Die eben berührte Meinungsverschiedenheit, meine Herren! betrifft aber nur eine Seite des zu lösenden Problems, und ich meine, wir haben in dieser Hinsicht blos Veranlassung, das Wünschenswerthe einer Verständigung sehr bestimmt auszusprechen. Wir dürfen uns jedoch nicht verhehlen: gesetzt auch, diese erste formelle Einleitungsfrage wäre glücklich abgethan, dann erst beginnen die größeren Schwierigkeiten, die man bisweilen auch nur zu sehen sich scheut, obwohl man blind sein muß, um sie nicht zu gewahren. Fürchten Sie nicht, m. H., daß ich hier ein Gebiet betrete, welches mit wohlbewußter Absicht der Juristentag für sich verschlossen hat durch freiwillige Resignation! — Wir sind eine Versammlung von Juristen, welche glaubt, eine gewisse moralische und wissenschaftliche Autorität in Fragen des Deutschen Rechtes beansprucben zu dürfen, und wir machen gelegentlich im allgemeinen vaterländischen Interesse diese unsere Ueberzeugung und diese Autorität geltend. Wir wissen aber auch, daß, wenn wir uns unmittelbar mit politischen Fragen befaßten, wir unter uns selbst gewiß sehr heftige, schwer zu überwindende Gegensätze wachrufen und außerhalb unseres Kreises noch viel gefährlichere Gegensätze antreffen würden, die vielleicht alle unsere Interessen gefährden könnten. Aber so weit geht meine Behutsamkeit nicht, daß ich die Meinung hegen sollte: wir dürften, wenn wir sehen, daß auf dem Wege, den wir verfolgen, und der der juristische ist, sich staatsrechtliche Schwierigkeiten erheben, diese Schwierigkeiten nicht in's Auge zu fassen, nicht zu bezeichnen wagen. Ich glaube, es ist in der ständigen Deputation gefragt worden: woher nehmen wir die Kompetenz, über solche Dinge zu sprechen? Mir ist nie eine sonderbarere Frage vorgekommen. Meines Erachtens nehmen wir überhaupt gar keine Kompetenz in Anspruch, nicht einmal in juristischen Dingen. Wir sind keine Behörde, die irgend welchen Beschluß von legaler Rechtskraft faßt; wir sind nur eine Versammlung, welche Meinungen ausspricht, diese Meinungen aber nach bester Ueberzeugung; wir nehmen lediglich eine moralische und wissenschaftliche Autorität in Anspruch. Aber wie vermöchten wir eine moralische Autorität zu behaupten, wenn wir uns fürchten würden, Wahrheiten auszusprechen, die für unsere Zwecke beachtet werden müssen, über deren Macht sich auch die nicht täuschen können, denen diese Wahrheiten unangenehm sind; und wie könnten wir eine wissenschaftliche Autorität besitzen, wenn wir die Frage nach den Mitteln für unsere Zwecke nicht beachteten, und die Grundsätze außer Acht ließen, deren Befolgung für unsern Zweck nöthig ist.

M. H.! Es bestehen große staatsrechtliche Schwierigkeiten, die sich erst hinterdrein, nicht, wenn es sich um die Vorarbeiten, sondern wenn es sich um die Vollendung handelt, ergeben werden. In allen Deutschen Verfassungen gilt glücklicherweise das staatsrechtliche Prinzip, daß die gesetzgebende Gewalt nicht anders ausgeübt werden kann, als im Einverstandniß der Fürsten, beziehungsweise der Regierungen mit der Vertretung des Volks.

Nun, m. H., giebt es zwar in Deutschland überall Einrichtungen, welche der Partikulargesetzgebung unter Wahrung jenes Prinzips dienen, in allen Deutschen Staaten sind Kammern vorhanden, die in Verbindung mit den betreffenden Regierungen die Gesetze erlassen. Wenn es sich aber darum handelt, nicht ein Partikulargesetz zu geben, sondern ein gemeinsames Deutsches Gesetz, so haben wir unzweifelhaft eine große Schwierigkeit vor uns, denn es mangelt, ich sage nicht glücklicherweise, sondern leider, an einem Organe der gemeinsamen Gesetzgebung für Deutschland, in welchem die beiden Mächte, Völker und Regierungen, sich einigen könnten. (Vielfaches Bravo!)

Die Schaffung eines solchen gemeinsamen Organs ist nicht zu umgehen, die einfache Logik erfordert dies schon. Ich weiß, man kann an Vorgänge erinnern, wo anders gedacht worden ist; man hat die große Frage umschifft, als es sich darum handelte, eine gemeinsame Handelsgesetzgebung zu erlassen; aber, m. H., wir dürfen uns nicht täuschen: jenes Verfahren, so zweckmäßig es war, so sehr wir mit dem Resultate einverstanden sein können, jenes Verfahren war doch im höchsten Grade exceptionell, und eine derartige Ausnahme darf sich nicht oft wiederholen, sie darf um keinen Preis zur Regel werden. (Bravo!) Sollte immerfort der Weg eingeschlagen werden, mittelst der partikulargesetzgebenden Körper das gemeinsame Gesetz zu erlassen, so würde für die Fürsten, wie für die Kammern in den einzelnen Staaten eine unglückselige Alternative sich beständig wiederholen, nämlich die: entweder aus ihrem Rechte der gesetzgebenden Thätigkeit eine bloße werthlose Form zu machen, ihr Recht also zu entwürdigen und zu zerstören oder durch den vollen Gebrauch ihres partikularen Gesetzgebungsrechtes die Gemeinsamkeit des Werkes zu vernichten.

Diese Schwierigkeit ist vorhanden, sie muß in's Auge gefaßt und überwunden werden! Den Weg zu bezeichnen, auf dem dies am zweckmäßigsten geschieht, ist nicht unsere Aufgabe. Hier allerdings ist eine eminent politische Frage, und ich würde es für durchaus unpassend halten, wollten wir näher auf dieselbe eingehen. Aber das, meines Erachtens, müssen wir sagen: will man eine gemeinsame Gesetzgebung, — und man will sie, — so muß man auch wollen ein gemeinsames

Organ, in dem jene beiden Mächte, Völker und Regierungen, sich zusammenfinden und zusammen arbeiten. Ohne das geht es nicht. (Bravo!)

Nach dieser Einleitung, m. H., erlaube ich mir nun, Ihnen den Antrag, welchen die ständige Deputation einstimmig beschlossen hat, vorzulegen; er enthält eine Erklärung des Juristentages und lautet:

„Der Deutsche Juristentag erklärt auf den Bericht seiner Deputation Folgendes:

1. Nachdem die Mehrzahl Deutscher Regierungen sich bereitwillig erklärt hat,

   die Begründung einer gemeinsamen Deutschen Civilprozeßordnung und

   den Erlaß eines gemeinsamen Gesetzes über das Deutsche Obligationenrecht

   einzuleiten, spricht der Deutsche Juristentag seine Ueberzeugung aus, daß die erfolgreiche Förderung dieses Zweckes des allgemeinen Dankes des Vaterlandes sicher ist.

2. Wenn über die Form der Einleitung zu diesem Werke zur Zeit noch eine Meinungsverschiedenheit unter den Deutschen Regierungen besteht, indem von der einen Seite auf die Vermittelung des Bundestags Werth gelegt, von der andern Seite aber die freie und unvermittelte Vereinbarung der Regierungen vorgezogen wird, so erachtet der Deutsche Juristentag diese Meinungsverschiedenheit in keiner Weise für so erheblich, daß dadurch das Zustandekommen des Werkes selbst gefährdet oder auch nur verzögert werden könnte. Vielmehr drückt er den lebhaften Wunsch aus, daß durch allseitiges Entgegenkommen diese Frage zur baldigen Lösung gebracht werde.

3. Zu diesem Wunsche hält sich der Juristentag um so mehr für berechtigt, als es sich zur Zeit nur erst um die Vorarbeiten für jenes Werk handelt und der Deutsche Juristentag der Ueberzeugung ist, daß zum endlichen

Zustandekommen einer gemeinsamen Gesetzgebung auf dem Gebiete des Prozeß- und Obligationenrechts die Einleitung zu einem gemeinsamen, von den Regierungen und den Kammern der Einzelstaaten anerkannten — wenn auch lediglich zu diesem nationalen Werke ermächtigten — Organe nothwendig ist."

Vicepräsident Born: Begehrt Jemand das Wort über diesen Antrag der ständigen Deputation?

Appellationsgerichtsrath v. **Kraewel** aus Naumburg a. d. S.: Es ist noch ein Gegenstand, der Erwähnung verdient. Am vorigen Juristentage hat das Plenum ausgesprochen, es sei ein dringendes Bedürfniß, daß ein allgemeines Deutsches Strafgesetzbuch eingeführt werde. Ich glaube nicht, daß dieser Gegenstand an sich weniger berechtigt ist, und doch ist er jetzt nicht einmal zur Erwähnung gekommen; ich meine aber, daß der Wunsch nach einem gemeinsamen Strafgesetze ein sehr berechtigter ist und daß er nicht blos heute, sondern an jedem künftigen Juristentage, bis er in Erfüllung gegangen, wiederholt werden muß. Darum bitte ich, daß auch das allgemeine Deutsche Strafgesetzbuch in den Antrag aufgenommen werde.

Professor Dr. **Bluntschli**: Wir haben in der Deputation auch diese Frage berathen und es versteht sich von selbst, daß wir mit dem Vorredner ganz einverstanden waren. Der Juristentag hat sich bereits über die Nothwendigkeit einer gemeinsamen Strafgesetzgebung ausgesprochen; über seine Meinung kann nicht der mindeste Zweifel sein; auch nicht darüber, daß wir nicht gewillt sind, die Frage fallen zu lassen. Wir haben den gegenwärtigen Antrag auf die beiden Gesetze des Civilprozesses und des Obligationenrechtes nur deshalb beschränkt, weil diese Fragen bereits in die Hand genommen worden sind, die andere aber nicht. Wünschen Sie in das Protokoll aufgenommen zu sehen, es verstehe sich von selbst, daß der Juristentag an seinem dritten Wunsche festhalte, so stimme ich von Herzen bei, und es wird das nicht die mindeste Schwierigkeit haben. Unser Deputationsbeschluß ist aber meines Erachtens richtiger Weise begrenzt auf die beiden ersten Fragen.

Vicepräsident Dorn: Wünscht noch Jemand das Wort?

Ober-Staatsanwalt **Dr. Freiherr v. Groß** aus Eisenach: Ich habe den Antrag der ständigen Deputation, welchen wir soeben gehört haben, im Ganzen mit Freuden begrüßt, und erlaube mir jetzt nur in Bezug auf den letzten Theil desselben eine kleine Bemerkung zu machen. Ich stimme mit der ständigen Deputation darin überein, daß sowohl das Zustandekommen der gemeinschaftlichen Gesetzbücher wünschenswerth ist, als auch die Einsetzung eines gemeinschaftlichen Gesetzgebungsorganes für ständische Mitwirkung. Ich stimme aber darin nicht mit ihr überein, daß ich den zweiten Wunsch zur Bedingung und Voraussetzung des ersten machen möchte. Das Zustandekommen eines solchen gemeinschaftlichen Gesetzgebungsorganes wird, fürchte ich, noch lange ausbleiben; ich sage: lange Zeit, ich sage nicht: immer; denn Niemand darf an der Zukunft seiner Nation verzweifeln. So lange aber diese Hoffnung nicht in Erfüllung gegangen, so lange möchte ich die andere Hoffnung, daß durch gegenseitige Vereinbarung und Concession doch eine gemeinschaftliche Gesetzgebung entstehen könnte, nicht ausschließen. Ich sehe nicht ein, warum wir von zwei wünschenswerthen Dingen das eine zur Bedingung und Voraussetzung des andere machen wollen.

Natürlich, hätten wir es in Händen, durch ein gemeinschaftliches Organ der Gesetzgebung die fraglichen Gesetze zu Stande zubringen, so würden wir das wählen; das haben wir aber nicht in der Hand und durch Aussprechen des Wunsches bezeichnen wir zwar unser Ziel, aber wir sind noch immer weit davon entfernt, es zu erreichen. Lassen Sie uns den Wunsch nicht zurückhalten und die Hoffnung nicht ausschließen, daß doch auf jenem Wege noch ein gemeinschaftliches Gesetz zu Stande komme, auf dem mehrere schon zu Stande gekommen sind. Hier handelt es sich um ein Opfer — um ein Opfer, das namentlich auch die Kammern zu bringen haben. Ich bedauere allerdings, daß die Kammern bei solchen Gesetzen, besonders bei dem Handelsgesetzbuche nicht zu der vollkommenen Thätigkeit gelangt sind, auf welche sie Anspruch haben, und die im Interesse des Volkes wünschenswerth ist; aber es ist mir immer noch lieber, daß das Handelsgesetzbuch hoffentlich jetzt zu Stande kommt, auch mit diesem Verzicht und mit Concession der Kammern, als wenn es gar nicht zu Stande käme, weil diese Concession nicht gewährt würde.

Das ist also die einzige Modifikation, mit der ich mich zu Gunsten der Anträge unserer Deputation aussprechen wollte.

Advokat-Anwalt **Thesmar** aus Cöln: M. H.! Ich bin ganz damit einverstanden, daß auch der Wunsch in Bezug auf das Strafrecht in den Antrag aufgenommen werde, welchen die Deputation stellt. Wir würden gar keinen Wunsch mehr aussprechen dürfen, wenn nur das maßgebend für unsere Anträge sein sollte, um was die Regierungen bereits angegangen worden sind. Man wird doch den Wunsch in Betreff des Strafrechtes ebenso begründet halten, wie die Wünsche für das andere Recht; wir wollen also wenigstens den Wunsch aussprechen Die Regierungen haben ja doch die Sache immer in der Hand.

Ich bin daher ganz damit einverstanden, daß der Wunsch, welchen Herr v. Kraewel in seinem Antrage ausgesprochen hat, ebenfalls in den Antrag der Deputation mit aufgenommen werde.

Vicepräsident Dorn: Zuerst werden wir uns darüber zu verständigen haben, ob überhaupt auf den Antrag eingegangen und eine solche Resolution erlassen werden soll, wie sie von der ständigen Deputation proponirt worden ist. Es werden also die Propositionen einzeln vorgelesen und einzeln zur Abstimmung gebracht werden; ebenso die Frage, ob auf den v. Kraewel'schen Antrag, der unterstützt worden ist, als einen Zusatz eingegangen und ob derselbe zum Beschluß erhoben werden soll. So wird sich die Sache am Besten erledigen. (Zuruf: Ja wohl.)

Die erste Frage geht also dahin: Ist der Deutsche Juristentag damit einverstanden, daß die in dem Deputationsantrag berührte Frage in Anregung gebracht und eine derartige Resolution erlassen werden soll? Diejenigen, welche dafür sind, wollen sich erheben. (Geschieht.)

Es ist allseitige Zustimmung hierzu erlangt. Der Antrag zerfällt nun in drei Theile. Der erste Theil enthält im Allgemeinen nichts weiter, als den Ausdruck der Anerkennung und des Dankes, daß überhaupt etwas geschehen, und die Procedur eingeleitet worden ist. Ich bitte den Herrn Schriftführer, diesen ersten Theil noch einmal zu verlesen. (Geschieht.)

Ich frage nun, ob diese Proposition von Ihnen angenommen wird? (Einstimmig: Ja!)

Die zweite Proposition betrifft die Mittel der Vorbereitung; die Motivirung derselben haben Sie bereits von dem Herrn Dr. Bluntschli des Näheren gehört. Der Herr Secretair wird Ihnen diese zweite Proposition nochmals vorlesen. (Geschieht.)

Eine Stimme. Ich wünschte, daß diese Differenz nicht für erheblich erklärt, sondern daß die Fassung dahin angenommen würde, daß der Juristentag seine Ueberzeugung ausspreche, es sei wünschenswerth, daß diese Differenz ihre Erledigung dahin finde, daß trotz der bestehenden Streitigkeiten die Sache zum Ende gelange. (Heiterkeit.)

Vicepräsident Dorn: Es ist das ja ausdrücklich gesagt, daß die Sache nicht für so erheblich erachtet werde; sie ist in der That nicht von solcher Wichtigkeit und es kann sich eben der Einzelne dabei denken, was er will. (Bravo!)

Es mögen sich nun diejenigen Herren, welche für den zweiten Antrag stimmen, erheben. (Geschieht allseitig.)

Nun kommt der dritte Theil des Antrags, welchen ich den Herrn Schriftführer ebenfalls zu verlesen bitte. (Geschieht.)

Ist der Inhalt genügend verstanden worden oder soll er nochmals verlesen werden? (Zuruf: Nochmals! nochmals!)

(Wird nochmals verlesen.)

Nun frage ich, ob Jemand über diesen dritten Antrag das Wort begehrt?

Advokat-Anwalt Thesmar: Das Amendent, welches ich eingebracht habe, würde sich auf diesen Punkt beziehen.

Vicepräsident Dorn: Meine Ansicht ging dahin, daß, wenn die Proposition überhaupt angenommen worden ist, dann erst über diesen Zusatz abgestimmt werde. Wünscht noch Jemand das Wort?

Eine Stimme: Ich möchte beantragen, daß in dieser dritten Proposition nach dem Worte „Gesetzgebung" die Worte „Gemeinschaftliches Obligationen- und Prozeßrecht" weggelassen werden; denn ich halte sie deshalb nicht für nothwendig, weil es sich bei einem gemeinsamen Deutschen Gesetzgebungswerke nicht blos um diese beiden, sondern noch um andere Gesetzgebungsfragen handelt. Wenn sich der Deutsche Juristentag dafür ausspricht, daß die Nothwendigkeit einer gemeinsamen Deutschen Gesetzgebung bestehe, mithin auch die, ein Organ dafür zu besitzen, welches von den Kammern und Regierungen anerkannt worden ist, so fällt dadurch der Zusatzantrag, welcher gestellt worden ist, und wir haben für künftige Fälle bereits die Bahn dafür gebrochen.

Rechtsanwalt **Leonhard** aus Grüneberg: Ich möchte doch darauf aufmerksam machen, daß in diesem letzten Deputationsantrage unbedingt zwei ganz heterogene Elemente vorhanden sind, so daß also eine Theilung der Frage wird eintreten müssen. Der erste Theil ist meines Erachtens ohne allen Widerspruch geblieben, und wird die Abstimmung der Versammlung darüber jedenfalls zweifellos sein. In Bezug auf den zweiten Theil, auf die Frage nämlich, ob eine gemeinsame Gesetzgebung nur durch dieses Organ zu erzielen, — ob dasselbe als durchaus nothwendig anzusehen sei, wie der Herr Berichterstatter es will, oder nur als wünschenswerth, aber nicht unumgänglich nothwendig, wie Herr v. Groß es beantragt hat, — könnten allerdings Zweifel in der Versammlung vorhanden sein, und daher beantrage ich, diese dritte Frage zu theilen.

Ober-Tribunalsrath Dr. **Waldeck** aus Berlin: Bei der Kürze der uns zugemessenen Zeit wird es allerdings sehr schwierig sein, über die Gegenstände, welche in der dritten Proposition angeregt worden sind, erschöpfend zu sprechen. Ich bin ganz damit einverstanden, daß es schließlich nothwendig sein würde, bei einer allgemeinen Deutschen Gesetzgebung auch ein allgemeines Deutsches Organ, eine Volksvertretung, zu haben.

Ueber diesen allgemeinen Satz bin ich mit mir ganz im Klaren. Ich bin mir aber ebenso klar auch darüber, daß das für jetzt ein frommer Wunsch ist und daß dasjenige, was wir zu erstreben haben auf unserem Felde, auf praktische Weise zu Stande gebracht werden muß. Die beiden ersten Vorschläge der Deputation liegen auf diesem Wege und sind, so viel ich glaube, von der ganzen Versammlung angenommen worden. Der erste Theil des letzten Vorschlags bewegt sich ebenfalls auf diesem Gebiete; der letzte Theil desselben aber spricht eine bestimmte

Ueberzeugung dahin aus, daß die Gesetzbücher, welche wir jetzt vor Allem wünschen, nämlich die über Obligationenrecht und über eine Civilprozeßordnung, nur dann würden zu Stande kommen können, wenn ein gemeinsames Organ existirte, sei es auch nur für diesen Zweck.

(Widerspruch von mehreren Seiten.)

Habe ich, wie es scheint, die Sache nicht richtig aufgefaßt, so möchte ich wünschen, daß man in dem Antrag sich deutlicher ausdrückte; denn ich kann mir von einem solchen Organe keinen Begriff machen. So lange wir noch lediglich Partikularvertretungen haben, die für die Gesetzgebung übereinstimmen müssen, so lange muß ich auf die Vollständigkeit der Rechte dieser Volksvertretungen ein ganz entschiedenes Gewicht legen. Und darum muß bei diesen allgemeinen Gesetzgebungen, wie sie schon jetzt in Deutschland vorgekommen sind und noch mehr vorkommen werden, den Volksvertretungen der einzelnen Länder die gehörige Concurrenz zur rechten Zeit gesichert werden.

Das ist auch der Punkt, welchen ich rücksichtlich des allgemeinen Handelsgesetzbuches sowohl in der Commission als auch im Plenum des Preußischen Abgeordneten-Hauses selbst wesentlich betont habe, was in der Württembergischen Ständeversammlung ebenfalls geschehen ist. Wie aber diese Concurrenz der Volksvertretungen bei derartigen gemeinsamen Gesetzgebungen zu erreichen sei, das ist wieder ein in mannigfacher Beziehung schwieriger Punkt. Wäre die Auffassung etwa die, daß vielleicht aus den verschiedenen Volksvertretungen Deputationen erwählt würden, welche schon bei den ersten gesetzgeberischen Arbeiten zugezogen werden könnten, so würde auch das wieder auf vielfache und große Schwierigkeiten stoßen.

Die ganze Sache bewegt sich daher, soweit sie diesen letzten Antrag betrifft, sehr im Allgemeinen. Ich will einmal die Eventualität annehmen, es würde auf dem bisher üblichen Wege durch eine Commission eine Civilprozeßordnung für Deutschland entworfen, wodurch man zu einer Vorlage gelangte, — nun dann würde es ganz zweckmäßig sein, daß eine solche Vorlage vor der dritten Lesung zur Kenntniß der Volksvertretungen gebracht würde. Das würde vielleicht dazu dienen, den oft gehörten Vorwurf zu vermeiden, daß die Volksvertretungen bei diesen Gesetzen übereilt worden wären.

Wenn das nur der Sinn ist, daß auftragsweise und in Vertretung der einzelnen Staaten eine Concurrenz in dieser Beziehung beantragt werden soll, so erkläre ich mich mit diesem Vorschlage einverstanden. Ich habe nur ein Mißverständniß abwenden zu müssen geglaubt: ich halte es für den Deutschen Juristentag politisch und juristisch für höchst bedenklich, wenn man ein abgesondertes, von aller sonstigen politischen Thätigkeit abgeschnittenes Gesetzgebungsorgan für ein bestimmtes Gesetz schaffen wollte. Ein solches Organ würde nicht die gehörige Autorität haben und würde auch nicht die nöthigen Garantien bieten dafür, daß es das sei, was die eigentliche Volksvertretung sein soll. Ich glaube, es würde weder möglich noch vernünftig sein, ein solches Organ zu bilden. Da nun der Satz mehr eine gewisse Ueberzeugung apodiktisch ausspricht, wobei doch möglicher Weise Mißverständnisse entstehen können, so möchte ich unter allen Umständen dem Herrn Referenten anheim geben, ob nicht durch eine andere Fassung das auszusprechen sei, was, wie ich glaube, hier beabsichtigt wird. Diese Absicht aber geht wohl dahin, daß bei allen diesen Gesetzen die Volksvertretungen der einzelnen Länder gehört werden, und eine Mitwirkung der Volksvertretungen in rechter Weise zeitig möglich gemacht wird.

Prof. Dr. Bluntschli: Ich erbitte mir zu einer faktischen Aufklärung das Wort. Ich beschränke mich darauf, nur Folgendes faktisch zu berichtigen: Die Meinung der ständigen Deputation und ihres Antrages geht allerdings nicht dahin, ein gemeinsames Organ schon bei der ersten Einleitung für nothwendig zu erklären; im Gegentheil, sie unterscheidet die Vorarbeiten und das endliche Zustandekommen; sie nimmt an, daß die Vorarbeiten füglich auf dem Einverständnisse der Regierungen allein beruhen können, indem die Regierungen eben die Initiative haben, und sie spricht die Ueberzeugung aus, daß ein endliches Zustandekommen als Vorbedingung voraussetze, daß die verschiedenen Volksvertretungen der einzelnen Staaten ihre Meinung, sei es direkt, sei es indirekt, in irgend einer Weise rechtzeitig geltend machen. Die Art, wie das am Besten eingerichtet werden könne, ist eine politische Frage, und die wagt die Deputation nicht zu erörtern. Die Nothwendigkeit selbst aber zu bezeugen, schien ihr um so unerläßlicher, als, m. H.! schon in den Kammern vielseitig, als schon von den Ministern in verschiedenen Staaten ebenfalls, als schon auf dem Bundestage selbst der Gedanke sehr bestimmt ausgesprochen worden ist, es könne eine gemeinsame Gesetzgebung in Zukunft in der bisher geübten Form, wonach die Kammern nur gleichsam formell „ja" sagen müssen, nicht mehr zu Stande kommen, sondern es bedürfe in irgend einer Weise eines Organes, in dem auch die verschiedenen Volksvertretungen ihre Meinung äußern, und zwar auf wirksame Weise äußern können.

Ober-Staatsanwalt Dr. **Freiherr v. Groß**: Ich wollte mir nur erlauben, meine Ansicht dahin zu formuliren, daß das Wort „nur" aus dem Antrage der Deputation wegfalle. Das Wort „nur" kommt vor bei dem Passus, daß das endliche Zustandekommen der fraglichen Wünsche nur unter Zuziehung eines solchen gemeinsamen Organes stattfinden könne. Wenn das Wort „nur" wegfiele, so würde der Juristentag das dringend Wünschenswerthe und Nothwendige eines solchen Organs bezeugen, aber die Bedingung würde wegfallen.

Prof. Dr. **Bluntschli**: Ich erlaube mir zu einer faktischen Bemerkung das Wort. Das Wort „nur" findet sich nicht in diesem Zusammenhange. (Heiterkeit.) Man ist also meiner Meinung. Das Wort „nur" kommt in einem ganz anderen Zusammenhange vor. Es heißt: „Zu diesem Wunsche erachtet sich der Juristentag um so mehr für berechtigt, als es sich zur Zeit nur erst um Vorarbeiten für jenes Werk handelt," — hier ist das Wort „nur" gewiß ganz ungefährlich, — „und der Deutsche Juristentag der Ueberzeugung ist, daß zum endlichen Zustandekommen einer gemeinsamen Gesetzgebung auf dem Gebiete des Prozeß- und Obligationenrechts" — ich meine, es ist ganz deutlich, — „die Einleitung zu einem gemeinsamen, von den Regierungen und den Kammern der Einzelstaaten anerkannten — wenn auch lediglich zu diesem nationalen Werke ermächtigten — Organe nothwendig ist."

Und erlauben Sie mir nun noch ganz kurz ein Wort zur Rechtfertigung der Wendung: „wenn auch lediglich zu diesem nationalen Werke ermächtigten." Nämlich persönlich bin ich durchaus mit den Herren einverstanden, welche der Ueberzeugung sind, daß auch in vielen andern Dingen ganz dasselbe gesagt werden müßte; aber es schien mir äußerst wichtig für die Stellung des Juristentages, daß er sich ganz genau an diejenigen Gegenstände halte, deren Förderung seine unmittelbare Aufgabe ist, d. h., daß er lediglich und allein die juristische Beziehung beachte, und sich auf alles Weitere nicht einlasse. Ich, meine hochzuverehrenden Herren, bin der Meinung, daß wir diese Grenze nicht überschreiten können, die wir uns selbst gezogen haben, und die sich auch die Deputation hat setzen müssen. Aber wir wollen nun auch bis an diese Grenze gehen. (Vielfaches Bravo.)

Geheimer Justizrath Krug aus Dresden: Aus der bisherigen Debatte scheint hervorzugehen, daß über den ersten Theil wohl durchgängig Einstimmigkeit vorhanden ist. Dagegen scheint dies in Beziehung auf den zweiten Theil etwas zweifelhaft. Ich möchte aber auch diesen zweiten Theil nicht ganz verloren gehen lassen, und darauf zielt das Amendement, das ich im Interesse einer Vermittelung zu stellen beabsichtige. Es scheint mir allerdings schon nicht konsequent, wenn ein Wunsch und eine Erwartung ausgesprochen wird und zwar noch dazu mit Hinzufügung der Worte: „um so mehr", während zuletzt die Erreichung dieses Wunsches doch an die Nothwendigkeit geknüpft wird, ein Organ zu haben, welches wir noch nicht besitzen. Daß ein solches Organ sehr wünschenswerth sei, darin stimme ich vollkommen mit der geehrten Deputation überein. Allein es will mir bedünken, als ob es der Sache eher nachtheilig werden könnte, diese Nothwendigkeit in einer solchen Weise, wie es hier geschehen ist, hervorzuheben.

Mein Amendement geht nun dahin, den zweiten Theil des Absatzes so zu fassen:

> „Wenngleich der Juristentag zur vollkommenen Erreichung dieses Zieles die Schaffung eines Organs u. s. w. für nothwendig erachtet."

Zur Erläuterung erlaube ich mir noch Folgendes zu bemerken. Es wird wohl von Niemandem bezweifelt werden, daß ein für ganz Deutschland verbindliches Gesetz nur auf diesem Wege herbeigeführt werden kann. Dagegen haben wir die Erfahrung gemacht, daß ein

Wenigeres auch auf einem anderen Wege erreicht werden kann und erreicht wird; und auch schon die Uebereinstimmung des Rechts in einem großen Theile von Deutschland scheint mir ein sehr wünschenswerthes Ziel. Wenn nun also das Vollkommnere nicht anders erreicht werden kann, als durch Institutionen, die wir noch nicht haben und von denen wir noch nicht wissen können, wie bald wir sie erreichen werden, so scheint es mir gerathen, daß man sich mit dem Minderen begnüge, das auf dem bisherigen Wege erreicht werden kann, und wie ich glaube, bei der Uebereinstimmung der Regierungen auch auf vorzügliche Weise.

Ober-Staatsanwalt **von Tippelskirch** aus Stettin: Meine Herren! Wenn ich das Wort nehme, so geschieht es nur, um dringend zu bitten, lediglich und unverändert bei der Wortfassung, die von Seiten der Deputation gewählt worden ist, stehen zu bleiben. Das Thema, um welches es sich hier handelt, ist ein sehr schwieriges und muß mit großer Vorsicht und Delikatesse behandelt werden. Ich billige es vollkommen, daß, wenn über einzelne Gesetzgebungsmaterien vorläufig Besprechungen stattgefunden haben, diese bei Gelegenheit der Einrichtung eines gesammten Deutschen Organs mit zur Erwägung kommen, sowie daß in die vorgeschlagene Resolution die Worte mit eingeflochten werden: „Lediglich zum vorliegenden Zwecke". Diese eingeflochtenen Worte haben bei einigen der geehrten Vorredner Widerspruch gefunden: sie haben gemeint, das wäre nicht genug, es würde ein solches Organ auch für andere Zwecke nothwendig sein, durch jene Einschaltung aber eine Beschränkung eintreten. Wenn diese Einschaltung aber nicht stattfände, so würde, glaube ich, daraus eine Konsequenz gezogen werden, bei der wir unsere Stellung verletzen würden. M. H., lassen Sie mich auch noch das Wort aussprechen, es ist ein verhängnißvolles Wort. Denn wenn wir diese Resolution fassen ohne diesen Zusatz, so glaubt man, wir sprechen von einem Deutschen Parlamente. Nun, m. H! wenn von einem Deutschen Parlamente die Rede ist, so weiß wohl der Jurist, was er sich hierbei zu denken hat, aber wenn davon die Rede ist, daß — — —

(Die folgenden Worte wurden wegen großer Bewegung im Saale am Stenographentisch nicht verstanden.)

Ich möchte das auf diesen Satz anwenden; es würde zu Mißdeutungen führen; es würde den Zweck unseres Zusammenseins vereiteln müssen. Darum bitte ich Sie dringend: nehmen Sie den Vorschlag der Deputation an und abstrahiren Sie von allen und jeden Amendements.

Es könnte sich auch fragen, ob dieser Satz mehr als andere auf Erzielung eines gemeinsamen Deutschen Gesetzes hinwirken werde. Durch Berathung einzelner Kommissarien Seitens der Regierungen, durch Vorlegung an die Kammern, dadurch, daß in denselben die Sache en bloc angenommen werden sollte, dadurch würde das Ziel nicht erreicht werden. Denn daß dies Verfahren fortan unzulänglich sei, darüber ist wohl gar kein Zweifel. Daher erscheint die vorsichtige Andeutung, die die Deputation gemacht hat, ganz zweckmäßig, und ich bitte Sie wiederholt, den Antrag gerade so, wie er gestellt wurde, anzunehmen.

(Die Versammlung drängt durch wiederholte Rufe zum Schluß; gleichzeitig melden sich mehrere Redner zum Worte.)

Advocat Dr. Calm aus Bernburg: Nur zwei Worte! Ich erkläre mich dahin, daß der vorliegende Antrag, da er erst gestern Abend gefaßt und gestellt worden ist, und da die Mehrzahl der Anwesenden denselben trotz seiner außerordentlichen Wichtigkeit noch gar nicht zu lesen Gelegenheit gehabt, es wohl verdient, gedruckt zu werden, und daß er uns dann vielleicht erst morgen zur Begutachtung vorgelegt werde. (Bravo!) Er könnte auch vielleicht noch am letzten Tage zur Berathung und Beschlußfassung kommen. Ich erkläre ganz offen, daß ich sogar eine nicht ganz richtige Stylisirung in dem Antrage gefunden zu haben glaube, und daß er im Periodenbau etwas unglücklich gefaßt zu sein scheint. Ich möchte daher bitten, daß er uns gedruckt vorgelegt werde, und daß er etwa übermorgen zur Berathung komme.

Vicepräsident Dorn: Zunächst habe ich zu fragen, ob der Antrag vertagt werden soll bis zur letzten Plenarversammlung? Wünscht Jemand darüber das Wort? — Niemand bewirbt sich um das Wort. — Soll also diese Frage bis zur letzten Sitzung des Juristentages vertagt werden? Wer für die Vertagung ist, möge so gut sein aufzustehen. —

Es ist die Minderheit; es wird also die Frage nicht vertagt, sondern sogleich darüber beschlossen werden.

Es ist jetzt weiter zu fragen, ob der Schluß der Debatte erfolgen soll? (Schluß! Nein!) M. H.! Ich bitte, daß sich Diejenigen, welche den Schluß wünschen, erheben. —

Es ist die Minderheit. Dr. Schaffrath hat das Wort.

Rechtsanwalt Dr. **Schaffrath** aus Dresden: Ich will auch nur mit wenig Worten mich für die unveränderte Annahme des Antrags unserer Deputation und für die Ablehnung der vom Ober-Staatsanwalt von Groß und dem Geheimen Rath Krug versuchten Abschwächungen dieses Antrags erklären. Für Eins, m. H., muß man in jedem Falle sein. Entweder hat man die Ueberzeugung, daß zu dem endlichen Zustandekommen einer gemeinsamen Deutschen Gesetzgebung ein allgemeines Gesetzgebungsorgan nothwendig, oder man ist der Ueberzeugung, daß ein solches nicht nöthig sei. Man kann nicht Beides zu gleicher Zeit sagen, wie die beiden Herren im Grunde wollen; sie sagen eigentlich: „es ist allerdings ein allgemeines Organ nöthig, wenn Ihr Regierungen es aber nicht macht, so thut es auch weiter nichts." (Bravo!) Das ist doch im Wesentlichen der wirkliche Sinn dieser abschwächenden Anträge. Ich glaube aber auch, m. H., daß es nicht nur auf den Ausdruck, in dem die Ueberzeugung ausgesprochen wird, ankommt, sondern daß die Nothwendigkeit eines gemeinsamen Gesetzgebungsorgans auch wirklich vorhanden ist. Ich glaube nicht, daß nochmals auf dem bisherigen Wege ein allgemeines Gesetz zu Stande kommt; ich fürchte als Jurist und hoffe als Politiker, daß die Deutschen Kammern des Opfers ein Mal satt werden, gegen ihre Ueberzeugung ein Gesetzbuch einzuführen. Ich fürchte als Jurist und hoffe als Politiker, daß sie endlich widerhaarig werden und ihre Mitwirkung beanspruchen werden. Sagen wir nun, es ist nothwendig ein solches Organ zu schaffen, so müssen wir dies unbedingt aussprechen und nicht nur halb. (Bravo.)

Vicepräsident Dorn: Es haben sich noch mehrere Herren zum Worte gemeldet. Herr Rechtsanwalt Lewald!

Rechtsanwalt **Lewald** aus Berlin: M. H.! Ich nehme den Antrag des Herrn Ober-Tribunalsrath Waldeck auf, und zwar aus folgendem Grunde: Er ist kein Widerspruch gegen das, was die Deputation eben vorgeschlagen hat, sondern nur eine korrektere Fassung. Wir haben aus dem Munde des Herrn Referenten seine Uebereinstimmung gehört und ich habe das Bedenken des Herrn Waldeck dahin formulirt und seine Zustimmung gefunden, daß der letzte Passus etwa dahin laute:

„Und daß zum endlichen Zustandekommen es erforderlich ist, daß den Kammern der Einzelstaaten eine rechtzeitige Einwirkung gesichert werde." (Bravo!)

Damit treffen wir Alles. Wie diese Einwirkung stattfinden soll, ob die Entwürfe einer jeden einzelnen Kammer vorgelegt werden sollen, ob es möglich sein wird, aus den einzelnen Kammern ein Gesammtorgan zu bilden, können wir nicht wissen. Aber die Ueberzeugung müssen wir aussprechen, daß zu dem endlichen Zustandekommen eine rechtzeitige Mitwirkung der Kammern gesichert werden müssen.

Vicepräsident **Dorn**: Ich ersuche diejenigen Herren, welche Amendements gestellt haben, ihre Anträge schriftlich zu formuliren, wie es von Herrn Lewald geschehen ist, damit ich sie in der richtigen Reihenfolge zur Frage stellen kann.

Eine Stimme: Ich glaube, daß der Vorschlag des Herrn Lewald möglicher Weise zu Mißverständnissen führen kann. Das, was wir Alle erstreben, ist unstreitig im Wesentlichen, was Dr. Schaffrath ausgesprochen hat. Wird nun der Nachsatz des Herrn Lewald angenommen, so führt dies nach meinem Dafürhalten ebenso wieder zu einer Abschwächung und möglicher Weise zu Mißverständnissen.

Hof- und Gerichtsadvokat Dr. **Lenz** aus Wien: Ich habe nur mit wenigen Worten ebenfalls gegen den Lewaldschen Antrag mich auszusprechen. Nicht auf die Mitwirkung der einzelnen Kammern, sondern auf ein gemeinschaftliches Organ des Deutschen Volkes kommt es mir an. Die Mitwirkung der einzelnen Kammern halte ich zur Durchführung solcher Gesetzgebungsarbeiten weder für möglich noch wünschenswerth. Ich würde gewünscht haben, daß der Antrag der Deputation noch weiter ginge, als er gestellt ist; aber ich glaube, daß wir uns beschränken sollen, das auszusprechen, daß ein gemeinschaftliches Organ wünschenswerth ist. (Bravo!)

Kreisgerichts-Assessor Dr. **Vollert** aus Arnstadt: Ich muß mich ebenfalls gegen die Ansicht des Herrn Ober-Tribunalsrath Waldeck erklären. M. H.! Ich glaube, wir gehen ganz konsequent, wenn wir aussprechen: der Juristentag hält ein allgemeines Organ für nothwendig. Wir wahren unser Recht; die Kammern mögen ihr Recht wahren. Ich glaube, der Kammern Sache ist es nun, ihrerseits geltend zu machen, in welcher Weise ein gemeinsames Organ zu konstituiren ist; aber wir haben uns mit dieser politischen Frage gar nicht zu beschäftigen. Ich glaube, deshalb ist es ganz konsequent, wie unsere Deputation ihren Antrag formulirt hat. Ich möchte ebenfalls die unveränderte Annahme desselben unterstützen. (Bravo! Schluß!)

Vicepräsident Dorn: Es wird vielseitig der Schluß beantragt. Ich werde die Frage zur Abstimmung bringen. Wer für den Schluß ist, erhebe sich. — Das ist die Minorität.

Herr Ober-Tribunalsrath Waldeck wünscht noch eine Bemerkung zu machen.

Ober-Tribunalsrath Dr. **Waldeck**: M. H.! Nur mit ein paar Worten möchte ich verschiedene Mißverständnisse entfernen. Mir ist eigentlich, nachdem ich die Sache näher erwogen, nichts weiter anstößig in dem ganzen Antrage, als der Ausdruck „Organ". Kann dafür ein anderes Wort substituirt werden, oder will man „Organ" so verstehen, wie ich es interpretirt habe oder wie es von dem Herrn Berichterstatter verstanden worden ist, so bin ich damit einverstanden. Wir müssen uns aber ganz außerordentlich vor der Täuschung hüten, als wollten wir ein halbes Surrogat für ein allgemeines Deutsches politisches Organ, das wir erstreben, das aber in diesem Saale meines Ermessens gar nicht zu effektuiren ist, gar nicht hierher gehört. (Bravo!)

Die Volksvertretung im Parlamente ist ein Organ, was wir erstreben, als Juristen sowohl wie als Deutsche; wie aber die Zustände liegen, ist sie nicht der Weg zur Erreichung unserer nächstliegenden Zwecke. Wir müssen als praktische Männer uns die Frage stellen: Der Weg, der eingeschlagen worden ist in zwei Fällen, ist der Weg auch in

Dingen, die wir jetzt erstreben, in der Civilprozeßgebung und ferner im Obligationenrechte möglich? So gut, wie er beim Handelsgesetzbuche möglich war, ist er auch im Obligationenrechte möglich und in der Civilprozeßgesetzgebung; — davon werden sich Alle überzeugt haben.

Es hängt hier gerade von uns Juristen fast Alles ab; denn die Nichtjuristen sagen gewöhnlich: „das verstehen wir nicht, das überlassen wir den Juristen.“ Darum eben ist die Civilprozeßgesetzgebung ein so wichtiges Werk für den Juristentag, daß er als Sachkenner seine Meinung über die Sache abgiebt. Ist es möglich, auf bereits bewährtem Wege etwas zu erreichen, — und die ersten Anträge sprechen ja, wie wir wünschen, mit vollster Ueberzeugnng aus, daß wir es wünschen; — dann müssen wir auch wiederum praktisch auf dem Wege bleiben, der jetzt allein möglich ist, und wenn wir etwas sagen wollen davon, — womit ich ganz einverstanden bin — daß den Landesvertretungen ein größerer Einfluß gesichert werde, so muß es in der angedeuteten Weise formulirt werden. Ich gebe nun zu, daß die Formulirung, wie sie gefaßt ist, so verstanden werden kann; wenn man aber gemeint hat, eine separate politische Volksvertretung für diesen Zweck einzuleiten, — und das verstehe ich unter Organ, denn „Organ“ ist eine „organische Einrichtung“ — so muß ich mich dagegen erklären. Denn dergleichen Dinge drücken, was wir politisch erstreben und wünschen, durchaus nicht aus, nicht einmal abgeschwächt. Ein solches Organ für ein einzelnes Gesetzbuch oder zwei Gesetzbücher ist eben nicht das, was nöthig ist.

Der Antrag, wie er gefaßt ist, sagt auch über die Art und Weise, wie dieses Organ ad hoc eintreten soll, nicht ein Wort. Ich glaube, daß der Antrag des Herrn Lewald doch die Sache insofern trifft, als er einen praktischen Punkt geltend macht, der für unser Werk von Wichtigkeit ist. (Unruhe.)

Vicepräsident Dorn: Wer wünscht das Wort noch? (Schluß! Schluß! Unruhe.) Herr Justizrath Heintze!

Justizrath **Heintze** aus Frankfurt a. O.: Den Schluß herbeizuführen, m. H., (große Unruhe) — — — so vortrefflich, so klar und umfassend ausgedrückt, daß ich beantrage, ohne weitere Diskussion jetzt die vorgeschlagene Fassung des Satzes anzunehmen. (Große Unruhe.)

Vicepräsident Born: Herr Justizrath Heintze! habe ich recht verstanden? (Große Unruhe.)

Justizrath **Heintze:** Ohne weiteres Amendement!

Vicepräsident Born: Wir können nicht über die Amendements in Pausch und Bogen hinweggehen; das ist nicht möglich; wir müssen einzeln abstimmen, wenn überhaupt über die Frage im Großen und Ganzen nicht mehr das Wort begehrt wird. (Schluß! Schluß!) Der Schluß ist noch nicht beschlossen.

Geh. Ober-Justizrath, Präsident Dr. **Heimsöth** aus Cöln: M. H.! Es handelt sich um eine außerordentlich wichtige politische Frage; ich bitte daher, mit Ruhe über diesen Punkt das juristisch-politische Gewissen und nicht blos die politischen Wünsche sprechen zu lassen. Untersuchen Sie gefälligst mit mir, ob dasjenige, was Herr Waldeck hier vorgeschlagen hat, in der Fassung, in welcher es von Herrn Lewald aufgenommen ist, als Amendement, worüber wir abstimmen möchten, nicht doch das staatsrechtlich Richtige ist, oder ob wir, darüber hinausgehend, aussprechen sollen, es sei nothwendig (was als Wunsch von einem großen Theile der Versammlung zu erkennen gegeben worden ist): daß Deutschland nicht mehr ein Staatenbund sei, sondern ein Bundesstaat werde. Das ist die Differenz, m. H., um die es sich handelt, und wenn diese Differenz verhüllt ist im Ausdruck, worüber gegenwärtig unter Ihnen schon Streit ist, indem der Eine die Sache in der, der Andere in anderer Weise auffaßt, — so meine ich: als Juristen sind wir verpflichtet, klar zu bedenken, was wir sagen wollen, und klar das auszusprechen. M. H.! Untersuchen Sie ruhig, ob diejenigen, welche den Satz noch hinzufügen wollen, daß es für das Zustandekommen einer für Deutschland gemeinsamen Gesetzgebung nothwendig sei, die Frage in Erwägung zu nehmen: ob Deutschland ein Staatenbund oder ein Bundesstaat sein soll, im gegenwärtigen Augenblick und bei dieser Gelegenheit praktisch gut daran thun.

Ich stelle den Wunsch ganz bei Seite. Es handelt sich hier um die Zweckmäßigkeit des vorgeschlagenen Ausspruchs; es fragt sich, ob das, was unsere Deputation vorschlägt, staatsrechtlich möglich, und ob es praktisch ist. Wenn es gegenwärtig nicht staatsrechtlich möglich ist, —

und das will ich darzuthun mich bestreben, — so folgt daraus schon, daß es für Sie unpraktisch ist, diesen Ausspruch zu thun. Ich setze zu dem Letzteren noch hinzu, daß dies auch darum sehr unpraktisch ist, weil wir damit in Kreisen, die wir nicht übersehen können, den größten Anstoß erregen könnten.

Ich sage, daß es gegenwärtig staatsrechtlich gar nicht möglich ist, sich in dem Sinne des Ausdrucks „Organ" zu bedienen, in welchem der Vorschlag der Deputation von einer großen Anzahl Mitgliedern, wie aus deren Aeußerungen hervorgeht, aufgefaßt wird. M. H., wir haben gegenwärtig in Deutschland nicht einen Bundesstaat, sondern einen Staatenbund, und die einzelnen Regierungen sind namentlich auf dem Felde der Gesetzgebung, wovon hier die Rede ist, nicht an einen Majoritätsbeschluß gebunden. Wir haben keinen Faktor der Gesetzgebung am Bunde, der Beschlüsse faßt und Gesetze aufstellt, welche die einzelnen Staaten deshalb, weil sie der Bund beschlossen hat, auf diesem Gesetzgebungsfelde annehmen müssen. In den einzelnen Staaten haben wir Volksvertretungen. Diese Volksvertretungen sind Faktoren der Gesetzgebung, wie die Regierungen, in den einzelnen Staaten, und in dieser Beziehung sind auch sie unabhängig von den Beschlüssen des Bundes. Es kann, m. H., nun ein Wunsch, und ein dringender Wunsch sein, daß diese Verhältnisse auf staatsrechtlichem Wege für Deutschland sich ändern, daß nämlich für ganz Deutschland ein Parlament bestehe. Dieses, m. H., läßt sich aber unmöglich für eine einzelne, und nur für die privatrechtliche Seite errichten, und man kann nicht von dem Standpunkte des Privatrechts ausgehend auf dem Wege, wie er angedeutet zu sein scheint, mittelbar zu einem Parlament gelangen. M. H., zu diesem müssen ganz andere, viel wichtigere und dringendere Fragen bestimmen, als die schwächere Rücksicht auf das Privatrecht. Wenn aber wegen dessen, was im Privatrecht erstrebt wird, vom Deutschen Juristentage als dringendes Bedürfniß für Deutschland hingestellt und ausgesprochen würde: „Es geht nicht anders, als wenn ein Parlament geschaffen wird, und wenn die Regierungen und die Volksvertretungen beide verzichten auf das Gesetzgebungsrecht und sich dem von dem Deutschen Juristentage bezeichneten Organ unterwerfen", — so wäre das, m. H., weder praktisch, noch klug, und im gegenwärtigen Zeitpunkte nicht der Weg, um für das Privatrecht das Gewünschte zu erreichen. (Bravo!)

M. H., wenn Sie den Antrag annehmen, so begehen Sie meines Erachtens eine politische, eine staatsrechtliche Sünde. Sie nehmen dann an, daß man für die Volksvertretungen ein Organ schaffen soll bei der Bundesversammlung; das ist der Sinn und kein anderer; es ist auf den Ausdruck „Organ" Gewicht gelegt; und wenn Sie den Ausdruck „Organ" näher interpretiren, so beantragen Sie einen Bundesstaat für die Volksvertretung und haben einen Staatenbund für den andern Faktor der Gesetzgebung, für die Regierungen. Oder wollen Sie aussprechen, es werde nicht möglich sein, eine gemeinsame Gesetzgebung für den Prozeß herzustellen, ohne daß Deutschland auch im Verhältniß der Regierungen zu einander seine Verfassung ändert? Diese Unmöglichkeit liegt doch gewiß nichts weniger als auf der Hand.

M. H., die Regierungen sind nach dem bestehenden Bundesrechte von der Majorität unabhängig, die einen können sagen: das Gesetz nehmen wir an, die andern: wir nehmen es nicht an für unsere Staaten. Wollen Sie bewirken, daß zugleich ein Organ da sei für die sämmtlichen Volksvertretungen, das durch Majorität — sonst kann es kein Organ sein — ausspricht: wir beschließen über das Gesetz für ganz Deutschland und dem haben sich alle Volksvertretungen zu unterwerfen, so daß das Gesetz durch Majorität für sie angenommen wird oder nicht? Ich bitte Sie, m. H., wäre das der richtige und einzige Weg, um eine Prozeßgesetzgebung für ganz Deutschland zu geben? glauben Sie, daß das ein praktischer und konsequenter Weg ist? Tausend andere Wege vielleicht sind vorhanden, um den Volksvertretungen zu ihrer berechtigten Mitwirkung bei der Einleitung und Beschlußfassung über Gesetze zu verhelfen. Solche Wege einzeln aufzuzeigen, würde Sie, wie ich denke, nur ermüden und hätte auch keinen Zweck. In dem Antrage finden Sie nur den einen Weg, der unpraktisch ist und nicht korrekt, als hülfreich dargestellt. Ich kann dagegen einfach sagen: Was die Einleitung der Berathung des Gesetzes betrifft, so ist es sehr leicht möglich, daß die Regierungen und die Stände bei der Auswahl der Personen, welche sich damit beschäftigen sollen, gleichmäßig mitwirken, oder

Personen schicken, die die einzelnen Regierungen und Ständeversammlungen zusammen vertreten. M. H., faktisch ist das schon insofern geschehen, als nicht blos von den Regierungen Deputirte geschickt wurden zu denjenigen Berathungen, welche sich gegenwärtig schon erledigt haben. Allein die Mitwirkung der Stände . . . (Zuruf: „Kürzer fassen!")

M. H., ich darf das doch wohl anschaulich darstellen? (Theilweiser Zuruf: „Ja wohl!")

Bei der Einleitung und Vorbereitung des Gesetzes kann sehr leicht . . . (Große Unruhe.)

Wenn es sich aber von der Beschlußfassung handelt, so ist das Wesentliche das: ob die allgemeine Meinung in Deutschland dahin lautet, daß das Gesetz zweckmäßig ist. Das werden Alle sehr bald erkennen und die einzelnen Regierungen, auch die, welche sich auf einen partikulären Standpunkt stellen, werden sich dann fügen. Warum sollte man nun nicht, ehe eine Erklärung abgegeben wird von den einzelnen Staaten: „Wir nehmen das Gesetz an oder nicht," die Mitwirkung der Stände dabei eintreten lassen können? und ist dann das Recht der Stände nicht vollständig gewahrt? Glauben Sie mir, wenn das Gesetz nur vernünftig ist, so werden die verschiedenen Faktoren der Gesetzgebung ebenso gut, wenn die Abstimmung im Einzelnen geschieht, sich für das Gesetz erklären und der allgemeinen Stimmung nachgeben, als wenn der Beschluß von einem Ausschuß aller Ständeversammlungen geschieht, bei dessen Abstimmungen die Einzelnen sich einer Beschlußfassung nach Majoritäten fügen müssen. Und, m. H., ich warne Sie hier; es ist sehr die Frage, ob dasjenige, was allgemein gewünscht wird, erreicht werden möchte dadurch, daß bei einem Organ aller Ständeversammlungen eine kleine Majorität die Entscheidung giebt für das Ganze, oder ob es sich nicht mehr empfiehlt, daß von den einzelnen Ständeversammlungen sorgfältig bedacht werde, daß man dem allgemeinen Werke und der Einheit nicht ohne Noth entgegentritt, und daß man nur Widerspruch erheben möge in Dingen, welche die wesentlichen Gesichtspunkte der Ständeversammlungen angehen. Ich meine, das Erstere ist sehr gefährlich; dieser Weg ist aber auch in Deutschland unmöglich, so lange man die Regierungen nicht zu einem durch Majorität beschließenden Faktor der Gesetzgebung macht.

Das Wesentliche, was Sie wollen, spricht der Herr Ober-Tribunalsrath Waldeck aus in dem Amendement Lewald, worin es heißt: es möge die Mitwirkung der Ständeversammlungen bei dem Zustandekommen des zu schaffenden Gesetzgebungswerkes rechtzeitig eintreten. (Vielfacher Ruf nach Schluß.)

Sie drücken dann allerdings nicht aus, was nur ein Theil der Versammlung will; aber ich denke, wir können uns dabei beruhigen, wenn wir dasjenige sagen, was wir Alle wollen, und wenn wir das sagen, macht es auch Eindruck! (Beifall.)

Appellationsgerichtsrath v. Kraewel aus Naumburg a. S.: Es ist vollkommen richtig, was der Herr Präsident Heimsöth eben anführte, daß die Consequenz unseres Antrags zu einem Bundesstaate und nicht zu einem Staatenbunde führt; und insofern würde Alles das, was wir heute zur Debatte gezogen haben, die selbst gesteckten Grenzen überschreiten. Allein früher oder später muß doch durch irgend eine angemessene Versammlung drei, vier, fünf und sechs mal noch dieser Wunsch ausgesprochen werden. Praktisch laborirt nach meinem Dafürhalten die Deduktion des Herrn Präsidenten Heimsöth daran, daß die Ständeversammlungen, also die Nation, die einzelnen Volksstämme, die edelsten und besten Vertreter bis jetzt noch nicht gehört haben. So vortrefflich das Handelsgesetzbuch ist, wobei, wie ich mit Stolz sage, mein Landsmann der Dr. Heimsöth ebenfalls mitgewirkt hat, so ist es doch ein unbeschreiblicher Mangel, daß von den einzelnen Volksstämmen auch nicht ein einziger Jurist darüber von diesem Standpunkte der einzelnen Volksstämme gehört worden ist. Was ist anders übrig geblieben, als es en bloc anzunehmen, um nur das Werk nicht zu stören?

Professor Dr. Bluntschli: Meine Herren! erlauben Sie mir nur ein paar ganz kurze Schlußbemerkungen. Ich will meinem verehrten Freunde, Herrn Präsident Heimsöth, nicht auf das politische Gebiet folgen, das er betreten hat. (Bravo!)

Ich will Nichts von den Gegensätzen zwischen Bundesstaat und Staatenbund sprechen, obwohl ich mich getraute nachzuweisen, daß auch auf dem Wege des Bundesstaates das Staatsrecht gewahrt werden kann. Aber auch mir, meine Herren, liegt sehr viel daran, daß wir in dieser durchaus, ich möchte sagen, entscheidenden Frage eine möglichst imposante Majorität, wenn nicht Einstimmigkeit, zu Wege bringen. (Bravo!)

In dieser Beziehung erlaube ich mir auf eine Modification anzutragen mit Berücksichtigung des Antrags des Herrn Waldeck. Nie und nimmermehr würde ich der Modifikation beistimmen, wie sie von Herrn Lewald formulirt worden ist, und zwar aus einem Grunde, den er vielleicht selber billigt. Wenn wir nämlich einfach auf die Thätigkeit der Kammern alles Gewicht legen, so handeln wir nach meiner Ueberzeugung in einem durchaus partikularistischen Geiste, den ich nicht vertreten will. (Beifall.)

Das Aeußerste, was wir unsererseits thun können, ist eine Formel zu wählen, welche die ganze politische Frage den Verhandlungen der Regierungen und der Kammern anheim stellt, aber dennoch andeutet, daß es auch in diesem Stücke in Deutschland vorwärts gehen müsse, wenn man eine ordentliche Gesetzesreform vollziehen will. (Vielfacher Beifall.) Zu diesem Behufe schlage ich Ihnen vor, — und ich bitte Sie auf die Feinheit der Redaktion keinen zu großen Werth zu legen, — statt des gefährlichen „Organs", dessen Spitze allerdings, meine Herren, bundesstaatlich ist, statt dieses gefährlichen Wortes „Organ" schlage ich Ihnen vor, ein anderes zu wählen, das beide Meinungen in sich faßt und die ganze Frage der weitern politischen Diskussion anheimgiebt; nämlich daß wir sagen ... Ich will Ihnen gleich das Ganze vorlesen, wie es jetzt nach dieser Modification heißen würde:

„Zu diesem Wunsche hält sich der Juristentag um so mehr für berechtigt, als es sich zur Zeit nur erst um die Vorarbeiten für jenes Werk handelt und der Deutsche Juristentag der Ueberzeugung ist, daß zum endlichen Zustandekommen einer gemeinsamen Gesetzgebung auf dem Gebiete des Prozeß- und Obligationenrechts die Einleitung zu einer gemeinsamen, von den Regierungen und den Kammern der einzelnen Staaten anerkannten — wenn auch lediglich zu diesem nationalen Werke festgesetzten — Einrichtung nothwendig ist." (Lebhafter Beifall.)

Hofgerichtsrath **Brauer** aus Bruchsal: Ich trete für diesen Vorschlag ein. Diese Aenderung hat noch den Vortheil, daß dadurch ein gutes Deutsches Wort an Stelle eines Fremdworts gesetzt wird. Das Wort ist auch in dem Sinne gut Deutsch, daß es mehr den Sinn der Allgemeinheit, als den der Partikularität ausdrückt. Aus diesem Grunde trete ich dem Vorschlage bei.

Vicepräsident Dorn: Ist der Herr Rechtsanwalt Lewald der Ansicht, daß sich jetzt sein Amendement erledigt hat?

Rechtsanwalt **Lewald**: Ich ziehe, um dem Wunsche des Herrn Referenten, den gewiß die ganze Versammlung theilt, eine imposante Majorität zu Stande zu bringen, zu entsprechen, das Amendement zurück. (Beifall.)

Vicepräsident Dorn: Es würde nun das Amendement des Herrn Dr. Raudnitz zur Sprache kommen. Er wünscht, daß in der Erklärung weggelassen würden 1) die Worte „auf dem Gebiete des Obligationenrechts und des Civilprozesses" und 2) „wenn auch lediglich zu diesem nationalen Werke ermächtigten". Dieser Zusatz hat, wie aus dem Vortrage Ihnen klar geworden sein wird, den Zweck, den Eindruck dieser Resolution etwas zu mildern denjenigen gegenüber, die überhaupt Anstoß daran nehmen möchten. Ich halte diese Einschaltung nicht für sehr wesentlich; denn wenn man sie stehen läßt, so wird man möglicher Weise den Ausdruck darin finden, daß man es vor der Hand als eine Abschlagszahlung annimmt; das Andere finde sich. Ich frage daher den Herrn Dr. Raudnitz, ob er auf das Amendement verzichten will.

Advokatur-Candidat Dr. **Raudnitz**: Ich möchte bei der Weglassung der Worte beharren. Ich glaube, wenn wir statt des Wortes „Organ" das Wort „Einrichtung" sagen, ist die Sache so angethan, daß wir den sehr sanften Zusatz, ohne unsanft zu sein, weglassen können.

Vicepräsident Dorn: Es würde die Frage, ob dieser Zwischensatz wegzulassen, zu entscheiden sein, wenn wir uns über die Annahme der Hauptfrage geeinigt haben werden.

Es kommt nun das Amendement des Geh. Justizraths Dr. Krug in Betracht. Es soll die Fassung dahin gehen, daß gesagt wird:

„Wenngleich der Juristentag zu vollkommener Erreichung dieses Zieles die Schaffung eines Organs ꝛc. für nöthig erachtet.“

Es ist also nur eine kleine Abschwächung desjenigen, was schon gesagt ist.

Geh. Justizrath Dr. **Krug**: Da ich sehe, daß mein Amendement nicht vielen Anklang findet, so nehme ich dasselbe zurück. (Beifall.)

Vicepräsident Dorn: Es wären somit alle Amendements bis auf eins erledigt. Herr Dr. Raudnitz hat nämlich den Wegfall gewisser Worte beantragt. Auch diese Frage würde sich erledigen, wenn wir über die Hauptfrage abgestimmt haben. Ich bitte also diejenigen, die dafür sind, daß in dieser corrigirten Fassung der Passus drei angenommen werde, sich zu erheben . . . Präs. Dr. Heimsöth!

Präsident Dr. **Heimsöth**: Ich wollte mir die Anfrage erlauben, ob das Lewald'sche Amendement zurückgezogen ist?

Vicepräsident Dorn: Dasselbe ist vor wenig Augenblicken zurückgezogen worden. Ich glaube, es wird dasjenige sein, was Sie meinen. Es lautete dahin:

„und daß zum endlichen Zustandekommen es erforderlich sei, daß den Kammern der Einzelstaaten eine rechtzeitige Einwirkung gesichert werde.“

Präsident Dr **Heimsöth**: Ich nehme das Amendement wieder auf, und beantrage die Abänderung, zu sagen: „Mitwirkung.“

Vicepräsident Dorn: Herr Dr. Heimsöth hat das Lewald'sche Amendement wieder aufgenommen und will die kleine Abänderung, statt „Einwirkung“ zu sagen: „Mitwirkung.“ Diejenigen, die für dieses Amendement sind, bitte ich, sich zu erheben. (Ruf: „Vorlesen!“ Geschieht durch den Schriftführer.)

Die ganze Resolution zu Punkt drei würde mit diesem Amendement so lauten:

„Zu diesem Wunsche hält sich der Juristentag um so mehr für berechtigt, als es sich zur Zeit nur erst um die Vorarbeiten für jenes Werk handelt und der Deutsche Juristentag der Ueberzeugung ist, daß zum endlichen Zustandekommen einer gemeinsamen Gesetzgebung auf dem Gebiete des Prozeß- und

Obligationenrechts es erforderlich sei, daß den Kammern der Einzelstaaten eine rechtzeitige Mitwirkung gesichert werde."

Ich erlaube mir darauf hinzudeuten, daß ein wesentlicher Unterschied darin besteht, daß in diesem Amendement von einer gemeinsamen Einrichtung nicht die Rede ist, sondern blos die Mitwirkung der Kammern der einzelnen Staaten reservirt wird. Also ich bitte diejenigen, die für dieses Amendement sind, sich zu erheben.

Es ist abgelehnt.

Wir nehmen nun die vom Herrn Referenten corrigirte Fassung der Hauptfrage auf.. Ich werde sie nochmals, um Mißverständnisse zu vermeiden, vorlesen lassen.

(Geschieht durch den Schriftführer Dr. Jaques.)

Gerichts-Assessor und Ober-Staatsanwaltgehilfe Dr. **Mittelstädt** aus Posen: Ich stelle das Amendement, daß der ursprüngliche Ausdruck „Organ" bleibe, und erlaube mir einige Worte zur Rechtfertigung dieses Vorschlages. Es ist gesagt worden: daß wir für dieses ausländische Wort ein Deutsches genommen haben, sei ein Vortheil. Diesen Vortheil verkenne ich durchaus nicht; ich glaube aber, damit ist der Nachtheil verbunden, daß wir für ein Wort, bei dem wir uns etwas Bestimmtes denken, ein Wort wählen, bei dem wir nichts denken können. „Einrichtungen" haben wir in Deutschland genug; aber es fehlt uns ein „Organ," und dieses ist es, was wir erreichen wollen. Ich denke, daß wir Deutschen Juristen zusammenkommen, um einheitliches Deutsches Recht und Gesetzgebung zu erzielen, und ich denke, es ist nicht zu weit gegangen, wenn wir sagen, wir wünschen ein einheitliches Organ dafür. Kein anderer Gedanke ist es gewesen, den die ständige Deputation gehabt hat. Sie hat den Gedanken möglichst beschränkt auf die Gebiete, die vor Allem in Angriff genommen werden sollen. Anstoß wird vielleicht erregt, wenn wir sagen, wir wünschen ein einheitliches Organ für einheitliche Gesetzgebung; aber, meine Herren, ohne dieses ist ein einheitliches Recht nicht zu erreichen, und wir, die wir den Deutschen Juristentag konstituiren, haben keinen anderen Zweck, als ein einheitliches Deutsches Recht. Ich glaube daher, daß es wohl berechtigt ist, den ursprünglichen Ausdruck aufrecht zu erhalten. Ich beantrage, daß der Ausdruck „Organ" bleibe.

Vicepräsident Dorn: Ueber dieses Amendement können wir sehr kurz abstimmen. Es handelt sich lediglich um die Frage, ob der Ausdruck „Organ", der wegcorrigirt worden ist, wieder rehabilitirt werden soll.

Es wird jetzt über die Hauptfrage abgestimmt und über den Ausdruck, der gebraucht werden soll. Wir müssen uns erst darüber einigen, ob die ursprüngliche Fassung wieder hergestellt werden soll; der Herr Berichterstatter hatte dieselbe geändert, es ist aber der Antrag gestellt worden, sie wieder herzustellen.

Eine Stimme: Wäre es nicht zweckmäßig, vorbehaltlich der Entscheidung, ob das Wort „Organ" oder „Einrichtung" gewählt werden soll, die Frage zu stellen?

Vicepräsident Dorn: Die Frage bleibt offen, ob der Ausdruck „Organ" oder „Einrichtung" gewählt werde.

Obertribunalsrath Dr. **Waldeck**: Zur Fragstellung! (Ruf: „Schluß! Schluß!" Große Unruhe.)

Zur Fragstellung muß ich doch das Wort haben. — Ich bin wahrhaftig entschieden wie irgend Einer in politischen Dingen; das wird mir kein Mensch streitig machen; ich will aber auch in juristischen Dingen eine entschiedene Fassung. Es ist ganz unmöglich, diese Worte offen zu lassen, sondern es muß die Abstimmung vorgenommen werden über den Antrag, wie er gestellt worden ist, und zwar zunächst über das Amendement, und dann über die Sache selbst.

Der Zweck eben dieser Substitution war, durch das Wort „Einrichtung" eine möglichst große Majorität zu bekommen; in Erwägung jener Interpretation, welche der Berichterstatter selbst gemacht, möge jeder Einzelne dabei denken, was er wolle. Also, wenn wir jenen Zweck erreichen wollen, müssen wir zuerst darüber abstimmen: ob „Organ" oder „Einrichtung" gesagt werden soll. Derjenige, dem seine partikuläre Ansicht das Mehr ist, wer eine imposante Majorität nicht erreichen will, wird nicht für „Einrichtung" stimmen, sondern für das anstößige Wort.

Vicepräsident Dorn: M. H.! Die Frage scheint mir so zu stellen zu sein, ob das Wort: „Organ" aus der frühern Fassung in den Entwurf der Resolution wieder aufzunehmen sei. Wir präjudiziren damit noch nicht der weiteren Frage über die andere Fassung, ob sie anzunehmen sei oder nicht, es ist eine reine Formfrage, eine stylistische Frage.

Eine Stimme: Auf diese Weise kann es kommen, daß gar nichts erreicht wird. Wenn die Meinungen über „Organ" und „Einrichtung" so weit auseinander gehen, so wird der, welcher „Organ" will, „Einrichtung" und derjenige, welcher „Einrichtung" will, „Organ" weglassen. Es kann nach meiner Ansicht die Frage nur so lauten: „soll dieser Beschluß angenommen werden, vorbehaltlich der Entschließung, ob „Organ" oder „Einrichtung"?

Vicepräsident Dorn: Wir könnten die Sache kurz erledigen ....

Geheimer Justizrath Dr. **Krug:** Dagegen erkläre ich mich. Wenn die Frage so gestellt wird, so weiß Niemand, worüber er abstimmt, und ist durch die erste Abstimmung bei der zweiten gebunden. Das darf nicht sein. Erst ist über das Amendement und dann über den ursprünglichen Antrag abzustimmen.

Vicepräsident Dorn: Es könnte sonach auch das Resultat eintreten, daß wir eine dritte Fassung ermitteln müßten, wenn sowohl die eine, als die andre vorgeschlagene abgelehnt würde. Ich bitte diejenigen, welche dafür sind, das Wort: „Organ" zu retabliren, sich zu erheben. Es ist die Minorität; also es bleibt bei dem Worte „Einrichtung". (Mehrere Stimmen „nein".)

Das Bureau ist entschieden der Ansicht, daß es die Minorität gewesen ist. Es bleibt also dabei. Ich frage jetzt, soll ich die Fassung noch einmal vorlesen lassen? (Nein!)

Es ist die Frage die, ob der dritte Antrag in der vom Herrn Professor Dr. Bluntschli berichtigten Schlußfassung angenommen wird oder nicht. Diejenigen, die für die Annahme sind, bitte ich sich zu erheben.

Es ist eine imposante Majorität!

M. H.! Wir kommen jetzt zu dem Amendement, welches gleich im Anfange vom Herrn von Kraewell gestellt worden ist, nämlich, ob ein Zusatz zu machen sei in der Weise, daß ausdrücklich das Strafrecht berücksichtigt werde. Sie erinnern sich, daß in dieser Resolution immer nur vom Obligationenrechte und vom Civilprozeß die Rede ist, und daß man vermieden hat, ausdrücklich des Strafrechts zu gedenken. Die Gründe sind Ihnen vom Herrn Berichterstatter mitgetheilt. Es ist dies geschehen, nicht um das Strafrecht auszuschließen, sondern weil man dessen Erwähnung der gegenwärtigen Sachlage nicht entsprechend gehalten hat. Aber Herr von Kraewell wünscht, daß ausdrücklich des Strafrechts gedacht werde. Ich frage also, ob ein Zusatz in dieser Richtung gemacht werden soll? Es würde dann lediglich Sache der Redaktion sein, in den einzelnen drei Positionen an entsprechender Stelle dieser Materie zu gedenken.

Professor Dr. **Bluntschli**: Der Verbesserungsantrag geht dahin, daß die angenommene Resolution auch auf das Strafgesetz auszudehnen sei. Ich erkläre mich meinerseits einverstanden mit dieser Ansicht.

Vicepräsident Dorn: Also die Frage würde sein, ob Sie diesen Zusatz belieben.

Wünscht Jemand das Wort? . . . .

Diejenigen, welche dafür sind, daß ein solcher Zusatz eingeschaltet werde, bitte ich, sich zu erheben.

Es ist eine entschiedene Majorität!

Das Amendement des Herrn Dr. Raudnitz, wegen Weglassung der zwei verschiedenen Passus, halte ich für erledigt, nachdem in der Hauptsache die Frage angenommen worden, mit dem Vorbehalt natürlich, daß wenn Herr Dr. Raudnitz nicht freiwillig seinen Antrag zurückzieht, derselbe zur Abstimmung kommt.

Advokatur-Candidat Dr. **Raudnitz**: Ich bitte um Abstimmung.

Vicepäsident Dorn: Also zunächst die Frage über die erste Weglassung. Es soll weggelassen werden: „auf den Gebieten des Prozeß- und Obligationenrechts."

Ich werde mit Weglassung dieser Worte die Frage vorlesen; ich bitte also den Antrag im Zusammenhange mit der Weglassung zu hören:

„Zu diesem Wunsche hält sich der Deutsche Juristentag um so mehr für berechtigt, als es sich zur Zeit erst um die Vorarbeiten für jenes Werk handelt und der Deutsche Juristentag der Ueberzeugung ist, daß zum endlichen Zustandekommen einer gemeinsamen Gesetzgebung die Einleitung zu einer gemeinsamen, von den Regierungen und den Kammern der Einzelstaaten anerkannten — wenn auch lediglich zu diesem nationalen Werke festgesetzten — Einrichtung nothwendig ist."

Bevor ich abstimmen lasse, erlaube ich mir die Bemerkung, daß diese Weglassung gar kein Resultat hat; denn es wird der Deputations-Vorschlag weder durch die Weglassung erweitert, noch durch den Zusatz verengert. Es ist von jenem Werk die Rede, welches wir schon oben bezeichneten; ob wir die Worte wiederholen, was eigentlich überflüssig ist, oder ob wir diese Worte streichen, es wird im Sinne des Satzes gar nichts geändert.

Eine Stimme: Ich glaube, daß, nachdem wir den Schlußsatz angenommen haben in Betreff des Strafrechts, es gar keinen Sinn hat, wenn wir noch da, wo es sich auch um das Strafrecht handelt (ich spreche von der Gesetzgebung im Allgemeinen), speziell des Civilrechts gedenken; Strafrecht hat nur Sinn, wenn es als Gegensatz zum Civilrecht gilt; ich bin der Meinung, daß der ganze Satz vom Referenten zu formuliren ist und dann das Amendement des Herrn Dr. Raudnitz als abgelehnt betrachtet werden kann.

Vicepräsident Dorn: Da es Herr Dr. Raudnitz wünscht, so kommen wir zur Abstimmung. Diejenigen, welche dafür sind, daß die vorhin bezeichneten Worte wegfallen, bitte ich, sich zu erheben.

Es findet keine Zustimmung!

Es handelt sich nun um den zweiten Theil des Amendements von Herrn Dr. Raudnitz. Er wünscht weggelassen zu sehen den eingeschalteten Satz am Schlusse: „wenn auch nur zu diesem nationalen Werk festgesetzten." Ich würde also die Frage stellen, ob wir diesen Schlußsatz, der ohne Weiteres gestrichen werden kann, indem in stylistischer Beziehung der Satz richtig bleibt und nur der Gedanke erweitert wird, ob Sie diese Weglassung genehmigen wollen? Diejenigen, welche dafür sind, die Worte zu streichen, bitte ich, sich zu erheben.

Es ist eine kleine Minorität!

So wäre hiermit dieser Gegenstand erledigt und trete ich das Präsidium dem Herrn Professor Dr. Bluntschli wieder ab.

(Dr. Bluntschli übernimmt das Präsidium.)

Präsident: Es ist eine Pause gewünscht worden und ich denke, wir haben ganz gut eine Viertel- oder eine halbe Stunde Zeit.

(Pause von einer halben Stunde.)

Präsident: M. H.! Darf ich bitten, Ihre Plätze einzunehmen, damit die Verhandlung fortgesetzt werden kann.

M. H.! Bevor wir weiter fortschreiten in unsern statutarischen Verhandlungen, erlaube ich mir, Ihnen noch einige Anzeigen zu machen.

Vorerst ist eine Zuschrift eingegangen von Seiten des Vorstandes des Germanischen Museums, unterzeichnet Freiherr v. Aufseß. (Lauter! Deutlicher!) Sie sehen, daß ich in diesem umfänglichen Saale eben nicht recht durchdringen kann. Es ist eine Zuschrift eingegangen, von dem Vorstande des Germanischen Museums unterzeichnet, worin derselbe auf seine Bestrebungen und deren Verwandtschaft mit den Tendenzen des Juristentages hinweist; worin er dem Juristentage bestes Gedeihen wünscht, und zugleich auch, daß dies zu Ihrer Kenntniß kommen möge; worin er endlich die Arbeiten des Germanischen Museums bespricht. Zu diesem Behufe werden an die verschiedenen Sectionen noch eine Anzahl dieser Mittheilungen vertheilt werden. Ich denke, meine Herren, es wird ganz einfach der Dank dafür zu Protokoll genommen und es werden dann den Abtheilungen diese Mittheilungen communicirt.

Ebenso liegen auch weitere Druckschriften vor, die lediglich Bezug haben auf die einzelnen Abtheilungen, und es versteht sich wohl von selbst, daß sie nach ihrem Inhalte dahin dirigirt werden.

Nun erlaube ich mir Sie aufmerksam zu machen auf äußerliche Dinge. Was nämlich zuerst die Sitzungssäle der verschiedenen Abtheilungen betrifft, so ist nach einem heute gefaßten Beschlusse der Sitzungssaal der 1. und 2 Abtheilung, welche beide Abtheilungen gemeinschaftlich berathen sollen, der Saal der Brühl'schen Terrasse. Als Sitzungssaal der 3. Abtheilung wird bezeichnet der Saal der Harmonie-Gesellschaft. Als Saal der 4. Abtheilung Braun's Hotel. Dann, meine Herren, ist für heute eine Vergnügungsfahrt eingerichtet nach Meißen, auf Veranstaltung des Stadtrathes von Dresden unter Mitwirkung, wenn ich nicht irre, auch der Stadtbehörde von Meißen.

Nach 1/2 4 Uhr wird an dieser Stelle, nach dem Mittagsessen, das Zeichen zum Aufbruche gegeben werden. Die Abfahrt vom Bahnhofe der Leipziger Bahn ist auf 1/2 5 Uhr bestimmt, so daß also die Mitglieder, welche nicht hier essen, sich dort einfinden können. — Ferner erlaube ich mir Ihnen zu bemerken, daß Subscriptionslisten für das Festdiner am Freitag im Vorzimmer ausgelegt sind, und endlich bitte ich die Herren der Deputation nach Beendigung der heutigen Sitzung noch einen Augenblick zusammenzutreten, und zwar in dem oberen Lokale, wo gestern schon eine kleine Sitzung stattgefunden hat.

Nach diesen Mittheilungen können wir nun vorwärts gehen zur Behandlung der uns noch übrig bleibenden Anträge über die Statuten. Dabei bemerke ich im Voraus, daß der Antrag des Herrn Hofgerichtsrath Brauer zu Bruchsal bezüglich des Versammlungsortes von demselben zurückgezogen worden ist, so daß also diese Frage nicht weiter zur Sprache kommen wird. Dagegen kommen noch einige Anträge, welche in dem in der Deutschen Gerichtszeitung abgedruckten Programm angegeben sind, auf die Tagesordnung. Diese Anträge sind die des Herrn Kreisrichter Dulheuer, des Herrn Obergerichtsrath Vorwerk und des Herrn Advokat Förster, und ich ersuche den Herrn Stadtrichter Hiersemenzel sie zu referiren. Zuerst folgt der Antrag des Herrn Gerichts-Assessor Dulheuer über die Organisation des Deutschen Juristentages.

Kreisrichter **Dulheuer** aus Lüdenscheid: Ich ziehe meinen Antrag zurück.

Präsident: Es wird der Antrag zurückgezogen; es folgt daher der Antrag des Herrn Obergerichtsrath Vorwerk.

Referent Stadtrichter **Hiersemenzel:** Ich werde Ihnen nun nicht mehr referiren, sondern die Anträge einfach vorlesen; ich glaube, beide Anträge dürften vielleicht zu combiniren sein. Ich werde mir daher erlauben, sie beide hinter einander zu lesen. Der Antrag des Herrn Obergerichtsrath Vorwerk zu Wolfenbüttel lautet:

„Der Deutsche Juristentag wolle beschließen:

1) daß auf jedem Juristentage von den Mitgliedern Auskunft darüber erwartet werde, was in den einzelnen Deutschen Staaten von Regierungen, Kammern, Gerichten und Vereinen für oder wider die Förderung Deutscher Rechtseinheit seit Jahresfrist geschehen sei,
2) daß die ertheilte Auskunft besprochen und sammt etwaigen Resolutionen veröffentlicht werden solle."

Der Antrag des Advokat Förster zu Pirna lautet:

„Der Deutsche Juristentag möge seine ständige Deputation (bis auf Weiteres) ein für alle Mal beauftragen, ihm alljährlich über die bisherige Einigung des in sein Bereich gehörigen Rechts und darüber, ob eine weitere Einigung des letzteren zur Zeit ausführbar und wünschenswerth sei, Bericht zu erstatten und im Falle der Bejahung dieser Frage ihm darüber, in welchen Rechtszweigen etwa die sofortige Ausführbarkeit und Dringlichkeit einer weiteren Einigung auszusprechen sei, unter möglichster Verfolgung eines gewissen Planes geeigneten Vorschlag zu machen."

Ich weiß nicht, ob Sie die Motive auch noch hören wollen, sie sind nicht lang. (Ruf: „Wir kennen sie ja.") Beide Anträge dürften wohl verbunden werden. Wenn dieselben Annahme finden, so wird im Wesentlichen wohl nur das erzielt werden, was seither von der ständigen Deputation bereits geschehen ist, daß nämlich der gewünschte Bericht erstattet und Auskunft ertheilt, und demnächst eine Resolution gefaßt wird. Ich glaube daher, daß aus der Annahme beider Anträge kein großer Vortheil, aber auch kein Nachtheil entspringt.

Präsident: Wird über diese Anträge das Wort begehrt? Sind Sie damit einverstanden?

Advokat Förster aus Pirna: Ich trage darauf an, daß in meinem Antrage noch der Zusatz gemacht werde: „Dabei jedoch die Erwartung auszusprechen, daß von den Mitgliedern Auskunft darüber ertheilt werde" u. s. w., wie im Antrage des Obergerichtsraths Vorwerk steht.

Präsident: Haben Sie die Güte, das schriftlich einzugeben. — Begehrt Jemand noch das Wort über diesen Antrag?

Rechtsanwalt **Spiegelthal** aus Calbe a. S.: Der Antrag des Herrn Obergerichtsrath Vorwerk scheint mir nicht hinreichend motivirt zu sein. Herr Vorwerk läßt eine Unklarheit darüber, was ihn eigentlich veranlaßt hat, von der ständigen Deputation Auskunft zu fordern darüber, was in den einzelnen Deutschen Staaten für oder wider die Förderung Deutscher Rechtseinheit geschehen sei. Soll diese Auskunft ertheilt werden blos in historischer Weise, oder soll auf diese Art eine Vermittelung mit den Regierungen herbeigeführt werden? In letzterem Falle muß ich darauf aufmerksam machen, daß im vorigen Jahre vom Juristentage beschlossen worden ist, mit den Deutschen Regierungen nicht in unmittelbare Verbindung zu treten, und man fand sich auch nicht in der Lage, von da eine amtliche Auskunft, was jedenfalls in administrativem Wege geschehen müßte, zu erhalten. Wenn man aber eine bloße historische Darstellung meint, so würde die ständige Deputation sich in der Lage befinden, für jeden einzelnen Deutschen Staat einen Kommissar zu ernennen. Ich möchte mir darüber Aufklärung erbitten.

Präsident: Der Herr Obergerichtsrath Vorwerk hat zunächst das Wort.

Obergerichtsrath **Vorwerk** aus Wolfenbüttel: M. H.! Ich glaubte, die Sache würde im Interesse der Verhandlungen selbst etwas rascher gehen, ich habe mich deshalb enthalten, vor dem geehrten Vorredner zur Motivirung meines Antrags das Wort zu erbitten. Wenn nun aber gegen die Begründung meines Antrages Bedenken erhoben werden, so werden Sie es mir gestatten, meine Gründe mit wenig Worten Ihnen vorzuführen. Sie beginnen gewissermaßen mit einer kurzen Andeutung der Leiden und Freuden eines Antragstellers beim Deutschen Juristentage. Sie haben, m. H., beschlossen, daß die Anträge innerhalb einer gewissen präjudiziellen Frist gestellt werden müssen. Auch der meinige ist deswegen, und zwar am letzten Tage, vor Schluß dieser Frist gestellt worden. Gleichwohl hat seit jener Zeit die Sache sich wesentlich geändert. M. H.! Einen Kleinstaatler, wie meine Wenigkeit, verlangt es noch viel mehr nach einer Deutschen Rechtseinheit, wie die Herren aus großen Staaten. Die Letzteren haben vielleicht nicht einmal einen vollkommen klaren Begriff von dem Verlangen, einen Rechtsstoff zu behandeln, der fortwährend durch Wissenschaft und Praxis fortgebildet wird, während unsere Partikulargesetzgebung, die der kleinen Staaten meine ich, stagnirt. Was will ein Kleinstaat von 100,000 Einwohnern mit einer Civil= und Strafprozeßordnung und einem Criminalgesetzbuche? Die werden ja nicht wissenschaftlich fortgeführt, sie bleiben stehen.

Nun, m. H., in diesen Gedanken und Empfindungen befand ich mich, seit wir vor Jahresfrist von einander schieden. Ich muß offen bekennen, ich glaubte im Laufe des Jahres von Woche zu Woche praktische Resultate in den Zeitungen zu lesen. Unsere ständige Deputation hat sich nur zweimal versammelt. Glauben Sie nicht, m. H., daß ich unsere Deputation der Unthätigkeit zeihen wolle: es wurde nur ein Gegensatz sehr unangenehm für uns Juristen. Das war der Deutsche Handelstag mit seinem bleibenden Ausschusse, ein uns sehr analoger Verein: ein Verein, der Beschlüsse aufgestellt hat, die recht eigentlich in unser Gebiet hineinfallen, wenn man sich erinnern will, daß er sofortige unveränderte Annahme des Handelsgesetzbuchs als Forderung aufgestellt, daß er eine Kodifikation des Obligationenrechts, sowie die Einführung eines einzigen obersten Deutschen Gerichtshofes für Handelssachen zu erstreben beschlossen hat, — lauter Beschlüsse, die wir gleichfalls unterschreiben würden.

Nachdem der Handelstag sich am 18. Mai vertagt hatte, m. H., — Sie haben gewiß zum großen Theile die Verhandlungen gelesen, sie erfüllen Einen mit Theilnahme, — trat der Ausschuß schon am 24 und 25. Juni, also fünf Wochen nachher zusammen, und in Folge jener Beschlüsse und sehr bestimmt formulirter Vorschläge, die daran geknüpft wurden, erließ der Ausschuß an die Deutschen Regierungen den Antrag, dieselben zur Ausführung zu bringen. Nun, die Ausführung ist noch lange nicht zu erwarten; aber es war ein Schritt weiter, als wir gethan, und insofern hat der rührige Kaufmann gewissermaßen den Juristen nicht allein eingeholt, er hat ihn überholt.

Ich weiß sehr wohl, m. H., unser Standpunkt ist ein ganz anderer von vorn herein. Wir haben unsere Deputation den Regierungen gegenüber mundtodt gemacht; es mag auch gut sein, ich will es nicht in Zweifel ziehen; ich habe aber dennoch geglaubt, daß sich vielleicht noch etwas mehr thun lasse, um praktische Erfolge zu gewinnen. Seit dieser Antrag von mir gestellt worden ist, — entschuldigen Sie, daß ich noch von mir rede, — nachdem er veröffentlicht war, bekam ich von dem Vorredner, Herrn Advokat Förster ein Schreiben, worin er mich auf eine Art von Identität unserer beiden Anträge aufmerksam machte und mir anheim gab, meinen Antrag fallen zu lassen, weil derselbe durch den seinigen erreicht sei, — ein, wie ich erkläre, sehr freundschaftlicher, von mir dankbar empfangener Brief, den ich leider nicht beantworten konnte, weil ich im Augenblicke verreist war. Ich habe nun Herrn Förster drei Tage lang gesucht und ihn erst jetzt bemerkt. Ich wollte daran eine kleine Nebenbemerkung knüpfen, ob man nicht bei einer so zahlreichen Versammlung am Ende doch darauf eingehen könnte, ein Erkennungszeichen auszumitteln. M. H.! Wir kennen uns allerdings vom vorigen Jahre her; aber es sind immer nur bekannte Erscheinungen, die sich dem Auge darstellen und wieder verschwinden, und es wäre doch so wünschenswerth — — —

Präsident: Ich darf wohl bitten, bei dem eigentlichen Thema zu verbleiben. Es handelt sich doch im Grunde lediglich um die Frage, was für ein Auftrag der Deputation zu geben sei.

Es liegen darüber zwei Anträge vor, die der Hauptsache nach dasselbe bezwecken, der Form nach etwas auseinander gehen.

M. H., ich bin so frei, Ihnen einen Vorschlag zu machen. Sie sind darüber einverstanden und haben es als selbstverständlich betrachtet, daß die Deputation, wie es schon diesmal geschehen ist, bei jedem neuen Juristentage über die Sachlage ohne alle Details Bericht erstatte. Ich erlaube mir daher den Antrag auszusprechen, daß die Deputation beauftragt werde, in dieser Beziehung alljährlich dem Juristentage Bericht zu erstatten. Es scheint das vollkommen genügend für die Absichten der beiden Herren.

(Dieselben erklären sich einverstanden.)

Ist auch die Versammlung mit diesem Antrage einverstanden? (Ja! Beifall.)

Damit wäre die heutige Tagesordnung erledigt. Ich meinerseits danke Ihnen auf's Herzlichste. Ich glaube, wir haben bewiesen, daß auch schwierige Fragen, die sehr leicht die Leidenschaften erhitzen können, im Schooße des Juristentages mit großer Ruhe und Würde debattirt werden können, ohne daß irgend Gefahr daraus entsteht. (Beifall.)

(Schluß der Sitzung 1/4 1 Uhr.)

Erste Sitzung der vereinigten ersten und zweiten Abtheilung am Mittwoch den 28. August 1861 im Saale des Belvedere auf der Brühl'schen Terrasse.

Die Sitzung wird um 8 Uhr 40 Minuten durch den Stadtgerichtsrath Dr. Graf v. Wartensleben aus Berlin eröffnet.

Stadtgerichtsrath Dr. **Graf v. Wartensleben**: Die Sitzung der vereinigten ersten und zweiten Abtheilung des Zweiten Deutschen Juristentages erkläre ich hierdurch für eröffnet.

Ich ersuche den Herrn Bürgermeister Dr. Drechsler aus Parchim vorläufig die Funktion eines Schriftführers zu übernehmen und an meiner Seite Platz zu nehmen. Ich begrüße die Herren, und erlaube mir, im Namen der Deputation Ihnen als Präsidenten dieser Abtheilung den Herrn Präsidenten Dr. Heimsöth aus Cöln in Vorschlag zu bringen. Diejenigen Herren, welche mit diesem Vorschlag einverstanden sind, ersuche ich, sich zu erheben.

(Die ganze Versammlung erhebt sich.)

Der Herr Präsident Dr. Heimsöth ist durch Ihren einstimmigen Beschluß zum Präsidenten der vereinigten ersten und zweiten Abtheilung erwählt, und ich ersuche denselben, den Platz hier einzunehmen.

(Geh. Ober-Justizrath, Präsident Dr. Heimsöth übernimmt den Vorsitz.)

Präsident Dr. **Heimsöth**: M. H.! Das große Vertrauen, welches Sie mir schenken, kann ich nur mit lebendigem Danke erwidern, und mit der Versicherung, daß ich mich bestreben werde demselben zu entsprechen. Ich bitte, schenken Sie mir dabei Ihre Nachsicht und zugleich Ihre gütige Mitwirkung.

Ich erlaube mir, zum Sekretär zu bestellen den Herrn Ober-Amtsrichter Zirkler aus Künzelsau und zum zweiten Sekretär den Herrn Bürgermeister Dr. Drechsler aus Parchim. —

Von der ständigen Deputation sind uns verschiedene Anträge und Vorlagen zugekommen, mit denen wir wohl zu beginnen haben.

Zuvor, m. H., möchte ich mir jedoch erlauben, Ihnen einen Vicepräsidenten vorzuschlagen. Ich schlage Ihnen vor Herrn Ministerialrath v. Freydorf aus Carlsruhe, und ich würde denselben bitten, wenn Sie Ihre Zustimmung geben, dieses Amt zu übernehmen.

Sind Sie damit einverstanden? (Allseitige Zustimmung.)

Es sind zwei Anträge der ständigen Deputation da. Die erste Vorlage lautet dahin: „Ist es wünschenswerth, daß schon jetzt gemeinsame Bestimmungen über folgende drei Punkte, die auch zum Theil in das prozessualische Verfahren eingreifen, getroffen werden:

1) über den Zeitpunkt der Großjährigkeit;
2) über die Handlungsfähigkeit großjähriger Personen unter väterlicher Gewalt;
3) über die Intercessionen der Personen weiblichen Geschlechts?" *)

Ich würde den Herrn Gerichtsrath Abeken bitten, als Referent in dieser Sache eiuzutreten.

Gerichtsrath **Abeken** aus Dresden: Es ist bereits mitgetheilt worden, daß die ständige Deputation die Frage aufgestellt habe, ob es wünschenswerth sei, daß über die gedachten drei Punkte schon jetzt gemeinsame Bestimmungen getroffen werden? Das Gutachten des Herrn Professor Dr. Unger, welcher um ein solches ersucht worden, ist eingegangen; Sie kennen Alle den Inhalt desselben, und ich habe es Ihnen daher nur kurz und auszugsweise in Erinnerung zu bringen.

Das Gutachten ist der Ansicht, daß eine alleinstehende gemeinsame Bestimmung zur Beseitigung der angeregten Uebelstände nur ungünstig wirken würde. Es geht davon aus, daß die Lösung der gestellten Frage wohl nur deshalb als Bedürfniß hingestellt worden, weil häufig ein kontrahirender Ausländer nach den Gesetzen des Inlandes handlungs-

---

*) Vergl. Band I. S. 126 der Verh. des Zweiten Deutschen Juristentages.

unfähig ist, was der Inländer nicht gewußt hatte, vermag jedoch die Vereinigung der abweichenden Partikularrechte in jenen drei Punkten durch ein spezielles Gesetz nicht zu bevorworten. In Betreff des Zeitpunktes der Großjährigkeit so wie der Handlungsfähigkeit solcher Personen, welche noch unter väterlicher Gewalt stehen, lasse sich Nichts festsetzen, ohne das Recht des pater familias, über die Intercession der Frauenspersonen ebensowenig Etwas, ohne das Recht der Ehemänner zu berühren. Die Bestimmung über die Großjährigkeit sei sogar dann den Partikulargesetzen zu überlassen, wenn man zu einer gemeinsamen Codifikation des ganzen Privatrechtes komme, da physische und geistige Verhältnisse der einzelnen Länder hierbei nothwendig zu berücksichtigen. Das Gutachten meint, die Hebung der Uebelstände sei mehr auf dem Gebiete des internationalen Rechtes zu suchen. Es erinnert an die betreffende Bestimmung der Wechselordnung, welche ich vorlesen will:

> „Die Fähigkeit des Ausländers, wechselmäßige Verpflichtungen zu übernehmen, wird nach den Gesetzen des Staates beurtheilt, welchem derselbe angehört. Jedoch wird ein nach den Gesetzen seines Vaterlandes nicht wechselfähiger Ausländer durch Uebernahme von Wechselverbindlichkeiten im Inlande verpflichtet, insofern er nach den Gesetzen des Inlandes wechselfähig ist."

Daran knüpft das Gutachten den Vorschlag, es sei folgende gemeinsame Bestimmung für wünschenswerth zu erklären:

> „Die Handlungsfähigkeit eines Ausländers wird in der Regel nach den Gesetzen seines Wohnsitzes beurtheilt. Doch wird ein nach diesen Gesetzen nicht handlungsfähiger Ausländer durch die Abschließung von Geschäften im Inlande verpflichtet, wenn er nach den Gesetzen des Inlandes handlungsfähig wäre."

Das Gutachten will also lediglich die Verallgemeinerung der in der allgemeinen Wechselordnung enthaltenen Ausnahmebestimmung. Sofern es mir jetzt gestattet ist, in dieser Sache eine eigene Meinung auszusprechen, bemerke ich:

In Betreff der unter 2 und 3 erwähnten Punkte stimme ich mit dem Gutachten in seinem negativen Theile überein: eine gemeinsame Gesetzgebung über diese Punkte ist nach meiner Meinung unmöglich, so lange wir verschiedene Rechte haben über die väterliche Gewalt, über die Handlungsfähigkeit der selbstständigen Frauenspersonen im Allgemeinen, über die Rechte des Ehemannes an dem eheweiblichen Vermögen 2c. Die Frage, wie jene speziellen Punkte zu regeln seien, entsteht gewissermaßen erst aus allgemeineren Rechtsverhältnissen, und ihre Beantwortung läuft in vielen Fällen auf eine Consequenz der Letzteren hinaus. Ob aber freilich für Collisionsfälle dieser Art der in dem Gutachten bevorwortete Satz des internationalen Privatrechts theoretisch richtig sei und dem praktischen Bedürfnisse in jeder Hinsicht Genüge leiste, scheint wenigstens zweifelhaft. Bei derartigen Beschränkungen der Handlungsfähigkeit einer Person handelt es sich häufig nicht sowohl um Schutz der Persönlichkeit des Contrahenten, dem man ein richtiges Verständniß der eigenen Interessen nicht zutraut, als um erworbene Rechte dritter Personen. Solche ganz singulaire, an und für sich zweifelhafte und spitzige Fragen im Allgemeinen abzuthun und sie zum Gegenstande einer gemeinsamen Gesetzgebung zu machen, scheint bedenklich und überdies auch durch ein dringendes Bedürfniß nicht geboten. Die Wissenschaft hat sich dieser Fragen bemächtigt, allein sie ist nach meinem Bedünken zu einem genügenden Abschlusse darüber noch nicht gekommen.

Weiter fragt es sich, ob es an der Zeit sei, eine gemeinsame Bestimmung darüber zu treffen, mit welchem Lebensjahre die Großjährigkeit eintreten soll? Zweifellos ist dabei hauptsächliches Gewicht zu legen auf lokale Verhältnisse, auf die physische und geistige Entwickelung der Unterthanen der einzelnen Staaten. Allein ich gehe noch weiter, als das Gutachten in dieser Beziehung geht: ich glaube sogar, es liegt nicht innerhalb der Aufgabe des Juristentages, hierüber eine Meinung auszusprechen, — ein Gutachten abzugeben darüber, ob die Verschiedenheit der thatsächlichen Verhältnisse der einzelnen Länder so bedeutend sei, daß das Fortbestehen einer Verschiedenheit der Partikulargesetzgebungen für die Zukunft geboten und nothwendig, oder ob dies nicht der Fall sei. Denn dem Juristentage fehlt die nöthige Unterlage hierzu; es fehlt ihm an der erforderlichen speziellen Kenntniß der in Frage kommenden örtlichen Verhältnisse. Wir haben gestern gehört, daß die Inangriffnahme eines allgemeinen Obligationenrechtes und einer Prozeßordnung für Deutschland in Aussicht steht; nun gehört zwar die Frage über den Zeitpunkt des Eintrittes der Großjährigkeit weder in das Prozeßrecht, noch in das Obligationenrecht, allein ich glaube, wenn man einmal Grundsätze über die Gültigkeit der Verträge feststellt, so liegt es auch nahe, darnach zu fragen, wer vertragsfähig sei, und vielleicht fällt es in die Aufgabe der Männer, welche von den Regierungen werden beauftragt werden, einen Entwurf zu bearbeiten, sich auf geeignetem Wege über die einschlagenden Lokalverhältnisse zu unterrichten und auf Grund der hierüber anzustellenden Erörterungen zugleich mit darüber Beschluß zu fassen, ob ein Grund zur Aufrechthaltung der bestehenden Verschiedenheit in den Partikulargesetzgebungen in Beziehung auf die Frage der Großjährigkeit vorliegt oder nicht, und letzteren Falles, ob dieser Punkt in eine gemeinsame Gesetzgebung zu ziehen sei oder nicht. Ich werde mir erlauben, auf Grund dieser Bemerkungen einen Antrag zu formuliren, und gestatte mir nur noch eine einzige Bemerkung hinzuzufügen, in Betreff des Schlußantrages des Gutachtens, wie es sich in der letzteren Beziehung gestaltet.

Wenn die Faktoren einer gemeinsamen Gesetzgebung in der angegebenen Weise zu dem Schlusse gelangen sollten, daß sich die gemeinsame Gesetzgebung gerade auf diesen Punkt nicht mit zu erstrecken habe, wenn also auf Grund gemeinschaftlicher Ueberzeugung die Partikulargesetzgebungen, nicht aus formellen, sondern aus materiellen Gründen als allein kompetent anzuerkennen sind, den Zeitpunkt des Eintritts der Großjährigkeit festzustellen, dann, glaube ich, ist die Anwendbarkeit des vorgeschlagenen Satzes aus dem internationalen Privatrechte ausgeschlossen. Die im Gutachten erwähnte Bestimmung in Artikel 84 der Wechselordnung läßt sich theoretisch nur durch die Annahme rechtfertigen, daß kein Staat die Verpflichtung habe, die Richtigkeit der Gesetzgebung eines anderen Staates anzuerkennen; wenn aber mehrere Staaten gleichsam vertragsmäßig untereinander anerkennen, daß nur die Einzelnen von ihnen fähig seien, für sich das Richtige zu treffen, dann kommen wir auf einen anderen Standpunkt, dann fordere ich —

und zwar gerade indem ich im Auge behalte, daß es sich hier um Erzielung der Einigung handelt, — daß jeder einzelne Staat die Gesetze des anderen Staates in Betreff der Unterthanen des Letzteren ohne Weiteres anerkenne und unter allen Umständen respektire. Dies schließt aber die Anwendung des vorgeschlagenen Satzes aus. Im Allgemeinen ist es jedenfalls der Natur der Sache entsprechend, daß die Entscheidung der Frage, ob eine Person zum Abschlusse eines Vertrages fähig ist, davon abhänge, welchem Staate sie als Unterthan angehört.

Der Antrag, den ich stellen will, lautet wie folgt:

> „Der Deutsche Juristentag möge als zweckmäßig und wünschenswerth anerkennen, daß die Frage, ob in den örtlichen Verhältnissen der Einzelstaaten ein genügender Grund liege, die Verschiedenheit in den bestehenden Partikularrechten in Betreff des Eintritts der Volljährigkeit aufrecht zu erhalten und etwaige Aenderungen in dieser Beziehung der Partikulargesetzgebung zu überlassen oder nicht, — bei der in Aussicht stehenden Berathung eines allgemeinen Deutschen Obligationenrechtes mit in Erwägung gezogen und letzteren Falles über den Zeitpunkt des Eintrittes der Volljährigkeit eine gemeinsame Bestimmung getroffen werde."

Präsident: M. g. H.! Zunächst bitte ich diejenigen Herren, welche sich zum Wort melden, von ihrem Platze aus Namen und Wohnort angeben zu wollen. Ich erlaube mir nun, Ihnen, m. H., den Gang, welchen wohl die Berathung über diese Anträge zu nehmen haben wird, nach meiner Auffassung darzulegen. Wir haben eine Anzahl von Punkten, die berathen werden sollen, und sie stehen meistens auch zu anderen Gegenständen in Bezug. Da wird es zweckmäßig sein, daß wir zunächst die Punkte selbst und jeden einzeln in's Auge fassen, daß wir also den Antrag so trennen, daß wir uns erst darüber schlüssig machen: ob es überhaupt wünschenswerth sei — worunter ich ein entschiedenes Bedürfniß verstehe — über den Zeitpunkt der

Großjährigkeit, dann: über die Handlungsfähigkeit großjähriger Personen unter väterlicher Gewalt und endlich: über Intercessionen der Personen weiblichen Geschlechts in Deutschland gemeinsame Bestimmungen zu haben.

Wenn eine der Fragen bejaht wird, so wird sich die Berathung weiter darauf erstrecken, ob schon jetzt gemeinsame Bestimmungen darüber getroffen werden möchten, d. h. ob die Bedürfnißfrage so dringend ist, daß schon jetzt gemeinsame Bestimmungen getroffen werden möchten; und nun verbreitet sich die Frage noch weiter darüber: ob die Gelegenheit zu derartigen gemeinsamen Bestimmungen bei der Emanation einer gemeinsamen Deutschen Civilprozeßordnung da sei. Endlich, m. H., ist der Antrag des Herrn Professor Dr. Unger in der Unterstellung gefaßt, es würden sämmtliche Fragen verneint und es sei eine Abhülfe dadurch zu treffen, daß man auf dem Boden des internationalen Rechts eine Anerkennung der in den verschiedenen Ländern bestehenden Grundsätze über diese drei Fragen durch eine das Recht erleichternde und sichernde Verfügung des Gesetzes aufstelle.

Ich würde nun zuerst die Frage zur Debatte stellen und dabei bitten, nicht die einzelnen Unterfragen sofort mit in dieselbe hineinzuziehen:

„Ist es nach den bestehenden Verhältnissen wünschenswerth, daß in Deutschland über den Zeitpunkt der Großjährigkeit eine gemeinsame, gleiche Bestimmung getroffen werde?"

Zunächst hat Herr Notar Euler aus Düsseldorf das Wort.

Notar **Euler**: M. g. H.! Der Herr Präsident hat darauf aufmerksam gemacht, daß es vor allen Dingen nöthig sei, eine faktische Grundlage zu gewinnen, um übersehen zu können, ob und was für eine Verschiedenartigkeit im Alter der Großjährigkeit in Deutschland herrsche. Ich habe mir bereits im Jahre 1857 aus allen Deutschen Staaten und aus anderen Ländern eine Uebersicht über die in denselben angenommene Großjährigkeit verschafft und erlaube mir in wenigen Worten Ihnen das bunte Bild von der in dieser Hinsicht herrschenden großen Verschiedenheit vorzuführen: a) **25 Jahre** sind erforderlich in Preußen im Bezirke des Justizsenats zu Ehrenbreitstein und in Hohenzollern-Hechingen, in Hannover, in Braunschweig, — in letzterem zur Disposition über Immobilien, — im Fürstenthum Lippe, Schaumburg-Lippe, Waldeck, in Mecklenburg, Lübeck, Bremen, Württemberg, in Spanien, Portugal, Dänemark; b) 24 **Jahre** in folgenden Preußischen Landestheilen: in den Gebieten des allgemeinen Landrechts, im Bezirke des Appellationsgerichts Greifswald, in Hohenzollern-Sigmaringen, dann in Oesterreich, in Oldenburg, in England und Nordamerika; c) 23 **Jahre** in den Niederlanden und in Nassau; d) 22 **Jahre** in Hessen-Cassel, in Hamburg für das männliche Geschlecht; e) 21 **Jahre** in den Ländern des Sächsischen Rechts, im Königreich Sachsen, in Sachsen-Altenburg, Sachsen-Weimar-Eisenach, Sachsen-Meiningen-Hildburghausen, Sachsen-Coburg-Gotha, Anhalt-Dessau und Anhalt-Cöthen, Anhalt-Bernburg, in den Fürstenthümern Reuß älterer und jüngerer Linie, in Schwarzburg-Rudolstadt und Schwarzburg-Sondershausen, Braunschweig, — mit der ad a erwähnten Ausnahme für Immobilien, — in Holstein und Lauenburg, Schleswig, Bayern, Baden, Frankfurt, Hessen-Darmstadt, in Frankreich, in beiden Sicilien, in Sardinien, in Rheinpreußen, mit der Ausnahme unter a, und in Rom; f) 20 **Jahre** (die perfecta aetas der Westgothen) früher für die nicht verbürgerten Juden in Preußen, nach den Augsburger Statuten, im Canton Uri und a. a. O.; g) 18 **Jahre** in Hamburg für das weibliche Geschlecht, früher im Longobardenrecht, nach dem Schwabenspiegel, den älteren Statuten von Lübeck, Goslar, Braunschweig, Straßburg u. s. w., auch im Hadeler Landrecht.

Nun, m. H., wenn das kein buntes Bild ist, dann weiß ich nicht, was eins sein soll! Jetzt erlauben Sie mir noch ein Wort über die Bedürfnißfrage anzuknüpfen. Ich bin seit 30 Jahren Notar und wohne in der Rheinprovinz. Wir sind umgeben von verschiedenen Großjährigkeiten; wir Notare befinden uns daher bei den Fragen über das Alter der Großjährigkeit in der größten Verlegenheit. Denn da für das Alter der Großjährigkeit in ganz Deutschland der Wohnsitz entscheidet, so müssen wir allemal fragen: welche Norm über die Großjährigkeit herrscht in dem betreffenden Lande? und wir müssen den Parteien glauben, was sie uns darüber sagen; wir sollen aber diese Notizen vertreten, wenn wir eine Urkunde aufnehmen. Ich glaube, daß das schon hinreicht, um zu beweisen, wie nothwendig es ist, über die Großjährigkeit gemeinsame Bestimmungen zu treffen. (Bravo!)

Advokatanwalt Theßmar aus Cöln: M. H.! Die Frage, ob es wünschenswerth sei, daß über den Zeitpunkt der Großjährigkeit schon jetzt eine gemeinsame Bestimmung getroffen werde, ist von dem Herrn Referenten und von dem Gutachten des Herrn Professor Dr. Unger verneint worden, mit andern Worten also: Es ist nicht wünschenswerth! Ich kann nicht leugnen, m. H., daß mich das sehr befremdet hat; denn wenn wir in jener Beziehung warten wollen, bis die Emanation einer gemeinsamen Civilprozeßordnung für ganz Deutschland fertig ist, dann glaube ich, erleben wir Alle, die in diesem Saale sind, es nicht. Man kann das baldige Zustandekommen einer gemeinsamen Civilprozeßordnung wünschen, oder man mag es fürchten, — ich glaube nicht daran, und zwar um deswillen nicht, weil wir am Rheine zu einer Konzession für das gemeine Recht, für das schriftliche Verfahren schwerlich geneigt sein werden, weil ferner auch die anderen Deutschen Länder schwerlich geneigt sein werden, unsere Prozeßordnung mit ihren Fehlern en bloc anzunehmen. Allein, wenn es irgend eine Materie des Privatrechts giebt, worin gemeinsame Bestimmungen nothwendig erscheinen, so sollte ich meinen, es wäre die, welche den Zeitpunkt der Großjährigkeit betrifft; und um zu dem Bilde, welches so eben Herr Notar Euler Ihnen vorgeführt hat, noch ein praktisches Beispiel hinzuzufügen, erlaube ich mir, zur Unterstützung meiner Auffassung hierüber noch Folgendes anzuführen:

Sie haben gehört, daß es in Deutschland in der Hauptsache drei verschiedene Epochen der Großjährigkeit giebt, namentlich aber auch bei uns in Preußen, so das ein und zwanzigste Jahr am Rhein, das vier und zwanzigste Jahr nach dem allgemeinen Landrechte, endlich aber auch das fünf und zwanzigste Jahr nach den Bestimmungen des gemeinen Deutschen und des Römischen Rechts, und überall, wo dieses Recht gilt, ist das Alter von fünf und zwanzig Jahren das gesetzliche. Nun aber hatten die Herrschaftsgebiete des Preuß. Landrechts eine einzige Ausnahme, denn unter der Herrschaft des Landrechts wurden die Juden mit 20 Jahren volljährig (Zuruf: Nein!), und das gab damals zu einer näheren Untersuchung dieser Frage Veranlassung. Es hatte nämlich ein Jude einen Wechsel über eine sehr bedeutende Summe unter der Herrschaft des Landrechts vollzogen und ging dann nach dem Rhein, weil er nicht bezahlen konnte, und es fragte sich, ob er überhaupt vor dem vier und zwanzigsten Jahre zur Zahlung angehalten werden könne.

M. H., die Frage, ob es wünschenswerth sei, daß ein solcher Zustand fortdauere, kann gewiß Niemand bejahen. Jene Ausnahme ist freilich inzwischen aufgehoben worden, und es fällt daher wenigstens dieses Bedenken weg. Ferner werden aber auch die Frauen durch Eingehung einer Ehe großjährig. (Zuruf: Nein! Nein! Wo?)

Es ist dies gesetzliche Bestimmung. Die Frauen werden durch Eingehung der Ehe emanzipirt. Es ist diese Bestimmung in einer Reihe von Urtheilen in den Archiven zu lesen. (Zuruf! Wo denn?)

Ich spreche hier vom Rhein; Sie können mich ja später widerlegen. Es ist nun die Frage entstanden: Wird die Frau, wenn der Mann, bevor sie das ein und zwanzigste Lebensjahr erreicht hat, stirbt, emanzipirt, bleibt sie großjährig oder tritt sie wieder in die Minderjährigkeit, unter Vormundschaft zurück? M. H.! Darüber ist eine Reihe von Urtheilen dafür und dagegen vorhanden, die Sache ist also zweifelhaft; ist es daher wohl wünschenswerth, daß dieser Zustand fortbesteht? Und zum Schlusse nur noch Eins, worin ich keinen Widerspruch erwarte:

Am 5. März 1835 wurde eine Kirchenordnung für die Rheinlande und Westphalen erlassen, worin der Zeitpunkt der Großjährigkeit festgesetzt wurde: für die Diakonen die vollendete Großjährigkeit ohne nähere Bestimmung. Die Wählbarkeit zum Repräsentanten aber wurde auf das vier und zwanzigste Lebensjahr festgesetzt. Daraus folgt, daß in der Rheinprovinz, wo man mit ein und zwanzig Jahren großjährig wird, ein Diakon während dreier Jahre warten muß, bis er Repräsentant der Gemeinde werden kann, und es folgt ferner daraus, daß z. B. in Ehrenbreitstein Jemand mit vier und zwanzig Jahren Repräsentant werden kann und doch unter Vormundschaft steht. Ich frage, ob das wünschenswerth war?

Wenn Sie nun auf die Gründe eingehen, die geltend gemacht worden sind im Gutachten des Herrn Professor Unger, so, m. H., heißt es zunächst, es sei eine stückweise Aenderung nicht anzurathen, dieselbe sei eine gefährliche Erschütterung und eine nicht zu übersehende Untergrabung anderer Bestimmungen. Ich frage, m. H., welche Untergrabung anderer Bestimmungen, die zum Nachtheil wäre, und welche Erschütterung versteht man darunter? Ich meine, was erschüttert und untergraben wird, dessen Beseitigung kann nur zum Vortheil des Ganzen gereichen und nicht zum Nachtheil. Man sagt zweitens, daß die Volljährigkeit unter jene Punkte gehöre, die der besonderen Gesetzgebung zu überlassen sind; aber, m. H., wenn wir dies der besonderen Gesetzgebung überlassen wollen, dann müßte ich fragen, was uns hierher geführt hat? Wir wollen ja gerade die Sondergesetzgebungen zu einer einzigen machen, und wenn wir davon abgehen wollen in diesem sehr wichtigen Punkte, dann sollte ich meinen, daß unsere Anwesenheit hier ganz überflüssig wäre.

Endlich sagt das Gutachten, die Verschiedenheit der physischen und geistigen Verhältnisse sei zu berücksichtigen. Ja, m. H., ganz gewiß; allein das führt nicht dahin, daß, wie es früher in Preußen geschah, man die Juden für verständiger gelten läßt, als die Christen; denn die Juden wurden mit zwanzig Jahren und die Christen mit vier und zwanzig Jahren volljährig. Ich sollte vielmehr meinen, die physischen und geistigen Verhältnisse wären in Deutschland der Art, daß die Großjährigkeit auf einen und denselben Zeitpunkt festgesetzt werden könnte, und dieser Zeitpunkt, m. H., ist der von ein und zwanzig Jahren, glaube ich, mit vollem Rechte. Ich behaupte, daß alle diejenigen, die aus der Rheinprovinz sind, und die, welche dort Erfahrungen gesammelt haben, wenn ich sie zum Zeugniß dafür auffordere, erklären werden, daß daselbst mit ein und zwanzig Jahren vollständige Verstandesreife eintritt, und ich behaupte, es giebt keinen Landestheil in Deutschland, der der Rheinprovinz hierin nachsteht.

Ich glaube also, daß die Frage der Nothwendigkeit, des Bedürfnisses einer gemeinsamen Gesetzgebung in Bezug auf die Epoche der Volljährigkeit vollständig zu bejahen ist, und ich halte es für dringend wünschenswerth, daß darüber jetzt schon Bestimmungen getroffen werden; denn an eine Emanation einer Civilprozeßordnung für ganz Deutschland kann ich — ich bedauere es wiederholen zu müssen — für die nächste Zeit noch nicht glauben.

Advokatanwalt, Justizrath **König** aus Cleve: Ich bitte um's Wort!

Präsident: M. H.! Ich bitte nochmals, in das System unserer Berathung einzugehen, welches der Herr Vorredner nicht ganz scharf eingehalten zu haben scheint. Die Frage, ob schon jetzt Gelegenheit zur Erfüllung des Bedürfnisses sei, ist noch nicht in die Debatte einzuflechten, sondern lediglich die Frage zu beantworten: Ist es Bedürfniß in Deutschland, über den Zeitpunkt der Großjährigkeit ein gemeinsames Recht zu haben?

Es wird, m. H., der Natur der Sache nach dabei auch in die Frage einzugehen sein, ob es Bedürfniß dadurch wird, daß in Deutschland so viele verschiedene Landestheile sind und durch den Verkehr der Landestheile so häufig das persönliche Recht unsicher wird, wenn in verschiedenen Zeiten die Großjährigkeit in Deutschland eintritt. Auch wird dabei in Frage kommen, ob ein Bedürfniß nicht dadurch sich herausstellt, daß durch das Ziehen aus einem Lande in das andere Kontroversen hervorgerufen werden. Das sind gewisse Gesichtspunkte, auf welche sich die Debatte erstrecken kann.

Zuvörderst hat sich Herr Justizrath König aus Cleve gemeldet, und ihm gebe ich jetzt das Wort.

Advokatanwalt, Justizrath **König:** M. H.! Ich bin der Ansicht, daß die zuerst aufgestellte Frage ganz gewiß mit Ja zu beantworten ist, bin aber entschieden dagegen, daß dasjenige Correctiv gewählt werde, welches im Gutachten des Herrn Professor Unger vorgeschlagen ist. Die Frage, nach welchem Gesetz der Status einer Person zu behandeln ist, steht in unserem Deutschen Privatrecht ziemlich fest; es soll nach dem Personalstatut geschehen. Es ist dieser Satz aber nicht blos ein Satz aus dem Deutschen Privatrecht, sondern, m. H., er ist ein jus gentium, er wird von allen civilisirten Nationen angewendet. Dieser Satz bildet das Fundament alles internationalen Verkehrs, und an diesem Satze auch nur theilweise, wie es der Antrag des Herrn Professor Unger will, zu rütteln, wird im höchsten Grade gefährlich sein. Jede

Nation, die dies thäte, würde sich selbst in's Gesicht schlagen, würde Repressalien hervorrufen bei anderen Nationen.

Dieser Satz hat nun freilich seine Mißlichkeiten, man muß sich bei den Ausländern erkundigen; aber, m. H., die Beseitigung dieser Mißlichkeiten führt zu größeren Uebeln, führt zu dem gefährlichen Umstande, daß auch der Inländer im Auslande, der Deutsche im Auslande hinsichtlich seiner Handlungs- und Rechtsfähigkeit nicht nach Deutschen Gesetzen beurtheilt wird. Es wird der Deutsche, wenn er über die Grenze geht, sein ganzes persönliches Recht über den Haufen werfen können. Einen solchen Zustand wird keine Nation zulassen, und es ist ein heiliger unverletzlicher Grundsatz des internationalen Rechts, daß die Statusfrage nach dem Gesetze beurtheilt werde, welches an dem Orte gilt, wo die Person zu Hause ist . . . (Bravo!)

Präsident: Ich hoffe, daß der Herr Redner auf die Hauptsache kommen wird.

Advokatanwalt, Justizrath **König:** M. H.! Dieser Satz führt einen Uebelstand herbei, der sich jetzt unter den verschiedenen Nationen nicht beseitigen läßt; aber es wird mit der Zeit dahin kommen, daß auch verschiedene Nationen sich in dieser Beziehung einigen werden, ein gleiches Recht zu gründen. Wenn aber innerhalb einer und derselben Nation, eines und desselben Staates eine Verschiedenheit in dieser Beziehung statuirt erscheint, so kann darüber keine Frage sein, daß eine solche Abnormität, eine solche Unnatürlichkeit beseitigt werden muß. Wir finden sie in der That bei den wenigsten civilisirten Nationen. Was würden Sie dazu sagen, wenn in Frankreich in einigen Departements das 24. Jahr, in anderen das 25., in anderen wieder das 21. Jahr der Zeitpunkt der Großjährigkeit wäre? Man würde es in der That für eine Thorheit halten, und doch lassen wir es in Deutschland stehen, und nicht blos in der Deutschen Nation, sondern sogar in einzelnen Staaten; denn Sie haben vorhin gehört, daß in Preußen allein drei verschiedene Großjährigkeitstermine sind. Das ist also zu beseitigen. Es ist kein Hinderniß im Wege, und die Frage auf den internationalen Weg zu verweisen, das heißt die Nationalität negiren, das heißt aussprechen, Deutschland bestehe aus verschiedenen Nationen. Wie kann man Deutschland auf das internationale Recht verweisen? Von internationalem Recht kann nur die Rede sein im Verhältniß einer Nation zu anderen, aber nicht innerhalb einer Nation; das ist ein Widerspruch. Die Bezugnahme auf die Wechselordnung, welche sich im Gutachten findet, ist ganz falsch. Artikel 84 spricht von der Wechselfähigkeit dem Auslande gegenüber; dagegen ist im Artikel 1 der Wechselordnung bestimmt, daß in ganz Deutschland nur eine Norm gelte über die Wechselfähigkeit: „Jeder ist wechselfähig, der Verträge schließen kann.“ Das ist ein Unterschied! Das möchte zur Widerlegung des Gutachtens des Herrn Prof. Unger dienen. Es wird ferner darauf Bezug genommen, daß eine physische und geistige Verschiedenheit bei den verschiedenen Deutschen Stämmen existire, die eine Uebereinstimmung der Großjährigkeit verhindere. In der That, m. H., eine physische Verschiedenheit von Erheblichkeit kann ich nicht entdecken, ebensowenig eine geistige; denn aller Orten wird über die schwierigsten Fragen mit gleicher Gründlichkeit gesprochen. Ich verwende mich daher dafür, daß die Ansicht des Herrn Prof. Unger zu verwerfen und die der Deputation anzunehmen ist. (Bravo!)

Professor Dr. **Pütter** aus Greifswald: Ich halte es für Pflicht, Widerspruch einzulegen gegen eine Meinung, die der Herr Vorredner ausgesprochen hat, als ob es internationaler Grundsatz sei, daß Jedermann in jedem Lande, wohin er käme, nach seinem Personalstatut beurtheilt werde. Jetzt ist die Meinung darüber, wie bereits in einer vortrefflichen Abhandlung von Wächter dokumentirt ist, wenigstens schwankend. Ich will gleich an drei Urtheile erinnern, welche vor Kurzem in Leipzig und in Dresden gesprochen worden: Ein Hofschauspieler C. aus Hannover, wo die Volljährigkeit mit dem 26. Jahre beginnt, hat sich in Leipzig persönlich verpflichtet, dort während der nächsten Messe bestimmte Rollen zu geben oder eine bestimmte Conventionalstrafe zu zahlen, und erscheint zum bedungenen Gastspiel in Leipzig zur festgesetzten Zeit nicht; er wird deswegen verklagt und vom Leipziger Gericht verurtheilt.

(Unruhe in der Versammlung.)

Er excipirte freilich, er sei minderjährig — er war von Geburt Preuße, aber jetzt in Hannover Hofschauspieler und 24 Jahr alt, aber noch nicht 25 — und deswegen brauche er den Vertrag nicht zu halten. Das Gericht verurtheilte ihn dessen ungeachtet; das Appellationsgericht sprach ihn aber frei nach dem Grundsatze, daß eben Jeder nach seinem heimischen Personalstatut beurtheilt werde. Das Ober-Appellationsgericht in Dresden erkannte, es sei der Mann allerdings schuldig, die Conventionalstrafe zu zahlen; warum? weil in Sachsen Jedermann mit 21 Jahren volljährig sei. — Es ist das auch in anderen Ländern so: das Landesgesetz gilt auch für die im Lande anwesenden und handelnden Ausländer, weil sie zur Zeit Unterthanen sind. Thatsache ist aber doch, daß die Frage in Deutschland streitig ist, ob der Fremde nach dem Personalstatut des Heimathsortes beurtheilt werden soll, oder nach dem, was in dem Lande gilt, wo er sich befindet. Es hat dies seinen natürlichen Grund in unserer Deutschen Geschichte; denn bis auf die späteste Zeit sind von Seiten des Reichskammergerichts die sämmtlichen Reichsländer immer als Provinzen, ihre Landesrechte als Provinzialstatuten betrachtet und behandelt worden. Wenn das nun noch so wäre, wenn Sachsen und die anderen Staaten Provinzen, — wenn ihre Landesrechte Provinzialstatuten wären, dann, m. H., müßte jeder Deutsche nach den Grundsätzen des heimathlichen Rechts beurtheilt werden, nach dem Personalstatut des Ortes, wo er lebt und wohnt. —

Die einzelnen Deutschen Fürsten aber haben sich schon früher dagegen gesträubt und die Deutschen ebenso behandelt, wie die Franzosen und anderen Ausländer. Indeß ist 1806 das Deutsche Reich erloschen: man kann nun nicht mehr sagen, daß das ganze Deutschland aus verschiedenen Ländern bestehe, welche nur Provinzen wären, sondern wir haben souveräne Herren und freie Städte! Nun ist ihr Verhältniß ein wesentlich anderes, ein völkerrechtliches — zwischen Weimar und Altenburg, wie zwischen Schweden und Dänemark. Nur innerhalb jedes Staates gilt lediglich jener Grundsatz, daß z. B. ein Berliner von 23 Jahren, — wie in Berlin so auch in ganz Preußen, — auch im Rheinland minderjährig ist. Aber, wenn ein Hannoveraner von 24 Jahren in Greifswald sich aufhält und verpflichtet, können wir ihn nicht als noch minderjährig gehen lassen: ich glaube nicht, daß er nach dem internationalen Rechte sich darauf berufen kann, er sei erst 24 Jahre alt und werde in seiner Heimath erst mit 25 Jahren großjährig, denn nach dem allgemeinen Grundgesetz, daß in jedem Lande das Landesrecht gilt, kann kein Ausländer den Anspruch machen, bei Geschäften, die er im Lande vollzieht, nach seinem heimischen Rechte behandelt zu werden. Wenn der Hofschauspieler zu Hause in Hannover verklagt würde, so müßte er frei gesprochen werden nach Hannöverschem Rechte .....

Präsident: Sie sprechen also über internationales Recht, um welches es sich gegenwärtig gar nicht handelt?

Prof. Dr. **Pütter:** Es scheint jedoch, daß auch hier Zweifel darüber bestehen. Daher schien es mir nothwendig! Es ist nun aber offenbar dringendes Bedürfniß, daß diese Vielheit der Bestimmungen über die Großjährigkeit 2c. aufgehoben werde und zwar sobald als möglich, weil in dem internationalen Recht, mag nun dieser oder jener Grundsatz gelten, keinesfalls die erwünschte Abhülfe zu finden ist.

Geh. Justizrath, Professor Dr. **Jhering** aus Gießen: Ich habe nicht geglaubt, daß die vorliegende Frage zu einer Debatte Anlaß geben könnte, weil ich von vornherein der Ansicht war, daß hierüber eine Meinungsverschiedenheit sich nicht herausstellen würde; ich habe geglaubt, daß sowohl Theoretiker wie Praktiker über die Frage: „ob über ganz Deutschland eine Altersbestimmung herrschen müsse", einverstanden seien; aber das Gutachten meines Freundes, Dr. Unger, hat mich vom Gegentheil überzeugt. Gestatten Sie mir, obschon Mehrere der Vorredner die Gründe, die auch ich benutzen wollte, gegen die Ansicht des Dr. Unger entwickelt haben, doch darauf zurückzukommen. Wenn ich überhaupt das Wort ergreife, so geschieht es, um meine Ansicht als Theoretiker zu dokumentiren, daß derartige Verschiedenheiten, wie wir sie leider noch haben, vom Standpunkte der Theorie für unberechtigt erklärt werden müssen. Ueber die praktische Seite der Frage kann kein Meinungsstreit obwalten. Der Aufwand von geistiger Kraft, dessen die Juristen bedürfen, um die Verschiedenheiten der Altersbestimmungen aufzufinden in den einzelnen Fällen und dieselben zu konstatiren, ist völlig nutzlos und wird nur nothwendig gemacht durch das betreffende Verhältniß, er fällt hinweg, so bald eine und dieselbe Bestimmung über diese Frage eintritt. Zu welcher Unsicherheit in der Rechtsanwendung die

Verschiedenheit der Altersbestimmungen führt, brauche ich nicht hervorzuheben; es ist dies die Sache des Praktikers, auch bereits genügend geschehen. Aber wohin im Urtheile des Volkes diese verschiedenen Altersbestimmungen führen müssen, erlauben Sie mir mit einigen Worten anzudeuten:

Es mag dem Laien erklärlich und sogar gerechtfertigt erscheinen, daß selbst innerhalb desselben Landes über gewisse Verhältnisse rechtliche Verschiedenheiten existiren, daß z. B. im ehelichen Güterrechte, im Erbrechte Verschiedenheiten bestehen innerhalb des nämlichen Staates; dies wird auch dem Laien begreiflich erscheinen, jedenfalls klar gemacht werden können. Es wird aber dem Juristen unmöglich fallen, einem Laien begreiflich zu machen, daß innerhalb desselben Landes, desselben Volkes Verschiedenheiten bestehen müssen rücksichtlich der Altersstufen. Das ist ein wunder Punkt für uns, und wenn ein Laie mich über diesen Punkt zur Rede stellen wollte, so würde ich ihm nichts erwidern, als: es ist ein in unseren traurigen Verhältnissen begründeter Mißstand, den wir Juristen nicht verschuldet haben, sondern der in den politischen Verhältnissen wurzelt. — Es ist uns Juristen endlich Gelegenheit gegeben, unsere Ueberzeugung über diesen Punkt auszusprechen, versäumen wir diese Gelegenheit nicht! (Bravo!) Halten wir es vielmehr für unsere Pflicht, deutlich uns dahin zu äußern, daß jene unberechtigten, aber vorhandenen Verschiedenheiten abgethan werden müssen! (Bravo!) Und ich möchte diesen Ruhm nicht den Praktikern allein überlassen, sondern ich möchte mich auch im Namen der Theorie ihnen anschließen. Es hat in der Theorie vor dreißig Jahren eine Strömung gegeben, welche sich an Savigny knüpft und die berechtigt war durch die damals in der Jurisprudenz vorherrschende Ansicht. Im vorigen Jahrhundert war man nämlich der Meinung, daß eine Rechtsverschiedenheit überhaupt nicht statuirt werden müsse; es war dies die Richtung des Naturrechtes, die verschiedenen Rechte zu nivelliren. Daß das zuweit gegangen war, darüber wird heutzutage kein Zweifel sein; aber der Einwurf Savigny's, der zuerst die Berechtigung des Nationalprinzips, nicht blos theoretisch hervorgehoben, sondern auch praktisch durchgeführt zu werden, aussprach, hatte das Schicksal aller Wahrheiten, die einem herrschenden

Irrthume gegenübertreten: die Wahrheit schlug in das andere Extrem um. Als er die Unterschiede der verschiedenen Rechte hervorhob, da übertrieb man diese neue Maxime, indem man auch Unterschiede konstatiren wollte, die keine Berechtigung hatten. Man wurde erfüllt mit einer gewissen Ehrfurcht vor dem naturwüchsig Berechtigten; man wollte aber auch den naturwüchsigen Mißbrauch heilig sprechen. Und hüten wir uns eben vor diesem Systeme!

Ich kann nun in der Ansicht meines hochverehrten Freundes, Dr. Unger, nichts anderes erblicken, als eine Nachwirkung, eine Spur jener den Theoretikern so geläufigen Ansicht, dieser Scheu vor dem Eingreifen in das Historische. Im Historischen aber kommen auch Auswüchse vor, und diese sollen wir als solche bezeichnen und vernichten. Zu diesen Auswüchsen rechne ich die Verschiedenheiten rücksichtlich der Altersbestimmungen. Es ist bereits treffend die Abgeschmacktheit hingestellt worden, daß jenseits der Grenze der Mensch mit 21 Jahren handlungsfähig wird, und diesseits der Grenze erst mit 25 Jahren. Das ist ein unberechtigter Unterschied; der wahre Unterschied beruht in der Verschiedenheit der Reife. Es ist Thatsache, daß bei verschiedenen Völkern sich die Reife zu verschiedenen Zeiten einstellt; wenn bei südlichen Völkern die Volljährigkeit mit 18 Jahren, bei den nördlichen Völkern mit 24 Jahren eintritt, so ist das freilich nicht so anzusehen, als ob man den südlichen Völkern den Vorzug geistiger Kapazität einräume; der Nordländer wird später klug, aber auch nachhaltiger. Also ein solcher Unterschied zwischen verschiedenen Nationen ist in der That berechtigt, ja, die Geschichte lehrt uns, daß bei einem und demselben Volke in verschiedenen Zeitepochen die Reife in verschiedenen Jahren sich einstellt: während in dem alten Römischen Rechte der Mensch regelmäßig mit 14—18 Jahren mündig und bereits vollkommen handlungsfähig war, wird er nach dem neueren Römischen Rechte erst mit 25 Jahren handlungsfähig, eine Erscheinung, die damit zusammenhängt, daß bei dem Fortschritte der Kultur die Erlangung der vollständigen Reife, wie sie für das Leben nöthig ist, sich verzögert. Während bei einfachen Völkern mit 14 Jahren ein Mensch in der Regel diejenigen Kenntnisse und Fähigkeiten besitzt, deren er bedarf, um sich zu behaupten, tritt bei gebildeteren Nationen jener Zustand erst später ein. — Das sind aber unberechtigte Unterschiede, wie sie jetzt in Deutschland bestehen, und es ist bereits als eine Pflicht des Juristentages anerkannt worden, derartigen unberechtigten Unterschieden den Krieg zu erklären, über sie den Stab zu brechen. Ich fordere Sie auf, dies zu thun! (Vielfaches Bravo.)

Präsident: Mit Rücksicht auf die Ausgedehntheit der Berathung glaube ich die Meinung der Versammlung zu treffen, wenn ich den Vorschlag mache, daß die Herren, welche sich zum Worte gemeldet haben in der Absicht, für die Bedürfnißfrage zu sprechen, vielleicht Einem, der dagegen sprechen wollte, jetzt das Wort gestatten; oder ich erwarte, ob vielleicht der Schluß verlangt wird . . .

Ich bitte den Herrn Professor Unger sich auszusprechen.

Professor Dr. **Unger** aus Wien: Ich erlaube mir, das Wort zu ergreifen für eine Sache, die ich von vornherein verloren gebe. Wenn ich also dennoch Sie bitte, mich anzuhören, so geschieht es überwiegend, um Manches aufzuklären und pro domo zu sprechen. Mit dem Letzteren will ich anfangen, und das gilt den Worten des Herrn Professor Dr. Ihering.

Ich möchte mich dagegen verwahren und habe speziellen Grund dafür, als wäre mein Vorschlag hervorgegangen aus Ueberschätzung des historischen Rechtes, diesen Punkt muß ich herausheben. Bei aller meiner Verehrung für das historische Recht scheint mir doch das Werdende höher als das Gewordene zu stehen; wenn man auch dem Gewordenen Respekt schuldig ist, so muß man doch die Kraft um so höher ehren, durch die es geworden ist; man kann von einem hohen Respekte nicht blos für das Gewordene ergriffen sein, sondern noch von einem tieferen Respekte für die Idee, durch die es überhaupt geworden, und die mächtig genug ist, um an die Stelle des bisher Seienden ein künftiges Neues zu setzen. Das wäre meine Auffassung über das Verhältniß der Geschichte zur Philosophie und der Philosophie zur Geschichte. Oesterreich hat Jahre lang an dem abstrakten Naturrechte gehangen, welches Recht nicht aus seinen Verhältnissen, sondern aus dem Kopfe des einsamen Gelehrten sich erzeugte. Wir haben nicht das Leben und das Leben hat uns nicht begriffen.

Nun, wir sind mit unserer Jurisprudenz auf einen Punkt gekommen, daß Sie uns das Zeugniß geben werden, daß wir auf jener Stufe nicht mehr stehen. Unser Bestreben ist, die Resultate der neuesten Forschungen auch auf Oesterreich zu übertragen. Man nennt das bei uns die historische Schule, weil wir leider noch nicht dahin gelangt sind, diese Gegensätze abgeschliffen zu haben; wir werden aber auch in Kurzem dahin kommen, daß Philosophie und Geschichtschreibung mit einander im Bunde sein werden. — Wenn ich nun meinen Antrag so, wie er formulirt ist, gestellt habe, so kann ich darin für meinen Theil, d. h. soweit ich selbst ein Urtheil habe, nicht den Reflex einer Vorliebe für die Savigny'sche Auffassung sehen. Wenn ich diesen Satz aufgenommen habe, so spukt in mir vielmehr eine Rückerinnerung an Montesquieu's esprit des lois, nicht aber an die Savigny'sche Schule, der ich, was die Frage der Codifikation anbelangt, fern stehe. Soviel zur Rechtfertigung meines Antrags, soviel pro domo.

Ich habe meinen Antrag deshalb gestellt, weil es mir zweifelhaft schien und auch jetzt, trotz aller Ausführungen dagegen, immer noch zweifelhaft erscheint, ob jene die Großjährigkeit betreffenden Verhältnisse einen inneren Grund haben oder nicht. Können Sie uns überzeugen, daß diese Verschiedenheiten keine innerlichen sind, daß zwischen Nord und Süd, Ost und West in Deutschland keine solchen Unterschiede bestehen, so werde ich mit Freuden der Erste sein unter denen, welche dafür sprechen, jene gesetzlichen Verschiedenheiten als unberechtigt zu erklären und aufzuheben. Mir schien aber speziell als Oesterreicher, der Gelegenheit hatte, innerhalb eines großen Gebietes Verschiedenheiten nach rechts und links zu finden, noch die Frage zweifelhaft, ob diese Verschiedenheiten in Deutschland blos rein äußerliche, historische, in den Territorien ausgebildete seien, oder ob sie nicht in anderen lokalen, klimatischen Verhältnissen tiefer wurzeln, als man gewöhnlich annimmt. Steht es fest, daß diese Verschiedenheiten nur äußerliche, oberflächliche sind, dann wird mich weder der Respekt vor Montesquieu, noch der vor Savigny zurückhalten, zu erklären: Lassen wir diese Verschiedenheiten fallen! Ueberzeugt man sich aber, daß diese Verschiedenheiten tiefere Wurzeln haben, so weiß ich nicht, ob wir gut thun, die Hand daran zu legen. Deshalb scheint mir es zweckmäßiger zu sein, daß wir uns hierüber anders aussprechen.

Es sind uns Beispiele über die Verschiedenheit der Großjährigkeit gegeben worden, nicht blos aus Deutschland, sondern aus der ganzen Welt, und haben Sie denn mit einer solchen Bestimmung, wie sie vorgeschlagen wird, allen diesen Uebelständen abgeholfen? Nein!

Man wendet uns freilich ein, wir seien hierher gekommen, um ein gemeinsames Deutsches Recht zu schaffen und wir würden unserem Berufe untreu, wenn wir das nicht auch in dieser Frage thäten. Das scheint mir zu viel zu beweisen. Man braucht den Satz nicht so aufzustellen; denn man kann auch sagen, wir würden unserem Berufe untreu, wenn wir eine solche Bestimmung zu allgemein machen.

Man hat ferner eingewendet, es sei unpatriotisch, sich nicht auf einen gemeinsamen Standpunkt zu stellen; man hat gesagt, es sei undeutsch, von einem internationalen Privatrecht in Deutschland zu sprechen. Nun, m. H., gegen diesen Vorwurf muß ich als Deutscher den allerentschiedensten Protest einlegen. Wenn Jemand einen anderen Ausdruck für international zu geben weiß, so werde ich ihn mit Vergnügen acceptiren, besonders nachdem wir Alle schon gefunden haben, daß der Ausdruck in dem Sinne, wie die Theorie ihn versteht, kein glücklicher ist. In dem Sinne aber, wie die Theorie ihn kennt, giebt es in Deutschland allerdings ein internationales Privatrecht — denn so heißt in Deutschland das zwischenstaatliche Privatrecht — und bei allen Wünschen und Sympathien für Gemeinsamkeit muß man doch immer noch anerkennen, daß es verschiedene Staaten in Deutschland mit eigenem Rechte giebt. Wenn es deren aber giebt, so muß man auch ein Mittel finden, um dieses Recht in Collisionsfällen zu fixiren, und das nennen wir eben internationales Privatrecht.

Wenn wir daher auch heute den Beschluß faßten, daß ein gemeinsames Recht über Großjährigkeit für ganz Deutschland wünschenswerth sei, dann giebt es doch immer noch nach wie vor ein internationales Privatrecht in Deutschland. Ich glaube daher, daß mich kein undeutsches Gefühl geleitet hat bei der Absicht, einen Vorschlag zu machen, der uns nicht blos über die Schwierigkeiten der Verschiedenheit der Großjährigkeit, sondern überhaupt über alle Schwierigkeiten dieser Art hinwegführt.

Wenn daher ein Herr Vorredner gefunden hat, Art. 84 der Wechselordnung sei unrichtig allegirt, so bedauere ich, als Oesterreicher ihn darauf aufmerksam machen zu müssen, daß wir in Oesterreich unter dem Ausdruck „Ausländer", wie er in jenem Artikel enthalten ist, eben Nichtösterreicher verstehen; wir können und dürfen keinen Augenblick Anstand nehmen, mögen nun Preußen oder Hannoveraner in Betracht kommen, diesen Artikel auch auf sie anzuwenden, und ich bitte, mich zu belehren, daß es anders gehalten wird. Aber jeder Oesterreicher wird mir Recht geben, wir verstehen den Ausdruck so; und ich möchte fragen, ob ein Oesterreichischer Richter, nachdem man, ob mit Recht oder Unrecht, bleibe dahingestellt, den Offizieren die Wechselfähigkeit entzogen hat, einen Offizier, der anderswo einen Wechsel unterschrieben, danach für verpflichtet hält oder nicht.

Zum Schluß nur noch eine Frage: Halten Sie die Verschiedenheiten der Großjährigkeit für innerlich berechtigt oder nicht? Ich halte das für eine Frage, welche bejaht werden muß. Sind Sie der Ansicht, daß diese Verschiedenheiten äußerliche sind, so bitte ich: Verwerfen Sie meinen Antrag!

Präsident: Es war bereits der Schluß beantragt; diejenigen Herren, welche denselben wünschen, bitte ich, sich zu erheben.

(Die Majorität erhebt sich.)

Ich bitte nun diejenigen Herren, sich zu erheben, welche die Bedürfnißfrage verneinen.

Professor Dr. **Unger**: Ich bitte, welche Bedürfnißfrage?

Präsident: Ich bin eben im Begriff, sie zu nennen. Die Herren, welche die Frage verneinen wollen, daß es wünschenswerth sei, über den Zeitpunkt der Großjährigkeit ein gemeinsames Gesetz in Deutschland zu erlassen, wollen sich erheben.

Prof. Dr. **Unger**: Für das Wünschenswerthe kann ich auch mit aufstehen. Es wäre in der That abenteuerlich und lächerlich, wenn wir erklären wollten, wir wären nicht dafür, daß es wünschenswerth sei.

Präsident: Wir verstehen darunter nichts Anderes, als: Wir erkennen unter den gegenwärtig bestehenden Verhältnissen es für juristisch rathsam und angemessen, daß zu einer solchen Gesetzgebung aufgefordert werden möchte.

Eine Stimme: In Bezug auf die Fragestellung erlaube ich mir zu bemerken, daß wir uns streng an Dasjenige zu halten haben, was von Seiten der Deputation vorgeschlagen worden ist, und darin ist nicht gesagt, daß wir uns über die Bedürfnißfrage entscheiden sollen.

Präsident: Ich bitte zu berücksichtigen, daß es Sache des Präsidenten ist, die Frage so zu stellen, wie sie am besten und klarsten von ihm befunden wird.

Eine Stimme: Es wird aber wohl über die Bedürfnißfrage in Beziehung auf die jetzt zu gebende allgemeine Civilprozeßordnung zugleich mit abgestimmt?

Eine Stimme: Wenn ich recht verstanden habe, so ist es die Absicht des Präsidenten, unter uns Stück vor Stück die einzelnen Hauptmomente feststellen zu lassen; die Frage an das Plenum, die allgemeine Erklärung über unsere Ansicht wird Gegenstand einer besonderen Beschlußfassung sein, sonst werden wir nicht fertig.

Präsident: Das ist es, was ich eben will. Ich habe zudem auch die Worte der Deputation vor mir und darnach frage ich.

Diese Worte kann man leicht interpretiren. In denselben ist der Ausdruck: „wünschenswerth" hervorgehoben worden, und da müssen wir entweder diesen Ausdruck interpretiren oder für denselben eine andere Fassung suchen; letzteres scheint mir aber unnöthig zu sein, denn es versteht doch Jeder, was hier unter „wünschenswerth" zu denken ist. Ich bitte also, beantworten Sie die Frage: „Ist es wünschenswerth, daß über den Zeitpunkt der Großjährigkeit schon jetzt eine gemeinsame Bestimmung getroffen werde?" Unter dem Ausdruck: „schon jetzt" verstehe ich vorläufig nicht: „momentan, in diesem momentum temporis", sondern: „bei günstiger Gelegenheit, oder wenn man es in den Gesetzgebungen der einzelnen Staaten möglich findet, dazu zu gelangen u. dergl."

Ich bitte also nun die Herren, welche diese Frage *verneinen* wollen, sich zu erheben.

(Geschieht nur von Einigen.)

Die Frage ist also fast einstimmig bejaht.

Wir würden nun zur zweiten Frage kommen: „Ist es wünschenswerth, daß *schon jetzt* über den Zeitpunkt der Großjährigkeit eine gemeinsame Bestimmung getroffen werde? Hier liegt auf „schon jetzt" der Nachdruck. Es fragt sich dabei, ob wir uns für eine beschränkende Auslegung der Worte: „schon jetzt" aussprechen wollen, indem wir sie nämlich so erklären, wie es sich im Antrag findet: „bei Gelegenheit der Emanation einer Deutschen Civilprozeßordnung." Es enthält dann der Zusatz die Erklärung, daß sich die günstige Gelegenheit noch nicht sofort ergebe, diese werde erst da sein, wenn von Emanation einer gemeinsamen Deutschen Civilprozeßordnung die Rede sei. Die Debatte über diese Frage kann sich zugleich, wie mir scheint, darüber verbreiten, ob bei der Civilprozeßordnung die Gelegenheit dazu da sei oder ob bei dem Obligationenrecht, welches man ebenfalls als eine brennende Frage betrachten kann; endlich auch darüber, ob wir gar nichts von einer erst abzuwartenden Gelegenheit erwähnen sollen, so daß in unserer Beantwortung der Frage stillschweigend zugleich liegt: „bei der nächsten Gelegenheit."

Bürgermeister Dr. **Drechsler** aus Parchim: M. H.! ich glaube, die günstige Gelegenheit, eine gemeinsame Bestimmung über den Zeitpunkt der Großjährigkeit in Deutschland zu erhalten, ist nicht erst gegeben bei Gelegenheit der Civilprozeßgesetzgebung, auch nicht bei Gelegenheit des Obligationenrechts; sie ist viel eher gegeben. Es ist augenblicklich bei den Regierungen, ich glaube, ausgehend vom Bundestage, die Frage der Revision der Wechselgesetzgebung in Verhandlung. Sie werden jedenfalls, wenn sich der Deutsche Juristentag dafür ausspricht, daß sobald als möglich diese rein äußerliche Verschiedenheit aufhört, diese Gelegenheit auch bezeichnen können. Denn, m. H., was ist eine gemeinsame Wechselgesetzgebung, wenn über die erste Frage des ersten Artikels: „Wechselfähig ist Jeder, der sich selbstständig verpflichten kann", die größte Verschiedenheit obwaltet? Ich glaube, daß sie nur möglich ist, wenn über den status personae, über die Handlungsfähigkeit, über die Selbstständigkeit der einzelnen Personen gemeinsame Bestimmungen erlassen werden, die dann überall erst die Materialien zu einer gemeinsamen und übereinstimmenden Gesetzgebung werden; und es ist mir sehr auffallend gewesen, daß man ein allgemeines Obligationenrecht hat beantragen können, wenn man darüber zweifelhaft war, ob die Frage der selbstständigen Verpflichtung eine partikuläre bleiben müsse. Ich meine, m. H., wir können geradezu jetzt aussprechen, daß bei der ersten günstigen Gelegenheit, als welche mir die Revision der gemeinsamen Wechselordnung erscheint, gemeinsame Bestimmungen über den Zeitpunkt der Großjährigkeit erlassen werden mögen. (Vielfaches Bravo.)

Präsident: Wünscht noch Jemand das Wort? — Herr Notar Euler aus Düsseldorf.

Notar **Euler**: Der Herr Vorredner hat so ausgezeichnet gesprochen, daß ich auf eine weitere Ausführung verzichte.

Präsident: Ich hätte den Vorschlag zu machen, daß nicht in die Beantwortung aufgenommen werden möge, daß die Gelegenheit sich gegenwärtig bei der Revision der Wechselordnung finde. Ich kann thatsächlich berichten, daß sich diese Gelegenheit dazu nicht mehr bietet, weil die Revision bereits zum Abschluß gekommen ist. Also diejenigen Herren, welche an die Worte „schon jetzt" einen Zusatz machen wollen . . . . . (Ruf: welchen?)

Zunächst den Zusatz: „Bei Gelegenheit der Emanation einer gemeinsamen Deutschen Civilprozeßordnung." Diejenigen, welche wollen, daß dieser Zusatz gemacht werden soll, bitte ich, sich zu erheben.

(Einige erheben sich.)

Nimmt die Versammlung den Satz, wie er bereits bei der ersten Fragestellung zustimmend bejaht worden ist, mit den Worten „schon jetzt" pure und simpliciter an? Diejenigen, die dagegen sind, mögen sich erheben.

Mit großer Majorität angenommen. —

Es ist also der erste Theil unserer Arbeit insoweit erledigt. Es handelt sich gegenwärtig um die Frage sub 2.: ob es wünschenswerth sei, daß über die Handlungsfähigkeit großjähriger Personen unter väterlicher Gewalt schon jetzt gemeinsame Bestimmungen getroffen werden? Will einer der Herren das Wort nehmen? — Dr. Auerbach aus Frankfurt a. M.

Advokat Dr. **Auerbach**: M. H.! Gerade ich bin Advokat einer

Stadt, wo nicht nur die rein individuelle Eigenschaft, die das Alter verleiht, einen Maßstab dafür abgiebt, ob Einer vollkommen handlungsfähig ist oder nicht, sondern wo zugleich der Umstand, ob einer noch filius familias ist, einen wichtigen Maßstab mit abgiebt; denn bei uns ist der herangewachsene Haussohn von 18 Jahren an fast vollständig handlungsfähig, wenn sein Vater lebt: er ist es nicht, wenn er unter Vormundschaft steht. Hinsichtlich dieses Verhältnisses hat vor mehreren Jahren ein Fall, der in vieler Beziehung sehr interessant ist, den Blick der Juristen in Frankfurt, und sodann der Juristen außerhalb Frankfurt in hohem Maße auf sich gezogen. — Es wurde eine Subscription auf ein projectirtes Eisenbahnunternehmen aufgelegt, und die Projectanten stellten die Bedingung, daß jeder Frankfurter Einwohner berechtigt sei, zu zeichnen, und daß seine Zeichnung respektirt werden würde. Wie Sie wohl ermessen werden, ist in Handelsplätzen, wo eben viele junge Leute vom Handelsstande leben und auf Comptoirs arbeiten, an und für sich schwer zu unterscheiden, ob Jemand 21 Jahre alt ist oder jünger, noch schwerer aber ist es, zu wissen, ob der Vater noch lebt oder nicht. Bei einer successiven Contrahirung möchte eine solche Information noch am Platze sein; bedenken Sie aber, m. H., während dreier Stunden strömten mehrere Tausend Personen nach dem Orte, wo die Zeichnungslisten auflagen; es begaben sich viele junge Commis dahin; es war nicht Zeit gegeben, den Einzelnen zu fragen, wie alt er sei, lebt der Vater oder nicht? Was fand statt? Die Zeichnungslisten wurden geschlossen, es wurde repartirt. Einige Tage später wurde öffentlich aufgefordert, man solle sich melden, um die Nichtigkeit der ganzen Zeichnung darzulegen oder die Ungültigkeit derselben klar zu machen; es wäre gezeichnet worden theils von jungen Leuten, die noch nicht 21 Jahre seien, theils von solchen, die nicht nach Frankfurt gehörten, erst mit 24 Jahren volljährig würden, und deren Zeichnung folglich nicht zu respectiren sei. Diese Frage hätte schon vorher erwogen werden müssen. Darauf will ich aber auch nicht eingehen. Es wurde anderweit hervorgehoben, es wären Frankfurter zugelassen worden, die unter Vormundschaft ständen und die erst mit 21 Jahren eigentlich die Fähigkeit haben sich zu obligiren, rechtsgültige Erklärungen zu machen.

Was konnte das Gericht bei dieser Sachlage thun? Eine vollständige Rückgängigmachung solcher Zeichnungen, Contrahirungen mit einer später ausgewählten Anzahl, war nicht am Platze. Es mußte erklärt werden: in dem vorliegenden Falle ist anzunehmen, daß das Handlungshaus durch Privat-Disposition gleichsam das Gesetz so interpretiren wollte, daß jeder Erwachsene, nur wenn er schon 21 Jahre alt ist, gleichviel ob sein Vater lebt oder nicht, vollständig handlungsfähig sei und das Versprechen leisten könne, welches er durch die Zeichnung gegeben habe.

M. H.! Ich glaube, das ist eine künstliche juristische Auslegung des Falles gewesen. Ich meine, durch diesen Fall ist dargethan, daß es dringend wünschenswerth ist, daß derartige Unterschiede fallen, und ich bitte Sie, einen Beschluß in dieser Richtung zu fassen.

Advokat Aarens aus Schwerin: In Ländern, wo nur das gemeine Recht Aufschluß giebt über die Frage der Volljährigkeit beziehungsweise Mündigkeit (Rufe: laut, laut!), sind die Juristen in einer sonderbaren Lage, wenn sie über die Frage entscheiden sollen, ob nach dem heutigen Recht der filius familias pubes kontraktfähig ist und sich rechtsgiltig verbindlich machen kann oder nicht. Die Quellen des gemeinen Rechts sind hierüber undeutlich; es scheint eine Lücke zu bestehen, und die Theorie scheint über die Frage sich nicht einigen zu können. Von den meisten Schriftstellern ist sie ganz übergangen; von denjenigen, von denen sie berührt worden ist, z. B. Sintenis, wird sie als eine bedenkliche bezeichnet, und es scheint dieser Punkt in der That Veranlassung zu bieten, um die unzweifelhaft vorhandene Lücke durch einen gesetzgeberischen Akt auszufüllen. Es ist, wenn man sich streng an das gemeine Recht hält, wohl nicht zu leugnen, daß . . . . . . *) (Unruhe. Ruf: laut, laut!)

Erstlich die Frage, ob ein Unmündiger, welcher unter der väterlichen Gewalt steht, also keinen Vormund braucht, befähigt sei . . . . (Ruf: laut, laut!)

Der zweite bedenkliche Punkt ist der, ob derjenige, der nicht mehr

---

*) Der folgende Passus wurde am Stenographentische wegen zu leisen Sprechens des Redners nicht verstanden.

im Alter der Unmündigkeit steht, aber noch minorenn ist, sich verbindlich machen könne oder nicht, ob man annehmen könne, daß der Vater gleichsam der natürliche Vormund sei. Es scheint mir aus der Entwickelung unserer vormundschaftlichen Verhältnisse die Entscheidung keineswegs mit Rechtssicherheit genommen werden zu können . . . . . . *).

Advokat **Kuntzsch** aus Chemnitz: In der Deutschen Gerichts-Zeitung für die heutige Tagesordnung steht sub 2 b. der Punkt so formulirt: „über die Handlungsfähigkeit großjähriger Personen unter väterlicher Gewalt"; in dem Gutachten des Herrn Prof. Unger steht: „über die Handlungsfähigkeit der Personen unter väterlicher Gewalt." Das ist meiner Ansicht nach ein gewaltiger Unterschied, und ich möchte gern die Aufklärung haben, welches von Beiden gilt.

Präsident: M. H! Ich erlaube mir, die Auffassung, die ich von der Sache habe, Ihnen darzustellen. Die Differenz, auf welche jetzt aufmerksam gemacht worden, ist in der That von der höchsten Wesentlichkeit. Es kann sich meines Erachtens für uns hier nur darum fragen, ob wir uns erklären wollen für ein in Deutschland aufzustellendes allgemeines Recht, wonach der, welcher nach dem Alter großjährig geworden ist, aus der väterlichen Gewalt austritt? Wenn Sie diese Frage bejahen, so kommen Sie nicht nothwendig zu der weiteren Frage: ist es wünschenswerth, über die Handlungsfähigkeit der Personen unter väterlicher Gewalt gemeinschaftliche Gesetze zu haben? Wenn man auf diese letztere Frage eingeht, muß man erst untersuchen, welche Rechte sind in Bezug auf die väterliche Gewalt in Deutschlands verschiedenen Ländern materiell vorhanden? und muß sich darüber schlüssig machen: ist es möglich und wünschenswerth, daß in Bezug auf den materiellen Inhalt der väterlichen Gewalt in Deutschland ein gemeinsames Recht stattfinde? Ich glaube, unterstellen zu können, daß wir diese letztere Frage nicht anfassen wollen, da die ganz enorme Verschiedenheit der einzelnen Territorialrechte uns gar nicht vor Augen steht und wir durchaus nicht vorbereitet sind. Ich gehe also über zu der Frage, wie sie uns zugekommen ist

*) Der Schluß der Rede konnte am Stenographentische wegen zunehmender Unruhe und wegen zu leisen Sprechens des Redners nicht verstanden werden.

Seitens der ständigen Deputation; darin ist nicht gefragt über die Handlungsfähigkeit der Personen unter väterlicher Gewalt, sondern über die Handlungsfähigkeit der großjährigen Personen unter väterlicher Gewalt. Ich bitte, m. H., daß Sie durch Akklamation mit Nein oder Ja sich darüber erklären, ob Sie sich an die Vorlage in dieser Beziehung halten oder darüber diskutiren wollen, ob es wünschenswerth sei, über die Handlungsfähigkeit der Personen unter väterlicher Gewalt eine gemeinsame Gesetzgebung zu beantragen.

Prof. Dr. **Unger**: Das ist für uns eine contradictio in adjecto. Ich kann nicht abstimmen über die Handlungsfähigkeit großjähriger Personen unter väterlicher Gewalt, denn sobald man bei uns großjährig ist, ist man eben nicht mehr unter väterlicher Gewalt.

Präsident: Ich glaube annehmen zu dürfen, die Versammlung wolle sich in Verhandlung der Frage, ob gleichmäßige Bestimmungen über die Handlungsfähigkeit der Personen unter väterlicher Gewalt gegeben werden sollen, nicht einlassen. (Vielfaches: Nein!)

Wenn Sie sich an die spezielle Frage halten, ob es wünschenswerth sei, über die Handlungsfähigkeit der großjährigen Personen unter väterlicher Gewalt sich auszusprechen, so kann man nach meiner Meinung, — wenn man nicht wiederum in Bestimmungen über den materiellen Inhalt der väterlichen Gewalt eingehen will, was Sie überhaupt nicht gewollt haben, — sich über die Frage nur negirend erklären, man müßte denn den Satz aufstellen, daß großjährige Personen nicht unter väterlicher Gewalt stehen können. In dem Augenblicke aber, wo Sie sich zu diesem Satze entschließen, brauchen Sie die Rechte der väterlichen Gewalt selbst nicht in Angriff zu nehmen. Es kommt also darauf an, ob man den Satz: „ist es wünschenswerth, über die Handlungsfähigkeit der großjährigen Personen unter väterlicher Gewalt schon jetzt gemeinsame Bestimmungen zu treffen?" in der Art bejahen will, daß man sagt: „es ist wünschenswerth, daß in ganz Deutschland die gemeinsame Bestimmung getroffen werde, daß diejenigen Personen, welche großjährig geworden sind, dadurch aus der väterlichen Gewalt heraustreten."

M. H.! Ich habe mich zum Worte gemeldet, um die Bejahung dieser Frage zu unterstützen. Ich bin der Meinung, daß man wenig Zweifel darüber hegen kann, daß der Verkehr in hohem Maße gesichert und erleichtert wird, wenn man nicht danach zu fragen hat, ob eine Person, welche, wenn ihr Vater nicht mehr lebte, unzweifelhaft dispositionsfähig wäre, es deshalb nicht sei, weil ihr Vater, in wer weiß welcher Entfernung, noch lebt und sie als Sohn unter väterlicher Gewalt hat. Die Handlungsunfähigkeit der großjährigen Personen unter väterlicher Gewalt ist ja auch, glaube ich, nur ein Rückbleibsel des historischen Rechtes, welches uns durch Reception aus dem Römischen herüber gekommen ist. Die Ausübung der väterlichen Gewalt bis weit in die Großjährigkeit hinein scheint kein innerlich Deutsches Recht zu sein. M. H., es ist auch eine Anzahl von Ländern in Deutschland vorhanden, in welchen dieses Recht wirklich abgeschafft ist: das große Oesterreich hat dieses Recht nicht mehr, und es giebt am Rhein eine Reihe von Territorien, worin gesetzlich vorgeschrieben ist, daß der Großjährige nicht mehr unter väterlicher Gewalt steht. Es giebt endlich auch andere große Länder, welche das Römische Recht ererbt, aber auf dem Wege der Gesetzgebung diese Frage in der vorgeschlagenen Weise gemeinrechtlich entschieden haben, namentlich Frankreich ist ein solches Land, welches die Verkehrsverhältnisse dahin geführt haben, von dem historisch ererbten Rechte in diesem Punkte sich abzuwenden.

M. H., es ist auch mit Rücksicht auf das Obligationenrecht gegenwärtig die Frage, wie mir scheint, eine ziemlich brennende geworden. Ich erlaube mir darauf aufmerksam zu machen, daß in einem Gesetzentwurfe über das Obligationenrecht, der gewiß den vollsten Anspruch hat, von allen Seiten als ein solcher angesehen zu werden, welcher zur Vorbereitung einer allgemeinen Gesetzgebung dienen könnte, — ich meine den Bayerischen Entwurf, — die Andeutung enthalten ist, daß großjährige Personen nicht unter väterlicher Gewalt stehen können. Man wird sich also bei der Beschlußfassung über diesen Entwurf über die hier vorliegende Frage entschließen müssen. Es ist das meines Erachtens eine principielle Frage. Es ist indessen auch möglich — und ich glaube, es wird nicht unwesentlich sein, wenn ich Sie darauf aufmerksam mache, — die Auffassung zu haben, daß in dem Bayerischen Entwurfe die Frage doch nicht principiell entschieden sei. Man kann sich die Sache so denken: es wird für Deutschland oder in den einzelnen Staaten festgesetzt, daß der Minderjährige an sich dadurch, daß er großjährig wird, aus der väterlichen Gewalt heraustrete, dabei aber in der Gesetzgebung noch die Möglichkeit vorgesehen, daß, ungeachtet dieses allgemeinen Satzes, wegen eines dringenden Bedürfnisses, wenn nämlich im einzelnen Falle der Großjährige, welcher bisher einen Vater mit väterlicher Gewalt über sich hatte, in einem Zustande sich befinde, der es nicht rathsam erscheinen läßt, ihm das volle Dispositionsrecht zu geben, — daß dann der Vater oder irgendwer den Antrag stellen könne, das Gericht möge, weil jener bisher unter väterlicher Gewalt sich befunden hat und noch nicht allen Erfordernissen der Selbstständigkeit entsprechen kann, in Betreff seiner die Fortdauer der väterlichen Gewalt und der Handlungsunfähigkeit beschließen.

Nach den Mittheilungen, die mir geworden sind, ist das die eigentliche Absicht und Meinung: allerdings trete der Regel nach die Handlungsfähigkeit des großjährig Gewordenen ein, man könne ihm jedoch auf irgend einem Wege auf den Grund seiner Eigenschaft als Haussohn die Dispositionsfähigkeit nehmen, wenn er in einem gewissen Zustande sich befindet, — z. B. wenn er etwa ein Verschwender ist. Das sollen aber nur wenige Ausnahmsfälle sein, die dem Verkehre nicht im Großen schaden können.

Diese letztere Meinung kann sich möglicherweise auch hier bei unserer Beschlußfassung geltend machen. Ich glaube aber, daß auch diejenigen, welche sie im Auge haben, dennoch den Satz: „soll es für wünschenswerth erachtet werden, daß in ganz Deutschland die Großjährigen aus der väterlichen Gewalt heraustreten?" bejahen können.

Ober-Appellationsgerichts-Director **Molitor** aus München: Ich kann über diesen Gegenstand Auskunft geben, da ich die Ehre gehabt habe, bei der Berathung des erwähnten Entwurfs meine Meinung über die vorliegende Frage abzugeben.

Wir haben in den Entwurf unseres Civilgesetzbuches allerdings die erwähnte Bestimmung aufgenommen, daß die väterliche Gewalt nach erlangter Großjährigkeit aufhöre und nur für solche Individuen fortdauere, welchen, wenn auch beschränkt, die Vertragsfähigkeit fehlt; aber, wie schon mitgetheilt, nicht in dem Sinne, als wollten wir im Allgemeinen die Bestimmung über die lange Fortdauer der väterlichen Gewalt beibehalten. Denn bei uns in Bayern geht die väterliche Gewalt fort bis zur Ansässigmachung des Sohnes. Das wollen wir aber beileibe nicht beibehalten; in Bezug darauf werden wir uns vielmehr an das französische Prinzip anschließen: nach dem 21. Jahre tritt die Großjährigkeit ein. Nur haben wir geglaubt, einen Uebergang machen zu müssen von dieser langen Fortdauer der väterlichen Gewalt, die doch auch in manchen Beziehungen ihre Berechtigung hat; und das thun wir in der Art, daß wir für gewisse Verhältnisse die Persönlichkeiten durch einen Familienrath berücksichtigen lassen. Ein Individuum nämlich, das zwar 21 Jahre alt geworden, aber seinen Geist noch so wenig entwickelt hat, daß es leicht in ungeschickte Vertragsverhältnisse implicirt werden könnte, wenn es vollkommen dispositionsfähig wäre, soll auf Beschluß des Familienrathes noch gewissen Beschränkungen in der Handlungsfähigkeit unterworfen bleiben.

Auch noch andere Umstände können das motiviren, und da haben wir im Sinne, im Familienrechte eine Bestimmung über diesen Gegenstand aufzustellen dahin, daß je nach Umständen und Persönlichkeiten ein Antrag auf Verlängerung der väterlichen Gewalt bis zu einer gewissen Zeit gestellt werden kann.

So steht es jetzt mit diesem werdenden Civilrechte. Ob nun aber, wenn eine solche Bestimmung in's Leben treten soll, es passend wäre und klappen würde, daß man sagte: Ja, der Großjährige wird als vertragsfähig angenommen, es kann also auf eine solche quasi interdictio, eine solche Erklärung der Fortdauer der väterlichen Gewalt keine Rücksicht genommen werden, — das ist mir noch einigermaßen zweifelhaft. Ich will übrigens keinen Antrag deshalb stellen und der allgemeinen Entscheidung nicht in den Weg treten. Es ist das ohnedies etwas, was noch in weiter Ferne steht.

Professor Dr. **Bluntschli** aus München: M. H.! Die Juristen haben in dieser Frage eine große Sünde begangen, und ich meine, es ist an der Zeit, daß sie diesen Fehler wieder gut machen.

Die Deutsche Nation hat niemals etwas davon gewußt, und die Deutsche Familie bis auf den heutigen Tag nicht, daß ein Vater bis zu seinem Tode eine absolute Gewalt über seine Kinder habe. Dieses ganze Prinzip ist lediglich durch die gelehrten Juristen in die Gesetze und Gerichte hinein octroyirt worden; das Leben hat dasselbe immer abgestoßen. M. H., es versteht sich nach allen Anschauungen des Deutschen Volks ganz von selbst, daß, wenn ein Mensch zur vollen Reife seiner Geistes- und Körperkräfte gelangt ist, er ein freier Mensch sei, daß er auch in allen Handelsbeziehungen und allen Verträgen als solcher erscheine. Die Idee, daß der Vater in seinem eigenen Interesse eine absolute Macht über seine Kinder habe, konnte nur unter den Römern aufkommen, sie ist niemals in das Deutsche Blut übergegangen, niemals in das Verständniß der Deutschen Familien gedrungen; und wenn ein Herr Vorredner darauf aufmerksam machte, daß in dem Bayerischen Landrechte, auf welches damals die romanistische Theorie so sehr eingewirkt hat, der Grundsatz fortdauere, daß die väterliche Gewalt bis zur Ansässigmachung sich erstrecke, so beweist das von Neuem die Richtigkeit meiner Angabe; denn das Römische Recht weiß nichts von Ansässigmachung; der Römische Konsul, wenn er filius familias ist, ist in Bezug auf alle Privatrechtsverhältnisse ein absolut unfreies Wesen und sein Vater hat absolute Gewalt über ihn. Also meine ich, daß, wenn die Frage vorliegt, was sich von selbst verstehe, die heutigen Juristen, welche, Gott Lob! gelernt haben, das Leben selbst zu beachten und das Recht nicht mehr blos aus den Belehrungen und Ueberlieferungen gelehrter Doctrinen zu schöpfen, dahin erkennen: es ist für jede Gesetzgebung in Deutschland wünschenswerth, daß von ihr der Grundsatz: „mit der Volljährigkeit hört jede Art von väterlicher Gewalt auf", allgemein anerkannt werde. Wenn dann noch besondere individuelle Bedürfnisse vorliegen, wie z. B. bei Verschwendung u. dergl., so ist gar kein Unterschied zu machen zwischen einem jungen Manne, dem man die Verwaltung seines Vermögens nicht anvertrauen kann, wenn er noch einen Vater hat, und dem jungen Mann, der keinen Vater mehr hat. Der Grund, weshalb eine Vormundschaft in diesem Fall neu eingeführt wird oder fortdauert, hängt mit der väterlichen Gewalt nicht zusammen. Der Grund ist nur die individuelle Unfähigkeit, und diesem Grunde muß auch das Mittel entsprechen, welches diesem Uebel begegnen soll.

Daher, m. H., glaube ich, wir können uns ganz nach dem Antrag des Herrn Präsidenten richten, der, wie mir scheint, die Hauptsache aus dem Zusammenhange, welcher uns durch seine Verflechtung leicht verwirren könnte, herausgenommen hat. Ich meine also, wir thun wohl, wenn wir nach dem Vorschlage des Herrn Präsidenten einfach den Satz aussprechen: „Nach der Ansicht der Deutschen Juristen soll überall in Deutschland mit erreichter Volljährigkeit auch jede väterliche Gewalt aufhören.“ (Bravo!)

Advokat **Kuntzsch** aus Chemnitz: Ich trage auf Schluß der Debatte an.

Präsident: M. H.! Wir haben noch sehr viel zu thun; namentlich wird uns die Hypothekenfrage noch sehr beschäftigen. Ich bitte nun die Herren, welche den beantragten Schluß aussprechen wollen, sich zu erheben. (Geschieht.)

Das Resultat ist nicht klar. Machen wir die Gegenprobe! Die Herren, welche den Schluß nicht wünschen, wollen sich jetzt erheben.

(Geschieht von der Minderheit.)

Der Schluß ist ausgesprochen. Ich bitte Sie nun, sich über die Frage, wie sie in der Vorlage der Deputation steht, schlüssig zu machen, und dann weiter die Frage zu beantworten, ob dabei der Zusatz, welcher das Wesentliche des vom Herrn Prof. Dr. Bluntschli und mir gestellten Antrags bildet, gemacht werden soll.

Es würde sich also fragen: Ist es wünschenswerth, daß über die Handlungsfähigkeit großjähriger Personen unter väterlicher Gewalt gemeinsame Bestimmungen getroffen werden? Das läßt immer noch eine Möglichkeit zu, daß man den ferneren Zusatz nicht positiv bejaht, über welchen die Abstimmung hintennach folgen soll.

Kammergerichts-Assessor a. D. **Wache** aus Berlin: Ich habe schon vorhin Gelegenheit nehmen wollen, über die Ungenauigkeit der Frage einige Worte zu äußern; sie scheint mir ungenau und vielleicht auch unlogisch zu sein. Denn die unter väterlicher Gewalt stehenden Personen sind gewiß nach keinem Rechte handlungsfähig; die nicht unter väterlicher Gewalt stehenden aber, die bereits großjährig, sind jedenfalls handlungsfähig. Der Kern der Frage sollte sein: Aufhebung der väterlichen Gewalt über großjährige Personen und Aufhebung der Handlungsunfähigkeit großjähriger Personen. Ich wünschte daher, daß die Frage demgemäß gestellt würde.

Präsident: Ich glaube, daß dies für das Verständniß unserer Meinung Schwierigkeiten herbeiführen wird, mache aber den Vorschlag, daß wir die Fragen nicht trennen, sondern einfach nach dem Resultat Desjenigen, was jeder bei sich in der Debatte gefunden haben wird, die folgende Frage beantworten: Ist es wünschenswerth, daß über die Handlungsfähigkeit großjähriger Personen unter väterlicher Gewalt die Bestimmung getroffen werde, daß dieselben wegen ihrer Großjährigkeit aus der väterlichen Gewalt heraustreten? (Recht, recht!)

Die Herren, welche diese Frage verneinen wollen, bitte ich, sich zu erheben. (Geschieht von Wenigen.)

Dieser Satz ist also angenommen, der Punkt hiermit erledigt, und wir gehen zum dritten über: Ob es nothwendig sei, daß schon jetzt gemeinsame Bestimmungen über die Intercessionen der Personen weiblichen Geschlechts getroffen werden? Die Debatte ist eröffnet.

Herr Euler hat das Wort.

Notar **Euler** aus Düsseldorf: Auch hier erlaube ich mir einige praktische Bemerkungen. Wir kennen in Rheinpreußen Verwarnungen bei Intercessionen nicht. In Altpreußen sind dieselben vorgeschrieben, ebenso in vielen Ländern des gemeinen Rechts; in andern Ländern des gemeinen Rechts hingegen sind sie aufgehoben. Soviel ich aber erfahren habe, sind diese Verwarnungen zwecklos; die Schriftsteller, welche über altpreußisches Recht geschrieben haben, sind darüber einig.

M. H.! Die Frauen lassen sich nun einmal nicht verwarnen! (Heiterkeit! Bravo!) Die Frauen fühlen nicht blos, sie denken auch mit dem Herzen, sie lassen sich von Fremden nicht sagen, was sie thun sollen. Also führen die Verwarnungen zu nichts; daher ist es zweckmäßig, daß sie aufgehoben werden.

Geh. Justizrath Prof. Dr. **Heydemann** aus Berlin: M. H.! Ich will Sie nicht aufhalten und nur eine Notiz zur Bestärkung der Nothwendigkeit einer solchen Bestimmung geben.

Schon in den vierziger Jahren war in Preußen diese Frage im

legislatorischen Stadium so weit vorgerückt, daß die Verwarnungen abgeschafft werden sollten, und, soviel ich mich erinnere, scheiterte der Vorschlag nur daran, daß er in der vorgelegten Form nicht weit genug schien. Außerdem sind aber unsere Verwarnungen noch etwas ganz Anderes, als der Zustand im gemeinen Rechte; und dadurch wäre die Sache eigentlich noch bereifter, weil man hier nicht erst einen gemeinsamen Zustand herzustellen, sondern blos etwas aufzuheben braucht.

Professor Dr. **Jhering** aus Gießen: Ich glaube, m. H., daß auch dieser Gegenstand innerhalb des Kreises gelegen ist, den wir in's Auge zu fassen haben. Zur Verhandlung steht die Frage, ob lokale Unterschiede, Stammesunterschiede ꝛc. die Beibehaltung der gegenwärtig vorhandenen Verschiedenheiten der Intercession der Frauenzimmer erfordern. Ich glaube dies bestreiten zu müssen. Ich kann mir Gründe denken, welche eine verschiedene Behandlung der Frauenzimmer rücksichtlich der Intercession rechtfertigen, allein warum die Berücksichtigung dieser Gründe sich nicht mit einer einheitlichen Gesetzgebung vertragen sollte, und wie man mit ihnen für die Fortdauer der bisherigen territorialen Zersplitterung des Rechts sollte operiren können, vermag ich schlechterdings nicht einzusehen. Ich glaube nicht, daß die Frage von der Intercession der Frauenzimmer durch einen einzigen Rechtssatz, der die Intercession entweder schlechthin untersagt oder schlechthin erlaubt, erledigt werden kann; bin vielmehr der Ansicht, daß eine befriedigende Lösung dieses legislativen Problems nur unter der Voraussetzung zu hoffen sein wird, daß die verschiedenen, hierbei zu beachtenden Rücksichten in's Auge gefaßt werden. Unter Vorbehalt der Möglichkeit, daß bei den Vorlagen über die angeregte Frage diese Verschiedenheit der Verhältnisse berücksichtigt werde, erkläre ich mich unbedingt dafür, daß rücksichtlich dieser Materie es wünschenswerth erscheint, daß in ganz Deutschland eine und dieselbe gesetzliche Bestimmung über die Intercession der Frauenzimmer gegeben werde.

Präsident: Ich wollte mir erlauben, für mich das Wort zu ergreifen, um zur Aufklärung beizutragen. Es ist das nothwendig, da die vorhergehenden Redner nicht von demselben Standpunkt ausgegangen sind, was sich daraus erklärt, daß ihre Gesetzgebung in dieser Beziehung von solcher Verschiedenheit ist, daß sie die gestellte Frage wirklich verschieden auffassen müssen und sich daher eigentlich unter einander nicht verstehen.

Einmal, m. H., giebt es eine große Anzahl von Ländern, für welche die Frage: Ist es wünschenswerth, daß über die Intercession der Personen weiblichen Geschlechts gemeinsame Bestimmungen getroffen werden? eine unverständliche ist, weil in ihrem Recht nicht auf die Besonderheit des Rechtsgeschäfts des Intercedirens der Personen weiblichen Geschlechts irgendwie Gewicht gelegt wird, und die Personen weiblichen Geschlechts, welche Ehefrauen sind, ohne daß der Mann sie ermächtigt, irgend einen Vertrag privatrechtlichen Inhalts nicht schließen, überhaupt sich nicht verbindlich machen können. Das ist in einem nicht unbedeutenden Theile Deutschlands der Fall. Andere Rechte giebt es in Deutschland, wo für die Ehefrauen nur eine gewisse Beschränkung der Dispositionsfähigkeit besteht. Andere Länder von Deutschland haben für die Personen weiblichen Geschlechts überhaupt eine cura sexus. Diese cura sexus brauchen wir kaum anzugreifen; die verschwindet schon so, daß es schwer ist, sie mit der Lupe zu finden unter den Deutschen Stämmen. Andere Gesetzgebungen sind wiederum dahin gegangen, daß sie specielle Kontrakte, die unter den Begriff von Intercession zu bringen sind, oder daß sie den ganzen Umfang der Intercession im allgemeinern Sinne von Dispositionsbeschränkung der Frauenspersonen beherrschen lassen. Meine Herren! Das in Angriff zu nehmen und darin einzugreifen, um zu sagen: da in den Gesetzgebungen diese Gesichtspunkte verschieden, so oder so aufgefaßt sind, so erklären wir es als wünschenswerth, daß jetzt eine gemeinsame Bestimmung getroffen werde über die Intercession der Personen weiblichen Geschlechts, — das kann ich, von meinem Standpunkte aus, keineswegs für richtig und für praktisch gedeihlich erachten. Sie präcludiren dann die Gesetzgebungen hin und wieder und erhalten von den verschiedenen Seiten die Antwort mit „Ja“ oder „Nein“, statt: „für uns paßt es nicht, für uns ist es nicht verständlich.“ So sehr ich auch für ein gemeinsames Deutsches Recht bin, — und ich glaube, ich habe es gezeigt, — so sehr kann ich hier nur den Ansichten des Herrn Professor Unger beitreten, daß man über diese Frage sich gar nicht schlüssig machen könne, wenn man nicht untersucht, wie die einzelnen Rechte beschaffen sind, den verschiedenen Inhalt der einzelnen Rechte ausscheidet und im Detail sagt: „das oder jenes soll überall nicht mehr sein." Ich glaube beispielsweise nicht, daß Sie so weit gehen würden, zu sagen: eine Ehefrau ist dadurch, daß sie eine Ehefrau ist, zu keinem Kontrakte ermächtigt, ohne daß der Mann ihr die Autorisation giebt. Das ist aber der Standpunkt, von dem z. B. der erste Redner nach dem Recht seines Landestheils ganz bestimmt ausgegangen ist. Da Sie so an einzelnen Beispielen sehen, wie tief einschneidend die Sache für die verschiedenen Gesetzgebungen ist, so glaube ich, den Vorschlag machen zu können, daß Sie hier das Wünschenswerthe in petto lassen für eine andere detaillirte Vorlage und sich einstweilen für Verneinung erklären.

Bürgermeister Dr. **Drechsler**: Ich will nur ein paar Worte sagen. Ich glaube, der Ausdruck „Intercession" giebt schon den Ursprung an, dem wir dieses Recht verdanken. Es kann auch in der That nur aus dem Römischen Recht über Deutschland gekommen sein. Ich erinnere nur daran, daß der Begriff „Intercession" gar kein bestimmtes Rechtsgeschäft bezeichnet. Es ist für uns gemeinrechtliche Juristen eine der interessantesten Lectüren der Titel senatusconsultum Vellejanum; es ist das eine interessante theoretische Arbeit. Nun glaube ich, daß, entgegen der Ansicht des Herrn Prof. Unger und entgegen der soeben gehörten Ansicht, eine gemeinsame Bestimmung nur lauten könnte, daß das senatusconsultum Vellejanum und alle Beschränkungen der Intercession aufzuheben seien, daß dieses Institut ebenso fallen müsse, wie das andere, welches deutschrechtlichen Ursprungs ist und unter den Begriff der cura sexus fällt.

In Mecklenburg ist die Frage über Aufhebung des senatusconsultum Vellejanum in neuester Zeit sehr sorgfältig erwogen worden; es ist allerdings mit ganz geringer Majorität der Antrag nicht durchgegangen, wonach die Aufhebung aller dieser Beschränkungen ausgesprochen werden sollte.

Aber es ist eine andere Form der Beschränkung, welche mir logisch und praktisch unverständlich gewesen ist. Ich habe nicht verstehen können, inwiefern die Stellung der Frau zum Ehemanne mit dieser Frage etwas zu thun hat. Das ist hauptsächlich der Grund, warum der Herr Professor Unger sich gegen eine gemeinsame Bestimmung erklärt hat. In Mecklenburg haben wir verschiedene Güterrechte, statutarische Güterrechte und Gemeinschaften aller Art. Wie verschieden aber auch die Stellung der Ehefrau ist, möchte ich doch den Antrag stellen, daß man sich für die Mündigkeitserklärung der Frau ausspreche und daß man die Intercessionsbeschränkungen der Frauen aufhebe.

Prof. Dr. Unger aus Wien: Ich will mir nur ein paar Worte erlauben. Es scheint mir der Standpunkt, der jetzt eingenommen wird, ein ganz anderer zu sein, als der, der mich bei der Bearbeitung des Gutachtens geleitet hat; und deshalb halte ich es für gut, die Sache in's Klare zu bringen.

Es erscheint allerdings sonderbar, wenn man ausgesprochen hat, daß das Ziel aller Wünsche eine gemeinsame Civilgesetzgebung sei, hinterdrein zu wünschen, daß nicht in allen Punkten die Gesetzgebung gemeinsam sei. Man denke sich aber die Sache umgekehrt. Wir haben voriges Jahr beschlossen, ein gemeinsames Bild zu errichten, und jetzt fangen wir an, die Mosaik zu machen. Das steht fest, wir wollen eine gemeinsame Gesetzgebung, wir wollen ein gemeinsames Deutsches Civilgesetzbuch, und ganz so, daß es keine verschiedenen Intercessionen der Frauenspersonen mehr gebe. Darum habe ich auch keine Veranlassung gehabt, auf die materielle Seite einzugehen, und ich muß gestehen, mir als Oesterreicher hat es viele Mühe gekostet, das Intercessionsrecht logisch richtig zu begreifen. Wir Oesterreicher verstehen das nicht, wir verstehen auch nicht die väterliche Gewalt, und das ist wieder der Grund, warum ich mich so in meinem Gutachten darüber ausgesprochen habe, wie es geschehen ist. Wir kennen die patria potestas nicht, bei uns steht kein Mensch, der großjährig ist, unter der väterlichen Gewalt. Ebenso verhält es sich mit der Intercession der Personen weiblichen Geschlechts; wir sind vollständig darüber hinaus, und in diesem Punkte sind wir in Oesterreich, die wir so lange hinter Deutschland zurückgeblieben sind, um ein gut Theil Deutschland voraus. Das mag in den Verhältnissen liegen. Mir kam es vorzüglich darauf an, in meinem

Gutachten das Prinzip aufzustellen. Ich kann nicht daran glauben, daß wir bald eine gemeinsame Civilprozeßordnung bekommen werden; ich habe vielmehr die Ansicht, daß noch viele Jahre vergehen werden, ehe in dem kosmopolitischen Deutschland der beliebte Ausdruck „Emanation der Civilprozeßordnung" in's Leben treten wird. — Die Punkte, die hier ausgehoben worden sind, sind als ein paar Bausteine zu betrachten zu dem gemeinsamen Werk; ich möchte aber nicht, daß sie herausgerissen würden; ich halte vielmehr dafür, daß das Mittel zur Abhilfe auf dem Boden des internationalen Privatrechtes liegt. Dies ist der Ausweg, den ich vorgeschlagen habe, und ich habe zu großen Respect vor einer gemeinsamen Civilgesetzgebung, als daß ich anrathen möchte, diese materiellen Bestimmungen herauszureißen.

Machen wir jetzt materielle Rechtsbestimmungen, oder wollen wir uns jetzt nur helfen bis zu jenem Momente? — darüber möchten wir uns aussprechen, und dazu möchte ich Sie veranlaßt haben.

Professor Dr. **Bluntschli**: Nur zwei Worte wollte ich mir erlauben in Bezug auf mein Votum. — Die Frage ist allerdings bezeichnend und ich meine, der verehrte Vorredner solle das doch beachten. Er ist in einer glücklichen Lage in Bezug auf die vorliegenden Fragen; in dem übrigen Deutschland verursachen sie aber bei jedem Gange, ich möchte sagen den nämlichen Schmerz wie ein Hühnerauge, das man beständig spürt. M. H.! wir sind einig über das Bedürfniß einer allgemeinen Civilgesetzgebung, jedoch haben wir im vorigen Jahre auch das bereits beschränkt dahin, daß in erster Linie nur das Obligationenrecht vorbereitet werde. Das bleibt intact: es sind Einleitungen in dieser Richtung bereits getroffen. Aber nun handelt es sich neben dieser großen Entwickelung darum, diejenigen Dinge herauszugreifen, die eben am allermeisten als Uebel, als Mißstände empfunden werden. Und diese Mißstände sind hergekommen aus dem alten gemeinen Rechte, an dessen Stelle wir ein neues gemeines Recht setzen wollen. Ebenso wie man bereits in einem Staate, in Bayern, sich dafür ausgesprochen hat, vor der Civilprozeßordnung, vor einem Civilprozeßgesetz alle brennenden Fragen dieser Art herauszugreifen und einfach dadurch zu erledigen, daß man falsche, überlieferte Grundsätze der Römischen Doctrin, die zum Leben nicht mehr passen, beseitigt, — ganz ebenso handelt nach meiner Ansicht der Deutsche Juristentag, wenn er diese Punkte herausgreift und sich in der That materiell ausspricht über die Grundsätze, über die er bereits im Klaren ist. Ich meine, wir müssen uns in Acht nehmen auch davor, nicht gar zu sehr bloße Allgemeinheiten auszusprechen, z. B. ein ganzes Obligationenrecht, ein ganzes Civilgesetz; wir müssen, um eine moralische und wissenschaftliche Autorität auch beim juristischen Publikum zu gewinnen und vorwärts zu kommen, uns auch über bestimmte Rechtsüberzeugungen, wie sie einmal in ganz Deutschland bestehen, und namentlich dann über diese Rechtsüberzeugungen aussprechen, wenn allgemein gefühlte Mißstände eine Aussprache wünschbar machen. Zu diesen Punkten gehört die Frage der Handlungsfähigkeit, — wann sie eintritt, — die Frage über das Aufhören der väterlichen Gewalt und, ich möchte sagen, auch die Frage über die Intercession von Frauenspersonen, so weit diese durch das gemeine Recht geregelt wird. Ich gebe vollkommen zu, daß das Verhältniß der Frauen in Bezug auf ihre Handlungsfähigkeit überhaupt durchaus nicht reif ist, um gegenwärtig verhandelt zu werden, denn dann müßten wir uns nothwendig in eine Menge von schwierigen Fragen des ehelichen Güterrechts verwickeln; — wir müssen mit einem Worte nur das, was schon ganz klar ist, herausgreifen. Meinerseits, obwohl ich darüber nicht entscheiden will, halte ich es gegenwärtig schon für ganz unbedenklich, uns dahin auszusprechen, daß die Grundsätze des gemeinen Rechtes über die Intercession der Frauenspersonen und das senatusconsultum Vellejanum zu beseitigen seien. Der Meinung bin ich allerdings, daß das heute schon vollkommen klar ist, und so weit dürfen wir uns auch aussprechen. Und ich meine, der Vorredner solle von seinem nationalen Standpunkte aus diese Aufgabe fördern helfen, denn in diesem Punkte ist in der That das Oesterreichische Recht einen guten Schritt voraus gegangen. Wir andern wollen nur nicht zurückbleiben. (Vielseitiges Bravo!)

Professor **Ihering** aus Gießen: Wenn ich nochmals um das Wort gebeten habe, so geschah es, um das zu unterstützen, was Herr Bluntschli sagte: Ich glaube, dieses Argument, welches Professor Unger dem Antrage entgegen hält, daß, wenn man das Ganze begehre, es zwecklos sei, auch noch einen Theil zu begehren, — wenn das Argument richtig wäre, wenn es also blos darauf ankäme, unsere Wünsche nach einem allgemeinen Civilgesetzbuche auszusprechen, dann hätten wir unsere Aufgabe schon mit dem Ersten Juristentage gelöst, und der Zweite Juristentag hätte keinen Stoff mehr. Ich bin aber der Ansicht, daß es bei der Gesetzgebung nicht der rechte Weg ist, mit dem Ganzen anzufangen, sondern ich schließe mich der Ansicht des Herrn Bluntschli an, daß man hier bei dem Einzelnen anfangen müsse, daß wir zwar das Ganze erreichen wollen, zunächst aber einzelne Punkte bezeichnen müssen, wo der Anfang nicht blos am wünschenswerthesten, sondern auch am leichtesten ist. Zu dem Gesichtspunkte, daß gerade die gesetzliche Regelung dieser Punkte am wünschenswerthesten sei, füge ich noch hinzu, daß sie eben auch am leichtesten ist. Es giebt Materien, deren gesetzliche Regelung für das Leben höchst wünschenswerth ist, die aber in einer Weise verwachsen sind, daß eine abgesonderte Regulirung derselben kaum möglich ist. Bei den drei Punkten, die wir vorgelegt haben, ist das indeß nicht in dem Maße der Fall; diese lassen sich bis zu einem gewissen Grade reguliren. Alle drei Punkte betreffen die Verhältnisse der Personen der Familie; ich glaube aber, daß wir in der That wohl thun, gerade diese Punkte zu bezeichnen, rücksichtlich welcher zuerst eine Vereinbarung unter den Deutschen Regierungen am wünschenswerthesten wäre, und ich glaube auch, daß bei derartigen Punkten, die das Gebiet der höheren Politik nicht berühren, die Deutschen Regierungen uns entgegen kommen werden: rücksichtlich dieser drei Punkte wird sich Seitens der Deutschen Regierungen ein Widerstand gar nicht zeigen. Wir werden aber auch noch den unendlich wichtigeren Gewinn haben, daß wir rücksichtlich solcher Punkte zunächst ein Mal einen festen Anhalt gewonnen haben. Ich bin auch der Ansicht, daß auf alle Fälle der Juristentag die Punkte den Deutschen Regierungen zu bezeichnen hat, in Betreff deren eine vorläufige Einigung nothwendig wäre, bis das ganze Gesetzbuch aus den einzelnen Theilen zusammengesetzt werden wird.

Zu den Beispielen, die mein Freund Bluntschli vorbrachte, führe ich eines aus Hessen an: wir arbeiten auch an einem gemeinsamen

Civilgesetzbuche; nichtsdestoweniger hat das Ministerium zuvörderst einzelne Punkte herausgenommen; so haben wir z. B. 1853 ein Verjährungsgesetz bekommen, und damit höchst wichtige Fragen erledigt erhalten. Ich hatte mir erlaubt, als mir Seitens der Deputation diese drei Punkte vorgelegt wurden, hinzuzufügen, daß auch der Erlaß eines Verjährungsgesetzes für ganz Deutschland höchst wohlthätig sein werde. Ich werde mir vorbehalten, für den nächsten Juristentag ein derartiges einheitliches Gesetz zu beantragen.

Jeder wird im Voraus überzeugt sein, daß es von ungeheuerer Wichtigkeit ist, daß nur von den Punkten, wo die Verschiedenheit durchaus keine Berechtigung hat, ausgegangen wird; und von da aus werden wir beim nächsten Juristentage schon an Boden gewinnen. Ich spreche mich also für den Weg aus, daß wir trotz unseres Antrages auf eine gemeinsame Deutsche Civilgesetzgebung gleichwohl einzelne Punkte herausnehmen und bezeichnen, wo das Bedürfniß einer vorläufigen gesetzlichen Regulirung am dringendsten, am wünschenswerthesten und zugleich eine gemeinsame Regelung am leichtesten möglich ist.

Advokat, Hofrath Dr. **Edler von Kerstorf** aus Augsburg: Wenn ich Etwas berühre, was bei uns nicht unberührt vorübergehen sollte, so ist es unsere Stellung im Allgemeinen. Zwei Punkte sind es, in denen wir uns bewegen: daß wir eine mögliche Wirkung auf die Gesetzgebung schon jetzt kennzeichnen, — das, was sofort geschehen soll, wenn auch noch ein allgemeines Gesetz zurückbleibt, — das Andere ist die Aussprache dessen, was wir schon jetzt für reif halten. Der Antrag, der von der Deputation gestellt ist, scheint mir in seiner Formulirung dem nicht zu entsprechen, was wir aussprechen wollen, wohl aber ist das der Inhalt, — was wir mit Akklamation aussprechen wollen, weil wir die Frage reif finden. Darüber bescheide ich mich, aber bitte, diesen Unterschied festzuhalten. Ich würde bedauern, wenn Herr Bluntschli dasjenige, was er am Ende seiner Rede sagte, nicht als selbstständigen Antrag formuliren und an die Stelle des Deputationsantrages setzen würde. Ich glaube, wir haben diese letztere Mission hauptsächlich in Betracht zu nehmen, gleichsam als technisches, trigonometrisches Corps, welches die Aufgabe hat, die Hauptpunkte aufzustecken, von denen sich gewisse Punkte herausfinden lassen, um die geraden Linien zu ziehen. Wir wollen nicht alle Linien ziehen, aber wohl trigonometrische Punkte bezeichnen. Als einen von diesen Punkten finden wir z. B. die Beschränkung der Handlungsfähigkeit der Frauenspersonen überhaupt, nicht blos der Ehefrauen. Insbesondere das Fortbestehen des senatusconsultum Vellejanum und die sogenannte cura sexus, wie sie in jenem Gesetze durchgeführt ist, halten wir nicht mehr für geeignet, das soll fallen. Das ist der Inhalt dessen, was wir aussprechen, wenn, wie ich glaube, unsere Ansicht über diesen Punkt allgemein reif ist; dazu braucht es kein Eintreten in einzelne Bestimmungen, es braucht kein Vorgreifen in einzelne Legislationen, keinen Antrag auf spezielle Gesetze; es braucht nichts Anderes, als den angedeuteten Ausspruch: wir finden die Fortdauer dieser Beschränkung ungeeignet, verwerflich, mit dem Standpunkte der Gesetzgebung, der Wissenschaft und dem Bedürfnisse der Praxis nicht mehr übereinstimmend. Dann haben wir gesprochen, wie ein Areopag der Juristen.

Das Zweite ist, daß bei allen diesen Fragen immer ein Bedürfniß sich lebendig machte, was leider seine gehörige Berücksichtigung bisher nicht gefunden hat. Wir Alle, mehr oder weniger, haben nicht Muße und Gelegenheit, vergleichende Jurisprudenz in dem Maße zu treiben, um über alle Fragen informirt herzukommen, und es ist zu spät, wenn im Augenblicke improvisirte Anträge besprochen, wenn über Dinge gesprochen werden soll, die in verschiedenen Ländern verschieden behandelt werden, während man von der Existenz der Gesetze, insbesondere aber von dem Rechtsleben und den Bedürfnissen der Subjekte keinen richtigen Begriff hat, keine Erfahrung. Da ist es außerordentlich schwer, das Gemeinsame zu finden. Deshalb sind viele Anträge, die Separatistisches enthalten, unverständlich, und die Zumuthung ist zu stark, darüber sich schlüssig zu machen; es gehört etwas Anderes dazu. Die vergleichende Jurisprudenz ist der Boden der ganzen Wissenschaft, der Praktiker und Theoretiker.

Ich würde bitten, daß die Herren von der Deputation, welche anwesend sind, diese Worte aufgreifen und uns das nächste Mal mit besserem Material versehen; denn bei jeder dieser Fragen mangelt es nicht daran. In solchen Fällen aber, wie der gegenwärtige, scheint es besser, sie unter den Tisch zu werfen, als mit improvisirten Erklärungen zu erledigen. (Bravo!)

Präsident: Ich wollte mir nur erlauben, ehe ich das Wort weiter ertheile, die Auffassung an den Tag zu legen, daß es mir rathsam erscheint, sich an dasjenige, was uns vorliegt, in der Weise zu halten, daß wir von den Intercessionen der Personen weiblichen Geschlechts in derjenigen Richtung sprechen, welche von dem Herrn Dr. Bluntschli und von dem folgenden Redner angedeutet worden ist. Dann, m. H., werden wir uns Alle verstehen, und dann wird auch dasjenige gefördert, was, wie sich herausgestellt zu haben scheint, als ein Bedürfniß anerkannt werden darf, nämlich die Aufhebung der Ausnahme von der Dispositionsfähigkeit bei Intercessionen der mehrgedachten Art, oder, anders ausgedrückt, die Aufhebung des senatusconsultum Vellejanum, sowie der an dieses Römische Rechtsinstitut sich anschließenden Partikulargesetzgebungen.

In der Weise erfüllen wir die Aufgabe, die uns gestellt ist, wir können uns darüber schlüssig machen, weil wir das Alle genau übersehen. Ich bitte die Herren, sich darüber zu erklären, ob ich ihre Meinung richtig aufgefaßt habe, wenn ich die Frage so stellen werde.

Professor Dr. **Bluntschli:** M. H.! Ich bin so frei, Ihnen den Antrag zur Annahme zu empfehlen:

> „Der Juristentag erklärt die Aufhebung der römischrechtlichen Beschränkung der Intercessionen der Frauenzimmer für allgemein wünschbar."

Es versteht sich ganz von selbst, daß die Partikulargesetze, welche jene Einrichtung aus dem Römischen Rechte genommen haben, hier mit inbegriffen sind.

Notar **Euler:** Ich möchte, daß man sagte:

> „Die Aufhebung der in Deutschland bestehenden, aus dem Römischen Rechte herstammenden Beschränkung."

Präsident: Wenn wir sagen: „Es ist wünschenswerth, daß die in

Bezug auf die Intercessionen der Frauenzimmer ausnahmsweise eintretende Beschränkung der Handlungsfähigkeit (senatusconsultum Vellejanum 2c.) aufhöre," — halten Sie das für richtig?

Obergerichtsrath Dr. **Rießer** aus Hamburg: Ich wollte darauf aufmerksam machen, daß Herr Professor Bluntschli auf dasselbe Gebiet auch die Frage der cura sexus gestellt hat, und ich möchte den Zusammenhang damit gewahrt wissen.

Präsident: Wollen Sie dies als Zusatz ansehen?

Obergerichtsrath Dr. **Rießer**: Ich würde das für zweckmäßig halten.

Präsident: So bleibt dies also zur Fragestellung vorbehalten. (Ruf: Schluß!)

Advokat **Kuntzsch**: Ich wollte gegen den Antrag selbst sprechen. (Ruf: Schluß!)

Präsident: Machen wir uns schlüssig, m. H.! Diejenigen, welche für die Fortsetzung der allgemeinen Debatte sind, bitte ich, sich zu erheben. — Es ist die Minderheit.

Wir können nach diesem Beschlusse zur Fragestellung übergehen: ob nämlich die Versammlung sagen will, es sollen gemeinschaftliche Bestimmungen dahin getroffen werden, daß die bei Intercessionen der weiblichen Personen ausnahmsweise eintretende Handlungsunfähigkeit aufgehoben werde.

Obergerichtsrath Dr. **Rießer**: Es scheint mir nach dem Gange der Debatte, daß ein Antrag, welcher die Aufhebung der Geschlechts-Curatel mit umfaßt, vorher zur Abstimmung gebracht werden müsse.

So lange noch eine Gesetzgebung besteht, welche die Frauen auch in der Verfügung über eigene Angelegenheiten nicht als vollständig rechtsfähig erklärt, indem sie dieselben bei solchen Verfügungen an die Zustimmung eines Curators bindet, so lange scheint es mir ungeeignet zu sein, daß man die Bestimmungen über deren Bürgschaften für Dritte aufhebt. Sind die Frauen nicht geeignet, eigene Angelegenheiten zu verwalten, so ist es gefährlich, sie sich in fremde Angelegenheiten, welche die Verpflichtungen Dritter berühren, einmischen zu lassen. Will man aber das Eine zulassen, so muß auch das Andere gestattet werden.

Ich glaube nicht, daß diejenigen Länder, — wozu Hamburg gehört, — die noch Geschlechts-Curatel haben, konsequent verfahren werden, wenn sie die Beschränkungen der Bürgschaften der Frauen aufheben, während sie die Frauen nicht für selbstständig halten, in eigenen Angelegenheiten zu handeln. Ich glaube daher, daß der weiter gehende und ganz konsequente Antrag der ist, welchen Herr Drechsler angedeutet und dem sich auch Herr Dr. Bluntschli, wenn ich ihn richtig verstanden habe, angeschlossen hat, daß man nämlich auch die Geschlechts-Curatel, das Erforderniß eines Geschlechtsbeistandes für eine Institution erkläre, welche für die Verhältnisse und Bedürfnisse unserer Zeit nicht mehr paßt, und daß daher auch die Geschlechts-Curatel zur Aufhebung gebracht werden müsse. Aus diesem Grunde glaube ich aber auch, daß dieser Antrag zuerst zur Abstimmung gebracht werden muß.

Professor Dr. Bluntschli: Es scheint mir, es liegen drei Fragen vor, und ich will mir erlauben, ganz kurz auszusprechen, wie ich glaube, daß dieselben zur Abstimmung kommen sollen.

Erstens fragt es sich: soll die aus dem Römischen Rechte stammende, in die Partikulargesetzgebung übergegangene beschränkende Bestimmung über die Curatel der Frauenzimmer fortbestehen oder nicht? Zweitens fragt es sich: ist die Aufhebung der Geschlechtsvormundschaft, der cura sexus wünschbar oder nicht? Dagegen ist drittens eine davon zu unterscheidende Frage, die wir uns zu berühren oder zu entscheiden hüten sollten, da sie noch nicht bereift ist, die über das Verhältniß der Ehefrau zum Ehegatten in Bezug auf das Güterrecht. Darüber sollten wir heute keinen Ausspruch thun, sondern uns jedenfalls auf die beiden andern Punkte beschränken.

Präsident: M. H.! Ich bin der Meinung, daß das vom Herrn Professor Bluntschli Vorgeschlagene vollständig richtig ist. Der zweite von mir vorgeschlagene Zusatz, welcher die cura sexus betrifft, ist auch ein Gegenstand, den wir vollständig übersehen können.

Das ist doch das Wesentliche bei der Sache, daß wir in Demjenigen, was wir übersehen können, die Richtung für Diejenigen bezeichnen, welche später das Obligationenrecht machen werden, und ich glaube, wir leisten diesen Herren dadurch einen wahren Dienst, wenn wir unseren

Rath nur auf solche Punkte, welche sofort zu übersehen sind, erstrecken. Auf das Familien- und Güterrecht, sowie auf eine Menge anderer Punkte, welche sich danach richten, z. B. ob die Ehefrau ohne den Ehemann eine rechtlich verbindliche Handlung vornehmen kann oder nicht, einzugehen, das würde sehr präjudizirlich und eine gefährliche Sache sein. Aber daß die cura sexus aufgehoben werde, das läßt sich übersehen; man weiß bestimmt, um was es sich handelt; daß jede Frau als solche bei Gericht einen Geschlechtsvormund haben müsse, das hat mit dem Güter- und Familienrechte gar nichts zu thun.

Ich glaube daher, es ist gut, ohne daß wir uns gerade an eine strenge Logik zu binden brauchten, den Zusatz zu machen: „Sowie auch der cura sexus, der Geschlechtsvormundschaft des germanischen Rechts."

Dr. **Auerbach** aus Frankfurt a. M.: Ich möchte doch hier der logischen Nothwendigkeit ihr Recht wahren. Ich möchte dafür stimmen, daß man die allgemeine Frage der völligen Entbehrung der Handlungsfähigkeit, gleichsam des völligen Ausschlusses von der Fähigkeit Urheber von Handlungen zu sein, die durch die Belastung des weiblichen Geschlechts mit der cura sexus gegeben ist, zuerst zur Abstimmung bringe.

Dann würden die Herren aus denjenigen Ländern, wo diese Bestimmung nicht besteht, ebenfalls dafür stimmen können, daß dieselbe aufgehoben werde. Damit wird dann zugleich beschlossen, daß die Frauen in den eigenen Angelegenheiten selbstständig sein können. Das Andere ist die Intercessionsfrage. Deshalb wäre ich dafür, die Fragstellung so einzurichten, daß zunächst darüber abgestimmt werde, ob die allgemeinen Beschränkungen fortzubestehen haben, ob die cura sexus bleiben soll, und dann gefragt werde, ob die Intercessionsbeschränkungen für das weibliche Geschlecht fortbestehen sollen. (Ruf: Schluß!)

Im Uebrigen kann ich mich nur dem vom Herrn Professor Bluntschli Gesagten anschließen: über das Güterrecht kann nicht beschlossen werden.

Kreisrichter **Geck** aus Werden a. d. R.: Ich möchte in der Fragestellung einen Unterschied haben zwischen Ehefrauen und Unverheiratheten. Es ist zu bedenken, in welchem Verhältniß die Ehefrau zum Ehemanne steht, und inwieweit das Güterrecht in Frage kommt. Wenn hier steht „Unverheirathete", dann wird Niemand ein Bedenken haben. (Ruf: Schluß!)

Präsident: Ich glaube, das ist aus der Verhandlung klar geworden, und es wird hinreichen, wenn im Protokoll der Passus vorkommt, daß an dem Familien- und Güterrechtsverhältnisse der Ehefrauen in der Beziehung gar nicht gerüttelt werden solle. Also, m. H., ich bitte, sich schlüssig zu machen über die Beantwortung folgender Frage:

> „Ist es wünschenswerth, daß eine gemeinsame Bestimmung für Deutschland getroffen werde, nach welcher die für die Intercession der Personen weiblichen Geschlechts bestehende Handlungsunfähigkeit (senatusconsultum Vellejanum, authentica si qua mulier und die daher entnommenen, sich anschließenden partikularrechtlichen Bestimmungen) sowie die cura sexus aufgehoben werden?"

Diejenigen Herren, welche dagegen sind, bitte ich, sich zu erheben. Der Antrag ist einstimmig angenommen worden.

Ich kann die Frage nun als erledigt ansehen, und komme jetzt zu dem, was von Herrn Professor Unger beantragt worden ist. Da wünsche ich nun zuerst eine Aufklärung. Das Wort „Ausländer" kommt in dem Passus vor, und Sie haben schon gehört, m. H., daß über die Auslegung des Ausdruckes „Ausländer" in der Wechselordnung Differenz zu sein scheint. Sie haben gehört, daß in Oesterreich nach der Wechselordnung als Ausländer derjenige betrachtet wird, welcher kein Oesterreichischer Unterthan ist, und ich glaube, daß in den übrigen Deutschen Staaten dasselbe Recht vorwiegend ist. Ich bin der Meinung, daß es im ursprünglichen Sinne des Antrags liegt, den Ausdruck „Ausländer" so zu verstehen, wie er in der Wechselordnung verstanden wird.

Professor Dr. **Unger:** Darüber kann kein Zweifel sein.

Präsident: Da nun über die Handlungsfähigkeit oder Handlungsunfähigkeit die Bestimmungen in den verschiedenen Gesetzgebungen Deutschlands verschieden sind, so paßt noch immer der Antrag des Herrn Prof. Unger, welchen er am Ende seines Gutachtens gestellt hat. Darum bin ich der Meinung, daß wir verpflichtet sind, denselben auch zu berathen, und das ist der Grund, warum ich ihn zur Abstimmung bringen werde und warum ich auch jene Aufklärung für nothwendig hielt. Der Inhalt des Antrags ist, wie ich glaube vorläufig bemerken zu können, wie mir scheint, so ziemlich allgemein im internationalen Recht bereits angenommen in seinem ersten Theile; im zweiten Theile giebt es aber verschiedene Gesetzgebungen, die sich darüber in positiver Weise verschieden aussprechen. Ich bitte nun diejenigen Herren, welche in Betreff des Antrags Etwas zu erinnern haben, sich auszusprechen.

Professor Dr. **Unger**: Ich erlaube mir zu bemerken, daß mir der Antrag deshalb noch mehr berücksichtigungswerth erscheint, weil ich ihn nicht abgethan glaube durch die Fragen, die wir vorhin besprochen und erledigt haben; denn es giebt z. B. Verschwender und Frauenspersonen, deren Handlungsfähigkeit stets beschränkt ist. Deshalb habe ich den Satz so allgemein hingestellt, und ich kann der Bemerkung des Herrn Präsidenten nicht beistimmen, daß der erste Satz so allgemein überall acceptirt sei, — wenigstens speziell bei uns in Oesterreich ist dies nicht der Fall. Mag ein Oesterreicher seinen Wohnsitz in Dresden oder sonst wo haben, seine Handlungsfähigkeit wird ohne weiteres nach dem Oesterreichischen Gesetz beurtheilt. Wenn in meinem Antrage „Ausländer" steht, so geht die herrschende Ansicht dahin, daß er dem Staate nicht angehört, wo er lebt. In diesem Satze liegt vielleicht Etwas, was der Abänderung bedürfen wird.

Präsident: Ich glaube, die folgenden Bemerkungen kann man nicht verübeln. Einmal liegt eine Verschiedenheit der Auffassung in dem Worte „Wohnsitz". In einem sehr großen Theile von Deutschland denkt man nicht anders, als: „Wohnsitz" ist das, was im Römischen Recht „domicilium" ist, und den fraglichen Satz hat man dort unbedenklich in diesem Sinne des Worts: „Wohnsitz" angenommen. In einem anderen Theile von Deutschland, z. B. in Kurhessen, ist in das Wort „Wohnsitz" ein anderer Begriff hineingebracht, der den Römischen Begriff erweitert, da ist nämlich nicht allein das Römische „domicilium" gemeint, sondern unter „Wohnsitz" auch einbegriffen, wenn Jemand im Inland ein Grundstück besitzt. Sodann ist es richtig, daß in einzelnen Staaten nicht das „domicilium“ nach Römischem Begriffe zu Grunde gelegt wird, sondern die Staatsangehörigkeit. Mit anderen Worten, m. H., wir stehen in dem mehr politischen Theile des Rechts, wovon es abhängt, wie das internationale Recht unter den Staaten sich stellt. Das ist auch ein Grund, warum ich mir schon die Andeutung erlaubte, daß mit dem ersten Satze wohl wenig zu bewirken sei. Der zweite Theil des Antrags ist für sich als eine Modifikation des ersten Satzes zu nehmen. Ich bitte die Herren, die weiter das Wort ergreifen wollen, sich nunmehr zu melden.

Hofrath Dr. v. **Kerstorf**: Ich glaube, daß in dem Antrage, wie er gestellt ist, viel Gefahr liegt. Ich glaube das deshalb, weil nicht unterschieden ist, ob blos das kleinere internationale Rechtsverhältniß innerhalb der Deutschen Staaten unter sich oder auch das große Deutsche zum großen Auslande gemeint sei. In letzterer Beziehung würde ich unbedingt gegen den Antrag sein, deshalb, weil die Gesetze großer Nationen dem, was beantragt ist, entgegenstehen, wie z. B. Frankreichs. Was die inneren Verhältnisse der Deutschen Staaten betrifft, so halte ich die Frage nicht für bereift; deswegen nicht, weil in diesem Satze und in dieser Fassung Ausdrücke gebraucht sind, die nicht gleichmäßig verstanden werden, wie der Herr Präsident eben erwähnt hat. Ich glaube, der Herr Professor Unger hat wohl diesen Antrag im Voraus als ein Expediens gestellt, indem er glaubte, daß die von der Deputation gestellten Anträge verneint würden. Der Hauptzweck also ist durch die Beschlußfassung über die drei Punkte erledigt, und ich meine, es dürfte zweckmäßig sein, nicht weiter darauf einzugehen, weil ich auch glaube, daß ganz gewiß die Mehrzahl hier, und im Plenum noch mehr, auf die Frage nicht vorbereitet ist.

Präsident: Ich stelle die Frage, ob die Versammlung die Erklärung geben will, daß der Zusatzantrag seinen Hauptzweck durch Erledigung der drei soeben verhandelten Fragen verloren habe, im Uebrigen aber soweit gehend sei, daß er bei dieser Gelegenheit nicht wohl in Angriff genommen werden könne?

Professor Dr. **Unger**: Ich kann nur die Versammlung bitten, daß sie meinen Antrag annimmt.

Präsident: Ist die Versammlung mit meinem Vorschlage einverstanden?

Der Vorschlag ist angenommen worden. Es wäre nun der erste Gegenstand unsrer Aufgabe erledigt.

Kammergerichts-Referendar Dr. Hilse aus Berlin: Statutmäßig sind wir berechtigt, zu erfahren, in welcher Reihenfolge die einzelnen Verhandlungsgegenstände hier zur Sprache kommen. Eine derartige Mittheilung ist uns bisher nicht gemacht und so wissen wir namentlich nicht, auf welche Erörterungen wir uns heute gefaßt machen können. Ich ersuche den Herrn Präsidenten hiermit, gefälligst mitzutheilen, in welcher Reihenfolge die vorliegenden Anträge heute zur Erörterung kommen werden.

Präsident: Der Grund, weshalb dies nicht geschehen, ist der, daß ich die Herren möglichst Alle hier zu behalten wünschte. Ich möchte nicht, daß unsere Versammlung — die nicht sehr groß ist — bei der Vorlage von so wichtigen Fragen noch kleiner werde, und ich befürchte, daß die vierte Abtheilung uns Manchen entziehen dürfte. Im Interesse der Versammlung halte ich es für gut, die Reihenfolge der Gegenstände nicht zu verkündigen, damit die Versammlung nicht getrennt werde. Ich frage, ob die Herren das Gegentheil wollen. (Ruf: Nein, Nein!)

M. H.! Wir schreiten nun zur Berathung des vom Herrn Stadtgerichtsrath Borchardt in Bezug auf das Wechselrecht gestellten Antrages, und ich bitte den Herrn Vicepräsidenten meine Stelle einzunehmen. Herr v. Kerstorf hat sich mit mir über diesen Gegenstand benommen und wird in Gemeinschaft mit mir das Referat erstatten.

Vicepräsident v. Freydorff: Es kommt also der Antrag des Herrn Stadtgerichtsrath Borchardt zur Berathung. Er lautet dahin: „Der Deutsche Juristentag wolle aussprechen, daß ein Bedürfniß zu einer Deklaration der Deutschen Wechselordnung gegenwärtig noch nicht vorhanden, und daß der Erlaß einer Deklaration eher nachtheilig als vortheilhaft wirken werde.“ Ich ersuche den Herrn Präsidenten uns darüber zu referiren.

Präsident Dr. Heimsöth: M. H.! Ich glaube, es wird Ihnen nicht uninteressant sein, und auch zu weiterer Beurtheilung in der

Sache dienen, wenn ich Ihnen kurz, — freilich aber nur aus dem Gedächtnisse, — referire, auf welchem Standpunkte die das Wechselrecht betreffenden Bestrebungen für die Deutsche Gesetzgebung sich gegenwärtig befinden, und ich kann das, ungeachtet meiner früheren Stellung und des Zusammenhanges, in dem ich noch jetzt zu jenem Gegenstande mich befinde, um so eher thun, als das Wesentliche der Sache durch die Zeitungen bereits in die Oeffentlichkeit gedrungen ist.

Auf der Leipziger Wechselrechts-Conferenz ist man über eine Anzahl von Fragen hinweggegangen und hat dieselben unerledigt gelassen, weil man zu einer Einigung darüber nicht wohl kommen konnte und auch diese Fragen nicht für so bedeutend erachtete, daß man das Ganze und Große dabei hätte in Gefahr bringen und einen Bruch hätte herbeiführen wollen.

Eine der hauptsächlichsten Schwierigkeiten machte der Artikel 2 der Wechselordnung. Es kamen dabei staatsrechtliche Verhältnisse in Betracht. Die Wechselhaft konnte in Leipzig nicht auf einen gemeinsamen Normalfuß gebracht werden, sie ist auch gegenwärtig noch in den verschiedenen Deutschen Staaten sehr verschieden. In einzelnen derselben ist gar keine Ausnahme von der Wechselhaft gemacht, selbst nicht bei Militärpersonen, z. B. in Sachsen. Jeder, der einen Wechsel unterschreibt, wenn er auch Militär ist, wird zur Wechselhaft gebracht. In andern Deutschen Staaten sind nur wenige Ausnahmen von der Execution durch Wechselhaft, z. B. in Preußen. Hier können Militärpersonen, so lange sie im activen Dienst sind, wegen Wechselschulden im Executionswege nicht verhaftet werden. In andern Staaten hat man die Ausnahmen von der Execution durch Wechselhaft in einem dem großen Verkehre fast unerträglichen Maße. Es giebt Staaten, in welchen sogar Hoftheaterbeamte, Subjekte der Hofapotheke, oder in welchen noch ganze Klassen von Civilpersonen, z. B. Gutsherren ꝛc., nicht als wechselexecutionsfähig erachtet werden. Wie Sie leicht begreifen, liegt diese Angelegenheit so sehr im staatsrechtlichen Gebiete, daß man zu einer Einigung darüber in Leipzig nicht so leicht kommen konnte, und die Verhältnisse haben sich noch nicht so geändert, daß man zu behaupten vermöchte, im gegenwärtigen Augenblicke ließe sich ein vollständig gleichmäßiger Satz über die Execution durch Wechselhaft erlangen. Wenn man, m. H., einen Satz aufstellte, wie er vielleicht für die Verhältnisse einer großen Majorität Bedürfniß zu sein scheint, so würde man diejenigen Staaten, welche gar keine Wechselexecutionsbeschränkung haben, natürlich in die entgegengesetzte Richtung, in das weniger Zweckmäßige hineintreiben, und eine Hoffnung ist nicht dafür vorhanden, daß sich ein Satz finden lasse, der von allen Staaten, namentlich auch von den Landesvertretungen, gleichmäßig angenommen würde.

Das war der Grund, warum man lange Zeit den Artikel 2 der Wechselordnung, welcher als Vorbehalt dient für die einzelnen Landesgesetze, auf die Zukunft verschob. Indeß fand man doch, es wäre wohl wünschenswerth zu untersuchen, ob es möglich sei, eine Gemeinsamkeit für Deutschland herzustellen. In Bezug auf diesen vorbehaltenen Artikel 2 der Wechselordnung wurde bei der Bundesversammlung beantragt, der Nürnberger Handelsgesetzgebungskommission den Auftrag zu geben, einen Versuch zu machen, darüber eine gemeinsame Bestimmung vorzuschlagen. Der Antrag wurde angenommen, und es reihte sich daran Seitens verschiedener süddeutscher Regierungen der weitere Antrag, die hin und wieder entstandenen Controversen, welche die Wechselordnung zuläßt, ebenfalls in einem Zusatze zur Wechselordnung und für ganz Deutschland gemeinsam zu erledigen. Die Kommission hat sich dieser Aufgabe in der Weise unterzogen, daß sie wegen Artikel 2 Bestimmungen vorgeschlagen hat, wovon ich gleich etwas Näheres sagen werde, daß sie sodann aus der unglaublichen Masse von Controversen, die zur Sprache gebracht wurden, eine Anzahl, ungefähr 7 oder 8, herausgenommen und gesagt hat: diese sind die bedeutendsten, nach verschiedenen Gesichtspunkten, theils wegen des Bedürfnisses, theils wegen der Größe der darüber bestehenden Differenzen, theils weil sie in Leipzig absichtlich offen gelassen worden. Die übrigen Controversen hielt man im Augenblick wenigstens nicht für so wichtig. Die Kommission hat diese sieben Punkte formulirt und einen Vorschlag zu jedem betreffenden Artikel hinzugefügt. Ich glaube, Sie wollen mir nicht aufgeben, daß ich jene sieben Punkte im Einzelnen detaillire; dagegen werde ich wegen des Artikel 2 noch ein paar Worte sagen.

Auch bei der Conferenz hat sich herausgestellt, daß es unmöglich sei, statt dieses Artikels einen für ganz Deutschland gemeinsamen Satz vorzuschlagen; man würde dadurch vielen einzelnen Staaten schaden. Dagegen hat die Conferenz einen Ausweg gesucht und darin zu finden geglaubt, daß sie gesagt hat: wir ziehen eine Grenze, wir setzen ein Minimum und Maximum fest, wir sagen, ein Staat darf über das, was hier über die Execution der Wechselhaft und über deren Beschränkung aufgestellt ist, nicht hinausgehen und weitere Ausnahmen machen. Dadurch sind die Staaten, die in ihrer gegenwärtigen Gesetzgebung weitergehende Beschränkungen der Execution der Wechselhaft haben, genöthigt, sich in die Grenze zu ziehen und zu Gunsten des Verkehrs von diesen Ausnahmen abzusehen. Diejenigen Staaten nun, die sich in der Grenze befinden, können bei den Ausnahmen bleiben, welche sie innerhalb dieser Grenze anfgestellt haben. Ich glaube, m. H., dieser Ausweg, den die Conferenz getroffen hat, war der einzig richtige.

Dies wurde von der Conferenz in Nürnberg an die Bundesversammlung gebracht, und es haben die Regierungen über die Annahme der Propositionen sich erklärt, also über die Fragen, ob sie Artikel 2 in ihrer Gesetzgebung in den vorgeschlagenen Kreis einschränken wollen und ob sie die Controversen so entscheiden wollen, wie die Conferenz es vorgeschlagen hat. Die Erklärungen darüber sind an den Bundestag gelangt.

Unter den Controversen betraf ein Hauptpunkt die Wirkung eines trocknen Wechsels, der auf Zinsen gestellt ist. In dem Punkte war der Preußische Entwurf von der Leipziger Conferenz nicht positiv beseitigt; es war aber auch in der Wechselordnung nichts gesagt und es waren Controversen entstanden: ist ein solcher Wechsel gültig oder nicht nach seinem ganzen Inhalt als Wechsel? ist er für die Hauptsumme gültig oder nicht? ist er nur dafür giltig und nicht für die Zinsen? Diese Fragen sind nun in der verschiedensten Weise entschieden worden. In der Wechselordnung steht: die Summe muß bestimmt sein; die ist aber nicht bestimmt, wenn die Hauptsumme mit Zinsen angegeben ist. Es wurde darauf erwidert: die Zinsen können berechnet werden, und aus beiden bildet sich die bestimmte Summe; darauf entgegnete man wieder: das ist aber doch nicht im Sinne und Geiste der Wechselordnung, denn es müßten passende Bestimmungen getroffen sein, wie der Regreß stattfindet und diese fehlen; hierauf wurde wieder geantwortet: es sei ein dringendes praktisches Bedürfniß, daß Wechsel mit Zinsversprechen Wechselkraft haben; und man setzte hinzu, daß in einigen Staaten Schuldverschreibungen mit Wechselkraft existirten. Ich bespreche diese Sache nicht weiter.

Dies ist einer der wichtigsten jener einzelnen Punkte, die zu Controversen Veranlassung gegeben hatten und worüber Vorschläge aufgenommen worden sind, die nun zu gemeinsamen Bestimmungen gemacht werden sollen.

Die Erklärungen der Regierungen waren sehr verschieden. Die Regierungen von Hannover, Sachsen, Preußen, — ich will nicht weitere erwähnen, es sind dies die betreffenden Hauptstaaten, — haben die Sache in einzelnen Punkten verschieden aufgefaßt, und zwar anders, als die Conferenz gewünscht hat, diese Bestimmungen entschieden zu wissen. Dazu kam, daß Oesterreich vor der Erklärung das, was die Conferenz vorgeschlagen hat, publicirte, jedoch in einem oder zwei Punkten das Gegentheil. Die Bundesversammlung hat wegen der divergirenden Erklärungen es nicht angemessen gefunden, die Angelegenheit auf diplomatischem Wege in Frankfurt auszutragen, sondern sie hat sie wieder an die Conferenz gewiesen. Die Conferenz hat sich wiederholt ausgesprochen, und und es ist jetzt die Frage, ob nicht dennoch eine Einigung herbeizuführen sein wird.

Artikel 2 ist namentlich ein Hauptgegenstand der divergirenden Ansichten gewesen. Eine Regierung hat gesagt, man müsse die Staatsbeamten und Militärs mehr schützen und hat verlangt, daß die Staatsbeamten und die ordinirten Geistlichen nicht mit Wechselhaft belegt werden dürfen. Ich überhebe mich der weiteren Details. Die Conferenz hat über das Ganze Beschluß gefaßt und hat nunmehr neue Vorschläge gemacht, die nur in ein paar Punkten theils wegen jener Oesterreichischen Publikation, theils aus anderen Gründen von den früheren abweichen. Wegen der Zinswechsel hat sie jetzt zwei Vorschläge aufgestellt: 1) prinzipaliter ist vorgeschlagen, daß aus einem Wechsel, in welchem ein Zinsversprechen enthalten ist, keine wechselmäßige Verbindlichkeit entstehen solle; danach würden Zinswechsel, da sie kein besonderes Bedürfniß für die Handelsleute seien, wegfallen, zumal da in einem großen Theile von Deutschland gar keine Zinswechsel existiren, 2) eventuell, wenn die Regierungen sich hierauf nicht vereinigen würden, ist die Bestimmung vorgeschlagen: das in einem Wechsel enthaltene Zinsversprechen gilt als nicht geschrieben.

Die Sache liegt gegenwärtig der Bundesversammlung vor, und ich glaube die Hoffnung aussprechen zu können, daß die Deutschen Regierungen die Beschlüsse der Conferenz annehmen werden. Es wäre zu bedauern, wenn über diese Fragen Meinungsverschiedenheit beim Bundestage bliebe, und ich denke, daß es nicht der Fall sein wird.

Der gegenwärtige Antrag ist, soviel ich ermessen kann, dahin gerichtet, daß man für jetzt absehen möge von aller Vereinigung über das Wechselrecht, dieses vielmehr der Jurisprudenz und der weiteren Ausbildung überlasse, während die entgegengesetzte Meinung die ist, man solle wünschen und erwarten, daß in der Bundesversammlung über die ihr vorliegenden Fragen Einigung stattfinde.

Hofrath Dr. **von Kerstorf**: M. H.! Es wird mir das unverhoffte Glück zu Theil, über einen Antrag zu referiren, bezüglich dessen ich ebensowenig als über den Inhalt der Kommissionsbeschlüsse, die gegenwärtig nicht vorliegen, meine Meinung als Referent abgeben kann; betrachten Sie mich vielmehr als ersten Votanten in dieser Angelegenheit. Ich bin nicht hinreichend informirt, die Zeit drängt aber. Die Motivirung des Antrags ist so allgemein gegriffen, daß ich glauben darf, in allgemeinen Sätzen darüber hinwegkommen zu können. Es kommt, wie mein Herr Vorredner die Güte hatte zu erwähnen, auf den Inhalt der einzelnen Beschlüsse der Kommission in Nürnberg nicht an, die vor dem Bundestage liegen; es kommt hier darauf an, ob sich die Juristenversammlung einlassen will oder nicht in die Thätigkeit der Regierungen, die auf dem Wege sind, sich eines Weiteren zu verständigen. Haben wir ein besonderes Motiv, mit unserem Rathe einzugreifen, bejahend oder verneinend, oder thun wir besser, zu schweigen? Der bekannte von Lang hat in seiner Hammelburger Reise sein großes Talent, in sechs verschiedenen Sprachen schweigen zu können, hervorgehoben. Ich glaube dem Juristentage in einer Frage diese große Eigenschaft zu wahren, wenn ich rathe, nicht durch ein Veto das, was geschaffen werden soll, auf dem Wege zur Einheit zu hemmen. Es läßt sich eben nichts treiben; aber wir dürfen, Gott sei Dank, das Vertrauen in den Bundestag setzen, daß er die Frage, die ihm zum zweiten Male überwiesen ist, in Empfang nehmen und berathen und Beschluß darüber fassen wird; und das wird zu einer gemeinsamen Gesetzgebung in dieser Beziehung in Deutschland führen.

Ich halte es für einen großen Vortheil, daß dies geschieht, und sage meine Meinung, warum: Zunächst aus praktischen Gründen. Meines Wissens ist in keinem Lande, — besonders nicht in Bayern, — ein Gerichtshof, welcher Kontroversen im Wechselprozesse rechtlich entscheiden könnte, er kann nur einzelne Fälle entscheiden. Wir haben ein Gesetz, wonach der oberste Gerichtshof in pleno zusammentreten muß, wenn verschiedene oberstrichterliche Entscheidungen derselben Fragen vorliegen, um ein Präjudiz zu erkennen; das gilt bis auf Weiteres, es tritt an die Stelle eines Gesetzes; wenn es auch nicht Gesetzeskraft hat, ist es doch eine authentische Interpretation, und die Richter sind gebunden, sich danach zu richten. Das fehlt im Wechselrechte, weil es hier nur zwei Instanzen giebt, die also einer dritten gar nicht untergeben sind; und doch sind Kontroversen in einzelnen Rechtsgebieten vorhanden: in Bayern, Baden, Württemberg, Preußen ist verschieden Recht gesprochen worden an den einzelnen Gerichten; — von Preußen weiß ich es allerdings nicht gewiß, ich muß bekennen, ich bin nicht hinreichend informirt, und bedauere, daß ich die Schule nicht so weit getrieben habe, wie sie hoffentlich Einige treiben werden, denn die vergleichende Jurisprudenz ist heutzutage die Hauptsache.

In anderen Dingen haben wir ein Organ; wo ein allgemeines Gesetz nicht eintritt, da hilft der höchste Gerichtshof, aber hier ist nicht zu helfen, obwohl wir in den mehreren ganz gleichen Fragen ganz verschiedene Erkenntnisse haben; und kein Mensch kann das ändern. So sind sehr rasch nach einander ein halbes Dutzend Kontroversen aufgetaucht, und es giebt kein Mittel dagegen, als die Novelle. Die Novelle wird von uns Allen als ein übles Remedium in der Gesetzgebung angesehen; man kann sich aber nicht anders helfen, und man soll danach greifen, wenn man nur ein Organ dazu hat. Hier ist aber kein solches gegeben. Ich suche die Zersplitterung in der Handhabung des Wechselrechts, welche der Antragsteller in den Motiven erwähnt, nicht darin, daß ein oder der andere, vielleicht auch nur der kleinste Staat in seiner Publikation die declaratoria abändert, — nun so mag es dort anders gehalten werden, — wenn aber Preußen, Sachsen und Bayern mit einander einig sind und für die Mehrzahl ihrer Untergebenen diese Kontroversen durch das Gesetz schlichten, ist die Sache für den großen Verkehr und auch für die Wissenschaft insoweit geschlichtet, daß wir nicht nöthig haben, mit Argumenten, die wir aus der Theorie hergeholt, die Sache erledigen zu wollen, während wir jetzt jeden Tag mit Furcht vor die Gerichte gehen und uns fragen, ob wir diesen oder einen anderen Rechtsspruch bekommen.

Ich bin also dafür, daß wir ohne Rücksicht auf das Bedenken, daß möglicher Weise Einwendungen gemacht werden könnten, wenn verschiedene Anwendungen der Deklaratorien gegeben sind, ohne uns zu fürchten, über die Sache weggehen und sie denjenigen überlassen, in deren Händen sie jetzt liegt. Mit anderen Worten: wir wollen nicht treiben, insbesondere aber nicht hemmen.

Vicepräsident v. Freydorff: Die beiden Herren haben sich für Verwerfung des Vorschlags des Stadtgerichtsrath B o r c h a r d t ausgesprochen und dieselbe beantragt. — Verlangt Jemand das Wort?

Stadtgerichtsrath **Borchardt** aus Berlin: Da die Deutsche Wechselordnung bis jetzt noch das einzige Civilgesetz ist, welches fast in ganz Deutschland gilt, und da die Bestrebungen des Deutschen Juristentages mit darauf gerichtet sind, die Einheit des Rechts in Deutschland zu erzielen, so glaube ich auch, daß hier der Ort ist, meine Bedenken, welche ich gegen die beabsichtigte declaratoria auch noch gegenwärtig hegen muß, zur Prüfung vorzulegen. Dieselben beruhen auf der Besorgniß, daß die gedachte aus der z w e i t e n Nürnberger Berathung hervorgegangene declaratoria nicht Aussicht haben dürfte, wenigstens in allen denjenigen Deutschen Staaten, in welchen jetzt die Deutsche

Wechselordnung gilt, Gesetzeskraft zu erlangen, und daß sie insofern zur Verkleinerung des gegenwärtigen Gebiets der Deutschen Wechselordnung und zur Verringerung der Rechtseinheit führen würde. Selbstverständlich kann ich hierbei nur diejenigen Bestimmungen der declaratoria im Auge haben, welche eine wirkliche Deklarirung des Gesetzes beabsichtigen, nicht auch diejenigen Bestimmungen, welche sich auf den Arrest beziehen und vollkommen neu sind und somit technisch nicht unter den Begriff einer declaratoria fallen.

Zur Begründung meiner Bedenken erlaube ich mir hervorzuheben, daß, abgesehen davon, daß noch viele andere und nicht minder wichtige Controversen der Wechselordnung bestehen, als in der beabsichtigten declaratoria ihre Lösung finden, wie z. B. in Ansehung der Proteste, der Zeitraum von 12 Jahren, welche erst seit Einführung der Wechselordnung verflossen sind, mir überhaupt noch zu kurz scheint, um schon einseitig mit einer declaratoria hervorzutreten. Ferner dürfte der Umstand, daß bereits einzelne Deutsche Staaten nicht blos Deklaratorien erlassen, sondern wesentliche Abänderungen des Gesetzes getroffen, die Besorgniß unterstützen, daß die Publikation jener declaratoria nur vereinzelt, keineswegs allgemein erfolgen wird. Ich glaube in dieser Beziehung erwähnen zu müssen, daß bereits 1) die wichtigste Frage der Wechselordnung, die nach den Leipziger Conferenzprotokollen die größten Debatten hervorgerufen hatte, die allgemeine Wechselfähigkeit, die Frage also, wer Wechsel ausstellen könne, verschiedene Erledigung gefunden hat. So ist z. B. in Kurhessen, welches erst im Jahre 1859 die Wechselordnung eingeführt, eine Ausnahme in Betreff des Militärs getroffen und dasselbe von der Wechselfähigkeit ausgeschlossen worden. Ebenso im Jahre 1852 in Oesterreich, welches die Deutsche Wechselordnung im Jahre 1850 mit der Bestimmung, die damals von dem Reichs-Ministerium aufgenommen war und die dahin lautet: daß die einzelnen Deutschen Staaten nicht besondere abändernde Bestimmungen erlassen dürften, — publizirt hatte. 2) Ferner hat Oesterreich selbstständige Deklarationen erlassen im Jahre 1852 in Betreff der Ratenwechsel, im Jahre 1853 in Betreff des Blanco-Accepts und im Jahre 1858 in Betreff einiger Bestimmungen der gegenwärtigen declaratoria, wie sie noch in der ersten Nürnberger Berathung gefaßt war. 3) Endlich hat Bremen die gegenwärtige declaratoria im vorigen Monat publizirt und dadurch bereits die Bestimmung in Ansehung der Zinsstipulation im Wechsel, welche bei der zweiten Berathung in der Nürnberger Conferenz noch alternativ gehalten war, selbständig entschieden.

Wenn nun die Richter eines Staates, in welchem jene Erlasse nicht publizirt sind, sich durch dieselben nicht in ihren Entscheidungen binden lassen werden, so, glaube ich, werden Sie nach diesen Vorgängen meine Besorgniß, daß die vorliegende Deklaration nicht allgemein publizirt werden würde, nicht unbegründet finden. Ist dieselbe aber begründet, so ist es auch mein Antrag, welcher bezweckt, so lange man nicht eine sichere Garantie dafür hat, daß diese neue declaratoria in allen Deutschen Staaten publizirt werden wird, von derselben zu abstrahiren, um nicht das Gebiet eines allgemeinen Gesetzes in Deutschland beschränken zu helfen. Existiren ja noch kleine Deutsche Staaten, welche die Deutsche Wechselordnung noch gar nicht publizirt haben!

Wenn schließlich von Preußen erwähnt worden ist, daß dies sich auch für diese Deklaration ausgesprochen habe, so will ich nur daran erinnern, daß Seitens des Preußischen Handels-Ministers erst in diesen Tagen die Aufforderung an die Handelskammern erlassen worden ist, sich darüber zu erklären, ob sie der beabsichtigten Deklaration beistimmen wollen. Ich glaube, daß hiernach auch Seitens Preußens jetzt noch nicht auf eine unbedingte Zustimmung gerechnet werden kann.

Aus diesen Gründen muß ich den von mir gestellten Antrag immer noch aufrecht erhalten und bitten, denselben unterstützen zu wollen.

Präsident Dr. Heimsöth: Ich habe nicht von dem gesprochen, was die Preußische Regierung thun wolle, oder davon, wie sie sich ausgesprochen hat; das, was der Antragsteller gesagt hat, sind Zeitungsnachrichten, die ich gestern auch gelesen habe, indessen scheinen es mir nur Zeitungsnachrichten zu sein, und wir wissen nicht, was in den einzelnen Staaten für weitere Schritte geschehen sind. Es scheint mir die Schlußfolgerung des Antragstellers nicht richtig zu sein; denn das, was derselbe befürchtet, können wir es nicht für alle übrigen Gesetzgebungsfragen befürchten? Und sollen wir etwa deshalb, weil angeblich zu besorgen ist, daß einzelne Staaten, wenn eine Einigung aufgestellt würde, dieselbe nicht annehmen dürften, unsere Geschäfte niederlegen? Daraus, daß bei der Wechselordnung, über welche, einer so zerrissenen Partikularität ungeachtet, doch die Einigung in Leipzig hervorgegangen ist, das Einigungsbestreben sich nicht vollkommen gezeigt hat, schließe ich nicht auch auf die Zukunft. Freilich hat bis zur gegenwärtigen Stunde lediglich Preußen die Leipziger Wechselordnung, wie sie beschlossen worden ist, ohne Veränderung als Gesetz vollständig angenommen; ich glaube nicht, daß ein anderer Staat in Deutschland sich gerade so korrekt gezeigt. Die Bemerkung, der Entwurf dazu wäre ja auch ein Preußischer gewesen, ist nicht begründet, denn dieser Entwurf ist sehr abgeändert worden, und dennoch hat Preußen an die Vereinbarung, nachdem so große und wesentliche Dinge abgeändert worden waren, sich gehalten. Daraus, daß andere Regierungen das nicht gethan haben, ist nicht auf die Zukunft zu schließen, und das darf auch nicht in diese Spezialität hineingebracht werden.

Jetzt sind Vorschläge zur Beseitigung der Controversen da und darauf ist der Antrag gerichtet. Wir sollen, so sagt man, nur unsere Wünsche und Anträge, die wir zum Theil aus den Berichten der Handelsstände geschöpft haben, aussprechen, und der Jurisprudenz die weitere Ausbildung überlassen. Das scheint mir doch eine dunkle Anschauung der Rechtsentwickelung zu sein, wenn man hier die Gesetzgebung beseitigt und in den Punkten, wo sachverständige Männer sich ausgesprochen haben, ihrer Entwickelung entgegentritt, wenn man es verhindert, dem Gesetze Ergänzungen oder Modifikationen hinzuzufügen.

Ich glaube, m. H., es wird Ihre Ueberzeugung sein, daß der vorliegende Antrag von uns nicht anzunehmen ist.

Professor Dr. **Kuntze** aus Leipzig: Es scheinen mir in dem gestellten Antrage zwei Motive zusammengeschmolzen zu sein: das eine ist die Befürchtung einer Zersplitterung, das andere Aengstlichkeit vor Unordnung in der Rechtsgrundlage der Wechselordnung. Was das erstere anlangt, so bekenne ich, daß ich dieses Motiv nicht verstehe. Die Entscheidung der Novelle enthält einen Fortschritt in der Wechselordnung; der Antragsteller aber sagt uns: „Aus Besorgniß, diese

Einigung nicht zu erzielen, sollen wir gegen die Einigung selbst sein." Das verstehe ich nicht. — Was das zweite Motiv anlangt, so sind doch wahrlich die Bedenken nicht so erheblich, wenn wir nach zwölf Jahren an eine Aenderung in der Wechselordnung herantreten. Es ist ja auch eine Aenderung blos in Bezug auf die Wechselarrestfähigkeit beabsichtigt, die andere Novelle enthält nur eine Erläuterung. Ich sehe also hierin durchaus keine nachtheiligen Folgen für das Rechtsbewußtsein, also auch gar keinen Grund, aus welchem der Antrag mit seinen Motiven gerechtfertigt wäre; und darum bin ich dagegen. (Schluß! Schluß!)

Vicepräsident v. Freydorff: Ich erkläre nunmehr die Debatte für geschlossen. Es ist von den zwei Herren, — Präsident Dr. Heimsöth und Hofrath v. Kerstorf, — der Antrag gestellt worden, über den Antrag des Stadtgerichtsrath Borchardt zur Tagesordnung überzugehen. Ich werde zunächst über diesen Antrag abstimmen lassen und frage, ob Sie demselben beistimmen?

Die Tagesordnung ist mit großer Majorität angenommen.

(Präsident Dr. Heimsöth übernimmt wieder den Vorsitz.)

Präsident: Ich möchte zunächst die Versammlung fragen, welches Ihre Intentionen in Bezug auf unser heutiges Auseinandergehen sind, um welche Zeit Sie zu Mittag zu speisen wünschen, damit wir danach die Frage bemessen, was wir jetzt noch vornehmen können. (Zuruf: Um 2 Uhr.)

Soviel ist gewiß, daß es unpraktisch wäre, die Hypothekenfrage heute noch anzufangen, da wir sie eben nicht beendigen, aber auch nicht in der Mitte abbrechen können.

Professor Dr. **Unger:** Der Herr Präsident übersieht doch das Material am besten und kann daher am ersten bemessen, ob dasselbe für den morgenden Tag noch ausreicht, wenn wir heute noch Einiges zur Erledigung bringen.

Präsident: Morgen wird die Hauptsache die Berathung über die das Hypothekenwesen betreffenden Anträge sein; heute wären noch die Fragen wegen des Nachdrucks und der Patentgesetzgebung zu erledigen.

Ich möchte nun zunächst die Frage stellen, ob Herr Notar Dr. Uchatzy mit einer Vereinigung der beiden Anträge einverstanden wäre.

Notar Dr. **Uchatzy** aus Reichenberg in Böhmen: Ich habe mich gestern schon in dieser Richtung ausgesprochen: ich glaube, daß die beiden Anträge auf dieselben Prämissen gegründet sind und denselben Weg gehen. Ich bin daher völlig damit einverstanden, daß sie zusammengenommen werden.

Präsident: An Herrn Professor Dr. Heydemann möchte ich rücksichtlich seines Antrages dieselbe Frage stellen.

Geh. Justizrath, Professor Dr. **Heydemann** aus Berlin: Auch ich bin damit ganz einverstanden.

Präsident: Daraus geht noch ein Weiteres hervor, nämlich: daß die Meinung der Antragsteller die ist, sich nur auf die ganz allgemeine Bedürfniß-Frage zu beschränken; denn ich finde es rein unmöglich, daß hier die Details, die einzelnen Bestimmungen eines Gesetzes über zwei so verschiedene Dinge, wie der Nachdruck und das Patentwesen doch immer sind, in die Besprechung gezogen werden. Wollten Sie letzteres thun, so würde ich rathen, die beiden Punkte nicht zusammenzufassen.

Notar Dr. **Uchatzy:** Ich glaube, daß die Fassung meines Antrags schon darauf hindeutet, daß ich mich auf die allgemeinsten Prinzipien beschränke.

Präsident: Der Antrag lautet so: „Der Deutsche Juristentag wolle aussprechen, es sei die baldigste Einführung eines allgemeinen Deutschen Patentgesetzes erwünscht."

Notar Dr. **Uchatzy:** Ich habe den Herrn Präsidenten nicht verstanden, inwiefern nur allgemeine Grundsätze ausgesprochen werden sollen.

Präsident: Ich will deutlicher sein. Wenn Sie bei Motivirung Ihres Antrags uns den gegenwärtigen Zustand der Patentgesetzgebung und die Art und Weise darlegen wollen, wie Sie glauben, daß dieselbe regulirt werden müsse, und wenn das geschehen, daraus den Schluß ziehen wollen, es sei nicht nur wünschenswerth, sondern auch Bedürfniß, ein allgemeines Patentgesetz zu erlassen, so würde heute die Zeit dazu nicht hinreichen und die Verbindung mit dem Antrage wegen des Nachdrucks nicht möglich sein.

Notar Dr. **Uchatzy:** Es handelt sich nur um das Prinzip, nicht um die detaillirte Besprechung eines Gesetzes. Ich bin in meiner Motivirung allerdings darauf eingegangen.

Präsident: Beide Antragsteller haben es in ihrer Hand; sie können die Anträge verbinden oder nicht.

Geh. Justizrath, Professor Dr. **Heydemann:** Ich habe doch recht verstanden, daß ein Vorschlag nach dem andern zur Besprechung gezogen werden soll? — Bei meinem Antrage ist noch ein anderer Umstand zu berücksichtigen; Sie wollen erst eine Gesetzgebung provoziren, bei mir liegt die Sache so, daß man sie am Ende auf eine Redaktionsfrage reduziren könnte. Denn man könnte sagen: „Das ist ja schon Alles da, wir haben die Bundesgesetzgebung und einzelne Länder haben auch schon spezielle Gesetze;" und auf diese Weise möchte mein Antrag in wenigen Minuten abgemacht werden. Das könnte mir jedoch nicht gefallen, denn ich halte ihn im Materiellen für sehr wichtig, freilich aber nicht für so zweifelhaft, während die Hypothekenfrage viel neue Gesichtspunkte darbietet.

Präsident: Es stellt sich heraus, daß die Zusammenfassung beider Anträge nicht zweckmäßig wäre, und deshalb wird die Versammlung mir beistimmen, wenn ich sie trenne. Ich werde daher zuerst die Patentgesetzgebung vornehmen und ersuche den Herrn Antragsteller, seinen Antrag zu motiviren.

Notar Dr. **Uchatzy:** Die Motivirung habe ich bereits unsrer ständigen Deputation überreicht; sie ist gedruckt auf S. 190 des Vereinsorgans.

Präsident: Herr Advokat Miller als Referent!

Advokat **Miller** aus Dresden: Der Antrag des Herrn Notar Uchatzy bietet eigentlich weniger eine juristische Seite, als vielmehr ein Moment, welches für die Volkswirthschaft von Wichtigkeit ist.

Die Frage über die Nützlichkeit eines Patentschutzes überhaupt ist so ziemlich von der Mehrzahl der Schriftsteller bejaht worden, und erst in neuerer Zeit haben Verschiedene, vom System der unbedingten Gewerbefreiheit und freien Konkurrenz aus, sich gegen den Patentschutz ausgesprochen. Die Gesetzgebung, welche wir in Deutschland darüber haben, ist eine sehr verschiedene, und die Praxis ist ebenso verwickelt.

In Deutschland besteht eine allgemeine Patentgesetzgebung bekanntlich nur in der Zollvereinsübereinkunft von 1842, dagegen haben einzelne Staaten noch verschiedene Patentgesetzgebungen daneben. So besteht in Bayern ein Gesetz für die Pfalz vom Jahre 1791 und für die andern Provinzen vom Jahre 1825; in Preußen in der Hauptsache das Gesetz von 1815; in Sachsen neben der Zollvereinsübereinkunft eins vom Jahre 1853, und Oesterreich hat seit 1852 auch ein ganz speziell ausgearbeitetes Patentgesetz.

Was die rechtliche Seite des Patentschutzes überhaupt anlangt, so hat man denselben als einen Ausfluß des Eigenthumsrechts angesehen, und diese Ansicht ist überwiegend in der Französischen und Belgischen Gesetzgebung; dagegen erscheint in der Englischen Gesetzgebung das Patentwesen nur als Ausfluß eines Prärogativs der Krone. Wir in Deutschland sind fast bei allen juristischen und nationalökonomischen Schriftstellern gewohnt, es als ein gewerbliches Monopol betrachtet, keineswegs aber als ein Eigenthumsrecht des Erfinders an seine Erfindung geknüpft zu sehen.

Wir gestehen während der Dauer des Patents ein Recht zu auf gewissen Schutz; aber wir haben fast überall die Ansicht, daß eine Erfindung das Gemeingut der gesammten Nation ist, und daß jeder Einzelne vermöge des industriellen Fortschritts an dieser Erfindung gewissermaßen ein Eigenthum beanspruchen kann.

Die Schwierigkeit, das Patentwesen zu ordnen und dem Erfinder sein Recht zuzugestehen gegenüber dem Bedürfniß, dem Interesse der gesammten Industrie an der Erfindung, zeigt sich sehr deutlich bei der Ausführung. Alle Patentgesetzgebung laborirt stets an der Art und Weise, wie der Patentschutz gewährt werden soll. Man ist zu zwei Systemen übergegangen: zu dem Präventiv- und dem Repressivsystem. Das Präventivsystem, wo eine materielle Vorprüfung der Patente geschieht, besteht auch noch in einigen Deutschen Staaten fort, in anderen Staaten — und dahin gehören Frankreich und Oesterreich — bestehen solche materielle Vorprüfungen gar nicht, es wird nur danach gefragt, ob die Erfindung neu und eigenthümlich ist, und es hat künftighin der Erfinder es mit sich selbst auszumachen und den Schutz der Gerichte anzurufen, wenn von anderer Seite die Neuheit und Eigenthümlichkeit des Verfahrens angezweifelt wird. Im Ganzen kann man aber sagen, daß der gegenwärtige Zustand in Deutschland ein sehr unerträglicher ist, sowohl für das Publikum, wie für die Industriellen. Die Zollvereinsübereinkunft vom Jahre 1842 — wie erwähnt das einzige gemeinsame Gesetz, welches zu Stande gekommen ist, — beschränkt sich im Wesentlichen darauf, daß sie den Grundsatz aufgestellt hat: es sollen künftig nur neue und eigenthümliche Erfindungen patentirt werden. Dagegen hat man Fragen, welche die Patentgesetzgebung ganz wesentlich angehen, die Bestimmungen über die materielle Vorprüfung, über die Dauer der Patente, die Bedingungen, welche sich an die Ertheilung von Erfindungspatenten knüpfen, auch über den Umfang der Rechte, die gewährt werden sollen, — diese Bestimmungen hat man im Wege der allgemeinen Deutschen Gesetzgebung gar nicht geordnet. Ein sehr wichtiger Punkt, der gerade bei der Patentgesetzgebung hervortritt, die Ertheilung von Verbesserungspatenten, ist in dieser Zollvereinsübereinkunft gar nicht ausgesprochen. In anderer Beziehung aber stellt die Zollvereinsübereinkunft Bedingungen und Grundsätze auf, die das Wesen des Patentschutzes überhaupt aufheben; das geschieht namentlich, wenn sie z. B. die Einfuhr und den Absatz von Gegenständen, die den patentirten ähnlich sind, nicht untersagt. — Die Patentgesetzgebung von 1842 und die Gesetzgebung in den einzelnen Staaten stehen vollständig neben einander und stehen doch in erheblichem Widerspruch mit einander. Wie groß die Verschiedenheit in einzelnen Staaten ist, erlaube ich mir durch einige Beispiele anzuführen:

Nach der Uebereinkunft des Zollvereins sollen in den Vereinsstaaten die Unterthanen der übrigen Vereinsstaaten in Betreff der Erlangung von Patenten den eigenen Unterthanen gleichgestellt sein. Nun können aber in Preußen nur die, welche dort das Staatsbürger- oder Gemeinderecht besitzen, ein Erfindungsrecht erlangen. Nach der Zollvereinsübereinkunft sollen Patente nur für neue und eigenthümliche Gegenstände ertheilt werden; aber die Beurtheilung, was neu und eigenthümlich ist, bleibt wiederum den einzelnen Staaten vollständig überlassen. Jedem Staate bleibt ferner anheimgestellt, welches System, ob das der materiellen Vorprüfung oder das Repressivsystem, wonach künftig die Patentirten bei etwanigen Eingriffen Anderer Rechtshülfe in Anspruch zu nehmen haben, er wählen will. Endlich herrschen in Deutschland in Betreff der Dauer der Patente die verschiedenartigsten Bestimmungen. In Preußen ist die Dauer der Patente auf 15 Jahre festgesetzt, in Sachsen auf 5 Jahre mit fünfjähriger Prolongation, in Hannover, in Württemberg 10 Jahre, und Bayern hat wiederum 15 Jahre. Nicht minder sind die Bedingungen bei Ertheilung von Erfindungspatenten verschieden. Ganz bedeutend aber sind die Patentkosten in Deutschland, und sehr erheblich ist die Differenz, die in dieser Beziehung zwischen den verschiedenen Gesetzgebungen besteht. In Preußen werden Tarif-, Sportel- und Stempelkosten erhoben, in Bayern die Privilegientaxe, welche 5 Fl. auf jedes erste Jahr beträgt und für jedes weitere Jahr 10 Fl., und welche bis 275 Fl. (?) steigt; in Sachsen betragen die Sporteln bei Einreichung des Patentgesuchs $7^1/_2$ Thlr., bei Ertheilung des Patents auf 5 Jahre $22^1/_2$ Thlr. und bei Verlängerungen auf weitere 5 Jahre 50 Thlr.

Ebenso verschieden sind in Deutschland die Fristen, binnen welchen die Patente ausgeführt werden müssen. Das ist eine höchst wichtige Bestimmung, weil es möglich ist, daß ein Erfinder seine Erfindung in der gesetzten Zeit nicht ausführen kann und folglich der Nation vorenthalten muß. In manchen Staaten ist ein halbes Jahr zur Ausführung gesetzt, in anderen zwei Jahre. Und wer ein Patent für ganz Deutschland erlangen will, der muß sich dem Oesterreichischen Patentgesetz unterwerfen, und die Bedingungen erfüllen, die dort eingeführt sind. Zwischen Oesterreich und dem Zollverein besteht eine ganz verschiedene Patentgesetzgebung, so z. B. über den Ankauf der Gegenstände, sobald nicht Maschinen betroffen werden.

Wenn wir nun den Nutzen der Patente bedenken und den Umfang des Gebietes, für welches sie berechnet sind, so ist es bedauerlich, daß das Patentwesen in Deutschland an so erheblichen Mängeln leidet. Die Arbeiten der Vorprüfung, das Anmeldeverfahren, muß Jeder für seine Erfindung in den einzelnen Staaten durchmachen. Das Annahmegesuch, die Ermächtigung, die Einziehung der Kosten und die Aufsicht über die Patente erfordern einen ganz unverhältnißmäßigen Aufwand von bureaukratischer Thätigkeit, der gewiß ungemein zu vereinfachen wäre. Es liegt in der Verschiedenartigkeit der Deutschen Patentgesetzgebung eine Belästigung des Publikums, die sich schwerlich rechtfertigen läßt. Darum glaube ich, wenn man auch prinzipiell für eine Patentgesetzgebung nicht gerade enchantirt ist, muß man doch immerhin den Bedürfnissen und den Wünschen der Industriellen Rechnung tragen, die in Bezug auf die Patentgesetzgebung allenthalben bestehen, und muß lebhaft wünschen, daß eine Deutsche Patentgesetzgebung zu Stande kommt. — Der Zollverein hatte ursprünglich einen anderen Zweck; er hatte blos die Absicht einer gemeinsamen Behandlung der Zollangelegenheiten. Wir sind weiter gegangen zum Bedürfniß der gemeinsamen Entfesselung unseres Verkehrs von den Belästigungen, die den Handel und Wandel auf allen Seiten drücken. Der Wunsch nach Einführung einer Deutschen Patentgesetzgebung steht offenbar in gerader Linie mit den Wünschen und Aussichten auf Herstellung eines einheitlichen Münz-, Maß- und Gewichtssystems.

Ich glaube, in dem, was ich über den Zustand der Deutschen Gesetzgebung in dieser Beziehung gesagt habe, finden sich auch die allgemeinen Grundsätze angedeutet, die der Deutschen Patentgesetzgebung zu Grunde gelegt werden müssen. Ich verweile bei dieser Ausführung weiter nicht, sondern glaube, den Antrag des Dr. Uchatzy zur Annahme empfehlen zu können: der Juristentag möge sich dafür aussprechen, daß eine allgemeine Deutsche Patentgesetzgebung zu Stande komme. Hinzufügen will ich allerdings noch Etwas, was das Wesentliche bei einer Patentgesetzgebung für ganz Deutschland sein möchte: das wäre nämlich die Einsetzung einer permanenten Kommission für diese Patentangelegenheiten.

Präsident: Ich habe auf das Referat eine Frage zu stellen und eine Bemerkung daran anzureihen. Die Frage geht an den Herrn Referenten, ob dasjenige, was er uns vorzutragen so gütig gewesen ist, auf Notizen beruht, die er durch seinen Fleiß und Eifer für sich gesammelt hat, oder auf Material, welches von der ständigen Deputation vorgelegt worden ist.

Advokat **Miller:** Nein! Das Referat ist mir erst am Sonntage übertragen worden.

Präsident: Ich nehme also an, daß von Seiten der ständigen Deputation eine Vorbereitung in Bezug auf das juristische Material in dieser Sache noch nicht stattgefunden hat. — Darauf erlaube ich mir eine Bemerkung folgen zu lassen. Es ist in dem Referate der Ausdruck gebraucht, diese Frage liege auf demselben Boden, wie die Frage, ob eine gemeinsame Münz- und Gewichtsgesetzgebung in Deutschland einzuführen sei. Meine Bemerkung ist nun die, daß die Gemeinsamkeit des Münz- und Gewichtssystems entweder gar nicht oder nur in leisen Punkten uns als Juristen angehen kann, weil wir als Juristen dazu nicht die technische Kenntniß haben. Wir kennen die Verhältnisse und den Sachverhalt nicht und sind wie die anderen Nichtsachverständigen in Deutschland; insofern nun jene Bemerkung im Referat richtig wäre, würde der wesentlichste Theil unserer Frage außerhalb unseres Wirkungskreises liegen. Wir haben eben keine Sachkenntniß davon, ob und wie die Verhältnisse des Kaufmanns, des Industriellen u. s. w. geeignet seien und es nothwendig machen, eine gemeinsame Gesetzgebung für Patente zu erlangen. Diese Gesetzgebung enthält allerdings in sich Elemente, die juristisch sind, aber auch viele andere, wovon wir keinen Begriff haben. Uns würden also nur die juristischen Grundlagen und Grundsätze interessiren, die etwa eine solche Patentgesetzgebung für Deutschland hätte. Da müßten aber, glaube ich, Vorbereitungen vorhanden, es müßten Grundsätze aufgestellt sein, z. B. ob Eigenthum oder Monopol das Prinzip sein solle, worüber, wie schon angedeutet, verschiedene Ansicht zu walten scheint, ob Staatsangehörigkeit für den Patentsucher erforderlich sein solle oder nicht, worüber unter den einzelnen Staaten außerordentlicher Streit ist; die Einrichtung, die Kosten u. s. w. würden zum weit größern Theile außer unserem Bereich liegen.

Ich resumire dahin, daß nach meiner Meinung wohl der Vorschlag zu machen wäre, im gegenwärtigen Stadium den Juristentag mit einem Antrage, wie der vorliegende über die Patentgesetzgebung, nicht zu befassen. Wir wollen den Wunsch, daß eine solche allgemeine Gesetzgebung in's Leben trete, lieber der Zukunft überlassen, m. H.!

Davon, ob später uns die juristischen Grundzüge einer gemeinsamen Patentgesetzgebung vorgelegt werden, würde es abhängen, ob es möglich ist, über diese Grundsätze gemeinsame Beschlüsse zu fassen und in dieser Frage weiter zu gehen. Das ist meine Meinung!

Notar Dr. **Uchatzy**: Ich befinde mich als Antragsteller in Verlegenheit. Ich weiß nicht, ob die Aufmerksamkeit der Versammlung in so weit vorgerückter Stunde eine solche ist, um die höchst wichtige Frage zu erledigen. Ich würde mich fast veranlaßt finden, eine Vertagung dieser Debatte zu verlangen, denn ich muß gestehen, in dieser Frage zeigt sich eine so bedeutende Gruppe von Interessenten auf dem Deutschen Juristentage, daß ich mich gegen einen Beschluß verwahren müßte, welcher vielleicht im gegenwärtigen Momente von dieser oder jener Unbequemlichkeit inducirt wäre. Ich will damit Niemandem nahe treten, aber Sie werden zugestehen, daß wir von der heutigen Debatte Etwas erwarten, — indessen es läßt sich nicht zwingen. Ich bin als Antragsteller in einer bedauerlichen Lage: mein Antrag ist im Begriffe zu fallen, und kommt nicht wieder vor eine Versammlung, wie heute, um Entscheidung zu erhalten. Mir ist es um nichts anderes zu thun, als von einer Versammlung wie der Deutsche Juristentag das Prinzip aussprechen zu hören, daß in ganz Deutschland sobald als möglich eine allgemeine Patentgesetzgebung in Wirksamkeit trete. Auf das nähere Prinzip, worauf sie beruhen soll, wollte ich nicht eingehen; denn ebenso, wie wir ausgesprochen haben, es soll die Deutsche Wechselordnung und das Deutsche Handelsrecht allgemein werden, und ebenso wie, wenn diese beiden Gesetze nicht vorher schon fertig gewesen wären, der Deutsche Juristentag dieselbe Ueberzeugung, dieselbe Idee dennoch ausgesprochen hätte, so bin auch ich ganz von demselben Gesichtspunkte bei meinem Antrage ausgegangen. Daß die betreffenden Interessenten auf den Ausspruch des Juristentages großen Werth legen, geht aus den Beschlüssen des Deutschen Handelstages hervor. Es ist mir mitgetheilt worden, daß namentlich die Deutsche Patentgesetzgebung eine Frage des Handelstages werden sollte, aber nicht geworden ist, weil man ihre Entscheidung dem Juristentage überlassen wollte. Ich bin bei Stellung des Antrages von der Ansicht ausgegangen, daß es sich nicht blos um eine Thätigkeit der Praxis, wie man gewöhnlich dieses Verhältniß ansieht, sondern um die Anerkennung eines Eigenthumsrechtes handelt, wenn auch nur eines beschränkten und bedingten Eigenthumsrechtes; denn in der Civilgesetzgebung wird über das Eigenthum zu Gunsten Fremder wohl auch verfügt, wenn Einer verhalten wird, sich seines Eigenthumes zum Besten des öffentlichen Wohles zu entäußern. Ich bin der Ansicht, daß die Erfinder Eigenthumsrechte besitzen; — in dem Momente, wo die Idee der Erfindung zum Körper und dadurch in die Oeffentlichkeit übergeben wird, ist auch das Eigenthumsrecht ausgesprochen; — daß aber nur unter gewissen Bedingungen die Ausübung desselben eintritt, ist eine allerdings politische Bestimmung. Aber mir ist es darum zu thun, Rechtsgrundsätze hinzustellen, und die Zweckmäßigkeit einer allgemeinen Deutschen Patentgesetzgebung in klares Licht zu setzen. Ich habe in den Motiven versucht, die Differenzen, welche nach einer Seite hin bestehen und welche theils die nationalökonomische Seite treffen, theils die juristische, zu bezeichnen. Wir können uns nicht mit der rein juristischen Seite befassen, wir müssen die Verhältnisse nehmen wie sie sind, wie sie sich gestalten; sie bieten nicht immer eine rein juristische Seite, es kommen auch Verhältnisse der Legislation herein; und wenn ein Juristentag nicht in Gesetzgebungssachen entscheidend sein Votum geben will, so weiß ich nicht, was eigentlich in der Kompetenz des Juristentages gelegen wäre. Ich kann nur noch ein Mal hervorheben, daß in der von mir angeregten Frage auf den Deutschen Juristentag geblickt wird.

Präsident: Es ist hier Nichts gesagt worden, worin auch nur das Mindeste von einer Andeutung enthalten wäre, daß man über den Antrag des Vorredners hinweggehen wolle. Das, was dem Antragsteller zu einer Widerlegung Anlaß gegeben, war vielmehr nur eine Motivirung, um auszuführen, daß der Antrag in seiner Fassung gegenwärtig nicht zur Beschlußfassung reif ist. Ich glaube darüber noch ein Wort hinwerfen zu müssen. Was hat der Antragsteller gewonnen, wenn wir so einfach in die Welt hinein erklären, es wäre gut, wenn eine Deutsche Patentgesetzgebung erschiene? Er hat Nichts gewonnen, sondern es kommt darauf an, zu sagen: wie soll die Patentgesetzgebung sein, auf welchen Grundsätzen soll sie beruhen? So lange Sie darüber Nichts sagen, ist das Andere nur zu vergleichen mit Bewilligung einer Petition von Interessenten, welche sagen: das und das hätten wir gern, nehmt Ihr Euch der Sache an! Der Handelstag hat die Sache nicht behandelt; das Zweckmäßigste ist also, daß vor Allem eine Vorbereitung in die Hand genommen, und Grundzüge niedergelegt werden, wenn auch nur zwei oder drei Grundsätze.

Advokat **Kuntzsch** aus Chemnitz: Ich verlange, daß der Antrag auf Vertagung zur Abstimmung gebracht wird.

Eine Stimme: Ich glaube, daß die Bemerkung des Herrn Präsidenten, daß es uns an einem eigentlichen positiven juristischen Inhalte bezüglich der Grundsätze fehle, wahr ist, und daß wir deswegen uns nicht blos in einem allgemeinen Wunsche ausdrücken sollten. Es müßte daher diese Lücke ausgefüllt werden, denn Viele hier würden es mit mir bedauern, wenn über diese wichtige Frage einer gemeinsamen Gesetzgebung Nichts gesagt und der Antrag wohl gar verworfen würde. Aber ich glaube, daß wir ihm aufhelfen sollten; wir sollten das Wünschenswerthe eines solchen gemeinsamen Gesetzes als Motiv definitiv annehmen und uns beim nächsten Juristentage einen mehr in die juristischen Hauptgrundsätze eingehenden Vorschlag zur Resolution vorlegen lassen. (Bravo!)

Advokat **Miller:** Ich würde mich damit ebenfalls einverstanden erklären. Ich bin in meinem Referate auch darauf nicht eingegangen, daß die Versammlung ohne Weiteres sich entschließen soll über die Fragen wegen Ertheilung von Einführungs- und Verbesserungspatenten, wegen der Zeitdauer der Patente, deren Entscheidung wesentlich abhängt von der Art und Weise, wie Sie dieselben juristisch ansehen. Sehen Sie die Patente als einen Ausfluß des Eigenthumsrechtes an, wie der Herr Antragsteller, so würden Sie am Ende sogar dazu kommen, man dürfe ein Patent juristisch gar nicht beschränken. Dann kommt auch die Frage wesentlich in Betracht, ob man materielle Vorprüfung eintreten lassen solle, oder ob es zweckmäßig sei, daß eine Kombination beider Systeme versucht werde. Das können wir heute nicht erörtern, dazu würde uns Zeit und auch die nöthige Vorbereitung fehlen. Insoweit also scheint es gerechtfertigt, wenn wir die ständige Deputation beauftragen, für den nächsten Juristentag uns die speziellen Grundzüge anzugeben, nach welchen eben eine solche Patentgesetzgebung für ganz Deutschland auszuführen wäre.

Präsident: Ich werde zwei Anträge zur Abstimmung bringen. Der jetzt formulirte Antrag des Antragstellers lautet so: „Bei der Wünschenswerthheit einer allgemeinen Deutschen Patentgesetzgebung beschließt der Juristentag, daß die ständige Deputation zu einer solchen die Hauptgrundsätze vom juristischen Standpunkt entwerfe und dem nächsten Juristentage dazu eine Vorlage mache."

Den zweiten Antrag würde ich dahin formuliren: daß die Sache bis dahin, daß in Beziehung auf die hauptsächlichsten juristischen Grundsätze für eine gemeinsame Deutsche Patentgesetzgebung zunächst Vorbereitungen und Vorlagen vorhanden sind, vertagt werde.

Ich erlaube mir in Bezug auf die Differenz der zwei Anträge Folgendes zu sagen: Zuerst liegt es im Interesse Derjenigen, welche sich für die vorliegende Frage interessiren, daß nicht die Art von Präklusion, welche der erste Antrag enthält, eintrete, daß wir die ständige Deputation als diejenige bezeichnen, die — wie auch in demselben Antrage gesagt ist — die Hauptgrundsätze vom juristischen Standpunkte entwerfe und uns darüber eine Vorlage mache. Es ist namentlich bei der Kombination handels-politischer und juristischer Grundsätze wohl zweckmäßig, daß die Vorberathung auch auf anderem Wege, etwa in Verbindung mit der ständigen Deputation stattfinde. Es würde sonst die Vorbereitung eine Aufgabe und sogar ein onus sein, welches der ständigen Deputation sehr beschwerlich erscheinen und was sie am Ende auch nicht erledigen könnte. Dann habe ich gegen den ersten Antrag noch zu erinnern, daß es nicht nöthig und nicht in unserem Interesse ist, ohne cognitio causae zu sagen, es sei wünschenswerth, dem Antrage auf allgemeine Patentgesetzgebung Folge zu geben. Wir wollen uns selbst nicht präkludiren, aber was der Antragsteller wünscht, wird auch im zweiten Antrag erreicht; der letztere geht insofern noch weiter, als er darüber: wer das Material liefern soll, keine Beschränkung enthält.

Advokat Dr. **Auerbach** aus Frankfurt a. M.: Ich möchte nur den Zusatzantrag gemacht wissen, daß es der ständigen Deputation anheimgegeben werde, sich durch Heranziehung Dritter, insbesondere der beiden Herrn Antragsteller zu verstärken.

Präsident: Legen Sie auf den Ausdruck „anheimgeben" ein besonderes Gewicht?

Advokat Dr. **Auerbach**: Nein! Ich möchte aber nur gesagt sehen, daß sie ausdrücklich beauftragt werde, sich zu verstärken.

Geh. Justizrath, Prof. Dr. **Heydemann**: Die Deputation kann das wohl ohnehin thun.

Notar Dr. **Uchatzy**: Es wäre vielleicht im Antrage mit wenigen Worten der Thatsache zu gedenken, daß der Juristentag sich der Angelegenheit angenommen habe, daß die Kompetenz desselben nicht ausgeschlossen sei.

Präsident: Das liegt ja in dem Beschlusse selbst.

Notar Dr. **Uchatzy**: Das nicht, denn es ist die ganze Sache jetzt aufgeschoben.

Advokat **Miller**: Ich würde mich doch gegen den Vertagungsantrag des Herrn Präsidenten erklären, denn er sieht seiner formellen Fassung nach so aus, als wenn wir überhaupt in Zweifel wären, daß eine Deutsche Patentgesetzgebung wünschenswerth und möglich sei; er sieht ferner so aus, als ob sich für die Patentgesetzgebung überhaupt gar keine juristische Grundlage finden ließe und dieses Gebiet uns ganz fern läge. Ueber die Frage können wir uns schon jetzt entscheiden, da es sehr wesentliche juristische Momente giebt, welche für eine Patentgesetzgebung sprechen. Ich glaube also, wenn die Versammlung heute auch auf die Grundsätze nicht näher eingeht, so kann sie doch aus allgemeinen juristischen und volkswirthschaftlichen Gründen sich unbedingt für die Einführung eines allgemeinen Deutschen Patentgesetzes und für die Abschaffung der jetzigen großen Belästigung des Publikums aussprechen.

Eine Stimme: Ich muß die Intentionen des Herrn Dr. Uchatzy als ganz richtig anerkennen, wenn er wünscht, daß der Deutsche Juristentag das Bedürfniß einer allgemeinen Deutschen Gesetzgebung ausspreche. Er gehört so gut wie ich einer Deutschen Fabrikstadt an, er weiß ebenso gut wie ich, mit welcher Sehnsucht man dort darauf hofft, daß der Juristentag sich dieser Sache annehme. — Ich glaube daher, es wird dem am Besten entsprochen werden, wenn gesagt wird: der Deutsche Juristentag erkennt das Bedürfniß und die Nothwendigkeit an.

Kreisgerichtsrath **Parrisius** aus Brandenburg: Ich würde mir erlauben, folgende motivirte Tagesordnung vorzuschlagen: „wenn auch der Deutsche Juristentag für wünschenswerth anerkennt, daß eine allgemeine Deutsche Patentgesetzgebung erzielt werde, so geht er doch über den vorliegenden Antrag, weil die dabei leitenden juristischen Grundsätze nicht näher entwickelt sind, für jetzt zur Tagesordnung über." Dadurch wird erreicht, was der Antragsteller wünscht; denn es wird damit ausgesprochen, daß jene Gesetzgebung wünschenswerth sei; andererseits wird ihm aber auch anheimgegeben, die leitenden Prinzipien beim nächsten Juristentage vielleicht selbst zu entwickeln.

Präsident: Das ist materiell dasselbe, was in meinem Antrage liegt; in formeller Beziehung kann ich mich dem Herrn Vorredner auch anschließen. Allein es muß doch auch von Ihrer Seite eine ruhige besonnene Prüfung dessen stattfinden, was Sie in Bezug auf diese ganze Sache für ein Verfahren in Zukunft beobachten wollen.

Das ist sehr schädlich, wenn auf die Weise Sachen in Angriff genommen werden, daß das Votum des Juristentags dahin geht: Es muß etwas gemacht werden, ohne daß er weiß, was und wie. Das ist, wie es mir vorkommt, eine Art von Prozeß, der von Sachwaltern durchgemacht werden muß; wer so einen Antrag durchgebracht hat, der hat den Prozeß gewonnen und triumphirt, und es wird dann auch gesagt: dadurch hat der Deutsche Juristentag sich populär gemacht. Davor möchte ich sehr warnen, denn das ist sehr gefährlich. Versuchen Sie es nur, ob Sie ein Bureau bilden können, welches so allgemeine Fragen auf solche Weise erledigt! Dadurch schwächen Sie das, was Sie unterstützen wollen, und Sie geben dadurch Ihre Stärke aus den Händen. (Bravo!) Deshalb kann ich es nicht rathsam finden, daß Sie sofort den Prozeß entscheiden und sagen: die causa cognita läßt die Wünschenswerthheit der allgemeinen Patentgesetzgebung anerkennen. Es kann sein; aber wenn der Juristentag die Sache in die Hand nimmt, so kommt dieselbe auf ein ganz anderes Feld. — Gehen wir zur motivirten Tagesordnung über, so sagen wir dadurch ja auch, daß wir die Sache in die Hand nehmen wollen, und dann ist ja, was Sie (zu Dr. Uchatzy gewendet) wünschen, einigermaßen erfüllt.

Dr. Uchatzy: Dann werde ich für den Antrag des Herrn Präsidenten stimmen.

Präsident: Das freut mich!

Advokat Hofrath Dr. **Edler von Kerstorf:** Die Gefahr, welche so eben bezeichnet wurde, ist wirklich vorhanden Es ist richtig, wir verlieren an Ansehen, wenn wir nur immer wünschen. Ich ziehe deshalb meinen Antrag zurück und bin dafür, daß der des Herrn Präsidenten angenommen werde.

Präsident: Ich stelle nun den Antrag in folgender Fassung zur Frage: „Die Versammlung erklärt, den Antrag bis dahin, daß über die hauptsächlichen juristischen Grundsätze einer allgemeinen Deutschen Patentgesetzgebung eine Vorbereitung und nähere Vorschläge vorliegen, zu vertagen.“ Ich bitte darüber abzustimmen. Wer gegen den Antrag ist, beliebe aufzustehen.

Da sich Niemand dagegen erhoben hat, so ist der Antrag angenommen, und ich schließe hiermit die Sitzung.

(Schluß der Sitzung kurz vor 2 Uhr.)

Zweite Sitzung der vereinigten ersten und zweiten Abtheilung am Donnerstag den 29. August 1861 im Saale des Belvedere auf der Brühl'schen Terrasse.

Die Sitzung wird um $8^1/_2$ Uhr durch den Abtheilungs-Präsidenten, Geh. Ober-Justizrath Präsident Dr. Heimsöth aus Cöln eröffnet.

Präsident: M. H.! Das Protokoll der gestrigen Sitzung wird gegen Schluß der heutigen verlesen werden. Das Nächste, was uns in Angriff zu nehmen bevorsteht, ist die Wahl der Vertrauensmänner, welche die künftige ständige Deputation wählen sollen. Damit nicht weiterer Zeitverlust eintrete, mache ich mit Rücksicht auf Dasjenige, was auch in andern Abtheilungen beliebt worden sein soll, den Vorschlag, daß Sie dem Bureau, also den beiden Herrn Schriftführern und mir, die Aufstellung einer Liste überlassen, die dann vorzulesen wäre, um zu sehen, ob Ihre Idee getroffen worden ist, in welchem Falle dann die Sache durch Akklamation zu erledigen wäre.

Ober-Appellationsgerichts-Direktor **Molitor** aus München: Ich möchte diesen Antrag sehr unterstützen, denn wenn wir die Wahl der Vertrauensmänner speziell durch Stimmzettel oder auf irgend eine andere Weise vornehmen wollten, so würde das zu sehr mißlichen Proceduren führen. Im Wesentlichen ist dieser Modus auch bei andern solchen Wahlen eingehalten worden.

Präsident: Sind die Herren damit einverstanden?

(Allseitige Zustimmung. — Zuruf: Wieviel sollen gewählt werden?)

Es sind zehn Vertrauensmänner zu wählen.

Kammergerichts-Referendar Dr. **Hilse** aus Berlin: Ich muß entschieden bitten, daß darüber abgestimmt werde, ob uns das Recht der Wahl von nur zehn oder von zwanzig Vertrauensmännern zusteht. Ich denke und beantrage das nicht für mich allein, sondern für eine Menge Mitglieder der übrigen Abtheilungen, welche von der Ansicht ausgehen, daß, wenn die ständige Deputation beantragt hat, es sollen vierzig Vertrauensmänner gewählt werden, jetzt keine Aenderung dahin eintreten kann, — wenn auch heute hier die I. und II. Abtheilung combinirt sind, — daß nur dreißig Vertrauensmänner gewählt werden.

Ich habe die stenographischen Berichte über die vorjährige Plenarversammlung zu verfolgen und mich in der Sache genau zu informiren Gelegenheit gehabt und kann die Versicherung geben, daß dort immer nur von gemeinsamen Sitzungen der I. und II. Abtheilung, nie aber von einer Verschmelzung der beiden Abtheilungen in eine einzige die Rede gewesen ist.

Wir sitzen also hier als zwei verschiedene Abtheilungen und haben die Rechte einer jeden wahrzunehmen. Wenn es daher diese Rechte präjudizirt, wenn wir nicht für beide wählen, so müssen wir unser Recht verwahren und gegen die Wahl von nur zehn Vertrauensmännern protestiren. Ich bitte deshalb die geehrte Versammlung gehorsamst: zwanzig Vertrauensmänner für beide Abtheilungen wählen zu wollen.

Stadtrichter und Advokat **Müller** aus Fürstenberg i./M.: Ich halte es für sehr unbillig, daß wir zwanzig Vertrauensmänner wählen wollen; denn wir sind so wenig zahlreich, daß wir uns billig mit zehn begnügen können. (Schluß!)

Präsident: Verständigen wir uns zuerst über den Protest gegen die Wahl von zehn Vertrauensmännern. Ob Sie zwanzig wählen wollen, weiß ich nicht; wenn Sie zehn gewählt haben, so können Sie möglicherweise noch zehn hinzuwählen; aber gegen die ersten zehn gilt der Protest nicht. Sollte jedoch jene Auffassung die richtige sein, was ich nicht glaube, so bleibt, wenn vielleicht die ständige Deputation sagt, daß wirklich für jede unserer beiden Abtheilungen zehn zu wählen gewesen seien, der Versammlung ja immer noch Zeit übrig, zehn nachzuwählen. Mir scheint nicht, daß die Versammlung competent ist, selbstständig darüber einen Beschluß zu fassen und abzustimmen. Wir sind als eine

Abtheilung gegenwärtig beisammen. Wenn vierzig gewählt werden sollten, so war unterstellt, daß für jede Abtheilung zehn gewählt werden würden; nun sind aber die vier Abtheilungen drei geworden, und da ist es selbstverständlich, daß für drei auch nur dreißig gewählt werden, und daß eine Disparität darin nicht liegt. Denn wohin sollte es führen, wenn die Abtheilung, welche vielleicht die kleinste ist, mehr als zehn wählen wollte.

Ich frage nun, ob die Versammlung auf meinen Vorschlag eingehen will? Diejenigen, welche dafür sind, wollen sich gefälligst erheben.

(Geschieht mit großer Majorität.)

Ich denke gegen Schluß der heutigen Sitzung im Stande zu sein, Ihnen die Liste des Bureaus vorlegen zu können. —

Wir schreiten nun zur Tagesordnung und nehmen die Hypothekenfrage zuerst in Angriff.

Ich bitte den Herrn Referenten, der beauftragt ist, Vortrag hierüber zu erstatten, dies zu thun. Es liegen hauptsächlich zwei Anträge von dem Ober-Tribunalsrath Meyer und dem Präsidenten Dr. Bornemann in Berlin vor, die Ihnen bereits durch den Druck mitgetheilt sind.*)

Gerichts-Assessor **Meyer** aus Berlin: Wie eben erwähnt worden, liegen hauptsächlich zwei das Hypothekenwesen betreffende Anträge vor, der eine vom zweiten Präsidenten des Ober-Tribunals Dr. Bornemann zu Berlin, der andere vom Ober-Tribunalsrath Meyer in Berlin. Beide stellen leitende Grundsätze für eine künftige gemeinsame Hypothekenordnung auf, während ein dritter vom Kreisrichter Geck zu Werden eingebrachter Antrag nur als Zusatz zu dem Meyer'schen Antrage bezeichnet ist. Mir ist erst vor wenig Tagen der Auftrag geworden, Ihnen über diese Anträge und deren wesentlichen Inhalt in Kürze Bericht zu erstatten. Zur Motivirung der Meyer'schen Anträge ist auf seine Schrift über das Hypothekenwesen Bezug genommen worden, die ich leider hier nicht habe erhalten können, während die Motive des Dr. Bornemann seinem aus zehn Punkten bestehenden Antrage beigedruckt sind.

Aus dem Römischen Rechte haben die meisten Gesetzgebungen den

*) Vergl. Band I Seite 229 ff.

Grundsatz herübergenommen, daß die Hypothek ein accessorium der Forderung ist, zu deren Sicherung sie bestellt wird. Dieser Grundsatz ist jedoch in den Gesetzgebungen nicht streng durchgeführt, und nach der Ansicht des Antragstellers Herrn Dr. Bornemann lebt er auch nicht mehr in dieser Weise im Rechtsbewußtsein des Volkes. Der gegenwärtig geltende Grundsatz ist vielmehr der, daß die Hypothek das Hauptrecht bilde und die Personalobligation nach sich ziehe. Es soll nun der Zweck jener Anträge sein, dieses im Volksbewußtsein lebende Prinzip in die Gesetzgebung überzuführen. Demnächst sollen die Hindernisse beseitigt werden, die einem lebendigen starken Hypothekenverkehre namentlich durch die Schwerfälligkeit und Langsamkeit des Verfahrens entgegenstehen. Ich bemerke, daß die Anträge der Herren Meyer und Bornemann in den wesentlichsten Beziehungen übereinstimmen; es erscheint deshalb zweckmäßig, sie zu verbinden und die Differenzen im Einzelnen hervorzuheben, beziehungsweise zu debattiren.

Die erste Frage ist sachgemäß die: Wie wird eine Hypothek erworben? Beide Antragsteller haben den Grundsatz ausgesprochen: das Pfandrecht an einem Grundstücke wird nur durch Eintragung in's Hypothekenbuch erworben und es erlischt erst mit der Löschung in demselben. Ich glaube, daß dies die allgemeine Deutsche Anschauung ist. Es schließt dieser Grundsatz die anderweite vertragsmäßige und gesetzliche Hypothek aus. Wo ein Hypothekenbuch existirt, da muß sich naturgemäß der Realkredit an dasselbe halten und anschließen. Ich glaube also, daß dieser Antrag an sich zu befürworten sein würde. — Der Antrag des Herrn Meyer geht noch weiter, er knüpft nämlich das Eigenthumsrecht ebenfalls an die Eintragung in's Hypothekenbuch.

Der betreffende Passus lautet:

„II. Die Eintragung in die Grund- und Hypothekenbücher allein überträgt Eigenthum und dingliche Rechte, die Servituten mit eingeschlossen, abgesehen von publizistischen Verhältnissen. In gleicher Weise hört in Folge der Löschung Eigenthum und dingliches Recht auf."

Wie aus den Motiven des Herrn Dr. Bornemann hervorgeht, ist auch ihm dieser Gedanke nicht fremd geblieben und hat ihm durchaus nicht fern gelegen; er hat ihn aber in seinen Antrag nicht aufgenommen, weil er die Sache noch nicht für spruchreif hält und meint, daß diese tief eingreifende Frage nicht hier so gelegentlich abgemacht werden dürfe.

Ich stelle nun der geehrten Versammlung anheim, ob sie es für zweckmäßig hält, die Punkte einzeln in Berathung zu ziehen; ich glaube, daß es sehr ermüdend sein würde, jeden der 10 resp. 16 Punkte in einem einzigen Vortrage zu beleuchten.

Präsident: Ich kann mich damit nicht einverstanden erklären. Das Referat, welches eine kurze Einführung in die Sache sein soll, läßt sich, ohne daß beschlossen wäre, in die einzelnen Punkte einzugehen, nicht spalten. Ich bitte also den Herrn Referenten, uns in die Sache im Allgemeinen einzuführen und das einzuleiten, was die Anträge wollen; des speziellen Eingehens aber bitte ich sich möglichst zu enthalten.

Gerichts-Assessor **Meyer:** Unter diesen Umständen kann ich auf das Wort verzichten. Es sind das lauter einzelne Punkte, welche die Grundsätze des Hypothekenverkehrs darstellen und nicht unter einen einzigen Gesichtspunkt zu bringen sind. In letzterer Beziehung müßte ich also auf's Wort verzichten und es mir nur bei den speziellen Theilen vorbehalten.

Präsident: Ich möchte das Referat für geschlossen erachten und glaube nicht, daß Sie darauf bestehen werden, uns über jeden einzelnen Punkt einzeln referiren zu wollen.

Gerichts-Assessor **Meyer:** Ich muß das der Versammlung anheimstellen.

Präsident: Ich eröffne nun hiermit die Debatte.

Ober-Appellationsgerichts-Direktor **Molitor** aus München: Ich möchte eine Vorfrage zur Diskussion stellen, die vielleicht Vieles beseitigt.

M. H.! Wir haben hier sehr tief eingreifende wichtige Vorlagen. Ich habe durchaus keinen Zweifel über die zweckmäßige, treffende Behandlung dieser Fragen. In solcher Hand kann man nichts Anderes erwarten, als etwas Gründliches, Gediegenes und Wohldurchdachtes.

Demohngeachtet habe ich großes Bedenken, ob der Juristentag sich in dem Sinne, wie die Antragsteller es gethan haben, in diese große wichtige praktische Frage einlassen soll. Warum? Das Hypothekenwesen, die Hypothekengesetzgebung ist — ich kann es wohl sagen — der schwierigste Theil des Civilrechts. Nirgendwo besteht eine solche Mannigfaltigkeit: in der Behandlung und Beantwortung der Frage, was eine Hypothek sei, wie sie constituirt werde u. s. w. Die legalen Hypotheken, die gerichtlichen Hypotheken, die allgemeinen und speziellen Hypotheken — Alles das sind Fragen, die sehr spezieller Natur sind und sehr verschieden beantwortet werden. Es bestehen auch heute noch in Bezug auf die Manipulation sehr verschiedene Ansichten und vielfache Abweichungen, zusammenhängend mit anderen Einrichtungen in den verschiedenen Legislationen. — Wenn nun der Deutsche Juristentag sich auf diese Frage einlassen will, so kann das auf verschiedenen Wegen geschehen. Er kann, um die Grundlage für ein allgemeines Hypothekengesetz zu geben, die obersten Grundsätze aufstellen. Damit würden wir bald fertig sein, denn das ist im Wesentlichen: die Publizität und die Spezialität der Hypotheken, die Beseitigung aller Hypotheken, welche nicht speziell auf einzelnen Grundstücken basirt, welche nicht durch das Hypothekenbuch publizirt sind. Diese Grundsätze m. H. werden kaum des Fürworts des Juristentags bedürfen. Sie sind jetzt so anerkannt, daß wohl Niemand contradicirt, wenn man sagt, eine Hypothek muß öffentlich sein, sie muß durch das Hypothekenbuch beurkundet, sie muß eine spezielle sein. Wir haben auch in Deutschland eine ganze Reihe von Gesetzgebungen, wo diese Grundsätze in's Leben getreten sind: die Preußische, Bayerische, Württembergische ꝛc.

Nur noch einzelne Länder giebt es, welche in der Reform des Hypothekenwesens etwas zurück sind, so Hannover, Baden u. s. w. Für diese wäre es vielleicht wichtig, unsere Ansicht zu hören. Allein ich denke, das wird sich von selbst geben. Nach den großen Vorgängen, die ihnen vor Augen liegen, können sie wohl nicht anders, als dieselben Grundsätze über das Hypothekenwesen in das Leben einzuführen. Also in dieser Beziehung wird es kaum nothwendig sein, daß wir uns in eine Spezialdebatte einlassen.

So ist es auch mit der Rheinprovinz. Dort besteht das Französische Hypothekengesetz, und ich glaube, in der ganzen Rheinprovinz wird Niemand Anstand nehmen, zu erklären, daß das dortige Hypothekenwesen im Prinzipe nichts taugt. Erweist sich auch das Französische Hypothekensystem im Erfolge weniger verderblich als man erwarten sollte, so können doch seine allgemeinen und seine stillschweigenden Hypotheken unmöglich gebilligt werden. Darüber besteht keine Meinungsverschiedenheit und nur die Schwierigkeiten, welche mit der Hypothekengesetzgebung überhaupt verbunden sind, sowie die Gefahren anderer Systeme haben bis jetzt eine Reform weder in Rheinbayern, noch, soviel ich weiß, in Rheinpreußen aufkommen lassen, obschon sehr bedeutende Vorarbeiten gemacht worden sind. Also auch in Bezug auf diese Provinzen wird es nicht nothwendig sein, daß wir uns voranstellen und verlangen, daß reformirt werde und auch diese Gebietstheile eine vollkommnere Gesetzgebung für das Hypothekenwesen nach den angegebenen Grundsätzen erhalten müssen.

Der andere Punkt ist, daß genauere detaillirte Bestimmungen gegeben werden sollen, und das ist vorzüglich die Tendenz der Anträge. Sie gehen vielfältig in ganz genaue Details ein, in die Manipulationen, in die Vorbedingungen, in civilrechtliche Bestimmungen, in das Untergehen der Personalobligation in der hypothekarischen Haftung 2c. M. H.! Dagegen habe ich ebenfalls recht große Bedenken. Wenn wir so quasi einen Hypothekencodex in nuce proklamiren wollten, so müßte man sehr genau jedes Wort, jede Bestimmung prüfen und zusehen, ob sie nicht hier oder da anstößt. M. H.! Denken Sie sich, Sie wären eine legislative Versammlung! ich bin überzeugt, daß Sie mit diesen Fragen 10 bis 15 Sitzungen und große Referate durchmachen würden, und wir wollten nun für das allgemeine Deutsche Recht hier in promtu eine Reihe von solchen Bestimmungen begutachten? Das würde sehr bedenklich, sehr schwierig sein.

Wie gesagt, ich würde vielleicht gegen den größten Theil des Materials an sich weniger Anstand erheben, manches möchte indessen noch sehr einer genaueren Prüfung bedürfen. Ich rechne hierher — um wenigstens einen Punkt zu berühren — das vorgeschlagene Aufgehen des persönlichen Obligationsverhältnisses in der Hypothek, was mit den allgemeinen Rechtsgrundsätzen kaum im Einklang stehen dürfte, während dem praktischen Bedürfnisse auf einfacherem Wege Genüge geleistet werden kann. Die Wissenschaft hat sich in der neuesten Zeit mit dieser Aufgabe ernstlich beschäftigt und praktisch brauchbare Resultate gewonnen. Ich erinnere an die Schrift unseres Kollegen Bähr. Der soeben zur Oeffentlichkeit gelangte Bayerische Entwurf des Obligationenrechts hat sich seine Ideen über die Schuldübernahme, als eigenthümliches Rechtsinstitut, angeeignet; — es dürfte dadurch den Anforderungen des Verkehrs entsprochen sein.

Es giebt noch mehrere andere derartige Bedenken; ich will jedoch nicht weiter in's Detail eingehen; aber sie sind alle von großer Wichtigkeit.

Ich resumire mich: Entweder müssen wir allgemeine Grundsätze aufstellen, — die sind im Leben schon da, sie sind allgemein anerkannt und mehr brauchen wir nicht, — oder wir gehen in Detailbestimmungen ein, und da setzen wir uns der großen Gefahr aus, Fehler zu machen. Die einzelnen Bestimmungen des Hypothekenrechts hängen mit dem großen jeder Landesgesetzgebung zusammen, Einzelheiten herausreißen zu wollen, ist sehr gefährlich.

Ich möchte noch eins bemerken. Die Anträge haben offenbar eine Preußische Färbung. Es scheint, daß man da einige Lücken gefühlt hat, und durch solche Bestimmungen namentlich den Verkehr erleichtern will; in dieser Beziehung mögen sie auch ganz vortrefflich sein. Unser ganz gutes, praktisch vielfach bewährtes Bayerisches Hypothekengesetz braucht alle diese Bestimmungen nicht, es genügen diejenigen, welche wir bereits haben, und schon aus diesem Grunde möchte es bedenklich sein, solche Bestimmungen als gemeinsames Deutsches Recht zu adoptiren.

Deswegen muß ich, so leid es mir thut, Propositionen, welche von solcher Seite kommen, zurückzuweisen, mich gegen dieselben erklären. Ich bin der Meinung, daß wir alle diese Anträge ablehnen sollen.

Advokat **Miller** aus Dresden: Ich kann mich allerdings auch nicht damit einverstanden erklären, daß die Versammlung in die spezielle Berathung dieser Meyer'schen und Bornemann'schen Anträge eingehe, da sich diese doch schon der Tendenz nach ganz erheblich von einander unterscheiden. Die ersteren gehen darauf hin, für das Hypothekenwesen der einzelnen Länder die leitenden Grundsätze im Allgemeinen aufzustellen; die Meyer'schen Anträge dagegen sind auf Herstellung einer gemeinen Deutschen Hypothekengesetzgebung gerichtet. Das ist ganz gewiß ein sehr erheblicher Unterschied. Ich würde glauben, wir müßten uns zunächst mit einigen allgemeinen Sätzen begnügen. Der Herr Vorredner hat zwar angeführt, daß über die Grundsätze der Publizität, Spezialität und Legalität kein erheblicher Zweifel bestehe; allein der letztere Punkt ist immer noch sehr bestritten, und die Preußischen Juristen sind selbst sehr getheilter Meinung hierin. Was die beiden anderen Grundsätze anlangt, so dürfen wir nicht vergessen, daß denn doch nicht wenig Länder Deutschlands immer noch General-, stillschweigende und gesetzliche Hypotheken haben. In Hannover, welches ebenfalls erwähnt wurde, ist in den letzten Tagen ein Entwurf veröffentlicht worden, demzufolge diese Grundsätze nach dem Sächsischen und Preußischen Hypothekenrechte dort eingeführt werden sollen. Ganz abweichend ist wiederum z. B. die Einrichtung des Hypothekenwesens in den freien Städten, insbesondere in Bremen.

Ich glaube, unsere Haupttendenz liegt darin, die Reformen des Hypothekenwesens in den Ländern zu beschleunigen, wo das System des Preußischen und Sächsischen Rechts bisher nicht eingeführt worden ist.

In Bezug auf mehrere Bestimmungen in den Anträgen des Dr. Bornemann gestehe ich allerdings, daß ich gleichfalls Bedenken gegen eine eingehende Berathung derselben Seitens der Versammlung hätte. Ich erwähne nur die Frage über die Correalobligationen und über die Aufhebung des Systems der Mitverpfändung. Sie haben dann ferner, was der Herr Vorredner noch nicht erwähnt hat, die Ueberweisung der Feuerkassengelder an die Hypothekarien. Das ist ebenfalls eine Bestimmung, welche mit denen der Landesbrandkasseninstitute in den verschiedenen Ländern zusammenhängt und, je nachdem man verschiedene Anschauungen und ganz andere Ansichten über die Brandversicherungen hat, auch verschieden beantwortet worden ist. Sie haben ferner in dem Meyer'schen Antrage unter Nr. 12 eine ganz bestimmte Aussprache gegen das Prinzip der Hypotheken au porteur. Ich würde mich für diese Ansicht prinzipiell durchaus nicht entschließen können. Der Vorgang, der in Bremen für die Handfesten besteht, ließe sich mit einigen Modifikationen vielleicht auch auf andere Länder übertragen. Das ist nun so eine partikulare Meinung von mir, aber ich glaube, sie ließe sich sehr wohl rechtfertigen.

Einen Punkt erlaube ich mir noch zu erwähnen, welcher den Schlußpunkt der Bornemann'schen Anträge bildet. Das sind die Subhastationsprozesse und die Einziehung der hypothekarischen Forderungen. Ich glaube, es herrscht in dieser Beziehung im Augenblicke offenbar die Tendenz vor, die strenge Reform des Handelsgerichtsprozesses auch auf den Subhastationsprozeß rc. zu übertragen. Dagegen glaube ich, lassen sich sehr wesentliche Bedenken, namentlich in Hinblick auf den Realkredit aufstellen. Der Realkredit ist ein ganz eigenthümliches Ding; er ist vollständig verschieden von dem Handelskredit und Darlehnskredit. Der Grundbesitzer, der sich Geld borgt, weiß, daß er es in der bestimmten Frist wieder bezahlen kann, bis zu welcher er die Rückzahlung versprochen hat, denn er rechnet das Geld, was er aufgenommen hat, als einen Theil seines speziellen Kapitals; es ist ein Theil seines stehenden Kapitals geworden, nicht aber seines Betriebskapitales. Er kann das Kapital nicht beliebig zurückzahlen, sondern nur die Hypothekenschuld tilgen. Daraus folgt, daß er nicht fortwährend versprechen kann, er wolle ein halbes Jahr nach der Kündigung zurückzahlen. Wir müssen eine viel längere Frist und einen größeren Zeitraum dafür lassen. Ich würde mich dagegen wohl für die in den Bornemann'schen Anträgen mit hervorgehobene Mitübertragbarkeit der hypothekarischen Forderungen und somit für eine Erleichterung derselben aussprechen. Je cessibler, je schneller übertragbar die hypothekarischen Forderungen sind, desto leichter ist es auch, daß Veränderungen vermieden werden und auf dem Wege der Intercession sich ein neuer Gläubiger findet.

Ein Punkt aber, welcher in den Bornemann'schen, wie in den Meyer-schen Anträgen ganz vergessen ist, und von dem ich wünschte, daß er zur Sprache käme, betrifft die Kosten für die Eintragung und Löschung, die in manchen Ländern den Hypothekenverkehr ganz enorm drücken. So hat man ermittelt, daß er z. B. in Frankreich 12% beträgt, während diese Kosten in Deutschland im Allgemeinen 7%, in manchen Ländern aber auch 8% ausmachen. Das ist eine schlimme Last, welche von den außerordentlichen Kosten herrührt, die bei den Gerichten für Stempel u. s. w. entstehen.

Nach alledem wollte ich mir erlauben, eine Erklärung folgenden Inhalts vorzuschlagen:

„Der Deutsche Juristentag wolle sich bezüglich der Reform des Hypothekenwesens dahin aussprechen:

Es sei wünschenswerth,

1) daß in allen Ländern, wo noch General-, gesetzliche oder stillschweigende Hypotheken bestehen, selbige alsbald im Wege der Gesetzgebung endlich beseitigt werden,
2) daß in dem möglichst einfach einzurichtenden Grund- und Hypothekenbuchswesen die Grundsätze der Publizität, Spezialität und Legalität überall zur unbedingten Anwendung kommen,
3) daß die Uebertragbarkeit hypothekarischer Forderungen so wenig als möglich beschränkt,
4) die Kosten für hypothekarische Eintragungen und Löschungen aller Art auf ein geringes Maß herabgesetzt, und
5) den Gläubigern die Einziehung und Geltendmachung hypothekarischer Forderungen im Rechtsweg, so weit es das Bedürfniß und die Natur des Grundkredits gestattet, möglichst erleichtert werde.

Dagegen wolle der Juristentag beschließen, die in den Bornemann'schen und Meyer'schen Anträgen bezüglich der persönlichen Haftbarkeit der Grundbesitzer, der Korrealhypotheken, sowie der Feuersocietätsgelder angeregten Fragen der ständigen Deputation zur Einholung anderweiter Gutachten und Vorlegung derselben an den nächsten Juristentag zu überweisen."

Eine Stimme: Worüber ist denn eigentlich die Debatte eröffnet?

Präsident: Es ist jetzt von den Rednern eine Debatte über die Vorfrage eröffnet, ob überhaupt in das Einzelne dieser Anträge eingegangen werden soll. Der zweite der Herren Redner hat diese Vorfrage weniger in Angriff genommen, sondern, zum Theil in die Sache eingehend, selbst einen neuen Antrag gestellt, der mit anderen Worten nur eine Beschränkung der Meyer'schen und Bornemann'schen Anträge enthält; aber allerdings eine bedeutende Beschränkung. Er hat dadurch sich insofern an den ersten Redner, der die Vorfrage stellte, angeschlossen, als auch er, wie mir scheint, zugegeben und den vorhergehenden Redner in der Ansicht unterstützt hat, daß auf das Detail der Bornemann'schen und Meyer'schen Anträge jetzt nicht wohl eingegangen werden könne.

Aus diesem Grunde habe ich den Redner nicht unterbrochen. Ich möchte nun bitten, sich nur über die Vorfrage auszusprechen, ob wir überhaupt in die Berathung eines den Entwurf eines Hypothekengesetzes zum Theil darstellenden Details eingehen wollen. Wird diese Frage bejaht, so würde diese Berathung selbst folgen.

Als Redner haben sich gemeldet die Herren König, Meyer, Drechsler, Auerbach, Horn, Miller, Unger, Bornemann, v. Kerstorf und Geck.

Advokatanwalt, Justizrath **König** aus Cleve: M. H.! Ich hatte vor, den Antrag zu stellen, über sämmtliche, das Hypothekenwesen betreffende Anträge hier zur Tagesordnung überzugehen. Ich bin also für den Antrag, den der erste Redner gestellt hat. Ich stimme mit ihm auch darin vollkommen überein, daß die vorliegenden Anträge und die Sätze, welche dieselben zur Diskussion bringen wollen, an und für sich höchst interessant sein mögen; aber m. H., sie eignen sich nach meiner Ansicht durchaus nicht zu einer Besprechung auf einem allgemeinen Deutschen Juristentage; und zwar deshalb nicht, weil sie ein Hypothekenwesen, welches dem Preußischen Hypothekenrechte entspricht oder ihm wenigstens nachgebildet ist, voraussetzen. Sie setzen nämlich ein Hypothekenwesen voraus, welches das Prinzip der Publizität mittelst Anwendung des Legalitätsprinzips zur Realisirung bringt. Das hat aber durchaus kein praktisches Interesse für die Gesetzgebungen solcher Deutscher Länder, welche mit dem Legalitätsprinzip gebrochen haben; das ist für Juristen aus diesen Ländern sogar unverständlich, wenn nicht gerade einer diese Materie des Preußischen Hypothekenrechts ganz besonders studirt hat. Ich verstehe unter Legalitätsprinzip — wenn der Ausdruck auch barbarisch klingt — ein Hypothekenwesen, wo man Hypothekenbücher anlegt, in denen eine Eintragung nicht eher erfolgt, als nach vorheriger Untersuchung, Prüfung und richterlicher Feststellung, möglicherweise selbst Zeugenvernehmung; also eine Legalität, die erreicht wird dadurch, daß die an diesem geprüften, untersuchten Eigenthum vorhandenen dinglichen Rechte festgestellt und publizirt werden. Diesem System steht ein anderes gegenüber, welches ein solches Prüfungsverfahren gänzlich aufgiebt, weil es den Immobilarverkehr erschwert, dadurch aber das Grundbuch zu einer auch den Verkehr hemmenden Maschine wird, die nichts produzirt. Darum muß dieses Prinzip in der That beseitigt und ein anderes an seiner Stelle eingeführt werden. Und das ist das Französische, welches einen großen Vorzug hat, ohngeachtet ihm auch noch mancher Mangel anhaftet. Das Französische Hypothekenrecht geht von dem Grundsatze aus, daß der Richter nicht zu prüfen, sondern blos in die Journale die Titel 2c. einzutragen hat, und daß das Recht seinen dinglichen Charakter dadurch erlangt, daß der Titel publizirt wird. Es ist das ein System, welches den Gegensatz zu dem bildet, welches man das vormundschaftliche nennen könnte, ein System der Mündigkeit. Wenn wir daher einmal dazu kommen, ein gemeinsames Deutsches Hypothekengesetz zu schaffen, so wird die Hauptfrage die sein: Wollen wir das Legalitätsprinzip festhalten oder vollständig mit ihm brechen? Die Entscheidung bei dieser Vorfrage für die Legalität wird vorausgesetzt in allen vorliegenden Anträgen. (Zuruf: Nein, nein!)

Das ist klar, wenn man die Sache nur genau durchliest. M. H.! Diese Vorfrage steht aber gar nicht auf der heutigen Tagesordnung, und wenn sie auf derselben stände, so wäre ich doch nicht dafür, sie jetzt zu diskutiren. Wir sind, oder unsere Zeit ist — möchte ich behaupten — gar nicht einmal reif dazu, diese Frage gehörig zu entscheiden. Denn die Hypothekenrechte, welche auf einem entgegengesetzten Prinzipe beruhen, liegen erst noch in ihrer Kindheit vor uns, sie sind unentwickelt liegen geblieben. Erst wenn diese Gesetzgebung, welche auf einem andern Prinzipe beruht, mit derselben Meisterschaft, wie es für das Legalitätsprinzip in Preußen geschehen ist, weiter entwickelt worden sein wird, dann erst werden wir vollständig beurtheilen können, wie wichtig und werthvoll dieses Prinzip und ob es in der That das Bessere ist. Jetzt sind noch die Meinungen verschieden, und die Gelehrten schießen in dieser Beziehung noch weit vom Ziele vorbei. Man muß die Handhabung des Hypothekenrechts selbst angeschaut, selbst erlebt haben.

Ich bin daher der Meinung, daß wir über das Hypothekenwesen heute gar keine Bestimmungen treffen, wir werden in zehn Jahren weit reifer dazu sein. Es würde ein Anachronismus sein, wenn wir heute Grundsätze feststellen wollten, welche in das Französische Hypothekenrecht gar nicht übergehen können, denn es ist unmöglich, mit diesem z. B. das Legalitätsprinzip zu verbinden. Wir können das Hypothekenwesen nicht reformiren, wenn wir nicht dieses Prinzip über Bord werfen, und deshalb bin ich für jetzt für den Uebergang zur Tagesordnung.

Gerichts-Assessor **Meyer**: Es fragt sich, m. H., was die Aufgabe des Deutschen Juristentages ist. Ich glaube doch: sie kann nur wesentlich darin bestehen, alle diejenigen Rechtsinstitutionen, welche von gemeinsamem Deutschen Interesse sind, zu besprechen und darüber die Meinung des Juristentags zu erforschen. Nun meine ich in der That, daß kaum ein anderes Institut so sehr in den allgemeinen Verkehr eingreift als gerade die Hypothekengesetzgebung. Es ist vorhin gesagt worden, die verschiedenen Länder befolgten hierin besondere, verschiedene Prinzipien, welche sich verhältnißmäßig gut bewährt hätten. Das glaube ich sehr gern; ich glaube aber auch, es würde ganz wesentlich zur Hebung des Realkredits beitragen, wenn die Hypothekengesetzgebung in allen Deutschen Ländern dieselbe wäre, dieselbe sein könnte. Sobald man das zugiebt, — und man muß es zugeben, da die tägliche Erfahrung lehrt, wie schwer ein Kapitalist sich entschließt bei den Beschränkungen des Hypothekenverkehrs in den einzelnen Ländern oder Ländchen und bei der Verschiedenartigkeit der geltenden Prinzipien, Gelder auf Grundstücke solcher Länder auszuleihen, die eine andere Hypothekengesetzgebung haben, als an seinem Wohnort gilt, — so wird man auch zugeben, daß es sehr dringend ist, eine allgemeine Deutsche Hypothekengesetzgebung anzustreben.

Es ist gesagt worden, daß unsere Zeit nicht ausreichte, um die einzelnen Grundsätze in dieser Beziehung zu besprechen. Insofern wäre die Stellung des Juristentags allerdings eine ganz eigenthümliche. Es ist gestern ein Antrag auf eine gemeinsame Patentgesetzgebung eingebracht worden. Dagegen wurde erinnert: Auf solche allgemeine Anträge könnte man sich nicht einlassen, es müßten Prinzipien gegeben werden, um ein richtiges Urtheil zu begründen. Nun, m. H., hier ist das der Fall, hier sind einzelne Prinzipien aufgestellt und darüber kann man sprechen! Da sagt man nun wieder: Ja, das dauert zu lange, wir haben nicht Zeit, auf diese Punkte einzugehen!

Was die Anträge des Herrn Advokat Miller betrifft, so glaube ich nicht, daß sie zur Abkürzung der Sache beitragen werden, denn, wenn man so im Allgemeinen über die Prinzipien der Spezialität, Publizität und Legalität aburtheilen und Beschluß fassen soll, so kommt es doch immer zunächst darauf an, was man im Speziellen darunter versteht und im Allgemeinen ist damit nichts geholfen. Sachlich scheinen mir nur die Prinzipien, welche in den Anträgen von Bornemann und Meyer berührt worden sind, erwogen und debattirt werden zu müssen. Ich glaube also, daß, da eine gemeinsame Hypothekenordnung wirklich Bedürfniß ist, wir uns nicht auf so bequeme Weise der Berathung entziehen und zur Tagesordnung übergehen können.

Bürgermeister Dr. **Drechsler** aus Parchim: M. H.! Ich glaube, in dieser Frage Einiges sagen zu können und müssen, weil ich einem Lande angehöre, welches in der Hypothekengesetzgebung gewiß nicht zu den Zurückgebliebenen gehört: ich bin nämlich aus Mecklenburg. In Mecklenburg besteht eine sehr ausführliche und genaue Hypothekengesetzgebung, gebaut auf einfacher Grundlage mit einem sehr einfachen Geschäftsmechanismus. Die Erfahrung von beinahe fünfzig Jahren hat dazu gedient, um in den letzten Decennien eine Revision dieser Gesetzgebung zu veranstalten, und ich müßte wirklich glauben, daß diesem und vielleicht dem einen oder anderen Lande, welches sich ähnlicher Institutionen erfreut, ein bedeutender Rückschritt zugemuthet würde, wenn, um die Gemeinsamkeit in diesem wichtigen gesetzgeberischen Punkte in Deutschland zu erreichen, derartige Wohlthaten aufgegeben werden sollten, deren unser Land und vielleicht noch mancher andere kleine Staat sich erfreut.

Ich glaube, wir haben bei dieser Frage unser Augenmerk darauf zu richten, daß innerhalb des Juristentags vor Allem diejenigen Gesetzgebungen — und wenn sie auch noch als partikuläre erscheinen — genau gekannt werden, welche auf dem Gebiet des Hypothekenwesens die fortgeschrittensten sind. Die hier vorliegenden Anträge alle nach der Reihe hat die Mecklenburgische Gesetzgebung überwunden. Sie hing in manchen Punkten im Jahre 1819 noch damit zusammen; aber jetzt ist ein Standpunkt erreicht, auf welchem alle die Prinzipien, deren der Verkehr bedarf, und die darauf hinausgehen den Verkehr zu erleichtern, den bezeichneten Zweck zu erreichen, die Grundstücke in Werthe aufzulösen und zu mobilisiren, zur vollen Geltung gebracht sind. So ist der Französische Grundsatz, daß der Richter keine Prüfung der Legalität des Geschäfts hat, längst adoptirt. Es ist der Satz, daß eine genaue Vermessung der Grundstücke, auf welchen die Hypothek ruht, stattfinden müsse, sowie eine genaue Nachweisung des Objekts der Hypothek, vollständig aufgenommen. Die Behörde verwaltet, was ich der Kosten wegen bemerke, so billig, daß ich die Procentberechnung, die hier aufgestellt worden ist, zurückweisen muß. Das ganze Geschäft ist an so außerordentlich wenig erschwerende Förmlichkeiten geknüpft, — namentlich Beglaubigungen von Unterschriften kennen wir gar nicht, — daß für das ganze Land von 8—900 Gütern eine einzige Hypothekenbehörde von zwei Mitgliedern ausreicht, den Umsatz von mehreren Millionen jährlich zu bewirken. Ein Mitglied dieser Behörde ist in der Versammlung anwesend und wird das bestätigen können. Es ist ferner für den städtischen Grundbesitz ein Hypotheken- und Stadtbuch vorhanden, ebenso ein Grundbuch für den bäuerlichen Grundbesitz.

Alle diese Bestimmungen sind schon in revidirter Form mit Benutzung der Erfahrungen, welche ein Menschenalter hindurch gemacht worden sind, vorhanden, und ich glaube, wenn einige der norddeutschen Mitglieder in Mecklenburg Geldgeschäfte vermittelt haben, so werden sie bestätigen, daß eine einfachere kürzere Prozedur, einfachere Hypothekenscheine nirgends vorhanden sind.

Nun m. H., erkenne ich allerdings das Bedürfniß an, da, wo es nöthig ist, nach und nach ebensolche Verhältnisse zu schaffen, auch gemeinsame Grundsätze über den Erwerb des Eigenthums und der dinglichen Rechte aufzustellen. Aber ich glaube, es ist die Aufgabe des Juristentags, in dieser Frage einen ähnlichen Weg zu gehen, wie im vorigen Jahre bei der Civilprozeßgesetzgebung, nämlich zu ermitteln, welche Gesetzgebung auf vollständig klaren Prinzipien beruht, welche sich bewährt hat und sich am meisten zur Grundlage für eine allgemeine Deutsche Gesetzgebung eignen würde. — Ich glaube, wir kennen die einzelnen Gesetzgebungen zu wenig. Es sind z. B. in diesen Anträgen hier Bezeichnungen gebraucht worden, welche in jedem Lande anders verstanden werden. Lassen Sie uns also, wenn eine Beschlußfassung in der Sache auch im gegenwärtigen Jahre noch nicht erfolgen kann, die Sache selbst nicht aufgeben. Es ist unmöglich, eine so wichtige Frage in einem, zwei oder drei Tagen abzumachen.

Aus dieser Erwägung habe ich einen Antrag dahin präcisirt, daß die ständige Deputation zu beauftragen sei, diese Frage fortwährend im Auge zu behalten und aus der heutigen Debatte Veranlassung zu nehmen, über die Hypothekengesetzgebung der einzelnen Länder noch genauere Erkundigung einzuziehen und das Material dem nächsten Juristentag vorzulegen. Es kann nicht darauf ankommen, ganz genau und ausführlich in's Detail einzugehen und es mitzutheilen; aber die Grundsätze sind mittheilbar und in kurzen Sätzen anzugeben. Ich bin überzeugt, daß wir damit viel weiter kommen, als es mit diesen Vorschlägen geschehen wird. Es ist mir allerdings nicht begreiflich, wie man z. B. in Hannover soweit hinter den Bedürfnissen des Verkehrs zurückbleiben konnte, und es wäre jetzt eine gute Gelegenheit, wenn Hannover hierdurch eine Anregung erhielte, etwas mehr vorwärts zu schreiten.

Ich möchte also den Antrag stellen, die vorgelegten Sätze nicht im Einzelnen zu debattiren, weil sie nicht für alle gleich verständlich sind, wogegen ich in der Hauptsache beantrage, die Sache dem nächsten Juristentage mit vermehrtem Material vorzulegen. (Bravo!)

Ober-Appellationsgerichts-Direktor **Molitor**: Ich nehme meinen Antrag zurück und schließe mich dem an, welchen der Herr Vorredner so eben gestellt hat. —

Präsident: Herr Stadtrichter Hiersemenzel hat eine Mittheilung zu machen.

Stadtrichter **Hiersemenzel** aus Berlin: Um mehrseitigen Wünschen zu entsprechen, ist ein Verzeichniß der in Dresden anwesenden Mitglieder des Juristentags und ihrer Wohnungen entworfen und gedruckt worden, welches ich hiermit zur Empfangnahme vorlege. Ich muß aber um Nachsicht bitten, wenn sich Druckfehler darin vorfinden sollten, weil die Correktur in der vorigen Nacht hat gelesen werden müssen. Ferner ist es möglich, daß einzelne Namen ganz fehlen, weil sich nicht alle Mitglieder in die Hauptliste, sondern manche nur in die Abtheilungslisten eingeschrieben haben, die Zusammenstellung aber, wenn nicht noch mehr Zeit darauf verwendet werden sollte, nur nach der Präsenzliste erfolgen konnte. Die Herren, welche auf diese Weise nicht verzeichnet worden sind, bitte ich, sich zu melden, damit nöthigenfalls noch ein Nachtragsverzeichniß gedruckt werden kann.

Präsident: Wir werden noch eine andere Unterbrechung eintreten lassen müssen, indem ich Ihnen die Liste der Vertrauensmänner vorlesen will, zu deren Aufstellung Sie uns ermächtigt haben. Die Gewählten sind:

Graf von Wartensleben,
Ministerialrath v. Freydorff,
Geh. Justizrath Prof. Ihering,
Professor Unger,
Hofrath v. Kerstorf,
Geh. Justizrath Heydemann,
Justizrath Dorn,
Bürgermeister Dr. Drechsler,
Professor Dr. Kuntze, und
Justizrath König.

Justizrath Dorn aus Berlin: Da ich schon als Vicepräsident des Juristentages bei der Aufstellung der Liste für die Wahl der ständigen Deputation mitzuwirken habe, so würde es zweckmäßiger sein, an meiner Stelle ein anderes Mitglied vorzuschlagen.

Eine Stimme: Ich schlage den Dr. Rießer aus Hamburg vor.

Präsident: Ist die Versammlung damit einverstanden, daß für Herrn Justizrath Dorn der Herr Dr. Rießer aus Hamburg eintrete? (Zuruf: Ja!)

Ist die Versammlung mit der von uns aufgestellten Liste überhaupt einverstanden? (Es erfolgt kein Widerspruch.)

Die gewählten Herren Vertrauensmänner ersuche ich nun, Sich gefälligst Punkt 11 Uhr zu einer Besprechung mit dem Herrn Präsidenten im Saal der Harmoniegesellschaft einzufinden. —

Wir gehen in der Debatte über das Hypothekenwesen weiter. Ehe ich aber den ferner angemeldeten Herren das Wort ertheile, noch Eins. Die bisherigen Herren Redner haben, soviel ich ermessen konnte, im Wesentlichen in der Richtung gesprochen, daß das Detail der uns vorgelegten Anträge in dem Zusammenhange einer speziellen Gesetzgebung gedacht sei und daß sie zwar Material zu einem vollständig detaillirten Entwurf eines Hypothekengesetzes darstellen könnten, der Juristentag aber in der Regel solche detaillirte Gesetze von Anfang nicht in Angriff nehme, daß von ihm nur allgemeine Grundsätze in Angriff genommen würden, diese aber in den Spezialitäten hier nicht vollständig erkennbar, die letzteren zum Theil auch für bestehende Partikulargesetzgebungen nicht passend seien, daß z. B. das Legalitätsprinzip, wie hervorgehoben wurde, ein Punkt sei, welcher in den Anträgen nicht als prinzipielle Frage aufgestellt, sondern als schon gelöst unterstellt sei, wenigstens insofern, als eine theilweise Legalität sich im Entwurfe vorfinde, der Richter also immerhin zu prüfen habe. Nun resumiren sich im Ganzen die Anträge dahin, daß eine Aufstellung allgemein geltender Grundsätze für ganz Deutschland wünschenswerth sei, und daß man auf irgend einem Wege die Bestrebungen zu solchen allgemeinen Grundsätzen vorbereiten und einleiten müsse. In letzterer Beziehung unterscheiden sich die Anträge, indem sie zum Theil die motivirte Tagesordnung wollen. Die letztere mehr formelle Frage werden wir wohl leicht erledigen können. Ich würde daher bitten, daß die Herren Redner sich darüber aussprächen, ob Sie derselben Richtung wie die Vorredner sich anschließen, oder ob die von den Herren Bornemann und Meyer vorgeschlagenen Bestimmungen in Berathung genommen werden sollen, — in dem Gedanken, sie sollen allgemeine Prinzipien für das später zu schaffende gemeinsame Hypothekengesetzgebungswerk liefern, — oder endlich ob diese Vorschläge von der Versammlung als Detailbestimmungen angesehen und berathen werden sollen, angehörig einem künftigen Entwurf eines Hypothekengesetzes, so daß sie, je nachdem die Grundsätze desselben sich nach dieser oder jener Richtung hin ergeben, anzunehmen oder zu verwerfen seien. Darüber würde sich jetzt die Debatte zu verbreiten haben.

Advokat Dr. Auerbach aus Frankfurt a. M.: Im Hinblick auf das vom Herrn Vorsitzenden soeben Bemerkte erkläre ich mich gleich im Anfange meines Vortrags ganz und gar mit Demjenigen einverstanden, was Herr Ober-Appellationsgerichts-Direktor Molitor geäußert hat. Ich kann mich zugleich auch mit dem Antrage einverstanden erklären, welchen der letzte Herr Vorredner gestellt hat, und zwar nicht aus temporären Rücksichten, nicht aus Rücksichten darauf, daß es uns an Zeit gebrechen könnte, um diese wichtige Frage zur erwünschten Erledigung zu bringen, — nein, aus Rücksichten, die aus dem Wesen des Gesammtinstituts, das wir einer Frage unterzogen haben, geschöpft sind. An und für sich, m. H., stehen ja alle Rechtssätze in einem organischen Zusammenhange; nirgends mehr aber ist dies der Fall, als gerade im Hypothekenrechte. Denn möge man auch die Hypothek als dingliche Forderung noch so sehr von ihrer Grundlage, dem obligatorischen Recht, trennen, sie sind doch beide unzertrennbare Begleiter, das eine weist immer auf das andere zurück in der größten Gegenseitigkeit. Es kommt aber noch hinzu: gerade das Hypothekenrecht offenbart so recht deutlich, wie wenig eine solche Isolirung des einen Rechtsinstituts vom andern möglich ist. M. H., selbst in den uns vorgelegten Anträgen ist dieser Zusammenhang wahrzunehmen, wenn er gleich nur schwach darin angedeutet ist. Man hat die Frage mit hineinziehen müssen — denn auch das Verkehrsleben drängt auf Erleichterung im Hypothekenwesen wie im obligatorischen Rechte — soll ein Rechtsinstitut geschaffen werden, welches auch die Frage wegen der Hypothekenpapiere auf Inhaber berücksichtigt? — Es kommt noch eine andere Frage hinzu, welche wohl verdient hätte, hier besonders berücksichtigt zu werden, eine Frage, die gerade jetzt mit großem Gewichte und tiefer Bedeutung an uns herantritt. Sie wissen Alle, m. H., der Nürnberger Entwurf oder das allgemeine Deutsche Handelsgesetzbuch, welches hoffentlich auch bald allgemein gelten wird, hat in Bezug auf das Rechtsinstitut der Gesellschaften ein Verfahren, einen Satz angewendet, der auch dem Hypothekenwesen keineswegs gleichgültig sein kann. Die verschiedenen Gattungen der Gesellschaften, die offenen, die Kommandit-, die Actien-Gesellschaften, alle diese verschiedenen Institute des Gesellschaftswesens sollen berechtigt sein, Eigenthum sowohl mobiler als immobiler Natur zu erwerben. Schon in der Konferenz wurde darauf hingewiesen, daß gerade diese Frage in den Gesetzgebungen einzelner Länder leicht Widerstand finden könnte. Ich weiß, daß ganze Gebiete der Gesetzgebung, so auch meine Vaterstadt, streng darauf halten, daß Firmen von offenen und Kommanditgesellschaften nicht als dinglich Berechtigte eingetragen werden können. Es würde demnach bei einer Reorganisation des Hypothekenrechts auf die wichtige Frage, die einer Entscheidung entgegenharrt, mit ankommen, ob in dieser Beziehung Gesellschaften wenigstens mit der Konsequenz den juristischen Personen gleichgestellt werden, wonach eine solche darauf gerechten Anspruch erheben kann, daß ihr Eigenthum auf ihren Namen eingetragen werde.

Ich könnte noch mehrere wichtige Fragen, die hier hereinspielen, anführen, will mich aber, da sich die Behandlung eines so wichtigen Rechtsinstituts nicht so leicht erschöpfen läßt, begnügen, nur auf diese zwei Fragen hinzuweisen und im Uebrigen mich dem Antrage anschließen, daß wir von einer Detaillirung dieser Materie absehen und einen der angedeuteten Wege wählen, um auf dem künftigen Juristentage einem bestimmten Systeme des Hypothekenwesens, dem dann detaillirtere Bestimmungen nicht fehlen dürften, entgegen zu sehen.

Professor Dr. **Unger** aus Wien: Erlauben Sie mir nur ein Wort, um den Antrag des Herrn Dr. Drechsler zu unterstützen.

Auch mir scheint die Sache für uns zur Entscheidung noch nicht reif zu sein. Es ist gestern schon weiter auseinandergesetzt worden, daß die vergleichende Jurisprudenz ihre Aufgabe nicht vollständig genug erfaßt, noch nicht genug geleistet habe. Wenn diese Bemerkung irgendwo richtig ist, so ist sie es ganz gewiß in Beziehung auf das Hypothekenwesen. Hier gerade fehlt es, wie mir scheint, an einer befriedigenden theoretischen Arbeit über die Verschiedenheit des Hypothekenwesens in den einzelnen Staaten. Ich weiß nicht, ob sich Viele unter uns befinden, welche mit Fug und Recht zu erklären im Stande wären, daß sie das Grund- und Hypothekenwesen in den einzelnen Staaten genau kennten. Was speziell das Hypothekenwesen in Oesterreich anlangt, so liegt es, was besonders die wissenschaftliche Seite betrifft, eben auch bei uns noch im Argen. Wie mir scheint wenigstens wäre es schwer, die Prinzipien der Oesterreichischen Gesetzgebung in dieser Beziehung bestimmt festzustellen. Ich glaube daher, daß ohne tüchtige Vorarbeit in dieser Sache nichts geschehen kann, und schließe mich deshalb dem Antrag des Herrn Drechsler an. Ich meine aber auch, daß zu einer solchen Arbeit nicht eine Person allein ausreiche, sondern daß sie mehrere, und zwar Theoretiker und Praktiker erfordere. Dann sollte und würde man uns ein Referat in dem Sinne vorlegen können, daß es uns in der That und in Wahrheit über den Zustand der Praxis und die Ansichten der Theorie in dieser Frage vollständig berichtete.

Privatdocent, Gerichts-Assessor Dr. **Bornemann** aus Berlin: Ich könnte vollständig auf das Wort verzichten, da ich der Ansicht bin, daß die Motivirung des Herrn Drechsler durchaus richtig ist. Ich glaube, daß wir hier dieselbe Erfahrung machen wie beim Civilprozeß. Erst wenn die Sache tüchtig vorbereitet ist, so daß sich auch der, welcher sich nicht gerade vorzugsweise sonst mit ihr beschäftigt, über die einzelnen Prinzipien ein klares Bild machen kann, dann wird die Entscheidung möglich sein, welche gegenwärtig noch nicht getroffen werden kann. Ich trete daher auch insbesondere dem, was Herr Professor Unger eben gesagt hat, bei.

Kreisgerichts-Direktor **Horn** aus Naumburg: M. H.! Mir liegt daran, meine Meinung entschieden dahin abzugeben, daß es gerade an der Zeit ist, diese Frage zu erwägen. Ich mache darauf aufmerksam, daß gerade jetzt das Obligationenrecht und das Prozeßverfahren zum Gegenstande vorbereitender Berathungen gemacht werden. M. H.! Die materiellen Prinzipien, welche dem Hypothekenrecht zu Grunde liegen, kommen da alle zur Sprache und müssen da zur Sprache kommen; wenn es also je einmal an der Zeit ist, die Hypothekenordnung zu berathen, so wird dies gerade jetzt der Fall sein. Ich wüßte in der That nicht, was daraus werden sollte, wenn wir das Obligationenrecht und das Prozeßverfahren durchberathen hätten und nachträglich mit Berathung einer Hypothekenordnung vorgingen, welche schließlich mit den Grundsätzen, die bei Berathung des Obligationenrechts und des Prozeßverfahrens aufgestellt worden, nicht zu vereinigen wäre. Ich erinnere Sie nur an das wichtige Subhastationsverfahren, welches von dem Hypothekenrechte gar nicht zu trennen ist; ich erinnere Sie an die Grundsätze über das Eigenthum rc. — kurz, ich halte es für unbedingt nöthig, daß zur Berathung der Hypothekenordnung vorgeschritten werde.

Mit Freuden habe ich daher diese beiden Anträge begrüßt, obwohl sie leider zu spät gekommen sind, als daß man sich gründlich hätte darauf vorbereiten können. Aber als alter Erfahrungsmensch, der lange und viel in Hypothekensachen gearbeitet hat, habe ich vieles vermißt, was in diese Anträge hätte aufgenommen werden müssen, und was jedenfalls noch geschehen wird. Es ist hier aber nicht der Ort, die Anträge zu vervollständigen, sondern vorläufig nur sie aufrecht zu erhalten. M. H.! Ich hörte, daß den Anträgen der Vorwurf gemacht wurde, sie seien von Preußischem Standpunkte aus gefaßt. Nun freilich; das ist aber nicht zu ändern. Wir sind ja eben hier versammelt, um unsere Meinungen und Erfahrungen auszutauschen; wir sind ja hier vereinigt, um Mängel der verschiedenen Gesetzgebungen zu besprechen und auf ihre Beseitigung hinzuwirken. Mögen daher doch, um jenen Vorwurf zu beseitigen, die Herren, welche nicht Preußen sind, mit ähnlichen Anträgen hervortreten. Jetzt hörte ich nur ein Rühmen anderer Hypothekenordnungen und ein Bemängeln der Preußischen.

Ich bin bekannt damit, daß Hypothekenbücher existiren in Oesterreich, Bayern, Württemberg, Sachsen, Mecklenburg. Aber ich bin auch bekannt damit, daß in andern Landestheilen Hypothekenbücher nicht existiren. Was ist denn der Grund? Sie fühlen kein Bedürfniß die Hypothekenbücher einzuführen, weil sie überall Mängel sehen. Man bringe nur ein Hypothekenbuch, welches vorzüglich ist und nicht bemängelt werden kann, und man wird sich dann ganz gern dieser Einrichtung anschließen. Ich glaube also, daß wir berufen sind an das Werk zu schreiten, obwohl wir leider keine Zeit mehr haben die Sache gründlich zu erörtern. Ich würde mich daher der Ansicht nicht anschließen, die Sache ganz auf sich beruhen zu lassen, sondern nur dazu rathen, die Sache noch zu einiger Vervollständigung an die ständige Deputation zurückzugeben, denn das Wichtigste ist bereits in den Anträgen enthalten.

Auf eins aber, was durchaus nicht zu übergehen ist, muß ich noch aufmerksam machen: Bei den Hypothekeneinrichtungen ist eigentlich die Form die Hauptsache. Von der Form ist hier kein Wort gesprochen, nur von materiellen Grundsätzen. Diese Form ist aber durchaus nothwendig und zwar müssen wir uns klar machen: Was ist einzutragen und wie ist einzutragen? Hierzu wären Vorschläge zu machen, um diese Sache weiter in die Hand zu nehmen.

Präsident: Es hat sich Niemand mehr zum Worte gemeldet.

Hofrath und Advokat Dr. **Edler von Kerstorf** aus Augsburg: M. H.! Ich hätte eigentlich auch auf das Wort verzichtet, wenn nicht der Herr Vorredner den Antrag des Herrn Drechsler einigermaßen bekämpft hätte, wenn ich richtig verstanden habe; und ich halte es deshalb für nöthig, noch das Wort zu ergreifen.

Auch mir sind die Vorzüge einzelner Gesetzgebungen hinsichtlich des Hypothekenwesens bekannt; auch mir sind die Unterschiede der Vorzüge bekannt; die Unterschiede der Vorzüge und Nachtheile anderer Gesetzgebungen aber gar nicht. Auch ich habe mit Freuden begrüßt, daß diese Anträge gestellt wurden, um Veranlassung zu geben, sie in diesem Momente, wo cohärirende Gegenstände der Gesetzgebung der Bearbeitung unterzogen werden sollen, festzustellen: aber nicht heute. Diejenigen, welche berufen sind, die Gesetzgebung jetzt im Obligationenrechte und

Civilprozesse weiter zu führen, werden weniger große Eile und die Kunst der Eile nicht in dem Grade besitzen, um auf unsere ständige Deputation so einzuwirken, daß sie dasjenige, was wir vielleicht erst im nächsten Jahre über diese Sache zu bestimmen in dem Falle sein werden, schon jetzt vorzulegen vermöchte. Ich glaube, der Drechsler'sche Antrag ist so präcis und erfüllt das, was der Herr Vorredner gewünscht hat, obgleich er dem Antrage eigentlich entgegengetreten ist, so genau, daß wir weiter nichts zu thun haben, als den Antrag anzunehmen, wie er gestellt ist. (Ruf: Schluß! Schluß!)

Präsident: Es ist der Schluß beantragt.

Kreisgerichtsrath **Geck** aus Werden: Ich möchte doch bitten, daß wir uns über die Hauptprinzipien des Hypothekenwesens: Publizität, Spezialität und Legalität aussprächen.

Präsident: Das wird sich finden, wenn die Vorfrage abgeworfen wird.

Kreisgerichtsrath **Geck**: Ich möchte in die Spezialdebatte hineingehen. Wir können uns doch über die Prinzipien einigen! Wenn wir sie gleich von vorn herein durchdiscutirt hätten, so würden wir schon über die Hälfte hinausgekommen sein. Wenn wir aber jetzt wieder die motivirte Tagesordnung annehmen, so geht es uns wie gestern mit der Berathung über die Patentgesetzgebung. Da hieß es, man könne auf die Sache deswegen nicht eingehen, weil über die Sache keine Prinzipien aufgestellt, keine Details angegeben wären. Jetzt sind nun einzelne Prinzipien angegeben und diese drei Prinzipien wollen wir berathen, nun heißt es auf ein Mal wieder: wir dürfen sie nicht berathen, sie sind zu speziell, sie greifen in andere Verhältnisse hinein, wir müssen warten. Ich glaube, wir können in das Detail recht wohl hineingehen.

Es heißt: es spiele in die Vorschläge eine Preußische Färbung hinein. Nun, m. H., dies kommt daher, weil wir Preußen fühlen, daß unsere Gesetzgebung in dieser Beziehung Mängel hat. Wir könnten das Prinzip der Publizität für weniger nothwendig halten, denn wir haben ja schon die Tradition als modus acquirendi. Wenn wir uns aber für das Prinzip der Publizität aussprechen, so haben wir auch ausgesprochen, daß die Hypothekeneintragung allein modus acquirendi ist und dadurch ist viel gewonnen. Sie wissen, wie sehr die Laien über die höchsten Urtheile verwundert sind, Sie wissen, wie sie mit den eigentlichen Verhältnissen in Kollision kommen, und deshalb bedürfen wir der Publizität dringend. Daher würde der Antrag des Herrn Ober-Tribunalsrath Meyer unter 2, den wir schon vorhin in die Diskussion zu ziehen schienen, in dieser Richtung aufzufassen sein. Ebenso geht es mit der Legalität, welche wir beschränken wollen, aber nicht so, wie König meint; wir wollen sie nur beschränken auf die Legitimation des Eigenthümers, die zur Erhaltung des Realcredits unerläßlich ist. Daher soll der titulus possessionis, die Dispositionsfähigkeit, nicht aber die Disposition, das Rubr. II. und III. zu vermerkende Rechtsgeschäft, der Prüfung des Hypothekenrichters unterbreitet werden.

Das wäre das zweite Prinzip. Ueber die Spezialität des Objects, die Aufhebung der Generalhypotheken, als unmittelbare Folge der Publicität, wird hier Meinungsverschiedenheit nicht hervortreten.

Präsident: M. H.! Erlauben Sie mir Ihnen ein Wort auf das zu sagen, was in mehreren Reden ausgesprochen worden ist. Man hat gesagt, es scheine, als werde die Debatte abgekürzt und wir gingen nicht gründlich in die Sachen ein, weil es heute an Zeit fehle. Das ist weder für die gestrige noch für die heutige Berathung ein begründeter Vorwurf. Vielmehr ist gestern und heute als Grund, warum der Antrag auf Tagesordnung oder wie man ihn sonst nennen will, gestellt worden ist, nicht ein äußerlicher zufälliger Umstand oder der Zeitmangel angegeben worden. Das ist also nicht das Motiv, worüber Sie sich bei der Abstimmung über die Vorfrage schlüssig zu machen hätten. Das Motiv, m. H., besteht vielmehr darin — und es ist das bereits von zwei Rednern nachgewiesen worden — daß nicht jeder Antrag über eine große Rechtsmaterie, wie z. B. hier das Hypothekenwesen ist, die Berechtigung hat, daß, wenn er in dieser Fassung nicht geeignet erscheint, zu einer allgemeinen Deutschen Gesetzgebung die Vorbereitung zu liefern, wenn man ihm den Vorwurf macht — und auch ich glaube ihn mit Recht machen zu können — er enthalte die Grundsätze nicht in der wünschenswerthen Allgemeinheit, die nothwendig wäre, um jene Grundsätze als leitende für die allgemeine Deutsche Gesetzgebung gelten zu lassen, — ich sage, daß dann nicht bei jeder Gelegenheit solcher Anträge für die Abtheilung Veranlassung dazu sei, in die ganze Materie einzugehen und selbst die höheren allgemein annehmbaren Grundsätze zu finden und aufzustellen, daß vielmehr für unsere Versammlung die Vorbereitung getroffen werden müsse durch positive Aufstellung solcher allgemeinen Grundsätze, welche Sie bei der Ihnen gegönnten kurzen Zeit unmöglich formuliren können. In dieser Beziehung ist unsere Zeit allerdings zu kurz und es ist das in diesem Zusammenhang allerdings ein begründetes Motiv. Dies ist aber dem Juristentag als solchem nicht vorzuwerfen. M. H.! Es wäre also keineswegs der Mangel an Zeit, welcher uns bestimmen könnte, der Vorfrage zuzustimmen, sondern es müßte uns das Motiv dazu bewegen, daß die Anträge, welche gestellt worden sind, sich mehr nur im Kreise einer einzelnen Gesetzgebung und in der Anschauung derer bewegen, welche sie gestellt haben und sie auch für allgemeine halten, während nach der Ansicht anderer Redner die darin aufgestellten Sätze keine allgemein passenden sind, sondern erst zu solchen erhoben werden müßten, nachdem man sich durch größere Abstraktion klar gemacht hat, welches die richtigen allgemeinen Grundsätze sind. Sie würden also darüber abstimmen müssen, ob Sie dies als einen berechtigten Einwand gegen die Anträge anerkennen oder ob Sie glauben, daß die Anträge, wie sie sind, zur Debatte zu stellen wären. Ein Drittes wäre — und darauf müßte ein Antrag gestellt werden — daß abgesehen von diesen Detailbestimmungen von unserer gegenwärtigen Versammlung allgemeine Grundsätze herausgesucht werden, worüber wir uns bei dieser Gelegenheit zu erklären hätten, und die dann für die künftige Hypothekenordnung die erforderlichen allgemeinen Grundsätze wären. Diese dritte Frage bringe ich nicht zur Abstimmung, weil sie noch von keinem Vorredner berührt worden ist, auch solche wichtige allgemeine Grundsätze formulirt noch nicht vorgelegt worden sind.

Wir werden uns also zuvörderst über die Vorfrage zu entscheiden haben. Wenn diese Vorfrage dahin angenommen worden ist, daß wir heute über die Anträge selbst nicht abstimmen, sondern sie als für unseren Zweck nicht dienlich, beseitigen und darüber zur Tagesordnung übergehen, so werde ich mir erlauben, Ihnen die Form zur Debatte zu stellen, in welcher wir dann uns darüber aussprechen, daß es wünschenswerth und nöthig sei, allgemeine Grundsätze für das Hypothekenwesen aufzusuchen und dadurch eine allgemeine Deutsche Gesetzgebung vorzubereiten. Diese Form bitte ich gegenwärtig vorzubehalten und sich bei der Vorfrage blos an das Präjudizielle zu halten.

Kreisgerichtsrath **Parrisius** aus Brandenburg: Ich bin der Ansicht, daß eigentlich über den Drechsler'schen Antrag in der wörtlichen Fassung, wie er von vorn herein gestellt worden ist, abgestimmt werden muß. Es ist das gewissermaßen eine motivirte Tagesordnung, welche die Sache vollständig erledigt, die der Herr Präsident durch die erste Frage, die er im Allgemeinen angedeutet hat, erledigt zu sehen wünscht. Ich glaube aber auch, es hat der Herr Antragsteller das Recht, daß nicht blos über das Prinzip abgestimmt, sondern daß auch sein wohl formulirter und mit großem Anklange aufgenommener Antrag zur Abstimmung gebracht werde. Ich glaube, daß dadurch die Abstimmung korrekt erhalten und die Beschlußfassung erleichtert wird. Wenn ich nicht irre, wird auch die Versammlung diesen Gang der Abstimmung für vollständig genügend erachten.

Präsident: Ich fürchte, daß man sich präjudiziren wird, wenn die Worte „Zuweisung an die ständige Deputation und Sammlung von Materialien" eingeschaltet werden. Das könnte doch den Einen oder Andern kaptiviren. (Zuruf: Nein, Nein!)

Bürgermeister Dr. **Drechsler:** Der Antrag würde so lauten: „Der Juristentag anerkennt es als ein dringendes Bedürfniß, daß die Hypothekengesetzgebung in allen Deutschen Ländern auf gemeinsamen Grundsätzen erfolge und beauftragt daher die ständige Deputation, weiteres Material für diese wichtige Frage zu sammeln, insbesondere zu ermitteln, welche der Deutschen Hypothekengesetzgebungen dem Bedürfniß am meisten entspricht, um als Grundlage für eine allgemeine Deutsche Gesetzgebung empfohlen zu werden." (Bravo!)

Präsident: Es liegt also auch zu gleicher Zeit in der Abstimmung über den Antrag ein Auftrag an die ständige Deputation. (Zuruf: Ja, Ja!)

Nun ist mir einigermaßen zweifelhaft, ob es bei Gelegenheit dieses

Antrags angemessen erscheint, Dasjenige, was gewiß keiner bezweifeln wird, daß es nämlich sehr wünschenswerth sei, ein allgemeines Hypothekengesetz in Deutschland zu haben, in der motivirten Fassung zu sagen: „Obwohl man anerkennt u. s. w." Es ist mir weiter zweifelhaft, ob es zweckmäßig sei, bei Gelegenheit eines jeden solchen Antrags einzuschalten: „An die ständige Deputation." Indeß, ich will den Antrag gerade so, wie er gestellt worden ist, zur Abstimmung bringen und überlasse es den Herren, wenn Einer noch wünscht, daß der Antrag nicht an die ständige Deputation gegeben werde, dies besonders zu beantragen.

(Schriftführer Dr. Drechsler verliest den Antrag nochmals.)

Ich gestatte mir noch ein Mal das Wort. Ich wollte den Herrn Antragsteller einladen, ob er nicht den letzten Punkt weglassen wollte, denn er veranlaßt zwei Einwendungen. Erstens entspricht er dem Vorhergegangenen gar nicht. Es sollen die Grundsätze aufgesucht werden, und da ist doch nicht die Frage einzig die: Welches Land hat die besten? Dann aber erregt dieser Punkt eine Eifersucht zwischen einzelnen Staaten Deutschlands. (Zuruf: Ja!)

Bürgermeister Dr. **Drechsler**: Nun, so werde ich meinen Antrag so fassen: „Der Juristentag anerkennt es als ein dringendes Bedürfniß, daß die Hypothekengesetzgebung in allen Deutschen Ländern auf gemeinsamen Grundsätzen erfolge und beauftragt daher die ständige Deputation, weiteres Material für diesen wichtigen Gegenstand zu sammeln."

Ober-Appellationsgerichts-Direktor **Molitor**: Sollte nicht beigefügt werden: „Material zu sammeln und eine diese Gegenstände betreffende Vorlage zu machen?"

Präsident: Wir müssen noch hinzufügen, wenn das beschlossen werden soll: „in Bezug auf die Anträge, die gestellt sind."

Hofrath Dr. v. **Kerstorf**: Ich glaube, es gehört auch noch hinzu — es fehlt sonst die Copula zu den vorliegenden Anträgen — „indem der Juristentag die vorliegenden Anträge des Herren Bornemann und Meyer nicht für angethan hält u. s. w."

Eine Stimme: Ich bitte den Herrn Antragsteller, nichts mehr zu ändern; denn es ist unzweifelhaft, wenn man das Ersuchen an unsere ständige Deputation stellt, zu den bestimmten Anträgen Material vorzulegen, daß dieselben wieder mit dem Gutachten der Deputation vorgelegt werden müssen, und es versteht sich das von selbst, was der vorletzte Herr Redner wünschte. Wenn an solchen wohldurchdachten Anträgen fortwährend geändert wird, so kommt zuletzt etwas Unlogisches oder Ungeschicktes heraus. Es würde meiner Ansicht entsprechen, daß jetzt der durch den Herrn Präsidenten amendirte Antrag des Herrn Dr. Drechsler vollständig zur Abstimmung käme.

Präsident: Zuerst müssen wir uns über die von der Deputation vorgelegten Anträge äußern, und bitte ich Sie, m. H., nicht zu vergessen, daß wir uns hauptsächlich über die Frage bestimmen müssen: Ist es unsere Meinung, diese Detailbestimmungen zur Grundlage zu machen? In Bezug auf die allgemeinen Grundsätze erledigt sich unsere Aufgabe nicht, wenn wir sagen, diese Anträge sollen späterhin wiederum auf's neue diskutirt werden. Es fragt sich: Wollen Sie diese Anträge als erledigt ansehen? (Ruf: Nein, nein!)

Eine Stimme: Als erledigt wollen wir die Anträge nicht ansehen; es wird nur nicht in die Sache eingetreten.

Präsident: In die Sache wird nicht eingetreten, sondern es wird gesagt: es sollen allgemeinere Grundsätze gefunden werden. Sie dürfen sich nicht kaptiviren; das thun Sie aber, wenn Sie das zuletzt Vorgeschlagene hier allein zur Abstimmung bringen; denn dann kommt die Sache noch einmal zur Sprache. Das Motiv der Vorfrage lautet ganz klar, daß diese Anträge für eine spezielle Gesetzgebung gedacht und nicht allgemein passende Grundsätze seien. Darüber müssen Sie sich entschließen. Da ist ja gar kein Uebel dabei, wenn ein Antrag so fällt; er kann ja in anderer Form wieder aufgestellt werden. Die Frage wird also gegenwärtig die sein: Wollen wir erklären, daß die Anträge für dieses Jahr erledigt seien, indem u. s. w.

Bürgermeister Dr. **Drechsler:** Ich will mir eine neue Fassung erlauben. Ich habe den Antrag so formulirt: „Der Juristentag geht zwar auf die Bornemann- und Meyer'schen Anträge zur Zeit nicht ein, anerkennt es aber als ein dringendes Bedürfniß, daß die Hypothekengesetzgebung in allen Deutschen Ländern auf gemeinsamen Grundsätzen erfolge und beauftragt daher die ständige Deputation, weiteres Material für diesen wichtigen Gegenstand zu sammeln und weitere Vorlagen zu machen." (Ruf: Gut, Gut!)

Eine Stimme: Ich würde noch das Amendement stellen, zu sagen: „Auf Berathung der Bornemann'schen und Meyer'schen Anträge."

Hofrath Dr. **von Kerstorf:** Wir müssen sagen: „auf nähere Berathung."

Präsident: Die ständige Deputation hat uns die Anträge vorgelegt, wir sollen darüber beschließen; wir können sie daher nicht wieder an die ständige Deputation bringen, damit diese dieselben wieder begutachte. (Ruf: Sie sind noch nicht begutachtet!)

Wir müssen doch wenigstens in dem Beschlusse das Motiv ausdrücken, warum in der Weise von uns verfahren werden soll; es müßte als Motiv angegeben werden, daß es sich darum handelt, allgemeine Grundsätze aufzustellen, in den Anträgen seien aber nicht allgemeine, sondern spezielle Grundsätze enthalten.

Stadtgerichtsrath **Oppenheim** aus Berlin: Ich wollte dem, was der Herr Präsident bemerkt hat, entgegnen: wenn wir die Anträge an die ständige Deputation zurückweisen, so werden wir uns nicht in einen Widerspruch verwickeln. Der Juristentag hat die Vorlagen der Abtheilung zur Begutachtung überwiesen; wir sind zum großen Theil der Meinung, daß die Vorlagen noch einer Vorbereitung bedürfen, ehe Gutachten erstattet werden können, und so, glaube ich, treten wir mit unserer Aufgabe nicht in Widerspruch, wenn wir die hier vorgelegten Anträge der Herren Bornemann und Meyer an die ständige Deputation zurückverweisen, um eine Vorlage für den nächsten Juristentag vorzubereiten.

Präsident: Die Differenz ist, ob wir gegenwärtig ausdrücken wollen, die ständige Deputation hat diese beiden Vorlagen als noch bestehend in der Weise in Angriff zu nehmen, daß auf diese Ausführungen hin dem späteren Juristentage eine neue Vorlage gemacht wird, oder ob es die Idee ist, daß statt dieser Anträge, jedoch unter Benutzung derselben wie jedes anderen Materials — das brauchen wir jedoch ausdrücklich nicht zu sagen — allgemeine Grundsätze gefunden werden sollen. Wollen Sie diese Anträge noch als solche Gegenstände der Behandlung fortbestehen lassen, daß darauf hin Vorschläge von der Deputation gemacht werden sollen oder nicht, das ist meines Erachtens durch die Vorfrage zu bestimmen. Ich stelle also einen Antrag in der Weise: „Der Juristentag erklärt, daß es wünschenswerth sei, statt detaillirter Bestimmungen über das Hypothekenwesen zunächst eine Vorlage über allgemeine Grundsätze zu erhalten, welche sich für eine Hypothekengesetzgebung für ganz Deutschland eignen, erkennt es aber als dringendes Bedürfniß, daß die Hypothekengesetzgebung in allen Deutschen Ländern nach gemeinsamen Grundsätzen erfolge, und beauftragt seine ständige Deputation, weiteres Material für diesen wichtigen Gegenstand zu sammeln und weitere Vorlagen zu machen." Der Anfang des Antrags des Herrn Sekretairs: „geht zwar auf die Berathung der Bornemann'schen und Meyer'schen Anträge nicht ein," würde wegfallen, weil kein Motiv beigefügt ist. Ich glaube, die Differenz wird noch mehr hervorzuheben sein und zwar in einfacher Weise, wenn ich den ersten Theil der Frage separat zur Abstimmung bringe und, je nachdem die Frage entschieden ist, den zweiten und dann das Ganze. Sind Sie damit einverstanden? (Nein, nein!)

Eine Stimme: Ich bitte, daß zuerst über den wörtlichen Antrag des Herrn Dr. Drechsler und dann über den Antrag des Herrn Präsidenten in seiner Totalität abgestimmt werde. Die Anträge differiren nicht zu sehr, aber uns ist die Fassung des Drechsler'schen Antrags angenehmer.

Stadtrichter und Advokat **Müller:** Ich bitte ebenfalls den Antrag in der Form zur Abstimmung zu bringen, wie er von Herrn Dr. Drechsler gestellt worden ist.

Präsident: Ich halte mich für verpflichtet, die Vorfrage zuerst zur Abstimmung zu bringen, ob die Anträge fortbestehen sollen oder nicht. Der Sinn der Vorfrage ist: sollen statt dieser Anträge allgemeine Grundsätze aufgestellt werden? Die Vorfrage muß also zuerst zur Sprache kommen, dann der Antrag. Darum bin ich, glaube ich, verpflichtet und berechtigt, die reine Vorfrage zu stellen.

Stadtrichter und Advokat **Müller:** Zur Geschäftsordnung! Ich glaube, Herr Molitor hat seinen Antrag zurückgezogen. Der Herr

Präsident hat das Recht, die Anträge zur Abstimmung zu bringen, die bestehen, aber nicht vormundschaftlich die einzelnen zu redigiren. Wir wollen den Antrag, wie er gestellt ist!

Präsident: Ich erinnere dagegen, daß ich gesagt habe: „Antrag stellen." Ich habe auch einen Antrag gestellt.

Ober=Appellationsgerichts=Direktor **Molitor**: Ich hatte den Antrag gestellt, daß der Juristentag auf die Anträge, die hier gestellt sind, nicht eingehen solle. Das ist mein Antrag. Nun ist aber ein Antrag gestellt worden, der im Wesentlichen von den nämlichen Prämissen ausgeht, dahin, daß wir diese Anträge materiell nicht brauchen können (Ruf: Bewahre!) und daß wir einige Hauptgrundsätze aufstellen wollen. Deswegen hat mir der Antrag des Herrn Dr. Drechsler so gut gefallen, daß die Sache verarbeitet werden muß, ehe wir in irgend einer Weise uns schlüssig machen. Damit habe ich geglaubt, wäre meinem Antrage vollkommen Genüge geleistet: es soll weiteres Material gesammelt werden, darin liegt schon, daß wir das Material nicht brauchen können; (Nein, nein!) es kann aber benutzt werden. Die vorliegenden Anträge werden von der Deputation benutzt werden; aber wie sie jetzt liegen, können wir nichts mit ihnen machen; das ist die Sache weiterer Bearbeitung. In dem Sinne habe ich erklärt, daß meinem Antrage genügt ist, und habe die Vorfrage, auf die Anträge gar nicht einzugehen, fallen gelassen. Jetzt hat nun der Herr Präsident darauf aufmerksam gemacht, daß, da die Vorlage an uns gemacht ist, wir uns erklären müssen. Ich glaube, das geschieht, wenn, wie der Herr Antragsteller gethan, an der Spitze dieser Verweisung an die Deputation gesagt wird: vorläufig geht der Juristentag materiell auf die Anträge nicht ein. Ich stimme dem Antrage vollständig bei. (Bravo!)

Präsident: M. H.! Ich glaube, man kann eine Vermittelung treffen, und die halte ich für nothwendig aus folgendem Grunde: Ihr Berichterstatter muß im Plenum ein Motiv angeben und muß bestimmt wissen, warum so beschlossen worden ist. Das findet er nun nicht, und das Plenum für seinen Beschluß das gehörige Material nicht, wenn es blos heißt: „Der Juristentag geht zwar auf die Berathung der Bornemann'schen und Meyer'schen Anträge zur Zeit nicht ein, erkennt aber das dringende Bedürfniß u. s. w." Da muß Jeder fragen, warum geht der Juristentag zur Zeit nicht ein? Diese Einwendung kann man sehr leicht vermeiden, wenn man die von mir vorgeschlagene Fassung beliebt. (Nein, nein!)

Kreisrichter **Parrisius** aus Brandenburg: Ich stelle den Antrag, den Antrag zur Abstimmung zu bringen, wie ihn der Herr Dr. Drechsler gestellt hat. (Ruf: Abstimmen, abstimmen!)

Präsident: Gut, gut! Ich bitte die Versammlung sich zu erklären, ob sie den Schluß der Debatte über diese Fragstellung stattfinden lassen will oder nicht? (Allgemeiner Ruf: Ja!)

Diejenigen Herren, welche den Schluß nicht wünschen, bitte ich, sich zu erheben.

Der Schluß ist angenommen gegen eine Stimme.

Ich werde also den Antrag des Herrn Dr. Drechsler so, wie er steht, zur Abstimmung bringen: „Der Juristentag geht zwar auf die Berathung der Bornemann- und Meyer'schen Anträge zur Zeit nicht ein, erkennt es aber als ein dringendes Bedürfniß, daß die Hypothekengesetzgebung in allen Deutschen Ländern auf gemeinsamen Grundsätzen erfolge, und beauftragt daher die ständige Deputation, weiteres Material für diesen wichtigen Gegenstand zu sammeln und weitere Vorlagen zu machen."

Da bleibt noch vorbehalten, wenn nur eine Minorität dafür wäre, eine andere Formulirung vorzuschlagen in dem anderen Sinne.

Also diejenigen Herren, welche diese Formulirung des Antrags so wünschen, bitte ich sitzen zu bleiben, die dagegen sind, aufzustehen.

Gegen drei Stimmen ist der Antrag des Herrn Dr. Drechsler angenommen. Die Sache ist nun erledigt.

M. H.! Es ist unangenehm, daß um 11 Uhr die Vertrauensmänner fortmüssen Ich würde mir erlauben, bis halb 12 Uhr die Sitzung zu vertagen.

(Nach der Pause:)

Präsident: M. H.! Der Gegenstand unserer Berathung über das Hypothekenwesen ist, wie mir scheint, formell noch nicht vollständig erledigt. Es ist nämlich in der Ueberweisung der Anträge in Bezug auf das Hypothekenwesen auch enthalten: „hierzu Zusatzantrag des Herrn Kreisrichters Geck zu Werden, betreffend die Durchführung des Grundsatzes der Publizität der Hypothekenbücher.*) Ich war von der Idee ausgegangen, daß dieser Antrag, wenn er auch einen allgemeinen Grundsatz aufstellt, doch zu dem vorhergehenden gehöre, wie auch das Wörtchen „hierzu" andeutet. Um aber formell wenigstens Genüge zu leisten, würden wir gut thun, wenn wir dies noch positiv aussprächen.

Ich erkläre die Debatte für eröffnet. Wünscht Jemand der Herren das Wort?

Kreisgerichtsrath **Geck**: M. H.! Mein Antrag ist als ein Zusatz aufgenommen worden zu dem vom Herrn Obertribunalsrath Meyer gestellten Antrage. Ich habe nichts dagegen; er hat aber eine gewisse Selbstständigkeit, weil er die allein praktische Seite hervorhebt, und ich glaube nicht, daß man darüber mit dem üblen Einwand hinwegschreiten kann, wie bei mehreren anderen, daß er sich zu sehr in das Spezielle verliere. Die praktische Seite besteht darin, daß das Publikum sich beschwert über eine außerordentliche Weitläufigkeit im Hypothekengeschäft. In Preußen ist es so schlimm, daß nur der Eigenthümer unbedingt in's Hypothekenbureau hineingehen und Einsicht nehmen darf; sonst muß sich Jeder einer causae cognitio unterziehen und sein Recht und Interesse beweisen. In anderen Ländern wird es nicht so sein, wie z. B. in der Rheinprovinz; und ich glaube, in Oesterreich erhält man nicht nur Einsicht, sondern man erhält auch Kopieen von den Hypothekenurkunden. Man könnte nun denken, es möchte Mißbrauch mit dieser Einsicht getrieben werden; in der Rheinprovinz weiß man aber nichts davon; die Erfahrung spricht also für diese Einrichtung. Was könnte aber auch hindern, das Hypothekenbuch nicht mit einem Schleier zu umhüllen? — —**) (Unruhe.)

Das wäre die dunkelste Nachtseite. Man könnte ferner denken, daß aus Neugierde in Deutschen kleinen Städtchen Personen in das

---

*) Band I. No. 277.

**) Die folgenden Sätze waren am Stenographentisch nicht zu verstehen.

Hypothekenbureau hineingehen und Schaden anrichten würden. Nun, m. H., 7½ Sgr. von Demjenigen sich zahlen lassen, welcher das Hypothekenbuch einsehen will, und die Neugierde wird sich von selbst geben. — —*) (Steigende Unruhe.)

Es ist kein Privatbuch, es ist ein öffentliches Buch, es ist ein Bild des Realzustandes, es ist ein concentrirtes Bild der Wirklichkeit, das muß Jedem offen liegen. — —*)

Stadtrichter und Advokat **Müller**: Ich muß mich zunächst gegen die verspätete Behandlung dieser Sache aussprechen. Wir haben es für zweckmäßig erachtet und beschlossen, daß spezielle Punkte nicht zur Diskussion kommen, sondern der Bearbeitung unserer Deputation unterbreitet werden sollen. Ich möchte daher dringend rathen, daß wir auch diese spezielle Frage nicht durchdebattiren, und werde den Antrag stellen, daß man diesen Antrag des Herrn Vorredners der ständigen Deputation als schätzbares Material mit überweisen möge.

Zur Sache selbst möchte ich den Herrn Kollegen doch auf die sehr bedenkliche Seite einer so weitgehenden Publizität aufmerksam machen. Wie ein Landsmann hervorgehoben hat, sind wir Mecklenburger stolz auf unser Hypothekenwesen und sind ziemlich weit vorgeschritten; weiter sind wir aber doch nicht gegangen, als denen die Einsicht in's Hypothekenbuch zu gestatten, die ein Interesse daran nachweisen können. Daß ganz unberechtigte Menschen hineinlaufen in die Hypothekenkammern, um die Verhältnisse ihrer Mitbürger zu durchschauen und böswillig vielleicht auszubeuten, das finde ich entschieden nicht in der Ordnung. So sehr ich sonst Freund der Oeffentlichkeit bin, so weit möchte ich sie doch nicht ausgedehnt sehen.

Kammergerichts-Assessor **Wache** aus Berlin: M. H.! Ich bin zwar ein Freund der Oeffentlichkeit; aber doch auch für deren nöthige Begrenzung, damit nicht durch die Oeffentlichkeit den Privatrechten der Einzelnen geschadet werde. Vorzüglich bestimmen mich drei Gründe, hier dagegen zu sprechen. Zunächst: weil hier der Privat-Realkredit in

---

*) Der Schluß der Rede war wegen fortdauernder Unruhe nicht zu verstehen.

Frage steht, scheint eine Oeffentlichkeit der Hypothekenbücher mir ein Eingriff in die Rechte der Einzelnen zu sein. Es droht aber auch Gefahr der Einzelnen noch in anderer Hinsicht. Es giebt eine gewisse Klasse in der menschlichen Gesellschaft, die jede Schwäche, jede schwache Seite der Gesetzgebung auszubeuten versteht. Ich will diese Klasse nur dahin bezeichnen, daß es lästige Personen sind, die man in großen Städten in großer Anzahl findet, welche auf jeglichen Verdienst ohne Rücksicht auf die Gefährdung ihrer Mitbürger lauern. Diese Anschauung muß man in großen Städten von dem sogenannten Agentenwesen gewinnen. Nehmen Sie an, m. H., daß Grundbesitzer zu mäßigen Zinsen, wie es in manchen Orten noch immer der Fall, ihre Hypotheken zu 4 %, höchstens zu $4\frac{1}{2}$ % zu verzinsen haben, während in anderen Gegenden ein weit höherer Zinsfuß üblich ist. Jene Agenten verstehen nun sehr wohl, die Grundbesitzer dadurch in Gefahr zu bringen, daß sie die Kapitalisten aufzureden wissen, ihre zu jenen geringeren Zinsen verliehenen Kapitalien aufzukündigen und wo anders zu höheren Procenten auszuleihen. Den Agenten gewährt dies doppelten Nutzen; einmal haben sie Geld an der Hand für andere Kapitalsbedürftige, und andererseits stellen sie den in Gefahr der Aufkündigung ihrer Hypotheken gebrachten Grundbesitzern die Aussicht, daß sie ihnen unter gewissen zu gewährenden Nebenvortheilen die Kapitalien wieder auf andere Weise verschaffen wollen. So ziehen sie von beiden Seiten ihre vermeintliche Gebühr. — Endlich halte ich auch die Oeffentlichkeit der Hypothekenbücher für staatsrechtlich gefährlich. Jetzt, wo der zwischenvölkerliche Verkehr in so ausgedehntem Maße stattfindet, da kann von den auswärtigen Staaten, die ihre Agenten und Vermittler zu den verschiedensten Zwecken in den diesseitigen Staaten haben, leicht der Realkredit auf ähnliche Weise, wie oben angegeben ist, ausgeschöpft und für unsere Staatsgenossen gefährdet werden. Deutsche namentlich unterliegen leicht der Uebervortheilung. Noch in höherem Maße wird Gefahr im Kriege eintreten: Wenn der Feind, was Gott verhüten möge, in das Land eindringt, so wird er bessere Gelegenheit haben, als sonst wohl, auf bequeme Weise die Kapitalisten herauszufinden und für seine Interessen auszubeuten oder auszurauben. (Heiterkeit.)

M. H.! Die Gefahr ist hoffentlich sehr weit aussehend; aber die Möglichkeit derselben durchaus nicht abgeschnitten. Außerdem glaube ich, daß es für den Juristentag eine entfernt liegende Frage ist, ob die Hypothekenbücher offen dargelegt werden sollen oder nicht. Wir haben uns über gemeinsame Grundsätze des materiellen Rechts zu verständigen; meines Erachtens greift aber die in Rede stehende Maßregel in ganz andere Gebiete hinüber, in das Gebiet der Verwaltung jedenfalls; und wenn wir uns auch darüber verständigen möchten, ob die Offenlegung der Hypothekenbücher nützlich oder förderlich wäre zur Herbeiführung gemeinsamer Rechtsgrundsätze, so bezweifle ich doch, daß die einzelnen Regierungen, und namentlich die Preußische Staatsregierung, einen solchen Ausspruch des Juristentages billigen würden. Jedenfalls würde die Angelegenheit dann erst in anderen Kreisen als in den juristischen zur Berathung kommen. Ich meine also, daß der Juristentag sich mit der vorliegenden Frage nicht zu beschäftigen hat, und bitte: aus diesen Gründen über den jetzt besprochenen Antrag zur Tagesordnung überzugehen. (Schluß! Schluß!)

Professor Dr. **Heller** aus Wien: Ich habe noch das Wort — —

Präsident: Ich bitte, sprechen Sie nicht eher, bis Sie das Wort haben.

Professor Dr. **Heller:** Ich habe vorhin schon um's Wort gebeten, ich wollte ein paar Worte sagen über — — —

Präsident (den Redner unterbrechend): Sie bekommen es auch noch. Es ist der Antrag gestellt worden, den Geck'schen Antrag der ständigen Deputation als Material für die Bearbeitung der eben überwiesenen Anträge zu überweisen. Das ist eine Vorfrage, ähnlich wie bei dem vorigen Antrage, und das Materielle ist gegenwärtig von dem Herrn Vorredner in Angriff genommen worden. Es fragt sich daher, ob der Redner der jetzt eingeschrieben ist, über die Vorfrage oder über das Materielle sprechen wird.

Professor Dr. **Heller:** Ueber die Vorfrage.

Präsident: Dann haben Sie das Wort.

Professor Dr. **Heller:** Der geehrte Herr Vorredner hat die Vorfrage dadurch motivirt, daß er sagt, es sei Gefahr vorhanden, wenn die Oeffentlichkeit eine unbedingte wäre. Aus diesem Grunde erlaube ich mir, etwas aus Oesterreich, dem ich angehöre, anzuführen. In Oesterreich ist die Oeffentlichkeit eine vollkommen unbedingte; es ist Jedermann gestattet, die Auflage des Grundbuches oder Körpers, wie wir es nennen, zu verlangen; die Grundbuchführer fragen nicht nach, wer er sei, welches Interesse er dabei habe; es ist manchmal ein junger Mann, der sich mit der Tochter eines Grundbesitzers verehelichen will: er hat ganz gewiß ein Interesse daran, er will es aber nicht verrathen (Heiterkeit.)

Diese Bestimmungen, welche die Publizität gestatten, sind größtentheils in den ältesten Grundbuchgesetzen, die, wie ich glaube, im Jahre 1797 erschienen sind für Böhmen und Mähren, enthalten, und seit dieser Zeit haben sich gar keine praktischen Bedenken dagegen erhoben. Ich glaube demnach, daß die Publizität mit vollkommenster Ausdehnung zu gestatten ist, ohne daß man irgend eine Gefahr dabei läuft. (Bravo!)

Präsident: Ich werde zunächst wegen der Vorfrage Ihre Meinung mir erbitten und erlaube mir zwei Worte.

Sie haben das Materielle von verschiedenen Seiten in den Reden berührt gefunden, und die entgegengesetzten Meinungen sind Ihnen dargestellt worden. Wenn ich nicht sehr irre, so hat Jeder Dasjenige, was bei ihm gilt, zu vertheidigen gesucht. Daraus sehen Sie aber, daß in weiteren Kreisen darüber Meinungsverschiedenheit herrscht, und es ist die Möglichkeit vorhanden, daß bei neuen Entwürfen je nach ihrer Einrichtung über diese Sache großer Zwiespalt in den Meinungen entsteht. Nun fragt sich — das ist durch den Antrag Ihnen anheimgestellt — ob es nicht zweckmäßig ist, die Sache so zu behandeln, wie die vorherbesprochenen, auch die vorliegende Frage nicht herauszureißen als das einzige Positive und sie so oder so zu entscheiden. Die Form, glaube ich, ist ziemlich gleich, und vielleicht ist der Herr Antragsteller damit einverstanden, wenn wir, statt zu sagen: wir wollen beschließen, den Antrag der ständigen Deputation als Material zu überweisen, es einfach so machen wie vorhin und sagen: der Juristentag geht auf die Berathung der Bornemann'schen und Meyer'schen Anträge, sowie des Antrags des Herrn Kreisrichter Geck zur Zeit nicht ein, erklärt aber u. s. w.; dann ist die Sache gleichgestellt.

Stadtrichter und Advokat **Müller**: Ich habe nichts dagegen: wenn die Abstimmung dadurch beschleunigt wird, so ist es mir ganz recht.

Ober-Appellationsgerichts-Direktor **Molitor**: Ich möchte den Vorschlag sehr unterstützen. Ich glaube, daß es nicht consequent wäre, wenn wir über die Grundfragen absolut hinausgehen. Wir sind nicht informirt; aus dem Grunde bin ich einverstanden, daß wir über das Generelle uns nicht schlüssig machen können, ebensowenig über die spezielle Frage, ob Jemand, der etwa die Tochter eines Grundbesitzers heirathen will, in die Grundbücher hineinschauen kann oder nicht. Bekanntlich bestehen in den verschiedenen Ländern ganz verschiedene Verfahrungsweisen. Ich meine also, eine solche spezielle Frage kann nicht eher entschieden werden, als dann, wenn die Hauptsache zum Austrag kommt, welche wir an die ständige Deputation verwiesen haben. Ich möchte also den Antrag des Vorredners sehr unterstützen.

Präsident: Ich möchte bitten, daß diejenigen Herren, welche sagen wollen: der Juristentag geht auf die Berathung der Bornemann'schen und Meyer'schen Anträge, sowie des Antrages, der jetzt vorliegt, nicht ein u. s. w., dies durch Aufstehen bethätigen.

Der Antrag ist in dieser Weise angenommen worden.

Ist der Herr Professor Dr. Heydemann anwesend? (Ruf: Er ist noch nicht da!)

Dann bitte ich den Herrn Protokollführer, das Protokoll über die gestrige Sitzung zu verlesen. Diejenigen Herren, welche Erinnerungen zu machen hätten, bitte ich, dies gleich nach Vorlesung der betreffenden Stelle zu thun.

(Der Schriftführer, Oberamtsrichter Zirkler verliest das Protokoll der ersten Sitzung der vereinigten ersten und zweiten Abtheilung.)

Stadtrichter und Advokat **Müller**: Ich glaube, es ist nicht zweckmäßig, im Protokoll einer Versammlung die Namen der Redner speziell aufzuführen, es würde das zu weit führen; es scheint hinlänglich zu sein, in Kürze die Anträge und was beschlossen ist, zu registriren; um die Namen der Redner, und das, was gesprochen wird, aufzuführen, dafür ist der stenographische Bericht.

Oberamtsrichter **Zirkler** aus Künzelsau: Ich erlaube mir als Grund, warum ich die Redner aufgeführt und mir diese große Mühe auferlegt habe, anzuführen, daß ich in früheren Protokollen Aehnliches gefunden habe. Ich bin nun der Ansicht, daß es jedenfalls keinen Schaden bringt, die Redner genannt zu sehen; das, was sie gesagt haben, den Inhalt ihrer Reden aufzunehmen, ist mir nicht eingefallen. Da es also keinen Schaden bringen kann, so glaubte ich, dieser großen Belästigung mich unterziehen zu müssen. (Rufe: Ja, Ja!)

(Der Schriftführer verliest das Protokoll weiter bis zum Ende.)

Notar **Uchatzy** aus Reichenberg i. B.: Ich erlaube mir, eine kleine Bemerkung zu machen. Ist das Wort „dieser" auf den letzten Namen bezogen oder nicht? Wenn es auf mich zu beziehen wäre, so bitte ich, es zu korrigiren.

Oberamtsrichter **Zirkler**: „Dieser" ist offenbar „der Letztere." Ich will es korrigiren, berufe mich aber auf das **kompetente Urtheil**.

Eine Stimme: Das ist ganz gleich!

Notar **Uchatzy**: Ich würde doch bitten, daß statt „Dieser" „Letzterer" gesagt würde.

(Weitere Anstände werden hinsichtlich des Protokolls nicht erhoben.)

Präsident: Der Antrag des Herrn Professor Heydemann aus Berlin lautet dahin, daß ein gemeinsames Gesetz zum Schutze des Urheberrechts an Werken der Literatur und Kunst, sowie gegen unbefugte Nachbildung und Aufführung hergestellt werden möge.*) Der Herr Professor Dr. Unger ist, so viel ich weiß, Berichterstatter, es ist mir aber die Mittheilung gemacht worden, daß er nichts dagegen haben wird, wenn der Herr Antragsteller selbst zuerst das Wort ergreift. Ich kann dies nicht für unzweckmäßig halten, weil es vielleicht zur Abkürzung der Debatte dient. Wenn die Versammlung nichts dagegen äußert, so würde ich den Herrn Geheimrath Dr. Heydemann ersuchen, das Wort als Antragsteller zu nehmen.

---

*) Vergl. Band I. S. 236.

Geh. Justizrath Professor Dr. **Heydemann**: M. H.! Ich werde Ihre Aufmerksamkeit nur auf wenige Minuten in Anspruch nehmen. Seit 25 Jahren haben wir auf einem sehr wichtigen Gebiete ein gemeinsames Deutsches Recht: ich meine das Recht zum Schutze der Autoren von literarischen und künstlerischen Werken gegen Nachdruck und Nachbildung. Dieses Recht beruht auf Bundesbeschlüssen seit dem Jahre 1837. Die Grundzüge kann ich bei Ihnen allen als bekannt voraussetzen. Was die Hauptgegenstände des Schutzes und die Dauer desselben anbelangt, so sind jene Grundzüge im Wesentlichen klar und fest. Dieselben wurden jedoch nicht als ausreichend befunden, und die meisten Staaten, namentlich die größeren und mittleren, haben vollständig ausgearbeitete Spezialgesetze. Diese Spezialgesetze besitzen zwar in Folge der gemeinsamen Grundzüge eine gewisse Familienähnlichkeit unter einander, sehen aber einander nicht ähnlich, wie ein Ei dem anderen, sondern divergiren in den wichtigsten Punkten und zwar in Punkten, die praktisch sowohl den Autoren wie den Verlegern zum Nachtheile gereichen. Ich könnte nun ganz einfach folgende Proposition aufstellen: Wir haben ein gemeinsames Deutsches Recht, wir haben aber sehr verschiedene partikuläre Gesetze; es käme nur darauf an, sie zum Abschluß zu bringen und ein gemeinsames Deutsches Gesetz zu machen. Das praktische Bedürfniß ließe sich nicht verkennen, eben wegen der vorhandenen gemeinsamen Grundlage und der abweichenden Ausführungen auf derselben. Dieses wäre eben so kurz und logisch, wie leicht und einfach. Ich bin aber bei den ganz kurzen Motivirungen den Herren schuldig, die Hauptmomente und die Verschiedenheiten hervorzuheben, die praktisch sind.

Ich erlaube mir, zu bemerken, daß ich mit den Herren v. Rönne und Hinschius im Jahre 1857 eine Arbeit im Auftrage des Deutschen Buchhändlerbörsenvereins in dieser Richtung zu machen hatte, eines Vereins, der sich in Deutschland die einzige allgemeine Deutsche Corporation nennen darf. Wir hatten den Auftrag von dieser Corporation, einen Entwurf auszuarbeiten. Da es galt, das Bestehende zu verschmelzen und gerechten neuen Anforderungen Rechnung zu tragen, so ist es erklärlich, daß es eine mühselige und lang dauernde Arbeit wurde, und so waren 30 bis 40 Conferenzen unter uns nothwendig, ehe wir zum Ziele gelangten.

Sie gestatten mir wohl, einige Hauptpunkte der Verschiedenheit in den Deutschen Landesgesetzen anzuführen, auf welche es hier ankommt. Es mag zunächst an folgenden fünf genügen! Zuerst das Objekt, welches geschützt wird; dann das Recht in seiner Bezeichnung; ferner die Art der Rechtsverletzung, die Ausnahmen von der Regel und die Entschädigungsgrundsätze.

Zuerst das Objekt: In einigen Gesetzgebungen werden geschützt Werke der Wissenschaft und Kunst, in anderen werden geschützt literarische und artistische Erzeugnisse. Glauben Sie nicht, daß das dasselbe ist; diese verschiedenen Benennungen, sie führen zu anderen Consequenzen. Jedes Werk der Wissenschaft ist ein literarisches Erzeugniß, nicht jedes literarische Erzeugniß aber ein Werk der Wissenschaft.

Die Benennung des Rechts wäre an sich ziemlich gleichgültig und ich möchte nicht den Streit erneuern, der sehr heftig geführt worden ist: ob geistiges Eigenthum, ob literarisches und artistisches Eigenthum? Einige Gesetze bezeichnen das zu schützende Recht als Eigenthumsrecht, andere sprechen vom Schutz der Autorenrechte. Auch hier sind es wieder nur verschiedene Namen; aber die Consequenzen werden andere, und nicht blos in der Praxis, sondern sogleich von Haus aus in der Constituirung der Theorie.

Drittens die Art der Rechtsverletzung: Diese geschieht immer durch unbefugte Vervielfältigung. Was ist nun eine unbefugte Vervielfältigung? was ist eine mechanische Nachbildung? hier herrscht ein großer Unterschied in der Auffassung. Bei den Einen ist der Schwerpunkt gelegt auf das Mechanische blos in den Produktionsmitteln, bei den Anderen auf das Mechanische in der Produktion selbst. Nach der ersten Auffassung verletzt man das Autorrecht nur, wenn man durch mechanische Mittel reproducirt, durch die Presse und dergl. Nach der anderen Auffassung dagegen — und diese gilt insbesondere in dem Gebiete des Preußischen Gesetzes und hat sich in einer constanten Praxis bedeutend ausgebildet — versteht man unter mechanischer Vervielfältigung jede geistlose Reproduktion, z. B. das s. g.

Schreiben mit der Papierscheere, selbst mit veränderten Phrasen und Perioden. Sie sehen, zu welchen Consequenzen für die Buchhändler solche verschiedene Auffassungen führen müssen!

Viertens die Ausnahmen von der Regel: Ueberall müssen Ausnahmen gemacht werden. Ich erlaube mir die Frage: wie kann das anders sein? Manche Benutzung fremder Geistesprodukte würde unverdienter Weise unter den buchstäblichen Begriff des partiellen Nachdrucks fallen, wenn nicht das Gesetz die nöthigen Ausnahmen statuirte. Gerade für diese Ausnahmen aber haben die Spezialgesetze den verschiedensten Ausdruck. Ich deute nur auf das wörtliche Anführen von einzelnen Stellen hin, auf die Aufnahme einzelner Aufsätze, Gedichte rc. in Sammelwerke, Anthologien, Werke zum Schulgebrauch rc., auf die Uebersetzungen rc. Hier können auch die Sachverständigen und die Richter in Verlegenheit kommen. Ich darf aus der Praxis des Berliner Sachverständigenvereins sprechen, dem ich seit 22 Jahren angehöre und seit langer Zeit vorsitze. Wir haben das Vertrauen genossen, daß uns auch aus anderen Deutschen Ländern Sachen zur Begutachtung geschickt worden sind.

Fünftens Entschädigungsgrundsätze: Darauf kommt wenig an, ob eine Scala gegeben ist von 50 bis 1000 Thlr. Strafe oder eine andere. Auch kommt nicht so sehr viel darauf an, ob die Entschädigung etwas höher oder niedriger gegriffen ist. Aber in den civilrechtlichen Grundsätzen über die Entschädigung selbst herrscht bedeutende Verschiedenheit. Ich will nur einen Punkt hervorheben, nämlich die verschiedene Auffassung der solidarischen Haftung; ich glaube, das dürfte genügen.

Ebenso gestatte ich mir, wenige Momente anzudeuten, wo sich ein neues Bedürfniß geltend gemacht hat. Da steht nun voran der Schutz der Kunstwerke und zwar der Werke der zeichnenden und bildenden Kunst. Es ist in dieser Beziehung üblich geworden, Poesie, Musik und bildende Künste im Allgemeinen zu scheiden. Da stehen wir nun an der eigenthümlichen Grenze eines Gebietes, auf welches wir gestern geführt wurden, dessen weiteres Betreten aber vorbehalten ist. Die bildende Kunst, die Zeichnung, die Skulptur setzt immer voraus, daß die Erfindung und die schaffende Hand Eins seien; hier haben wir eine Grenze; das Kunstwerk ist ein selbstgemachtes, ist ein individuelles Werk des Künstlers, der selbst und nach seiner eigenen Idee den Naturstoff bearbeitet hat. Anders bei den Gegenständen, für welche die gerechten Ansprüche der Fabrikanten den Musterschutz fordern. Dies ist eben das gestern berührte Gebiet. Und hier dürfte sich leicht der Punkt der Verwandschaft und der Anknüpfung finden, um aus dem Gebiete der Kunst in das Gebiet des Handwerks und der Fabrikation hinüberzuleiten, wo Erfindung und schaffende Hand nicht mehr Eins sind.

Was nun die bildende Kunst selbst betrifft, so macht sich in Deutschland das Bedürfniß nach einem gleich wirksamen Schutze geltend, wie ihn das Französische Recht gewährt. In der That können wir in dieser Beziehung, wie in Betreff des Schutzes von musikalischen und dramatischen Werken gegen unbefugte öffentliche Aufführung, von den Franzosen etwas borgen, wenn wir auch den Genius des Deutschen Rechts in seinem Gegensatze gegen den des Französischen Rechts nicht aufopfern möchten. Die Französische Praxis — wenn auch nicht schon, wie die Laien zu glauben pflegen, das Französische Gesetz — hat den Begriff des Autor-Eigenthums bis in seine äußersten egoistischen Consequenzen ausgebildet. Dadurch wird von den beiden Freiheiten, die hier einander gegenüberstehen: ich meine die Freiheit, die sich im Schaffen offenbart und dafür Berechtigung fordert, und die Freiheit, die sich im Nachahmen offenbart und dafür Berechtigung fordert, — von diesen beiden Freiheiten, sage ich, wird durch das Französische Recht eigentlich nur die erste geschützt. Dagegen sträubt sich der Genius des Deutschen Rechts. Das Deutsche Recht will nicht blos zur Ausbeutung des s. g. geistigen Eigenthums führen, sondern auch der freien Nachahmung genügenden Spielraum lassen. Nur die Nachahmung soll verboten sein, welche auf mechanische und geistlose Weise den Autor in seinem Rechte verletzt.

Allein so viel steht fest, daß in dem Schutze der bildenden Kunst gegen unbefugte Nachbildung die Deutsche Gesetzgebung zurückgeblieben ist. Nach Französischem Recht ist der Zeichner, der Maler, der Bildhauer geschützt, sowie und weil er sein Werk geschaffen hat — ohne weitere Präambeln und Förmlichkeiten. Nach Deutschem Rechte dagegen soll sich der Künstler erst formellen Anmeldungen und Einzeichnungen unterziehen, während doch sein Schutzrecht aus seiner Schöpfung ipso jure hervorgeht. Dazu kommt noch, daß die liebenswürdige Gesellschaft der Künstler nicht sehr geneigt ist, sich auf das Formelle einzulassen. Sie gehen nicht hin und lassen ihre Werke aufzeichnen, sie schreiben nur auf ihr Gemälde „pinxi", und nun geht es in die Welt. In dieser Beziehung ist das Bedürfniß eines erweiterten legislativen Schutzes gewiß nicht zu verkennen. Und ebenso verlangt die dramatische Kunst und Musik einen besseren Schutz gegen die unbefugte öffentliche Aufführung, als er jetzt besteht.

Noch hat sich als neue Forderung geltend gemacht, daß für Nachdrucks- u. dergl. Prozesse dem Gutachten der Sachverständigen ein mehr entscheidendes Gewicht, als bisher der Fall gewesen, gesetzlich beigelegt werden müsse. D. h. die Gutachten der Sachverständigen sollen in der Entschädigungsfrage maßgebender für das richterliche Urtheil werden. Man kann hierüber streiten. Spezialgerichte (nach Art der Handelsgerichte) sind jedoch nicht gefordert. Nur darum handelt es sich, daß das richterliche Urtheil in gewissen Punkten mehr an das Gutachten der Sachverständigen gebunden werde.

Nun, m. H., wenn ich das Alles zusammenfasse, so glaube ich, ohne in das weitere technische Detail einzugehen, die Bedürfnißfrage ist anerkannt. Sie ist anerkannt von den Betheiligten und von den Regierungen: Von den Betheiligten in der Gestalt jener großartigen Corporation des Deutschen Buchhändlervereins; von den Regierungen, indem diese, nach Allem was wir hier vernehmen, bereits positive Schritte gethan haben, um ein gemeinsames Deutsches Gesetz zum Schutze des Autorrechtes anzubahnen.

So ist gerade hier die sonst oft schwierige und zweifelhafte Codificationsfrage vollständig vorbereitet und reif für die Lösung. Ueberdies, m. H., stehen wir auf einem Gebiete, auf welchem materiell die vollkommenste Einheit in Deutschland bereits vorhanden ist, und zwar die schönste Einheit, deren Pulsschlag durch alle Herzen geht: die Einheit der Sprache, die Einheit der Literatur, die Einheit der Kunst.

Denn es giebt eine Deutsche Sprache, es giebt eine Deutsche Literatur, es giebt eine Deutsche Kunst. Auf diesem Gebiete ist gewiß nun auch Einheit in gesetzlicher Beziehung sehr leicht zu schaffen. Die Frage ist sehr wichtig, aber nicht zweifelhaft. Ueber die Prinzipien wird man sich rasch einigen können: es handelt sich beinahe nur um eine angemessene Redaction. Ganz anders bei der Frage des gemeinsamen Civilprozesses. Diese bietet größere Schwierigkeiten. Wir können mit unserer Frage eher in's Reine kommen. — Wenn Sie nun erwägen, daß es nur noch einer bedeutenden Autorität bedarf, welche ihr moralisches Gewicht in die Waagschale werfe, um auszusprechen, was eigentlich anerkannt ist, so glaube ich nicht zu viel zu wagen, wenn ich den Antrag dahin stelle und gestellt habe: daß der Juristentag sich aussprechen möge für baldige Herstellung eines gemeinsamen Deutschen Gesetzes zum Schutze des Urheberrechtes an Werken der Literatur und Kunst gegen Nachdruck, so wie gegen unbefugte Nachbildung und Aufführung. Auch hier würde wieder hinzuzufügen sein, daß die Meinungsverschiedenheit über den Weg zum Ziele das materielle Streben nach dem Ziele nicht aufhalten möge! Dixi. (Lebhaftes Bravo!)

Professor Dr. **Unger**: M. H.! Ich erlaube mir nur ein Wort über das Verhältniß meines Referats zu dem Antrage des Herrn Geh. Raths Dr. Heydemann. Ich habe vielleicht gegen meinen Auftrag gehandelt, daß ich auf das Referat verzichtet habe; ich gestehe aber, daß ich von vornherein die Bedeutung des Referats nicht recht verstanden habe und bringe dies deshalb zur Sprache, weil es für die Zukunft nicht ohne Bedeutung sein könnte. Wenn der Antragsteller in Person hier ist und seinen Antrag zu motiviren vermag, so verstehe ich die Bestellung eines Referenten nicht. Entweder stimmt der Referent mit dem Antrage überein; wozu braucht er dann die Motive demselben vorweg zu nehmen? oder er stimmt gegen ihn, so ist es meines Wissens unerhört, daß man Jemanden angreift, ohne vorher seine Gründe gehörig vernommen zu haben. Hätte ich den Antrag refusirt, — wozu ich allerdings keine Veranlassung hatte, denn ich bin mit demselben von ganzem Herzen einverstanden, — so hätte ich referirt; da ich aber nicht zu refusiren brauchte, so habe ich auf das Referiren verzichtet.

Um jedoch nicht gegen den mir gewordenen Auftrag zu handeln, erlaube ich mir wenigstens die Bemerkung zu machen, daß das Einheitsbedürfniß in dieser Beziehung ein großes und lebhaftes ist. Dasselbe ist auch von Deutschen Regierungen bereits anerkannt und geht hoffentlich seiner baldigen Erledigung entgegen. Dafür bürgen die einzelnen Regierungen. Ich erlaube mir, zur Unterstützung dieser Ansicht mich auf die Oesterreichische Regierung zu berufen: — und ich bringe dies deshalb zur Sprache, damit wir uns gegenseitig über den Standpunkt der Dinge unterrichten, — in Oesterreich besteht seit dem Jahre 1846 ein Gesetz zum Schutze des literarischen Eigenthums. Dieses Gesetz hat in der Praxis manchen Anstand gefunden, und das Oesterreichische Ministerium hat sich veranlaßt gesehen, zur Revision desselben zu schreiten. Ich will Sie nicht ermüden mit Aufzählung der Vorbereitungen zu diesem Behufe, ich will nur das Resultat mittheilen, und das ist, daß ein Entwurf zu Stande gekommen ist. Dieser Entwurf nun, der nach offiziellen Mittheilungen am 19. August 1860 zu Stande gekommen ist, wurde vom Justizministerium an das Ministerium des Aeußern geleitet, weil die Oesterreichische Regierung in der Ueberzeugung lebte, daß auf diesem Gebiete eine gemeinsame Deutsche Gesetzgebung entschieden nothwendig würde. Und so trat das Ministerium des Aeußern mit der Preußischen Regierung in Verbindung. Die Königl. Preußische Regierung nun hat sich mit der Idee einer zeitgemäßen Reform der Bundesgesetzgebung über das geistige Eigenthum einverstanden erklärt und um Mittheilung des ausgearbeiteten Entwurfs ersucht. Gegen die diesseits gewünschten Verhandlungen am Deutschen Bundestage hat aber die Preußische Regierung Bedenken erhoben. Es ist daher der Stand der Dinge derselbe, wie bei der Civilprozeßgesetzgebung. Die Regierungen scheinen einig darüber zu sein, daß ein Bedürfniß vorhanden ist, sie scheinen darüber einig zu sein, daß dem Bedürfnisse jetzt abgeholfen werde, sie sind aber leider nicht einig über die Mittel, die zum Zwecke führen sollen. Es wird daher für die Sache nur von günstigem Erfolge sein, wenn der Juristentag seine Ueberzeugung dahin ausspricht, daß unter der Schwierigkeit der Form die Hauptsache selbst nicht leiden soll, und es dürfte in Bezug auf die Frage über ein gemeinschaftliches Recht zum Schutze des literarischen Eigenthums derselbe Weg vorzuschlagen sein, den wir in der Plenarversammlung rücksichtlich der Frage über den Civilprozeß u. s. w. eingeschlagen haben. — Ich würde mir daher erlauben, unter warmer Befürwortung des Heydemann'schen Antrags, an die verehrliche Versammlung den Antrag zu stellen, daß an die Plenarversammlung das Verlangen gestellt werden möge, in gleicher Weise auch auf das literarische Eigenthum das Verfahren auszudehnen, das sie letzthin zum Beschluß erhoben hat. (Bravo!)

Notar **Euler** aus Düsseldorf: M. H.! Meine Vaterstadt Düsseldorf hat das Glück, eine der bedeutendsten Kunstschulen zu besitzen. Es sind unerhörte Fälle der Nachpfuscherei in Düsseldorf vorgekommen, und die Künstler haben die vorhandenen Gesetze nicht für hinreichend zu ihrem Schutze gehalten. Ich wollte dieses Beispiel für die Bedürfnißfrage anführen. Was nun die Sache selbst anlangt, so glaube ich, daß es Sätze giebt, deren Wahrheit so tief im Volksbewußtsein begründet ist, daß ich es für eine Beleidigung der Ehre solcher Sätze betrachten würde, wollte man darüber noch diskutiren; deshalb stelle ich einen Antrag dahin, daß wir den Antrag, wie er vorliegt, pure und ohne alle Diskusion annehmen. (Zustimmung von mehreren Seiten.)

Gerichts-Assessor **Meyer**: Ich glaube, m. H., diesem Antrage steht dasselbe entgegen, was dem Antrage des Herrn Uchatzy entgegenstand. Es ist ein Antrag vorgelegt worden, dessen wünschenswerthe Seiten gar nicht zu bestreiten sind; es fehlt in demselben aber ein Vorschlag darüber, in welcher Weise und nach welchen Grundsätzen die angeregte Frage zu erledigen ist. Gestern hat der Herr Präsident besonders hervorgehoben, daß bloße Wünsche ohne materielle Grundlagen nicht genügen könnten, um dem Juristentage einen Beschluß anzuempfehlen. Ich stelle deshalb den Antrag, entsprechend dem gestrigen Beschlusse über den Antrag hinsichtlich der Patentgesetzgebung, einen ähnlichen Beschluß hinsichtlich des Antrages über das literarische Eigenthum zu fassen.

Professor Dr. **Kuntze** aus Leipzig: Ohne auf das Materielle der Sache eingehen zu wollen, erlaube ich mir nur die Bemerkung, daß ich als Mitglied des Sachverständigenvereins in Leipzig mich sehr beifällig für Annahme des gestellten Antrages ausspreche; er ist ein dringendes Bedürfniß.

Regierungsrath **von Witzleben** aus Leipzig: Mit wenigen Worten gestatte ich mir, den Herren die Annahme des Heydemann'schen Antrags zu empfehlen.

Ich stehe seit einer Reihe von Jahren in Folge meiner dienstlichen Stellung mit den Buchhändlern in Leipzig in Verbindung und habe da Gelegenheit, Kenntniß zu nehmen von den Unzuträglichkeiten, denen der Buchhandel im gegenwärtigen Zustande unterworfen ist. Die Hauptschwierigkeit liegt hauptsächlich in der gegenwärtigen Bundesgesetzgebung, welche sich über die Feststellung des Schutzes des Urheberrechts im Einzelnen nicht verbreitet, sondern dies den Einzelgesetzgebungen vorbehält; und diese sind, wie bereits erwähnt worden ist, im höchsten Grade nicht übereinstimmend. Es resultirt daraus die größte Schwierigkeit für die Buchhändler, die nicht auf einzelne Orte angewiesen sind, sondern deren Geschäftsbetrieb sich auf ganz Deutschland zu erstrecken hat: jeder Buchhändler ist dann immer in dem Falle, nach den verschiedensten Gesetzgebungen beurtheilt zu werden, und zwar nach so vielen, als wir Staaten haben. Denn so viel ich weiß, giebt es in allen Staaten besondere Gesetze über das literarische Urheberrecht, ja meines Wissens selbst in einem Staate, wo nicht einmal eine Buchhandlung existirt.

Advokat **Miller**: Ich wollte bei Gelegenheit dieser Frage über den Erlaß eines Gesetzes zum Schutze des geistigen Eigenthums darauf aufmerksam zu machen mir erlauben, daß die Deutschen Regierungen, resp. der Zollverein gegenwärtig bei Gelegenheit des Handelsvertrages mit Frankreich eine Nachdruckkonvention abzuschließen im Begriffe sind. Gerade Frankreich ist es, welches auf den Abschluß dieser Konvention besteht, und von Seiten des Deutschen Buchhandels sind gegen den Abschluß einer solchen Konvention sehr erhebliche und wesentliche Bedenken erhoben worden. Sie beruhen zum Theil, was uns nicht berührt, auf der Gleichstellung der Einfuhr. Viel wichtiger aber noch ist die Frage des internationalen Uebersetzungsrechts. Die Deutsche Bundesgesetzgebung, wie Herr Professor H e y d e m a n n auseinandergesetzt hat, erkennt das geistige Eigenthum im Sinne der Französischen Gesetzgebung nicht an, sondern spricht nur von Nachdruck, der durch mechanische Vervielfältigung entsteht. Zu einer solchen mechanischen Vervielfältigung rechnen wir in unseren Gesetzgebungen nicht die Uebersetzungen. Wenn nun auch zuweilen, wie bei der Romanliteratur, die Thätigkeit des Uebersetzers eine sehr geringe sein mag, so muß man doch auch die Uebersetzungen in's Auge fassen, die wirklich für literarische Erscheinungen ein ganz neues Literatur- und Sprachgebiet eröffnen. Und der Deutsche Buchhandel glaubt, daß es blos prinzipiell sich rechtfertigen lasse, wenn bei einem Vertrage mit Frankreich festgestellt würde, daß dieses Uebersetzungsrecht durchaus abhängig gemacht werde von der Zustimmung oder dem Vorbehalte des Autors.

Ich will keinen besonderen Antrag darüber provociren; aber ich will wenigstens diese wichtige Frage, die die Interessen des Deutschen Buchhandels so wesentlich tangirt, hiermit kürzlich erwähnt haben.

Notar Dr. **Uchatzy**: Ich halte mich gleichsam für verpflichtet, als gestriger Antragsteller mich unbedingt für die Annahme des Heydemannschen Antrages zu verwenden, und ich glaube, daß die Herren, welche das Schicksal meines Antrages wissen, sich selbst nicht recht werden Aufschluß geben können, warum mein Antrag nicht dieselbe Befürwortung gefunden hat. Ich muß mich persönlich also unbedingt für die Annahme erklären, und halte mich für verpflichtet, dies hiermit öffentlich zu thun.

Hofrath **Dr. von Kerstorf**: Ganz vortrefflich sind die Bemerkungen, die der Herr Antragsteller über den Gegenstand selbst gemacht hat. Ueberzeugt bin ich, daß nicht Einer in diesem Saale und nicht Einer im Plenum sein wird, der die Bedürfnißfrage verneint, nicht Einer, der dieses Argument nicht bereits schon früher zum eigenen gemacht hätte, oder jetzt Gelegenheit gefunden hätte, sich jenem vollständig anzuschließen, — und dennoch muß ich mit Bedauern dem Antrage, wie er steht, entgegentreten. M. H., das Wünschen ist nicht unsere Aufgabe! Wir haben dieses Kapitel schon ein paar Mal besprochen, und mit Recht sind wir über vortrefflich motivirte Anträge weggegangen deshalb, weil ihr Inhalt, ihr wirklicher, positiver Inhalt nicht formulirt war, sondern in den Motiven steckte. Wir haben nicht über die Motivirungen, sondern über die Anträge zu sprechen. Wir wollen einen Antrag, der bestimmten, positiven Inhalt enthält, und das ist der Grund, warum wir andere wohl motivirte Anträge zurückgewiesen haben. Ich glaube, wir sind nicht auf dem rechten Wege, wenn wir uns durch brillante Motivirung verleiten lassen, einem Antrage Folge zu geben, der nicht leitende Grundsätze enthält, sondern nur einen Wunsch. Was soll das Gesetz enthalten? Das ist die Frage. Auf welchem Wege wird die Geburt erfolgen? wie soll der Kerl heißen, der auf die Welt kommt? welche Prinzipien soll das Gesetz enthalten? soll das Französische „propriété“ auch in den Deutschen Begriff aufgenommen werden? soll es eine politische Anstalt sein oder nicht? soll von dem Eigenthum die Rede sein oder von etwas Analogem? soll das eine oder andere System bei uns herrschen? Das sind Fragen, über die wir die Ueberzeugung haben müssen, um sie auszusprechen. Wir machen den Kopf mit Wünschen voll; aber damit haben wir nichts oder äußerst wenig gesagt. Ich glaube daher, daß alle brillanten Motive, welche der Herr Antragsteller nach seiner Erfahrung hat, in einem Entwurf vorgelegt werden können, daß derselbe zwar nicht ganz berathen, daß aber die Hauptsätze aus diesem Entwurfe herausgezogen, formulirt und unsere Meinung gehört werde; ich halte es aber für bedenklich, wenn der Juristentag, ohne diese Hauptsätze zu kennen, einen solchen Wunsch ausspricht. Es wird dann auf den Juristentag provocirt und gesagt: es ist nur eine Leichtigkeit, die Juristen sind einig.

Es würde daher besser sein, über diesen Antrag, wie schon bei ähnlichen geschehen ist, zur Tagesordnung überzugehen, jedoch die Vorlage zur weiteren Vorbereitung an die ständige Deputation zu verweisen und dieselbe zu beauftragen, mit ganz bestimmten Sätzen den Antrag dem nächsten Juristentage wieder vorzulegen.

Geh. Justizrath, Professor Dr. **Jhering**: Gegen das, was der Herr Vorredner soeben bemerkte, möchte ich mich erklären. Ich halte es nicht für räthlich, wenn wir uns in der Weise binden, wie er es beabsichtigt, daß nämlich Vorschläge und Anträge, wie der gegenwärtige, um hier vorgebracht zu werden, bis in das kleinste Detail ausgearbeitet sein müssen. M. H., für manche derartige Anträge würde den Meisten von uns die nöthige Sachkenntniß völlig fehlen. Für den vorliegenden z. B. bin ich vollständig außer Stande, auf das Detail einzugehen. Ich kenne die Feinheiten des literarischen Eigenthums in Anwendung auf die Kunstprodukte durchaus nicht und würde den Saal verlassen müssen, wenn es über derartige epinöse Fragen zur Abstimmung käme. Dagegen bin ich wohl im Stande die Bedürfnißfrage zu entscheiden. Und deswegen bitte ich diese beiden Fragen nicht zu verwechseln: die Frage nämlich, ob ein Bedürfniß vorliegt, und die Frage, in welcher Weise das Bedürfniß befriedigt werden soll. Es ist eine wichtige That, wenn der gesammte Deutsche Juristenstand durch seine Vertreter erklärt: „hier liegt ein Bedürfniß vor," wenn auch die Meinungen darüber, in welcher Weise das Bedürfniß befriedigt werden soll, von einander abweichen.

Meine Ansicht also ist die, daß wir unbestritten den Beruf besitzen, uns über die Bedürfnißfrage auszusprechen; daß wir dagegen wohl daran thun werden, uns aller eigentlich gesetzgeberischen Vorschläge zu enthalten.

Allerdings ist nicht zu verkennen, daß es für die Regierungen wichtig ist, zugleich Vorschläge zu erhalten; aber in manchen Dingen sind wir eben nicht in der Lage, ein brauchbares Material zu bieten, sondern wir dürfen und können die Sorge dafür den Regierungen überlassen. Es ist unmöglich, ohne Zuziehung von Sachverständigen die eigentlich technischen Fragen zu entscheiden; wir unsererseits aber sind nicht in der Lage, dieselben zuzuziehen, während es den Regierungen ein Leichtes ist; durch Vorschläge aber, die vor dem Urtheil der Sachkundigen die Probe nicht bestehen, würden wir unsere Autorität eher abschwächen, als erhöhen.

Ich möchte Sie also vor dem von dem Vorredner aufgestellten Prinzip warnen. Lassen Sie sich nicht abhalten von der Behandlung der Bedürfnißfrage, obschon Sie jetzt oder überhaupt nicht im Stande sind, die Mittel zu bezeichnen, wie dieses Bedürfniß befriedigt werden kann. (Bravo!)

Präsident: Ich wollte mich zum Wort melden. Ich glaube, den Sinn der Versammlung, welchen sie bei den heutigen und gestrigen Abstimmungen gehabt hat, ziemlich aufgefaßt zu haben, und glaube nicht, daß den Grundsätzen, welche die Versammlung geleitet haben, der Vorwurf der Inkonsequenz entgegengestellt werden kann, Sie mögen den jetzigen Antrag annehmen oder nicht.

Zunächst schließt sich meine Bemerkung an dasjenige an, was der letzte Herr Vorredner gesagt hat. Ich glaube, daß es niemals der Sinn der Versammlung gewesen ist, auch nicht in dem Beschluß über die Patentgesetzgebung, ein ausgearbeitetes Gesetz vor sich haben zu wollen, welches paragraphenweise zu diskutiren wäre. In Ihrer Resolution ist die Rede von hauptsächlichen juristischen Grundsätzen, dagegen ist von Anfang, soviel ich weiß, bei dem Juristentage festgehalten worden, daß der Juristentag nicht dazu berufen sei, Gesetze auszuarbeiten. Wir haben dazu weder Gelegenheit, noch Mittel, noch Material; andere Faktoren in Deutschland sind dazu da. Wohl aber sind wir dazu da und bringen Nutzen, wenn wir das Geschäft übernehmen, die leitenden Grundsätze zu äußern, die wir aus großer lebendiger Praxis von vielen Jahren als Wahrheit geschöpft haben für eine gemeinschaftliche Deutsche Gesetzgebung. Das wäre Etwas, was in der Mitte liegt zwischen dem Detail eines ausgearbeiteten Gesetzes und zwischen dem bloßen Anregen, dem Bestimmen den Regierungen gegenüber. Damit das Letztere geschehen soll (haben Sie, wenn ich den Sinn Ihrer Resolution bei der Patentgesetzgebung richtig aufgefaßt habe, gesagt), reicht uns nicht aus, einzutreten als Juristentag und Erklärungen abzugeben, wie es wünschenswerth wäre, daß in der oder jener Beziehung die Gesetzgebung in Deutschland gemeinschaftlich sei. Dafür ist unsere Hauptaufgabe eine zu wichtige, bei welcher es gilt, tiefgefühlte Bedürfnisse zu befriedigen und zu dem Zweck die Grundsätze anzugeben, wonach möglicherweise die dazu dienenden Gesetze ausgeführt werden sollen. Gehen wir aber auf dem ganz allgemeinen Wege vor, der jetzt angeregt ist, so schwächen wir unser Ansehen.

M. H., mir fragt sich nur, ob es angemessen ist, auf den vorliegenden Antrag so einzugehen, daß wir im gegenwärtigen Augenblicke decidirt annehmen wollen, es liege uns in der fraglichen Beziehung eine hinreichende Klarheit über die Richtung, welche dem gemeinsamen Recht hier zu geben sei und über die allgemeinen Grundsätze vor, so daß wir in einem in unseren Meinungen im Wesentlichen übereinstimmenden Sinne erklären könnten, wir erachten es jetzt als dringendes Bedürfniß, die Herstellung einer gemeinsamen Gesetzgebung anzuempfehlen, — oder ob wir, wie bei der Patentgesetzgebung, sagen wollen: „anerkannt wird die Wichtigkeit einer allgemeinen Deutschen Gesetzgebung 2c.“; bevor jedoch die leitenden Grundsätze derselben vorliegen, wollen wir die Frage der weiteren Zukunft überlassen.

Was mich betrifft, so möchte ich das Zweite vorziehen, und zwar deshalb: ganz unvorsichtig möchten wir bei solchen Anträgen nicht sein, und ich habe schon in der heutigen Sitzung bei mir Veranlassung gefunden, meine Vorsicht aufrecht zu erhalten. Der Herr Antragsteller möge mir dies persönlich nicht verdenken, ich bin überzeugt, daß seiner Person gegenüber wir nicht die mindeste Vorsicht nöthig haben, und daß sein Antrag rein hervorgegangen ist aus dem Bestreben, dasjenige, womit er sich schon seit langer Zeit beschäftigt hat, für ganz Deutschland zur Erfüllung zu bringen und nützlich zu machen. Allein ich bin vorsichtig geworden durch die Bemerkungen, die im Laufe der Debatte gefallen sind. Mir kommt es vor, als wenn die Sache nicht dazu angethan wäre, daß der Juristentag darin einen Druck abgeben könnte. Sie hören von dem Handelsvertrage mit Frankreich, Sie hören, es ist eine brennende Frage; Sie hören, daß von Verhandlungen die Rede ist zwischen Oesterreich und Preußen; ich weiß das nicht, es ist uns so dargestellt worden. Möglich ist, daß, wenn auf einmal unsere Erklärung erscheint, diese als eine Antwort auf eine Frage aufgefaßt wird, die wir gar nicht kennen, und auf die wir gar nicht Antwort geben wollen. Sie haben vorhin schon eine Auslegung eines Beschlusses des Juristentages gehört, an die Keiner von uns gedacht hat. Das macht vorsichtig. Ich glaube, daß wir darüber keinen Zweifel haben werden, daß das Wünschenswerthe einer gemeinsamen Deutschen Gesetzgebung zum Schutze des Urheberrechts und gegen Nachdruck von allen Deutschen gefühlt wird. Aber gerade in der angeregten Weise und hauptsächlich jetzt auf den Antrag die Antwort zu geben, ohne daß wir uns selber die Hauptgrundsätze klar gemacht haben, das, m. H., halte ich für bedenklich: Ich meine übrigens die juristischen Hauptgrundsätze, nicht das Detail.

Aus diesen Gründen beantrage ich, den Heydemann'schen Antrag für jetzt zu vertagen.

Professor Ihering: M. H.! Ich bin in der Lage, den Herrn Präsidenten, der diesmal als Redner aufgetreten ist, bekämpfen zu müssen. Ich halte den Standpunkt, von dem er ausgegangen ist, nicht für richtig. Ich war gestern durch die Sitzung der ständigen Deputation verhindert, an der Debatte über die Patentgesetzgebung Theil zu nehmen; ich würde sonst gegen die Grundsätze, die angenommen worden sind, angekämpft haben. Mich trifft der Vorwurf einer Inkonsequenz nicht, wenn ich mich durch den gestrigen Beschluß nicht für gebunden erachte, vielmehr die Ansicht, zu der ich mich vorhin bekannt habe, gegen die Gründe, die soeben vorgebracht worden sind, auch ferner vertheidige.

Es ist gesagt, es müßten, wenn auch keine detaillirten Entwürfe, so doch wenigstens die allgemeinen Grundsätze von uns angegeben werden. M. H., wenn ich das Detail nicht kenne, bin ich auch nicht in der Lage, allgemeine Grundsätze aufstellen zu können, denn letztere haben nur Werth, wenn sie aus Detailkenntniß hervorgehen. Wer möchte darüber abstimmen, ob gewisse Grundprinzipien richtig oder falsch sind, wenn ihm die Einsicht in die Verhältnisse abgeht?

Kömmt uns denn aber die Prinzipienfrage, um die es sich gegenwärtig handelt, ob wir über das legislative Bedürfniß uns äußern dürfen, ohne zugleich die maßgebenden Grundsätze mit anzugeben, zum ersten Male? Sie haben, m. H., voriges Jahr den Beschluß gefaßt, das Bedürfniß der Abfassung eines allgemeinen Obligationenrechts für dringend zu erklären, — haben Sie damals die Grundsätze hinzugefügt, die als maßgebend gelten sollten? Sie haben beschlossen, daß die Abfassung eines allgemeinen Strafrechts nothwendig sei; Sie haben dasselbe rücksichtlich einer allgemeinen Deutschen Civilprozeßordnung erklärt; was wir heute zu beschließen aufgefordert worden, ist meines Erachtens nichts Anderes, als was wir damals gethan haben.

Wenn sodann vorhin bemerkt worden ist, es habe den Anschein, als wenn ein Druck ausgeübt werden könne zu Gunsten gewisser Interessen, so will ich dagegen bemerken, daß ich darin, daß wir uns der berechtigten Interessen des Handwerkerstandes, des Buchhändler- oder

Künstlerstandes annehmen, nicht bloß keinen Vorwurf, sondern ein Lob erblicke.

Präsident: Ich will nur ein Wort sagen. Bei dem Obligationenrecht kennen wir genau die Grundzüge, um welche es sich handelt, und kennen das Bedürfniß zu einem gemeinsamen Gesetze. Hier ist aber die Sache anders; hier müssen wir erst dasjenige kennen lernen, was in das gemeinschaftliche Nachdruckgesetz hineinkommen soll. Man sagt, gerade die Differenzen, die gegenwärtig bestehen, sind so groß, daß daraus das Bedürfniß hervorgeht. Ich glaube, daß in Bezug auf dasjenige, was rein juristisch dabei ist, mehr Gleichmäßigkeit in Deutschland herrscht, daß aber Differenzen vorhanden sind in Bezug auf die staatlichen, gewerblichen und technischen Interessen. Darüber sind wir als Juristen jetzt nicht kompetent, das können wir jetzt nicht übersehen, und deshalb würde ich für Vertagung stimmen.

Advokat **Miller:** Der Herr Präsident sprach vom Druck der Interessen. Ich glaube, der Juristentag hat allerdings auf die Interessen der Nation stets Rücksicht zu nehmen. Wir bewegen uns nicht blos im abstrakten und theoretischen Rechte, sondern wir haben auch die wirklichen Verkehrsinteressen zu berücksichtigen. Ich gestehe auch, daß ich mich mit dem, was der Herr Präsident heute geäußert hat über die Kompetenz der Versammlung, über das Aussprechen der allgemeinen Wünsche, ebensowenig befreunden kann, wie der Herr Professor Ihering, und bedauere sehr lebhaft, daß bei der Patentgesetzgebungsfrage ein gegentheiliger Beschluß gefaßt worden ist auf Fürsprache des Herrn Präsidenten hin. Ich hoffe, daß die Versammlung noch Gelegenheit haben wird, ihre Entschließung über die Sache zu ändern. (Schluß! Schluß!)

Professor Dr. **Unger:** Als Berichterstatter bitte ich ums Wort.

Zunächst möchte ich versuchen, wider die Bemerkung, die der Herr Präsident gemacht hat, — zwar nicht als Präsident, sondern als Redner — Etwas zu sagen; und ich freue mich, daß er sie als Redner und nicht als Präsident gemacht hat, weil er als Redner seine subjective Meinung ausgesprochen hat, und mir es leichter wird, diese subjective Meinung zu bekämpfen, als es sonst der Fall sein würde. Ich glaube, der Herr Präsident hat sich als Redner von der Sache ein schwärzeres Bild gemacht, als es nothwendig ist. Ich möchte wissen, ob Sie Jemandem zumuthen können, über die Grundsätze des Obligationenrechts sofort ein bestimmtes Wort auszusprechen? Ich brauche Ihnen nur das Wort „Correalobligation" hinzuwerfen, und Sie werden zuletzt mit gerechtem Schauder erfüllt werden. Wenn Sie aber nichtsdestoweniger ausgesprochen haben, daß Sie ein gemeinsames Obligationenrecht für ein Bedürfniß halten, so weiß ich nicht, ob Sie da mit Bestimmtheit über die Prinzipien des Obligationenrechts, also auch über das Prinzip der Correalobligation im Reinen gewesen sind. Wenn aber nun die Beurtheilung dieser Prinzipien so manchen Zweifel haben dürfte, so denke ich, was das vorige Jahr uns nicht gehindert hat, eine einheitliche Gesetzgebung zu beantragen, das wird uns auch diesmal nicht abhalten können, ähnliche Wünsche auszusprechen in Bezug auf ein gemeinsames Gesetz, die literarischen Eigenthumsrechte betreffend. Auch muß ich mich entschieden erklären gegen einen sogenannten Mittelweg; ich glaube, in diesen Dingen hat man keinen Mittelweg. Entweder verneint man das Bedürfniß, oder man spricht den Wunsch aus, daß ein gemeinsames Gesetz in diesem Punkte zu Stande komme. M. H.! Ich begreife nicht recht den Standpunkt der Versammlung: wir sollen nicht mehr unsere Wünsche aussprechen können! Ich frage: was bleibt uns dann übrig? Auf's Fordern, m. H., haben wir schon längst verzichtet.

Wenn es jetzt nun möglich wäre und wenn es gelänge — wohin, wie es scheint, man uns führen will — uns auf einmal in eine Versammlung erleuchteter Gesetzgeber zu verwandeln, wenn wir auf einmal die Aufgabe hätten, als Gesetzgeber aufzutreten und Gesetze zu verfassen, also auch eines z. B. über das literarische Eigenthum, was hätten wir nun dann weiter zu thun, als doch wieder den Wunsch auszusprechen, daß man diese von uns verfaßten Gesetzentwürfe an geeignetem Orte zu Gesetzen erhöbe? Nun erscheint es mir in der That doppelt sonderbar, wir sollen Wünsche nicht aussprechen, weil das Maß der Wünsche voll sei. Ich glaube, m. H., wir hören nicht auf zu wünschen, wenn man auch entgegnet, das Maß unserer Wünsche sei längst voll. Wir sollten, denke ich, wie mein verehrter Herr Kollege Jhering bemerkt hat, die Frage, ob ein Bedürfniß vorhanden sei, nicht leiden lassen durch die Art der

Befriedigung desselben. Jean Paul sagt: „das Ob der Unsterblichkeit leidet unter dem Wie derselben." Wir Juristen stehen zum Glück nicht auf demselben Standpunkte, das Ob einer gemeinsamen Gesetzgebung braucht nicht durch das Wie zu leiden. Das Wie haben wir Jenen zu überlassen, die die Sache zum Austrag zu bringen haben. Weil wir dem Kinde nicht einen Namen geben könnten? — nun, soweit sind wir noch nicht. Ich dächte, wenn der Juristentag in diesen Wehen Hebammenstelle verträte? — Das wäre eigentlich die Aufgabe, die wir zu erfüllen haben.

In diesem Augenblicke, wo die Regierungen einige Schritte weiter zu gehen im Begriffe sind, da sollen wir vorsichtig sein? In der That, ich weiß nicht, wie das zu verstehen ist. Ich glaube, es liegt eine große Vorsicht darin, daß man bis zu einem gewissen Punkte keck seine Meinung sagt, und ich sollte meinen, die Keckheit wäre gerade in diesem Falle nicht so groß. Die Deutschen Regierungen haben erklärt, daß in der vorliegenden Frage ein Bedürfniß zu einem gemeinrechtlichen Bundesrechte vorhanden sei. Weil wir nun die politischen Verhandlungen der einzelnen Regierungen nicht genau kennen, weil wir nicht wissen, welche Fäden hinter unserm Rücken gesponnen worden, darum sollen wir das Bedürfniß nicht aussprechen? Umgekehrt! gerade da müssen wir in's Gesicht sagen, was wir uns bei unserem Antrage denken. Die materiellen Unterlagen existiren; der geehrte Herr Antragsteller von Berlin hat dies ausgesprochen, er hat dieselben verfaßt im Auftrage des Buchhändlervereins, und da sollen wir uns über das Bedürfniß nicht aussprechen? Wir, die wir als Schriftsteller und Bücherabnehmer auftreten, fühlen dasselbe ja auch. Sprächen wir es nicht aus, dann, sollte ich meinen, könnten wir unsere Aufgabe für geschlossen erklären und ruhig nach Hause gehen.

Schließlich bitte ich, dem Heydemann'schen Antrage hinzuzufügen, daß der Juristentag die im Plenum letzthin gethanen Aussprüche auch auf diesen Punkt noch erstrecke. (Lebhaftes Bravo.)

Präsident: Ich wollte den Herrn Vorredner bitten, mir zu sagen, ob er dies als Zusatzantrag hinzufügen will oder nicht.

Professor Dr. **Unger:** Ich glaube, es wäre zweckmäßig, daß der

Zusatz an den Vorschlag, den Herr Präsident Bluntschli in der ersten Plenarsitzung gemacht hat, angefügt würde; heute würde er sich an den Heydemann'schen Antrag anschließen.

Präsident: Ich erwarte einen formulirten Antrag des Herrn Professor Unger und bringe den Antrag auf Vertagung jetzt zur Abstimmung. Diejenigen Herren, welche die Vertagung wünschen, bitte ich, sich zu erheben.

Es ist die Minorität.

Der Antrag des Herrn Heydemann lautet: „Der Deutsche Juristentag wolle sich für baldige Herstellnng eines gemeinsamen Deutschen Gesetzes zum Schutze des Urheberrechts an Werken der Literatur und Kunst gegen Nachdruck, sowie gegen unbefugte Nachbildung und Aufführung aussprechen." Ich bitte diejenigen Herren — —

Professor Dr. **Unger** (unterbrechend): Der Herr Dr. Drechsler hat den Antrag formulirt, und es wäre wünschenswerth ihn zu hören.

Bürgermeister Dr. **Drechsler:** Der Herr Professor Unger hat als Referent die Annahme des Antrags des Herrn Heydemann empfohlen mit dem Zusatze: „Es möge der Deutsche Juristentag hinsichtlich der Mittel zur Herbeiführung einer gemeinsamen Gesetzgebung in diesem Punkte sich ebenso aussprechen, wie bereits hinsichtlich der Gesetzgebung über Civilprozeß und Obligationenrecht beschlossen worden ist."

Präsident: Ist das ein förmlich gestellter Antrag von Ihnen?

Professor Dr. **Unger:** Ganz gewiß!

Präsident: Es würde aber in der That dazu führen, daß das Plenum nochmals auf die Sache zurückginge. Der Antrag, wie er von Herrn Heydemann gestellt ist, ist wirklich in der Sache genug. Wir können doch nicht gut auf die vorigen Plenarbeschlüsse zurückgehen. (Rufe: Nein, Nein! Antrag zurückziehen!)

Professor Dr. **Unger:** M. H.! Ich lege schließlich keinen so großen Werth auf den Antrag. Wenn Sie nicht glauben, darin eine Verstärkung zu finden, so ziehe ich denselben recht gern zurück.

Präsident: Ich stelle daher nur den Antrag pure zur Abstimmung.

Diejenigen Herren, welche dafür sind, bitte ich, sitzen zu bleiben, die, welche dagegen sind, aufzustehen.

Der Antrag ist angenommen; also ist die Sache erledigt.

Advokat **Miller**: Ich bitte ums Wort, um auf den gestrigen Beschluß über die Patentgesetzgebung zurückzukommen.

Präsident: Ich werde die Versammlung zu fragen haben, ob sie nochmals auf den gestrigen Beschluß zurückkommen will. (Rufe: Nein, Nein!)

Es wird Ihnen nun das Protokoll über die heutige Sitzung vorgelesen werden.

(Schriftführer Dr. Drechsler verliest das Protokoll.)

Kammergerichts-Referendar Dr. **Hilse**: Ich möchte, daß bestimmt in's Protokoll aufgenommen würde: „und es wurde der Antrag gestellt, zwanzig Vertrauensmänner zu wählen." Ich habe den Antrag formulirt eingereicht.

Hofrath Dr. **von Kerstorf**. Das ist allerdings der Fall, und da der Antrag eingereicht ist, so muß er auch im Protokoll erwähnt werden.

Bürgermeister Dr. **Drechsler**: Nun würde die Stelle so lauten: „Der Vorsitzende schlug vor, die Wahl der Vertrauensmänner, die zusammen mit dem Präsidenten die Mitglieder der ständigen Deputation zu ernennen haben, in der Art zu beschaffen, daß der Vorsitzende mit den Schriftführern die Liste der zu erwählenden zehn Vertrauensmänner aufstelle und demnächst die Wahl durch Akklamation geschehe. Es wurde von einer Seite beantragt zwanzig Vertrauensmänner zu erwählen. Es wurden darauf zehn Vertrauensmänner gewählt und fiel die Wahl u. s. w."

Eine Stimme: Ich bitte, noch ausdrücklich in das Protokoll aufzunehmen, daß um Abstimmung hinsichtlich der Zahl der Vertrauensmänner gebeten worden sei, daß aber der Herr Präsident nicht habe abstimmen lassen, weil er erklärte, daß die Versammlung nicht das Recht habe, darüber abzustimmen.

Präsident: Was Sie da sagen, habe ich nicht gesagt. Ich habe gesagt, daß die Abstimmung für die andern Abtheilungen nicht maßgebend und auch zur Zeit nicht praktisch sei und daß das Praktische entscheide. Indem die Versammlung zehn wählte, so erklärte sie, daß sie nicht zwanzig wählen wollte.

Wir hätten nur noch die Referenten zu den einzelnen Sachen in der Plenarsitzung zu ernennen. Ich schlage Ihnen vor, — und hoffe, daß die Herren Referenten einverstanden sind, — daß diejenigen, welche hier als Referenten fungirt haben, jeder dieselbe Sache auch im Plenum übernehmen. Was die Wechselfrage betrifft, so glaube ich, daß das Referat vollständig sei, wenn gesagt wird, die Sache werde unter den Regierungen verhandelt, man könne daher auf den Antrag nicht eingehen. Ueber diesen Punkt bitte ich, daß Herr v. Kerstorf das Referat in ähnlicher Weise übernehme, da das Detail die Versammlung nicht interessiren würde. Ich hoffe, daß die Herren Referenten dieses Amt annehmen werden. Es sind dies die Herren Abeken, Meyer, Miller, Unger und v. Kerstorf.

Ich schließe die Sitzung.

(Schluß der Sitzung gegen 2 Uhr.)

Erste Sitzung der dritten Abtheilung am Mittwoch den 28. August 1861 im Saale der Harmonie.

(Die Sitzung wird um 9 Uhr durch den Ober-Staatsanwalt Dr. Keller aus Wien eröffnet.)

Ober-Staatsanwalt Dr. **Keller**: M. H.! Im Auftrage Ihrer ständigen Deputation habe ich die Ehre, die Sitzung der dritten Abtheilung des zweiten Deutschen Juristentages hiermit für eröffnet zu erklären und Ihnen den Vorschlag zu machen, zum Vorsitzenden dieser dritten Abtheilung den Herrn General-Staatsanwalt Dr. Schwarze aus Dresden per acclamationem zu ernennen.

Diejenigen Herren, welche mit meinem Vorschlage einverstanden sind, ersuche ich aufzustehen.

(Die ganze Versammlung erhebt sich.)

Der Herr General-Staatsanwalt Dr. Schwarze ist einstimmig zum Vorsitzenden in dieser Abtheilung ernannt und wird hiermit ersucht, dieses Amt anzutreten. Er wird zugleich gebeten, den Vicepräsidenten und die Sekretäre zu ernennen.

Präsident Dr. **Schwarze**: Meine höchstgeehrten Herren! Ich komme dem ehrenvollen Rufe, der soeben an mich ergangen ist, mit großer Freude nach. Gestatten Sie mir das offene Bekenntniß, daß ich eine große Befriedigung schon im vorigen Jahre darin gefunden habe, von Ihnen zum Präsidenten dieser Abtheilung berufen zu werden, und daß diese Freude heute eine um so größere ist, als zwingende Gründe mich veranlaßten, das mir in Aussicht gestellte Präsidium des Juristentages abzulehnen.

Allerdings möchte ich das Präsidium heute vorzugsweise mit der Bitte an Sie beginnen, eine besondere Nachsicht mir zu erzeigen, weil ich durch die Last der Einrichtungen für den Juristentag nun seit länger als vierzehn Tagen in einer Weise in Anspruch genommen bin, die vielleicht das Maß meiner Kräfte einigermaßen erschöpfen könnte.

Meine höchstgeehrten Herren! Es liegt mir nun ob, Ihnen denjenigen Herrn in Vorschlag zu bringen, von welchem ich glaube, daß er wohlgeeignet sein dürfte, das Vicepräsidenten-Amt dieser Abtheilung zu führen. Da ich die Ehre haben werde, Ihnen über die Lewald'schen Anträge das Referat zu erstatten, so würde er sogleich in der Lage sein, meine Stelle zu vertreten. Die ständige Deputation befindet sich bei dieser Frage in Verlegenheit, da gerade bei den dieser Abtheilung zugewiesenen Arbeiten mannigfache Rücksichten zu beachten sind. Sie ist zuletzt zu der Ansicht gekommen, daß es zweckmäßig sein würde, mit Rücksicht auf die Natur der Lewald'schen Anträge einen richterlichen Beamten aus der Versammlung, und zwar den Herrn Ober-Tribunalsrath von Kronmüller aus Stuttgart, zum Vicepräsidenten in Vorschlag zu bringen. Ich frage, ob die Herren diesem Vorschlage Ihre Zustimmung geben?

Einstimmig angenommen!

Ich bitte den Herrn Ober-Tribunalsrath von Kronmüller an meiner Seite gegenwärtig Platz nehmen zu wollen.

Ober-Tribunalsrath von Kronmüller: M. H.! Ich danke Ihnen für Ihr Vertrauen, muß jedoch gestehen, daß ich besorge, Sie werden es nicht gerechtfertigt finden. Ich habe nicht gehörig Zeit gehabt, mich vorzubereiten auf diese Verhandlungen, und so könnte es sehr leicht der Fall sein, daß die Leitung eine sehr unvollkommene sein möchte. Ich muß daher um Nachsicht bitten, wenn ich in den Fall komme, die Verhandlungen zu leiten.

Präsident: Ich ersuche nun den Herrn Rechtsanwalt Calm aus Bernburg und den Herrn Staatsanwalt Gareis aus Pirna die Geschäfte des Sekretariats für diese Abtheilung gefälligst zu übernehmen.

Die Gegenstände, m. höchstg. H., welche der dritten Abtheilung zur Berathung und Beschlußfassung zugewiesen worden sind, beziehen sich primo loco auf die bereits im vorigen Jahre in Berlin von dem Herrn Rechtsanwalt Lewald eingebrachten und mehrere, dazu von anderen Mitgliedern in den damaligen Verhandlungen gestellte Anträge. Es hat die damalige dritte Abtheilung und später das Plenum beschlossen, daß diese Anträge des Herrn Rechtsanwalt Lewald in Berlin, ebenso wie die gesammten Unteranträge, der ständigen Deputation zur Vorberathung zugewiesen werden sollten. Die ständige Deputation ist, wie Sie bereits wissen, dieser Aufgabe nachgekommen und hat zwei Gutachten eingefordert: das eine von dem Herrn Ober-Tribunalsrath von Seckendorff in Berlin,*) und das andere von dem Herrn Ober-Staatsanwalt Groß in Eisenach.**) Beide Gutachten sind Ihnen bereits zugegangen. Sodann hat die ständige Deputation auf Grund dieser beiden Gutachten einen mündlichen Vortrag durch mich sich erstatten lassen; es sind dabei verschiedene Sätze formulirt und adoptirt worden; und später hat die Deputation bestimmt, daß eine Motivirung dieser Sätze von mir ausgearbeitet werden sollte. Es sind die angenommenen Sätze und die Motive dazu ebenfalls den Herren bereits mitgetheilt worden.***) Bemerken will ich nur, daß der Herr Ober-Staatsanwalt von Tippelskirch aus Stettin und der Herr Rechtsanwalt Dr. Schaffrath aus Dresden zu diesen Anträgen der Deputation verschiedene Zusatzanträge, beziehendlich Verbesserungsanträge gestellt haben. Ich habe geglaubt im Einverständnisse der Herren zu handeln, als ich diese Anträge dem Drucke übergab, weil außerdem die Debatte über dieselben außerordentlich erschwert werden möchte. — Es ist neuerdings ein Antrag des Herrn Rechtsanwalt Sabarth aus Ratibor eingegangen; auch dieser gehört zu den Lewald'schen Anträgen, und werde ich ihn später bei dem Referate mit vortragen. Desgleichen von dem Herrn Staatsanwalt Koch aus Trebnitz.

Es ist ferner der dritten Abtheilung zugewiesen worden ein Antrag des Herrn Rechtsanwalts Lewald zu Berlin: „Der Deutsche Juristentag wolle seine Rechtsüberzeugung dahin aussprechen,

*) Vergl. Band I Seite 175 ff.
**) Vergl. Band I Seite 131 ff.
***) Vergl. Band I Seite 241 ff.

a) daß politische und Preßvergehen in sachlicher Beziehung sich vorzugsweise zur Aburtelung durch Geschworene eignen,

b) daß sie sachgemäßer durch Geschworene, als durch Richtercollegien entschieden werden." *)

Zu diesem Antrage des Herrn Rechtsanwalts Lewald ist später ein Antrag des Herrn Dr. Schaffrath eingegangen, der dahin lautet:

„Der Deutsche Juristentag erklärt es für ein Bedürfniß Deutscher Strafrechtspflege, daß Schwurgerichte auch in denjenigen Deutschen Staaten, in welchen dies noch nicht geschehen, jedenfalls für schwere Strafsachen eingeführt werden." **)

Es liegt ferner ein Antrag vor des Herrn Kreisrichters Zenthöfer aus Rybnik, der dahin lautet: „Der Deutsche Juristentag wolle die Unterscheidung der im Strafprozesse zu beantwortenden Fragen in That- und in Rechtsfragen als eine innerlich berechtigte anerkennen." ***)

Es ist ferner ein Antrag vorgelegt worden des Herrn Professor Dr. Glaser zu Wien: „Der Deutsche Juristentag wolle sich dafür aussprechen, daß neben der Verjährung der strafgerichtlichen Verfolgung die Verjährung rechtskräftig erkannter Strafen zugelassen werde." †)

Es liegt ferner ein Antrag vor des Herrn Landes-Advokaten Dr. Weeber aus Weißkirchen: „Der Deutsche Juristentag wolle den vom Antragsteller verfaßten Entwurf einer Strafprozeßordnung als geeignete Grundlage zur Anbahnung einer den sämmtlichen Staaten Deutschlands gemeinsamen Prozeßordnung anerkennen und den Regierungen der einzelnen Staaten Deutschlands zur Benutzung empfehlen." ††)

Es liegt endlich ein Antrag des Herrn Ober-Staatsanwalts Dr. Keller aus Wien vor in Bezug auf das Strafverfahren. †††) Dieser Antrag zerfällt in 7 Paragraphen, und ich weiß nicht, ob der Herr Antragsteller verlangt, daß dieselben in extenso vorgetragen werden

*) Vergl. Band I Seite 236.
**) Vergl. Band I Seite 276 f.
***) Vergl. Band I Seite 236.
†) Vergl. Band I Seite 236 f.
††) Vergl. Band I Seite 277.
†††) Vergl. Seite 6 ff.

oder daß ich vielmehr nur den Grundgedanken dieser Paragraphen der geehrten Versammlung mittheile.

Ober-Staatsanwalt Dr. **Keller**: Ich bitte um das Letztere, weil das Erstere der näheren Berathung vorbehalten wird.

Präsident: Es betreffen diese vom Herrn Ober-Staatsanwalt Dr. Keller formulirten Paragraphen vorzugsweise die Voruntersuchung und in derselben wiederum die Feststellung des Thatbestandes durch die Staatsanwaltschaft, sowie die Grundsätze über das Verfahren bei der Verhaftung des Angeschuldigten, über die diesfallsigen Garantien, ebenso Bestimmungen über den Schluß der Voruntersuchung u. s. w.

Ich habe hiermit die Relation derjenigen Gegenstände erschöpft, welche der dritten Abtheilung zugewiesen worden sind. Was nun die Frage anlangt, welcher dieser Gegenstände zunächst durch unsere Berathungen und Beschlußfassungen zu erledigen sein möchte, so versteht es sich von selbst, daß die Anträge des Herrn Rechtsanwalts Lewald sammt den Nebenanträgen die Priorität beanspruchen, und ich werde daher diese Anträge in ihrer vollen Gesammtheit zuerst auf die Tagesordnung zu setzen haben.

Es ist ferner gegenwärtig wiederholt der Wunsch mir ausgedrückt worden, daß man bei der diesjährigen Versammlung eine dem materiellen Strafrechte angehörige Frage zur Diskussion bringe. Ich werde daher den Antrag des Herrn Professor Dr. Glaser, betreffend die Verjährung rechtskräftig erkannter Strafen, als zweiten Gegenstand auf unsere Tagesordnung setzen. Ich erlaube mir in Bezug auf diesen Antrag den geehrten Herren den Vorschlag zu machen, denjenigen Herrn unter uns mit dem Referate über diesen Antrag — mit seiner Zustimmung natürlich — zu beauftragen, von dem Sie gewiß überzeugt sind, daß er als eine Leuchte in unserer Wissenschaft vorzugsweise dazu geeignet sein dürfte, über diese Frage uns ein umfassendes und gründliches Gutachten zu ertheilen, um so mehr, als Ihnen bekannt ist, daß er über diese Frage mehrfache, sehr tüchtige literarische Beiträge geliefert hat. Nach dieser Vorbemerkung sind Sie nicht im Zweifel, daß ich den Herrn Professor und Geh. Justizrath Abegg habe bezeichnen wollen, und ich frage, ob Sie diesem meinem Vorschlage wegen

Ernennung des Herrn Professor Abegg zum Referenten Ihre Zustimmung ertheilen wollen? Ich kann wohl auf Ihre Zustimmung rechnen? (Ja, ja!) Der Herr Geh. Justizrath wird wohl auch seine freundliche Zustimmung ertheilen.

(Geh. Justizrath, Professor Dr. Abegg erklärt sich einverstanden.)

Als dritten Gegenstand unserer Tagesordnung würde ich dann den Antrag des Herrn Kreisrichter Zenthöfer bezeichnen, betreffend die That- und Rechtsfrage im Strafprozesse. Auch hier möchte ich einen Referenten vorschlagen, der mit dieser Frage sich schon wiederholt beschäftigt hat, und dem die Vorarbeiten für das Referat, ich glaube es sagen zu können, keine Mühe machen werden. Ich meine unseren sehr verehrten Herrn Ober-Staatsanwalt von Tippelskirch aus Stettin. Geben Sie Ihre Zustimmung zu diesem Vorschlage? (Allseitige Zustimmung.)

Dann, m. höchstg. H., liegen verschiedene Anträge von den Herren Rechtsanwalt Lewald und Dr. Schaffrath in Bezug auf die Schwurgerichte vor. Es hat auch jetzt unser Schriftführer, Herr Rechtsanwalt Calm, noch einen Nachtrag zu dem Schaffrath'schen Zusatzantrage überreicht, der dahin lautet, statt der Schaffrath'schen Fassung folgende zu wählen: „Der Deutsche Juristentag erklärt die Einführung der Schwurgerichte für diejenigen Deutschen Staaten, in welchen sie noch nicht erfolgt ist, für ein dringendes Bedürfniß — vorausgesetzt, daß sie nach der Größe des einzelnen Staates möglich ist." Ich weiß nicht, m. H., ob Sie glauben, daß wir heute oder morgen noch bis zu diesen Anträgen kommen werden. Ich würde aber eventuell bitten, daß Herr Staatsanwalt Stegemann aus Wriezen das Referat über diese drei Anträge übernimmt. Geben Sie Ihre Zustimmung hierzu? (Ja!) Ich ersuche den Herrn Staatsanwalt Stegemann diese Anträge an sich zu nehmen.

Es liegt uns ferner vor der umfassende Antrag des Herrn Ober-Staatsanwalts Dr. Keller. Ich kann versichern, daß dieser Antrag ziemlich tief eingreift. Während wir uns vielleicht in Betreff der übrigen Fragen mit einfacheren Resolutionen werden begnügen können, scheint mir dieser Antrag von der Art zu sein, daß jeder einzelne Punkt eine ziemlich sorgfältige Erörterung und Vorbereitung bedürfen wird. Ich gebe daher den geehrten Herren anheim, bezüglich dieses Antrages des Herrn Ober=Staatsanwalts Dr. Keller ebenso zu verfahren, wie es die dritte Abtheilung bereits im vorigen Jahre bezüglich des Antrages des Herrn Rechtsanwalts Lewald und der übrigen Anträge beliebt hat. Ich glaube, wir werden dann eine umfassendere und tiefere Erörterung des Antrages erhalten, als das gegenwärtig vielleicht in einer halben Stunde, die nur noch übrig bleibt, der Fall sein könnte.

Diejenigen Herren, die darüber zu sprechen wünschen, würden jetzt das Wort zu nehmen haben: vielleicht der Herr Antragsteller selbst?

Ober=Staatsanwalt Dr. **Keller**: Ich bin mit dem Vorschlage des Herrn Vorsitzenden vollkommen einverstanden, indem ich mit meinem Antrage nur die gründliche Erwägung der nothwendigen Reform der Voruntersuchung anregen wollte, keineswegs aber die Idee hatte, an diesem Juristentage schon eine Beschlußfassung zu erwirken. Die Entscheidung ist auch deshalb nicht dringend, weil wir kaum hoffen dürfen, im Laufe dieses Jahres, oder auch nur in der nächsten Zukunft eine gemeinsame Deutsche Strafprozeßordnung zu erhalten. Es würde daher meine Absicht, durch den vorliegenden Antrag die Anregung zu einer gründlichen Verbesserung der Voruntersuchung, — was ich für eines der allerdringlichsten Bedürfnisse unsers Strafverfahrens ansehe, — zu geben, erreicht werden, wenn es mit diesem Antrage, wie im vorigen Jahre mit dem Antrage des Herrn Rechtsanwalts Lewald geschah, gehalten würde, daß er nämlich der ständigen Deputation zur Begutachtung und Berichterstattung bei dem nächsten Juristentage überantwortet wird. Ich muß dies um so mehr wünschen, als ich das Unvollkommene der Formulirung meiner Vorschläge erkenne, was ich damit zu entschuldigen bitte, daß ich im Drange meiner Geschäfte nur im letzten Augenblicke in der Lage war, diese meine Vorschläge, die ich schon lange mit mir trug, zu formuliren, mir aber nicht einmal die Möglichkeit gegeben war, die Abschrift zu collationiren, und ich erst, nachdem das Gedruckte mir vorlag, einsah, daß hier und da Vieles zu verbessern sei. Ich glaube daher, der guten Sache einen Dienst zu erweisen, wenn ich Sie, m. H., bitte, diesen Antrag der ständigen Deputation zur Begutachtung und Berathung für den nächstkommenden Juristentag zu überantworten.

Präsident: Ich habe mich noch eines Versehens anzuklagen, indem der Vorschlag, den ich zu eröffnen mir erlaubte, vollkommen übereinstimmt mit dem Antrage, den Herr Schriftführer, Rechtsanwalt Calm vor wenigen Augenblicken mir übergeben hat. Ich glaube wohl, daß die Sache durch die Erklärung des Herrn Antragstellers ausreichend aufgeklärt ist, und frage daher, ob die geehrte Versammlung dem Antrage des Präsidiums sowohl, wie dem des Herrn Anwalts Calm, den Antrag des Herrn Ober-Staatsanwalts Dr. Keller an die ständige Deputation zur Berathung, zur Begutachtung und zum Vortrage bei dem nächsten Juristentage zu überweisen, ihre Zustimmung ertheilen wolle? (Einstimmig: Ja!)

In einiger Verlegenheit befinde ich mich allerdings bezüglich des Antrages des Herrn Landes-Advokaten Dr. Weeber zu Weißkirchen. Sie werden mir zugeben, m. höchstg. H., daß eine erschöpfende Behandlung dieses Antrages ein sehr tief eingehendes Studium des qu. Entwurfes voraussetzt. Der Entwurf ist in meinen Händen, ich habe ihn wenigstens jetzt durchblättert, ich glaube aber nicht, daß man im Stande sein könnte, Ihnen auch nur in den nächsten Tagen irgend wie eine befriedigende Auskunft über das System und über die Grundsätze dieses Entwurfes zu ertheilen. Eine Berathung in der Versammlung würde besondere Schwierigkeiten haben und kaum zu ermöglichen sein. Ich bitte daher diejenigen geehrten Herrn von Ihnen, die vielleicht den Entwurf näher kennen, als ich, und die uns daher in Bezug auf diesen Antrag etwas Befriedigendes vorschlagen können, das Wort zu nehmen.

Staatsanwalt **von Gräventz** aus Danzig: Ich glaube kaum, daß es als unsere Aufgabe bezeichnet werden kann, eine vollständige Strafprozeßordnung durchzuberathen. Wir können wohl im Allgemeinen gewisse Hauptgrundsätze einer solchen aufstellen, aber ein solches Werk vollständig durchzuberathen, — das geht nicht!

Eine Stimme: Ich möchte diesem Einwurfe noch den weiteren hinzufügen, daß dieser Antrag den Statuten des Deutschen Juristentags widerspricht. Wir haben am letzten Juristentage beschlossen, jedes direkten Einwirkens auf die Regierungen uns zu enthalten. Wenn aber dieser Gesetzentwurf den Regierungen zur Benutzung empfohlen werden soll, so ist das, glaube ich, nicht statutengemäß.

Präsident: In den Statuten ist eine diesfallsige Bestimmung nicht vorhanden, und der Beschluß des vorigen Plenums würde das gegenwärtige Plenum nicht binden.

Rechtsanwalt **Sabarth** aus Ratibor: In Erwägung, daß für den diesmaligen Juristentag die Zeit wohl offenbar unzureichend ist, um den Entwurf eines ganzen Gesetzbuchs erst zu studiren und zu besprechen; in Erwägung, daß andere bereits dringlich gewordene Anträge vorliegen, für deren Erledigung ohnehin wohl schon kaum Raum gelassen ist, — schlage ich vor zur motivirten Tagesordnung überzugehen.

Präsident: Wird der Antrag des Herrn Sabarth unterstützt? (Ja, Ja!)

Wünscht Jemand über denselben zu sprechen? (Nein, Nein!)

Geben Sie diesem Antrage Ihre Zustimmung? (Ja, Ja!)

Damit würde auch dieser Gegenstand erledigt sein.

Ich erlaube mir nur noch eine kleine Bemerkung mit Genehmigung meines geehrten Kollegen im Präsidio, bei der ich gewissermaßen als Referent und Präsident gleichmäßig betheiligt bin. Die Lewald-schen Anträge greifen so tief in die Prinzipien des Strafprozesses ein, daß nach meinem unmaßgeblichen Dafürhalten es ein großes Verdienst unsrer Berathung und Beschlußfassung sein würde, wenn die Sätze, welche in Frage kommen, recht gründlich durchberathen und festgestellt werden. Ich glaube, daß, selbst wenn wir heute und morgen etwas Weiteres nicht zur Erledigung brächten, als die Lewald'schen Anträge, wir dadurch immerhin der Wissenschaft, Gesetzgebung, wie Praxis einen größeren Dienst leisten würden, als wenn wir recht viel Beschlüsse faßten, die doch den Vorwurf nicht ausreichend vorhergegangener Diskussion auf sich ziehen könnten.

(Zustimmung in der Versammlung.)

Ich würde nunmehr meinen geehrten Herrn Kollegen bitten, das Präsidium zu übernehmen.

(Ober-Tribunalsrath von Kronmüller übernimmt den Vorsitz, General-Staatsanwalt Dr. Schwarze nimmt den Rednerstuhl ein).

General-Staatsanwalt Dr. **Schwarze**: Meine höchstgeehrten Herren! Der Herr Rechtsanwalt Lewald hatte auf dem vorigen Juristentage einen Antrag gestellt, der wenigstens in seinen Grundzügen Ihnen Allen noch ausreichend im Gedächtniß sein wird. Zu diesem Antrage waren von mehreren Mitgliedern Amendements und bezüglich Nebenanträge gestellt worden. Als nun die ständige Deputation in Folge des ihr gewordenen Auftrages diese Anträge ihrer Berathung unterstellte, überzeugte sie sich sehr bald, daß eine gründliche und erschöpfende Prüfung derselben nicht möglich sein werde, wenn man nicht auf diejenigen Prinzipien des Strafprozesses, die bei diesen Anträgen einschlagen, näher eingehen wollte. Die ständige Deputation hat dadurch gewissermaßen den ihr gestellten Auftrag überschritten; sie hat auch bei den von ihr formulirten Sätzen durchaus sich nicht speziell an die einzelnen gestellten Anträge ihrem Wortlaute und ihrer nächsten Bestimmung nach gehalten. Allein die ständige Deputation glaubte gerade im Interesse der Herren Antragsteller zu handeln, weil durch eine solche Behandlungsweise die Prinzipien der Anträge selbst und ihre Tragweite viel sicherer in's Licht gestellt werden, und weil auf der anderen Seite auch viel eher die Möglichkeit gewährt wird, eine wirklich befriedigende Diskussion zu führen und wirklich erschöpfende Beschlüsse zu fassen. Allerdings, ich muß es wiederholen, befindet sich die Deputation nicht in ihrem formellen Rechte, und ich würde den Herrn Präsidenten ersuchen, zunächst den Herrn Antragsteller, sowie die übrigen Herren, die die Nebenanträge gestellt haben, zu einer Erklärung hierüber zu veranlassen, ob und inwieweit sie mit dem Verfahren der ständigen Deputation einverstanden sind.

Rechtsanwalt **Lewald**: Ich bin vollkommen damit einverstanden und glaube, daß ich die Ansicht aller meiner Freunde ausspreche, wenn ich sage, daß das Verfahren der ständigen Deputation ein vollkommen berechtigtes ist. Ich habe eben damals nur einzelne kurz präcisirte

Rechtsgrundsätze ausgesprochen, und wir sind der Ansicht, daß von dem Augenblicke an, wo die Plenarversammlung beschlossen hat, sie wolle ein Gutachten vorgelegt haben, die Grundlage jetzt nicht mehr die früheren Anträge bildeten, sondern diejenigen, die sich nun durch die ständige Deputation und durch das Referat herausgestellt haben, um so mehr, da ein andres Verfahren sonst der Plenarversammlung Eintrag thun würde.

Vicepräsident von Kronmüller: Hiernach werden die Sätze, wie sie von der Deputation aufgestellt wurden, einzeln zur Berathung kommen. Es wird angemessen sein, diese Sätze zu verlesen, und dann in ihre Abtheilungen zu spalten, weil sehr häufig ein und derselbe Paragraph mehrere Gegenstände enthält.

General=Staatsanwalt Dr. **Schwarze:** Indem ich nunmehr, m. höchstg. H., in Gemäßheit der Bestimmung des Herrn Präsidenten zum Vortrage der einzelnen Paragraphen übergehe, erlaube ich mir noch im Allgemeinen Folgendes vorauszuschicken:

In der Deputation war selbst bei denjenigen Punkten, wo eine Uebereinstimmung der Ansichten nicht zu erzielen gewesen ist, darin volles Einverständniß, daß wir bei der Reform unseres jetzigen Strafverfahrens vor allen Dingen darauf Bedacht nehmen müßten, daß dasselbe mit solchen Garantieen umgeben sei, die allgemein sowohl im Publikum, als auch gegenüber dem Angeklagten das volle Vertrauen auf eine gerechte Rechtspflege erzeugen können, und daß wir Alle durchaus uns hüten sollen, blos aus Liebe zu einem gewissen Formelkram Formalitäten zu schaffen und zu bestimmen, die zuletzt doch weiter nichts enthalten, als eine Beschränkung in der Auffindung der materiellen Wahrheit und insbesondere auch in der Vertheidigung. Wir waren überzeugt, daß Formen zwar nothwendig sind, schon im Interesse der Gerechtigkeit selbst, um namentlich die Beweiserhebung in der Aufnahme selbst sowohl, wie in ihren Resultaten gegen Einseitigkeit und Willkür zu sichern, daß aber auf der andern Seite auch jede Form vermieden werden müsse, die diesem Zwecke nicht dient und blos wegen einer gewissen Konsequenz= und Systemmacherei in's Gesetz aufgenommen werden soll. Wenn von uns ferner — um das gleich eingangs=

weise zu bemerken — in dem §. 9 Abs. 2 die Worte gebraucht worden sind: „Sowie unter sonstigen Maßregeln — gestattet werden," wo von der Vertheidigung die Rede ist, so können Sie wohl überzeugt sein, daß hierbei der Deputation jedwedes Mißtrauen gegen die Advokatur und die Vertheidigung fremd gewesen ist, und daß bei der Wahl der Worte wohl eine andere Bedeutung beabsichtigt worden, als man in dieselben hinein gelegt hat, und daß, als die eben gedachten Ausdrücke in die Sätze hinein corrigirt wurden, uns kein Bedenken hiergegen beigegangen ist, weil wir nicht geglaubt haben, daß sie ein Mißverständniß verursachen können. Ich habe gehört, daß sie ein solches Mißverständniß erzeugt haben, und es wird daher, wenn wir zu dem §. 9 kommen, sehr leicht sein, sie entweder zu streichen, oder sie mit milderen, auch dem Sinne der Deputation besser entsprechenden Worten zu vertauschen.

Der Herr Ober-Tribunalsrath von Seckendorff hat mich beauftragt, um dies hier einzuschalten, sein Bedauern auszudrücken, daß er verhindert sei, selbst in Ihrer Mitte zu erscheinen, um die Vertheidigung seiner Ansichten zu übernehmen.

Wenn es dem Herrn Präsidenten genehm ist, so würde ich nun zu §. 1 übergehen. Derselbe lautet:

> „Die Untersuchung einer strafbaren Handlung wird in der Regel durch den Staatsanwalt veranlaßt, indem das Verbrechen als eine Verletzung nicht blos des Individui, sondern zugleich der Gesammtheit sich darstellt. Bei besonders geringen Verbrechen kann das Gesetz die Erhebung der Anklage ausnahmsweise dem Beschädigten zuweisen und die Mitwirkung der Staatsanwaltschaft ausschließen. Dem Beschädigten sind hierbei insbesondere dieselben Rechtsmittel einzuräumen, welche das Gesetz der Staatsanwaltschaft zugesteht."

Einer Verlesung der Motive würde es wohl nicht bedürfen, wenn der Herr Präsident damit einverstanden ist?

Vicepräsident von Kronmüller: Die Motive sind gedruckt und unter die Mitglieder vertheilt worden; es wird daher eine Verlesung derselben nicht nöthig sein. Ich nehme an, daß man darauf verzichtet.

General-Staatsanwalt Dr. **Schwarze:** Es sind nun zu diesem

§. 1 noch Anträge gestellt worden, und zwar von dem Herrn Rechtsanwalt Dr. Schaffrath. Herr Dr. Schaffrath will in dem zweiten Absatze des soeben verlesenen §. 1 statt der Worte: „Bei besonders geringen Verbrechen kann das Gesetz die Erhebung der Anklage ausnahmsweise dem Beschädigten zuweisen" folgende gesetzt wissen: „Ausnahmsweise z. B. bei besonders geringen Verbrechen, oder bei solchen, bei welchen das Interesse des dadurch unmittelbar Verletzten oder der Angehörigen desselben an der Untersuchung und Bestrafung oder an Unterlassung derselben vorwiegend und wichtiger erscheint, als das Interesse der Gesammtheit, z. B. bei Entführung u. s. w. kann das Gesetz die Erhebung der Anklage dem Beschädigten zuweisen."

Ferner hat Herr Dr. Schaffrath beantragt, im dritten Satze dieses Paragraphen vor den Worten: „insbesondere dieselben Rechtsmittel" folgende einzuschalten: „In der Regel dieselben Rechte und".

Ich weiß nicht, ob es mir gestattet ist, Herr Präsident, in meiner Eigenschaft als Referent das Nöthige hier gleich einzuschalten, oder ob Sie erst die Diskussion im Ganzen eröffnen wollen.

Vicepräsident von Kronmüller: Ich glaube doch, daß es passender ist, wenn zunächst die Diskussion über den ganzen Paragraphen eröffnet wird.

Rechtsanwalt Dr. **Schaffrath** aus Dresden: Ich bitte um's Wort! Ich bin, m. H., der Meinung, daß es allerdings in unser Aller Interesse sein und namentlich zur Abkürzung der Diskussion dienen dürfte, wenn uns der Herr Berichterstatter erst seine Meinung über meine Anträge zu erkennen gäbe. Ich kann wohl voraussetzen, daß Ihnen Allen daran liegt, die Meinung des Herrn Berichterstatters, der alle diese Gegenstände so tief durchdacht hat, über dieselben und über meine Anträge zuvor zu hören. Ich würde daher darum bitten, daß der Herr Berichterstatter seine Meinung im Voraus kund gäbe.

Ober-Staatsanwalt Dr. **Keller**: Ich halte es doch für zweckmäßiger, daß, da vielleicht noch andere Anträge zu §. 1 gestellt werden, dann der Herr Berichterstatter aufgefordert werde, über alle diese Anträge seine Ansicht auszusprechen, indem sonst die Zeit zersplittert wird und vielleicht auch Wiederholungen vorkommen. Und wenn nun dieser Antrag genehmigt werden sollte, so würde ich mir gleich das Wort erbitten, um einen Zusatzantrag zu §. 1 zu stellen.

Vicepräsident von Kronmüller: Ist etwas bei diesem Antrage zu erinnern?

Ich glaube, ihn als genehmigt ansehen zu dürfen.

Ober-Staatsanwalt Dr. **Keller:** Im ersten Satze des §. 1 ist von strafbaren Handlungen überhaupt die Rede. Der zweite Satz beginnt: „Bei besonders geringen Verbrechen." Es wird also hier blos die Species der strafbaren Handlungen bezeichnet. Es ist bekannt, daß in den meisten bestehenden Strafgesetzgebungen die strafbaren Handlungen in Verbrechen, Vergehen und Uebertretungen eingetheilt werden. — Ich finde es nicht ganz correct und logisch, im ersten Satze von strafbaren Handlungen überhaupt zu sprechen und im zweiten Satze blos die Verfolgbarkeit auf Verbrechen einzuschränken. Ich glaube vielmehr, daß der allgemeine Ausdruck beizubehalten ist. Es würde dies den bestehenden positiven Gesetzen entsprechen, um so mehr, als wir in Oesterreich bei Verbrechen keine Verfolgbarkeit durch den Beschädigten haben, sondern nur bei Uebertretungen und Vergehen, und ich würde mir daher den Antrag erlauben, im zweiten Satze die Worte: „strafbare Handlungen" zu wiederholen anstatt „Verbrechen."

Ober-Staatsanwalt **von Tippelskirch** aus Stettin: M. H.! Ich glaube, daß das Amendement, welches hier von dem Herrn Dr. Schaffrath gestellt worden ist, sich zur Annahme nicht empfehlen möchte, weil es meines Erachtens den Punkt nicht trifft, auf welchen es bei der Sache ankommt. An und für sich wäre es ziemlich gleichgültig, ob man „Verbrechen" oder „Vergehen" sagt. Ich würde mich mit den Eingangsworten einverstanden erklären, jedoch glaube ich, daß sie von keiner Erheblichkeit seien. Allein den Schluß halte ich nicht für begründet, und gegen diesen erkläre ich mich durchaus. Er geht dahin: „kann das Gesetz die Erhebung der Anklage dem Beschädigten überlassen." Ich glaube, daß es dessen nicht bedarf; das, was der Herr Antragsteller dabei im Auge hat, das sind zunächst die sogenannten Antragsverbrechen. In verschiedenen Deutschen Strafgesetzbüchern ist die Frage, welche Vergehen und welche Verbrechen unter allen Umständen von Amtswegen durch die Staatsanwaltschaft zu verfolgen seien, und welche einen Antrag des Beschädigten, des Betheiligten voraussetzen, sehr verschieden beantwortet worden. Oesterreich, Preußen, Bayern kennen außerordentlich wenige solche Handlungen; mehrere andere Strafgesetzbücher gehen viel weiter: Sachsen, Württemberg, Thüringen insbesondere haben ein ganzes Register von Antragsverbrechen, die Zahl derselben ist dort außerordentlich ausgedehnt.

Wenn man sich nun fragt, wie diese sogenannten Antragsverbrechen zu behandeln seien, so scheint mir bei der Verschiedenartigkeit der Behandlung derselben das Richtigste in dieser Beziehung das Strafgesetzbuch Sachsens getroffen zu haben. Es unterscheidet solche Antragsverbrechen, welche, wenn der Antrag gestellt ist, von dem Staatsanwalte verfolgt werden können, resp. müssen, und solche, welche eben nur von dem Antragsteller selbst zu verfolgen sind. Wie das nun im Einzelnen zu formuliren, das ist eine Frage, die hier zu verfolgen, zu weit führen würde. Allein ich glaube, im Prinzipe ist es nicht richtig, zu sagen, daß nur solche Verbrechen und Vergehen, deren Bestrafung von dem Antrage des Beschädigten abhängt, von ihm verfolgt werden sollen. Es widerspricht dies entschieden der Gesetzgebung und ist nicht nothwendig. Man kann sich recht gut denken, daß der Beschädigte sich an den Staatsanwalt wendet, und dieser die Sache verfolgt. Insofern könnte, glaube ich, der Antrag des Herrn Dr. Schaffrath zu dem Mißverständnisse führen, als ob die Meinung dahin ginge, daß die sogenannten Antragsverbrechen nur von dem Beschädigten verfolgt werden sollen. Wenn das die Absicht ist, so glaube ich, wäre das nicht richtig. Man wird hierüber entscheiden müssen, und es wird das Einschreiten dem Staatsanwalte zu überlassen sein.

Ich glaube also, daß diese Anträge nicht anzunehmen sind, sondern abgelehnt werden müssen.

Professor Dr. Glaser aus Wien: Ich muß mich den Bemerkungen des geehrten Vorredners entschieden anschließen. Ich glaube in der That, daß der Antrag des Herrn Dr. Schaffrath in diesem Punkte einige Dinge zusammenknüpft, die unbedingt auseinander gehalten werden müssen: die Fälle nämlich, wo das Einschreiten der Staatsbehörden, des Staatsanwaltes oder des Gerichtes, abhängig ist von dem Verlangen des Beschädigten, und die Fälle, wo das Einschreiten der Staatsbehörde vorkommt auch da, wo ein Begehren des Betheiligten ganz ausgeschlossen sein soll. Wenn wir dahin kommen, wohin, wie mir scheint, der Antrag des Herrn Dr. Schaffrath führt, dahin nämlich, daß in den Fällen einer großen Anzahl von Verbrechen die Mitwirkung der Staatsanwaltschaft gänzlich ausgeschlossen sein soll, dann, glaube ich, entfernen wir uns entschieden von dem Boden, den wir mit Mühe und Noth durch eine lange Entwicklung hindurch gefunden haben. Mir scheint, die Richtung, welche zu unserer ganzen Debatte Anlaß gab, geht dahin, den vergessenen Privaten in den Vordergrund zu bringen und ihm den Boden zu sichern, aber nicht dahin, daß der Staat seiner Verpflichtung, für die Verfolgung der Verbrechen zu sorgen, enthoben werden soll.

Ich halte mich einfach an das Beispiel, das Herr Dr. Schaffrath selbst anführte. Er erklärte, daß der Staatsanwalt selbst in dem Falle einer Entführung auch nicht auf Verlangen der Beschädigten einzuschreiten berufen sei. Um zu vermeiden, daß der Staatsanwalt in einem Falle einschreite, wo seine Hilfe unerwünscht wäre, sollte ihm die Pflicht auferlegt werden, auch denen, die ihn rufen, zu antworten: „Hilf Dir selbst!" Wohin aber soll das führen? M. H.! Es ist gegen die Privatanklage mehrfach der Vorwurf gemacht worden, daß sie unpraktisch, daß kein solch' großes Bedürfniß danach vorhanden sei, und ich will das zugeben mit der Maßgabe, daß ich behaupte, daß die prinzipiellen Bedürfnisse ebenso wichtig sein können, wie die praktischen. Der Werth der Privatanklage, wenn sie einmal im Prinzip zugelassen ist, würde nun gerade darin bestehen, daß die Fälle, in welchen sie nöthig werden könnte, sich, eben damit das Institut besteht, außerordentlich vermindern. Wenn wir aber dahin kommen, daß wir die Privatanklage zu einem praktischen Bedürfnisse machen, d. h. daß der Private, wenn er Schutz gegen Verletzungen finden, die Repression derselben erreichen will, immer selbst vor Gericht gehen muß, selbst die großen Lasten einer Privatanklage tragen muß, so gehen wir über das Ziel hinaus nnd bieten dann der Bevölkerung etwas, was sie nicht tragen kann.

Ich gehe zurück auf die Entführung. Einem armen Manne ist seine Tochter entführt worden; er kommt zum Staatsanwalt, und muß von diesem hören: „Ich darf Dir nicht helfen, Du mußt selbst vor Gericht gehen und allenfalls einen Advokaten nehmen!" Das kann unmöglich die Richtung sein, welche wir berufen sind weiter zu verfolgen. Dies Zusammenbringen mit denjenigen Gegenständen, welche der Lewald'sche Antrag im Auge hat, das heißt den Lewald'schen Antrag gefährden und der immer wieder auftauchenden Ideenverwirrung, gewiß ohne Absicht des Antragstellers, zu Hülfe kommen, als ob es denen, die die Privatanklage vertheidigen, darum zu thun sei, das Strafrecht auf den ursprünglichen privatrechtlichen Standpunkt zurück zu bringen. Das, glaube ich, ist nicht gemeint, und deshalb muß man sich gegen die jetzige Fassung des Antrages des Herrn Dr. Schaffrath erklären. Vielleicht fasse ich aber auch die Sache unrichtig auf und es ist der Antrag anders gemeint. (Bravo!)

Staatsanwalt **von Gräveniß**: Ich schließe mich den Auslassungen des Herrn Dr. Glaser vollständig an. Ich glaube, es liegt auf der Hand, daß der §. 1 des Gutachtens im Auge hat, das Prinzip der öffentlichen Anklage auszusprechen. Davon wird nun eine Ausnahme gemacht, die die sogenannten Antragsverbrechen gar nicht im Auge hat. Es soll in einzelnen Fällen, wo das Interesse des Staates und auch das eines Privatanklägers hervorragend ist, jenes Interesse völlig zurücktreten und die Privatanklage ausnahmsweise allein zugelassen werden. Das sind nun insbesondere Vergehen, wie die Beschädigung fremden Eigenthumes, Ehrenkränkungen, und ich glaube daher, daß, was der geehrte Antragsteller, Herr Dr. Schaffrath, berührt hat, hier nicht zu erörtern ist.

Ich wollte nun nur noch eine Bemerkung machen in Bezug auf den Antrag des Herrn Dr. Keller. Ich glaube, daß der Ausdruck „Verbrechen" im allgemeinen Sinne gebraucht und gleichbedeutend mit „strafbarer Handlung" ist. Diese allgemeine Bedeutung ist anerkannt, und ich glaube nicht, daß es darauf ankommt, eine besondere Aenderung beizufügen. Auf die dritte Abtheilung, die Uebertretungen, ist bei diesem Paragraphen keine besondere Rücksicht genommen.

Rechtsanwalt Dr. **Schaffrath**: M. H.! Ich glaube, daß alle die Gründe, die zwei geehrte Redner gegen meinen Verbesserungsantrag vorgebracht haben, auch geradezu gegen den Antrag der Deputation sprechen. Ich habe ja gar nichts Neues in Bezug auf die Zulässigkeit der Privatanklage und deren Nichtzulässigkeit, oder in Betreff der Mitwirkung der Staatsanwaltschaft und deren Ausschließung beantragt, ich habe auch nicht eine neue Kategorie von Verbrechen hinzugethan. Die gegen mich vorgebrachten Gründe treffen also nicht mich, sondern die Deputation und den Antrag derselben. Ich habe weiter nichts gesagt, als daß nicht blos „bei besonders geringen Verbrechen," sondern auch noch bei einigen anderen dasjenige stattfinden solle, was die Deputation beantragt. Ich weiß nicht, warum gerade ich der Sündenbock sein soll, den man angreift. Wenn man nun einmal hauen will, so muß man auf die Deputation hauen. Ich muß hinzufügen, daß mein Antrag nicht materiell ein neuer ist, sondern ich will nur das, was die Deputation in den Motiven gesagt hat, gleich mit in den Paragraphen selbst aufgenommen wissen. Lesen Sie die Motive zu §. 1 und Sie werden finden, daß es die Meinung der Deputation ist, daß nicht nur „bei besonders geringen Verbrechen," sondern auch bei denen, die ich in den Paragraphen selbst mit gesetzt wissen will, dasselbe gelten soll, was nach der von der Deputation vorgeschlagenen Fassung des Paragraphen allerdings nur „bei besonders geringen Verbrechen" stattfindet. Ich bin also heute gänzlich unschuldig und wollte, ich wäre immer so unschuldig, wie heute bei diesem meinem ersten Antrage.

Staatsanwalt **Koch** aus Trebnitz. Ich will mir nur eine Bemerkung gegen den Vortrag des Herrn Dr. Schaffrath und im Sinne des Deputationsgutachtens erlauben. Ich verstehe das Deputationsgutachten dahin, daß die Deputation annimmt, es gebe eine Anzahl strafbarer Handlungen, die nach Kategorien sich bestimmen lassen, bei denen das öffentliche Interesse dermaßen zurück- und das Privatinteresse dermaßen hervortritt, daß eine Verfolgung zweckmäßiger und besser dem Privaten ganz zu überlassen sei, als daß sie der Staatsanwaltschaft ausschließlich übertragen oder überwiesen werde. Es ist also der Grund, der die Deputation bewogen hat, die Staatsanwaltschaft in gewissen Fällen ganz auszuschließen, der, daß sie einen Mangel des Staatsinteresses oder ein sehr geringfügiges Staatsinteresse in diesen Fällen annimmt. Die Kategorien strafbarer Handlungen aber, welche der Herr Dr. Schaffrath noch besonders hervorgehoben haben will, tragen, meines Erachtens, einen ganz anderen Charakter an sich. Sie sind in den meisten Strafgesetzgebungen insofern mit den Antragsverbrechen in eine Linie gestellt, als sie ohne Antrag nicht verfolgt werden dürfen. Aber der Grund, weshalb ein Antrag gefordert ist, trifft durchaus nicht mit dem Grunde zusammen, welcher die Staatsanwaltschaft ausschließen könnte. Der Antrag wird erfordert mit Rücksicht auf schwer compromittirte Familieninteressen, z. B. bei Nothzucht und Entführung. Wird aber einmal überhaupt die Verfolgung von Seiten des Verletzten verlangt, dann muß gesagt werden, daß gerade bei diesen Arten von Verbrechen auch zugleich der Bruch der öffentlichen Ordnung ein so außerordentlich erheblicher ist, daß es schlechterdings nicht zugelassen werden kann, grundsätzlich die Staatsanwaltschaft bei diesen Verbrechen auszuschließen. Und ich glaube, auch der Verletzte selbst wird es nicht immer in seinem Interesse finden, in eigner Person hintreten zu müssen; es wird dem Beschädigten selbst nicht erwünscht, sondern sogar peinlich sein, einen Antrag auf Bestrafung stellen zu müssen, und wie viel tausendmal peinlicher wird es ihm sein, Aug' in Auge demjenigen gegenüber zu treten, welcher namentlich in die geheiligten Familienverhältnisse störend eingebrochen ist.

Deshalb bitte ich Sie dringend, den Antrag des Herrn Dr. Schaffrath abzulehnen und den Antrag der Deputation, welchen ich für ganz gerechtfertigt halte, anzunehmen.

Kreisrichter **Lindner** aus Behrend bei Danzig: Ich will mich mit wenigen Worten dem anschließen, was Herr Dr. Schaffrath gesprochen hat. Soviel ich verstanden habe, sagte er: „Mein Antrag soll nur berücksichtigt werden, insofern auf die Prinzipien, die das Deputationsgutachten aufgestellt, näher eingegangen wird, — nur dann, wenn diese Kategorien, welche hier aufgestellt sind, näher in Betracht gezogen werden. Wenn man mir vorwirft, daß mein Antrag zu eng oder zu weit sei, so trifft das, wie ich glaube, ebenso das Deputationsgutachten, und es fällt daher der Vorwurf auf das Deputationsgutachten zurück." — Ich glaube, mich dem insofern anschließen zu müssen, als, wenn wir das Deputationsgutachten in seinen einzelnen Punkten durchsprechen wollten, wir von dem eigentlichen Ziele des ursprünglichen Lewald'schen Antrages ganz abkommen würden. Der Schluß der Motive des Lewald'schen Antrages lautet: „Es handelt sich für jetzt nur um die Anwendung eines Prinzipes," und ich glaube, mit diesem Prinzipe können wir auskommen. Das Gutachten der Deputation ist nicht ein Gutachten über den Lewald'schen Antrag, sondern es ist die Aufstellung verschiedener legislativer Vorschriften, sowie sie etwa formulirt werden könnten in einem zu erlassenden Gesetze. Der Lewald'sche Antrag hat auch nicht die Absicht ein Gesetz aufzustellen, sondern er hat einzig und allein ein festes Prinzip für die strafrechtliche Verfolgung aufgestellt. Es handelt sich ihm darum, ob außer der Staatsbehörde der verletzte Privatmann auftreten könne. Dagegen hat der erste Punkt des Deputationsgutachtens schon aufgestellt gewisse von einander verschiedene Kategorien von Verbrechen, in denen die Staatsbehörde ihrer Pflicht zum Einschreiten enthoben sein solle, und in denen, weil die Staatsbehörde nicht diese Verpflichtung hat, der Privatankläger als solcher auftreten könne. Das ist aber schon ein Verlassen des Prinzips. Es handelt sich nicht darum, ob die Staatsanwaltschaft von ihrer Pflicht zu entbinden ist, sondern nur um den Fall, wo sie wider Erwarten ihrer Pflicht nicht nachkommen sollte, — darum, dann dem Privaten das Recht einzuräumen, seinerseits einschreiten zu können.

Ich glaube also, auf die Berathung der einzelnen Sätze des Deputationsgutachtens kann gar nicht eingegangen werden, bevor man nicht entschieden über das Prinzip sich ausgesprochen hat.

Vicepräsident von Kronmüller: Soviel ich gehört habe, hat Herr Rechtsanwalt Lewald sich einverstanden damit erklärt, daß nur diese Sätze der Deputation zur Berathung und Beschlußfassung kommen sollen.

Kreisrichter Lindner: Das schließt nicht aus, daß man anderer Meinung sein könne. (Schluß! Schluß!)

Vicepräsident von Kronmüller: Es ist aber schon beschlossen!

Staatsanwalt **von Gräventiz:** Ich glaube, wir sind zu der Ueberzeugung gekommen, daß die Verhandlung in der That erleichtert werden dürfte, wenn dem früheren Antrage zufolge der Herr Referent die Güte hätte, uns über den Inhalt des Paragraphen und über die sämmtlichen Anträge, die daneben eingebracht worden sind, zu berichten und seine Meinung im Voraus auszusprechen. Ich glaube, wir haben gehört, daß die ständige Deputation in sehr erheblicher Weise mißverstanden worden ist, und es wird sich daher dies Alles aufklären und schneller erledigen, wenn ein Referat darüber dem Herrn Referenten aufgegeben wird.

Ich stelle anheim, ob es nach der Geschäftsordnung zulässig ist, diesen Antrag wieder aufzunehmen. Der Antrag ist dermalen nicht abgelehnt, sondern nur nicht berücksichtigt worden.

Ich stelle also den Antrag, daß der geehrte Herr Referent ersucht werde, über den Paragraphen und die Anträge, die bereits gestellt sind, zu referiren.

Vicepräsident von Kronmüller: Die Versammlung hat sich dafür ausgesprochen, daß sämmtliche Anträge, sowohl die bereits bekannten, als die, welche noch vorkommen werden, gesammelt werden, und daß dann der Herr Referent sich darüber aussprechen solle. Das ist beschlossen.

Kreisrichter **Lindner:** Hier herrscht die entgegengesetzte Meinung!

Vicepräsident von Kronmüller: Der Referent kann sich nicht äußern, so lange er noch die einzelnen Amendements nicht kennt.

Geh. Justizrath Dr. **Krug** aus Dresden: Ich erlaube mir den Antrag zu stellen, im ersten Satze des §. 1 nach den Worten „durch den Staatsanwalt" zu sagen: „sei es von Amtswegen oder auf Antrag des Verletzten." Denn offenbar soll dieser erste Satz nicht blos die sogenannten ex officio zu verfolgenden Verbrechen umfassen, sondern auch die, wobei der Staatsanwalt nicht unmittelbar betheiligt ist, sondern nur auf Antrag einschreitet; und der zweite Satz soll nur die sogenannten auf Privatanklage verfolgbaren Verbrechen betreffen. Bei diesen letzteren ist es in der Ordnung, sie auf unwichtige Fälle zu beschränken.

Rechtsanwalt Dr. **Schaffrath**: Um die Mißverständnisse, die mein Antrag hervorgerufen hat, vollständig zu heben und unmöglich zu machen, bitte ich um die Erlaubniß, in der Deputationsvorlage noch folgende weitere Aenderung zu beantragen: daß nämlich nach den Worten „dem Beschädigten zuweisen" in den folgenden Worten „und die Mitwirkung der Staatsanwaltschaft ausschließen" statt des Wortes „und" gesetzt werde: „oder auch, was die geringeren Verbrechen betrifft, die Mitwirkung der Staatsanwaltschaft ausschließen."

Wir sind nämlich Alle darüber einig, daß die Erhebung der Anklage — nicht nur bei geringen Verbrechen — allerdings an den Antrag des Beschädigten zu binden sei. Wir sind aber auch der Ansicht, daß bei der Untersuchung die Mitwirkung der Staatsanwaltschaft nur bei geringen Verbrechen auszuschließen ist, nicht aber auch bei solchen, die, ohngeachtet sie zu den größeren Verbrechen gehören, dennoch, weil bei ihnen das Interesse des Verletzten oder der Angehörigen desselben vorwiegend und wichtiger erscheint, als das Interesse der Gesammtheit, nur auf Antrag des Beschädigten untersucht werden sollen. So würde also der Sinn meines Antrags der sein: Bei besonders geringen Verbrechen sowohl wie bei Verbrechen, bei welchen das Interesse des Verletzten oder der Angehörigen desselben an der Untersuchung oder deren Unterlassung vorwiegend und wichtiger erscheint, als das Interesse der Gesammtheit, soll wenigstens die Erhebung der Anklage vom Gesetze nur dem Beschädigten zugewiesen werden können. Was aber die Mitwirkung der Staatsanwaltschaft betrifft, so soll diese bei geringen Verbrechen allerdings auch ganz ausgeschlossen werden können, bei solchen aber, die nicht zu den geringen Verbrechen gehören, bei denen jedoch auch der Antrag des Verletzten zur Untersuchung nothwendig ist, da soll die Mitwirkung der Staatsanwaltschaft nicht ausgeschlossen werden können.

Ich bitte also um die Erlaubniß auf Abänderung des Deputationsgutachtens dahin anzutragen, daß die Worte: „oder auch, was die geringern Verbrechen betrifft, die Mitwirkung der Staatsanwaltschaft ausschließen," statt der Worte: „zuweisen und die Mitwirkung der Staatsanwaltschaft ausschließen" gesetzt werden.

Eine Stimme: Die Diskussion hat sich einigermaßen verwirrt. Kurz vorher war eine formelle Frage in Anregung gebracht worden, die nämlich: ob der Referent, nach einem früher ausgesprochenen Wunsche, sich über alle Anträge äußern solle, — jetzt sind wir wieder bei der materiellen Berathung, ohne daß die früher angeregte Frage zu einem bestimmten Beschlusse gebracht worden ist. Der Herr Präsident äußerte, daß das der Fall gewesen sei. So wie ich die Sache aufgefaßt habe, ist noch kein Beschluß gefaßt worden. Ich glaube daher, daß es zur Abkürzung der Diskussion und zur Aufklärung der Versammlung beitragen würde, die formelle Frage vorerst zu einem definitiven Abschlusse zu bringen, und dann erst die materiellen Verhandlungen über die vorliegenden Anträge eintreten zu lassen. (Bravo!)

Vicepräsident von Kronmüller: Ich habe die Frage gestellt, ob der Referent sich über die Anträge, soweit sie bekannt sind, äußern, oder ob abgewartet werden solle, ob im Laufe der Debatte Unteranträge gestellt werden. Ich müßte mich nun sehr irren, wenn sich nicht die Versammlung dafür ausgesprochen hätte, daß das Letztere geschehen möge. Ich bitte diejenigen, welche dafür sind, sich zu erheben.

(Geschieht von der Majorität.)

Es ist also von der Versammlung beschlossen worden, daß mit dem Referate gewartet werden soll, bis die sämmtlichen Anträge bekannt geworden.

Stadtgerichtsrath **Stephany** aus Berlin: Zur Geschäftsordnung! Ich bin der Ansicht, es kann kein derartiger Beschluß gefaßt werden: dem Herrn Referenten muß anheim gestellt bleiben zu sprechen, wann er will; er kann durch Beschlüsse dazu nicht gezwungen werden.

Rechtsanwalt **Moritz** aus Magdeburg: Zur Geschäftsordnung! Soviel ich weiß, wird bei allen parlamentarischen Verhandlungen dem Referenten das Schlußwort gestattet. Derselbe faßt Alles nur zusammen und giebt hierdurch eine Uebersicht des Ganzen. Wir können den Referenten nicht bei seinem Schlußwort unterbrechen und dann die Debatte wieder fortgehen lassen.

Stadtgerichtsrath **Stephany**: Zur Geschäftsordnung! Durch das, was soeben hervorgehoben wurde, wird nicht ausgeschlossen, daß der Wunsch eines Theils der Versammlung in Erfüllung geht, daß der Referent auch im Laufe der Debatte seine Auffassung äußere, daß er zunächst referire und zusammenfasse, was in den Verhandlungen vorgetragen wird. Es versteht sich von selbst, das Prinzip wird durch diese Wünsche nicht alterirt.

General-Staatsanwalt Dr. **Schwarze**: M. höchstg. H.! Ich erwarte Ihre Bestimmung und Entscheidung; allein das Recht möchte ich jedenfalls beanspruchen, schon während der Verhandlungen das Wort zu nehmen, wodurch natürlicher Weise das Schlußwort mir nicht entzogen werden kann. Es versteht sich dies wohl von selbst. Ich sollte glauben, daß es bei der jetzigen Diskussion sich nicht zunächst um die Rechte des Referenten handle, und daß es möglicher Weise auch eine Verletzung des Rechts der Mitglieder sein könne, wenn durch die Beschränkung des Referenten auf das Schlußwort ihm gar nicht geantwortet werden könnte. Ich sollte glauben, daß es mir, z. B. nach dem Gebrauche in Sachsen, gestattet werden könnte, in meiner Eigenschaft als Referent auch während der Diskussion dann und wann einige Worte zur Erläuterung des Gegenstandes der Berathung zu sprechen. (Ja wohl!)

Ich bedaure lebhaft, m. höchstgeehrten H., daß gleich der erste Paragraph zu vielfachen Mißverständnissen Veranlassung gegeben hat, und sehe darin fast ein böses Omen. (O nein!) Aber ich glaube, man hat die Motive und, ich möchte sagen: die Zusätze zu diesem Paragraphen mit den übrigen Anträgen da und dort falsch aufgefaßt. Ich erledige damit zugleich auch den Vorwurf, der gegen die ganze Behandlung der Sache angeregt wurde. Die Deputation hat gerade in diesem §. 1 die Grundlage gefunden, von welcher aus sie auf die speziellen Lewald'schen Anträge zusteuert; sie bedurfte nothwendig derselben, um die Basis für die gründliche Beurtheilung der Lewald'schen Anträge zu finden.

Das Materielle anlangend, so erlaube ich mir ganz kurz auf den Antrag meines geehrten Freundes, des Herrn Ober-Staatsanwalts Dr. Keller, zu erwidern, daß ich der Ansicht des Herrn Staatsanwalts von Grävenitz beipflichte, daß hier das Wort „Verbrechen" nicht im strafprozessualischen Sinne, sondern im gewöhnlichen Sinne des materiellen Strafrechtes gebraucht ist. Ich glaube, daß, wenn wir wollten überall das Wort „Verbrechen" mit „strafbaren Handlungen" vertauschen, die Fassung der einzelnen Sätze sehr schleppend werden würde. Was den Hauptantrag des Herrn Dr. Schaffrath und den Nebenantrag des Herrn Geheimraths Krug anlangt, so erlaube ich mir darüber Folgendes zu bemerken:

Die Deputation hat, wie Herr Dr. Schaffrath sehr richtig unter Hinweis auf die Motive hervorgehoben hat, gewiß gegen die von Herrn Dr. Schaffrath angeführten Sätze, nur vielleicht mit Ausnahme seines Beispieles, nichts einzuwenden; ich kann nur wiederholen, es steht, was der Herr Dr. Schaffrath hervorgehoben hat, ausdrücklich in den Motiven. Dessen ungeachtet würde ich anrathen, daß der Antrag des Herrn Dr. Schaffrath abgelehnt werde, weil, wie bereits von andrer Seite hervorgehoben worden ist, er die eigentliche, hier vorliegende Frage nicht berührt, und daher hierher nicht paßt. Wollte aber die Versammlung, um einerseits den Wunsch des Herrn Dr. Schaffrath zu erledigen, und andrerseits um die nun einmal vorhandenen Mißverständnisse zu beseitigen, in dieser Sache etwas thun, so würde ich glauben, daß der Antrag des Herrn Geh. Justizraths Krug die Zweifel am besten erledige. Derselbe hat, wenn ich ihn richtig auffasse, beantragt, nach den Worten in der zweiten Zeile des §. 1 „durch den Staatsanwalt" einzuschalten: „sei es von Amtswegen, oder auf Antrag des Verletzten."

Erlauben Sie mir, kurz zur Rechtfertigung meiner Ansicht Folgendes vorzutragen. Die Deputation ist der Meinung, daß man in Bezug auf die strafprozessualische Behandlung der Verbrechen drei Kategorien aufstellen müsse. Die eine Kategorie, wo der Staatsanwalt unbedingt von Amtswegen einschreitet, wo also prinzipiell von einer Privatanklage nicht die Rede sein kann. Die zweite ist die, wo das Strafgesetz zwar die Einleitung der Untersuchung und das Einschreiten der Behörde abhängig macht von dem Antrage des Verletzten, mit Rücksicht auf die Gründe, welche im Antrage des

Herrn Dr. Schaffrath hervorgehoben worden sind, wo aber, wenn einmal Anträge von dem Verletzten gestellt worden sind, auch nunmehr diejenige Rücksicht erledigt worden ist, die der Staat auf das besondere Interesse des Verletzten und beziehentlich seiner Familie zu nehmen hat. Dann hat der Staat allen diesen Rücksichten Rechnung getragen, der Verletzte selbst hat auf dieses beneficium Verzicht geleistet. Es tritt das ordnungsmäßige Verfahren ganz wie bei der ersten Kategorie und insbesondere die Wirksamkeit der Staatsanwaltschaft ein; die principale Privatanklage ist also hier gleichfalls ausgeschlossen. Nun kommt die dritte Klasse; das sind die besonders geringen Verbrechen, wo der Staat sich sagen muß, hier tritt das Recht des Privaten so entschieden und überwiegend, und zwar in der ganzen Untersuchung hervor, daß der Staat füglich es dem Verletzten selbst überlassen kann, ob er das strafrechtliche Verfahren anrufen und fortführen will, oder nicht. Hier also soll nach der Ansicht der Deputation nur der Verletzte als Privatankläger sich konstituiren und auftreten können; und das würden die Fälle sein, wo man lediglich und nur die Privatanklage, also die principale Privatanklage gestattete. Ich möchte daher behaupten, daß die Sätze der Deputation logisch richtig sind, und daß sie in ihrer Aufeinanderfolge das Urtheil über die Lewald'schen Anträge vorbereiten, daß aber auf die Anträge des Herrn Dr. Schaffrath hier, an der vorliegenden Stelle, nicht einzugehen ist, weil nur von der Zulassung der principalen Privatanklage gehandelt wird. Ich sollte endlich glauben, daß wenn die Erklärung, die ich jetzt in Beziehung auf den Schaffrath'schen Antrag abgegeben habe, in das Protokoll kommt, wonach die Deputation materiell mit dem Inhalte des Schaffrath'schen Antrages einverstanden ist, derselbe sich zufriedenstellen könnte.

Kreisrichter Jenthöfer aus Rybnick: Ich erlaube mir, statt des Wortes „zugleich" in der dritten Zeile das Wort „vorzugsweise" in Vorschlag zu bringen. Es würde dieser Ausdruck besser entsprechen dem vorhergehenden Ausdrucke „durch den Staatsanwalt." Denn durch Verbrechen ist doch in erster Linie der Staat und in zweiter Linie erst das Individuum beleidigt. Wir haben viele Verbrechen, bei denen besondere verletzte Individuen gar nicht vorhanden sind, wie bei den Staatsverbrechen.

Deshalb scheint es mir angemessen zu sein, anstatt des Wortes „zugleich" das Wort „vorzugsweise" zu setzen.

Staatsanwalt **Leßke** aus Schneidemühl: Ich wollte mir erlauben, mich dafür auszusprechen, lediglich die Vorschläge der Deputation anzunehmen. Es handelt sich hier nicht um die Feststellung, unter welchen Verhältnissen die Staatsanwaltschaft einschreiten soll oder nicht, sondern lediglich darum, das Verhältniß der öffentlichen Anklage gegenüber der Privatanklage festzustellen. Und nun hat sich, meiner Ansicht nach in vollem Einverständniß mit der ganzen Versammlung, die Deputation dahin ausgesprochen, daß die Regel sein soll: „Der öffentliche Ankläger schreitet ein," und daß eben nur ausnahmsweise in den Fällen, wo gar kein öffentliches Interesse vorliegt, wie dies bei geringen Uebertretungen der Fall ist, principaliter die Anklage durch den Beschädigten stattfinden soll. In den Fällen aber, wo ein erhebliches öffentliches Interesse vorliegt, wie z. B. beim stuprum violentum und bei der Entführung, versteht es sich von selbst, daß dem Staate die Gelegenheit geboten sein muß, vorzugehen, und der Beschädigte, der die Bestrafung verlangt, hat kein Interesse, den Staatsanwalt und die öffentliche Anklage von der Verfolgung auszuschließen.

Ich glaube, daß am besten sämmtliche Amendements weggelassen und somit dem Antrage der Deputation beigetreten werde.

Rechtsanwalt **Sabarth**: Ich glaube, das Amendement des Herrn Dr. Schaffrath ist hervorgerufen worden durch die Fassung des §. 1 in den Worten: „und die Mitwirkung der Staatsanwaltschaft ausschließen." Ich glaube auch, daß durch diese Worte allerdings die Ansicht entstehen mußte, als solle im §. 1 überhaupt diskutirt werden: „Wann soll die Staatsanwaltschaft ausgeschlossen werden? wann soll sie nicht eintreten?" Wenn man nun hier die Worte „und die Mitwirkung der Staatsanwaltschaft ausschließen" streicht, dann, glaube ich, ist jedes Mißverständniß beseitigt.

Ich stelle daher das Amendement, die angeführten Worte „und die Mitwirkung der Staatsanwaltschaft ausschließen" zu streichen.

Staatsanwalt **Koch**: Ich habe nur ein Bedenken gegen den Antrag des geehrten Herrn Vorredners auszusprechen, nämlich das, daß der erste Satz zu weit greift, wenn wir den zweiten verwerfen. Wenn wir die Ausnahme streichen, so bleibt die Regel ausnahmelos stehen. Und deshalb scheint mir die Einschiebung der Deputation ganz unentbehrlich. Sonst sagt der erste Satz etwas Unwahres, jedenfalls etwas, was nach allen Deutschen Gesetzgebungen zu weit greift.

Rechtsanwalt Dr. **Schaffrath**: Ich nehme meinen Antrag zurück; damit können Alle einverstanden sein. (Ja wohl!)

Rechtsanwalt **Haak** aus Glogau: Ich hatte geglaubt, daß §. 1 in der Fassung der Deputation ohne Weiteres angenommen werden und keine Schwierigkeiten machen würde. Ich mache aber die Erfahrung, daß, obwohl uns der Herr Referent gesagt hat, daß in diesem Paragraphen nur ein Prinzip ausgesprochen werden soll, das dazu diene, den Lewald'schen Antrag einzuleiten, die Basis zu finden, sich doch jetzt schon eine Debatte erhebt, die erkennen läßt, daß wir kaum morgen über §. 1 hinwegkommen werden. (Widerspruch.)

Ich habe mir erlaubt, ein Amendement zu stellen, den §. 1 so zu fassen: „Die Untersuchung wird in der Regel durch den Staatsanwalt veranlaßt." Dann ist das Prinzip ausgesprochen, an welches sich die Lewald'schen Anträge anreihen lassen. Ich erkenne hier den Fehler, in welchen die Deputation selbst verfallen ist. Sie stellt einen Grundsatz auf und kann aus reiner Deutscher Gründlichkeit nicht unterlassen, der Regel eine Menge Ausnahmen beizufügen, die nicht einmal erschöpfend sind.

Ich bitte §. 1 nach meinem Antrage zu fassen; denn geht die Debatte so weiter, so kommen wir nicht über §. 1 hinaus.

Eine Stimme: Das ist, glaube ich, unmöglich! Wenn wir jenen Nachsatz des §. 1 streichen, so ist die ganze Privatanklage in den Brunnen gefallen. Da nun Dr. Schaffrath sein Amendement zurückgezogen hat und die übrigen Anträge mir nur von untergeordneterer Bedeutung erscheinen, so möchte ich das Präsidium bitten, den Schluß der Debatte auszusprechen und §. 1 zur Abstimmung zu bringen unter Verwerfung aller übrigen Amendements.

Vicepräsident von Kronmüller: Ist etwas dagegen zu erinnern? (Ruf: Wogegen?)

Gegen den Schluß der Debatte! (Nein, Nein!)

General = Staatsanwalt Dr. **Schwarze:** Was die sehr wichtige Frage anlangt, die Herr Haak aus Glogau angeregt hat, so gestehe ich offen, daß ich nicht recht einsehe, wie die späteren Paragraphen irgend in logische Unterordnung unter §. 1 gestellt werden sollen, wenn sein Antrag Ihre Zustimmung findet. Wenn Sie die prinzipale Privatanklage in §. 1 ausschlichen wollen, dann fällt der ganze Vordersatz.

Ich habe übrigens in Bezug auf den Schaffrath'schen Antrag, da er zurückgezogen worden ist, nichts zu bemerken.

Vicepräsident von Kronmüller: Es wird angemessen sein, zunächst über das Amendement Haak abzustimmen; denn dasselbe ändert die Worte des Antrags vollständig um. Dies Amendement will, daß §. 1 laute:

„Die Untersuchung einer strafbaren Handlung wird in der Regel durch den Staatsanwalt veranlaßt."

Wird dieses Amendement angenommen? (Nein!)

Es ist abgelehnt!

Der erste Satz der Deputationsvorlage, den ich nunmehr zur Abstimmung bringe, lautet: „Die Untersuchung einer strafbaren Handlung wird in der Regel durch den Staatsanwalt veranlaßt, indem das Verbrechen als eine Verletzung nicht blos des Individui, sondern zugleich der Gesammtheit sich darstellt." Sind Sie damit einverstanden?

(Einverstanden!)

Der zweite Satz lautet: „Bei besonders geringen Verbrechen kann das Gesetz die Erhebung der Anklage ausnahmsweise dem Beschädigten zuweisen und die Mitwirkung der Staatsanwaltschaft ausschließen."

Dazu ist ein Amendement gestellt worden von Zenthöfer.

Kreisrichter **Zenthöfer:** Ich ziehe dasselbe zurück!

General=Staatsanwalt Dr. **Schwarze:** Ich erlaube mir die Bitte auszusprechen, daß über Satz 2 abgestimmt werde vorbehältlich des Amendement Keller.

Vicepräsident von Kronmüller: Nehmen Sie demnach den Satz 2 vorbehältlich das Amendement Keller an?

Es ist angenommen!

Das Amendement Keller geht dahin, daß statt „Verbrechen" gesagt werde „strafbare Handlungen."

Wer für das Amendement Keller ist, möge sich erheben!

Es ist abgelehnt!

General-Staatsanwalt Dr. Schwarze: Ich gehe nun zum dritten Absatz über. Ich erlaube mir, hier von dem Rechte Gebrauch zu machen, das Sie mir vorhin eingeräumt haben: nämlich zu erklären, daß ich meines Orts gegen den Schaffrath'schen Antrag Nichts einzuwenden habe. Der Schaffrath'sche Antrag befindet sich auf der dritten Seite der Ihnen gedruckt übergebenen Vorlage unter 2. ziemlich oben, wo es heißt: „Im dritten Satze ꝛc."

Daß die Deputation gesagt hat: „Rechtsmittel", beruht darauf, daß die Frage gerade Betreffs der Rechtsmittel in der Literatur eine streitige ist. Materiell aber hat die Deputation gegen die Einschaltung, die Dr. Schaffrath begehrt, nichts einzuwenden.

Kreisrichter Jenthöfer: Das scheint mir eine Tautologie zu sein!

Kreisrichter Dr. Vollert aus Arnstadt: Nur eine Anfrage, namentlich an den Herrn Referenten!

Wenn wir einschalten: „dieselben Rechte," soll das nun heißen, daß der Privatbeschädigte so gut wie der Staatsanwalt die Polizei in Thätigkeit setzen kann? Wenn dies die Meinung ist, kann ich für meine Person nicht dafür stimmen. Ich wüßte nicht, welche Mittel der Privatankläger anwenden soll. Einem einfachen Wunsch, einer Bitte oder gar einem Befehl des Privatbetheiligten folgt die Polizei nicht. Ich kenne also die materielle Bedeutung des Schaffrath'schen Amendements nicht und ich denke, ehe wir darüber abstimmen, müssen wir über die Tragweite desselben klar werden. Sollen das Prozeßrechte sein, dann sage ich: Ja! sollen es die Rechte der gerichtlichen Polizei sein: — Nein!

Staatsanwalt Koch: Ich glaube auch, die Frage, welche die Rechte des Privatanklägers gegenüber dem Staatsanwalt betrifft, gehört eigentlich gar nicht hierher. „Rechtsmittel", das umfaßt Alles, was in's Verfahren gehört: also die Rechte, die der Staatsanwalt im Verfahren haben muß; „Rechte" dagegen umfaßt auch die behördlichen Rechte —

insbesondere die, welche die Staatsanwaltschaft den Gerichten coordiniren. Ich glaube nicht, daß ein Mißverständniß möglich ist, wenn wir bei der einfachen Fassung der Deputation bleiben und „Rechtsmittel“ sagen.

Rechtsanwalt Dr. **Schaffrath**: Wenn Sie, m. H., die Motive gelesen haben, wie ich von Jedem annehme, so kann man sehr leicht entnehmen, was gemeint ist. Der Berichterstatter hat dasselbe gesagt: er meint auch: „mit Ausnahme derjenigen Rechte, welche die Staatsanwaltschaft als öffentliche Behörde hat.“ Ich habe mich blos kurz ausgedrückt.

General-Staatsanwalt Dr. **Schwarze**: Ich erlaube mir die einzige Bemerkung zu machen, daß es mir sehr weit zu führen scheint, wenn wir katalogisch alle Rechte aufzählen, welche dem Staatsanwalt zustehen, und bei jedem dieser Rechte fragen: Steht es auch dem Privatankläger zu? Es heißt in dem Antrage des Dr. Schaffrath: „in der Regel“ und die Ausnahmen ergeben sich aus den Motiven. Was speziell die gerichtliche Polizei anlangt, so steht ebenfalls in den Motiven, daß der Privatankläger diese nicht zu beanspruchen habe. Ich sollte glauben, daß, da materielles Einverständniß vorhanden zu sein scheint, wir uns begnügen könnten, den Antrag des Dr. Schaffrath, den auch die Deputation billigt, anzunehmen. (Ja wohl!)

Vicepräsident von Kronmüller: Demnach wäre über den dritten Satz abzustimmen. Wer für Annahme desselben mit dem Schaffrath-schen Amendement ist, erhebe sich!

Rechtsanwalt **Heydenreich** aus Dresden: Ich glaube, daß wir nach dem gewöhnlichen Gebrauche zuvörderst über den Antrag der Deputation, wie er uns gedruckt vorliegt, abzustimmen haben, vorbehältlich der Einschaltung.

Vicepräsident von Kronmüller: Die Deputation hat sich mit dem Amendement einverstanden erklärt! Deshalb habe ich die Sache zusammengefaßt.

Wer dafür ist, möge sich erheben!

Es ist genehmigt!

Rechtsanwalt Dr. **Schaffrath**: Ich weiß nicht, und Viele hier wissen nicht, ob über den zweiten Satz abgestimmt ist! (Vielfacher Ruf: Ja, Ja! Nein, Nein! Aufregung.)

Geh. Justizrath Dr. **Krug**: Es ist allerdings über das Amendement zum zweiten Satz abgestimmt und dasselbe verworfen worden. Allein über den Satz selbst ist noch nicht abgestimmt worden! (Lebhafter Widerspruch. Unruhe.)

General-Staatsanwalt Dr. **Schwarze**: M. H.! Ich denke, wir können dem Bureau vertrauen, welches auf Grund der Notizen der Herren Sekretäre versichert, daß der zweite Absatz vorbehältlich des Amendement Keller zur Abstimmung gebracht und angenommen, und daß darauf das Amendement Keller abgelehnt wurde. Das sind die ausdrücklichen Notizen des Bureaus, und dabei müssen wir stehen bleiben, ohne immer wieder auf bereits abgethane Dinge zurückzukommen.

Eine Stimme: Ich beantrage, nunmehr noch über den ganzen §. 1 abzustimmen, weil sonst etwas zum Vorschein kommen möchte, was die Majorität nicht will.

Vicepräsident von Kronmüller: Soll über den ganzen Paragraphen noch abgestimmt werden? Wer dafür ist, möge sich erheben!

Abgelehnt.

General-Staatsanwalt Dr. **Schwarze**: Wir gehen nunmehr über zu §. 2, der folgendermaßen lautet:

> „Die Staatsanwaltschaft kann die strafgerichtliche Verfolgung ablehnen, weil entweder die Handlung nicht unter das Strafgesetz zu stellen, oder die Anzeige nicht mit genügenden Beweisen unterstützt wird."

Dazu ist vom Herrn Ober-Staatsanwalt von Tippelskirch der präjudizielle Antrag gestellt worden, den §. 2 zu streichen und den §. 3 mit den Worten zu beginnen: „Wenn der Staatsanwalt die Verfolgung einer strafbaren Handlung ablehnt, so kann der durch dieselbe Beschädigte die Anzeige an das Gericht bringen u. s. w."

Es ist ferner, wie ich bereits die Ehre hatte, aus dem Präsidentenstuhle zu referiren, von Herrn Staatsanwalt Koch zu §. 2 der Verbesserungsantrag gestellt worden, hinter den Schlußworten noch folgende Worte einzuschalten: „oder weil die Verfolgung für das öffentliche Interesse offenbar unerheblich erscheint.“ Ich will mir übrigens mit Zustimmung des Herrn Präsidenten vorzuschlagen erlauben, daß die Debatte über diese beiden Anträge vereinigt werde, und zwar um deswillen, weil die Motive, die Herr Ober=Staatsanwalt von Tippelskirch bei seinem Verbesserungsantrag, der auf Streichung des §. 2 geht, mir mitzutheilen die Güte hatte, ziemlich dieselben sind, die Herrn Staatsanwalt Koch veranlaßt haben, seinen Zusatzantrag zu §. 2 einzubringen.

Ober=Staatsanwalt **von Tippelskirch**: Der Zusatz, der von andrer Seite noch gestellt ist, entspricht im Ganzen meiner Intention, und ich hätte eigentlich dagegen Etwas nicht einzuwenden. Ich glaube aber, daß wir kürzer zum Ziele kommen, wenn wir den §. 2 ganz streichen und die Frage in suspenso lassen. Ich halte es einigermaßen für bedenklich, die dunkle, mysteriöse Frage zu entscheiden, was man unter „öffentlichem Interesse“ versteht. Das ist eine Frage, über die sich jeder Staatsanwalt, der eine Weile fungirt hat, ein Bild gemacht hat. Das Bild wird aber sehr verschieden sein und im Publikum verschiedenen Auffassungen begegnen, und da ist es vorzuziehen, den §. 2 ganz zu streichen.

Der §. 2 heißt: „Die Staatsanwaltschaft kann die strafgerichtliche Verfolgung ablehnen, weil entweder die Handlung nicht unter das Strafgesetz zu stellen, oder die Anzeige nicht mit genügenden Beweisen unterstützt wird.“ Bei dieser Fassung könnte man nichts gegen den Paragraphen einzuwenden haben; denn daß die Staatsanwaltschaft in beiden Fällen die Verfolgung ablehnen kann, hat noch Niemand bezweifelt. Aber der Paragraph hat eine größere Tragweite. Er soll andeuten, daß in anderen Fällen der Staatsanwalt das nicht thun könne, daß die Ablehnung also keine discretionäre Gewalt ist.

Von diesem Gesichtspunkt aus sehe ich in dem Paragraphen eine zu weit gehende Beschränkung der Rechte der Staatsanwaltschaft und möchte ihn weglassen.

General=Staatsanwalt Dr. **Schwarze**: Ich fürchte, daß über die Frage, die Herr Ober=Staatsanwalt von Tippelskirch angeregt hat, und die im Amendement Koch verborgen liegt, kaum eine Meinungsübereinstimmung zu erzielen sein dürfte. Ich glaube, mit Zustim=

mung der Versammlung lieber §. 2 opfern und die Frage in suspenso lassen zu müssen. Sie haben die Güte, der Deputation die Thatsache zuzugestehen, daß sie materiell nicht mit beiden Anträgen einverstanden ist, im Uebrigen aber vereinigen wir uns dahin, §. 2 ganz wegzulassen. Die Deputation verzichtet also auf §. 2, wenn Sie unsren Verzicht genehmigen.

Staatsanwalt **Koch**: Ich hatte mir das Wort zur Sache selbst erbeten. Es ist inzwischen eine geschäftliche Zwischenfrage gestellt worden, und daher erkläre ich, daß für den Fall, daß der Antrag auf Weglassung angenommen wird, ich, wenn keine Debatte stattfinden soll, auf meinen Antrag verzichten werde. Wird aber die Debatte nicht vermieden, dann behalte ich mir das Recht vor, auf meinen Antrag zurückzukommen, um denselben zu begründen.

Hof- und Appellationsgerichts-Prokurator **Keller** aus Dillenburg: Ich glaube, daß es sehr zweifelhaft ist, ob unser Berichterstatter das Recht hat, ohne die Deputation gefragt zu haben, einen Antrag, den dieselbe durch ihn an uns bringen läßt, im Namen der Deputation zurückzunehmen. Die Deputation hat jedenfalls die Sache reiflich nach allen Seiten erwogen und ihre Gründe gehabt, den Antrag zu stellen. Jetzt soll der Antrag fallen, weil wir wahrscheinlich über die Frage nicht einig werden könnten. Es ist diese Frage aber gerade die wesentlichste in allen den Anträgen, die hier vorgebracht worden sind, — die Frage nämlich, wie die Staatsanwaltschaft in Bezug auf die Erhebung oder das Liegen- und Fallenlassen der Anklage gestellt ist. Entscheiden Sie die nicht, so fahren Sie im Uebrigen nur mit der Sammetbürste über die Sache hin und gehen nicht auf die Grundsätze der Sache ein, die hier erörtert werden muß. Wenn man der Ansicht ist, welche die beiden Staatsanwälte, die Herren Koch und von Tippelskirch hier vertheidigen, dann bin ich auch der Meinung, daß es richtig ist, wie der Herr Ober-Staatsanwalt von Tippelskirch beantragt hat, den ganzen Paragraphen zu streichen; denn dann ist die Staatsanwaltschaft befugt und verpflichtet, blos diejenigen Gesichtspunkte im Auge zu behalten, die sie für gut und nützlich erachtet.

Die Frage ist die: Ist der Staatsanwalt verpflichtet, die Sache in's Auge zu fassen, oder ist er berechtigt, aus irgend einem, selbst politischen Interesse schwere Verletzungen des Gesetzes ganz ruhig ad acta zu legen und die Sache unerörtert und ununtersucht zu lassen? Ich muß in dieser Beziehung an die Sachen erinnern, die in Wien und Berlin geschwebt haben und zum Theil noch schweben. Wenn man der Staatsanwaltschaft das Recht geben will, eine Sache todt zu schweigen, so ist das ein furchtbares Recht. Wenn Sie aber die Staatsanwaltschaft verpflichten, die Sache vor Gericht und zum Abschluß zu bringen, so ist die Staatsanwaltschaft der Schützer des Rechts und der Gesetze. Und deshalb bitte ich, ja diesen Paragraphen nicht fallen zu lassen, sondern in die Debatte aufzunehmen und mindestens hier in dieser Abtheilung die Frage zu entscheiden, so daß jeder von uns ruhig nach Hause gehen kann mit dem Bewußtsein, er habe das Beste dazu gethan, um, was wir Alle erstreben, Recht und Gesetz zur Geltung zu bringen.

Advokat **Kühn** aus Leipzig: Auch ich muß zunächst dem Berichterstatter das Recht bestreiten, den sub 2 vorliegenden Satz zurückzuziehen mit Rücksicht darauf, daß wohl voraussichtlich eine Einigung der verschiedenen Ansichten in dem Vorliegenden nicht werde erzielt werden können. Ich halte speciell diesen Paragraphen für einen der wichtigsten, welcher sich unter den neun Positionen vorfindet, und ich glaube, es muß im Interesse der Staatsanwaltschaft selbst liegen, ihre Befugnisse normirt zu sehen, wie sie eben in §. 2 gehörig normirt worden sind. Die beiden Amendements, die zu dem §. 2 eingebracht worden sind, lassen es nach meinem Dafürhalten Jedem, der sich überhaupt für diesen Theil der Gesetzgebung interessirt, mehr oder weniger wünschenswerth erscheinen, die Stellung der Staatsanwaltschaft in die ihr nach allgemeinen Begriffen gesetzlich gesteckten Grenzen zu weisen. Wenn die Staatsanwaltschaft ihre Stellung recht erkennt, so hat sie ihre Thätigkeit nur innerhalb der gesetzlich gesteckten Grenzen eintreten zu lassen; keinesfalls kann es ihrem Ermessen, wie es das Amendement des Ober-Staatsanwalts von Tippelskirch beantragt, anheimgestellt sein, in einem oder dem andern Punkte nach ihrer eigenen Ansicht zu erkennen, ob die Verfolgung einzutreten habe oder nicht. Die beiden

Fälle, die in §. 2 als diejenigen aufgeführt sind, in welchen der Staatsanwalt berechtigt sei, die Untersuchung abzulehnen, sind die, gegen welche von keiner Seite Einwendungen erhoben werden können. Allein demselben außerdem noch die Erlaubniß zu geben, abzulehnen, wo er es sonst für angemessen hält, führt jedenfalls zu einem Handeln außerhalb der Grenzen der Staatsanwaltschaft. — Ich bin demnach der Ansicht, vor allen Dingen, soweit der Herr Berichterstatter den Wunsch erklärt hat, daß die Versammlung von einer Berathung absehen wolle, zu erklären, daß die Versammluug in die Verhandlung schon eingetreten ist.

Ich bin — zur Sache selbst — gegen die eingebrachten Amendements und bitte, daß der §. 2, sowie er vorgelegt worden ist, unverändert zur Annahme gebracht werde. Es ist nicht allein für die Staatsanwaltschaft, sondern auch für jeden anderen Betheiligten von dem größten Interesse, die Grenzen ihrer Wirksamkeit so normirt zu sehen, wie sie hier normirt sind.

Geh. Justizrath **Sydow** aus Berlin: Ich wollte erstens zur Geschäftsordnung und dann zur Sache selbst mir einige Worte erlauben.

Zur Geschäftsordnung: Der Zweck der betreffenden Bestimmungen in den §§. 1—7 ist der, das Recht und die Zulässigkeit der Privatanklage zu regeln; das ist der Sinn und die Absicht der Lewald'schen Anträge gewesen, und es kommt Alles darauf an, daß wir uns nicht zu weit von dieser ursprünglichen Absicht entfernen. §. 1 stellt das allgemeine Prinzip auf. Die §§. 2 und 3 regeln demnächst das sogenannte Eventuelle der Privatanklage, die §§. 4—7 bestimmen sodann, wie es mit dem weiteren Verfahren gehalten werden soll. Halten wir das im Auge, so ergiebt sich daraus, daß sich die Diskussion auf die §§. 2 und 3 zusammen erstrecken muß.

Ich komme dann zur Sache selbst: Ich glaube nämlich, daß es gar nicht die Absicht des Referenten gewesen ist, irgend wie die Versammlung in ihrer Befugniß, auch über §. 2 abzustimmen, zu beeinträchtigen. Ich glaube aber im Interesse des Zweckes, der uns vorliegt, darauf aufmerksam machen zu müssen, daß, wenn es unsere Absicht ist, die Zulässigkeit der Privatanklage überhaupt in diesem Paragraphen zu regeln, die Herren beachten möchten, daß §. 3 mit den Worten beginnt:

„Der durch die strafbare Handlung Beschädigte kann im Falle solcher Ablehnung die Anzeige an das Gericht bringen."

M. H., beachten Sie nun das Prinzip, welches von den Herren Antragstellern ausgegangen und von den Vorrednern vertheidigt ist, so glaube ich, schießt ihre eigene Ansicht über die Worte hinaus. Denn wenn die Privatanklage nur zulässig sein soll im Falle solcher Ablehnung, was geschieht dann in dem Falle, wo der Staatsanwalt diese Grenze überschreitet und unabhängig davon, ob das Strafgesetz für den Fall passend sei, die Sache zurückweist? Sollte nicht gerade in diesem Falle die Privatanklage zulässig erscheinen? Ist das aber richtig, dann folgt daraus, glaube ich, gerade die Rechtfertigung des Antrags des Herrn Ober-Staatsanwalts von Tippelskirch. Und so schätzbar auch die Ansichten sein mögen, welche darüber geäußert worden sind, so, glaube ich, ist es doch im Interesse der Sache selbst angemessen, einmal die Diskussion über die §§. 2 und 3 zu verbinden, dann aber — wie ich für meine Auffassung beantrage — den §. 2 zu streichen und das Amendement des Herrn Ober-Staatsanwalts von Tippelskirch anzunehmen.

Staatsanwalt **Koch**: Ich erkläre mich damit einverstanden. Ich bemerke schon jetzt, daß mein Antrag ganz allein auf der Voraussetzung, beruht, daß die Privatanklage des Beschädigten zugelassen wird, und daß ich weit entfernt gewesen bin, mit diesem Antrage etwa der Staatsanwaltschaft eine noch größere Machtbefugniß zuführen zu wollen. Im Gegentheil, ich will, daß die Rechte der Beschädigten sicherer gestellt werden sollen, als es gegenwärtig der Fall ist. Dies zur Vermeidung von Mißverständnissen.

Kreisgerichts-Direktor von Kunowsky aus Beuthen in O.-Schl.: Zur Geschäftsordnung! Wir sind in die Debatte über §. 2 eingetreten. Da hat der Referent erklärt, er ziehe Namens der Deputation den §. 2 zurück. Gegen die Befugniß, diese Erklärung abzugeben, sind Bedenken erhoben worden. Meines Erachtens muß über diese Frage zunächst entschieden werden. Wird nämlich das Recht des Referenten anerkannt, so fällt damit §. 2 weg, und wir haben keine Veranlassung, über denselben zu debattiren, wenn er nicht wieder aufgenommen wird

Jetzt wird auch §. 3 in die Debatte hineingezogen. Das geht so lange nicht, als nicht der Präsident erklärt hat, daß er ihn mit zur Debatte ziehen wolle, und als §. 3 nicht verlesen ist. Ich bitte darum den Herrn Präsidenten, zunächst die Vorfrage über die Berechtigung des Herrn Referenten zur Entscheidung zu bringen, damit festgestellt werde, ob mit seiner Erklärung §. 2 wirklich in Wegfall gekommen sei.

Vicepräsident von Kronmüller: Es ist meine Ansicht, daß eben über dieses Recht des Referenten auch mit gesprochen und gleichzeitig §. 3 in die Debatte gezogen werden soll.

General=Staatsanwalt Dr. **Schwarze:** Ich habe vorhin erklärt, ich zöge den Antrag Namens der Deputation zurück, wenn die Versammlung die Rücknahme genehmige. Das habe ich ausdrücklich hinzugesetzt. Jenes Recht habe ich, eine solche Erklärung Namens der Deputation zu geben. Dagegen glaube ich nicht, daß die Deputation, und wenn sie in corpore hier versammelt wäre, das Recht hätte, einen Ihnen einmal hier vorgelegten Antrag wieder fallen zu lassen. Ich würde selbst der Deputation ein solches Recht nicht zugestehen. Ich habe deshalb auch absichtlich die Worte hinzugesetzt: „wenn die Versammlung den Verzicht genehmigt.“

Rechtsanwalt **Haack:** Ich glaube, der ganze Streit ist unpraktisch. Wenn der Antrag seitens des Referenten zurückgezogen wird, sei es nun mit Recht oder mit Unrecht, so hat jeder Einzelne von Ihnen das Recht, denselben wieder zu dem seinigen zu machen. Thue es doch, wer Lust hat! Also hat die ganze Frage keine praktische Wichtigkeit.

General=Staatsanwalt Dr. **Schwarze:** §. 2 steht noch. Ich würde daher bitten, daß der Präsident erklärt, daß über §. 2 diskutirt und §. 3 mit in die Debatte gezogen werde, daß also die Debatte über die §§. 2 und 3 zugleich eröffnet sei, da die Rücknahme des §. 2 Widerspruch in der Versammlung findet.

Kreisgerichts=Direktor **von Kunowsky:** Nochmals zur Geschäftsordnung! Der Herr Referent hat selbst erklärt, er stelle es der Versammlung anheim. Da muß die Versammlung sich doch nun erklären, ob sie dieses Anheimgeben acceptirt; und diese Erklärung muß voraus=

gehen, ehe wir weitergehen. Ich bitte daher den Herrn Vorsitzenden, darüber abstimmen zu lassen.

Vicepräsident von Kronmüller: Ich stelle demnach die Frage: Soll, unter Vorbehalt der Frage, ob §. 2 stehen oder fallen soll, auf §. 3 übergegangen werden?

(Lebhafter Widerspruch gegen die Fragstellung.)

General=Staatsanwalt Dr. **Schwarze:** Ich würde folgende Fragstellung in Vorschlag zu bringen mir erlauben:

Will die Versammlung der Erklärung des Referenten ungeachtet in die Berathung des §. 2 eintreten?

(Zustimmung in der Versammlung.)

Vicepräsident von Kronmüller: Wollen Sie also, m. H., der Erklärung des Referenten, daß er bereit sei, Namens der Deputation den §. 2 fallen zu lassen, ungeachtet in die Berathung dieses §. 2 eintreten?

Wer dafür ist, möge sich erheben!

Es ist die Majorität.

General=Staatsanwalt Dr. **Schwarze:** Es ist bereits seitens des Herrn Präsidenten erklärt worden, daß nunmehr auch §. 3 in die Diskussion gezogen werden soll, und ich erlaube mir daher, Ihnen §. 3 vorzulesen. Derselbe lautet: „Der durch die strafbare Handlung Beschädigte kann im Falle solcher Ablehnung die Anzeige an das Gericht bringen und dessen Entscheidung veranlassen, ob der Fall zur strafgerichtlichen Verfolgung sich eigne oder nicht. Das Gericht kann zur Vorbereitung seiner Entscheidung auf Antrag wie von Amtswegen vorläufige Erörterungen veranstalten."

Dazu ist von Herrn Rechtsanwalt Sabarth aus Ratibor der Antrag beigefügt worden: „Daß dem Angeklagten resp. der Vertheidigung gegen einen Verweisungsbeschluß dieselben Rechtsmittel zu gestatten, welche dem Ankläger gegen die Zurückweisung der Anklage zustehn." Ich stelle es der Versammlung anheim, an welche Stelle sie denselben setzen will.

Es ist nun kein weiterer Antrag außer denen der Herren Staatsanwalt Koch und Ober=Staatsanwalt von Tippelskirch eingegangen. Der des Herrn Staatsanwalt Koch geht dahin, die zu §. 2 die Schluß=

worte angefügt werden: „oder weil die Verfolgung für das öffentliche Interesse offenbar unerheblich erscheint," während der des Herrn Ober-Staatsanwalts von Tippelskirch den §. 2 überhaupt streichen und §. 3 mit den Worten beginnen lassen will: „Wenn der Staatsanwalt die Verfolgung einer strafbaren Handlung ablehnt, so kann der durch dieselbe Beschädigte die Anzeige an das Gericht bringen."

Gestatten Sie mir, m. H., daß ich mich gegen den Antrag des Herrn Staatsanwalts Koch, wie gegen den des Herrn Ober-Staatsanwalts von Tippelskirch erkläre, und zwar werden wenig Worte ausreichen, um Ihnen die Ansicht der Deputation auseinanderzusetzen. Die Deputation war der Meinung — und, m. H., ich trotz meiner amtlichen Stellung ganz insbesondere — daß der Staatsanwalt, als derjenige Beamte, welcher berufen ist, die Strafgesetze zur Anwendung zu bringen, nicht das Recht der Disposition darüber habe, ob er eine Anklage, die er in facto und in jure im Allgemeinen für begründet hält, unterlassen oder verfolgen will. (Bravo!) Sie dürfen einem Beamten überhaupt nicht ein solches Recht einräumen, wenn Sie nicht an die Stelle des Rechts die Willkür und an die Stelle der Gerechtigkeit den Eigenwillen setzen wollen. (Lebhaftes Bravo!) Ich habe stets, so lange ich die Ehre habe, das Amt zu bekleiden, welches mir Seine Majestät übertragen hat, den Grundsatz unerschütterlich festgehalten: Der Staatsanwalt hat ohne Ansehn der Person nur die beiden Fragen sich vorzulegen, wenn eine Anzeige an ihn gebracht wird: Fällt die angezeigte Handlung unter das Strafgesetz? und sind die Verdachtsgründe, welche beigebracht worden sind, ausreichend, um eine Anklage darauf zu fundiren? Weiteres hat er nicht zu fragen. Das Uebrige ist das Recht der Krone, welche in einzelnen Fällen, wo das Strafgesetzbuch mit der sittlichen Verschuldung in Widerspruch tritt, oder wo es das öffentliche Interesse erheischt, bestimmt, daß nicht mit der Strenge des Gesetzes verfahren werde. Das hat die Krone zu erwägen, der das Begnadigungsrecht zusteht. Ist in größeren Ländern, als in Sachsen, es nicht auszuführen, daß alle dergleichen Verschiedenheiten der kriminalrechtlichen und der sittlichen Verschuldung im einzelnen Falle zur Ausgleichung an die Krone gebracht werden, dann, m. H., mag man in diesen Ländern eine Institution schaffen, die im Namen des Regenten dieses Recht ausübt. Dies müßte aber eine starke und vertrauenerweckende Institution sein, und dürfte dieses Recht am allerwenigsten einem einzelnen Manne übertragen werden, der in erster Instanz einer Menge Insinuationen der Parteileidenschaft ausgesetzt ist, und — erlauben Sie mir, hinzuzufügen — einem Manne, der doch in der Regel noch auf Beförderung, Anerkennung und ähnliche Vortheile hofft. (Sehr gut!) Einem solchen Manne dürften Sie eine solche Disposition nimmermehr anvertrauen.

Ich habe nicht als Referent gesprochen — entschuldigen Sie meinen Eifer —: ich habe als Staatsanwalt gesprochen. (Anhaltendes, lebhaftes Bravo!)

Rechtsanwalt **Lewald**: M. H.! Die Grundsätze, welche der Herr Referent ausgesprochen hat, verdienen den Beifall ganz gewiß, der ihnen von der Versammlung zu Theil geworden ist. Aber ich bitte Sie, nicht nach der Rede zu urtheilen, sondern nach dem Wortlaute der Vorlage, die uns gemacht worden ist. Was steht in §. 2? „Die Staatsanwaltschaft kann die Verfolgung ablehnen, weil die Handlung nicht unter das Strafgesetz zu stellen ist." Und in einem solchen Falle der Ablehnung kann die Privatanklage eintreten. Wenn aber der Richter auch angenommen hat, es sei ein entsprechendes Strafgesetz vorhanden, so würde der Privatankläger doch in die Lage kommen können, daß man ihm antwortete: „Beweise sind nicht da, weitere Rechte hast Du nicht!"

M. H., die Frage der Privatanklage heißt im letzten Grunde nichts anderes, als: es soll Jeder den Richter angehen und von ihm eine Entscheidung fordern können, und es soll die Staatsanwaltschaft, die es unmöglich machen wollte, daß eine Sache verfolgt werde, angehalten werden, sie zu verfolgen.

Der Antrag des Herrn von Tippelskirch lautet ganz generell dahin: „Wenn der Staatsanwalt die Verfolgung ablehnt, kann der Beschädigte das Gericht angehn." Das ist der allgemeinste Antrag. Die Deputationsvorlage und das Koch'sche Amendement beschränken den Beschädigten jedoch auf den Fall, in welchem der Staatsanwalt aus einem der vorerwähnten Gründe die Verfolgung ablehnt.

M. H., der Fall wird eben nicht vorkommen. Die Staatsanwaltschaft in praxi sagt uns nicht: Ich lehne ab, weil ich in diesem Falle eingeschränkt bin, oder aus einer höheren Staatsraison. Das wird uns nicht mitgetheilt. Wer für das Recht der Privatanklage ist, der muß sie im weitesten Umfange annehmen, wie Herr von Tippelskirch beantragt hat. In allen Fällen, wo der Staatsanwalt ablehnt, aus welchem Grunde er wolle, muß der Privatankläger an den Richter gehen dürfen. Ich bitte Sie daher, den Antrag des Herrn von Tippelskirch anzunehmen.

Ober-Staatsanwalt **von Tippelskirch**: M. H.! Ich habe dem, was der Herr Rechtsanwalt Lewald angeführt hat, nur noch wenige Worte hinzuzufügen. Wenn man das Prinzip hinstellen wollte, eine Denunciation sei nur dann abzulehnen, wenn sie nicht unter das Gesetz fällt und nicht durch genügende Beweise unterstützt wird, dann kann von einer Privatanklage überhaupt nicht die Rede sein. Denn ich frage Sie: Für welche Fälle soll die Privatanklage sein? Denken Sie sich eine Handlung, die nicht unter das Gesetz fällt: ist da eine Anklage überhaupt denkbar? Da kann sie nicht erhoben werden. Aber, m. H., ich zolle den Grundsätzen, welche der Herr Referent über die Pflichten und Rechte des Staatsanwalts ausgesprochen hat, meine volle Anerkennung. Auch ich bin durchdrungen von der Ueberzeugung, daß es die Aufgabe des Staatsanwalts sei, Recht und Gerechtigkeit im Lande walten zu lassen, ohne Ansehn der Person gegen Frevler einzuschreiten. Nur vergessen Sie nicht: es giebt über dem Rechte, welches in unseren Gesetzbüchern steht, noch ein anderes Recht! und ich bitte Sie, dies zu beachten und sich zu fragen, ob man dieses Recht ignoriren kann. Es handelt sich vor allen Dingen darum: in welchem Verhältnisse steht unser geschriebenes Gesetz zu den gewöhnlichen Anschauungen der Welt? Und weiter haben wir zu fragen: Leben wir wirklich im gewöhnlichen Leben ausschließlich nach demjenigen Gesetze, welches in unsern Gesetzbüchern steht? Jeder, der sich mit Ernst fragt, glaube ich, wird sagen: Nein. Im gewöhnlichen Leben lebt man nicht danach, sondern nach einem andern, nach dem sogenannten Sittengesetze, das in der Brust eines jeden Menschen ruht, und man braucht das geschriebene Gesetz nicht. Wenn man die Forderung an mich stellen wollte, daß ich vor dieser Versammlung dies philosophisch begründen sollte: so würde das sehr weitläufig sein. Gestatten Sie mir, vom rein praktischen Gesichtspunkte aus es zu thun und mich in einem mehr populären Tone auszudrücken.

Ich will zunächst die Frage erörtern, ob man nach den geschriebenen Gesetzen wirklich lebt. Denken Sie sich einmal eine öffentliche Anstalt, für deren Benutzung man natürlich Grundsätze aufstellen muß, und fragen Sie, ob danach allenthalben gelebt wird? Welche Eisenbahn, welche Post sagt nicht, die Leute sollen das Gepäck 20 Minuten vor der Abfahrt bringen? Man kehrt sich nicht daran. Man bringt das Gepäck doch später, und es wird in den meisten Fällen angenommen; und nur für den Fall, daß der Andrang zu groß ist, beruft man sich auf das Gesetz. Das Gesetz ist also hier nicht da, um in jedem Falle stricte befolgt zu werden, sondern es ist ein Nothbehelf für schwierige Fälle gegen denjenigen, der Ungebührliches verlangt. Ferner: jede Privatgesellschaft für geselliges Vergnügen pflegt Statuten zu entwerfen, welche die Vorschriften, wie man sich zu benehmen habe, enthalten. Wenn diese alle befolgt werden müßten, nun, dann müßte Jeder, der in die Gesellschaft eintritt, die Statuten vollkommen kennen, die Statuten in die Hand nehmen, um sie einzusehen. Es thut dies Niemand. Jeder weiß, daß er sich anständig in der Gesellschaft zu benehmen hat.

Und nun, m. H., von diesem Kleinen lassen Sie mich zu dem Großen übergehen und fragen: Wie ist es denn mit den Staatsgesetzen? Sind sie der Art, daß sie schlechterdings und unter allen Umständen vollzogen werden müssen? Nein, sie werden es nicht. Das Civilrecht bestimmt z. B., daß gewisse Schulden, Schulden der Ehefrau, der Kinder zu bezahlen, keine Verbindlichkeit bestehe. Aber wie ist es im gewöhnlichen Leben? frage ich Sie. Man hält es für Ehrensache, dergleichen Schulden zu bezahlen und es wäre auch schlimm, wenn dieses Bewußtsein nicht Platz gegriffen hätte. Auch hier ist das Gesetz die letzte Schranke, wird angewendet, wo kein anderes Mittel vorhanden ist.

Was von dem Civilgesetze gilt, das gilt auch von dem Strafgesetze. Es giebt gewisse Strafgesetze, die so kategorisch sind, daß sie von Niemand und niemals umgangen werden können.

Wenn man vom Raub, von Plünderung, von vollendetem Mord, von Todtschlag, von schweren Verbrechen der Beamten spricht, so versteht sich's von selbst, daß diese gerügt werden und gerügt werden müssen, und jeder Staatsanwalt wird sie verfolgen. Das liegt auf der Hand. Aber sprechen Sie einmal von geringeren Vergehen, und fragen Sie, wie sich die öffentliche Meinung diesen gegenüberstellt, so werden Sie finden, daß das etwas ganz anderes ist. Der beste Beweis dafür ist, wie das Publikum die Denunciationen aufnimmt. Ein Denunciant zu sein ist etwas, was im gewöhnlichen Leben durchaus für ehrenrührig gilt. Nur gilt dieses Urtheil nicht bei schweren Verbrechen, sondern wo es sich um Bagatellen handelt. Wenn Jemand eine Bagatelle bringt, so sagt man ihm wol, er möge dies lieber unterlassen, das Publikum mag dergleichen nicht. Nun frage ich Sie: Wie verhält sich die Staatsanwaltschaft dazu? Wie ist die Sache gewesen, bevor die Staatsanwaltschaft eingeführt wurde? (Rufe: Schluß! Schluß!) also zu einer Zeit, wo die Gerichte von Amts wegen einschreiten mußten? Nun, die Gerichte haben sehr wohl zu unterscheiden gewußt, auf welche Denunciationen sie einzugehen haben, und sie haben gar manche Denunciation bei Seite gelegt. Wenn z. B. von einem Duell die Rede gewesen ist, bei dem Niemand verletzt wurde, wenn auch die Stadt des Gerüchtes voll war, so hat sich oft kein Mensch darum gekümmert. Hat sich das durch Einführung des öffentlichen Anklägers geändert? Man kann sagen: Ja, in gewisser Beziehung allerdings; man hat gefunden, daß eine größere Verfolgung auch geringerer Vergehen stattfindet. Ich glaube, einer der Gründe dafür ist, daß das Publikum in dem Staatsanwalt einen Menschen gesehen hat, der vorzugsweise Denunciationen anzunehmen hat. Nun aber auf der andern Seite: (Ruf: Schluß! Schluß! Unruhe.) Seit der Einführung der Staatsanwaltschaft ist die Oeffentlichkeit der Gerichtsverhandlungen und in den meisten Ländern sind Geschworene eingeführt worden. Welchen Zweck hat die Oeffentlichkeit? Die Oeffentlichkeit hat den Zweck, das ganze Publikum — (Ruf: Schluß! Zur Sache! Zur Sache!)

Das gehört zur Sache!

(Steigende Unruhe. Wiederholte Schlußrufe.)

Professor Dr. **Glaser**: Die Handhabung der Disciplin ist allein in den Händen des Präsidenten, und wenn wir dahin kommen wollen, mitten in der Rede auf Schluß anzutragen und so Mitglieder zur Ruhe zu verweisen, so werden wir aufhören, eine wissenschaftliche Versammlung zu sein!

(Unruhige Bewegung in der Versammlung. Nach Wiederherstellung der Ruhe:)

Ober-Staatsanwalt v. **Tippelskirch**: Ich frage: Welchen Zweck hat die Oeffentlichkeit? Warum hat man die Oeffentlichkeit des Gerichtsverfahrens eingeführt? Nun allerdings, um dem Publikum Gelegenheit zu geben, das, was von Seiten der Behörden geschieht, zu sehen und eine Kontrole auszuüben. Das mag oft unbegründet und unbequem sein, aber man kann es nicht ablehnen. Die öffentliche Stimme spricht sich unbehindert über das Verfahren der Behörden aus, und man kann dies nicht ganz ignoriren. Ich will damit nicht sagen, daß der Staatsanwalt ein Mann sein soll, der nach Popularität hascht und danach strebt, im Publikum günstig beurtheilt zu werden. O nein, er wird oft genug in die Lage kommen, dem Publikum trotzen zu müssen, wenn es darauf ankommt. Aber, m. H., ganz kann man die öffentliche Stimme nicht beseitigen. Und das ist noch viel mehr der Fall durch die Einführung der Geschworenen. Bei unsern Abtheilungssitzungen haben wir uns um die Geschworenen weniger zu kümmern. Die Oeffentlichkeit hat keine große Bedeutung, aber sie ist von großer Bedeutung da, wo Geschworene sind. Schon die 12 Geschworenen sind ein Publikum. (Ruf: Kürzer! Kürzer!)

(Steigende Unruhe, so daß am Stenographentisch nur abgerissene Sätze zu hören sind und der Schluß unverständlich bleibt.)

Eine Stimme: Ich bitte den Herrn Präsidenten, den Redner darauf aufmerksam zu machen, daß wir Alle Juristen sind, denen das Alles, was gesagt wurde, wohl bekannt ist. Ich möchte den Herrn

Präsidenten auch bitten, falls ein Redner von dem Gegenstande abgeht, ihn anzuhalten, daß er zur Sache spreche.

General-Staatsanwalt Dr. **Schwarze**: Es haben die Herren Staatsanwalt Leske, Ober-Staatsanwalt Dr. Keller, Rechtsanwalt Schaffrath und auch Herr Justizrath Corty Anträge gestellt, die alle, wie mir scheint, dasselbe bezwecken. Es handelt sich nämlich darum, die Worte „solcher Ablehnung" im §. 3, weil sie zweifelhaft sind, mit anderen zu vertauschen. Erlauben Sie mir, daß ich von den eingegangenen Propositionen Ihnen die Schaffrath'sche vorlese, die dahin lautet:

> „Der durch die strafbare Handlung Beschädigte kann im Falle jeder Ablehnung von Seiten der Staatsanwaltschaft die Anzeige an das Gericht bringen ꝛc.",

und ich erlaube mir die Frage an die Herren Leske, Dr. Keller und Corty, ob sie sich nicht dem Schaffrath'schen Antrage anschließen wollen.

(Dieselben erklären sich damit einverstanden.)

Nun glaube ich unmaßgeblich, daß der Herr Präsident den Antrag des Herrn Schaffrath zur Unterstützung und zur Diskussion zu bringen habe.

Vicepräsident v. Kronmüller: Wird der eben verlesene Antrag des Herrn Dr. Schaffrath unterstützt? (Ja!)

Die Unterstützung ist ausreichend.

Staatsanwalt **Leske**: Ich glaube, m. H., daß die allgemeine Meinung Ausdruck findet, wenn wir das vorgeschlagene Amendement annehmen, indem dann §. 2 unverändert stehen bleibt und §. 3 nur in der angedeuteten Weise verändert wird. Es ist allerdings nicht mit Unrecht erwähnt worden, daß die Deputation etwas über den Antrag des Herrn Rechtsanwalts Lewald hinausgegangen ist, allein die Deputation hat das Recht, selbständig solche Prinzipien zur Vorlage zu bringen. Ich muß mich mit Entschiedenheit für das Legalitätsprinzip aus den gemachten Erfahrungen aussprechen, nicht etwa wegen der großen und Aufsehen erregenden Sachen, von denen der eine der Vorredner sprach, denn die würden ihre Erledigung in der Staatsanklage finden, sondern vielmehr wegen der kleineren Leute, denen die Privatanklage wegen des Mangels an Mitteln niemals zugänglich ist. Es handelt sich im großen Ganzen darum, ob es dem Staatsanwalt bequem oder nicht bequem ist. Der Eine hat die, der Andere jene Ansicht.

Im Interesse der Rechtsgleichheit und Sicherheit ist es durchaus nothwendig, daß der Juristentag sich für das Legalitätsprinzip ausspreche, und ich würde Sie deshalb bitten, daß Sie §. 2 unverändert annehmen. Im Uebrigen aber wird in Betreff des §. 3 kaum zu sagen übrig bleiben, daß das Recht der Privatanklage, gegenüber jeder Ablehnung der Staatsanwaltschaft, gewährt sein soll.

Staatsanwalt **Koch**: M. H.! Ich bin mir vor allen Dingen bewußt, daß der Wortlaut meines Antrags nicht blos auf entschiedenen Widerspruch der Versammlung stößt, sondern auch die Abneigung der juristischen Gewissen gegen sich hat. Ich habe im vorigen Jahre bereits den Antrag gestellt,*) ihn seitdem mit mir herumgetragen und nach meinem Gewissen ist er unverfänglich. Ich habe ihn nämlich nicht gestellt, um die Sicherung der Rechte der Verletzten zu schmälern, sondern im Gegentheil, um als Wahrheit auszusprechen, was in Wirklichkeit einmal besteht.

In Wirklichkeit, m. H., liegt die Sache so: Wir haben seit der Einführung des Anklageverfahrens eine neue Behörde bekommen — die Staatsanwaltschaft. Es fragt sich nun, in welcher Weise ist dadurch ein neues Prinzip in das Verfahren gekommen? Hat die Staatsanwaltschaft die Befugnisse des Untersuchungsrichters, oder hat man etwas Neues damit gewollt? Ich beantworte mir die Frage aus dem Organismus der Staatsanwaltschaft, und da finden wir bei allen Abweichungen im Einzelnen doch im Ganzen Uebereinstimmung. Die Staatsanwaltschaft wird durch die Prozeßgesetzgebungen aller Deutschen Staaten nicht als eine richterliche, sondern nur als Verwaltungsbehörde angesehen, unterworfen den Anweisungen ihrer Vorgesetzten und — ebenfalls in den meisten Ländern — dem Justizminister.

---

*) Vgl. Verhandl. des Ersten Deutschen Juristentages S. 322 Anm. ***).

Ich frage Sie nun, m. H., ob bei aller Gewissenhaftigkeit und Rechtstreue des Einzelnen wir menschlich darauf rechnen können, wenn wir nicht übermenschliche Ansprüche stellen, daß nun in jedem einzelnen Falle die Ablehnung der Staatsanwaltschaft nur aus denjenigen Gründen erfolgen werde, aus denen die Deputation allein sie zulassen will? Ich glaube, es wird die Unmöglichkeit einer solchen Annahme auszusprechen sein.

Nun fragt es sich weiter: Wird denn, wenn man offen ausspricht, daß der Staatsanwalt auch die Verfolgung eines Vergehens unterlassen kann, weil das öffentliche Interesse dieselbe in keiner Weise fordert, wirklich ein Rechtsinteresse dauernd oder vielmehr wirksam verletzt? Ich möchte doch sagen: Nein! Denn mein Antrag ist nur gestellt in Verbindung mit der Privatanklage und natürlich nur möglich, wenn dem Privatkläger das volle Recht eingeräumt wird, da, wo der Staatsanwalt aus irgend welchem Grunde nicht eingeschritten ist, nun seinerseits einzuschreiten. Das Recht, das Sie auf diese Weise dem Staatsanwalt zutheilen, kann gemißbraucht werden, und der schwerste Mißbrauch würde der sein, wenn es gebraucht würde, um politische Zwecke auf diesem Wege durchzuführen. Ich weiß nicht, m. H., ob Sie sich getrauen, irgend ein gesetzliches Mittel aufzufinden, um einen solchen politischen Mißbrauch, eine solche Einmischung politischer Maximen in die Strafrechtspflege unter allen Umständen von Regierung und Beamten abzuweisen. Ich glaube, Sie können das nicht. Und wenn wir es nicht können, so dürfen wir uns auch nicht weiter darüber äußern. Wir müssen die Abhülfe nicht suchen, wo sie nicht gesucht werden kann, sondern wir müssen die Rechte des Privaten dahin festzustellen suchen, daß er den Richter angehen kann; der Richter kann den Schutz gewähren nnd den wollen wir ja haben.

Die Fälle nun, m. H., die ich mir als solche denke, wo die Befugniß der Staatsanwaltschaft, Verfolgungen abzulehnen, auch außer den hier genannten, eintritt, würden außer den von dem Herrn Ober-Staatsanwalt v. Tippelskirch bereits berührten namentlich diejenigen sein, in denen der Staatsanwalt die aufzuwendenden Mittel, um eine Untersuchung herzustellen, in keinem Verhältnisse mit dem möglichen

Resultate derselben fände. Ich denke im Grunde an nicht viel mehr, als was in Preußen bereits besteht. Da besteht bereits eine discretionäre Befugniß der Staatsanwaltschaft. Sie ist anwendbar auf gewisse Fälle, in denen der Staatsanwalt nach dem öffentlichen Interesse zu erklären hat, ob er eine Verfolgung eintreten lassen wolle oder nicht. Es ist dies der Fall bei Körperverletzungen, bei Injurien, bei Verbrechen von Ausländern. In allen diesen Fällen ist es dem Staatsanwalt freigestellt, zu erwägen, ob eine Verfolgung im speciellen Falle eintreten solle oder nicht. Für diese Erwägung ist ihm schlechterdings kein Maßstab vorgeschrieben; aus welchem Grunde er einschreiten soll, oder nicht, ist nicht gesagt.

Ich habe mich indeß durch die stattgefundene Diskussion überzeugt, daß diese Frage nicht zum Austrag gebracht werden kann, und ziehe meinen Antrag zu Gunsten des Antrags des Herrn v. Tippelskirch zurück.

General=Staatsanwalt Dr. **Schwarze**: Es ist ein Antrag auf Schluß der Debatte gestellt worden, und zwar ganz im Allgemeinen; er bezieht sich daher, da die §§. 2 und 3 zusammen zur Diskussion gezogen worden waren, auf beide Paragraphen. Wir können eben in der Diskussion die Paragraphen nicht zusammenziehen und beim Schluß der Debatte auseinanderziehen. Ich würde den Präsidenten bitten, die Versammlung zu fragen, ob der Antrag auf Schluß der Debatte unterstützt wird.

Vicepräsident von Kronmüller: Wer gegen den Schluß der Debatte ist, möge sich erheben!

Der Schluß der Debatte ist genehmigt.

General=Staatsanwalt Dr. **Schwarze**: Ich nehme an, daß der Schluß der Debatte über die §§. 2 und 3 genehmigt ist.

Professor Dr. **Glaser**: Ich bitte um das Wort zu einer persönlichen Bemerkung.

Bei dem Gedränge, in welches die Verfechter des v. Tippelskirch=schen Antrags heute kommen — Diejenigen, welche das sogenannte Opportunitätsprinzip vertreten — halte ich es für meine Pflicht, meine persönliche Stellung zu dem betreffenden Passus mit einigen Worten zu erläutern.

Ich meine, es gehöre bei der heutigen Disposition der Versammlung Muth dazu, zur unterliegenden Ansicht sich zu bekennen. Ich erlaube mir also das Faktum zu erzählen, daß der Beschluß der Deputation, sowie er dasteht, in diesem Punkte in der That nur darum einstimmig zu Stande gekommen ist, weil er mir die eben erörterte Frage offen zu lassen und sie nicht zu entscheiden schien. Wäre in dem §. 2, wie er vorgeschlagen wurde, irgend ein Wort enthalten gewesen, welches das Opportunitätsprinzip so entschieden, wie es in der heutigen Versammlung gemeint zu sein scheint, ausschließt, so würde ich dagegen gestimmt haben; und ich erkläre auch nach allem, was ich heute gehört habe, daß ich bei meiner Meinung bleibe. (Rufe: Schluß! Die Debatte ist geschlossen!)

Ich habe das Wort zu einer persönlichen Bemerkung! (Ruf: Das ist keine!)

Es ist eine persönliche Bemerkung, wenn ich, ein Mitglied der Deputation, eine Mittheilung darüber mache, wieso der Beschluß der Deputation als ein einstimmiger erklärt worden ist. Und ich bestehe bestimmt auf dem Rechte, dieselbe zu machen. (Rufe: Nein! Nein!) Man kann nicht mehr sprechen. Wenn man jeden Augenblick auf solche Weise unterbrochen wird, dann hört Alles auf. Ich protestire gegen die Autorität eines jeden Beschlusses, der unter ähnlicher Terrorisirung zu Stande kommt — einer Terrorisirung, wie ich sie in einer Deutschen Juristenversammlung nicht erwartet hätte. (Bravo!) Bei dem nächsten Vorfalle dieser Art verlasse ich wenigstens den Saal. (Vielfaches Bravo! Große Aufregung.)

General-Staatsanwalt Dr. **Schwarze**: Was die §§. 2 und 3 anlangt, so handelt es sich, wie bereits wiederholt hervorgehoben ist, um den Streit des Opportunitäts- und des Legalitätsprinzips. Es ist von Seiten des Herrn Professor Dr. Glaser geltend gemacht worden, daß die Frage hierüber in der Deputation offen gelassen worden sei, daß er gegen §. 2 gestimmt haben würde, wenn man denselben hätte in anderer Weise auffassen wollen. Ich habe ebenfalls eine persönliche Bemerkung zu machen, die, daß eine derartige Erklärung des Herrn Professor Dr.

Glaser in der Deputation nicht abgegeben worden ist; sie würde dort ganz am Orte gewesen sein.

Was die Sache selbst anlangt, so erlauben Sie mir zu bemerken, daß die Frage, ob das Opportunitäts- oder das Legalitätsprinzip bei dem Verfahren der Staatsanwaltschaft zu Grunde zu legen, doch eigentlich für die Privatanklage nicht so wichtig sein kann, als es hier mehrseitig ausgegeben worden ist. Ich begreife namentlich nicht, wie man behaupten kann, daß, wenn §. 2 in dem von mir vertheidigten Sinne angenommen wird, dadurch eine Beeinträchtigung der Privatanklage herbeigeführt werden könne. Denn, m. H., es ist gefragt worden: welcher Fall bleibt denn eigentlich noch übrig, wenn der Staatsanwalt deshalb nur ablehnen dürfte, weil die Handlung nicht unter das Strafgesetz zu stellen oder die Anzeige nicht mit genügenden Beweisen unterstützt sei. Es verstünde sich ja — sagt man — von selbst, daß auch der Privatankläger nur solche Denunciationen anbringen könne, auf welche diese Voraussetzungen Anwendung leiden. Absolut genommen ist das sehr richtig, aber nicht in concreto. Wenn der Staatsanwalt heute sagt: Ich lehne die Anzeige ab, weil sie nicht unter das Gesetz fällt, weil sie nicht mit genügenden Beweisen unterstützt wird, dann, sage ich, hat der Beschädigte immer noch das Recht, zum Richter zu gehen und zu sagen: Ich provocire jetzt auf eine Entscheidung! Du, Richter, entscheide darüber, ob ich als Privatankläger zugelassen werden kann! Also diese beiden Sätze stoßen sich durchaus nicht. Da, wo der Staatsanwalt abgelehnt hatte, tritt nun auf Anrufen des Verletzten die richterliche Cognition wieder ein; eine andere Behörde entscheidet, die möglicherweise die Sache anders ansieht, als der Staatsanwalt. Dagegen ist andererseits der Privatankläger viel gesicherter, wenn der Staatsanwalt nicht berechtigt ist, aus einem andern Grunde abzulehnen, als aus den beiden hier angegebenen, was vorhin schon sehr richtig bemerkt worden ist; denn hiermit ist die Ablehnung eine sehr beschränkte. Der Privatankläger aber wird, wenn Sie ihm auch noch soviel Hülfsmittel gewähren, bei der Verfolgung der Anklage nie in der vortheilhaften Lage sich befinden, in welcher der Staatsanwalt sich befindet.

Was aber die Anträge der Herren Keller, Leske, Schaffrath

und Corty betrifft, so kann ich versichern, daß wenigstens der Sinn des §. 3 in seinem Eingange durchaus kein anderer gewesen ist, als der, welcher diesen verschiedenen Amendements zu Grunde liegt; und ich würde mir daher erlauben, ohne Weiteres damit mich einverstanden zu erklären, daß statt der Worte „kann im Falle solcher Ablehnung" gesagt werde: „kann im Falle jeder Ablehnung".

Ich würde den Herrn Präsidenten bitten, daß er nunmehr den Schaffrath'schen Antrag gleich als Deputationsantrag mit zur Abstimmung bringe und daß §. 3 nach der Ansicht der Deputation folgendermaßen Ihrer Entschließung unterstellt werde:

„Der durch die strafbare Handlung Beschädigte kann im Falle jeder Ablehnung von Seiten der Staatsanwaltschaft die Anzeige an das Gericht bringen" 2c.

Noch bemerke ich: Der Herr Staatsanwalt Koch hat seinen Antrag zurückgezogen, weil er sich mit der Ansicht des Herrn v. Tippelskirch vereinigt hat. Der Antrag des Herrn v. Tippelskirch ist auf Ablehnung von §. 2 gerichtet. Es versteht sich von selbst, daß, wer sich für den Antrag des Herrn v. Tippelskirch erklärt, einfach §. 2 ablehnt. Der Antrag bedarf daher keiner besonderen Abstimmung; er erledigt sich durch die Abstimmung über §. 2 mit Ja und Nein von selbst.

Vicepräsident von Kronmüller: Soll §. 2 angenommen werden? Er lautet so:

„Die Staatsanwaltschaft kann die strafgerichtliche Verfolgung ablehnen, weil entweder die Handlung nicht unter das Strafgesetz zu stellen, oder die Anzeige nicht mit genügenden Beweisen unterstützt ist."

Wer für die Annahme dieses Paragraphen ist, möge sich erheben! Es ist die Mehrheit.

General-Staatsanwalt Dr. **Schwarze:** Dadurch hat sich der Antrag des Herrn v. Tippelskirch zu §. 3 erledigt, welcher die Voraussetzung hatte, daß §. 2 abgeworfen wird. Es würde nun §. 3 in der Schaffrath'schen von der Deputation acceptirten Fassung zur Abstimmung kommen:

„Der durch die strafbare Handlung Beschädigte kann im Falle jeder Ablehnung Seitens der Staatsanwaltschaft die Anzeige an das Gericht bringen und dessen Entscheidung veranlassen, ob der Fall zur strafgerichtlichen Verfolgung sich eigne oder nicht. Das Gericht kann zur Vorbereitung seiner Entscheidung auf Antrag wie von Amtswegen vorläufige Erörterungen veranstalten."

Vicepräsident von Kronmüller: Soll dieser §. 3 angenommen werden?

Wer dafür ist, den bitte ich, sich zu erheben.

Derselbe ist angenommen!

(Es tritt eine kurze Pause ein.)

(Nach Wiedereröffnung der Sitzung nimmt General-Staatsanwalt Dr. Schwarze den Präsidentensitz ein.)

Präsident: M. H.! Auf ausdrücklichen Wunsch des Herrn Vicepräsidenten übernehme ich wieder das Präsidium und ich hoffe nicht sowohl auf dieselbe Nachsicht, die Sie mir schon zeither und schon in Berlin bewiesen haben, nein, auf eine viel größere.

M. H.! Ich kann Ihnen versichern, daß ich seit 14 Tagen nicht weiß, was Schlaf, was eine ruhige Minute ist. Ich befinde mich daher in einiger Erschöpfung meiner Kräfte. M. H., aber auch den Rest meiner Kraft stelle ich, als ein Soldat auf seinem Posten, zur Disposition. Verfahren Sie mit mir mit Milde. Den guten Willen bringe ich mit. Was mir an Kraft fehlt, ersetzen Sie durch Nachsicht und — was ich bitte — durch Ruhe und — nehmen Sie mir's nicht übel — durch Mäßigung im Umfange und Ausdruck Ihrer Reden. (Beifall.)

Wir wollen nicht vergessen, wenn auch einmal der Eine oder der Andere ein hartes Wort sagte: Worte sind Pfeile, sie verfliegen und kommen nicht wieder; und da wir Alle von einem Gedanken getragen werden, von dem einen Wunsche beseelt werden, etwas Gutes und Tüchtiges zum Besten der Wissenschaft, der Gesetzgebung und der Praxis zu schaffen, so dürfen wir uns diese kleinen irdischen Stiche nicht so schmerzen lassen. Ich selbst werde andrerseits, was an mir ist, für Aufrechthaltung einer regelrechten Debatte und Geschäftsbehandlung besorgt sein. So werden Sie mich als Ihren Präsidenten finden. Unterstützen Sie mich auch in dieser Beziehung. (Beifall.)

Ich habe nunmehr, m. H., geglaubt, das mir von Ihnen übertragene Amt des Referenten in keiner besseren Weise auf eine andere Person übertragen zu können, als indem ich meinen sehr verehrten Freund und Gegner, den Herrn Professor Dr. Glaser, auch ein Mitglied der ständigen Deputation, gebeten habe, das Referat zu übernehmen, wozu Sie, m. H., Ihre Zustimmung freundlichst ertheilen wollen. Der Herr Professor Dr. Glaser wird Ihnen noch darüber weitere Mittheilungen machen.

Professor Dr. Glaser: Indem ich mich bereit erkläre, aus den so eminent befähigten Händen meines geehrten Herrn Vorgängers das schwierige Geschäft der Berichterstattung so ganz unvorbereitet zu übernehmen, habe ich alle Ursache, Sie um Ihre Nachsicht zu bitten. Doch, indem ich für die Zukunft Ihre Nachsicht anrufe, habe ich schon für bereits erfahrene Nachsicht zu danken. Ich habe in der That allen Grund, für die Nachsicht zu danken, mit welcher die Versammlung es aufgenommen hat, wenn ich bei einer früheren Gelegenheit im Eifer für die Sache etwas über diejenige Grenze hinausgegangen bin, die ich mir selbst bei kühlerem Blute gesteckt haben würde. (Beifall.)

Präsident: Da wir nun so recht freundschaftlich wieder beisammen sind, so möchte ich Ihnen zuvörderst noch eine Sache vortragen.

Die höchstgeehrten Herrn werden sich aus der gestrigen Plenarversammlung erinnern, daß in Bezug auf die Zusammensetzung der ständigen Deputation bestimmt worden ist, daß in jeder Abtheilung zehn Vertrauensmänner gewählt werden sollen, welche dann später mit dem Präsidenten und dessen Stellvertretern die Vorschläge für die Zusammensetzung der ständigen Deputation festzustellen haben. Es werden daher auch in dieser Abtheilung zehn Vertrauensmänner zu wählen sein; und ich habe zunächst der geehrten Versammlung anheim zu geben, wie die Wahl erfolgen soll. Wenn die Herren belieben sollten, daß durch Stimmzettel abgestimmt werde, so würde ich mir erlauben, Ihnen vorzuschlagen, dies auf die einfachste Weise in folgender Gestalt zu bewirken: Ich werde durch den Diener die Stimmzettel vertheilen, aber eine solenne Einsammlung nicht vornehmen lassen, sondern dafür sorgen, daß ein Gefäß aufgestellt werde, in welches die Herren die Stimmzettel einlegen. Am Schlusse der Sitzung müßte auch die Abstimmung geschlossen sein und dürften morgen keine Stimmzettel mehr nachgebracht werden.

Kreisgerichts-Direktor **von Kunowsky**: Ich wollte mir eine Anfrage über die Bedeutung der betreffenden Abstimmung erlauben. Es ist nicht gesagt worden, ob diese Abtheilung die zehn Vertrauensmänner nur aus ihrem Kreise wählen soll, oder überhaupt aus dem Kreise des Juristentags. Ich nehme das erstere an. Es wäre wohl gut, dies ausdrücklich auszusprechen. Dann muß natürlicherweise proklamirt werden, welche Mitglieder zu unserer Abtheilung gehören: es muß also die Liste zur Kenntniß der Abtheilung gebracht werden.

Advokat **Hensel** aus Zittau: Ich erlaube mir den Wunsch auszusprechen, daß die Abstimmung erst morgen stattfinde. Es wird wohl einer großen Anzahl von Mitgliedern wie mir gehen, daß sie nämlich das erste Mal an dem Juristentage Theil nehmen, daher sehr wenig mit den Persönlichkeiten bekannt sind und heute im Laufe der weitern Verhandlungen Gelegenheit haben, die hervorragenderen Mitglieder auch in der Debatte kennen zu lernen. Jedenfalls würde es bei einer so wichtigen Angelegenheit wünschenswerth sein, den Mitgliedern einige Zeit zu lassen, um eine angemessene Wahl treffen zu können.

Hofgerichtsprokurator **Keller**: Ich erlaube mir den Antrag zu stellen, daß nach dem von dem Herrn Präsidenten gemachten Vorschlage die Stimmzettel heute schon abgegeben werden. Wir kennen uns unter einander, und wen wir heut noch nicht kennen, den werden wir morgen auch noch nicht kennen.

Präsident: Es ist die Frage, ob Sie meinem Vorschlage Statt geben wollen, daß heute schon die Stimmzettel ausgegeben werden.

Die Vertrauensmänner sind übrigens nur aus der betreffenden Abtheilung zu wählen.

Hofgerichtsprokurator **Keller**: Wir wollen dem Präsidium das Geschäft der Wahl vertrauensvoll übertragen durch Akklamation. Ich bitte diesen Antrag zur Abstimmung zu bringen.

Präsident: Sie haben den Antrag gehört. Er ist sehr ehrenvoll für uns. Jedoch erlaube ich mir, denselben etwas zu modifiziren. Es ist im Falle der Annahme des Antrags nothwendig, daß die Mitglieder des Bureaus zur Besprechung zusammentreten und morgen Ihnen die Vertrauensmänner vorschlagen dürfen. (Zustimmung.)

Nehmen Sie den Keller'schen Antrag an? (Ja!)

Wir gehen nun zu §. 4 über und ich ersuche den Herrn Referenten, daß er denselben zugleich mit den dazu gestellten inmittelst eingegangenen Verbesserungsanträgen vortragen wolle.

Professor Dr. **Glaser:** Ich glaube, m. H., damit anfangen zu sollen, daß ich §. 4 selbst nochmals lese, und ich werde dann die Ehre haben, die an uns gelangten Verbesserungsanträge hinzuzufügen. §. 4 lautet:

„Fällt die Entscheidung zu Gunsten des Antragstellers aus, so konstituirt sich — nach der Meinung eines Theils der Deputation — derselbe als Privatankläger und betreibt die Anklage bei den Gerichten ohne Mitwirkung der Staatsanwaltschaft, vorbehaltlich des Rechts derselben, im Laufe der Verhandlung sich der Sache wieder anzunehmen und sie weiter zu betreiben, wenn die Ergebnisse der Verhandlung oder etwaige Zwischenvorfälle eine solche Wiederanziehung der Sache durch die Staatsbehörde rechtfertigen. Dagegen soll — nach der Meinung des andern Theils der Deputation — bei einer gerichtlichen Entscheidung der obigen Art die weitere Betreibung durch die Staatsanwaltschaft selbst erfolgen."

Die eingelangten Verbesserungsanträge sind folgende:

Zunächst der des Herrn Ober-Staatsanwalts v. Tippelskirch. Derselbe schließt sich derjenigen Meinung an, welche die Konstituirung des Verletzten als Privatankläger verlangt, jedoch mit dem Zusatze:

„Wird der Angeklagte freigesprochen, so können dem Privatankläger die Kosten des Verfahrens und wenn die Anklage durch Beschluß zurückgewiesen wird, die Kosten der vorläufigen Ermittelung zur Last gelegt, auch kann ihm zur Sicherstellung dieser Kosten vorweg eine Kaution abgefordert werden."

Weiter folgt ein Antrag des Herrn Justizraths v. Beyer:

„Fällt die Entscheidung zu Gunsten des Antragstellers aus, so hat derselbe die Wahl, ob er die Anklage ohne Mitwirkung der Staatsanwaltschaft selbst bei den Gerichten weiter betreiben oder dies der Staatsanwaltschaft überlassen will."

Ferner der des Herrn Justizraths Fischer:

„In den §. 4 nach den Worten: „„und betreibt die Anklage bei den Gerichten"" unter Wegfall des Satzes: „„ohne Mitwirkung der Staatsanwaltschaft ꝛc."" bis zu den Worten: „„durch die Staatsbehörde rechtfertigen"" die Worte zu setzen: „„der Staatsanwalt ist in diesem Falle zur Mitwirkung berechtigt, aber nicht verpflichtet"".

Ein weiterer Antrag ist von dem Herrn Hofgerichts-Prokurator Keller aus Dillenburg gestellt worden:

„Unter Weglassung des §. 7 der Vorlage zu sagen: „„§. 4. Fällt die Entscheidung zu Gunsten des Antragstellers aus, so soll die weitere Betreibung der Sache durch die Staatsanwaltschaft selbst erfolgen.""

Es ist vielleicht wünschenswerth, daß §. 7 hierbei mitgelesen werde. Derselbe lautet:

„Dem Beschädigten sind bei der Strafverfolgung durch die Staatsanwaltschaft die besonderen Rechte einer Partei zur Anstrebung der Verurtheilung in der Strafsache nicht einzuräumen, wogegen ihm die Unterstützung der Staatsanwaltschaft durch Mittheilung von Beweismitteln und Beweisthatsachen an dieselbe nachgelassen bleibt. Ein Theil der Deputation will jedoch, daß dem Beschädigten die Befugniß eingeräumt werde, einen Antrag auf Verurtheilung, insbesondere gegenüber dem Antrage des Staatsanwalts auf Freisprechung, vor dem erkennenden Gerichte zu stellen und zu begründen."

Statt dieses §. 7 will nun der Herr Antragsteller Keller einen §. 4 a. eingeschoben haben, dahin:

„Beantragt die Staatsanwaltschaft, eine bestimmte Person außer gerichtliche Verfolgung zu setzen, so ist der Beschädigte berechtigt, deren Verweisung vor ein Strafgericht zu beantragen. Wird diese Verweisung erkannt, auch die Durchführung der Anklage von keinem anderen, mit dieser Sache bisher nicht befaßt gewesenen Mitgliede der Staatsanwaltschaft verlangt, so ist der Beschädigte befugt, die weitere ausführliche Betreibung der Sache durch einen Rechtsanwalt zu beanspruchen. Im Fall des Unterliegens des Beschädigten hat er die durch das Handeln des Rechtsanwalts entstandenen Kosten selber zu tragen, die anderenfalls der Staat übernimmt."

Präsident: Ich eröffne nun die Discussion über §. 4 und die dazu eingebrachten Anträge.

Ich gebe zunächst dem Herrn Referenten das Wort und ersuche ihn, der Versammlung die Verbesserungsanträge namentlich von dem Standpunkte aus vorzutragen, daß sie dieselben in ihrem Verhältnisse zu der Tendenz des §. 4 in's Auge fassen könne. Es sind ganz verschiedene Gegensätze, von welchen diese Anträge ausgehen.

Professor Dr. **Glaser:** Das gegenseitige Verhältniß dieser verschiedenen Amendements ist um so schwerer unter einen einheitlichen Gesichtspunkt zu bringen, in Folge der Verschiedenheit der Ansichten, von welcher §. 4 Zeugniß giebt, weil nämlich sich innerhalb der Deputation selbst über den Weg, der nun weiter zu verfolgen wäre, wenn einmal dem Verlangen des Privaten auf Einleitung des Strafprozesses gegen den Willen des Staatsanwalts Rechnung getragen wurde, eine sehr erhebliche Meinungsverschiedenheit sich ergeben hat. Es waren hier zunächst zwei Wege offen. Der eine ist: man schränkt die Ausnahme von dem regelmäßigen Verfahren, vermöge dessen lediglich auf Verlangen und Betreiben des Staatsanwalts der Prozeß geführt werden soll, möglichst ein: die Anomalie soll, einmal zugelassen, so bald wieder geschlossen werden, als es nur irgend möglich ist. Sowie der Antrag des Staatsanwalts auf Einleitung des Verfahrens gewissermaßen supplirt ist durch einen, den Antrag des Privatanklägers genehmigenden, richterlichen Beschluß: von diesem Augenblicke an — meint der eine Theil der Deputation — tritt die Sache in das normale Verfahren wieder zurück. Der Staatsanwalt hat die Sache gleich jeder anderen weiter zu betreiben. Diese Einrichtung hat jedenfalls den großen Vortheil, daß sie die Institution der Privatanklage auf eine sehr einfache Weise in das bisherige System einfügt.

Auf der entgegengesetzten Seite wurde nun aber geltend gemacht: der Weg habe einen doppelten Nachtheil, einen Nachtheil für die Staatsanwaltschaft und einen Nachtheil für den Beschädigten, für den Privatankläger. Der Letztere habe wenig erreicht, wenn er endlich einen Beschluß des Gerichts erwirkt hat, vermöge dessen der Kriminalprozeß, den der Staatsanwalt nicht einleiten wollte, nun doch geführt werden soll. Nun falle die Sache in die Hände des Staatsanwalts zurück, sie sei auf seine Betreibung gewiesen und es sei kaum zu erwarten, daß der Staatsanwalt diese wider seinen Willen eingeleitete Sache mit dem nöthigen Eifer verfolge. Wenn dem Privatankläger nicht die Möglichkeit geboten wäre, auf den weiteren Verlauf der Sache energisch einzuwirken, so sei sein Recht illusorisch gemacht. Das wurde von der einen Seite, vom Standpunkte des Privatanklägers aus, möchte ich sagen, bemerkt.

Von dem entgegengesetzten Standpunkte aus wurde hervorgehoben, daß der Staatsanwalt in eine durchaus unwürdige Stellung gerathe; er müsse einen Prozeß führen gegen seine Ueberzeugung, und nicht blos gegen seine Ueberzeugung, sondern auch gegen seine *ausgesprochene* Ueberzeugung; er müsse einen Menschen verfolgen, von welchem er bereits erklärt hat, daß er keinen Grund zur gerichtlichen Verfolgung desselben finde.

Unter solchen Umständen bringt man den Staatsanwalt jedenfalls in eine schiefe Stellung. Verfolgt er, scheinbar wenigstens, mit Eifer die Sache, so setzt er sich dem Vorwurf aus, er handle seiner Ueberzeugung entgegen. Bleibt er dem Resultate nach bei seiner früheren Ansicht, so wird man sagen: natürlich, es war nichts Anderes zu erwarten! Wie immer die Dinge sich wenden, so meinten die Gegner dieses Vorschlages, komme man in eine schiefe Lage.

Darauf wird nun von der anderen Seite entgegnet: Die Privatanklage müsse zu einer außerordentlich gefährlichen Störung des ganzen gegenwärtigen Strafrechtssystems werden, wenn die bei unaufgeklärter

Sachlage abgegebene Erklärung des Staatsanwalts, er finde sich nicht bestimmt, eine Sache zu verfolgen, ihn ein für allemal binden, und gewissermaßen dem öffentlichen Rechte der Verfolgung eine Ende machen sollte, wenn die Verfolgung lediglich in der Hand des Privaten liegen, also auch bei neuer Gestaltung der Sache nicht mehr die Möglichkeit vorhanden sein sollte, daß der Staatsanwalt, was er als Pflicht erkennt, auch ausübt, nämlich, daß er die Verbrecher verfolgt.

Noch ein anderer Gesichtspunkt, der in der Deputation hervorgehoben wurde, war der: Es ist eine der größten Gefahren, die man im Gefolge der Privatanklage zu sehen meint, daß die Privatanklage zu Erpressungen könne benutzt werden. Nun äußert sich der Unterschied zwischen der Privatanklage und der jetzigen Denunciation, die ein sehr wirksames Mittel der Erpressung ist, wohl wesentlich darin, daß die Denunciation, einmal aus der Hand gegeben, nicht mehr dem Denuncianten gehört. Dem Privatankläger dagegen würde sie gehören. Die Privatanklage würde also ein viel wirksameres Mittel der Erpressung sein, wenn es von dem Privaten abhinge, unbedingt von der Verfolgung zurückzutreten. Unter solchen Umständen aber schien es wünschenswerth, daß der Staatsanwaltschaft ein Gegenmittel gegeben werde, das Recht, im gegebenen Momente wieder einzugreifen.

Darf ich mir erlauben die Fragen, die sich darbieten, ein wenig zu sondern, so bitte ich Sie, sich auf den Standpunkt des Privatanklägers und dann auf den des Staatsanwalts zu stellen. Was den Privatankläger betrifft, so muß er, einmal zugelassen, fordern, daß ihm die Möglichkeit gegeben werde, seine Interessen mit Energie und mit Erfolg im Prozesse zu wahren. Für ihn wird also die ganze Frage des §. 4 eigentlich in ihrer praktischen Bedeutung bedingt durch dasjenige, was in §. 7 ausgesprochen wird. In dem Maße, als der Beschädigte auch in den gewöhnlichen Prozessen neben dem Staatsanwalt eine größere Stellung und Wirksamkeit erlangt, in dem Maße wird die prinzipielle Bedeutung des §. 4 gemindert. In dem Maße dagegen, als die Stellung des Beschädigten neben dem Staatsanwalte eine geringere wird — da, wo der Beschädigte sich dem Staatsanwalte anzuschließen genöthigt ist — in diesem Maße wird es natürlich doppelt wichtig, ihm mindestens in den Fällen, wo der Staatsanwalt nicht verfolgen wollte, eine hervorragende Stellung einzuräumen. Ich darf wohl als nächstliegend in dieser Beziehung die Französische Einrichtung hervorheben, die §. 7 berührt, ohne sie vollständig zu adoptiren. Denken wir den Fall, wo der Staatsanwalt verfolgt; wie steht der Beschädigte dazu? Der Französische Kriminalprozeß gestattet dem Beschädigten den unbedingten Anschluß, er wird Prozeßpartei neben dem Staatsanwalt. Er hat alle Gelegenheit seine Interessen in diesem Prozesse zu wahren. Bei dieser Sachlage ist das Verhältniß des Staatsanwalts relativ ein gleichgültiges. Wenn der Beschädigte jederzeit neben dem Staatsanwalte zum Worte gelassen wird, nicht blos soweit es auf die pecuniäre Entschädigung ankommt, sondern in Bezug auf die Prämisse, in Bezug auf die Frage der Schuld oder Nichtschuld, so genügt ihm das auch in jenen Fällen, die wir hier als die exceptionellen vor Augen haben. In diesen Fällen sinkt dann die Mitwirkung des Staatsanwaltes lediglich zu einer Form herab. Dagegen, wenn der Beschädigte in den normalen Fällen, in welchen der Staatsanwalt selbst den Prozeß einleitet, und jener sich blos anschließt, keine Stellung hat, die ihm die Wahrnehmung seiner Rechte sichert, wird man verlangen müssen — wenigstens scheint es — daß in den exceptionellen Fällen, wo man von vorn herein weiß, der Staatsanwalt sei gegen die Einleitung des Prozesses, dem Privatankläger eine wirksamere, eine genügendere Stellung eingeräumt werde.

Auf der andern Seite, glaube ich, ist es eine unbedingt richtige Forderung, daß dem Staatsanwalte auch auf solche Fälle, wo nur exceptionell das Verlangen des Privatanklägers die Einleitung des Prozesses erwirkt hat, ein gewisser Einfluß eingeräumt werde. Die Frage kann nur dahin gehen: wie weit? Darauf beziehen sich eigentlich die vorliegenden Amendements. Die schärfste Formulirung und auch die, die sich am klarsten darstellt, scheint mir diejenige zu sein, die von dem Herrn Justizrath Fischer in Antrag gestellt ist. Es heißt hier: „Der Staatsanwalt ist im Falle eines gerichtlichen Einleitungsbeschlusses zur Mitwirkung berechtigt, aber nicht verpflichtet." Sie stellt also das Prinzip in einer durchaus einfachen und deutlichen Weise hervor und sagt, wie mir scheint, der Sache nach dasselbe, wie der Deputationsantrag. Der Unterschied zwischen dem Deputationsantrage und diesem Beisatze scheint mir nur darin zu liegen, daß der Deputationsantrag sich gewißermaßen ängstlicher zu diesem Falle verhält, daß er sich bemüht, zu präcisiren, wann denn der Staatsanwalt in solcher Weise eingreifen könne, und hier die Voraussetzung macht, „daß die Ergebnisse der Verhandlung oder etwaige Zwischenvorfälle eine solche Wiederanziehung der Sache durch die Staatsbehörde rechtfertigen."

Mir scheint, daß in der Sache zwischen beiden Fassungen kein Unterschied besteht; und wenn ich, wie ich wohl nicht anders kann, meine individuelle Meinung aussprechen soll, so glaube ich, daß der Fischer'sche Antrag sogar den Vorzug verdienen würde vor der Fassung, die die Deputation vorgeschlagen hat.

Zu erwähnen ist nun weiter ein Antrag von Herrn Justizrath Beyer, der die Sache präcisirt, indem er sagt: „Fällt die Entscheidung zu Gunsten des Antragstellers aus, so hat derselbe die Wahl, ob er die Anklage ohne Mitwirkung der Staatsanwaltschaft selbst bei den Gerichten weiter betreiben, oder dies der Staatsanwaltschaft überlassen will." Dieser Antrag stellt sich lediglich auf den Standpunkt des Privatanklägers, er betrachtet von vornherein die Sache als in dessen Händen liegend. Findet es der Privatankläger angemessen, dem Staatsanwalt die Verfolgung zu überlassen, so zieht er sich zurück, und läßt den Staatsanwalt allein weiter gehen. Dieser Antrag vermeidet die Uebelstände, welche man davon besorgt, daß der Staatsanwalt und der Privatmann zusammen wirken; er legt alles in die Hände des Privaten und nimmt so der Staatsanwaltschaft die Möglichkeit, auch gegen den Willen des Privaten an der Sache sich zu betheiligen. Er steht im direkten Gegensatze mit dem früher erwähnten Amendement.

In noch schrofferem Gegensatze steht der Antrag des Herrn Hofgerichts-Prokurator Keller, soweit er den §. 4 betrifft, insofern nämlich, als er geradezu auch in solchen Fällen, in welchen blos eine Privatanklage die Untersuchung veranlaßt, das weitere Einschreiten dem Staatsanwalte zuweist und sich somit der zweiten in der Deputation geäußerten Ansicht anschließt. Nur hat der Antragsteller die Bedenken und Uebelstände, die hieraus für den Beschädigten entspringen könnten, vorausgesehen, und hat versucht, dadurch abzuhelfen, daß er §. 7 in der Ihnen vorgelesenen Weise zu amendiren sucht. Ich weiß nicht, ob es mir gelungen sein wird, wenigstens einigermaßen das gegenseitige Verhältniß, in welchem diese Anträge stehen, klar zu machen. (Lebhafter Beifall.)

Präsident: Einige Worte zur Geschäftsordnung. Es ist Seitens des Herrn Rechtsanwalts Sabarth der Antrag gestellt worden, die Diskussion über den §. 7 mit §. 4 zu verbinden. Ich trage kein Bedenken, dem Antrage zu entsprechen, trotzdem, daß ich scheinbar dadurch in Widerspruch trete mit der formellen Behandlung des Antrags des Herrn Ober-Staatsanwalts von Tippelskirch unter IV., welcher sich auf die §§. 5, 6 und 7 erstreckt. Ich habe mich überzeugt, daß §. 6 und der Antrag des Herrn von Tippelskirch selbständig behandelt werden können, indem ich davon ausgehe, daß §. 7 nur die Frage zum Gegenstande hat, inwieweit dem Beschädigten betreffs der Strafverfolgung gewisse Befugnisse eingeräumt werden sollen, während dagegen §. 6 nur die Frage ventilirt: Welche Befugnisse sind dem Beschädigten in Bezug auf seine Civilansprüche einzuräumen? Ich trage daher, wie gesagt, kein Bedenken hiermit die Diskussion auch über §. 7 zu eröffnen, und ich habe es nun dem Herrn Referenten zu überlassen, ob derselbe etwa über §. 7 irgend etwas zu bemerken hat.

Professor Dr. Glaser: Ich bemerke, daß ich auch meinerseits den Vorgang als durchaus zweckmäßig und sachgemäß ansehen muß. Die erste Frage für uns muß natürlich die sein: Was soll aus dem Beschädigten, dem ein so großes und weittragendes Recht gerade in den bedenklichsten Fällen eingeräumt wird, in dem normalen Prozesse werden, da nämlich der Staatsanwalt gleich Anfangs selbst die Sache in Angriff nimmt? Soll er in diesem Falle gänzlich verschwinden? Soll er, wie dies nach einigen Deutschen Prozeßgesetzen der Fall ist, blos in Bezug auf die privatrechtlichen Ansprüche eine Stellung im Prozesse einnehmen, oder soll er nicht blos die Konsequenzen, sondern auch die Prämissen in der Procedur anzustreben haben? Das ist, glaube ich in der That, sogar die erste Frage, über die man im Reinen sein muß, denn die Privatanklage bildet immer eine Abweichung von dem normalen Vorgang. Wenn in diesem dem Anspruche des Beschädigten Genüge geschehen ist, so wird die Abweichung sich weiter reduciren lassen. Umgekehrt, je weniger bedeutungsvoll die Stellung des Beschädigten im normalen Prozesse ist, desto weiter muß die Stellung werden, die ihm in diesem exceptionellen Falle eingeräumt wird. Ich glaube, daß der Standpunkt, den die Deputation in dieser Sache eingenommen hat, aus der Fassung des §. 7 deutlich genug hervorgehe.

Präsident: Der Herr Advokatanwalt Thesmar aus Cöln hat das Wort.

Advokat=Anwalt **Thesmar:** M. H.! Ich erkläre mich ganz entschieden für die zweite Alternative des §. 4 unter Verwerfung sämmtlicher Verbesserungsvorschläge, und erlaube mir meine Ansicht durch wenige Bemerkungen zu unterstützen.

Ich bin erst vor ganz kurzer Zeit aus der ersten Abtheilung hierhergekommen, weshalb ich zu entschuldigen bitte, wenn ich jetzt erst nachtrage, was ich eigentlich schon früher hätte bemerken sollen.

Als nämlich im Französischen Recht das Institut des öffentlichen Ministeriums oder, wie es hier genannt wird, der Staatsanwaltschaft in's Leben gerufen wurde, ging man von der Idee aus, daß die im einzelnen Staatsbürger beleidigte Staatsgesellschaft eine Sühne finden und dafür eine Behörde geschaffen werden müsse, welche für die beleidigte Staatsgesellschaft den Verbrecher zur Verantwortung zieht. Wenn man diesen Gesichtspunkt festhält, glaube ich, daß viele Bedenken wegfallen werden, die in Bezug auf die Stellung der Staatsanwaltschaft und auf die Privatanklage aufgetaucht sind. Wenn ein Delict begangen worden ist, dann kann bei uns am Rhein der Beschädigte einen doppelten Weg einschlagen. Er kann zur Reparation seines Schadens entweder den Civilrichter anrufen — dann ist er partie principale, dann verfolgt er denjenigen, der ihm den Schaden zugefügt hat, er läßt ihn zum Ersatz des Schadens verurtheilen — oder er geht den Strafrichter an, das Zuchtpolizeigericht, den Assisen=Hof, das Schwurgericht. Dann, m. H., ist er partie adjointe, dann ist die Staatsanwaltschaft partie principale im strafrechtlichen Verfahren nach wie vor.

Dann saisirt er aber den Strafrichter unbedingt und dann ist er nicht an solche vorgängige Beschlüsse gebunden, wie Sie hier verlangt haben, sondern wenn er zur Staatsanwaltschaft geht und diese lehnt seinen Antrag ab, aus welchen Gründen sie wolle, dann reicht er eine Bittschrift an den Präsidenten des Strafgerichts ein. Dieser ladet sofort seinen Gegner mit den Beweiszeugen in die Sitzung, und dort verhandelt er vor dem Strafgericht. In diesem Verfahren wird die Staatsanwaltschaft saisirt, und sie hat die volle Befugniß nach ihrem Befinden entweder einen Strafantrag oder den Antrag auf Freisprechung zu nehmen, wenn sie etwa glaubt, die Klage sei nicht begründet, sei es, weil kein Vergehen vorliege, sei es, weil kein Beweis geführt worden. Allein den Antrag muß sie nehmen.

Diesen doppelten Weg kann der Beschädigte, oder wie wir ihn nennen, der Civilkläger verfolgen. So, m. H., ist das Verfahren bei uns. Sie haben hier eine Aenderung eintreten lassen. Sie haben dadurch namentlich die Verfolgung des verletzten Rechtes sehr erschwert, daß Sie die Verfolgung, wenn die Staatsbehörde oder die Staatsanwaltschaft ablehnt, von einem vorgängigen Dekrete des Gerichts abhängig gemacht haben.

M. H., wenn die Sache von einer Staatsbehörde abgelehnt wird — ich nehme die Frage praktisch — und die Partei recurrirt in irgend einer rechtlichen Form ans Gericht, dann hat man in der Regel die Beweise nicht zur Hand, daß man das Gericht überzeugen kann. Die Staatsanwaltschaft hat also eine Sache abgelehnt, die sie eigentlich hätte verfolgen müssen, und die Fälle sind doch sehr selten, wo dennoch das Gericht gegen die Meinung der Staatsanwaltschaft eine Sache zur Verfolgung geeignet findet. Indessen Sie haben das nun einmal beschlossen und ich muß mich natürlich der vollendeten Thatsache fügen.

Dann aber, m. H., können Sie folgerecht nur den zweiten Absatz des §. 4 als Gesetz zur Annahme empfehlen, denn Sie würden vollständig den Standpunkt verrücken und die Stellung verkennen, die im strafrechtlichen Verfahren die partie civile hat, wenn Sie eine Privatanklage bilden und der partie civile im Kriminalrecht nur das Recht geben wollen, ihren Schadenersatz zu fordern, und nicht für sich ein Ankläger zu werden, weil für den Ankläger die Staatsbehörde bestellt ist. Das ist meines Erachtens eine gänzliche Verrückung der Frage. Man kann am Ende Alles empfehlen, aber das ist eine vollständige Verkennung der rechtlichen Stellung einerseits der Staatsanwaltschaft, andererseits der verletzten Partei.

Hält man das nun fest, m. H., dann erledigt sich auch sehr viel in den mir wenigstens zum Theil unverständlichen Amendements. Der Theil der Deputation, welcher, wenn das Gericht befindet, daß die Klage doch begründet sei, den Verletzten als Privatankläger zulassen will, verkennt meiner Meinung nach die Auffassung, die wir wenigstens am Rhein durchaus und nothwendig über die Stellung der Staatsanwaltschaft im Staate haben und meiner Meinung nach haben müssen. Der Staat kann nicht einen Staatsankläger und eine Million Privatankläger schaffen. Das halte ich für ein juristisches Monstrum. Deswegen glaube ich, daß dieser erste Satz des §. 4 unbedingt verworfen werden muß, weil er eben gegen den Grundsatz der Stellung der Staatsanwaltschaft im Staate verstößt.

Man hat nun gesagt, wenn einmal der Staatsanwalt die Sache abgelehnt hat und das Gericht befindet, daß dennoch der Klage Folge gegeben werden soll, so hält sich jener für beleidigt. Ei, m. H., die Staatsanwälte sind doch nicht unfehlbar! Braucht man sich denn zu schämen, wenn man eine irrige Meinung hatte? Wenn das Gericht befindet, die Sache ist der Art, daß die Verfolgung eintreten soll, wie kann man dann sagen: Der Staatsanwalt hält sich für beleidigt, weil er früher eine andere Meinung hatte. M. H., seine Stellung bringt es ja mit sich, es ist ja seine Pflicht, wenn er sich eines Besseren überzeugt, daß er dann von seiner irrigen Meinung zurücktritt und thut, was seines Amtes ist! Nun, wenn die Gerichte ihr Urtheil reformirt sehen, so ist das auch nicht angenehm. Man sieht aber doch auch, daß in der zweiten Instanz andere Rechtsmeinungen Eingang haben und wenn sie als richtiger befunden werden, werden die unteren auch die Meinung der oberen Gerichte annehmen. Man kann doch darin keine Beleidigung sehen, denn so lange es Menschen giebt, sind Rektifikationen irriger Auffassungen nothwendig.

Unter diesen Umständen, nachdem einmal durch Beschluß feststeht, daß empfohlen werden soll, daß, wenn die Staatsanwaltschaft ablehnt, dann erst per decretum fest zu setzen, ob überhaupt der Sache Folge gegeben werde, ist, glaube ich, das einzig Richtige, daß Sie beschließen und sagen, es solle bei einer gerichtlichen Entscheidung der obigen Art die weitere Betreibung durch die Staatsanwaltschaft selbst erfolgen. Das, m. H., schließt nicht aus, daß auch der Beschädigte und Civilkläger bei diesem Verfahren sein Privatinteresse wahrt.

Ich glaube daher, daß unter Verwerfung sämmtlicher Amendements die erste Alternative des §. 4 verworfen, die zweite dagegen von Ihnen adoptirt werden muß.

Ober-Staatsanwalt von Tippelskirch: Ich, m. H., habe mich mit meinem Amendement in der entgegengesetzten Ansicht auszusprechen und habe daher auf die Bemerkungen des Herrn Vorredners Einiges zu erwiedern.

Bei der Frage, ob und wieweit die Privatanklage zuzulassen sei, hat man überall das Französische Verfahren zum Muster genommen und sich nur die Frage vorgelegt, ob es in seiner Totalität anzunehmen, oder ob einzelne Abweichungen zu billigen seien. Es ist bekannt, daß nicht blos in Preußen, sondern auch in anderen Ländern, wo die neuen Prozeßordnungen Eingang gefunden haben, denen sämmtlich der Code zu Grunde liegt, derselbe nicht en bloc angenommen, sondern daß einzelne Bestimmungen vorbehalten worden sind. Das ist besonders im Preußischen geschehen, und eine der wesentlichsten Aenderungen, die man am Code vorgenommen hat, ist eben die, daß man weder dem Staatsanwalt noch dem Privatankläger das Recht einräumt, ohne Weiteres zum Zuchtpolizeiverfahren zu gelangen, sondern daß der Staatsanwalt zuvor einen Beschluß des Gerichts über die Einleitung der Untersuchung zu veranlassen hat. Wir haben vor allen Dingen eine bessere Gelegenheit geschaffen sich zu vertheidigen, wenn vorher eine klarere Mittheilung dessen geschieht, wessen man den Angeklagten anschuldigt: er kann sich nämlich darauf vorbereiten. Von dieser Ansicht scheint unsere Deputation ausgegangen zu sein, indem sie annimmt: wenn der Denunciant mit seiner Denunciation von dem Staatsanwalt abgewiesen wird, dann könne er die Befugniß haben, sich an das Gericht zu wenden, und das Gericht solle nun beschließen, ob die Anklage zuzulassen sei. Ich nehme an, das ist zunächst eine Aenderung des Französischen Systems und, wie ich glaube, eine Verbesserung desselben. Aber aus dieser Verbesserung folgt nicht der Schluß, den der geehrte Vorredner gemacht hat.

Es ist der Wunsch ausgesprochen worden, daß jede Ablehnung des Staatsanwalts genügend sei — — — (Unruhe.)

Diese Verfolgung erstreckt sich in der Rheinprovinz gerade auf die Frage, ob ein Ersatz zu gewähren sei. Es ist aber auch in Bezug auf dies Verfahren die Frage gar nicht zu umgehen, ob der Angeschuldigte schuldig ist. Daß hierbei der Staatsanwalt noch den Antrag stellt, das ist am Ende Nebensache. Die Frage muß unter allen Umständen vorher erörtert werden. Nun aber fragt es sich nur, ob dem ersten oder zweiten Theile des §. 4 beizutreten sei. Ich glaube, man kann nur dem ersten beitreten. Der Privatankläger kann nur aus dem allerdringendsten Bedürfnisse — — — (Unruhe.) Diesem wird nicht genügt, wenn, nachdem das Gericht beschlossen hat, es soll die Verfolgung eintreten, dem Denuncianten die Möglichkeit, die Sache selbst in die Hand zu nehmen, entzogen, vielmehr der Staatsanwalt dies zu thun verpflichtet ist. Ich habe nichts dagegen, daß im weiteren Verfahren der Staatsanwalt zugezogen, ich bin damit einverstanden, daß dem Staatsanwalt das Recht zugestanden werde, die Sache seinerseits in die Hand zu nehmen; aber ich möchte nur den Privatankläger nicht gänzlich aus dem Sattel gehoben sehen. Ich möchte wünschen, daß er auch das Recht habe, selbstständig vorzuschreiten. Wenn wir nun fragen, ist es möglich, daß bei einem solchen Falle die Verfolgung dem Privatankläger vom Staatsanwalt zugewiesen wird — —

(Wiederholte Schlußrufe, Klingeln des Präsidenten und steigende Unruhe lassen von dem Schluß der Rede am Stenographentisch nur im Allgemeinen verstehen, daß über §. 7, der sich auf die Entschädigung beziehe, später zu sprechen sei.)

Hofgerichts-Prokurator **Keller**: M. H.! Ich stehe mit der Ansicht des Herrn von Tippelskirch in direktem Widerspruch. Ich will die Privatanklage constituirt haben und verlange, wie Herr

Thesmar aus Cöln: alles Andere soll dem Staatsanwalt, als der verfolgenden Partei, überlassen werden. Dabei muß man in's Auge fassen, welche Rechte der Staatsanwalt hat und welche Verbindlichkeiten ihm auferlegt werden. Das gestaltet sich in den verschiedenen Staaten verschieden. Bei uns in Nassau befaßt sich die Staatsanwaltschaft mit der Sache, wenn sie schließlich vor die Assisen kommt. Der Staatsanwalt stellt in solchen Sachen den Antrag auf Untersuchung, und das Untersuchungsgericht hat von Amtswegen Zeugen zu vernehmen ꝛc. Es ist darin unbeschränkt.

Nehmen Sie nun an, daß jede einzelne Untersuchungshandlung einen Antrag des Staatsanwalts voraussetzt, dann sage ich, es hilft nichts, wenn Sie den Staatsanwalt mit der weiteren Verfolgung der Sache beauftragen, bei der er das Messer nicht schleifen will; weil er um so weniger eifrig sein wird, je mehr er überzeugt ist, daß er dem Verfolgten Unrecht thut. Wenn das Gericht aber von Amtswegen vorschreitet und die Sache erforscht, dann kann man sehr wohl der Staatsanwaltschaft die ganze weitere Betreibung der Sache überlassen. Es handelt sich in diesem Falle nur um die Rechte des Beschädigten. Wir werden dann kein Mißtrauen hegen, daß die Staatsanwaltschaft dieses oder jenes, was sie hätte thun müssen, um seine Rechte zum Obsieg zu bringen, nicht gethan hat. Wenn jedoch die Staatsanwaltschaft die ganze Untersuchung in der Hand hat, dann ist es allerdings sehr bedenklich, ihr die weitere Verfolgung der Sache allein in die Hand zu geben. Es ist dann durchaus nothwendig, daß man den Privatankläger in Form eines Rechtsanwaltes — andere Personen lasse ich nicht zu — daneben constituirt; denn sonst werden seine Rechte bei dem besten Bewußtsein des Staatsanwaltes todt gemacht. Ich bin aber der Meinung, daß, wenn ein Untersuchungsgericht mit einer Rechtssache befaßt wird und von Amtswegen Obduktionen vorzunehmen und Verhöre anzuberaumen hat ꝛc., die Staatsanwaltschaft nach jeder Richtung hin Anträge auf Schuld oder Nichtschuld stellen kann und stellen muß. Das sind allerdings wesentliche Voraussetzungen für die verschiedenen Anträge.

Wenn nun das Untersuchungsgericht eine so weite Befugniß hat, wie ich glaube, daß es haben muß, so bin ich der Meinung: man soll dann die ganze weitere Betreibung der Sache der Staatsanwaltschaft überlassen. Denn dann ist erstens die Sache nicht so außerordentlich wichtig und zweitens wird der Privatankläger, sofern er übrigens sein Recht versteht, alles Nöthige thun, um mit allen seinen Rechten zum Obsieg zu kommen. Dann ist die Sache von keinem sehr großen Nachtheil, und der Verletzte kann nicht sagen: Ja, der Staatsanwalt hat Nichts für mich gethan, deshalb ging ich zu Grunde.

Wo aber die Befugnisse der Staatsanwaltschaft so außerordentlich große sind, da ist die Sache eine andere, und da bin ich der Meinung, daß neben der Staatsanwaltschaft der Privatankläger constituirt werden muß, um seine Sache zum endlichen Obsieg zu bringen. Unter diesen Voraussetzungen ist mein Antrag gestellt, den §. 4 so lauten zu lassen, wie es Herr Thesmar vorgeschlagen hat. In den Motiven bin ich freilich anderer Meinung, wie Herr Thesmar.

Noch eine Bemerkung über das, was hier im Antrage unserer geehrten Deputation steht. Sie mögen sich entscheiden, m. H., für die eine oder andere Ansicht, so bin ich der Meinung, daß man das, was hier steht, nicht annehmen soll. Denn die erste Alternative, wie sie hier gefaßt ist, ist das reine Gummielasticum. Der Staatsanwalt kann es halten, wie er will, und wie er es macht, mit dem besten Gewissen auch, er wird immer einen Theil verletzen. Es wird nie eine Ordnung in die Sache kommen. Nehmen Sie an: die Befugnisse des Untersuchungsgerichts sind nicht so bedeutend, so bin ich entschieden für den Antrag des Herrn von Tippelskirch. Ich glaube, daß man, um die Sache zu erörtern und zu entscheiden, nicht blos im Allgemeinen den Satz hinstellen soll: Die Staatsanwaltschaft soll die Sache betreiben, sondern man muß sehen, wo es besonders nützlich und nothwendig ist, die Staatsanwaltschaft oder den Privatankläger zur Betreibung einer Sache zu haben. Deshalb habe ich meinen Antrag zu §. 7 gestellt, ich lese ihn noch einmal vor.

(Die Verlesung erfolgt. Vgl. S. 336 ff.)

Um gleich den Gegensatz zwischen diesem Antrage und der Auffassung des Herrn Thesmar hier offen darzulegen, halte ich daran fest: Wir haben es hier „bei den §§. 4 und 7" blos mit der Strafverfolgung zu thun und lassen alle Civilansprüche ganz bei Seite. Eine größere Verletzung des Privaten kann ich mir nicht denken, als wenn man vor den Richter hingeht und dem Angeschuldigten ohne Weiteres Zeugen gegenüberstellt, während Jedermann, wenn man die Sache untersuchen würde, sagen müßte: das ist die ungerechteste Sache von der Welt. Nun nehme ich an, daß in §. 4 blos folgender Punkt durch meinen Antrag entschieden ist: Es ist z. B. irgend Jemanden ein Bein zerschlagen worden. Der Staatsanwalt sagt, es fehlen die Beweise. Der Verletzte geht nun zum Richter und erwirkt ein Dekret, daß die Untersuchung eingeleitet wird. Das Gericht thut alles Mögliche, der Staatsanwalt thut auch alles Mögliche, und schließlich fragt es sich nur, soll dies nun vor dem Strafgericht bewiesen werden oder nicht. Da ist ein Punkt eingetreten, wo ich glaube, man muß durchaus Jeden ganz vollständig nach seiner persönlichen Rechtsüberzeugung handeln lassen. Ein Staatsanwalt, der nach ruhiger, nüchterner Erwägung der Sache sagt: Ich habe keine Veranlassung zur Erhebung einer Anklage, — der Mann ist mir ebenso ehrenwerth, als ein Rechtsanwalt, der sagt: Der Mann muß vor ein Strafgericht gestellt werden. Da ist ein Punkt, wo es nothwendig ist, die Rechte des Verletzten zu wahren. Bei uns ist das Verfahren so, daß dieser Punkt nicht contradiktorisch behandelt wird, sondern der Staatsanwalt reicht schriftliche Anträge ein und befürwortet sie vor der Kammer mündlich. Ich bin nun der Meinung, wenn der Staatsanwalt auf Nichtverweisung plaidirt und der Rechtsanwalt plaidirt auf Verweisung, so schadet das nichts, weil es Vorbereitungshandlungen sind. Daher will ich zugelassen haben, daß, wenn der Staatsanwalt seinen Antrag gestellt hat, der Verletzte das Recht hat, sämmtliche Aktenstücke durch den Rechtsanwalt einsehen zu lassen und den Antrag auf Verweisung vor das Strafgericht zur Verfolgung zu stellen. Ist die Verweisung vom Gerichte abgelehnt worden, so hört Alles auf und es fragt sich nur, wie es weiter werden kann. Das beschäftigt uns aber nicht hier. Nun nehme ich an, das Gericht verweist den Verfolgten vor das Strafgericht, da tritt die Alternative ein — und das ist das Wichtigste, wie ich glaube: Soll der Staatsanwalt handeln, wenn gegen seinen Antrag verwiesen worden ist, oder soll irgend ein anderes Auskunftsmittel ergriffen werden, wie man diesen offenbaren Schaden des Rechts heilen kann, denn einen offenbaren Schaden des Rechts nenne ich es, wenn die Richter erklärt haben: Hier muß über die Sache gerichtlich befunden werden. Da bin ich nun der Meinung, man soll nicht den Staatsanwalt hinstellen und ihn auf Nichtschuldig plaidiren lassen und den Rechtsanwalt auf Schuldig. Das bringt eine heillose Verwirrung in den Rechtsbegriffen eines Jeden hervor. Cicero schon sagt, es gäbe keine schlimmere Einrichtung, als wenn auf der einen Seite zwei Advokaten handelten. Also da sage ich, daß Niemand hier auftritt, außer wer mit seinem Antrage auf Verweisung durchgedrungen ist. Da lasse ich nun nach meinem Antrag den Rechtsanwalt auftreten, um die Anklage durchzuführen. Es ist das freilich, soviel ich weiß, etwas Neues, aber es wird durch dieses Neue ein krankes Glied unserer Rechtspflege geheilt. Dabei soll der Rechtsanwalt nicht blos das Recht haben, sich als Vorkämpfer der verletzten Partei zu betrachten, sondern er hat dieselben Rechte, dieselben Pflichten, wie ein Staatsanwalt, d. h. überzeugt er sich von der Nichtschuld, so muß er auf Nichtschuldig plaidiren und Niemand kann ihm entgegentreten. Ist er der Meinung, ein Angeklagter ist schuldig, so plaidirt er auf Schuldig und das Gericht befindet darüber. Dabei will ich jedoch, m. H., die Staatsanwaltschaft nicht so ausgeschlossen wissen, als ob sie nun durchaus solche Sachen nicht führen könne; ich will nur das eine Mitglied der Staatsanwaltschaft ausgeschlossen wissen, das mit seinem Antrage auf Nichtverweisung unterlegen ist, so daß jedes andere Mitglied der Staatsanwaltschaft erklären kann: Ich verfechte die Sache bei Gericht. Erklärt sich ein Mitglied der Staatsanwaltschaft nicht in der Weise für die Sache, so soll es dem Verletzten überlassen bleiben, durch einen Rechtsanwalt die Sache betreiben zu lassen.

Was die Kosten anlangt, so will ich nur berühren, was die nothwendige Folge von dem ist, was ich beantrage. Weil hier ein nicht ganz gesundes Glied in der Rechtsverfolgung auf Kosten des Privaten kurirt werden soll, deshalb soll er sie nur dann tragen, wenn er mit seinem Antrage unterliegt. Geht sein Antrag durch, so soll die Kosten der Staat selbst tragen. (Schluß! Schluß!)

Ich bin schon am Schluß!

Ich bitte Sie, meinen Antrag anzunehmen, um dadurch alle Schwierigkeiten zu vermeiden, die damit gegeben sind, daß hier in den §§. 4 und 7 einige abstrakte Sätze hingestellt sind, deren Durchführung man nicht ermessen kann.

Präsident: Es haben sich noch zehn Redner gemeldet; von einem Schlusse der Debatte möchte ich daher nicht sprechen. Die Sache betrifft eine Kardinalfrage. Ich erlaube mir aber die Bitte daran zu knüpfen, daß wir möglichst wenig und dabei doch möglichst viel sprechen. (Lebhafte Zustimmung.)

Appellationsgerichtsrath v. **Krävel** aus Naumburg a./S.: Es wäre vielleicht angemessen, wenn wir §. 7 gleich mit in unsere Berathung zögen. §. 7 enthält meiner Ansicht nach das Hauptprinzip, um das es sich handelt; §. 4 enthält blos die Nebenfrage.

Präsident: Materiell habe ich dagegen Nichts einzuwenden, §. 7 mitzuberathen. Ich sollte meinen, daß, wenn die Herren ins Auge fassen, daß ein vorzugsweise wichtiges Prinzip hier behandelt wird, wir dann auch nicht nöthig haben, §. 7 später wieder vorzunehmen, sondern daß wir die Diskussion über die §§. 4 und 7 sich zugleich verbreiten lassen. Nur erlaube ich mir den Wunsch des Herrn Appellationsgerichtsraths v. Krävel zu dem meinigen zu machen, daß wir das Prinzip des §. 7 bei der Besprechung vorzugsweise ins Auge fassen und den Inhalt des §. 4 als Nebenfrage behandeln.

Ich gebe nunmehr dem Herrn Justizrath Fischer das Wort.

Justizrath **Fischer** aus Breslau: Ich stimme ganz mit dem überein, was der Herr Ober-Staatsanwalt v. Tippelskirch in Bezug auf diese Frage gesagt hat. Ich spreche darüber kein Wort weiter, aber demungeachtet wünsche ich noch eine Aenderung, die auf der einen Seite die Rechte der Staatsanwaltschaft nach meiner Ansicht erweitert, auf der andern Seite aber dem Privatankläger ebenfalls Rechte gewährt. Das letztere will ich zuerst nehmen.

In der ersten Alternative des §.4 heißt es: „vorbehaltlich des Rechts der Staatsanwaltschaft, im Laufe der Verhandlung sich der Sache wieder anzunehmen und sie weiter zu betreiben.“ Hiernach möchte es fast scheinen, als ob die Staatsanwaltschaft die Hauptrolle spielte, -- erlauben Sie mir diesen Ausdruck, — daß sonach der Privatankläger nun ganz die Stellung einnehme, die ihm in §. 5 angewiesen ist. Nach §. 5 darf er aber nur zur Geltendmachung seiner Schädenansprüche überhaupt auftreten. Das war nicht ursprünglich die Ansicht der Deputation. Ich glaube, es war gemeint, daß der Staatsanwalt seinerseits die Sache in die Hand nehmen kann, daß aber der Privatankläger auch für diesen Fall, wenn ihm das Gericht einmal das Recht gegeben hat, für die Sache aufzutreten, nicht blos in Bezug auf die Geltendmachung seiner Schädenansprüche seine Rechte geltend machen kann, sondern ganz in derselben Lage bleibt, die ihm durch die ursprüngliche Verfügung des Gerichts geworden ist. Das ist der erste Punkt.

Der zweite Punkt in Bezug auf die Staatsanwaltschaft ist der, daß es mir fast scheinen möchte, als ob die Staatsanwaltschaft niemals für den Angeklagten auftreten kann. M. H., das ist eine gefährliche Sache! Der Privatkläger tritt auf, versehen mit einem Rechtsanwalt. Ihm gegenüber tritt ein Angeklagter. Die Staatsanwaltschaft ist sicher, daß der Angeklagte unschuldig ist. Warum soll es nicht ihr Recht sein, für diesen Angeklagten aufzutreten? Wird das nicht eher ihr Ansehen noch vermehren? Ich glaube, daß wir ihr dieses Recht zum Besten des Volkes durchaus geben müssen.

Meine Aenderung will nun weiter Nichts, als jenen Satz auslassen und statt desselben sagen: „Die Staatsanwaltschaft ist jedoch in diesem Falle zur Mitwirkung berechtigt, aber nicht verpflichtet," sie hat das Recht, aber nicht die Pflicht aufzutreten. Hierin liegt Beides: Da sieht man, daß der Privatankläger immer im Vordergrunde steht; auf der andern Seite aber ist die Mitwirkung der Staatsanwaltschaft so weit, daß sie auch für einen unschuldig Angeklagten auftreten kann. (Bravo!)

Staatsanwalt **von Gränitz**: M. H.! Ich bin ein prinzipieller Gegner der Privatanklage und habe mich nur schwer entschließen können, zur innern Nothwendigkeit einer subsidiären Privatanklage zu gelangen.

Da wir sie indessen zu adoptiren beschlossen haben, so bin ich mit voller Entschiedenheit der Ansicht, welche der Staatsanwalt v. Tippelskirch ausgesprochen hat. Ich muß also der Ansicht des Herrn Thesmar entgegentreten. Ich bin der Meinung, daß der Privatkläger dem Gerichte gegenüber eine selbständige Stellung haben muß, er muß sein eignes Recht selbständig, fest und klar vertreten können. Das sage ich nicht im Interesse der Staatsanwaltschaft. Es wäre gar kein Unglück für die Staatsanwaltschaft, wenn sie in einem solchen Falle durch gerichtlichen Beschluß verbunden wäre, zu handeln. Ich will zwar den Staatsanwalt frei und unabhängig; verlangt indeß sein Amt, daß er diesem Beschluß gemäß handelt, so wird er dies gewiß mit Gerechtigkeit thun. Aber das ist ganz gewiß, daß die Stellung des Privatanklägers eine falsche wird, sobald der Staatsanwalt gezwungen wird, in diesem Falle, wo es sich wesentlich um ein verletztes Privatrecht handelt, allein zu handeln. Die Gefahr, die etwa da gegeben sein könnte, daß die Stellung des Staatsanwaltes beseitigt wird, ist ausgeschlossen nach dem Gutachten der Deputation dadurch, daß der Staatsanwalt jeden Augenblick berechtigt ist, seine Rechte zu wahren. Ich bitte Sie also, dem Antrage der Deputation beizutreten.

Dann habe ich noch eine ganz kurze Bemerkung in Bezug auf §. 7 beizufügen. In §. 4 haben wir die Privatanklage als etwas von dem Rechte der Civilpartei ganz Unabhängiges constituirt. In §. 7 handelt es sich nun um die sogenannte Adhäsion. Da nun, m. H., müssen wir nicht weiter gehen, als die Nothwendigkeit verlangt, und darum will ich meine Ansicht dahin aussprechen, daß ich es nicht für angemessen halten würde, wenn dem Beschädigten die Befugniß eingeräumt würde, hier einen Antrag auf Verurtheilung zu stellen. Lassen Sie mich darauf aufmerksam machen, daß es nicht wohlgethan ist, in ein Verfahren mit Gewalt eine gewiße Unruhe hineinzubringen. Wir würden, wenn es hier, wo es sich nicht um das hohe staatliche Recht handelt, sondern um das Recht der Entschädigung, nicht recht thun, wenn wir in gewissem Sinne die Privatrache begünstigen wollten. (Widerspruch.)

Wenn das Französische Recht das gestattet, so hat das andere Gründe.

Ich glaube, daß es vor dem Schwurgericht gewiß unzweckmäßig sein würde, wenn neben dem Staatsanwalte noch ein zweiter Privatankläger, der nur von dem Rechte der Entschädigung getrieben wird, Schädenansprüche geltend machte.

Staatsanwalt Dalcke aus Memel: Ich erlaube mir nur einige Worte anzufügen und zwar allerdings, um die Rechte der Staatsanwaltschaft zu wahren. Es ist hervorgehoben worden, daß heute ein gewisser Muth dazu gehöre, diese Rechte wahrzunehmen, und ich weiß, daß ich einer großen kompakten Majorität gegenüber spreche (Widerspruch, Beifall), welche die Privatanklage bereits angenommen hat. Indessen fühle ich mich doch verpflichtet, meine Ueberzeugung offen auszusprechen, und das ist die, daß Nichts unglücklicher wäre, als wenn die letzte Bestimmung des §. 4 angenommen würde: der Grundsatz, daß der Staatsanwalt verpflichtet sein soll, nachdem vom Gericht die Einleitung der Untersuchung beschlossen worden ist, diese zu betreiben. Ich glaube, dadurch legen Sie die Axt an die Wurzel der Staatsanwaltschaft und ihrer Unabhängigkeit, die allein für das allgemeine Wohl von Bedeutung ist. (Bravo!) Wenn der Staatsanwalt die Untersuchung noch fortführen soll, dann machen Sie das Gericht zur Beschwerdeinstanz für die Staatsanwaltschaft und ihre Unabhängigkeit hört auf! — —

(Beifall, Widerspruch, Unruhe; die folgenden Sätze bleiben unverständlich.)

Er legt das Erkenntniß zu den Akten. Die Folge ist, daß der Staatsanwalt an die Remedur gebunden ist. Er soll einen weiteren Antrag stellen und nachher die Anklage erheben, vielleicht gegen seine Ansicht, er soll plaidiren gegen seine Ansicht, und das werden Sie wohl schwerlich einem Menschen zumuthen, daß er Etwas wider sein besseres Bewußtsein thue. Wer für die Privatanklage ist, muß diesen Antrag ablehnen. Denn welcher Vortheil für den Privatankläger daraus entspringen soll, wenn der Staatsanwalt gegen seine bessere Ueberzeugung die Untersuchung fortführt, das überlasse ich Ihrem Ermessen.

Ober-Staatsanwalt Kanngießer aus Greifswald: Ich schließe mich dem Amendement des Herrn Justizraths Fischer unbedingt an. Zunächst will ich Sie noch darauf hinweisen, daß der allerschlechteste Dienst, den Sie mit der Verpflichtung der Staatsanwaltschaft zur Verfolgung der Klage des Privatklägers leisten, dem Privatankläger selbst geleistet sein würde. Nun und nimmermehr wird er persönliches Vertrauen haben. Garantieen wird der Privatkläger unter allen Umständen geben müssen, sei es in Form einer Kaution, sei es, daß er einen Rechtsanwalt bestellen muß. Er wird zur Privatanklage immer nur dann schreiten, wenn er alle Mittel erschöpft hat, den Staatsanwalt zu zwingen, die Untersuchung eintreten zu lassen. Er wird sich beschweren beim Ober-Staatsanwalt, er wird sich an den Justizminister wenden. Nehmen Sie das menschliche Leben, wie es ist! Glauben Sie, daß der abgewiesene Private nicht annehmen wird, der Staatsanwalt sei persönlich dabei interessirt, daß seine Anklage falle?

Ich meine aber auch, daß mit dem Vorschlage und der Auffassung des Herrn Thesmar, damit, daß der Staatsanwalt in der öffentlichen Sitzung gehört wird, ein thatsächlicher, günstiger Erfolg für den Privaten in keiner Weise erzielt wird; denn soweit ich das Rheinische Recht kenne, ist der Staatsanwalt so berechtigt, als verpflichtet, trotzdem daß er durch den Untersuchungsrichter gebunden ist, in der öffentlichen Verhandlung seine Meinung unumwunden auszusprechen. Kommt es dahin, daß der Staatsanwalt in öffentlicher Verhandlung auf Nichtschuldig plaidirt, so entstehen die heillosen Verwirrungen, auf die der Hofgerichts-Prokurator Keller aufmerksam gemacht hat. Sie würden also dahin kommen, daß der Staatsanwalt angewiesen werden müßte, nun à tout prix in der öffentlichen Verhandlung das Schuldig anch dem Interesse des Privatanklägers zu beantragen. Dadurch entwürdigen Sie aber die Staatsanwaltschaft in einer Weise, daß ich annehmen muß zur Ehre der Deutschen Staatsanwälte, daß sich nimmermehr Einer finden werde, der unter dieser Voraussetzung länger sein dornenvolles Amt bekleidete, sondern daß sie es alle mit Freuden an die Staatsregierung zurückgäben. (Lebhafter Beifall.)

Kreisgerichts-Assessor Dr. **Vollert**: Ich theile die Befürchtungen nicht, welche der Herr Ober-Staatsanwalt v. Tippelskirch ausgesprochen hat, und muß mich gegen sein Amendement erklären. Erinnern Sie sich, wir haben in §. 1 den sehr wichtigen Prinzipsatz angenommen, daß jede Untersuchung in der Regel durch den Staatsanwalt veranlaßt wird. Wir haben damit angenommen: Der Staat hat das Recht und die Pflicht der Strafverfolgung. Davon soll eine Ausnahme gemacht werden. Aber, m. H., diese Ausnahme ist auf ihr Minimum zu beschränken. Es genügt vollständig zu dem Schutze des Privatanklägers, wenn wir ihm gestatten, das Gericht noch anzurufen. Hat das Gericht die Anklage dekretirt, dann, scheint mir, tritt die Regel wieder ein: Der Staat hat die Strafverfolgung zu übernehmen.

Ein Recht der Staatsanwaltschaft wird dadurch wahrhaftig nicht verkürzt! Der Staat stellt sie auf als sein Organ, um jedes Verbrechen, welches genügend mit Beweis unterstützt ist, zu verfolgen. So haben wir §. 2 angenommen. Wenn nun im Gegensatz zur Ansicht des Staatsanwaltes vom Gerichte ausgesprochen wird: Allerdings hat der Staatsanwalt Unrecht und allerdings sind so genügende Beweise vorhanden, daß das Strafverfahren eingeleitet werden kann, so hat der Staat nicht mehr blos das Recht, sondern auch die Pflicht, ein Organ zu schaffen, das die Sache weiter verfolgt. Das ist eine Pflicht des Staates, der er sich nun und nimmermehr entziehen kann, und es ist viel zu weitgehend, wenn man diese Pflicht auf einmal den Händen des Staates nehmen und an den Privatmann überweisen will.

Erlauben Sie mir ein kurzes Beispiel: Wir wollen den grellsten Fall, den des Mordes nehmen. Es wird nicht häufig vorkommen, aber es ist möglich: der Staatsanwalt ist der Ansicht, der Mord ist nicht mit genügenden Beweisen unterstützt. Der Privatankläger sagt: „Allerdings! Ich führe den Beweis!" Er wendet sich an den Richter und der Richter dekretirt: „Ei, ja! Die Beweise sind genügend; der Mord ist zu verfolgen!" Ich bin der Meinung, der Staat hat das Recht, er hat die Pflicht, diesen Mord zu verfolgen; er muß dazu ein Organ schaffen. Wir können es nicht in das Belieben des Privatanklägers stellen.

Ich glaube auch, der Staatsanwalt wird dadurch in keiner Weise benachtheiligt. Es ist vorhin von einem ehrenwerthen Mitgliede der Staatsanwaltschaft geltend gemacht worden: Ja, der Richter reformirt, wie es unsere Richter häufig zu thun pflegen. Der Staatsanwalt legt sein

Urtheil ruhig ad acta und braucht Nichts zu thun. M. H., der Beweis trifft nicht: Nehmen Sie einen Untersuchungsrichter, welcher die Sache verfolgt; der Staatsanwalt darf den Beschluß des Gerichts nicht ad acta legen, sondern muß, vielleicht gegen seine Ueberzeugung, alle möglichen gerichtlichen Schritte vornehmen, er muß anklagen, weil es eben seine vorgesetzte Gerichtsbehörde verlangt. Wenn nun der Staatsanwalt auch einmal Etwas wider Willen thun muß, also die Anklage erheben muß, so ist das wahrhaftig kein Unglück und nicht zu viel. Ich gebe den Herren Staatsanwälten zu, daß wir sie nun und nimmermehr zwingen können, eine Anklage gegen ihre Ueberzeugung zu vertreten. Das verlangt ja auch Niemand. Aber, m. H., das Gericht und das Gesetz kann und muß den Staatsanwalt zwingen, gegen seine Ueberzeugung eine Sache an das Gericht zu bringen und das Gericht mit der Sache zu befassen. Das wollen wir blos, weiter Nichts!

Ich meine also, es genügt nicht, wenn wir sagen: Die Staatsanwaltschaft hat blos das Recht und nicht die Pflicht, zu verfolgen. Sie hat beides, wenn das Gericht einmal die Einleitung der Untersuchung dekretirt hat, und ich glaube, um eines dritten Grundes willen: weil Sie keinen Privatankläger in die Lage bringen dürfen, einen Menschen zu verfolgen und die Rechte des Staats wahrzunehmen. Es ist das für jeden Privatankläger eine sehr unangenehme Sache und zur Ehre unseres Deutschen Volkes glaube ich: Es werden sich sehr Wenige finden, die diese immerhin undankbare Rolle übernehmen! Dem Staate muß daran liegen, daß das Verbrechen bestraft wird und er darf nicht sagen: Dann verfolge Du auf Deine Kosten und auf Deine Gefahr! Setze Du Dich Allem aus! Das würde ein Unrecht gegen den Privatankläger sein. Das eine Amendement sagt nämlich: Wir wollen es dem Privatankläger überlassen, er soll dann, wenn wir kein rechtes Vertrauen zum Staatsanwalt haben, die Verfolgung weiter betreiben. Das halte ich nicht für richtig. Der Privatankläger hat, glaube ich, nicht das Recht, in dieser Weise über den Staatsanwalt zu disponiren. (Beifall.) Entweder der Staatsanwalt muß oder der Privatankläger muß! Eins von Beiden! Das Andere, glaube ich, ist durchaus nicht haltbar.

Ich gehe also, wie bemerkt, davon aus, der Staatsanwalt hat das Recht und die Pflicht, die Klage anzubringen. (Schluß! Schluß!) Ich muß mich daher mit den Herren einverstanden erklären, die den Antrag der Deputation annehmen wollen: „Dagegen soll bei einer dem Beschwerdeführer günstigen gerichtlichen Entscheidung die weitere Betreibung durch die Staatsanwaltschaft selbst erfolgen." Natürlich verstehen wir „die weitere Betreibung" mit der Einschränkung, daß dem Staatsanwalt nicht zugemuthet wird, gegen seine Ueberzeugung zu sprechen; aber gegen seine Ueberzeugung Etwas zu thun, das muthe ich ihm zu und das, glaube ich, muthet ihm jede Gesetzgebung zu! (Bravo! Widerspruch.)

Ober=Staatsanwalt v. **Groß** aus Eisenach: M. H.! Ich stehe ebenso wie der Herr Thesmar vor einer vollendeten Thatsache, nämlich vor der Thatsache, daß Sie ohne Diskussion, ohne daß ein einziger Redner für oder wider gesprochen hat, das Prinzip der subsidiären Privatanklage zugelassen und angenommen haben.

Es war nicht das Prinzip Ihres Beschlusses, daß Sie blos einen Rekurs gegen die Staatsanwaltschaft an das Gericht zulassen wollten, sondern Sie wollten die Privatanklage so, daß der verletzte Kläger ein Kläger des Rechts auf Strafe sei, daß er causa movens sein und bleiben möge. M. H., ich halte mich an die Konsequenzen aus dieser angenommenen Thatsache (Widerspruch) und diese scheinen mir vollständig klar zu sein. Es muß eine Privatanklage bleiben, wie sie es war; es muß der Privatankläger seine Zeugen benennen; er muß eine Anklageschrift fertigen, er muß causa movens im Prozesse bleiben. Man hat nun verschiedene Bedenken gegen diese Konsequenzen geltend gemacht; man hat hervorgehoben, daß der Erpressung Thor und Thür geöffnet werde, daß möglicherweise dieser Privatankläger sich vergleichen und vertragen könne mit dem Angeklagten, daß er sich durch ihn bestechen lassen könne. Der letzte Redner meinte auch, es könne gar nicht einem Privaten zugemuthet werden, in dieser Weise Privatankläger zu sein.

M. H.! Das Alles sind Gründe, die ursprünglich gegen die Zulassung der Privatanklage wohl hätten geltend gemacht werden können, wenn eine Diskussion darüber stattgefunden hätte. Aber dadurch, daß das Prinzip angenommen worden, müssen diese Gründe beseitigt sein. Sie müssen geglaubt haben, daß derjenige, dem Sie die Privatanklage in die Hand geben, sie ganz gut und besser, als vielleicht die Staatsanwaltschaft, verfolgen könne, und Sie müssen meinen, daß diese Gefahren der Bestechung ꝛc. nicht so erhebliche seien. Freilich nach unserer Ansicht wird es stattfinden, daß, wo bisher nur im Namen des öffentlichen Interesses ein unparteiischer Ankläger auftrat, nun die Stimme der Leidenschaft und des Privatinteresses gehört wird. Das läßt sich aber nicht ändern; man kann nicht in einem Augenblick aufheben, was man in dem anderen beschlossen hat.

Ich bin nun der Ansicht, es sei eine Konsequenz des gefaßten Beschlusses: es nimmt der verletzte Privatankläger die Stellung der Staatsanwaltschaft ein. Da schließe ich mich dem an, was Herr Justizrath Fischer ausgeführt hat: Der Staatsanwalt, als Theil des Gerichts, sei in der Audienz, im Hauptverhandlungstermin zugegen; er hat diejenigen Anträge, die gemacht worden sind, zu begutachten. Wenn er das thut, so setze ich voraus, daß er überall seiner Ueberzeugung folgt. Ich setze voraus, daß, wenn er in der Audienz noch die Ueberzeugung von dem Irrthum seiner eignen Ansicht gewinnt, wenn die Sache nunmehr nach seiner Ansicht eine andere Gestalt gewinnt, wenn die Schuld des Angeklagten sich wirklich herausstellt, so setze ich voraus, daß er so ehrlich ist und anklagt seinem Amte gemäß. Aber nun und nimmermehr kann ich ihn für verpflichtet halten und durch einen materiellen Beschluß des Gerichts für gebunden achten, gegen seine Ueberzeugung Etwas zu sagen oder zu thun. Er nehme dann in Schutz, was in Schutz zu nehmen ist, er klage an, was anzuklagen ist, er wahre das öffentliche Interesse! Dadurch wahrt er auch seinen Posten.

(Vielfache Schlußrufe und steigende Unruhe in der Versammlung verhindern den Redner, seine Ausführungen zu beenden.)

Präsident: M. H., ich bitte um Ruhe! Es ist jetzt von dem Herrn Staatsanwalt v. Grävenitz ein Antrag auf Schluß der Debatte eingereicht worden. Ich habe zu erwarten, ob der Antrag unterstützt wird?

(Geschieht ausreichend.)

Nun würde ich blos diejenigen Herren bitten, das Wort zu nehmen, welche gegen den Schluß der Debatte sprechen wollen, ehe ich den Antrag zur Abstimmung bringen kann. Es versteht sich von selbst, daß der Rechtsanwalt Lewald als Hauptantragsteller das Schlußwort hat. Will Jemand gegen den Schluß der Debatte sprechen?

Kreisgerichts-Direktor v. **Kunowsky**: Zur Geschäftsordnung! Ich darf wohl bitten, daß die Namen der aufgezeichneten Redner mitgetheilt werden?

Präsident: Sehr gern will ich diese Namen mittheilen. Es sind die Herren Lewald, v. Beyer, Petersen, Thesmar, Nessel, Brauer, Keller, Leske. Wünscht noch Jemand gegen den Schluß der Debatte zu sprechen?

Advokat-Anwalt **Thesmar**: Ich möchte gern noch eine faktische Berichtigung machen. (Ruf: Jetzt geht das nicht!)

Nein, ich bitte blos, den Schluß der Debatte zu verschieben.

Hofgerichtsrath **Brauer** aus Bruchsal: M. H.! Kürze ist eine schöne Tugend und ich halte sehr darauf. In diesem Falle bitte ich aber, von der Regel unserer Berathungen abzuweichen und möglichst viel Stimmen über diese Frage zu hören. Ich glaube, es würde keinen guten Eindruck nach Außen machen, wenn man hört, daß einer solchen Anzahl von Rednern das Wort ganz abgeschnitten wurde.

Eine Stimme: Zur Geschäftsordnung! Soviel ich weiß, ist es nicht Brauch, über den Schluß zu sprechen.

Präsident: Ich muß es gerade als parlamentarischen Gebrauch erklären, daß ich über den Schluß der Debatte sprechen lasse und ich muß einem Jeden das Wort geben, der sich darum bewirbt. M. H., Sie haben den Antrag auf Schluß der Debatte unterstützt. Ich frage Sie nunmehr, ob Sie den Schluß beschliessen wollen? Diejenigen, die für den Schluß der Debatte sind, bitte ich, aufzustehen.

(Geschieht. Zweifel in der Versammlung über das Resultat der Abstimmung.)

M. H.! Das Büreau erklärt, daß die Debatte geschlossen ist.

Ich gebe nunmehr zunächst dem Herrn Rechtsanwalt Lewald und dann dem Herrn Referenten das Schlußwort. Uebrigens möchte ich mir noch eine kleine Bemerkung erlauben, um dem Herrn Lewald sowohl als dem Herrn Referenten eine Hinweisung darüber zu geben, wie ich glaube, daß die Fragstellung bewirkt werden könnte. Es wird dies Interesse für die Aeußerungen beider Herren haben. Ich bin der Ansicht, daß wir den Satz des §. 7 in seinem zweiten Theile an die Spitze der Abstimmung stellen, daß ich also die Versammlung fragen werde, ob sie wolle, daß dem Beschädigten die und die Befugnisse eingeräumt werden. Wenn dieser Antrag angenommen wird, werde ich auf den Schluß des §. 4 übergehen und die Frage zur Entscheidung stellen: Soll bei einer gerichtlichen Entscheidung der obigen Art die weitere Betreibung durch die Staatsanwaltschaft selbst erfolgen? Würde dieser Antrag angenommen, so würden meiner Ansicht nach die Anträge der Herren v. Beyer, Fischer und Keller sich erledigen, wie ich überhaupt den Keller'schen Antrag zu §. 4 nur als eine Repetition des Schlußantrags in §. 4 betrachten kann. Wird dieser Antrag nicht angenommen, so gehe ich auf die einzelnen Anträge über. Jetzt gebe ich dem Herrn Rechtsanwalt Lewald das Wort.

Rechtsanwalt **Lewald**: Das Interesse, m. H., das die ganze Debatte am vorigen Juristentag und an diesem angeregt hat, beruht auf einer thatsächlichen Wahrnehmung. Es war in einem großen Theile Deutschlands, namentlich in Preußen, das ausschließliche Recht der Anklage der Staatsanwaltschaft übertragen. Man fand, daß, wenn im Falle einer Ablehnung der Staatsanwaltschaft man die Instanzen durchgegangen, man in gewissem Sinne rechtlos war. Es widersprach dies dem allgemeinen Volksgefühl. Man sagte, der Richter ist allein unparteiisch; wir wollen an den Gerichtshof gehen können und der Gerichtshof soll entscheiden! Nun ist die Sache einfach so: Davon ist nicht die Rede gewesen, obgleich man von einem Kollegium das Wort gebrauchte, das damals das übliche war, daß man eine neue „Beschwerdeinstanz" schaffen wolle. Nicht davon ist die Rede gewesen, daß, nachdem vom Staatsanwalt an den Ober-Staatsanwalt und dann an den Justizminister oder General-Staatsanwalt gegangen ist, man noch eine neue Beschwerdeninstanz am Gerichte haben soll, sondern man sagt: Zur Ausgleichung soll subsidiär eine Privatanklage geschaffen werden. Und, m. H., als die Berichte der ständigen Deputation veröffentlicht wurden, glaube ich, hat Niemand etwas Anderes herausgelesen, als die Thatsache, die hier von Ihnen angenommen worden ist. Sie haben sich für die subsidiäre Privatanklage ausgesprochen, d. h. will die Staatsanwaltschaft nicht anklagen, so wendet man sich an das Gericht. Das Gericht sagt: Du hast Recht, ich gestatte Dir anzuklagen, wobei das Gericht immer noch durch Organe die Anklage nach wie vor prüft. Wollten Sie das annehmen, und ich darf aussprechen: das haben Sie angenommen, — ich nehme die Thatsache an nach der ganzen Debatte — dann müssen Sie auch die Konsequenzen fordern. Sie können nicht Jemand zu Tisch einladen und im Moment, wo er sich hinsetzt, das Essen wegtragen. (Heiterkeit; Widerspruch.)

Wollen Sie Privatanklage haben, so fordern Sie von dem Privatankläger Garantien, die er bieten kann. Die Garantien brauchen hier nicht erwogen zu werden; sie liegen darin, daß, wie vielfach angedeutet ist, die Sache nicht der Privatperson überlassen wird, sondern daß sie ein Rechtsanwalt erhält, der vorläufig überall als Organ der Staatsgewalt zu gelten hat. Es wird ferner eine Garantie in der Kaution gefordert werden, — kurz, m. H., Garantien giebt's genug. Aber ich bitte Sie, wollen Sie die Privatanklage, die Sie schon beschlossen haben, auch ganz und ungetheilt, so stimmen Sie für den ersten Antrag der Deputation.

Präsident: Ich gebe nun dem Herrn Referenten das Schlußwort!

Professor Dr. **Glaser:** M. H.! Die lange und gründliche Debatte, die wir soeben gehört haben, hat sicherlich dem Referenten die Aufgabe, die ihm nun noch obliegt, sehr erleichtert. Die Sache ist nach allen Richtungen diskutirt worden und es scheint mir, daß sich herausgestellt hat, wie innig die einzelne Frage im Zusammenhange steht mit dem ganzen Prinzipe.

Die Debatte rechtfertigt, glaube ich, die Vorgänge, die unser verehrter Herr Präsident bei der Abstimmung uns in Aussicht gestellt hat. Es scheint mir Alles daran zu hangen, daß wir uns zunächst darüber einigen: Was soll im gewöhnlichen Prozeß, wo der Staatsanwalt die Verfolgung hat, der Beschädigte für eine Stellung einnehmen? Ein Theil der Deputation nun, wozu auch ich gehöre, ist der Ansicht, daß der Beschädigte in dem normalen Prozesse eine Parteistellung einzunehmen habe, durchaus in Uebereinstimmung mit dem Französischen Verfahren. Dies einmal vorausgesetzt, wird die Sache allerdings im Uebrigen leicht. Da erschreckt mich das Wort „Privatanklage", das einmal gesprochen worden ist, da erschreckt mich die bisherige Fassung in keiner Beziehung. Wenn der Beschädigte im normalen Prozesse eine solche Stellung hat, daß er Alles wahren kann, was zu wahren für ihn ein Interesse hat, dann haben wir auch nicht nöthig, ihm unter dem Namen „Privatanklage" eine exzeptionelle Stellung da zu geben, wo die Staatsanwaltschaft die Verfolgung verweigerte. Dann müssen wir blos dafür sorgen, daß der Uebelstand, welcher durch die Weigerung der Verfolgung auf Seiten der Staatsanwaltschaft hervorgerufen wird, aufgehoben werde. Kann der Beschädigte erwirken, daß trotz dieser Weigerung der Prozeß seinen weiteren Verlauf habe, dann hat er Alles erreicht, was er nur wünschen kann. Im Uebrigen hat er ja schon im normalen Verfahren Alles, was nöthig ist, um zu seinem Rechte zu kommen.

Gestatten Sie mir nun meine persönliche Meinung zu sagen, so geht sie dahin: Nehmen Sie den Schlußsatz des §. 7 an und das zweite Votum in §. 4, so haben Sie die gefürchtete Privatanklage auf dasjenige eingeschränkt, was am wenigsten mit dem bisherigen Systeme im Widerspruch steht; so haben Sie Allen die umfassendsten Garantien gegeben. Wird dagegen der zweite Satz des §. 7 abgelehnt, steht der Beschädigte im normalen Prozeß als ein Fremder da, als einer, der nur in ganz untergeordneten Punkten mit hineinzureden hat, dann scheint mir in der That, daß der Rechtsanwalt Lewald Recht hat, wenn er sagt, daß unter solchen Umständen dem Staatsanwalt die Verfolgung ausschließlich in die Hand geben, während er selbst erklärt hat, daß er sie nicht übernehmen wolle, dasselbe sei, als wenn man Jemand zu Tische lade und im Augenblick des Niedersetzens die Schüsseln wegtrüge. (Zustimmung.) Dies paßt aber auch nur für diesen Fall! —

Darf ich auch hier meine Meinung noch sagen, so würde ich im Falle der Ablehnung des §. 7 für die Annahme der Privatanklage, wie sie der erste Satz des §. 4 formulirt, stimmen. Dann würde auch noch auf die verschiedenen Amendements näher einzugehen sein. Es will mir aber fast scheinen, als ob wir zunächst über diese Frage ins Reine kommen müssen, ehe ich über diese andern Punkte noch spreche.

Rechtsanwalt **Petersen** aus Breslau: Ich bin der Ansicht, daß, so logisch die Fragordnung des Herrn Vorsitzenden sein möchte, sie doch deshalb bedenklich ist, weil über den Inhalt des §. 7 Niemand gesprochen hat. (Widerspruch.) Es läßt sich nicht erkennen, ob die Stimmung in der Versammlung dafür ist, dem Beschädigten die Adhärenz bei dem normalen Verfahren zu gestatten und dann kann, wenn der Schlußsatz von §. 7 abgelehnt wird, derjenige in eine schlimme Lage kommen, der für den ersten Theil des §. 7 nur dann stimmen würde, wenn der §. 4 nicht angenommen würde. Ich möchte daher bitten, zunächst über §. 4 abzustimmen.

Präsident: Ich würde, wenn die Versammlung nicht etwas anderes beschließt, bei meiner Meinung stehen bleiben und kann den Vordersatz des geehrten Herrn Vorredners nicht zugeben.

Es ist über den Inhalt des §. 7 gesprochen worden, wenn auch nicht directis verbis. Die Diskussion bewegte sich über die in §. 7 angeregte Frage, über die ich zunächst Ihre Entscheidung einholen muß. Ich frage Sie, ob Sie damit einverstanden sind, daß ich zunächst den Schlußsatz des §. 7 zur Abstimmung bringe? Ich bitte Diejenigen, die damit einverstanden sind, sich zu erheben.

Es ist die überwiegende Mehrheit!

Ich gehe nun zur Abstimmung selbst über. Es heißt in dem §. 7 der Schlußsatz:

„Ein Theil der Deputation will jedoch, daß dem Beschädigten die Befugniß eingeräumt werde, einen Antrag auf Verurtheilung, insbesondere gegenüber dem Antrag des Staatsanwalts auf Freisprechung, vor dem erkennenden Gerichte zu stellen und zu begründen."

Geben Sie, m. H., dieser Ansicht der Deputation Ihre Zustimmung? Bejahenden Falls bitte ich, sich zu erheben!

Die Majorität hat nach Ansicht des Büreaus sich für die Bejahung entschieden. Es ist also nunmehr durch Beschluß der Versammlung die Ansicht gebilligt, daß dem Beschädigten die in Frage befangene Befugniß eingeräumt werde.

Ich gehe nunmehr über zu §. 4 und zwar zum Schlußsatz, wo es heißt:

„Dagegen soll bei einer gerichtlichen Entscheidung der obigen Art die weitere Betreibung durch die Staatsanwaltschaft selbst erfolgen."

Geben Sie diesem Satze Ihre Zustimmung? Bejahenden Falls bitte ich Sie, sich zu erheben!

Der Antrag ist abgeworfen! (Sensation, Bravo!)

Mit diesem Beschlusse, m. H., fällt nach meiner Ansicht das Keller'sche Amendement von selbst weg, indem dasselbe nur eine andere Formulirung enthält. Es kommen nun, vorbehaltlich des Amendements des Herrn Ober-Staatsanwalts v. Tippelskirch, die Anträge der Herren v. Beyer und Fischer. Herr v. Beyer hat beantragt:

„nach den Worten: „„Fällt die Entscheidung zu Gunsten des Antragstellers aus"" fortzufahren: „„so hat derselbe die Wahl, ob er die Anklage ohne Mitwirkung der Staatsanwaltschaft selbst bei den Gerichten weiter betreiben oder dies der Staatsanwaltschaft überlassen will.""

Herr Justizrath Fischer hat dagegen beantragt:

„unter Wegfall des Satzes „„ohne Mitwirkung der Staatsanwaltschaft ꝛc."" bis zu den Worten: „„durch die Staatsbehörde rechtfertigen"", nach den Worten: „„und betreibt die Anklage bei den Gerichten"" zu sagen: „„Der Staatsanwalt ist in diesem Falle zur Mitwirkung berechtigt, aber nicht verpflichtet."

Der Herr Referent hat sich über beide Anträge noch das Schlußwort vorbehalten. Ich ertheile es ihm hiermit.

Professor Dr. Glaser: M. hochgeehrten H.! Ich will Sie nicht weiter aufhalten, die Zeit ist schon zu weit vorgerückt. Ich glaube auch, die Sache ist ganz klar. Mir scheint der Antrag des Herrn v. Beyer die Stellung der Staatsanwaltschaft zu sehr einzuengen.

Ich erlaube mir namentlich in Erinnerung zu bringen, was ich schon früher die Ehre hatte, auszuführen, wie nothwendig der Schutz dagegen sei, daß die Privatanklage zu Erpressungen gemißbraucht werde. Ich glaube mich also gegen das Amendement des Herrn v. Beyer erklären zu sollen.

Dagegen habe ich mich für das Amendement des Herrn Justizrath Fischer auszusprechen, welches mir bei diesem Stand der Dinge die Sache am Einfachsten und Klarsten zu regeln scheint. Ja, m. H., es ist nothwendig und gerecht, daß in solchen Fällen das Auge der Staatsanwaltschaft über der ganzen Prozedur wacht, um jedem Mißbrauche sogleich entgegentreten zu können. Das Institut der Privatanklage würde schwerlich lange leben, wenn wir nicht dieses Korrektiv hinzunähmen! (Beifall.)

Darf ich vielleicht in Erinnerung wenigstens bringen, daß noch ein Amendement des Herrn v. Tippelskirch zur Abstimmung kommen muß, das noch ein weiteres Korrektiv enthält?

Präsident: Formell die Sache zu erledigen, muß ich zunächst den Antrag der Deputation zur Abstimmung bringen, wenngleich ich fast glaube, daß nur die Wahl sein wird zwischen dem Beyer'schen und Fischer'schen Antrage.

(Rufe, daß sofort über das Fischer'sche Amendement abgestimmt werde.)

Gut, m. höchstgeehrten H., ich werde mich fügen und bringe daher zunächst den Antrag des Herrn Justizrath Fischer aus Breslau zur Abstimmung. Ich will ihn nochmals vorlesen.

(Geschieht.)

Nun richte ich die Frage darauf: Nehmen Sie den Antrag des Herrn Justizraths Fischer an?

Er ist mit ziemlicher Einstimmigkeit angenommen worden!

(Rufe: Ganz einstimmig? Ja!)

Nein, m. H., wir müssen auch hier gerecht sein, es sitzen hier vorn einige Herren; aber ziemlich einstimmig ist er angenommen.

Dadurch erledigt sich der Antrag des Herrn v. Beyer und der der Deputation von selbst.

Es bleibt nun noch die Abstimmung über einen Antrag des Herrn Ober-Staatsanwalts v. Tippelskirch übrig, bezüglich dessen der Herr Referent bemerkt hat, daß er ihn zur Annahme empfehle. Dieser Antrag befindet sich auf der ersten Seite der Ihnen gedruckt vorliegenden Anträge. Es heißt:

> „Wird der Angeklagte freigesprochen, so können dem Privatankläger die Kosten des Verfahrens, und wenn die Anklage durch Beschluß zurückgewiesen wird, die Kosten der vorläufigen Ermittelung zur Last gelegt, auch ihm zur Sicherstellung dieser Kosten vorweg eine Kaution abgefordert werden."

Nimmt die Versammlung diesen Antrag des Herrn Ober-Staatsanwalts v. Tippelskirch an?

Er ist angenommen!

Nun, m. H., würden Sie böse sein, wenn ich fortfahre; ich habe nur noch einige kleine geschäftliche Mittheilungen zu machen, welche nicht stenographirt zu werden brauchen.

(Nach deren Mittheilung wird die Sitzung um ½ 2 Uhr geschlossen.)

Zweite Sitzung der dritten Abtheilung am Donnerstag den 28. August 1861 im Saale der Harmonie.

(Die Sitzung wird um 9 Uhr durch den Abtheilungs-Präsidenten, General-Staatsanwalt Dr. Schwarze aus Dresden eröffnet.)

Präsident: Ich ersuche den Herrn Schriftführer, Staatsanwalt Gareis, uns das Protokoll der letzten Sitzung zu verlesen.

(Geschieht.)

Ist gegen die Fassung oder den Inhalt dieses Protokolles etwas zu erinnern? —

So kann ich wohl das Protokoll für genehmigt ansehen.

M. höchstg. H.! Es ist in Beziehung auf die gestern von mir aufgestellte Tagesordnung der Wunsch geäußert worden, daß nach Erledigung der Lewald'schen Anträge der neuerdings vom Herrn Rechtsanwalt Lewald gestellte Antrag, sowie der vom Herrn Dr. Schaffrath dazu gestellte Antrag zur Verhandlung und Beschlußfassung gebracht werde. Den Grund, weshalb ich einen anderen Gegenstand als zweiten der Tagesordnung bezeichnet hatte, habe ich gestern bereits angegeben. Man hatte mir mehrseitig den Wunsch ausgedrückt, daß nicht blos strafprozessualische Gegenstände zur Berathung und Verhandlung kommen möchten. Da aber, wie es scheint, ein großes Gewicht darauf gelegt wird, daß die Frage, welche die beiden Herren Rechtsanwälte Lewald und Dr. Schaffrath angeregt haben, zur Verhandlung und Abstimmung gebracht werde, so habe ich gar kein Bedenken, demgemäß die Tagesordnung abzuändern, und es würden demnach nach Erledigung der vorliegenden Lewald'schen Anträge die neuerlichen Anträge des Herrn Rechtsanwalt Lewald und die dazu gestellten Schaffrath'schen Anträge zur Verhandlung und Diskussion gebracht werden, worauf ich besonders den Herrn Berichterstatter Stegemann aufmerksam machen möchte.

Kreisgerichts-Assessor Dr. **Vollert** aus Arnstadt: Ich wollte mir nur die Bemerkung erlauben, daß, wenn sich zwei Wünsche gegenüber stehen, die Versammlung zu entscheiden hat. Ich bin der Meinung, daß die Frage über die Jury erst bei weitem besser durchgearbeitet und vorbereitet werden möchte, und daß es wohl nicht gut thut, dies heute in der Sitzung zu erledigen, sondern daß es viel richtiger und besser sein würde, hier erst Vorberathungen eintreten zu lassen. Kein Mensch hat etwas davon gewußt, daß dieser Antrag heute auf die Tagesordnung kommen würde.

Die Tagesordnung, die der Herr Präsident gestern bestimmt hat, hat auch noch den weiteren Vorzug, daß wir uns gestern mit einer Frage des prozessualischen Strafrechtes beschäftigten, und daher wohlthun, wenn wir nun heute eine Frage des materiellen Rechtes vornehmen, nicht aber wieder eine Frage, die gar manche politische Seite darbietet und mit einiger Erregtheit diskutirt werden würde.

Ich möchte, daß die Versammlung sich hierüber entschiede.

Kreisrichter **Huck** aus Zehden: M. höchstg. H.! Ich sehe in der That nicht ein, weshalb diese Frage, die uns Allen doch so zugänglich ist, und über die wir uns doch Alle schon ein Urtheil gebildet haben müssen, erst noch der weiteren Erörterung bedarf. Soll darüber noch eine Literatur zusammengeschrieben und zunächst über die Gründe, die zusammengetragen worden, Bericht erstattet werden?

M. H.! Wer heute über diese Frage noch nicht klar ist, und die Gründe für und wider noch nicht kennt, der wird sie in einem Jahre auch nicht kennen. Es ist nicht der Zweck der Versammlung, hierüber Erörterungen anzustellen und Vorlesungen zu halten. Zu solchen Auseinandersetzungen haben wir in der That keine Zeit. Unsere Aufgabe ist nur die, in kurzen präcisen Sätzen die Motive und Gründe für die Meinungen, die geäußert werden, hinzustellen.

Das Uebrige werden wir uns schon hinzuzudenken wissen, ohne daß wir Berichte und gelehrte Auseinandersetzungen vor uns haben. (Lebhaftes Bravo.)

Rechtsanwalt Dr. **Schaffrath** aus Dresden: Ich sollte auch meinen, daß kaum eine Frage des Strafrechtes und des Strafprozesses so vorbereitet sei, als gerade die Frage, die uns hier vorliegt, über die Geschworenen. Seit Justus Möser ist wohl über keine Frage soviel geredet und eine ganze Bibliothek zusammengeschrieben und so viel Gediegenes, namentlich von der Preußischen Immediat-Kommission, zusammengetragen worden, als gerade über diese Frage. Ich glaube kaum, daß darüber etwas Neues gesagt werden kann.

Nun möchten aber gerade wir Sachsen Ihren Beistand anrufen. Wir hoffen nämlich, m. H. Nichtsachsen! daß Sie, durch eine reiche Erfahrung unterstützt, durch das Gewicht Ihrer Stimme auch uns zu den Geschworenen verhelfen werden. Ich gebe zu, daß wir kein strenges Recht eigentlich darauf haben, daß gerade dieser Antrag eine Priorität habe; aber einmal glaube ich, der Herr Präsident hat das Recht, die Reihenfolge der Anträge zu bestimmen, sodann aber dürfte auch die chronologische Reihenfolge hierbei maßgebend sein. Auch die Billigkeit spricht wohl dafür. Alle die, welche aus den wenigen Deutschen Ländern hergekommen, wo Geschworene noch nicht eingeführt sind, alle diese, glaube ich, appelliren wenigstens an Ihr Mitleid und rufen Ihnen zu: Diskutiren Sie heute noch diese Anträge und helfen Sie auch uns zu den Geschworenen! (Lebhaftes Bravo.)

Präsident: Zunächst glaube ich, ist es Sache des Präsidenten die Tagesordnung zu bestimmen, und wenn ich gestern einem anderen Motive Rechnung getragen habe, so ist dies nicht **res judicata**, die mich hindern dürfte, heute eine andere Ansicht auszusprechen. Ich glaube auch, daß die Sache so vorbereitet ist, daß die Gegner, wie die Freunde des Geschworenen-Gerichtes sich klar darüber sein können, welcher Meinung sie hierüber Ausdruck verleihen sollen. Soviel die politische Partie der Sache anlangt, so trage ich die gegründete Hoffnung zu der geehrten Versammlung, daß die politische Seite der ganzen Frage soweit thunlich unberührt bleibe. Wir haben auch jetzt in der Plenarversammlung gesehen, daß wir trotz der politischen Verschiedenheit unserer Standpunkte doch eine sehr nahe an die Politik streifende Frage mit aller Delikatesse behandelt haben, und was wir im Plenum vermocht haben, da trage ich die Hoffnung, wir werden es auch in der Abtheilung zu Stande bringen. Ich lasse es daher bei meiner Bestimmung bewenden.

Ich gehe nun dazu über, m. höchstg. H., in Folge der dem Bureau übertragenen Wahl der Vertrauensmänner, Ihnen mitzutheilen, daß wir mit Ihrer Zustimmung folgende Herren zu Vertrauensmännern behufs der Wahl der Mitglieder der ständigen Deputation zu berufen gesonnen sind:

Ober-Tribunalsrath Frech aus Berlin,
Rechtsanwalt Lewald aus Berlin,
Ober-Tribunalsrath Dr. Goltdammer aus Berlin,
Professor Dr. Gneist aus Berlin,
Geh. Justizrath Dr. Krug in Dresden,
Hofgerichtsrath Brauer aus Bruchsal,
Rechtsanwalt Dr. Schaffrath in Dresden,
Professor Dr. Glaser aus Wien,
Ober-Staatsanwalt Dr. Keller aus Wien,
General-Staatsanwalt Binder aus Stuttgart.

Ich bitte die genannten Herren, daß sie die Gewogenheit haben, mit Eintritt der Pause sich hierher an den Präsidialtisch zu bemühen.

Ober-Staatsanwalt Dr. **Keller** aus Wien: Zur Geschäftsordnung! Ich bitte den Herrn Präsidenten, die Frage auf Akklamation zu stellen, damit darüber beschlossen werde.

Präsident: M. H.! Sind Sie mit dem gemachten Vorschlage einverstanden?

Diejenigen, die eine Bemerkung zu machen haben, bitte ich, zunächst das Wort zu ergreifen. — Wenn das nicht der Fall ist, so frage ich, ob Sie mit der Ihnen vorgetragenen Liste einverstanden sind? (Einstimmig: Ja!)

Ich gehe nun zur Tagesordnung über, und habe in dieser Beziehung Ihnen zuvörderst mitzutheilen, daß ein Aenderungsantrag vom Herrn Advokaten Heydenreich in Bezug auf §. 2 gestellt worden ist, bezüglich dessen es zweifelhaft ist, ob er überhaupt noch hier zur Berathung und Beschlußfassung gebracht werden kann. Ich werde mir erlauben, Ihnen denselben vorzulesen. Es möchte sich vielleicht die Meinung geltend machen, daß er an einer anderen Stelle eingeschaltet werden könnte. Der Antrag lautet folgendermaßen:

> „In Erwägung, daß, wenn nach der gewählten positiven Wortfassung als richtig anzusehen ist, daß die Handlung nicht unter das Strafgesetz zu stellen ist, oder daß die Anzeige nicht mit genügenden Beweisen unterstützt wird, dann auch der Richter eine andere Entschließung gar nicht fassen kann, ist die nur hypothetische Natur jenes subjektiven „weil" durch die Einschaltung der Worte: „seiner Ansicht nach" zwischen „weil" und „entweder" zu bezeichnen."

Ich bin der Meinung, daß dieser Antrag verspätet ist. Sind Sie damit einverstanden? (Ja!)

Es ist aber ferner von dem genannten Herrn Advokaten Heydenreich noch ein Antrag eingebracht worden, in Beziehung auf den es zweifelhafter sein kann. Er bezieht sich auf §. 3 incl., wenn ich recht lese, §. 4 und §. 7. Da heißt es:

> „Obschon die nur zu leicht aus bloßer Gehässigkeit hervorgehende Denunciation des direkt nicht betheiligten Dritten nicht zu fördern ist, so ist doch — in Erwägung, daß §§. 3, 4 und 7 nur von Beschädigten, als zur Anzeige beim Gericht im Falle der Ablehnung Seitens der Staatsanwaltschaft berechtigt, die Rede; daß jedoch das öffentliche Interesse bei jeder Verletzung der Strafgesetze, auch wenn ein dadurch speciell Beschädigter nicht existirt oder unbekannt ist, betheiligt bleibt; und daß dieses höhere Interesse des Staates niemals durch die einseitige Ansicht der Staatsanwaltschaft verkürzt werden darf, vielmehr der Schwerpunkt stets im Gericht liegen bleiben muß; — einzuschalten: das in §. 3 dem Beschädigten einge-

räumte Recht ist nicht an den Nachweis einer Beschädigung gebunden, sondern auch in dessen Ermangelung zur Geltung zu bringen, so oft ein in das Gebiet des Strafrechts gehörendes Verbrechen in Frage."

Ich würde nun den Herrn Referenten bitten, daß Nöthige über diesen Antrag zu bemerken.

Professor Dr. Glaser: Allerdings, m. H., glaube ich, daß dieser Gegenstand noch zur Sprache gebracht werden kann, und daß der gegenwärtige Moment derjenige ist, wo dies geschehen müßte. Wenn wir uns nämlich die gestern gefaßten Beschlüsse als ein Ganzes denken, so können wir uns recht wohl vorstellen, daß nun ein Antrag gestellt wird, die Tragweite dieser Beschlüsse noch in etwas zu erweitern.

Der Antrag des Herrn Advokaten Heydenreich geht nun dahin: Wir sind gestern immer von der Voraussetzung ausgegangen, daß nur derjenige das Recht der Privatanklage und des Anschlusses an den Strafprozeß habe, welcher auf Schadenersatz Anspruch hat und diesen Anspruch geltend zu machen beabsichtiget. Nach dem Antrage des Herrn Advokat Heydenreich sollen wir weiter gehen: wir sollen von der Voraussetzung des pecuniären Interesses absehen; und es wird dieses Recht nicht einmal an den Nachweis einer Beschädigung gebunden, wie es hier heißt: „sondern auch in dessen Ermangelung zur Geltung zu bringen, so oft ein in das Gebiet des Strafrechts gehörendes Verbrechen in Frage steht." Das heißt nun die Sache allerdings sehr weit ausdehnen, in dem Umfange ausdehnen, wie die Römer das Anklagerecht behandelt haben. Man müßte geradezu sagen, daß jedem Bürger dieses Recht zustehe.

Mir scheint nun, dem mitgetheilten Wortlaute nach, der Herr Antragsteller noch immer von einem Beschädigten zu sprechen. Sollte der Antrag einen weiteren Sinn haben und also geradezu zur Wiederkehr der actio publica des Römischen Rechtes führen, so daß jeder Bürger wegen jedes Verbrechens die Anklage zu erheben berechtigt sein soll, so, glaube ich, kann man sich nicht entschieden genug gegen diesen Antrag aussprechen. Das heißt geradezu die Bahn verlassen, auf welcher wir in jahrhundertlanger Fortentwickelung endlich vorwärts gekommen sind.

Ich meine aber auch, daß der Herr Antragsteller seinem Antrage diesen Umfang nicht hat geben wollen, und wenn ich mir ein Wort zur Begründung desselben erlauben darf, so denke ich mir den Antrag so: Ich setze voraus, daß der Fall nicht gerade derart ist, daß Jemand an Geld beschädigt worden ist, oder daß in Geld die Entschädigungsforderung formulirt werden kann. Solche Fälle können und müssen wir uns unbedingt denken. In sehr vielen Fällen ist es in der That nur die pecuniäre Entschädigung, die begehrt wird, und sie wird, wenn unsere Beschlüsse einmal in's Leben treten, in vielen anderen Fällen nur der Vorwand sein, der es dem Privatankläger ermöglicht, in den Prozeß einzutreten, während er eigentlich ein ganz anderes Interesse geltend zu machen hat. Man wird es vollkommen begreifen, daß man etwa verlangt: so gut wie derjenige, dem sein Haus angezündet worden ist, das Recht haben muß, Entschädigung für das angezündete Haus zu verlangen, so müßte auch demjenigen, dessen Vater sich in dem angezündeten Hause befand, und in welchem Jemand absichtlich durch die Brandlegung beschädigt oder getödtet wurde, ein Recht der Anklage zugestanden werden. Im Prinzipe sehe ich, m. H., den Antrag als einen vollkommen begründeten an. Es können Fälle vorkommen, wo zwar nicht ein pecuniäres, aber doch ein rechtlich wohlbegründetes Interesse an der Verfolgung eines bestimmten Vergehens vorhanden ist. Erlauben Sie mir nur einen Fall gelegentlich anzuführen. Jemand ist eines bestimmten Verbrechens wegen verurtheilt, unschuldig verurtheilt worden. Er findet Beweismittel, durch die dargethan wird, daß ein Anderer das Verbrechen begangen habe. Welcher Mensch in der Welt hat da ein größeres Interesse daran, daß in diesem Prozesse die Wahrheit an den Tag komme, welcher Mensch hat ein fester begründetes rechtliches Interesse daran, als er? Prinzipiell also, m. H., muß man den Antrag als einen begründeten ansehen.

Ich glaube aber allerdings, wir müssen hier noch etwas anderes vor Augen haben. Wenn wir dem Institute der Privatanklage in Deutschland Eingang verschaffen und es fest begründen wollen, so müssen wir auch praktisch vorgehen. Unser Beschluß, wie groß auch seine Autorität und Tragweite sein wird, öffnet nicht gleich die Thür aller Gesetzgebungssäle. Es werden, wie hier schon sich große Bedenken ergeben haben, solche dem Institute auch noch anderwärts entgegentreten. Auch eingeführt wird es eine Zeit lang eine unsichere Existenz führen. Jeder Mißbrauch, der irgend wo vorkommen wird, wird den Fortbestand des ganzen Institutes gefährden. Man wird sagen: Da sieht man nun, das sind die Folgen der Privatanklage. Mir scheint es also nicht vorsichtig zu sein, wenn man zu viel Sprünge auf einmal macht. Wir wollen etwas Neues versuchen, und etwas Neues, wenn es auch das Beste von der Welt wäre, es wird immer etwas Gewagtes bleiben. Mir scheint es für den Anfang vor allen Dingen wichtig, daß die Grenze möglichst scharf und bestimmt gezogen werde. Auf dem Gebiete, das auch nach der engeren Auslegung der Herr Antragsteller betritt, finde ich es wenigstens unmöglich, die Grenze zu ziehen. Man muß wirklich den allgemeinen Ausdruck „rechtliches Interesse" gebrauchen und im einzelnen Falle beurtheilen, ob ein rechtliches Interesse oder eine bloße Gehässigkeit das Motiv der Privatanklage sei. Das scheint mir gefährlich, und wenn ich auch den Antrag prinzipiell begründet finde, so glaube ich doch aus anderen, eben dargelegten Gründen den Antrag stellen zu müssen, das Amendement für jetzt abzulehnen.

Privatdozent Dr. **Reatz** aus Gießen: Ich halte in jedem Falle den Antrag durch die gestrige Beschlußfassung für erledigt. Giebt man ihm die Auslegung, daß er eine Popularklage beabsichtigt, so würde das allerdings im Widerspruch mit der Fassung des §. 1 stehen, worin das Institut der Staatsanwaltschaft festgestellt wird. Eine Popularanklage und eine Staatsanwaltschaft ist, nach meiner rechtlichen Auffassung der Sache, ein Unding. Soll der Antrag aber in der einschränkenden Erklärung gefaßt werden, wie sie soeben der geehrte Vorredner gefaßt hat, so halte ich ihn gleichfalls für erledigt durch die Fassung des §. 3. Da heißt es nämlich: „Der durch die strafbare Handlung Beschädigte."

Nach unserer Terminologie kann man auch beschädigt werden an seiner Ehre, an seinem Eigenthum und an seiner Freiheit; auch dann ist man, nach meiner Auffassung, ein „Beschädigter" zu nennen. Von einem Geldinteresse ist da meistens nicht die Rede, und ich glaube auch nicht, daß der Ausdruck „beschädigt“ in §. 3 diese enge Interpretation zuläßt. Ich halte den Antrag also durch die gestrige Beschlußfassung für erledigt und glaube, daß wir ihn ablehnen müssen.

Ober-Tribunalsrath Dr. **Goltdammer** aus Berlin: Ich stimme dem bei, was soeben gesagt worden ist, und glaube, durch Verwandlung des Worts „Beschädigter“ in „Verletzter“ wird jede Schwierigkeit beseitigt werden, die sich in unserer Auslegung erhoben hat. Ich mache darauf aufmerksam, daß in einer großen Zahl von Gesetzbüchern grade dieser Ausdruck statt des Wortes Beschädigter gewählt ist.

Um an das Beispiel anzuknüpfen, welches Herr Professor Dr. Glaser gebraucht hat, würde es als ein Widerspruch erscheinen, wenn man einen durch Brandstiftung Beschädigten zur Anklage für berechtigt halten wollte, aber nicht den, an dessen Besitz die Brandstiftung versucht, nicht den, der mit Brandstiftung bedroht worden ist. Ich glaube, dieser hat fast dasselbe Interesse und dieselben Rücksichten, um durch Privatanklage sich zu schützen, als derjenige, der in pekuniärem Sinne beschädigt worden ist.

Ober-Staatsanwalt Dr. **Keller** aus Wien: Zu einer persönlichen Bemerkung bitte ich um's Wort.

Mein Antrag gestern ging aus demselben Gesichtspunkte hervor, den wir soeben vernommen haben, daß es nämlich gleichviel sei, ob ein Geldinteresse vorliege oder nicht. Die Sache erachte ich hiermit für erledigt.

Staatsanwalt **Heinze** aus Dresden: Ich gestehe, daß mich der Antrag, den Herr Rechtsanwalt Heydenreich gestellt hat, trotz der Entgegnungen, die wir bereits von mehreren Seiten gehört haben, gewissermaßen sehr anspricht. Nur möchte ich ihm meinerseits eine andere Wendung gegeben sehen, wenn überhaupt das hohe Präsidium das Eingehen in das Materielle der Debatte über diesen Antrag für zulässig erklärt. Es hat der Herr Referent bereits die prinzipielle Richtigkeit dieses Heydenreich'schen Antrags zugegeben. Ich wollte mir erlauben, in dieser Richtung zunächst noch eine kurze Ausführung hinzuzufügen.

Auch der Privatankläger vertritt gewissermaßen ein staatliches Interesse, auch der subsidiarische Privatankläger, wie überhaupt jeder Ankläger. Das Privatinteresse ebenso wie das staatliche Interesse wird auch durch die Strafe, die auf Antrag des subsidiarischen Privatanklägers, den wir gestern angenommen haben, gleich wie auf staatlichen Antrag ausgesprochen wird, ich sage: das Privatinteresse und hauptsächlich, vor dem Privatankläger, das staatliche Interesse wird auch durch diese Strafe gewahrt. Die Sachlage ist also die: Unter den Voraussetzungen, unter denen überhaupt das Institut der subsidiären Privatanklage wünschenswerth ist, unter denen es überhaupt wünschenswerth erscheint, daß ein subsidiärer Privatankläger soll auftreten können, ist nicht nur das Privatinteresse, sondern auch das ungleich wichtigere Staatsinteresse nicht ganz gewahrt. Diese prozessualen Voraussetzungen, die in dem Gutachten des Herrn Ober-Staatsanwalts v. Groß sehr genau bezeichnet worden sind, laufen darauf hinaus, daß willkürlicher oder wenigstens ungerechtfertigter Weise die Staatsanwaltschaft die Verfolgung eines Verbrechens unterlassen hat, dessen Verfolgung nunmehr dem Privatankläger überlassen werden soll. Es wird also anerkannt, daß hier ein Mangel vorliege, daß ein Verbrechen wirklich begangen worden sei und gesetzwidriger Weise ungeahndet bleibe, das nunmehr erst auf Antrag des Privatanklägers verfolgt werden soll. Sie erkennen den Mangel an gegenüber dem staatlichen Interesse, und Sie geben Niemandem weiter das Recht, dieses staatliche Interesse, nachdem die Staatsanwaltschaft willkürlicher Weise die Verfolgung abgelehnt hat, zur Geltung zu bringen, als dem Privatankläger. Sie gestehen also dem materiell Beschädigten das Recht zu, durch das Mittel seines Privatinteresses das entschieden gefährdete staatliche Interesse zur Geltung zu bringen, aber Sie verweigern allen übrigen ideell beschädigten Staatsbürgern, allen Uebrigen, die durch die Beschädigung die allgemeine Rechtsordnung gefährdet finden, und die sich auf der andern Seite berufen fühlen, dieser Beschädigung Abhülfe zu gewähren — denen allen verweigern Sie die Möglichkeit dieser Abhülfe. — Das ist die ideelle, die prinzipielle Seite der Sache, und ich meine, wir haben in einer Frage, die so durchaus prinzipieller Natur ist, wie nur irgend eine sein kann, alle Ursache, uns möglichst streng und folgerecht an das Prinzip anzuschließen.

Die Sache hat aber auch eine, wie mir scheint, ziemlich wichtige praktische Seite, und ich erlaube mir in dieser Beziehung auch noch wenige Worte hinzuzufügen.

Ich bin vollkommen damit einverstanden und habe den gestrigen Beschluß gar nicht anders verstanden, als daß die subsidiäre Privatanklage auch demjenigen gegeben werden soll, der materiell im allerweitesten Sinne und in der entferntesten Weise nur durch ein Verbrechen verletzt worden ist. Aber vergessen wir nicht, daß viele Verbrechen existiren, und es gehören einige der folgenschwersten und gemeingefährlichsten dazu, bei denen ein materiell Beschädigter gar nicht vorhanden ist. Ich erinnere nur an die beiden Gebiete, auf denen Parteien einander hauptsächlich begegnen, verletzen und bekämpfen, ich meine das Kirchliche und das Politische. Es läßt sich die Möglichkeit sehr wohl denken, wenn man einmal schwarz sehen will, wenn man einmal Willkürlichkeit oder wenigstens ungerechtfertigte Verfolgungsverweigerung Seitens der Staatsanwaltschaft voraussetzen will, — es läßt sich sehr wohl denken, daß verbrecherische Angriffe auf die dermalen rechtlich bestehende Staatsverfassung, auf kirchliche und religiöse Institutionen vorkommen, und ungerechtfertigter Weise von der Staatsanwaltschaft die Verfolgung hierbei verweigert wird. Bei dem, was gestern ohne dasjenige Auskunftsmittel, das Herr Rechtsanwalt Heydenreich vorgeschlagen hat, angenommen worden, ist für solche Fälle die praktische Folge die, daß das ungleich minder wichtige Recht eines verletzten Privaten, gegenüber der ungerechtfertigten Verweigerung der Verfolgung von Seiten der Staatsanwaltschaft, im Wege der Privatanklage noch zur Geltung gebracht werden kann, in den hier zunächst besprochenen Fällen dagegen, die ich nur beispielsweise hervorhebe, — denn es lassen sich auch noch andere Fälle von ähnlicher Beschaffenheit namhaft machen — bleibt das ungleich wichtigere staatliche Interesse hülflos. Ich verkenne nun allerdings nicht die sehr wichtigen Bedenken, die der Einführung der subsidiären Popularklage entgegen stehen — — —

Präsident (den Redner unterbrechend): Ich muß mir eine kleine Bemerkung erlauben: Ueber die Einführung der Privatanklage an sich, würde ich bitten, daß nicht weiter gesprochen werde. Denn das steht durch Ihre Beschlußfassung bereits fest. Es kann sich nur noch um die Auslegung des Wortes „Beschädigte" handeln.

Staatsanwalt **Heinze**: Ich habe nur versucht, die Konsequenzen aus den gestern gefaßten Beschlüssen, unter den Gesichtspunkten des Prinzips und der praktischen Richtung, gegenüber den Ausführungen des Herrn Referenten, vorzuführen.

Präsident: Fahren Sie fort! nur würde ich bitten, innerhalb dieser Grenzen sich zu halten, die Sie soeben bezeichnet haben.

Staatsanwalt **Heinze**: Ich kann mich dem Ausdrucke „Beschädigte" anschließen, insofern im allerweitesten Sinne, der gestern noch nicht zur Sprache gekommen ist, unter einem Beschädigten nicht blos der materiell, sondern ebenso auch der ideell Verletzte verstanden werden kann, und sofern als ideell verletzt jeder Staatsbürger zu betrachten sein dürfte, der die subsidiäre Popularklage selbst antritt. Ich gebe zu, diese subsidiäre Popularklage könnte möglicherweise zu Erpressungen gebraucht werden. Ich habe aber geltend zu machen, daß die Möglichkeit solcher Erpressungen durch das allgemeine, Jedermann zustehende Denunciationsrecht bereits jetzt gegeben ist. Ich muß weiter zugeben, daß die subsidiäre Popularklage zu unnützen Behelligungen der Gerichte führen kann. Allein ich halte dafür, daß dies immer nur eine Ausnahme bleiben und dieser Uebelstand große Dimensionen nicht annehmen werde. Das entscheidendste Argument gegen das Institut scheint mir aber bereits von dem Herrn Referenten vorgebracht zu sein, daß nämlich auf der einen Seite nicht gehofft werden dürfe, es könne praktisch werden, und daß auf der andern Seite nicht gehofft werden soll, es werde in unserer Bevölkerung Anklang finden. Man muß aber unterscheiden zwischen antiker und moderner Popularklage .... (Unruhe.)

Präsident: Ich bitte auf der einen Seite, den Herrn Redner nicht zu unterbrechen, und auf der andern bitte ich, daß der geehrte Redner sich möglichst an die Sache halte. Ueberhaupt muß ich wiederholt bemerken, daß es sich hier blos um das Wort „Beschädigte“ handelt.

Staatsanwalt Heinze: Ich werde kurz sein. Ich wollte sagen: seitdem sich die Rechtskenntniß von der Straße in die Auditorien der Universitäten und in die Säle der Gerichtshöfe zurückgezogen hat, dürfen wir die Popularkläger nicht mehr auf dem Markte suchen. Ich glaube aber, wir brauchen nur die Hand auszustrecken, um Popularkläger, wie wir sie nur brauchen, zu erfassen. Ich meine den Stand der Rechtsanwälte. Er bietet alle mögliche intellektuellen und moralischen Garantien, um ebensowohl Mißbrauch der modernen Popularklage zur Chikane, als ihre Entartung zur Posse, als auch, was die Hauptsache ist, einen Nichtgebrauch, der in Beziehung auf gewisse Volkseigenthümlichkeiten allerdings zu befürchten ist, zu verhüten.

Ich würde daher der Ansicht sein, daß es sich empfehle, in den hier bezeichneten Fällen, da, wo voraussetzungsweise die Staatanwaltschaft willkürlicherweise die Verfolgung irgend eines Verbrechens unterläßt, außer demjenigen, der materiell beschädigt ist, in Vertretung des öffentlichen Interesses zugleich jedem Rechtsanwalt das Recht zuzugestehen, die Interessen des Staates vor das Gericht zu bringen, und in der Weise aufzutreten, wie wir es gestern bezüglich des Beschädigten beschlossen haben.

Zur Begründung meines Antrages habe ich bereits versucht, theilweise in Uebereinstimmung mit dem Herrn Referenten nachzuweisen, daß die Einführung einer modernen Popularklage prinzipiell richtig ist, ich habe versucht nachzuweisen, daß sie praktisch nothwendig ist, und ich habe ein Auskunftsmittel angedeutet, durch welches diesen beiden Richtungen Rechnung getragen wäre und zugleich dieser Institution Organe gegeben würden, die im Stande sind, sie lebensfähig zu erhalten.

Ich will nicht unterlassen, schließlich noch hinzuzufügen, wie man durch das Attribut dieser öffentlichen Funktion an den Stand der Rechtsanwälte, dadurch, daß man die Letzteren mit diesem öffentlichen wichtigen Amte bekleidet, meines Dafürhaltens zu gleicher Zeit sehr erfolgreich darauf hinwirken würde, daß der Stand der Rechtsanwälte seinem ideellen Berufe immer eifriger nachstrebt, und ihn nach innen und außen allseitig mehr und mehr zur Geltung bringt. (Beifall.)

Präsident: M. höchstg. H.! Die ganze Frage, die gegenwärtig zur Diskussion gestellt worden ist, bezieht sich einfach auf die Auslegung des im §. 1 befindlichen Wortes „beschädigt", und die Versammlung giebt gewissermaßen eine authentische Interpretation dieses Wortes. Es ist nun in diesem Sinne von dem Herrn Rechtsanwalt Sabarth, in Uebereinstimmung auch mit meiner Meinung, jetzt ein präjudizieller Antrag gestellt worden, den ich zur Vorlesung bringen will. Er lautet:

> „In Erwägung, daß der für den §. 3 beschlossene Ausdruck „„Beschädigte"" nicht blos im Sinne eines Geldinteresses zu verstehen ist, geht die Abtheilung über den Zusatzantrag des Rechtsanwalts Heydenreich zur Tagesordnung über." (Zustimmung.)

Es ist der Antrag auf Schluß der Debatte gestellt worden.

Wird der Schluß der Debatte genehmigt? (Einstimmig ja!)

Giebt die geehrte Versammlung dem Antrage des Herrn Rechtsanwalts Sabarth ihre Zustimmung? (Ja!)

Der Antrag ist ziemlich allgemein angenommen worden.

Ich würde nun unsern Herrn Referenten bitten, in seinem Vortrage fortzufahren.

Professor Dr. Glaser: M. H.! Wir kommen jetzt zu §. 5. Nun will es mir allerdings scheinen, als ob in einer sehr wichtigen Beziehung der gestrige Beschluß über den zweiten Satz des §. 7 schon mehreres von dem, was in §. 5 enthalten ist, involvire. Indeß glaube ich nicht, daß die Fragen, die hier zur Sprache kommen, definitiv entschieden sind, so lange sie nicht einzeln erörtert worden und halte es deshalb für meine Pflicht, nunmehr zur Vorlesung des §. 5, sowie der dazu eingebrachten Anträge zu schreiten. §. 5 lautet:

> „Dem Beschädigten ist der Anschluß an das Strafverfahren zur Geltendmachung seiner Schädenansprüche zu gestatten. Der Strafrichter kann die Verurtheilung auf den geforderten Schadensersatz miterstrecken oder den Beschädigten auf den

civilgerichtlichen Weg verweisen, nicht aber den Angeklagten von der Forderung selbst lossprechen. Das Erkenntniß des Strafrichters ist, gleichviel ob der Beschädigte adhärirt hatte oder nicht, insoweit für den Civilrichter bei der Entscheidung über den Schädenanspruch bindend, als in dem strafgerichtlichen Erkenntniß ausgesprochen ist, daß die That begangen worden und daß der Angeschuldigte sie begangen habe. Es wird hierbei allenthalben vorausgesetzt, daß der erkennende Richter auch im Civilprozeß an gesetzliche Beweisregeln nicht gebunden ist."

Zu diesem §. 5 ist nun eine beträchtliche Reihe von Anträgen eingebracht worden. Ich nenne zuerst den am weitesten gehenden des Herrn Kammergerichtsreferendars Dr. Rubo aus Berlin. Herr Referendar Dr. Rubo hat prinzipaliter einen Antrag gestellt, und einen andern Antrag eventualiter. Sein Prinzipalantrag geht dahin:

„Die Geltendmachung der Schadensersatzansprüche muß in einem andern, als dem Strafverfahren erfolgen."

Eventualiter beantragt er, daß der erste Satz des §. 5 angenommen, und der zweite Satz, unter Streichung des dritten und vierten Satzes, dahin gefaßt werde:

„Der Strafrichter kann seine Entscheidung auf den geforderten Schadensersatz miterstrecken oder den Beschädigten auf den civilgerichtlichen Weg verweisen."

Dieser Antrag involvirt nebst einigen andern Worten allerdings eventuell die Streichung des dritten und vierten Satzes.

Auf diese Streichung sind auch noch andere Anträge gerichtet; so liegt ein Antrag des Herrn Ober-Staatsanwalts v. Tippelskirch zu §. 5 vor:

„den Schlußpassus: „„das Erkenntniß des Strafrichters ist, gleichviel, ob der Beschädigte adhärirt hatte oder nicht 2c."" bis zu Ende zu streichen",

also der Sache nach derselbe Antrag!

Ein anderer Antrag ist vom Herrn Justizrath Corty eingebracht worden:

„nur folgenden Grundsatz anzunehmen: „„Das Erkenntniß des Strafrichters ist für den Civilrichter bei der Entscheidung über den Schädenanspruch insoweit bindend, als in dem strafgerichtlichen Erkenntniß ausgesprochen ist, daß der Angeschuldigte die That begangen habe““, alle übrigen in §§. 5, 6 und 7 enthaltenen Vorschläge aber abzulehnen.“

Ich komme nun zu den Anträgen, die auf Ablehnung eines Theils des Inhalts des Paragraphen gerichtet sind. Hier liegt zunächst der Antrag des Herrn Advokaten Gotthelf vor, den zweiten Absatz des §. 5 dahin zu fassen:

„Das Erkenntniß des Strafrichters ist, gleichviel ob der Beschädigte adhärirt hatte oder nicht, insoweit für die Entscheidung des Civilrichters bindend, als durch dasselbe eine Thatsache zum Vortheile oder Nachtheile des Beschädigten in bestimmter Weise festgestellt ist.“

Weiter der Antrag des Herrn Hofgerichtsraths Brauer:

„in §. 5 statt „„adhärirt hatte““ zu setzen: „„sich dem Strafverfahren angeschlossen hatte““ und statt „„Civilrichter““ „„bürgerlicher Richter““.

Ferner ist hier ein Antrag des Herrn Staatsanwalts v. Lauhn:

„Die Verweisung zum Civilprozesse erfolgt durch ein Dekret, gegen welches ein Rechtsmittel nicht zulässig ist.“

Endlich ein Antrag des Herrn Hofgerichtsprokurators Keller:

„Statt der Worte „„insoweit rc.““ in Zeile 7 des §. 5 zu setzen: „„bezüglich der That- und Schuldfrage rc.““ wie in der Vorlage bis „„bindend““, alles andere aber in diesem Paragraphen zu streichen.“

Es ist bekannt, daß hinsichtlich der Frage, welche im §. 5 an der Spitze steht, sich eine große Verschiedenheit in den Deutschen Gesetzgebungen zeigt. Es ist der Inhalt des ersten Theils dieses Paragraphen so abweichend von der bisherigen Praxis, daß ein großer Theil der Deutschen Gesetzgebungen diese Bestimmungen entweder gänzlich aus dem Strafprozesse ausgeschieden oder sie stillschweigend übergangen hat. Es ist das ein Punkt, in welchem die Deutsche Gesetzgebung geradezu in zwei Hälften gespaltet ist. Die Sache wird komplizirt dadurch, daß eine andere Frage in einem innigen Zusammenhange mit ihr steht, die aber doch eine andere Richtung hat.

Die eine Frage, um die es sich im §. 5 handelt, ist die: Soll Derjenige, der durch ein Verbrechen in seinen Rechten gekränkt wurde und entschiedene Ansprüche auf Entschädigung hat, keinen andern Weg haben, zu derselben zu gelangen, als den, der jedem Andern (im Civilprozeß) offen steht; oder soll ihm gestattet sein, bei der gerichtlichen Verhandlung, welche hinsichtlich der Bestrafung wegen des Verbrechens geführt wird, sogleich auch seinen Anspruch auf Schadensersatz geltend zu machen? Das ist die eine Frage. Die zweite, welche durchaus auch selbständig auftreten könnte, ist die: Wie verhält sich der Civilrichter, wenn bei der Entscheidung einer Rechtsfrage Thatsachen zur Sprache kommen, die ihrer Natur nach zunächst in dem Strafprozesse zu entscheiden wären, — wenn also die Entscheidung eines Civilprozesses von der Beantwortung einer strafrechtlichen Vorfrage abhängt?

Erlauben Sie mir, daß ich zunächst von dem ersten Punkte spreche; ich werde mich bemühen, möglichst kurz zu sein.

Die prinzipielle Reinheit des Criminalprozesses, wie sie sich unter dem Einflusse der Inquisitions-Maxime herausgebildet hat, führt dahin, daß man sagt, der Criminalprozeß wird lediglich im Interesse des Staates geführt; hat der Verletzte Ansprüche zu formuliren, so sind das Privatansprüche, und sie gehören vor die Behörde, bei welcher solche regelmäßig geltend gemacht werden. Das Lob der Konsequenz muß man also diesem Systeme lassen. Ich glaube aber, bei aller Vorsicht, mit der Derjenige sprechen muß, der einem Lande angehört, in welchem das entgegengesetzte System festgehalten wird, — bei aller Vorsicht glaube ich doch, daß bei gründlicher Untersuchung sich die Wagschale dahin neigen müsse, den ersten Satz des §. 5 anzunehmen, so daß man die Adhäsion zuläßt. Der Zweck der Strafrechtspflege, sowie der Zweck der Civilrechtspflege, ist und bleibt doch immer die Gerechtigkeit, die Wiederherstellung des gestörten Rechtes. Die Strafrechtspflege geht von der Civilrechtspflege nur ab, weil die Rechtsverletzungen so mannigfacher Natur sind, daß die Mittel des Civilrechtes nicht ausreichen, um den gestörten Rechtszustand wieder herzustellen, weil also hier noch andere Mittel nothwendig sind. Soll darum der Strafrichter nicht bei derselben Gelegenheit das minus auch in's Auge fassen? Soll es für den Staat gleichgültig sein, ob die schon jetzt mögliche Wiederherstellung des verletzten Rechtes einer späteren Verhandlung anheimgestellt wird oder nicht? Ich glaube, wenn der Staat sagt, das Verbrechen verletzt durchaus nicht blos den Privaten, sondern es verletzt auch mich, so kann er damit allein von seiner Verpflichtung, zunächst dem Privaten, dem Verletzten zu seinem Rechte zu helfen, sich nicht losmachen. Das ist es ja eben, was wir von dem Staate vor allen anderen erwarten: Schutz gegen solche Verletzungen, wie sie das Verbrechen nun doch Jemandem zugefügt hat. Dieser hat gewiß einen besonderen Anspruch darauf, daß der Staat ihm zu seinem Rechte verhelfe. Es scheint mir daher vollkommen begründet zu sein, daß die Adhäsion gestattet werde. Bei der Gelegenheit, wo die Sache einmal verhandelt wird, wo mit aller Klarheit und unter allen nur irgend erreichbaren Garantieen dem Richter evident gemacht wird, daß Ursache vorhanden sei, eine bestimmte Thatsache als erwiesen anzunehmen, bei dieser Gelegenheit kann oft auch über die Schädenansprüche des Verletzten mit abgeurtheilt werden. Und ist dies der Fall, so soll dem Verletzten nicht die Nothwendigkeit eines Civilprozesses nachträglich noch auferlegt werden. —

Wir müssen auch noch ein anderes Interesse ins Auge fassen: Der Staat kann nicht wünschen, daß seine Gerichte mit unnöthiger Arbeit überhäuft werden; der Staat kann nicht wünschen, daß seinem Richter zweimal eine Aufgabe gestellt werde, die ganz gut uno actu gelöst werden kann. Jedweder Staat strebt danach, die Geschäfte seiner Aemter möglichst zu verringern und zu erleichtern. Ein sehr wirksames Mittel dazu scheint mir nun zu sein, daß bei der Gelegenheit, wo eine Thatsache rechtlich festgestellt wird, alles dasjenige zum Austrage gebracht werde, was mit Verläßlichkeit dahin verwiesen werden kann.

Das, glaube ich, sind die Gründe, welche die ständige Deputation rechtfertigen, wenn sie Ihnen den ersten Satz des §. 5 zur Annahme vorschlägt. Die Deputation hat übrigens bei dem Schlußsatz des §. 5

den Fall vor Augen, den ich nicht zu übersehen bitte, daß vielleicht in einem bestimmten Lande der Beweis des Civilprozesses von den Regeln des Beweises im Criminalprozesse wesentlich abweicht, und daß vielleicht hierin eine Ermunterung zu dem Versuch gefunden würde, die Beweisvorschriften des Civilprozesses durch Betreibung des Strafprozesses zu umgehen. Das sind die Motive, welche die ständige Deputation veranlassen, den Vorbehalt in §. 5 zu machen, einen Vorbehalt, von dem wir Alle hoffen wollen, daß er möglichst bald in seiner Bedeutung dadadurch sinke, daß der Civilprozeß zu demselben einfachen und naturgemäßen Beweissystem übergehen möchte, welches auf strafrechtlichem Boden bereits feststeht.

Einmal den Grundsatz angenommen, daß es gestattet sei, Schadensersatzansprüche im Criminalprozeß geltend zu machen, so kann blos noch die Frage sein: welches sind die Konsequenzen?

Die Deputation ist der Meinung, daß der Strafrichter allerdings in der Lage sein kann, auszusprechen: „der Schadensersatzanspruch ist begründet, und ich gebe ihm statt;" sie glaubt aber, daß nicht das Gegentheil ausgesprochen werden könne. Der civilrechtliche Anspruch wird nämlich sich nie auf das Vorhandensein des Verbrechens als solchen gründen; es fallen eben nur die Voraussetzungen des civilrechtlichen Anspruchs und der Bestrafung in concreto zusammen. Wenn der Strafrichter also zu dem Resultate kommt: „das Verbrechen ist nicht vorhanden," so ist damit doch noch keineswegs dargethan, daß er auch die Ueberzeugung gewonnen habe, es sei das Fundament des civilrechtlichen Anspruches nicht vorhanden. Vielleicht würde die Besorgniß, daß in übereilter Weise der Strafrichter diese Sache, die für ihn doch immer nur eine Nebensache bleiben muß, abthun könnte, manchen Beschädigten abhalten, den Weg der Adhäsion zu betreten, einen Weg, von dem der Staat selbst wünschen muß, daß er betreten werde. Die meisten Gesetzgebungen, die diese Frage behandeln, fassen sie daher — meines Bedünkens vollkommen richtig — so: Wenn der Richter sich überzeugt, daß der Entschädigungsanspruch begründet sei, dann kann er dem Gesuche stattgeben; gewinnt er aber diese Ueberzeugung nicht, so hat er keineswegs gegen den verletzten Privaten schon zu erkennen;

— sein Ausspruch kann gegen diesen niemals res judicata werden — er verweist ihn dann an den Civilrichter, vor welchem er die Forderung ausreichend zu begründen hat.

Dies, m. hochg. H., ist in der Hauptsache über die erste Grundfrage zu sagen.

Von einem anderen Gesichtspunkte aus ist die zweite zu beurtheilen, sowohl in dem Falle, wo eine Adhäsion stattgefunden hat, und wo der Strafrichter auf den Civilrechtsweg verweist, als auch in dem, wo es entweder faktisch oder nach den Gesetzen des Landes unzulässig ist, sich dem Strafverfahren anzuschließen. In beiden Fällen kommt es vor, daß die civilrechtliche Entscheidung abhängig gemacht werden muß von der Frage, ob eine bestimmte Thatsache wahr sei, die das Vorhandensein eines Delikts involvirt. Nun, wir stehen dabei eigentlich auf dem Boden des Civilprozesses, und müssen daher um so mehr die strenge Regel betonen, daß der Ausspruch des Richters immer nur Wahrheit mache in diesem Prozesse, in welchem die Frage verhandelt wird. Alles andere ist res inter alios acta. Daraus folgt nun von selbst, daß niemals das, was im Strafprozeß verhandelt wird, wo immer der Staat auf einer Seite die Hauptpartei ist, im Civilprozeß als res judicata erscheinen kann. Die strenge Konsequenz würde auch hier darin bestehen, daß der Civilrichter den Beweis nach den gewöhnlichen civilprozessualischen Regeln fordern würde, ohne darauf Rücksicht zu nehmen, was vorgegangen, ohne darauf zu achten, ob ein Strafprozeß geführt worden sei oder nicht. Allein, m. H., dies würde zu weitgehenden Collisionen der beiden Zweige der Justizpflege des Staates führen; es würde sich nicht selten das höchst bedauerliche Resultat ergeben, daß heute das Strafgericht in der feierlichsten Weise einen Angeklagten für schuldig erklärt, und morgen, wo vielleicht dieses Erkenntniß erst noch zu vollziehen ist, sich ein anderes Gericht desselben Landes fände, das in nicht minder feierlicher Weise erklärte, diese Thatsachen seien nicht wahr. Ich glaube, m. H., jede Gesetzgebung hat das Bedürfniß, Collisionen dieser Art zu vermeiden. Der Antrag der Deputation geht nun dahin, den Civilrichter an die Entscheidung des Strafrichters insoweit zu binden, als im strafrichterlichen Erkenntniß ausgesprochen worden ist, daß die That begangen worden sei, und daß der Angeschuldigte sie begangen habe. Die Formulirung hat den Sinn, namentlich den Beweis des Gegentheils auszuschließen, den Beweis, daß die That nicht begangen worden sei, — eben weil die Voraussetzungen eines strafrichterlichen Erkenntnisses höher stehen müssen, als die Voraussetzungen eines civilrechtlichen Erkenntnisses.

Aus diesem Grunde, m. hochg. H., glaubt die Deputation Ihnen den zweiten Satz des §. 5 vorschlagen zu sollen.

Ich glaube, daß das eben Gesagte vollkommen ausreichen dürfte, um sich über die Amendements zu orientiren. An der Spitze dieser Anträge steht das des Herrn Dr. Rubo, welcher prinzipiell für die Beseitigung des Adhäsions-Verfahrens ist. Dann kommt eine Reihe von Anträgen in Betracht, welche die Richtung haben, die Entscheidung der zweiten Frage ganz abzulehnen.

Präsident: Ich eröffne nunmehr, m. höchstg. H., die Diskussion über §. 5, und über die zu demselben eingebrachten Amendements, und gebe zunächst dem Herrn Ober-Staatsanwalt von Tippelskirch das Wort.

Ober-Staatsanwalt von Tippelskirch: M. H.! Obgleich ich mich in demselben Falle befinde, wie der Herr Referent, einem Lande anzugehören, in welchem der Adhäsionsprozeß im Strafverfahren unbekannt ist, so stimme ich demselben doch darin vollkommen bei, daß es ein dringendes Bedürfniß sei, den Adhäsionsprozeß zuzulassen. Ich halte ihn für ein Bedürfniß der wirklichen Gerechtigkeit. — Das Strafverfahren hat eigentlich den Zweck, das verletzte Recht, so weit es irgend möglich ist, wieder herzustellen; und dies geschieht nicht blos dadurch, daß der Verbrecher bestraft, sondern dadurch, daß er womöglich angehalten wird, den Schaden, den er dem Beschädigten zugefügt hat, zu vergüten. Insofern ist also die Befugniß des Beschädigten, im Strafverfahren zu adhäriren, seine Schädenansprüche geltend zu machen, vollkommen gerechtfertigt. Es liegt aber auch zu Tage, daß diese Forderung des Beschädigten immer nur eine subsidiäre sein kann, daß sie den Zweck des Strafverfahrens nicht benachtheiligen darf, daß sie ihm vielmehr nachstehen muß. Es folgt daraus, daß, wenn einmal der Anspruch des Beschädigten eine sehr weitläufige Beweisaufnahme erforderlich machen sollte, welche im Strafverfahren nicht vorgenommen werden kann, ohne dasselbe ungebührlich zu verzögern, es dem Strafrichter unter diesen Umständen freistehen muß, den Entschädigungsanspruch an ein besonderes civilgerichtliches Verfahren zu verweisen. Insoweit also bin ich mit den beiden ersten Sätzen der Deputation vollkommen einverstanden.

Was nun den dritten Satz anbetrifft, so räume ich ein, daß dieser Satz vollkommen konsequent ist und über eine unendliche Zahl von Schwierigkeiten hinweghilft. Wenn man ihn nicht festhalten wollte, so würde man leicht in den Fall kommen, daß das Erkenntniß des Civilrichters mit dem Strafrechte in Widerspruch geräth.

Dennoch glaube ich, auch aus einem höheren Grunde diesen Satz nicht vertheidigen zu sollen. Wir müssen uns einmal vergegenwärtigen, auf welchem Wege strafgerichtliche Erkenntnisse zu Stande kommen, und fragen, wer diejenigen sind, welche hauptsächlich im Strafverfahren dazu mitwirken, daß die Verurtheilung herbeigeführt wird.

Wir wissen ja Alle, daß der Beschädigte im strafgerichtlichen Verfahren ein fast unentbehrlicher Zeuge ist, insonderheit bei Verbrechen, die gegen Privatpersonen gerichtet sind, wo es sich um ein pekuniäres Interesse handelt. Der Beschädigte muß durch seine Aussage nicht blos die objektive Thatsache feststellen, sondern in vielen Fällen auch die Thäterschaft. Man nimmt keinen Anstand, in diesem Verfahren ihn als vollkommen kräftigen Zeugen sich bethätigen zu lassen, wenn nicht sonst gegen seine Persönlichkeit ein Bedenken obwaltet. Wunderbar ist es, daß im Civilverfahren gerade das Gegentheil stattfindet. Wo ein Civilkläger seine Ansprüche geltend macht, gilt seine Aussage so viel und so wenig, wie die des Gegners. Man muß sich die Frage vorlegen: wie kommt es nun, daß man im Strafverfahren dem Beschädigten unter Umständen vollen Glauben schenkt und auf sein Zeugniß nicht nur den Thatbestand, sondern meist auch die Thäterschaft für erwiesen ansieht, so daß oftmals der Fall vorgekommen ist, daß das alleinige Zeugniß des Beschädigten hingereicht hat, um den Angeschuldigten zu verurtheilen. Ich frage, worauf beruht dieser Unterschied?

Ich glaube, das ist sehr klar: Wenn der Beschädigte weiter nichts verlangt, als die moralische Genugthuung für die Rechtsverletzung, welche ihm angethan worden ist, wenn er weiter nichts verlangt, als daß der Thäter bestraft werde für den Frevel, den er verübt hat, dann, m. H., mag er zwar ein Interesse an der Sache haben, aber ein Interesse, welches ihn nicht von der Wahrheit abführt, sondern ihn ihr zuführt. Ich frage, wie kann der Beschädigte eine Genugthuung auf anderem Wege erlangen, als dadurch daß der Schuldige bestraft wird? Ihm liegt nicht daran, daß irgend Jemand, sondern nur daß der Schuldige bestraft werde; und nur dadurch wird ihm Genugthuung.

Das ist der Grund, weshalb man in der Regel keinen Anstand nimmt, seinen Worten vollen Glauben beizulegen. Aber die Sache ist wesentlich anders, wenn der Beschädigte seine Privatansprüche verfolgt. Wenn er das thut, dann ist die eigentliche Frage, daß er sein Geld haben will, und er muß dazu Jemanden in Anspruch nehmen, der fähig ist, ihm sein Geld zu verschaffen, so daß das Interesse, welches der Beschädigte im Civilverfahren hat, ihn nicht der Wahrheit zuführt, wie im Strafverfahren, sondern im Gegentheil ihn von der Wahrheit abführt. Das ist ein außerordentlich wesentlicher Punkt. Es ist dies ein Umstand, der allein es schon sehr wünschenswerth macht, daß der Civilanspruch und der Strafanspruch in demselben Prozesse vereinigt werden. Denn wenn der Strafrichter den Beschädigten vor sich sieht, und dessen vollen Anspruch mit einem Blicke übersieht, daß er nicht etwa blos eine moralische Genugthuung verlangt, sondern auch ein pekuniäres Interesse geltend macht, ist er in den Stand gesetzt, sich ein vollkommen klares Bild über die Glaubwürdigkeit des Beschädigten zu machen. Bei dem Adhäsionsprozeß ist die Sache also auf einmal vollständig abgethan. Reißen wir aber die Sache auseinander, lassen wir erst den Strafprozeß für sich gehen und dann den Entschädigungsprozeß wieder für sich, so können wir die Sache nicht übersehen. Der Beschädigte, der im Strafprozeß als Zeuge auftritt, spielt dort eine ganz unschuldige Rolle; und diese wird außerordentlich dadurch erleichtert, daß der Staatsanwalt die Verfolgung übernimmt. Er ist nur der Belastungszeuge, den der Staatsanwalt anführt wie andere Belastungszeugen, und man hat gar keine Idee davon, was für Absichten eigentlich im Hintergrunde schlummern. — Dieser Umstand führt mich zu der Ueberzeugung, daß es in der That ohne große Gefahr der Verletzung der Gerechtigkeit nicht möglich ist, wenn der Strafprozeß und der Civilprozeß getrennt werden, das Erkenntniß im Strafprozesse für den Civilrichter ohne Weiteres als maßgebend zu erklären. Denn nur unter der Voraussetzung, daß der Beschädigte weiß: „Du mußt ein vollständiges Zeugniß ablegen, dieses Zeugniß nützt Dir im Civilprozeß gar Nichts!" nur unter dieser Voraussetzung kann man annehmen, er sei ein vollkommen glaubwürdiger Zeuge. Wenn der Beschädigte aber weiß: „Dein Zeugniß, welches Du im Strafprozeß ablegst, das wird für Dich einmal ein eigner Beweis im Civilprozeß sein, Du wirst Dir Deinen Beweis selber machen," — dann ist es in der That mit der Glaubwürdigkeit ein eigenthümliches Ding, und deshalb scheint es mir im äußersten Falle bedenklich, dieses Erkenntniß ohne Weiteres als maßgebend zu erachten.

Ich weiß, daß der Skandal groß genug sein kann, wenn der Angeklagte erst im Strafprozeß verurtheilt ist, und dann der Civilrichter den Kläger abweist. Ich glaube aber doch, der Skandal ist wahrlich weniger groß, als im umgekehrten Falle, wenn Jemand im Strafprozeß verurtheilt wird und der Beschädigte nachher in einem besondern Prozesse, von dem Niemand eine Ahnung gehabt hat, seine Civilansprüche verfolgt. Ich bitte Sie demnach meinem Amendement Ihre Zustimmung zu geben, und zwar: die beiden ersten Sätze des §. 5 zu genehmigen, dagegen den dritten und vierten Satz zu streichen.

Kammergerichts-Referendar Dr. **Kubo** aus Berlin: M. H.! Der §. 5 der Deputations-Vorlage zerfällt in drei Theile. Der erste Theil betrifft die Adhäsion im Kriminalprozesse; der zweite Theil bezieht sich auf die Frage, inwieweit der Kriminalrichter civilrechtliche Ansprüche entscheiden dürfe, und der dritte Theil erörtert, ob, resp. inwieweit das Erkenntniß des Strafrichters dem Civilrichter präjudiciren solle.

Der in dem ersten Theile aufgestellte Satz ist, wie aus den Motiven erhellt, insbesondere dadurch hervorgerufen worden, daß, wie die Erfahrung gelehrt, über dasselbe Sachverhältniß der Strafrichter anders erkannte, als der Civilrichter, und auf diese Weise Collisionen entstanden. Lediglich Gründe der Kriminalpolitik sind es sonach, welche den von der Deputation gemachten Abänderungsvorschlag veranlaßten.

Es fragt sich nunmehr, ob die beantragte Aenderung den entstandenen Nachtheil auch wirklich zu heilen vermag. Ich glaube mit „Nein" antworten zu müssen. War ein Nachtheil vorhanden, so beruhte derselbe nur darauf, daß einer von beiden Richtern, der Kriminal- oder der Civilrichter falsch geurtheilt hatte. Vermag man nun aber a priori festzustellen, wer gerade das unrichtige Urtheil gefällt habe? Ich glaube: nein! Deshalb dürfte sich empfehlen, bei dem in den meisten Deutschen Staaten geltenden Verfahren es zu belassen. Nach diesem Verfahren könnte bei gedachtem Collisionsfalle höchstens nur einmal Unrecht geschehen. Bei dem von der Deputation in Vorschlag gebrachten Verfahren würde jedoch für den Fall, daß der Strafrichter sich in seinem Urtel geirrt hätte, zu zweien Malen, in kriminal- und in civilrechtlicher Hinsicht, zu Unrecht erkannt werden.

Der von der Deputation gemachte Vorschlag dürfte aber auch schon mit Rücksicht darauf als nicht annehmbar erscheinen, daß der Zweck des Civilprozesses vollkommen dem des Kriminalprozesses entgegensteht. Während es sich im Civilprozesse darum handelt, ob Jemand berechtigt ist, Etwas zu fordern, so handelt es sich im Strafprozesse darum, ob Jemand schuldig sei, Strafe zu erleiden. In einem Verfahren können wir nicht zwei so schroffe Gegensätze mit einander vereinigen. Um der Gerechtigkeit willen müssen wir beide Verfahren von einander trennen.

Die Deputationsvorschläge sind ferner auch praktisch nicht durchgreifend, denn durch sie wird der Civilkläger in keiner Weise verpflichtet, sich zuerst an den Strafrichter zu wenden. Wendet er sich nun zuerst an den Civilrichter und fällt demnächst der Kriminalrichter ein anderes Urtel als jener, so ist die gefürchtete Collision wieder vorhanden.

Eine weitere, gleichfalls die Praxis anlangende Frage dürfte aber auch noch in Erwägung gezogen werden, und ich darf dieselbe hier wohl berühren, ohne irgendwie dem hohen Richterstande zu nahe zu treten, dessen Erreichung ich mir zur Ehre anrechnen werde. Dem Kriminalrichter stehen nämlich, wie ich glauben möchte, Civilrechtskenntnisse nicht in der Art zur Seite, um mustergültige Civilrechtserkenntnisse fällen zu können. (Widerspruch.)

M. H., ich bitte um Nachsicht dafür, daß ich diese Ansicht äußere. Bedenken Sie aber, wie die Civilgesetzgebung vorschreitet, wie solches auch hinsichtlich der Kriminalgesetzgebung stattfindet, erwägen Sie, welche großen Fortschritte in der Wissenschaft sich zeigen, berücksichtigen Sie ferner, daß ein guter Richter auch mit der Gesetzgebung und Wissenschaft fortschreiten muß, — und fragen Sie sich alsdann selbst, ob der Kriminalrichter Zeit und Muße habe, die die Civilrechtsgesetzgebung und Civilrechtswissenschaft anlangenden Fragen kennen zu lernen. Zweifeln Sie noch, so frage ich Sie — wir sitzen hier in der Kriminal-Abtheilung — ob etwa der Civilrichter selbst hinsichtlich der wichtigsten Fragen des Kriminalrechts, z. B. von der strafbaren Theilnahme, dem dolus, der culpa ꝛc. genaue Kenntniß habe. Meines Erachtens ist dies zu verneinen.

Eines der größten Uebel der Rechtspflege in England ist es — und man dringt daselbst schon lange auf Abänderung — daß die Jury auch in Civilsachen entscheidet. Wollen Sie nunmehr auch bei uns die Jury, welche ohne Angabe von Entscheidungsgründen ihren Wahrspruch fällt, als Richter in Civilrechtssachen eingeführt wissen? Die Jury erklärt in ihrem Wahrspruche nicht, ob der Angeklagte eine gewisse Handlung vollführt habe; sie entscheidet principaliter und zwar nach unseren Gesetzgebungen stets, ob der Angeklagte der Vollführung einer gewissen Handlung schuldig sei. M. H., bei Entscheidung der Schuldfrage kommen mancherlei Umstände in Betracht, welche von der Frage, ob eine Handlung überhaupt begangen sei, scharf zu trennen sind. Derartige Umstände regen den Geschworenen zuweilen zur Nachsicht gegen den Angeklagten an. Eine solche Nachsicht darf aber niemals im Civilprozesse geübt werden; denn in diesem handelt es sich darum, dem Rechte des Klägers vollkommene Anerkennung zu zollen. Und so erfordert es schon die Billigkeit und Gerechtigkeit, daß Sie erklären: der Civilrichter hat über Civilrechtsansprüche, der Kriminalrichter über die Schuldfrage zu entscheiden.

M. H., ich wende mich zu dem zweiten Theile des §. 5, wie weit der Kriminalrichter über die Schadensersatzansprüche entscheiden solle. Die Deputation und heute auch der Herr Referent haben mit Recht angegeben, daß der Kriminalrichter durch den Ausspruch, Jemand sei nichtschuldig, eine gewisse Handlung vollführt zu haben, in keiner Weise erkläre, der Betreffende sei unschuldig, sondern daß dieser Ausspruch nur dahin aufgefaßt werden dürfe, es sei gehöriger Beweis nicht erbracht worden. In Anschluß an diese allerdings sehr wahre Auffassung hat die Deputation den Satz aufgestellt, der Kriminalrichter dürfe den Angeklagten nicht von der civilrechtlichen Forderung selbst lossprechen. Ich vermag diesem Satze nicht beizustimmen. Warum soll für den Fall, daß der Kriminalrichter überhaupt berechtigt ist, civilrechtliche Ansprüche zu entscheiden, ihm nicht auch die dem Civilrichter unbedingt zustehende Befugniß ertheilt werden, ausdrücklich dahin zuerkennen, daß der Angeklagte gewisse Handlungen nicht gethan habe und der Angeklagte zum Schadensersatze nicht verpflichtet sei? Meines Erachtens ermangelt es einer in sich begründeten Grundlage, wenn man annimmt, der Strafrichter solle in civilrechtlicher Hinsicht lediglich ein Helfer des Klägers sein und nur dann entscheiden, wenn dieser etwas zu fordern berechtigt ist, in dem Falle aber, wo eine Ersatzpflicht des Angeklagten nicht begründet erscheint, sich des Urtels enthalten. Bei Aufstellung von Prinzipien müssen wir konsequent sein. Der zweite Theil des §. 5 steht aber nicht im Einklange mit dem in dem ersten Theile dieses Paragraphen ausgesprochenen Prinzipe. Schon um deswillen muß, wie ich glaube, der zweite Theil verworfen werden.

Was endlich die von der Deputation befürwortete Präjudicirung des kriminalrichterlichen Urtels anlangt, so beruht der von der Deputation gemachte Vorschlag auf der Voraussetzung, daß weder im Civilprozesse noch im Kriminalprozesse gesetzliche Beweisregeln maßgebend seien. Gerade bei dieser Voraussetzung müssen wir aber die Freiheit der subjectiven Ueberzeugung des erkennenden Richters walten lassen. Schreibt z. B. ein Gesetz vor, ein Beweis sei durch die übereinstimmenden Aussagen zweier Zeugen für geführt zu erachten, so werden in den betreffenden Fällen wohl übereinstimmend fast alle Richter einen Beweis für geführt oder nicht geführt halten. Hier wäre also die

Gefahr der Präjudicirung eines Urtels voraussichtlich nicht sehr groß. Soll aber, dem Geiste einer Gesetzgebung zufolge, die Entscheidung einer Rechtssache gerade von der subjectiven Ueberzeugung des erkennenden Richters abhängig gemacht werden, dann darf man nur in Fällen der äußersten Nothwendigkeit vorschreiben, daß der erkennende Richter sich dem Urtheile eines Anderen unterwerfe und seine innerste Ueberzeugung nicht zur Geltung bringe. Ein derartiger Nothwendigkeitsfall liegt hier nicht vor.

Aus allen diesen Gründen bitte ich Sie, m. H., nehmen Sie den §. 5 der Vorlage nicht an. Sprechen Sie vielmehr, in Uebereinstimmung mit meinem Antrage, lediglich aus: das Civilprozeßverfahren ist von dem Kriminalverfahren zu sondern.

Sollten Sie indessen dem ersten Theile des §. 5 der Vorlage beistimmen, so, bitte ich, erfüllen Sie wenigstens dieses Gebot der Gerechtigkeit, daß Sie erklären: der Strafrichter kann bei Entscheidung von civilrechtlichen Ansprüchen den Angeklagten auch von der Schadensersatzpflicht freisprechen. Wahren Sie schließlich bei Ihrer Abstimmung dem Richter das Recht, nach seiner subjectiven Ueberzeugung zu entscheiden!

Staatsanwalt v. **Grävenitz** aus Danzig: M. H.! Ich halte das Recht der sogen. Adhäsion für durchaus nothwendig. Ein großer Theil der Gründe, die von dem geehrten Herrn Vorredner angeführt worden sind, erledigen sich, wie mir scheint, durch den Umstand, daß die Befugniß des Strafrichters, auf Schadensersatz zu erkennen, eine facultative ist. Meine Absicht ist nur, mit wenig Worten zu erklären, daß ich mich dem Antrag des Herrn Ober-Staatsanwalts v. Tippelskirch anschließe.

Ich möchte Sie auch bitten, den zweiten Satz des §. 5 von „das Erkenntniß des Strafrichters" an bis zu Ende zu streichen. Ich halte diese Bestimmung nicht für nothwendig, weil es sich hier nur um die Thätigkeit des Strafrichters handelt und weil es nicht nöthig ist, darüber zu bestimmen, welche Rechte der Beschädigte in einem andern Prozesse erlangen soll.

Was die Bestimmung selbst betrifft, so bin ich aus prinzipiellen Gründen gegen dieselbe. Der Herr Ober-Staatsanwalt v. Tippelskirch hat bereits die materiellen Gründe angeführt. Hauptsächlich scheint mir die Aufnahme dieser Bestimmung hier nicht zweckmäßig, sie führt uns auf ein ganz fremdes Gebiet, auf eine Frage, die jedenfalls nicht hier entschieden werden könnte, oder doch nur unter der Voraussetzung der wichtigsten organischen Aenderungen des Civilprozesses. Sie werden mir zugeben, daß unter diesen Umständen die Entscheidung dieser Frage mit Rücksicht auf die große Wichtigkeit des Gegenstandes einem besonderen Verfahren vorbehalten werden muß.

Appellationsgerichtsrath v. Krämel aus Naumburg a./S.: Die drei Herren Vorredner haben sich dafür ausgesprochen, daß es beim Alten bleiben und die in den letzten Sätzen des §. 5 enthaltenen Anträge der Deputation nicht berücksichtigt werden sollen. Ich glaube nun, daß diese Anträge sich wohl rechtfertigen lassen, halte jedoch die Aufgabe, das zu vertheidigen, mir darum nicht für obliegend, weil der Herr Referent schon in lichtvoller Weise die dafür sprechenden Gründe zusammengestellt hat. Nur gegen einen der Herren Vorredner wollte ich bemerken, daß mir keine so strengen Gegensätze zwischen Civil- und Untersuchungsverfahren vorzuliegen scheinen; ich glaube, daß in beiden Verfahren die Aufgabe die ist, die Wahrheit zu ermitteln, so daß die Wahrheit der Thatsachen die Grundlage der Anklage und des Civilanspruchs bildet.

Wenn nun die Aufgabe, die Thatsachen festzustellen, für jeden Richter dieselbe ist, so glaube ich, ist es ein innerer Widerspruch, wenn der Staat einmal sagt: im Kriminalverfahren ist es wahr, und dann: im Civilverfahren ist es nicht wahr. Ich behaupte, was vom Staate einmal für wahr anerkannt ist, muß er nach allen Richtungen hin für wahr erkennen, und ich glaube, es wäre ein großer Vorwurf für diejenigen Untersuchungsprozeßordnungen, in denen die Beweistheorie nicht mehr eine gebundene, sondern eine freie ist, wenn ihnen der Vorwurf gemacht werden könnte, daß sie nicht so sicher die Wahrheit ermitteln, als dies nach der strengen Beweistheorie der Fall ist. Es ist bei der freien Beweisführungstheorie die Ueberzeugung dasjenige, was die Verurtheilung herbeiführt, und ich glaube, daß, wenn diese im Kriminalrecht für die Schuld maßgebend ist, so muß sie noch weit mehr für das Civilrecht maßgebend sein. Ich glaube, es wäre unrecht, wenn man strafen wollte und die Civilentscheidung nicht an denselben Ausspruch knüpfen könnte.

Darum stelle ich den Antrag, den letzten Satz:

„es wird hierbei allenthalben vorausgesetzt, daß der erkennende Richter auch im Civilprozeß an gesetzliche Beweisregeln nicht gebunden ist,"

fortzulassen.

Es steht zwar in den Motiven, daß diese Voraussetzung sich „von selbst verstehe", Gründe dafür sind indeß nicht angegeben. Ich glaube aber, daß, wenn einmal die Wahrheit, die im Kriminalurtheil gefunden war, maßgebend ist, sie das auch für den Civilprozeß sein muß, und daß die Art und Weise, wie die Wahrheit gefunden wird, — mag sie auf die strenge Beweistheorie oder auf die freie Ueberzeugung begründet sein, — in beiden Fällen maßgebend sein muß.

Ich würde darum den letzten Absatz fallen lassen.

Advokat **Heydenreich** aus Dresden: Auch ich habe mir erlaubt — es ist zwar vorhin nicht erwähnt worden — einige Erinnerungen zu §§. 5 und 6 einzureichen. Der Herr Referent wird die Güte haben, das zu bestätigen.

Wir hier in Sachsen besitzen bereits das Institut der Adhäsion, und im Allgemeinen glauben wir damit keinen Rückschritt gethan zu haben; es hat sich ja auch unsere Deputation für die Anwendung desselben als allgemeinen Grundsatz ausgesprochen. Allein trotz dieses Vorzuges, wenn ich es so nennen darf, obschon es anderwärts bezweifelt worden, bin ich der Ueberzeugung, daß diese exzeptionelle Herstellung eines Separatrechts nicht weiter extendirt werden kann, als die formalen Bedingungen es gestatten. Einen großen Nachtheil führt es mit sich, daß gesetzliche Bestimmungen darüber, inwieweit der Adhärent auch als Zeuge zuzulassen sei, nicht haben gegeben werden können, weil, wie vorhin schon sehr richtig bemerkt wurde, die Zulassung des Adhärenten zu der Aburtelung in der Regel ihn zu einem Zeugen in propria causa macht, er also dadurch von seinem Zeugnisse einen

Vortheil gewinnt oder wenigstens anstrebt, der ihm nach Befinden durch den Spruch zugestanden werden kann.

In Betreff des vorliegenden Paragraphen sind wir Sachsen sonach mit dem Grundsatze des Anschlusses und damit einverstanden, daß der Strafrichter die Verurtheilung aussprechen könne, aber nicht sie aussprechen müsse. Es bleibt aber doch schwankend der Satz dabei, daß er nicht auch den Angeklagten von der Forderung lossprechen dürfe, daß also die Entbindung von der Strafanklage nicht auch die Folge haben soll, den Angeklagten des Civilanspruches zu entheben. Mit Recht wurde wohl bemerkt, daß hier eine Inkonsequenz vorliegt. Auf der einen Seite will man dem Kriminalrichter nicht das Recht geben, einen Angeklagten von der Forderung loszusprechen, auf der andern Seite giebt man ihm das Recht, unbedingt zu verurtheilen. Dort wird also der Ankläger zur Civilklage verwiesen, hier ist der Civilweg dem Angeklagten abgeschnitten. Muß aber, nach unserer Gesetzgebung, wenigstens zur Zeit dieser Satz auf sich beruhen, wenn er nicht von der allgemeinen Meinung als nicht ganz haltbar bezeichnet wird, so ist doch auch im 3. und 4. Satze die Frage, ob der Strafrichter selbst dann über die Entschädigung sich aussprechen könne, wenn der Beschädigte gar nicht adhärirt hat, ebenso bedenklich, als der 4. Satz, daß der im Civilprozeß erkennende Richter nicht an die gesetzlichen Beweismittel gebunden sei. Sobald der Beschädigte nicht adhärirt, ist lediglich die Verletzung des Staats und des Staatsinteresses in Frage. Es kann also dann über einen Schädenanspruch gar nicht erkannt werden.

Auch der vierte Satz hat ebenfalls eine Verletzung der Prozeßregel zur nothwendigen Folge. Wenn einmal der Civilrichter in dem ihm zugewiesenen Falle, es möge nun die Forderung an sich oder nur dem Quantum nach in Frage stehen, zur Entscheidung angerufen ist, so kann man unmöglich den Civilrichter von den nach jeder Landesverfassung bestehenden Civilprozeßregeln entbinden. Ich glaube daher, daß jedenfalls die Worte wegfallen müssen, „gleichviel ob der Beschädigte adhärirt hatte oder nicht", weil durch den Wegfall dieser Worte Uebereinstimmung mit der vorhergehenden Bezeichnung „geforderten Schadensersatz“ hergestellt wird — und dann, daß der vierte Satz ganz in Wegfall zu bringen sei, weil in keinem Falle ein Civilrichter von den ihm durch das Gesetz vorgeschriebenen Beweisregeln entbunden werden kann. Ich sollte daher meinen, daß, wenn diesen Bedenken abgeholfen würde, den übrigen Bedenken gegen Festhaltung des 1. und 2. Satzes begegnet sein würde.

Präsident: Es ist noch von den Herren Sabarth, Müller, Schulze, Dr. Rubo um das Wort gebeten worden, dagegen ist von dem Herrn Rechtsanwalt Lewald ein Antrag auf Schluß der Debatte gestellt worden. Ich frage zunächst, ob Sie den Antrag auf Schluß der Debatte unterstützen?

(Geschieht.)

Nunmehr gebe ich zunächst blos denjenigen Herren das Wort, die für oder wider den Schluß der Debatte sprechen wollen.

Rechtsanwalt **Lewald:** Ich mache auf eine Thatsache aufmerksam. Die Reihen unserer Versammlung haben sich seit gestern und selbst seit heute früh so erheblich gelichtet, daß, wenn wir in der Weise fortfahren, wir ziemlich vor leeren Bänken debattiren, und kaum mehr den Anspruch an das Plenum bringen können, daß unsere Berathungen wirkliche Kommissionsberathungen sind.

M. H., wir haben noch mehrere Paragraphen zu erledigen, und da es sich nicht um Gesetze, sondern nur um Prinzipien, die uns Allen schon klar sind, handelt, so bitte ich Sie, gehen Sie hier zum Schlusse und möglichst rasch zur Abstimmung. Wir sind ja Fachmänner, die wir uns vollständig mit den vorliegenden Gegenständen beschäftigt haben. (Beifall.)

Präsident: Begehrt noch Jemand das Wort für oder wider den Schluß der Debatte?

Da bringe ich nun den Antrag des Herrn Rechtsanwalts Lewald zur Abstimmung.

Diejenigen, welche für den Schluß der Debatte sind, bitte ich aufzustehen.

Es ist die Mehrzahl.

Ich frage Sie nun noch, ob Sie dem Herrn Hofgerichtsrath

Brauer aus Bruchsal zu einer Mittheilung über das Verfahren in Baden in Bezug auf die Adhäsion das Wort gestatten? Ich bitte, daß diejenigen, welche dem Herrn Hofgerichtsrath Brauer zu dem angedeuteten Behufe das Wort noch geben wollen, sich von ihren Sitzen erheben.

Es ist die Minorität!

Ich gebe nun noch dem Herrn Referenten das Schlußwort. Allein ich will zuvor Ihnen mittheilen und Ihrer beziehentlichen Prüfung unterstellen, wie ich beabsichtige, die einzelnen Fragen Ihnen zur Abstimmung vorzulegen.

Ich nehme zunächst Satz 1. Gegen diesen ist von Herrn Dr. Rubo ein Antrag gestellt worden:

„Die Geltendmachung der Schadensansprüche muß in einem andern, als dem Strafverfahren erfolgen."

Ich glaube, daß dieser Antrag nichts anderes ist, als der Antrag des Herrn Justizraths Corty, den Satz 1 nicht anzunehmen, eine Negation des 1. Satzes.

Was den Satz 2 anlangt, so würde ich denselben noch einmal spalten, denn die Worte:

„der Strafrichter kann die Verurtheilung auf den geforderten Schadensersatz miterstrecken oder den Beschädigten auf den civilgerichtlichen Weg verweisen",

stimmen nach meiner Ansicht überein mit dem eventuellen Antrage des Herrn Dr. Rubo:

„Der Strafrichter kann seine Entscheidung auf den geforderten Schadensersatz miterstrecken oder den Beschädigten auf den civilgerichtlichen Weg verweisen."

Es würde sich also nur noch nothwendig machen, die nächsten Worte zur besondern Abstimmung zu bringen. Damit, glaube ich, wird auch Herr Corty zufrieden sein. Bei Ablehnung der Anträge der Herren Rubo und Corty würde dann von selbst das Deputationsgutachten zur Annahme Ihnen vorzutragen sein.

Satz 3 von den Worten an: „Das Erkenntniß des Strafrichters

2c." wollen die Herren Dr. Rubo, v. Tippelskirch und Heydenreich streichen. Ueber diese Anträge würde zunächst abgestimmt werden. Würden diese abgelehnt, so würde ich den Antrag des Herrn Gotthelf zur Beschlußfassung bringen, weil er der weitgehendste zu sein scheint, indem derselbe beantragt:

„Es solle das Erkenntniß des Strafrichters für den Civilrichter soweit bindend sein, als durch dasselbe eine Thatsache zum Vortheile oder zum Nachtheile des Beschuldigten in bestimmter Weise festgestellt ist."

Bei dessen Ablehnung käme dann der Keller'sche Antrag zur Beschlußfassung, weil dieser immer noch weiter geht als das Deputationsgutachten, da derselbe sagen will:

„im Allgemeinen bezüglich der That- und Schuldfrage."

Bei dessen Ablehnung würde nun der Antrag des Herrn Corty zur Entscheidung kommen. Der will das Präjudiz blos soweit anerkannt haben, als ausgesprochen ist, daß der Angeschuldigte die That begangen habe.

Satz 4 würde nun nur noch soweit in Frage kommen, als Satz 2 und 3 stehen bleiben. Der Herr Advokat Heydenreich will denselben streichen, ebenso auch Herr v. Krämel.

Selbständig nebenher gehen noch die Anträge der Herren Lauhn und Brauer.

Herr Lauhn will nämlich haben, daß gesagt werde:

„Die Verweisung zum Civilprozesse erfolgt durch ein Dekret, gegen welches ein Rechtsmittel nicht zulässig ist".

Und endlich würde der nur eine Redaktion betreffende Antrag des Herrn Brauer zur Erledigung kommen, der statt der lateinischen Worte deutsche gesetzt haben will.

Sind die Herren mit dieser Aufeinanderfolge der Fragen einverstanden?

(Es erfolgt kein Widerspruch.)

Advokat **Heydenreich**: Ich habe die Streichung nicht des ganzen dritten Satzes, sondern blos der eingeschalteten Worte:

„gleichviel, ob der Beschuldigte adhärirt hatte oder nicht" beantragt.

Präsident: Es thut mir leid; es steht hier, Satz 3 und 4 gänzlich in Wegfall zu bringen.

Nun bitte ich den Herrn Referenten, das Schlußwort zu ergreifen.

Professor Dr. Glaser: M. H. Ich darf mich auch gegenwärtig enthalten, über Prinzipien zu sprechen vor Juristen, von denen gewiß jeder in diesem Augenblick seine Ueberzeugung vollständig gebildet hat; ich werde Sie mit Wiederholung der Gründe für oder wider die Prinzipien, über welche gesprochen worden ist, nicht aufhalten, und ich erlaube mir nur, auf einige Details einzugehen und einige Worte über die Amendements zu sagen, welche sich auf das Detail beziehen, also nicht lediglich die Hauptfrage angehen.

Eine Frage, die im Laufe der Verhandlungen wiederholt erörtert ist, und welche nach Anordnung des Herrn Präsidenten zu selbstständiger Abstimmung kommen wird, ist die, ob der Strafrichter, wenn der Beschädigte adhärirt hat, lediglich darauf hingewiesen sein soll, entweder den Angeklagten zum Schadensersatz zu verurtheilen, oder den Beschädigten an den Civilrichter zu verweisen, oder ob er, wie Einige beantragen, auch berechtigt sein soll, zu erklären, daß jenem Anspruch auf Schadensersatz überhaupt nicht statt gegeben werde. — Ich erlaube mir noch für den Vorschlag der Deputation einige Worte zu sagen. Der ganze Gedankengang in diesem Falle ist doch wohl nur der: der Strafrichter hat natürlich hauptsächlich die Straffrage in's Auge zu fassen; allein wenn er bei dieser Arbeit sich überzeugt, daß auch noch eine andere Arbeit, die eigentlich dem Civilprozesse angehört, verrichtet werden könne, so soll er es thun. Wenn der Strafrichter den Angeklagten verurtheilt, wenn er das Verbrechen als vorhanden ansieht, dann weiß er auch, daß die Thatsachen, auf welche sich der Entschädigungsanspruch gründet, vorhanden sind, dann kann er, sofern ihm zu gleicher Zeit der Umfang klar ist, auch die Privatrechtsfrage entscheiden. Wenn er dagegen zu dem Resultat kommt, die Thatsachen, welche das Verbrechen konstatiren, sind nicht vorhanden, sind nicht ausreichend erwiesen, so müßte er, um zu gleicher Zeit über den Entschädigungsanspruch negativ sprechen zu können, eine weitere Frage sich vorlegen: Beruht das privatrechtliche Fundament der Klage des Beschädigten ausschließlich auf denjenigen Thatsachen, die das Verbrechen ausmachen? Genügt nicht dafür etwas weniger, als was zum vollen Thatbestand des Verbrechens gehört, und ist nicht dieses Weniger vielleicht vorhanden? Um hierüber ins Klare zu kommen, würde er oft neue Erörterungen anstellen müssen, und diese will man ihm nicht mehr auferlegen. Das ist der Grund, warum die Deputation meint, der Strafrichter könne den Angeklagten vom Entschädigungsanspruch nicht freisprechen, den letzteren immer nur auf den Civilrechtsweg weisen. Der Konsequenz nach wird die Sache freilich auf eine Freisprechung des Angeklagten auch hiervon hinauskommen — wenn der Entschädigungsanspruch sich gerade auf solche Thatsachen stützt, welche im Civilprozeß nicht anders als durch das Urtheil des Strafrichters erwiesen werden können.

Das führt mich auf den Satz 4, bezüglich dessen es mir früher nicht gelungen sein muß, seinen Grund hervorzuheben, da von einem geehrten Redner gesagt wurde, er stehe ohne Begründung da. Die Deputation ist nämlich von der Besorgniß geleitet gewesen, es könnte bei der Divergenz der Regeln über Beweis im Civil- und Kriminalprozesse unter gewissen Umständen der Kriminalprozeß als ein Umweg mißbraucht werden, um sich der Strenge einer bestimmt civilprozessualischen Beweisregel zu entziehen. Dies nur kurz.

Die Amendements beziehen sich, soweit sie die Details betreffen, vorzugsweise auf den Umfang, in welchem das strafrichterliche Erkenntkenntniß für den Civilrichter gilt. Während die Deputation sich des Ausdrucks bedient:

> „Insoweit ist das strafrichterliche Erkenntniß für den Civilrichter bindend, als darin ausgesprochen ist, daß die That begangen worden ist und daß der Angeschuldigte sie begangen habe",

geht eins der Amendements insofern weiter, als es einfach sagt:

> „Das strafgerichtliche Erkenntniß ist insoweit für den Civil-

richter bindend, als darin ausgesprochen ist, daß der Angeschuldigte die That begangen habe."

Diese Fassung umfaßt das Positive und das Negative und fällt daher unter die früher erwähnten Argumente.

Ein anderer, der Gotthelf'sche Antrag:

„soweit, als durch dasselbe eine Thatsache zum Vortheile oder Nachtheile des Beschuldigten in bestimmter Weise festgestellt ist",

geht einen beträchtlichen Schritt weiter, als die Deputation. Ich gestehe, m. H., ich habe meine Bedenken, ob in der That auch alle untergeordneten Thatsachen, die vielleicht in dem Straferkenntnisse, zu dem auch die Motive nach den Gesetzen vieler Länder gehören, nebenher festgestellt worden sind, Thatsachen der verschiedensten Art, geeignet seien, im Civilprozesse als unbedingt bewiesen angenommen zu werden. Mir scheint die Sache bedenklich und ich erlaube mir vorzuschlagen, bei den Anträgen der Deputation zu verharren. Dagegen, meine ich, sei dem Antrage des Herrn Lauhn beizustimmen. Der ganze Gedanke, wie schon vorhin bemerkt, liegt darin: Wenn der Strafrichter, ohne aus den Grenzen seines Geschäfts zuweit hinauszugehen, die Sache spruchreif findet, dann soll er urtheilen; wo nicht, so ist freilich das Urtheil dem Civilprozeß zu überlassen. Ob aber die Sache spruchreif sei, das ist unbedingt eine Frage, die nur der Richter, der eben hier sitzt, entscheiden kann. Ein Rechtsmittel dagegen zuzulassen und also in der Sache einen höheren Richter, der die mündliche Verhandlung nicht gehört hat, in die Lage zu setzen, sich fragen zu müssen, ob er jenen zur Entscheidung anweisen, ob er selbst entscheiden wolle oder nicht, das scheint mir allerdings bedenklich, und ich glaube daher den Antrag des Herrn Lauhn zur Annahme empfehlen zu müssen.

Präsident: Ich gehe nun, m. H., in der schon vorhin bestimmten Reihenfolge zur Abstimmung über. Ich nehme also zunächst den ersten Satz des §. 5, welcher also lautet:

„Dem Beschädigten ist der Anschluß an das Strafverfahren zur Geltendmachung seiner Schädenansprüche zu gestatten."

Giebt die Versammlung diesem Satze ihre Zustimmung?

Er ist mit großer Majorität angenommen.

Abgelehnt sind dadurch nun die Anträge der Herren Rubo und Corty, soweit sie den ersten Satz betreffen.

Ich gehe nun zu dem zweiten Satze über, den ich aber theile, und bringe nun zunächst die ersten Worte zur Abstimmung, nämlich folgende:

„Der Strafrichter kann die Verurtheilung auf den geforderten Schadensersatz miterstrecken oder den Beschädigten auf den civilgerichtlichen Weg verweisen.“

Giebt die Versammlung diesem Satze ihre Zustimmung?

Er ist fast einstimmig angenommen.

Ich nehme nun die folgenden Worte desselben Satzes, welche lauten:

„nicht aber den Angeklagten von der Forderung selbst lossprechen.“

Giebt die Versammlung diesem Satze ihre Zustimmung?

Ebenfalls ziemlich einstimmig.

Ich gehe nun über zu dem Antrage des Herrn Staatsanwalts Lauhn, welcher folgendermaßen lautet:

„Die Verweisung zum Civilprozesse erfolgt durch ein Dekret, gegen welches ein Rechtsmittel nicht zulässig ist“.

Geben Sie diesem Antrage ihre Zustimmung? —

Das Resultat ist zweifelhaft. Ich bitte daher diejenigen Herren, welche diesem Antrage ihre Zustimmung nicht geben, aufzustehen.

M. H., das Büreau erklärt, daß auch diese Abstimmung zweifelhaft sei; es bleibt uns demnach nichts übrig, als die itio in partes.

Diejenigen Herren, welche für den Antrag des Herrn Staatsanwalts Lauhn sind, bitte ich auf die, von meinem Standpunkt aus betrachtet, rechte Seite sich zu stellen.

Der Antrag ist angenommen.

Wir gehen nun über zu dem dritten Satze des §. 5:

„Das Erkenntniß des Strafrichters ist, gleichviel ob der Beschädigte adhärirt hatte oder nicht, insoweit für den Civilrichter bei der Entscheidung über den Schädenanspruch bindend, als in dem strafgerichtlichen Erkenntniß ausgesprochen ist, daß die That begangen worden und daß der Angeschuldigte sie begangen habe."

Die Herren Dr. Rubo, v. Tippelskirch und Heydenreich wollen den ganzen Satz streichen.

Geben Sie den Anträgen dieser drei Herren auf Streichung dieses ganzen dritten Satzes ihre Zustimmung? —

Diese Anträge sind abgelehnt.

(Aeußerungen des Zweifels über die Richtigkeit des Resultats dieser Abstimmung.)

Diejenigen Herren, welche den dritten Satz des §. 5 in Wegfall bringen wollen, bitte ich sitzen zu bleiben; diejenigen aber, welche denselben beibehalten wollen, bitte ich aufzustehen.

Das Büreau erklärt, daß die Abstimmung für Beibehaltung des Satzes ausgefallen ist — vorbehältlich natürlich der besonderen Amendements.

Ich bringe nun den Antrag des Herrn Advokaten Dr. Gotthelf zur Abstimmung. Derselbe lautet:

„Das Erkenntniß des Strafrichters ist, gleichviel ob der Beschädigte adhärirt hatte oder nicht, insoweit für die Entscheidung des Civilrichters bindend, als durch dasselbe eine Thatsache zum Vortheile oder Nachtheile des Beschuldigten in bestimmter Weise festgestellt ist."

Geben Sie diesem Antrage Ihre Zustimmung?

Der Antrag ist einstimmig abgelehnt.

Der Antrag des Herrn Hofprokurators Keller aus Dillenburg ist zurückgenommen; er erledigt sich also.

Es kommt nun der Antrag des Herrn Justizraths Corty zur Abstimmung, der enger ist, als das Deputationsgutachten. Er lautet:

„Das Erkenntniß des Strafrichters ist für den Civilrichter bei der Entscheidung über den Schädenanspruch insoweit bindend, als in dem strafgerichtlichen Erkenntniß ausgesprochen ist, daß der Angeschuldigte die That begangen habe."

Geben Sie diesem Antrage Ihre Zustimmung?

Sie lehnen den Antrag also ab.

Ich richte nun die Frage auf das Deputationsgutachten. Dasselbe lautet:

„Das Erkenntniß des Strafrichters ist (wie oben) in soweit bindend, als ausgesprochen ist, daß die That begangen worden und daß der Angeschuldigte sie begangen habe."

Geben Sie diesem Antrage der Deputation Ihre Zustimmung?

Sie haben es mit großer Majorität angenommen.

Wir gehen zur Abstimmung über den letzten Absatz des §. 5 über. Derselbe lautet:

„Es wird hierbei allenthalben vorausgesetzt, daß der erkennende Richter auch im Civilprozesse an gesetzliche Beweisregeln nicht gebunden ist."

Geben Sie diesem Antrage der Deputation Ihre Zustimmung?

Er ist beinahe einstimmig angenommen worden.

M. H., es ist also, wenn ich mich nicht irre, §. 5 in der von der Deputation Ihnen vorgeschlagenen Fassung in allen seinen Theilen angenommen worden sammt dem Zusatze des Herrn Staatsanwalts Lauhn. Ich kann wohl annehmen, daß Sie mit dieser Feststellung einverstanden sind, wenn auch nicht allenthalben materiell, doch formell. (Zustimmung.)

Hofgerichtsrath **Brauer** aus Bruchsal: Noch ist ein redaktioneller Antrag, den ich gestellt habe, nicht erledigt. Ich hatte mir vorgenommen, ein Deutsches Wort anstatt des fremden den Herren Rechtsgelehrten zu empfehlen. Ich begnüge mich jedoch mit der Bitte, bei der Fassung Ihrer Sätze sich möglichst der Muttersprache zu bedienen und nehme meinen Antrag zurück.

Präsident: Der Antrag ist also erledigt.

Ehe ich zu einigen geschäftlichen Mittheilungen übergehe, gebe ich dem Herrn Staatsanwalt Stegemann das Wort zu einer Mittheilung, die vierte Abtheilung betreffend.

Staatsanwalt **Stegemann** aus Wriezen: Ich komme eben aus der vierten Abtheilung. Dort ist die Frage über die Beweisregeln im Civilprozesse nicht in Erwägung genommen, sondern zu einer besonderen

Erörterung an die ständige Deputation verwiesen worden, wodurch sich die faktische Ausführung dieses Beschlusses in die Länge schieben wird.

Präsident: Wir sind dem Herrn Staatsanwalt Stegemann gewiß sehr dankbar für diese Mittheilung.

Geh. Justizrath Dr. **Krug:** Auch ich komme aus der vierten Abtheilung und muß allerdings bestätigen, daß der mit der hier erledigten Frage zusammenhängende Antrag vertagt worden ist. Allein ich muß auch daneben bemerken, daß die große Majorität der Redner sich dafür erklärt hat, daß in manchen wichtigen Beziehungen dem Richter in der Beurtheilung der Beweise eine freiere Bewegung gestattet werden möge und namentlich bei solchen Civilansprüchen, welche in irgend einer Beziehung zu einer unerlaubten Handlung stehen.

(Pause.)

Präsident: Wir waren, m. höchstg. H., in unserer Berathung bis zum §. 6 vorgeschritten. Es ist unterdeß folgender Antrag vom Herrn Justizrath Pinckert eingebracht worden:

„Um nicht die wichtigen, die Schwurgerichte betreffenden Anträge durch Verschleppung der Debatte begraben zu sehen, beantrage ich:

1) Die noch rückständigen Punkte der in der Berathung begriffenen Vorlage werden nebst den gestellten oder etwa noch zu stellenden Amendements ohne jede weitere Diskussion zur Abstimmung gebracht.
2) Die Versammlung tritt dann sofort in die Berathung über die Schwurgerichtsfragen ein."

Ich habe zu erwarten, ob Jemand über diesen Präjudizialantrag zu sprechen wünscht?

Justizrath **Pinckert** aus Erfurt: M. H.! Meine Motive zu diesem Antrage sind persönliche und sachliche. Zur Begründung der persönlichen, glaube ich, bedarf es keiner Erörterung weiter. Die Jahre der Universität haben wir wohl sämmtlich ziemlich lange hinter uns, und ich denke, daß wer in diesen Saal getreten ist, dies nicht ohne Vorbereitung gethan hat: hätte es wirklich daran gemangelt, so wäre er bis jetzt hinlänglich belehrt worden. Was das Sachliche anlangt, so, glaube ich, wird es genügen, wenn der Herr Präsident je nach seinem Ermessen über einen oder den anderen der zur Abstimmung zu bringenden Paragraphen dem Herrn Referenten das Wort ertheilt, um die zum Vortrag kommenden Ansichten kurz zu skizziren. Die Unparteilichkeit, die wir in dieser Beziehung an unserem geehrten Herrn Referenten gewohnt sind, (Bravo!) enthält genügende Bürgschaften, daß Niemand verkürzt wird.

Wir würden es, glaube ich, Alle tief beklagen, wenn das Material, das uns noch vorliegt, von unseren Berathungen ausgeschlossen würde. Ich halte für das bei Weitem Wichtigste, was dieser Abtheilung zugewiesen ist, die Frage wegen der Schwurgerichte und ihrer Einführung bei politischen und Preßprozessen insbesondere. Ich glaube, m. H. wir sind dahin gelangt, das alte Vorurtheil, daß wir in Deutschland, vor Reden und Erörterungen gar nicht zur That kommen, zu Nichte machen zu können. (Beifall.)

Ich bitte Sie also, meinem Antrage beizustimmen.

Präsident: Wenn Niemand weiter das Wort verlangt, würde ich den ersten Antrag des Herrn Justizraths Pinckert, weil der zweite nach dem, was ich schon vorher mittheilte, sich von selbst versteht, zur Abstimmung bringen. Ich betrachte dies als Recht des Präsidenten; überdies war die Versammlung damit einverstanden.

Der Herr Justizrath Pinckert hat beantragt, die noch rückständigen Punkte der in der Berathung befindlichen Vorlage nebst den dazu gehörigen Anträgen ohne Diskussion zur Abstimmung zu bringen. Geben Sie diesem Antrage Ihre Zustimmung?

Ja! Mit großer Majorität!

Wir haben freilich durch diesen Beschluß unsern Herrn Referenten in einige Verlegenheit gebracht.

Professor Dr. Glaser: Ich glaube, daß nach diesem Beschlusse gar Nichts übrig bleibt, als auf die gedruckten Anträge und auf die gedruckten Motive zu verweisen, da wo die Anträge bestimmt formulirt sind. Ich glaube nur noch eine besondere Aufgabe zu haben, wo die Vorlage eine Alternative enthält, wo die Mühe der Abstimmung in keiner Weise erspart werden kann, weil Sie sich für eine der beiden

Alternativen entscheiden müssen. Es ist dies bei dem zunächst zur Sprache kommenden §. 6 der Fall. Erlauben Sie, daß ich ihn jedenfalls nochmals vorlese:

„Dem Beschädigten ist zu jenem Behufe — nach der Ansicht eines Theiles der Deputation — eine selbständige Mitwirkung bei der Beweisaufnahme durch Anträge auf Zeugenvorladungen und andere Beweishandlungen zu gestatten, während — nach der Ansicht des andern Theiles der Deputation — eine solche Mitwirkung ausgeschlossen bleibt und überhaupt die Verurtheilung in Schadensersatz nur dann gefordert werden kann, wenn aus den zum Zwecke der Untersuchung nöthig gewordenen Erörterungen die Verbindlichkeit zum Ersatze und der Umfang desselben mit ausreichender Bestimmtheit sich ergiebt."

Ich erlaube mir, m. H., zunächst zu bemerken, daß die Meinungsdifferenz in der Deputation, wenn ich die Fassung richtig nehme, doch nicht soweit geht, wie es scheint. Ich denke über den letzten Punkt, daß nämlich der Strafprozeß die Erhebung über den Schadensersatz nur soweit mit umfaßt, als sie sich durch die strafprozessualischen Proceduren mit Leichtigkeit vornehmen läßt, darüber bestand Meinungseinheit in der Deputation, und ich glaube, es wird wohl auch hier keine Meinungsverschiedenheit bestehen. Was übrig bleibt, ist jetzt die Frage, wie weit die Mitwirkung des Beschädigten in Bezug auf die Feststellung der Beweise geht, und da, glaube ich, m. H., ist eine Differenz vorhanden. Allein ich glaube auch die Unbefangenheit und Unparteilichkeit nicht zu verletzen, wenn ich behaupte, daß diese Differenz nach dem gestern gefaßten Beschlusse zu §. 7 nicht mehr vorhanden sein kann. Da haben Sie beschlossen, daß der Beschädigte einen Antrag auf Verurtheilung vor dem erkennenden Gerichte stellen und begründen kann, daß er sich nicht auf die Erörterung des Entschädigungsanspruches einzuschränken habe. Es scheint mir wenigstens nun ganz konsequent, daß Sie ihm auch das Recht geben müssen, auf die Herstellung der Prämissen der Verurtheilung hinzuwirken.

Ich glaube also die Unparteilichkeit nicht zu verletzen, wenn ich die Meinung ausspreche, nach dem gestrigen Beschlusse müssen Sie derjenigen Alternative beitreten, welche dem Beschädigten die ausgedehnteren Befugnisse zuerkennt. Damit stimmt auch einer der vorliegenden Anträge überein, wonach die erste Alternative anzunehmen wäre.

Ich hätte wohl nun auch die einzelnen Amendements vorzutragen.

Präsident: M. höchstg. H.! In Folge des von Ihnen gefaßten Beschlusses kann ich Niemandem weiter das Wort geben. Ich habe blos Folgendes zu referiren: Es liegt ein Amendement vor von dem Herrn Ober-Staatsanwalt von Tippelskirch aus Stettin. Dasselbe bezieht sich auf die §§. 6 und 7; es soll statt dieser beiden Paragraphen nämlich gesagt werden:

„Dem Beschädigten, welcher sich zur Geltendmachung seiner Entschädigungsansprüche dem Strafverfahren angeschlossen hat, steht es frei, in demselben nicht blos zu diesem Zwecke, sondern auch um die Bestrafung des Angeklagten herbeizuführen, Anträge zu stellen und die im Strafverfahren zulässigen Rechtsmittel zu ergreifen."

Ober-Staatsanwalt **von Tippelskirch**: Ich glaube, die Sache hat sich durch den gestern gefaßten Beschluß erledigt und ziehe ich deshalb meinen Antrag zurück.

Präsident: Doch wohl blos den Theil, der sich durch den gestrigen Beschluß auch erledigt hat? Der andere noch nicht verlesene Theil von dem Worte „Kosten" an, würde wohl noch zur Abstimmung gebracht werden können.

Ober-Staatsanwalt **von Tippelskirch**: Damit bin ich ganz einverstanden.

Präsident: Ich werde daher drei Abstimmungen einzuleiten haben und zunächst den ersten Satz des §. 6 zur Abstimmung bringen:

„Dem Beschädigten ist zu jenem Behufe eine selbständige Mitwirkung bei der Beweisaufnahme durch Anträge auf Zeugenvorladung — und andere Beweishandlungen zu gestatten."

Geben Sie diesem Satze Ihre Zustimmung?

Mit großer Majorität angenommen!

Ich richte nun die Abstimmung auf den Satz, der in den letzten Worten des §. 6 enthalten ist:

„Die Verurtheilung in Schadensersatz kann nur dann gefordert werden, wenn aus den zum Zwecke der Untersuchung nöthig gewordenen Erörterungen die Verbindlichkeit zum Ersatze und der Umfang derselben mit ausreichender Bestimmtheit sich ergiebt."

Geben Sie diesem Satze ihren Beifall?

Mit großer Majorität angenommen!

Ich gehe weiter zu dem Zusatzantrage des Herrn Ober-Staatsanwalts von Tippelskirch. Derselbe lautet:

„Kosten, welche durch Erlangung seiner Anträge oder durch die von ihm angewendeten Rechtsmittel entstanden sind, können ihm, wenn der Angeklagte freigesprochen wird, zur Last gelegt werden."

Geben Sie diesem Antrage des Herrn von Tippelskirch Ihre Zustimmung?

Der Antrag ist abgelehnt!

Einer Abstimmung über §. 7 wird es nach unseren gestern gefaßten Beschlüssen nicht weiter bedürfen.

Ich gehe auf §. 8 über und bitte zuvörderst den Herrn Referenten, denselben zu verlesen.

Professor Dr. **Glaser**: §. 8 der Deputationsvorlage lautet:

„Der Staatsanwalt nimmt in keinem Stadium der Untersuchung die Stelle einer Partei ein. Er soll nicht nur von jeder Parteilichkeit, sondern auch von jeder Parteieinseitigkeit sich frei halten und nur die Erforschung der materiellen Wahrheit, als den Zweck des strafgerichtlichen Verfahrens, anstreben, gleichviel ob diese zu Gunsten oder zu Ungunsten des Angeklagten gereicht. Insbesondere soll er ihm bekannt werdende, dem Angeklagten günstige Thatsachen nicht verschweigen und die Verurtheilung desselben nicht da anstreben, wo er von der Unzulänglichkeit des Belastungsbeweises überzeugt ist.

Die Vertheidigung ist dagegen nicht verpflichtet, ihr bekannt gewordene, dem Angeklagten ungünstige Thatsachen oder Beweismittel zur Kenntniß des Gerichts zu bringen.

Die Befugnisse der Staatsanwaltschaft und der Vertheidigung während der Untersuchung können daher nicht durchgängig dieselben sein, und das Verlangen nach einer Gleichstellung der Befugnisse der Vertheidigung mit denen der Staatsanwaltschaft ist unzulässig."

Herr Ober=Staatsanwalt von Tippelskirch beantragt: diesen Paragraphen in seiner jetzigen Fassung zu streichen und statt seiner folgenden Satz hinzustellen:

„Der Staatsanwalt hat im Strafverfahren das öffentliche Interesse wahrzunehmen. Er hat in jedem Stadium desselben die Gründe, welche für oder gegen den Beschuldigten sprechen, gleichmäßig zu berücksichtigen."

Herr Landes=Advokat Dr. Weeber aus Weißkirchen will dieser Fassung des Herrn von Tippelskirch noch den Schlußsatz beifügen:

„Die Rechte der Vertheidigung sind mit jenen Rechten des Staatsanwalts gleichzustellen, welche diesem in seiner Stellung als Ankläger zustehen."

Herr Kreisgerichts=Assessor Dr. Vollert beantragt gleichfalls den §. 8 zu streichen. Er will statt dessen sagen:

„In der Voruntersuchung, nämlich bis zur Anklageerhebung resp. bis zum Anklagebeschluß des Gerichts, stehen sich der Staatsanwalt und der Angeschuldigte nicht als Parteien gegenüber; es ist daher einem Jeden ein besonderes Maß von Rechten einzuräumen.

Mit der Erhebung der Anklage resp. mit dem Anklagebeschluß des Gerichts treten sich der Staatsanwalt und der Angeklagte als prozessualische Parteien gegenüber, und müssen daher von diesem Stadium an beide Theile als Parteien mit gleichem prozessualischen Rechte behandelt werden."

Herr Rechtsanwalt Dr. Schaffrath endlich beantragt:

1) im ersten Satze des §. 8 nach dem Worte „Staatsanwalt" einzuschalten: „wie der Vertheidiger";
2) im zweiten Satze
   a. statt des ersten Wortes „Er" zu setzen: „Jener wie dieser" und

b. statt des Wortes „und" („nur die Erforschung") zu setzen: „der Staatsanwalt soll";

3) dem vierten Satze nach den Worten: „zur Kenntniß des Gerichts zu bringen" noch folgende Bestimmung hinzuzufügen: „Auch der Vertheidiger soll jedoch die Erforschung der materiellen Wahrheit, gleichviel ob diese zu Gunsten oder Ungunsten des Angeklagten gereicht, nicht hindern und die Freisprechung des Angeklagten nicht da anstreben, wo auch er von der Zulänglichkeit des Belastungsbeweises überzeugt ist;"

4) im fünften Satze oder dritten und letzten Absatze

a. statt des Wortes „nicht" vielmehr folgende zu setzen: „wenn und insoweit nicht die Verschiedenheit der Verpflichtungen der Staatsanwaltschaft und der Vertheidigung oder die Stellung des Staatsanwalts als öffentliche Behörde entgegensteht;"

b. statt des letzten Wortes „unzulässig" zu sagen: „— mit jenen beiden alleinigen Ausnahmen — zulässig."

Es kommt nun noch ein Zusatzantrag in Betracht, von welchem anzunehmen ist, daß er hier allein seine Stelle finden kann. Herr Rechtsanwalt Sabarth aus Ratibor beantragt nämlich dem §. 8 hinzuzusetzen:

„daß dem Angeklagten resp. der Vertheidigung gegen einen Verweisungsbeschluß dieselben Rechtsmittel zu gestatten sind, welche dem Ankläger gegen die Zurückweisung der Anklage zustehen."

Es scheint wenigstens, daß diese Frage, die sich auf die Stellung des Anklägers und Angeklagten bezieht, hier ihre Stelle finden müsse.

Präsident: M. höchstg. H.! Die Abstimmung würde ich folgendermaßen einleiten: Herr Ober-Staatsanwalt v. Tippelskirch schlägt in Bezug auf §. 8 eine vollständig neue Fassung vor, ebenso Herr Vollert aus Arnstadt. An den Antrag des Herrn Ober-Staatsanwalt v. Tippelskirch schließt sich der Antrag des Dr. Weeber, der gewissermaßen nur eine Fortsetzung des Satzes enthält. Einzelne Stellen in dem §. 8 sind commentirt, beziehentlich amendirt worden von Dr. Schaffrath. Ganz selbständig steht endlich der Antrag des Herrn Sabarth. Ich würde auch in dieser Reihenfolge die einzelnen Anträge zur Erledigung bringen, wenn Seitens der geehrten Versammlung nicht irgend ein Widerspruch dagegen erfolgt. —

Herr Ober-Staatsanwalt von Tippelskirch hat vorgeschlagen, den §. 8 in seiner jetzigen Fassung zu streichen und statt dieser folgenden Satz hinzustellen: (Siehe oben S. 414.)

Geben Sie diesem Antrage des Herrn von Tippelskirch Ihre Zustimmung?

Er ist abgelehnt!

Dadurch erledigt sich auch der Antrag des Dr. Weeber. Herr Dr. Vollert aus Arnstadt hat folgenden Antrag gestellt. (Siehe oben.)

Geben Sie diesem Antrage des Herrn Dr. Vollert Ihre Zustimmung? Bejahenden Falls bitte ich aufzustehen!

Der Antrag ist abgelehnt!

Ich gehe auf die Verbesserungsvorschläge des Herrn Dr. Schaffrath über. Ich will gleich im Voraus bemerken, daß es mir scheint, als ob die gesammten Anträge des Dr. Schaffrath von der Art seien, daß wir sie in einer Abstimmung zur Erledignng bringen könnten. Ich glaube, der Herr Antragsteller wird damit einverstanden sein, da er bei seinen Anträgen zu §. 8 allenthalben von der Anschauung ausgegangen sein wird, die er besonders in einem Antrage zum vierten Satz präcisirt, wo er sagt:

> „Auch der Vertheidiger soll jedoch die Erforschung der materiellen Wahrheit, gleichviel ob diese zu Gunsten oder Ungunsten des Angeklagten gereicht, nicht hindern und die Freisprechung des Angeklagten nicht da anstreben, wo auch er von der Zulänglichkeit des Belastungsbeweises überzeugt ist."

Damit scheint auch übereinzustimmen, was außerdem noch vom Herrn Dr. Schaffrath beantragt worden ist, indem er z. B. sagt, es dürfe die Verschiedenheit der Verpflichtungen der Staatsanwaltschaft und der Vertheidigung nur soweit eintreten, als der Staatsanwalt als öffentliche Behörde gewissermaßen auch eine andere Stellung einnehme.

Ich weiß nicht, ob der geehrte Herr Antragsteller mit meiner Auffassung und meinem Vorschlage einverstanden ist?

Rechtsanwalt Dr. **Schaffrath**: Ich bin einverstanden, daß mittelst einer einzigen Abstimmung meine Anträge zur Erledigung kommen, wenn diese eine Abstimmung über meine Zusätze zum dritten und letzten Absatze stattfindet. Ich bitte also, blos über meine Anträge abzustimmen, die zu dem dritten und letzten Absatze gestellt sind.

(Redner verliest dieselben nochmals.)

Präsident: Ich bin derselben Ansicht gewesen, wie der Dr. Schaffrath; ich glaube der Schwerpunkt beruht in No. 3 und 4 der Verbesserungsanträge desselben. Ich werde mir daher erlauben, da 1 und 2 offenbar nur Redaktionsabänderungen sind, die gesammten Schaffrath'schen Anträge, wie sie den Herren gedruckt vorliegen, durch einmalige Abstimmung zu erledigen.

Geben Sie den Anträgen des Dr. Schaffrath zu §. 8, wie sie unter 1, 2, 3 und 4 in der Druckvorlage enthalten sind, Ihre Zustimmung?

Die Anträge sind abgelehnt!

Ich komme nunmehr auf den Antrag des Herrn Sabarth in Ratibor. Dieser verlangt eine specielle Erwähnung eines Rechts des Angeklagten gegenüber der Anklage.

(Redner verliest den Zusatzantrag nochmals. Siehe oben S. 415.)

Geben Sie diesem Antrage des Herrn Rechtsanwalt Sabarth Ihre Zustimmung?

Auch dieser Antrag ist abgelehnt!

Ich nehme daher an, ohne daß es einer weiteren Abstimmung bedarf, daß §. 8 in der von der Deputation vorgeschlagenen Fassung Ihre Zustimmung gefunden hat.

Rechtsanwalt **Wolff** aus Bunzlau: Ich möchte doch bitten, über jedes Alinea einzeln abstimmen zu lassen. (Widerspruch.)

Präsident: Gut, wenn Sie es wünschen, will ich es thun.

(Es erfolgt einzeln die Verlesung der sechs Sätze des §. 8 durch den Referenten und die Fragstellung durch den Präsidenten.)

Es ist §. 8 in der von der Deputation vorgeschlagenen Fassung mit alleiniger Ausnahme des abgelehnten Schlußsatzes per majora angenommen.

Wir gehen nun zu §. 9 über.

Ich gebe dem Herrn Referenten das Wort.

Professor Dr. Glaser: Es ist eine beträchtliche Reihe von Verbesserungs- und Zusatzanträgen, die sich zumeist auf den zweiten Satz beziehen, zu §. 9 eingegangen. §. 9 selbst lautet:

„Dagegen soll bei der Feststellung der Befugnisse der Vertheidigung maßgebend sein, daß auch durch sie und ihre Thätigkeit ein Postulat der Gerechtigkeit erfüllt wird. Es ist ihr daher jedes Befugniß einzuräumen, durch welches sie ohne Gefährdung des Zweckes der Untersuchung auf den Gang derselben und insbesondere die Vollständigkeit der Beweisaufnahme zu Gunsten des Angeklagten einwirken kann. Insbesondere wird jede Beschränkung zu vermeiden sein, durch welche das Vertrauen des Angeklagten auf eine unparteiische und unbefangene Untersuchung und Aburtheilung mit Recht erschüttert wird.

Dem Angeschuldigten wird daher bereits während der Voruntersuchung der verlangte Beirath eines rechtsverständigen Vertheidigers und diesem die Akteneinsicht nicht unbedingt und ausnahmslos zu versagen sein, vielmehr kann beides nach dem pflichtmäßigen Ermessen des Gerichts in jedem einzelnen Falle und unter Aufsicht des Gerichts, sowie unter sonstigen Maßregeln gegen etwaigen Mißbrauch gestattet werden. Ebenso ist dem Vertheidiger die Gegenwart bei Obduktionen zu gestatten.

Dem Vertheidiger ist wie dem Staatsanwalt das direkte Fragerecht einzuräumen. Der Vorsitzende schreitet bei Mißbrauch desselben zum Schutze des Befragten, wie zur Sicherung des Zweckes der Untersuchung ein.

Dem Staatsanwalt ist eine besondere Entwickelung der Anklage nach deren Vorlesung bei Eröffnung der Verhandlung nicht zu gestatten.

Die von dem Angeschuldigten vorgeschlagenen Zeugen sind,

wenn ihre Vorladung auf Staatskosten bedenklich fällt, zuzulassen, wenn die Gestellung auf Kosten des Angeschuldigten erfolgen kann, und weder die Gestellung zu bedenklicher Verzögerung der Hauptverhandlung führt, noch die Abhörung selbst materiellen Bedenken begegnet."

Zunächst ist ein Antrag des Herrn Dr. Weeber zu erwähnen, welcher am Weitesten geht, nämlich dahin, den ganzen Paragraph bis auf den letzten Absatz: „Die von dem Angeschuldigten vorgeschlagenen Zeugen rc." zu streichen und nur diesen Absatz stehen zu lassen."

Landesadvokat Dr. **Weeber**: Ich ziehe meinen Antrag zurück, da ich ihn durch die Abstimmung zu §. 8 als erledigt betrachte.

Professor Dr. **Glaser**: Ferner ein Antrag des Herrn Dr. Schaffrath unter III. der gedruckten Vorlage:

„Eventuell — wenn die zu §. 8 gestellten Amendements abgelehnt würden — im zweiten Absatz des §. 9

1) statt der Worte: „„nicht unbedingt und ausnahmslos zu versagen sein, vielmehr kann beides nach dem pflichtmäßigen Ermessen des Gerichts in jedem einzelnen Falle und"" vielmehr folgende: „„in der Regel nicht zu versagen sein, vielmehr soll beides"" zu setzen, und

2) nach dem Worte „„Obduktionen"" noch einzuschalten: „„sowie bei allen den gerichtlichen Untersuchungs-Handlungen, Verhandlungen, Sitzungen oder Terminen, bei denen der Staatsanwalt zugezogen wird.""

Dieser Antrag kommt nun wirklich zur Sprache, da die Anträge unter II. nicht angenommen worden sind. Der Sinn des ersten Antrags ist also der, daß darin unbedingt als die Regel bezeichnet wird, was nach der Fassung der Deputation als Ausnahme anzusehen wäre. Ich glaube nicht von der Wahrheit abzuirren, wenn ich behaupte, in der Sache ist es dasselbe. Es handelt sich blos um eine andere Formulirung und, wenn ich meine individuelle Meinung sagen soll, um eine, die den Vorzug verdient.

Es liegt ferner ein Antrag des Herrn Hofgerichtsraths Brauer aus Bruchsal vor, Absatz 2 dahin zu fassen:

„Dem Angeschuldigten ist demgemäß auf sein Verlangen schon während der Voruntersuchung der Beirath eines rechtsverständigen Vertheidigers und diesem die Akteneinsicht oder nach Umständen Abschrift einzelner Verfügungen sobald und insoweit zu gewähren, als dies nach pflichtgemäßem Ermessen des Gerichts im gegebenen Falle ohne Gefährdung des obigen Zweckes stattfinden kann ꝛc."

„Sodann statt „„Postulat"" zu sagen „„Gebot"", statt „„Obduktionen"" — „„gerichtliche Leichenöffnungen und Besichtigungen wichtiger Art"", statt „„direkte"" — „„unmittelbare"" Fragstellung."

Ein Amendement des Herrn Assessor Fischel will Alinea 2 streichen und dafür setzen:

„Dem Angeschuldigten wird daher bereits während der Voruntersuchung der verlangte Beirath eines rechtsverständigen Vertheidigers und diesem Beiwohnung aller Verhandlungen, in welchen der Angeschuldigte sowie die Zeugen verhört werden, zu gestatten sein. Dem Vertheidiger ist das Recht einzuräumen, auch während der Voruntersuchung Fragen an die Zeugen zu richten. Ebenso ist demselben die Gegenwart bei Obduktionen zu gestatten."

Ein weiterer Antrag des Herrn Advokaten Heydenreich zu §. 9:

1) Absatz 2 zu sagen: „die Akteneinsicht in der Regel nicht zu versagen, vielmehr unter Aufsicht des Gerichts und unter geeigneten Maßregeln gegen etwaigen Mißbrauch zu gestatten. Ebenso ist als Regel nicht blos die Anwesenheit des Vertheidigers bei Obduktionen und, namentlich im Haftfalle, bei sonstigen Lokalexpeditionen zu betrachten, sondern auch die freie Besprechung des Vertheidigers mit dem Angeklagten. — Diese Berechtigungen der Vertheidigung gehen nur individuell durch Mißbrauch verloren, daher dem Vertheidiger gegen deren ausnahmsweise Versagung die Berufung an die vorgesetzte Behörde freisteht";

2) den Schlußsatz zu streichen und dafür zu sagen: „die Ver-

theidigung hat bezüglich der Benennung von Zeugen gleiche Rechte mit der Anklage. Die von ihr benannten Zeugen sind zuzulassen, wenn nicht Gefährde offen liegt. Gegen Versagung der Zulassung steht dem Angeklagten das Rechtsmittel der Nullitätsbeschwerde bis zum Enderkenntniß zu."

Ferner ein Antrag des Herrn Lewald aus Berlin, den Eingang des Alinea 2 dahin zu fassen:

„Dem Angeschuldigten, auch wenn er verhaftet ist, wird daher bereits während der Voruntersuchung der verlangte Beirath eines rechtsverständigen Vertheidigers ohne Ueberwachung gestattet";

und ferner die Worte:

„und unter Aufsicht des Gerichts, sowie unter sonstigen Maßregeln gegen etwaigen Mißbrauch"

zu streichen.

Ferner ein Antrag des Herrn Dr. Weeber, den zweiten Absatz dahin zu fassen:

„Der Angeschuldigte ist schon während der Voruntersuchung berechtigt, sich des Beirathes eines rechtskundigen Vertheidigers zu bedienen, und dem Vertheidiger steht das Recht zu, bei der Aufnahme jener Beweisakte in der Voruntersuchung zu interveniren, welche zur Vorlesung bei der Verhandlung bestimmt sind; er ist berechtigt, bei den Gerichtssitzungen, in welchen über seine oder des Anklägers Anträge und insbesondere über die Fortdauer der Haft des Angeschuldigten oder über dessen Versetzung in den Anklagestand erkannt wird, zu erscheinen und Anträge zu stellen; ferner ist ihm schon während der Voruntersuchung die Akteneinsicht bezüglich der erwähnten Beweisakte ausnahmslos und bezüglich der übrigen Erhebungen dann zu gestatten, wenn der Gerichtshof nicht aus besonderen Gründen dies zu verweigern nöthig findet."

Präsident: M. höchstg. H.! Sie haben die Menge der vorliegenden Anträge gehört. Ich fürchte, daß, wenn wir sie alle speziell erledigten, wir den Zweck des Präjudizialantrags sofort vereiteln würden. Ich wäre der Meinung, daß wir zunächst die Abstimmung auf den ersten Satz des §. 9 richten bis zu den Worten: „mit Recht erschüttert wird", indem ich glaube, daß auch der Antrag des Herrn Ober-Staatsanwalts v. Tippelskirch zu §. 9*) sich nunmehr erledigt hat. Was nun aber den zweiten Abschnitt anlangt, so würde ich zunächst den ersten Theil dieses Abschnitts zur Abstimmung bringen bis zu den Worten: „Mißbrauch gestattet werden", und würde dabei die Abstimmung zunächst auf die Schaffrath'sche Fassung richten. Ich bin nämlich der Meinung, daß, wenn die höchstg. Herren den Satz in der Schaffrath'schen Fassung annehmen, dadurch der Weeber'sche, der Brauer'sche und der Fischel'sche Antrag sich erledigen, weil dieselben nur eine anderweite Redaktion mit mehr oder weniger bestimmter Präzision anstreben. Ich würde aber dessenungeachtet noch den Antrag des Herrn Rechtsanwalts Lewald zur besonderen Abstimmung bringen, weil er einen besonderen Fall ins Auge faßt, nämlich den Fall der Verhaftung, und man deshalb wohl zweifeln könnte, ob er durch die Abstimmung über den Schaffrath'schen Antrag mitgetroffen wäre.

Dann würde ich den Satz zur Abstimmung bringen: „Ebenso ist dem Vertheidiger die Gegenwart bei Obduktionen zu gestatten."

Hier schlagen nun die Anträge der Herren Schaffrath und Heydenreich ein; dann käme der Abschnitt 4, gegen welchen Nichts erinnert worden ist; wohl aber ist zu dem letzten Satze vom Herrn Advokaten Heydenreich eine anderweite Fassung vorgeschlagen worden.

In dieser Weise würde ich, wenn kein Widerspruch mehr erfolgt, die Abstimmung einrichten.

Gerichtsassessor Dr. Fischel aus Berlin: Ich glaube, daß mein Antrag durch den Schaffrath'schen nicht erledigt wird. Mein Antrag geht weiter, als der des Herrn Dr. Schaffrath.

Landesadvokat Dr. **Weeber**: Derselben Ansicht bin ich auch, und wünsche, daß mein Antrag besonders zur Abstimmung gebracht wird.

Präsident: Auf diese Weise bekommen wir allerdings eine sehr große Abstimmung.

---

*) Nach Annahme seines Antrages zu §. 8 den §. 9 nicht mit den Worten „dagegen soll", sondern mit „es soll" zu beginnen.

Was den Antrag des Assessor Fischel anlangt, so gebe ich allerdings zu, daß er mehrere andere Sätze noch enthält, aber alle diese einzelnen Sätze kommen bei anderen Fragen auch mit zur Sprache und werden allemal getroffen. Ich will jedoch den Antrag noch einmal verlesen.

(Dies geschieht.)

Wenn aber der Herr Assessor Fischel es ausdrücklich verlangt, so werde ich den Wortlaut der ersten Sätze zur besonderen Abstimmung bringen.

Der Schlußsatz wird durch den Schaffrath'schen Antrag erledigt.

(Assessor Fischel erklärt sich mit diesem Verfahren einverstanden.)

Ich richte nun zunächst die Abstimmung auf den ersten Abschnitt des §. 9. Er lautet:

„Dagegen soll bei der Feststellung der Befugnisse der Vertheidigung maßgebend sein, daß auch durch sie und ihre Thätigkeit ein Postulat der Gerechtigkeit erfüllt wird. Es ist ihr daher jedes Befugniß einzuräumen, durch welches sie ohne Gefährdung des Zweckes der Untersuchung auf den Gang derselben und insbesondere die Vollständigkeit der Beweisaufnahme zu Gunsten des Angeklagten einwirken kann. Insbesondere wird jede Beschränkung zu vermeiden sein, durch welche das Vertrauen des Angeklagten auf eine unparteiische und unbefangene Untersuchung und Aburtheilung mit Recht erschüttert wird."

Geben Sie, m. höchstg. H., dieser Ansicht Ihrer Deputation Ihre Zustimmung?

Ziemlich einstimmig angenommen!

Ich bringe nunmehr den zweiten Absatz zur Abstimmung von den Worten an: „dem Angeschuldigten" bis zu den Worten: „Mißbrauch gestattet werden," jedoch in der Schaffrath'schen Fassung und zwar so, daß statt der Worte: „nicht unbedingt und ausnahmslos zu versagen sein; vielmehr kann beides nach dem pflichtmäßigen Ermessen des Gerichts in jedem einzelnen Falle und," die Worte: „in der Regel nicht zu versagen sein, vielmehr soll beides" gesetzt werden. Ich ersuche aber den Herrn Dr. Schaffrath, um jedes Mißverständniß zu vermeiden, den Absatz in der von ihm beantragten Fassung noch einmal zu verlesen.

(Dies geschieht.)

Ich frage Sie nun, nehmen Sie den Satz nach der Schaffrath-schen Fassung, unter Vorbehalt der von dem Rechtsanwalt Lewald beanstandeten Worte: „und unter Aufsicht des Gerichts, sowie unter sonstigen Maßregeln gegen etwaigen Mißbrauch," an?

Die Majorität ist dafür!

Wollen Sie nun die Worte: „und unter Aufsicht des Gerichts, sowie unter sonstigen Maßregeln gegen etwaigen Mißbrauch," wie es Herr Lewald verlangt, streichen?

Rechtsanwalt **Lewald**: Ich bitte die Frage nur auf die Worte: „sowie unter sonstigen Maßregeln gegen etwaigen Mißbrauch" zu richten.

Präsident: Der Herr Antragsteller zieht also einen Theil seines Antrags zurück. Dann frage ich Sie, ob Sie die Worte streichen wollen: „sowie unter sonstigen Maßregeln gegen etwaigen Mißbrauch"?

Die Majorität ist für Streichung der Worte! (Aufregung, vielseitiger Ruf nach Gegenprobe.)

M. H.! Sie verlangen eine Gegenprobe! Das Bureau ist aber einig, daß die Majorität für den Lewald'schen Antrag war. Ich kann daher eine Gegenprobe nicht zulassen! (Lebhafter Beifall.)

Ich bringe nunmehr die Worte zur Abstimmung:

„Ebenso ist dem Vertheidiger die Gegenwart bei Obduktionen zu gestatten."

Es liegt hier auch ein Antrag des Herrn Dr. Schaffrath vor, der dahin geht:

„Sowie bei allen den gerichtlichen Untersuchungshandlungen, Verhandlungen, Sitzungen oder Terminen, bei denen der Staatsanwalt zugezogen wird."

Ich werde später beide zugleich zur Abstimmung bringen. Außerdem liegt ein Antrag des Advokaten Heydenreich vor, welcher so lautet: (Siehe oben.)

Geben Sie diesem Heydenreich'schen Antrage Ihre Zustimmung?

Diejenigen Herren, welche dafür sind, belieben sitzen zu bleiben.

Der Antrag ist abgelehnt.

Im Eingange des zweiten Abschnitts soll nach dem Antrage des Herrn Rechtsanwalt Lewald gesagt werden:

„Dem Angeschuldigten, auch wenn er verhaftet ist, wird daher bereits während der Vorruntersuchung der verlangte Beirath eines rechtsverständigen Vertheidigers ohne Ueberwachung gestattet."

Wollen Sie diesem Lewald'schen Amendement auf Einschaltung der Worte: „auch wenn er verhafttet ist" in der ersten Zeile des zweiten Abschnitts Ihre Zustimmung geben?

Der Antrag ist angenommen!!

Ich gehe auf den Fischel'schem Antrag über.

(Der Präsident verliest denselben.)

Geben Sie diesem Antrage Ihre Zustimmung?

Er ist abgelehnt!

Ich gehe auf den Antrag des Dr. Schaffrath in Verbindung mit dem letzten Satze des Alinea 2 über. Dieser Satz soll nun so lauten:

„Ebenso ist dem Vertheidiger die Gegenwart bei Obduktionen, sowie bei allen den gerichtlichen Untersuchungshandlungen, Verhandlungen, Sitzungen oder Terminen, bei denen der Staatsanwalt zugezogen wird, zu gestatten."

Nehmen Sie diesen Satz an?

Mit großer Majorität angenommen!

Damit wäre der zweite Absatz erledigt. Er würde nun so lauten:

„Dem Angeschuldigten wird daher, auch wenn er verhaftet ist, bereits während der Voruntersuchung der verlangte Beirath eines rechtsverständigen Vertheidigers gestattet und ist diesem die Akteneinsicht, unter Aufsicht des Gerichts, in der Regel nicht zu versagen. Ebenso ist dem Vertheidiger die Gegenwart bei Obduktionen, sowie bei allen den gerichtlichen Untersuchungshandlungen, Verhandlungen, Sitzungen oder Terminen, bei denen der Staatsanwalt zugezogen wird, zu gestatten."

Ich glaube annehmen zu dürfen, daß dieser Abschnitt in der gegenwärtig vorgelesenen Fassung den bei den einzelnen Sätzen gefaßten Beschlüssen entspricht? (Ja, Ja!)

Wir gehen auf den dritten Absatz über, in Betreff dessen ein Antrag nicht eingegangen ist. Er lautet so:

„Dem Vertheidiger ist wie dem Staatsanwalt das direkte Fragerecht einzuräumen. Der Vorsitzende schreitet bei Mißbrauch desselben zum Schutze des Befragten, wie zur Sicherung des Zweckes der Untersuchung ein."

Geben Sie diesem dritten Abschnitt Ihre Zustimmung?

Mit überwiegender Majorität!

Es folgt der Satz:

„Dem Staatsanwalt ist eine besondere Entwicklung der Anklage nach deren Vorlesung bei Eröffnung der Verhandlung nicht zu gestatten."

Auch hier sind Amendements nicht eingereicht worden.

Geben Sie diesem Antrage Ihrer Deputation Ihre Zustimmung?

Mit überwiegender Majorität!

Wir kommen nun zu dem letzten Satze, zu dem ein Amendement vorliegt und zwar vom Rechtsanwalt Heydenreich aus Dresden. Er verlangt den Schlußsatz zu streichen und dafür folgende Sätze einzuschalten:

„Die Vertheidigung hat bezüglich der Benennung von Zeugen gleiche Rechte mit der Anklage. — Die von ihr benannten Zeugen sind zuzulassen, wenn nicht Gefährde offen vorliegt. — Gegen Versagung der Zulassung steht dem Angeklagten das Rechtsmittel der Nullitätsbeschwerde bis zum Enderkenntnisse zu."

Ich werde die drei Sätze einzeln zur Abstimmung bringen. Der erste Satz lautet:

(Wird nochmals verlesen.)

Geben Sie diesem Satze Ihre Zustimmung? (Ja!)

Der zweite Satz lautet:

(Wird verlesen.)

Geben Sie auch diesem Satze Ihre Zustimmung?

Die Majorität ist dafür!

Es kommt der dritte Satz; er lautet:

(Wird verlesen.)

Geben Sie auch diesem Satze Ihre Zustimmung?

Der Satz ist abgelehnt!

Ich bin nun der Meinung, daß durch den Beschluß der geehrten Versammlung zu den beiden Heydenreich'schen ersten Anträgen der Antrag der Deputation erledigt ist. Sind Sie mit dieser Auffassung einverstanden? (Zustimmung.)

Damit, m. höchstg. H., wäre dieser Gegenstand der heutigen Tagesordnung erledigt.*) Sie sind gewiß mit mir einverstanden, wenn wir unserm geehrten Herrn Referenten den Dank für sein Referat aussprechen!

(Die ganze Versammlung erhebt sich zum Zeichen des Einverständnisses.)

---

*) Zur bessern Uebersicht lassen wir hier eine Zusammenstellung der in Betreff der Lewald'schen Anträge gefaßten Beschlüsse folgen:

§. 1.

Die Untersuchung einer strafbaren Handlung wird in der Regel durch den Staatsanwalt veranlaßt, indem das Verbrechen als eine Verletzung nicht blos des Individui, sondern zugleich der Gesammtheit sich darstellt. Bei besonders geringen Verbrechen kann das Gesetz die Erhebung der Anklage ausnahmsweise dem Beschädigten zuweisen und die Mitwirkung der Staatsanwaltschaft ausschließen. Dem Beschädigten sind hierbei in der Regel dieselben Rechte und insbesondere dieselben Rechtsmittel einzuräumen, welche das Gesetz der Staatsanwaltschaft zugesteht.

§. 2.

Die Staatsanwaltschaft kann die strafgerichtliche Verfolgung ablehnen, weil entweder die Handlung nicht unter das Strafgesetz zu stellen, oder die Anzeige nicht mit genügenden Beweisen unterstützt wird.

§. 3.

Der durch die strafbare Handlung Beschädigte kann im Falle jeder Ablehnung von Seiten der Staatsanwaltschaft die Anzeige an das Gericht bringen und dessen Entscheidung veranlassen, ob der Fall zu strafgerichtlicher Verfolgung sich eigne oder nicht. Das Gericht kann zur Vorbereitung seiner Entscheidung auf Antrag wie von Amtswegen vorläufige Erörterungen veranstalten.

Ober = Staatsanwalt Dr. Freiherr v. Groß aus Eisenach: Ich möchte mir persönlich den Wunsch erlauben, daß auf irgend eine abkürzende Art bezüglich des morgen im Plenum zu erstattenden Referats Bedacht genommen werde. Ich will dies blos als allgemeinen Wunsch aussprechen, denn wenn wir so sehr detaillirt die Fragen vor's Plenum bringen, so werden wir in langer Zeit nicht fertig werden. Dieser Wunsch ist gewiß der allgemeine der Versammlung. (Zustimmung.)

Präsident: Der Herr Ober=Staatsanwalt v. Groß hat die wichtige Frage über die Behandlung der Lewald'schen Anträge und unserer gestern und heute gefaßten Beschlüsse bei der Plenarverhandlung angeregt. Natürlich können wir blos einen Wunsch und Antrag gegenüber dem Plenum aussprechen, eine Beschlußfassung mit definitiver Wirkung steht uns nicht zu. Ich glaube aber, es würde gerechtfertigt sein, wenn wir dem Präsidio gegenüber den Wunsch ausdrückten, wie

---

§. 4.

Fällt die Entscheidung zu Gunsten des Antragstellers aus, so konstituirt sich derselbe als Privatankläger und betreibt die Anklage bei den Gerichten. Der Staatsanwalt ist in diesem Falle zur Mitwirkung berechtigt, aber nicht verpflichtet.

Wird der Angeklagte freigesprochen, so können dem Privatankläger die Kosten des Verfahrens und wenn die Anklage durch Beschluß zurückgewiesen wird, die Kosten der vorläufigen Ermittelung zur Last gelegt, auch kann ihm zur Sicherstellung dieser Kosten vorweg eine Kaution abgefordert werden.

§. 5.

Dem Beschädigten ist der Anschluß an das Strafverfahren zur Geltendmachung seiner Schädenansprüche zu gestatten. Der Strafrichter kann die Verurtheilung auf den geforderten Schadensersatz miterstrecken, oder den Beschädigten auf den civilgerichtlichen Weg verweisen, nicht aber den Angeklagten von der Forderung selbst lossprechen. Die Verweisung zum Civilprozesse erfolgt durch ein Dekret, gegen welches ein Rechtsmittel nicht zulässig ist. Das Erkenntniß des Strafrichters ist, gleichviel ob der Beschädigte adhärirt hatte oder nicht, insoweit für den Civilrichter bei der Entscheidung über den Schädenanspruch bindend, als in dem strafgerichtlichen Erkenntniß ausgesprochen ist, daß die That begangen worden und daß der Angeschuldigte sie begangen habe. Es wird hierbei allenthalben vorausgesetzt, daß der erkennende Richter auch im Civilprozesse an gesetzliche Beweisregeln nicht gebunden ist.

§. 6.

Dem Beschädigten ist zu jenem Behufe eine selbständige Mitwirkung bei den Beweisaufnahmen durch Anträge auf Zeugenvorladungen und andere Beweishandes angemessen und zweckmäßig sein dürfte, wenn die Beschlüsse der Abtheilung ohne alle weitere Diskussion zur Abstimmung gebracht werden könnten. Ich glaube, wenn auch dort nicht gerade soviel Kriminalisten sitzen, so handelt es sich doch um Fragen, die Jeder reiflich bei sich erwogen hat und es würde die Diskussion der Lewald'schen Anträge im Plenum ins Unendliche fortgesponnen werden. Sind Sie damit einverstanden, diesen Wunsch dem Präsidenten des Pleni gegenüber auszudrücken? (Ja, ja!)

Ober-Staatsanwalt Dr. Freiherr **v. Groß**: Die Abschneidung jeder Diskussion hat gar nicht in meinem Sinne gelegen, diese käme mir auch sehr bedenklich vor. Ich habe nur den Wunsch nach einem abkürzenden Modus ausgesprochen.

Präsident: M. höchstg. H., wir werden das in der Hauptsache dem Herrn Präsidenten des Pleni zu überlassen haben.

Noch eine Bemerkung erlaube ich mir anzuknüpfen. Ich habe

---

lungen zu gestatten, die Verurtheilung in Schadensersatz kann jedoch nur dann gefordert werden, wenn aus den zum Zwecke der Untersuchung nöthig gewordenen Erörterungen die Verbindlichkeit zum Ersatze und der Umfang derselben mit ausreichender Bestimmtheit sich ergiebt.

§. 7.

Dem Beschädigten ist die Befugniß einzuräumen, einen Antrag auf Verurtheilung, insbesondere gegenüber dem Antrage des Staatsanwalts auf Freisprechung, vor dem erkennenden Gerichte zu stellen und zu begründen.

§. 8.

Der Staatsanwalt nimmt in keinem Stadium der Untersuchung die Stell einer Partei ein. Er soll nicht nur von jeder Parteilichkeit, sondern auch von jeder Parteieinseitigkeit sich frei halten und nur die Erforschung der materiellen Wahrheit, als den Zweck des strafgerichtlichen Verfahrens, anstreben, gleichviel ob diese zu Gunsten oder Ungunsten des Angeklagten gereicht. Insbesondere soll er ihm bekannt werdende, dem Angeklagten günstige Thatsachen nicht verschweigen und die Verurtheilung desselben nicht da anstreben, wo er von der Unzulänglichkeit des Belastungsbeweises überzeugt ist.

Die Vertheidigung ist dagegen nicht verpflichtet, ihr bekannt gewordene, dem Angeklagten ungünstige Thatsachen oder Beweismittel zur Kenntniß des Gerichts zu bringen.

unsern sehr verehrten Schriftführer schon gebeten, er möge es möglich zu machen suchen, daß wir die Sätze, wie sie aus unsern Beschlüssen hervorgegangen sind, noch heute zum Druck gelangen lassen, damit wir sie morgen dem Plenum gedruckt vorlegen können. Ich gestehe offen, ich würde außerdem kaum im Stande sein, mich rasch zu orientiren, wie sich die Deputationsanträge gegenüber den Beschlüssen der Versammlung darstellen. Sind Sie damit einverstanden? (Ja, ja!)

Da würde ich nun bitten, daß wir zum nächsten Gegenstande der Tagesordnung übergingen, und zwar würde ich Herrn Staatsanwalt Stegemann ersuchen, mit dem Vortrag zu beginnen.

Staatsanwalt **Stegemann** aus Wriezen: M. H., in Betreff der Geschworenengerichte hat der Herr Rechtsanwalt Lewald aus Berlin den Antrag gestellt:

„Der Deutsche Juristentag wolle seine Rechtsüberzeugung dahin aussprechen,

---

§. 9.

Es soll bei der Feststellung der Befugnisse der Vertheidigung maßgebend sein, daß auch durch sie und ihre Thätigkeit ein Postulat der Gerechtigkeit erfüllt wird. Es ist ihr daher jede Befugniß einzuräumen, durch welche sie ohne Gefährdung des Zweckes der Untersuchung auf den Gang derselben und insbesondere die Vollständigkeit der Beweisaufnahme zu Gunsten des Angeklagten einwirken kann. Insbesondere wird jede Beschränkung zu vermeiden sein, durch welche das Vertrauen des Angeklagten auf eine unparteiische und unbefangene Untersuchung und Aburtheilung mit Recht erschüttert wird.

Dem Angeschuldigten wird daher, auch wenn er verhaftet ist, bereits während der Voruntersuchung der verlangte Beirath eines rechtsverständigen Vertheidigers gestattet und ist diesem die Akteneinsicht, unter Aufsicht des Gerichts, in der Regel nicht zu versagen. Ebenso ist dem Vertheidiger die Gegenwart bei Obduktionen, sowie bei allen den gerichtlichen Untersuchungs-Handlungen, Verhandlungen, Sitzungen oder Terminen, bei denen der Staatsanwalt zugezogen wird, zu gestatten.

Dem Vertheidiger ist, wie dem Staatsanwalte, das direkte Fragerecht einzuräumen. Der Vorsitzende schreitet, bei Mißbrauch desselben, zum Schutze des Befragten, wie zur Sicherung des Zweckes der Untersuchung ein.

Dem Staatsanwalt ist eine besondere Entwickelung der Anklage nach deren Vorlesung bei Eröffnung der Verhandlung nicht zu gestatten.

Die Vertheidigung hat bezüglich der Benennung von Zeugen gleiche Rechte mit der Anklage. Die von ihr benannten Zeugen sind zuzulassen, wenn nicht Gefährde offen vorliegt.

a. daß politische und Preßverbrechen, sowie politische und Preßvergehen in sachlicher Beziehung sich vorzugsweise zur Aburtelung durch Geschworene eignen,

b. daß sie sachgemäßer durch Geschworene als durch Richterkollegien entschieden werden."

Dieser Antrag hat einen logisch nothwendigen Vordersatz erlangt durch den Antrag des Advokaten Herrn Dr. Schaffrath aus Dresden:

„Der Deutsche Juristentag erklärt es für ein Bedürfniß Deutscher Strafrechtspflege, daß Schwurgerichte auch in denjenigen Deutschen Staaten, in welchen dies noch nicht geschehen, jedenfalls für schwere Strafsachen eingeführt werden."

Es liegt auf der Hand, daß wir uns über die schwurgerichtliche Kompetenz in politischen Sachen nur dann aussprechen können, wenn die Schwurgerichte überhaupt ein Institut des in Deutschland allgemein geltenden Rechts sind oder nach der Ueberzeugung des Juristentages sein sollten. Deshalb kommt zunächst in Frage: Sollen wir uns überhaupt für Einführung der Schwurgerichte, wo diese in Deutschland noch nicht geschehen ist, aussprechen? Ich schlage den Herren vor, daß wir zunächst diese Frage ins Auge fassen und uns darüber vereinigen, daß der Satz: „jedenfalls für schwere Strafsachen" vor der Hand wegbleibt. Es ist das offenbar sachgemäß; denn wir haben uns nur für das allgemeine Prinzip auszusprechen, das Einzelne bleibt der einzelnen Gesetzgebung je nach Lage der Verhältnisse überlassen.

Ich möchte also beantragen, einfach den Satz auszusprechen, daß wir Schwurgerichte auch in denjenigen Deutschen Staaten, wo sie noch nicht bestehen, als Bedürfniß der Deutschen Strafrechtspflege erkennen. Die Frage ist vielfach ventilirt worden, ich will mich daher nicht weiter darüber verbreiten und bitte den Antrag ohne Diskussion anzunehmen:

„Der Deutsche Juristentag erklärt es für ein Bedürfniß Deutscher Strafrechtspflege, daß Geschworenengerichte auch in denjenigen Staaten, in welchen dies noch nicht geschehen, eingeführt werden."

Präsident: Ich habe zunächst einen übereinstimmenden Antrag der Herren Rechtsanwälte Rumpelt und Kühn zur Abstimmung zu bringen, der dahin geht: Die Versammlung wolle unter Ablehnung jeder Debatte sofort zur Abstimmung über die vorliegenden Anträge schreiten.

Geben Sie diesem Antrage Ihre Zustimmung?

Der Antrag ist mit großer Majorität angenommen!

Staatsanwalt **Stegemann:** Es hat der Rechtsanwalt Dr. Calm aus Bernburg den Zusatz vorgeschlagen: „Vorausgesetzt, daß dies nach der Größe des einzelnen Staats möglich ist." (Heiterkeit.)

M. H., man kann prinzipiell das Bedürfniß des Antrags anerkennen, ohne daß er zur Zeit bis ins Detail ausführbar ist. Außerdem ist die Frage politischer und administrativer Natur, worüber wir uns nicht aussprechen können.

Ich schlage vor, den Antrag zu verwerfen.

Präsident: Es ist nunmehr über den Schaffrath'schen Antrag mit der vom Herrn Referenten vorgeschlagenen Modifikation und dem Zusatzantrag des Dr. Calm abzustimmen.

Rechtsanwalt Dr. **Calm:** Ich ziehe mein Amendement zurück.

Präsident: Dann ist blos abzustimmen über den Antrag des Dr. Schaffrath.

(Derselbe wird verlesen.)

Geben Sie diesem Antrage Ihre Zustimmung?

(Die ganze Versammlung erhebt sich.)

Ruf: Einstimmig angenommen! Einstimmig! Bravo!

Nein, m. H., auch hier muß Gerechtigkeit obwalten, der Antrag ist blos mit großer Majorität angenommen. (Bravo!)

Staatsanwalt **Stegemann:** Wir kommen nun zu dem Lewald-schen Antrage: es soll als Rechtsüberzeugung des Juristentages hingestellt werden, „daß politische und Preßverbrechen, sowie politische und Preßvergehen sich vorzugsweise zur Aburtheilung durch Geschworene eignen." Dem gedruckten Antrage ist hinzugefügt „in sachlicher Beziehung." Im Einverständnisse mit dem Herrn Antragsteller soll dieser Zusatz wegfallen und nur im Allgemeinen ausgesprochen werden, ob die Schwurgerichte sich eignen oder nicht.

Der Antrag zerfällt in zwei wesentliche Unterabtheilungen, einmal daß die nach der Gerichtsorganisation an sich begründete Kompetenz des Schwurgerichts für gewisse schwere Straffälle dann nicht ausgeschlossen werden soll, wenn diese Strafthat politischer Natur ist, oder durch das Mittel der Presse begangen wurde, daß also eine Ausnahme von der allgemeinen Kompetenzregel, die hin und wieder besteht, nach Ansicht des Juristentags nicht stattfinden soll. Die zweite Seite des Antrags ist die: Er will, daß ausnahmsweise Vergehen, also Strafthaten, die an sich nach der Gerichtsorganisation nicht vor die Geschworenen gehören, dann vor die Schwurgerichte gebracht werden sollen, wenn sie und weil sie politischer Natur sind, oder durch das Mittel der Presse begangen wurden.

Diese beiden Fälle werden in sachlicher Beziehung aus einander zu halten sein; eins aber ist ihnen gemeinsam, und das möchte ich bitten präjudiziell zu entscheiden. Die Frage, die wir zu erörtern im Begriffe stehen, streift wesentlich in das politische Gebiet hinein. Ich möchte, daß der Juristentag vorweg seinen Statuten gemäß ausspräche, sei es ausdrücklich oder nur zu Protokoll, daß wir die Sache als reinen Rechtspunkt in Erwägung nehmen wollen, unabhängig von allen politischen Motiven. Ich gebe anheim, ob hierüber die Debatte zu eröffnen oder sogleich abzustimmen sei.

Präsident: Ich würde zunächst bitten, daß uns der Herr Referent speciell den Antrag formulirte, den er an die Versammlung gerichtet haben will.

Staatsanwalt **Stegemann:** Ich würde vorweg der hohen Versammlung empfehlen, auszusprechen, sei es nachher ausdrücklich in dem zu fassenden Beschluß oder zu Protokoll, daß wir, einerseits um jede Mißdeutung zu vermeiden, andererseits im Interesse des Ansehens des Juristentages und auch im Interesse der praktischen Wirksamkeit unserer Beschlüsse, uns darüber hier vereinbaren, daß wir die Frage lediglich vom rechtlichen Gesichtspunkte aus ins Auge fassen wollen. Ich bitte darüber einen Beschluß herbeizuführen.

Präsident: M. höchstg. H.! Wir können, glaube ich, in der gewünschten Fassung den Antrag kaum zur Abstimmung bringen. Ich hatte geglaubt, der Herr Referent wollte einen Uebergang zur Tagesordnung unter Motivirung vorschlagen; allein jetzt hat derselbe blos das Motiv zu einer Beschlußfassung vorgebracht und darüber getraue ich mir nicht eine Abstimmung eintreten zu lassen. (Zustimmung.)

Staatsanwalt **Stegemann**: Der Antrag zerfällt in zwei Momente. Es fragt sich, soll von der Regel, wonach schwere Strafthaten vor die Schwurgerichte gehören, abgewichen werden, wenn die Strafthat ihrer Natur nach eine politische ist, oder wenn sie durch das Mittel der Presse begangen wurde. Ich stelle anheim, hierüber zunächst Beschluß zu fassen. Ich würde vom Standpunkte des Rechts, welchen ich als Referent wohl einnehmen darf, und der auch nach den Statuten derjenige des Juristentags sein wird, keine Gründe sehen, die Kompetenz der Geschworenen in solchen Fällen auszuschließen. Ich nehme deshalb den Antrag, in dieser Beziehung wolle der Juristentag Folgendes erklären."

„Der Deutsche Juristentag erklärt aus Rechtsgründen für seine Ueberzeugung, daß Strafsachen, welche nach der bestehenden Gerichtsverfassung an sich der Aburtheilung durch Geschworene unterliegen, von der Kompetenz der Schwurgerichte deshalb nicht auszuschließen sind, weil die Strafthat politischer Natur ist oder durch das Mittel der Presse verübt wurde."

Präsident: Der Herr Antragsteller hat, wenn ich recht gehört habe, sich mit dem Vorschlage unseres Referenten einverstanden erklärt?

(Rechtsanwalt Lewald bestätigt dies.)

Es ist nun die Abstimmung einzuleiten über folgenden Antrag.

(Der obige Antrag wird nochmals verlesen.)

Es ist jetzt ein Amendement eingegangen, welches, wie ich sehe, sich nicht auf die Diskussion, sondern nur auf die Fragstellung bezieht und also berücksichtigt werden kann. Es geht dahin, die Worte „aus Rechtsgründen" besonders zur Abstimmung zu bringen. Ich bitte nun den Antrag nochmals zu verlesen, jedoch mit Hinweglassung der Worte: „aus Rechtsgründen." (Geschieht.)

Geben Sie diesem Antrage Ihre Zustimmung?

Er ist mit großer Majorität angenommen!

Nun richte ich, m. höchstg. H., eine besondere Abstimmung auf Einschaltung der Worte: „aus Rechtsgründen.“ Diejenigen Herren, welche für Einschaltung der Worte sind, bitte ich, sich zu erheben.

Es ist die Minderheit! Es ist dadurch die Weglassung der Worte beschlossen.

Staatsanwalt **Stegemann**: Nun kommen wir zur zweiten Abtheilung des Lewald'schen Antrages. Es handelt sich um zweierlei. Einmal soll die der Regel nach nicht begründete Kompetenz der Schwurgerichte eintreten ausnahmsweise in den Fällen, wo die That und weil die That politischer Natur ist, oder durch das Mittel der Presse begangen wurde, und wenn die Versammlung dies annimmt, soll dabei ausgesprochen werden, daß der Juristentag der Ansicht ist, es seien die Geschworenen, sei es mehr oder weniger geeignet, in solchen Fällen abzuurtheilen.

(Ruf: Lesen, lesen! Geschieht.)

Es fragt sich also, ob sie mehr oder weniger geeignet sein sollen.

Präsident: Ich glaube, es ist zunächst über den Lewald'schen Antrag abzustimmen, welcher jedenfalls die Priorität hat.

Staatsanwalt **Stegemann**: Dieser sagt, die betreffenden Vergehen würden durch Geschworene sachgemäßer entschieden.

Rechtsanwalt **Lewald**: Ich bleibe bei der Fassung stehen, die der Herr Referent vorgeschlagen hat, nämlich zu sagen: „die Geschworenen sind für die Entscheidung mehr geeignet.“

Staatsanwalt **Stegemann**: Ich würde mich dagegen erklären, weil ich, von meinem Standpunkte als Jurist aus, nicht anerkennen kann, daß ein Anderer mehr geeignet sei, diese Frage zu entscheiden, als ein Jurist. Die politischen Motive lasse ich weg. (Bravo! Murren.)

Präsident: Ich bitte den Antrag nochmals zu verlesen. (Geschieht.)

Geben Sie dem Antrage des Herrn Rechtsanwalt Lewald in der von dem Herrn Referenten vorgeschlagenen und von Herrn Lewald acceptirten Fassung Ihre Zustimmung? (Aufregung, Zweifel.)

Ich bitte die Herren stehen zu bleiben, welche für den Lewald'schen Antrag sind. Das Bureau ist einig, daß die Majorität für den Lewald'schen Antrag ist. (Bravo! Widerspruch.)

Sind die Herren einverstanden, daß der Herr Staatsanwalt Stegemann gebeten wird, morgen im Plenum das Referat zu übernehmen? (Ja!)

M. höchstg. H.! Es ist 1/22 Uhr, wünscht die Versammlung, daß noch ein Gegenstand zur Verhandlung gebracht werde? (Ja, ja! Nein, nein!)

Wir fahren fort! Ich ersuche Herrn Geheimen Justizrath Abegg aus Breslau, den Referentensitz einzunehmen und uns Vortrag zu erstatten.

Geh. Justizrath, Professor Dr. **Abegg** aus Breslau: Bei der gebotenen Beschränkung will ich die Geduld der hohen Versammlung nicht mißbrauchen. Es ist die Rede von einem Gegenstande, wo ich nur auf einige Hauptmomente aufmerksam zu machen habe, wonach sich die Fragen hoffentlich bald auch erledigen werden.

Ich erlaube mir zuvörderst meinen persönlichen Dank dafür auszusprechen, daß mir der Herr Präsident das Recht noch eingeräumt hat, zu referiren, wo es sich um einen Gegenstand handelt, der nicht gerade nur von dem Standpunkte der praktischen Erfahrung aus beantwortet werden kann. Ueber die Frage der Verjährung bereits erkannter Strafen, und wo diese zuzulassen sei, haben wir noch zu wenig Erfahrungen, um von diesem Standpunkte aus ein entscheidendes Wort sprechen zu können. Ich gestatte mir daher auch ohne Weiteres über diesen Punkt hinwegzugehen.

Was den positiven Standpunkt dieser Lehre betrifft, so ist er dieser: Die Frage, ob ein Strafurtheil verjährt, oder durch den Ablauf einer bestimmten Zeit Jemand den Anspruch erwerben könne, daß ein Urtheil gegen ihn nicht mehr vollstreckt werde, ist in unserem früheren Rechte gar nicht vorgekommen. Man hat so wenig wie in Civilsachen einen Unterschied angenommen, sondern man beschied sich, die Sache so vorzustellen: So lange nicht über einen Punkt rechtlich entschieden ist, so lange das Gesetz, als Rechtsausspruch, noch nicht durch Erfüllung der Bedingungen der Untersuchung behufs Unterstellung der ermittelten Thatsachen unter dieses zu einem Resultat gelangt war, so lange wurde jener als zweifelhaft angesehen. Von dem Augenblicke an, wo der

Richter als Organ des Gesetzes seinen Rechtsspruch gethan hatte, nahm man an, sei hiermit die Sache entschieden, es verlange das Recht seine Vollziehung. Es konnte eingewendet werden, daß die Sache sich anders verhalte. Das Gesetz, welches die Nothwendigkeit ausspricht, spricht sie für jeden Fall aus, der Umstand, daß es nöthig ist, die Sache zu erörtern, das Dasein des Falles festzustellen, ist unvermeidlich. Aber es ist dies nur die Erfüllung einer sich von selbst verstehenden Bedingung: „Si paret — condemna, si non paret — absolve." War nun einmal entschieden, so konnte man geltend machen, daß unmittelbar die Forderung des Rechts sich behaupten müsse, welches sich im Richterspruche ausspricht und nun nicht mehr gehemmt werden könne. Insofern man sich bei der Frage über die Verjährung nach Gründen umgesehen hat, gegenüber der jetzt festgestellten That, konnte man sich dabei beruhigen, diese Sache sei einmal rechtlich durch Urtheil entschieden. Sonst aber mußte nothwendig das Resultat ein sehr verschiedenes sein, je nachdem man diese oder jene Gründe für die Verjährung anführte. Ich will das nicht näher ausführen und nur soviel sagen, als zur Begründung meiner eignen Ansicht unerläßlich ist.

Man hat früherhin bei der Frage, ob überhaupt eine Strafverjährung gerechtfertigt werden könne, ob eine strafbare und verwerfliche Handlung dadurch, daß sie eine bestimmte Zeit lang der Aufmerksamkeit des Gerichts oder, wenn sogar das Gericht sie verfolgt hatte, doch der Thäter derselben entgangen war, nun sollte straffrei werden, vielfach und bis in die neueste Zeit gestritten. In praktischer und sogar auch in theoretischer Hinsicht war die Verjährung anzuerkennen; aber die Gründe, die man anführte, waren allerdings sehr verschieden. Wenn z. B., um daran zu erinnern, für die Verjährung der Strafverfolgung geltend gemacht worden ist, daß nach einer Reihe von Jahren der Beweis schwer zu erbringen sein werde, die Sache sei dem Gedächtniß der Zeugen entschwunden, oder ein Theil der Zeugen sei gestorben, wenn man ferner sagte, es sei das Aergerniß, das Aufsehen, der Schreck, den eine That im Publikum einstmals hervorgebracht, längst vorübergegangen, es habe der Thäter einer anderen Gesinnung Raum gegeben, die Besserung könne möglicherweise unterdeß eingetreten sein, — und das sei zu vermuthen —

so sind das glaube ich, wie auch die hohe Versammlung zugeben wird, Gründe, die man allenfalls von dem sogenannten rechtlich politischen Standpunkte aus gelten lassen könnte, um der Strafverfolgung Grenzen zu setzen, die aber keineswegs durchschlagend sind, um von einem Urtheile abzugehen. Durch dieses ist die Sache einmal festgestellt und nun könnte man die Frage aufwerfen: Was sollte es für einen Grund geben, den gerichtlichen und rechtlichen Ausspruch dadurch überhaupt für unausführbar zu erklären, daß eine bestimmte Zeit lang der Spruch nicht hatte ausgeführt werden können? Ich erlaube mir also darin zu erinnern, daß die politischen Gründe, die man geltend gemacht hat für die Verjährung der Strafverfolgung noch nicht durchgreifend sind, um von ihnen aus sagen zu können, es müsse auch die Vollstreckung eines bestimmten Strafurtheils verjähren können.

M. H.! Ich will kurz sein. Man muß einen Grund aufsuchen, den man ebenso geltend machen kann für die Verjährung der erkannten Strafe, als für die der Strafverfolgung. Dieser ist die Herrschaft der Zeit über das Zeitliche, über das Vergängliche. Es muß endlich auch in diesem Gebiet ein Vergeben und ein Vergessen stattfinden, und möge dann auch einmal in Gottes Namen ein Schuldiger der Strafe entgehen, der sich nicht blos in seinem Gewissen schuldig fühlt, den auch die Gesellschaft als schuldig erklärt: es ist die Macht der Zeit, die auch hier einen bestimmten Einfluß ausübt. Das ist, wenn auch nicht überall zum Bewußtsein gebracht, doch der überall geltende Grund; darum hat sich die Meinung über die Verjährung auch der erkannten Strafen in neuerer Zeit immer weiter verbreitet.

Früherhin hat man die Verjährung nur in Beziehung auf die Strafverfolgung zugelassen und diese an bestimmte Bedingungen gebunden. In den Deutschen Strafgesetzbüchern ist man allmählig von den früher aufgestellten oder angenommenen Beschränkungen abgegangen und nicht nur ist in Beziehung auf die Zulassung der Verjährung der strafgerichtlichen Verfolgung mehr und mehr die Auffassung milder geworden, sondern man hat auch in neuerer Zeit in mehreren Gesetzgebungen Verjährungsfristen, wenn auch zum Theil andere, aufgestellt oder angenommen in Beziehung auf bereits erkannte Strafen.

Es ist nun in No. 50 der Deutschen Gerichtszeitung eine ganz kurze, an den Antrag meines geehrten Kollegen, des Herrn Professor Glaser angeknüpfte Bemerkung mitgetheilt worden, die uns besonders interessirt, indem eine Uebersicht der Gesetzgebungen gegeben wird. Es ist in dem älteren Kgl. Sächsischen Kriminal-Gesetzbuche, dann auch in dem Württemberg'schen, dem Braunschweig'schen, dem Baden'schen, dem Thüring'schen, in dem neueren Kgl. Sächsischen Gesetzbuche, in den Entwürfen, die in Bayern ꝛc. vorliegen, ein allmähliger Fortschritt zu der Anerkennung der Strafverjährung gemacht worden. Es ist das, was hier erst als Wunsch und Antrag gestellt worden ist, in mehreren Ländern bereits in Gesetzesform gebracht worden. Jedoch nicht in allen, mehrere stellen den entgegengesetzten Grundsatz auf. Das Preußische Gesetzbuch z. B. sagt in §. 49: „Gegen rechtskräftig erkannte Strafen ist keine Verjährung zulässig."

Es sind nun zwei Prinzipien, die einander entgegenstehen. Das eine Prinzip, welches das Preußische Recht befolgt, ist dieses: Die Autorität des Rechts, sowie diese einmal durch gewissenhaften richterlichen Spruch festgesetzt ist, diese Autorität muß sich mit Nothwendigkeit geltend machen. Die andere Ansicht, die doch gewiß der richterlichen Autorität auch nicht zu nahe treten will, hat den andern Standpunkt eingenommen und hat das für sich, daß man sagen kann: wenn wir ein solches Gewicht auf die Macht der Zeit legen, werden wir dasselbe thun müssen in Bezug auf die Verjährung der Strafen, wie auf die Verjährung der Strafverfolgung. Mit einem Wort, es ist mehr oder minder für beide Arten der Verjährung derselbe Standpunkt. Diese Autorität des gesetzlichen und formellen Rechts erlangt ihre Grenzen in beiden Fällen gerade dadurch, daß zwischen der Vergangenheit und der Gegenwart, hier der fraglichen Vollziehung des Urtheils, ein langer Zeitraum liegt. Um ein Analogon anzuführen, was ich nur ganz kurz berühren will, so würde ich in Beziehung auf die sogenannten Antrags-Verbrechen mir zu bemerken erlauben, wir haben da etwas ganz Aehnliches hinsichtlich der Strafen. Wo tritt die Autorität des Gesetzes ein? und wo können wir Ausnahmen von derselben zulassen? Die einzelnen Gesetzgebungen weichen untereinander ab bei der Frage, bis wie lange darf derjenige, von dessen Antrag eine strafrechtliche Verfolgung abhängt, seinen Antrag zurücknehmen? Bekanntlich sagen Einige: „bis ein **Urtheil** in der Sache ergangen ist", Andere gestätten eine Verzichtleistung auf die Strafverfolgung noch nachher, das ist es, worauf ich hier den Accent lege und das ist eine solche Auffassung, wonach von diesem Momente an das formelle Recht zurücktritt.

Ich führe das blos an, um zu zeigen, daß auch auf andern Gebieten die Frage uns nahe gebracht wird: Wo kann bei einem solchen Konflikte, der zwischen der Autorität des Rechts und einem andern Prinzip eintritt eintritt, von einer oder der andern Seite irgend etwas nachgegeben werden?

Ich habe mir noch eine andere Frage vorgelegt, wo ich gleich erklären möchte, dem Antrage beizutreten: eine Verjährung auch rechtlich erkannter Strafen allgemein für zulässig zu erklären. Haben wir zu fürchten, daß eine große Menge von Verbrechern straflos umherliefe, für die bürgerliche Gesellschaft eine Gefahr und ein Hohn für die Gesetzgebung?

Wir wollen zwei Fälle unterscheiden, den Kontumazialprozeß und das Verfahren im regelmäßigen Prozeß. Dort ist die Sache nach allen Gesetzgebungen der Art, daß, wenn ein Gericht in die Lage versetzt wird und in die Möglichkeit kommt, des Verbrechers habhaft zu werden, gegen den ein Kontumazialurtheil ausgesprochen war, so wird nicht das Urtheil vollzogen, sondern nunmehr das ordentliche Verfahren eingeleitet. Wir hätten also in diesem einen Falle z. B. nicht zu besorgen, daß andere Wirkungen eintreten, als welche schon mit der Verjährung der Strafverfolgung verbunden sind.

Stellen wir diesem Kontumazialfall den gegenüber, der hier der eigentliche in Betracht kommende ist, wo der Verbrecher sich nicht in der Herrschaft des Gerichts befindet und dieses keine Botmäßigkeit hat über den, wider welchen nach ordentlichen Verfahren ein Strafurtheil ergangangen ist, so haben wir für diesen Fall keine Besorgniß zu hegen, daß häufig Hindernisse für das Wiederhabhaftwerden und die Strafvollstreckung eintreten werden. Die Fälle, z. B. wenn ein zum Tode oder zu anderer schwerer Strafe verurtheilter Verbrecher, der sich regelmäßig in Haft befindet, entweicht, nicht wieder erlangt wird, sind so selten, daß ich nicht glaube, daß besondere Gefahren eintreten werden, zumal noch eine andere Frage in diesem Antrage gestellt ist. Ich verstehe nämlich den Antrag des Herrn Dr. Glaser:

„Der Deutsche Juristentag wolle sich dahin aussprechen, daß neben der Verjährung der strafgerichtlichen Verfolgung die Verjährung rechtskräftig erkannter Strafen zugelassen werde",

blos so, daß hier nur das Prinzip ausgesprochen werde. Die Frage über die Dauer, ob nicht eine längere Frist für die Verjährung der Strafurtheile festgesetzt werde, ist nicht berührt worden und es wird auch in dieser Weise einer weitern Erwägung nicht vorgegriffen. Eben so glaube ich, es sei selbstverständlich, daß alle Kriminalverjährung, auch die Verjährung, von der wir hier sprechen, ähnlich der Vollstreckbarkeit eines Strafurtheils, nicht über das Gebiet des Strafrechts hinausgehe. Sollte also beispielsweise, wie heute bei anderer Gelegenheit beschlossen worden ist und wie seit 300 Jahren, seitdem die Carolina und der Adhäsionsprozeß in Deutschland gegolten hat, sollte die Civilverpflichtung mit in dem Erkenntniß ausgesprochen sein, so versteht es sich von selbst, daß der Grund, der in Betreff der Vollstreckung der Strafe nach Ablauf der bestimmten Zeit entgegensteht, nicht durchgreifend sein würde für Civilansprüche, daß diese vielmehr einer eigenthümlichen Verjährung unterliegen würden, d. h. daß für diese nur die Voraussetzungen und Regeln der Civilverjährung maßgebend sein dürfen.

Das, m. H., sind die Hauptgesichtspunkte, die ich ganz in der Kürze habe berühren wollen, um darauf, soweit es möglich ist, meinen Antrag zu gründen; ich war noch vor wenig Minuten nicht darauf vorbereitet, vor Ihnen zu sprechen und ich habe nicht ein einziges Gesetzbuch darüber nachschlagen können. Es waren dies die Hauptmomente, die mich bestimmen, soweit ich berechtigt bin, im Namen der Deputation zu sprechen, den Antrag des Herrn Professor Dr. Glaser anzunehmen und also als Ueberzeugung des Juristentages hinzustellen, „daß neben der Verjährung der strafgerichtlichen Verfolgung die Verjährung rechtskräftig erkannter Strafen zugelassen werde." Hiebei hat man namentlich todeswürdige Verbrechen berührt, und sich darauf berufen, daß es, wo auch das Todesurtheil ausgesetzt wird, zum Aergerniß des Volkes gereichen müßte, wenn solche schwere Verbrecher der Strafe entgehen. Man kann aber ebenso gut sagen: Soll man nach 25 oder mehr Jahren den empörenden Akt vornehmen, einen Menschen hinzurichten, der nun so lange Zeit frei und ohne zu einer Strafverfolgung Anlaß gegeben zu haben, umhergegangen ist? Es würde, wenn ein solcher Fall vorkäme, ohne Zweifel vom Gerichte ein Antrag auf Begnadigung gestellt werden; aber ich sehe auch selbst hier kein Hinderniß, für eine gewiß seltene Anwendung ohne alle Ausnahme jenen Antrag zu dem unsrigen zu machen.

Mein Schlußantrag geht dahin, Ihnen im Namen der Abtheilung vorzuschlagen, dem Antrage des Herrn Dr. Glaser beizutreten. (Lebhafter, anhaltender Beifall.)

Präsident: M. H. Sie geben bereits dem Gefühle Ausdruck, das gewiß uns Alle beherrscht, und es würde mir als eine Ilias post Homerum erscheinen, wenn wir nach der gedrängten, umsichtigen und lichtvollen Darstellung eines der ersten Rechtslehrer Deutschlands eine Diskussion eintreten lassen wollten. (Beifall.)

Sind Sie damit einverstanden, daß wir sofort ohne Diskussion zur Abstimmung schreiten? (Ja, ja!)

Nun, m. höchstg. H., unser sehr verehrter Herr Referent empfiehlt uns die Annahme des Glaser'schen Antrags. Er lautet dahin:

> „Der Deutsche Juristentag wolle sich dafür aussprechen, daß neben der Verjährung der strafgerichtlichen Verfolgung die Verjährung rechtskräftig erkannter Strafen zugelassen werde."

Geben Sie diesem Antrage Ihre Zustimmung?

Mit großer Majorität und beinahe Einstimmigkeit angenommen!

Sind die Herren auch damit einverstanden, daß wir unsern Herrn Referenten ersuchen, morgen im Plenum den Vortrag über diese Angelegenheit zu übernehmen? (Ja, ja!)

Geh. Justizrath Professor Dr. **Abegg**: Ich fürchte nur, meine

Stimme wird für das Plenum zu schwach sein. (Ruf: Wir wollen schon Ruhe schaffen.)

Präsident: Damit wären die Gegenstände unserer Tagesordnung für die beiden Tage erschöpft. Wir gehen nun morgen noch zu dem Schlusse unserer Arbeiten ins Plenum und damit auch zum Schlusse des diesjährigen Juristentages.

Mir aber, m. höchstg. H., liegt es noch ob, Ihnen ganz besonders zu danken für das große Vertrauen, mit welchem Sie mich beehrten, als Sie mir das Präsidium übertrugen und für die außerordentliche Nachsicht, mit welcher Sie mich bei Verwaltung desselben erfreuten. Ich werde diese beiden letztvergangenen Sitzungen als Glanzpunkte in meiner öffentlichen Thätigkeit betrachten und bitte, daß Sie nur ein wenig von der Liebe und Angänglichkeit auf mich übertragen, die ich Ihnen und unserer ganzen Sache entgegenbringe. Ich hoffe, m. H., so Gott will, daß wir uns über's Jahr froh und fröhlich wiederfinden, daß in unserm Hause ebenso wie in unserm Staate Alles gut und wohl stehe, und daß wir mit frohem Herzen zu neuen Arbeiten zusammentreten können! Das gebe Gott!

Und somit schließe ich die Sitzungen der dritten Abtheilung des zweiten Deutschen Juristentages! (Lebhafter Beifall von allen Seiten.)

Professor Dr. **Glaser:** M. H., ich glaube nur einem allgemeinen Gefühle zum Ausdruck zu verhelfen, wenn ich Sie auffordere, unserm hochverehrten Herrn Präsidenten unsern wärmsten Dank zu erkennen zu geben für die sichere und geistreiche, gewandte und unparteiische Leitung unserer Verhandlungen. Er war uns allgegenwärtig: als Referent wie als Vorsitzender war er uns, ich möchte sagen, jeden Augenblick unentbehrlich. Wir danken ihm und sein Bild wird jeder von uns in warmer, liebevoller Erinnerung bewahren! Wir werden seiner, wir werden dieser Tage oft mit Freuden gedenken, und wenn wir hoffen dürfen, daß die heute und gestern gefaßten Beschlüsse in der Geschichte des Deutschen Strafprozesses ihren Platz finden werden, so wird es vor Allem sein Name sein, der für ewige Zeiten an diesen Moment geknüpft ist!

Ein Hoch unserm verehrten Herrn Vorsitzenden!

(Die Versammlung stimmt dreimal in diesen Hochruf ein.)

Präsident (unter fortdauernden Beifallsbezeugungen): Herzlichsten Dank!

(Schluß der Sitzung gegen 2 Uhr.)

Erste Sitzung der vierten Abtheilung am Mittwoch den 28. August 1861 im Saale von Braun's Hotel.

(Die Sitzung wird um 8½ Uhr durch den Stadtrichter Hiersemenzel aus Berlin eröffnet.)

Stadtrichter **Hiersemenzel**: M. H.! Im Auftrage der ständigen Deputation des Deutschen Juristentages erkläre ich die heutige Sitzung für eröffnet.

Ich habe zum ersten Präsidenten denselben Mann vorzuschlagen, der im vorigen Jahre die Verhandlungen so trefflich geleitet hat, Herrn Dr. Berger aus Wien:

(Die Versammlung erhebt sich unter lebhafter Beifallsbezeugung zum Zeichen der Zustimmung.)

ferner zum zweiten Präsidenten den Obergerichts-Assessor Planck aus Göttingen in Hannover. (Ebenfalls Akklamation.)

Ich bitte die Herren, gefälligst das Präsidium zu übernehmen.

Präsident, Hof- und Gerichts-Advokat Dr. **Berger**: Ich danke für das Vertrauen, das Sie mir durch die Wahl zum Präsidenten schenken.

Ich sehe die Aufgabe des Präsidenten darin, daß er nicht von sich aus die Versammlung leitet, sondern sich als das Organ darstellt, durch welches die Versammlung sich selbst leitet, daß er ihre Ueberzeugung, durch die Majorität begründet, klar und rasch zum Ausdruck und zum Vollzug bringt. In diesem Sinne war ich bemüht die Verhandlungen im vorigen Jahre zu leiten, und gelang es mir durch das Wohlwollen und die Unterstützung der Mitglieder, die Geschäfte der Abtheilung zum raschen Abschluß zu bringen. Ich hoffe bei gleichem Wohlwollen und gleicher Unterstützung auch in diesem Jahre die Geschäfte im gleichen Sinne zu erledigen.

Nach der Geschäftsordnung ist zunächst zur Wahl von Schriftführern zu schreiten. Die Geschäftsordnung schreibt zwar vor, daß dies durch die Versammlung selbst zu geschehen habe, da es aber zu langen Zeitaufenthalt verursacht, so erlaube ich mir die Schriftführer vorzuschlagen, nämlich zunächst Herrn Advokat Judeich aus Dresden.

Sind Sie damit einverstanden? (Ja!)

So ersuche ich Herrn Judeich Platz neben mir zu nehmen. Dann Herrn Oberamtsrichter Zirkler aus Württemberg. (Ja!)

Der nächste Akt wäre die Wahl von Berichterstattern, nur scheint damit eine Schwierigkeit verbunden zu sein, da es nicht gut angeht, am Beginne der Verhandlung Berichterstatter zu erwählen; wenn daher die verehrten Herren damit einverstanden sind, so werden wir die Wahl der Berichterstatter bis auf denjenigen Zeitpunkt verschieben, wo die Debatte über die einzelnen Gegenstände abschließen und es sich gezeigt haben wird, welche Persönlichkeit die geeignetste ist.

Stadtrichter **Hiersemenzel**: Seitens der ständigen Deputation ist Herr Kreisgerichtsrath Kühne aus Berlin zum Berichterstatter aufgestellt worden, was wohl von der Versammlung acceptirt werden wird.

Präsident: Wenn dagegen kein Widerspruch erfolgt. (Widerspruch.)

Nach der Geschäftsordnung steht der Abtheilung das Recht der Wahl ihrer Berichterstatter selbst zu.

Stadtrichter **Hiersemenzel**: Ich scheine mißverstanden zu sein. Herr Kühne ist Berichterstatter der Deputation an uns; wir haben einen Berichterstatter von uns an das Plenum zu wählen.

Präsident: Herrn Zirkler würde ich bitten, hier noch Platz zu nehmen. (Ist nicht hier!)

Eine Stimme: Es wurde mir gesagt, er wäre gar nicht in dieser Abtheilung.

Präsident: Wenn Ihnen bekannt ist, daß Herr Zirkler nicht in diese Abtheilung kommt, so würde ich die Herren ersuchen, an seiner Stelle Einen aus Ihrer Mitte namhaft zu machen.

Eine Stimme: Ich würde Herrn Makower aus Berlin vorschlagen.

Präsident: Sind die Herren damit einverstanden? (Ja!)

Dann bitte ich Herrn Makower hier Platz zu nehmen.

Die Geschäfte, welche der vierten Abtheilung zur Erledigung zugewiesen, sind den Herren aus den gedruckten Vorlagen bekannt, namentlich aus No. 58 der Deutschen Gerichtszeitung. Zunächst sind es die Sätze, welche Ober-Tribunalsrath Waldeck bereits im vorigen Jahre den Deutschen Juristen als Vorbedingungen einer einheitlichen Deutschen Prozeßgesetzgebung vorgelegt hat. Dieselben sind auf Seite 36 der Verhandlungen von 1860 abgedruckt. Es sind die bekannten fünf Sätze, deren Wiederholung wohl hier nicht nöthig ist.

Eine Vorfrage, die von meinem Standpunkte aus entsteht, wäre nun die, ob die geehrte Versammlung zunächst eine allgemeine Debatte beabsichtigt, oder ob es ihr genehm ist, sofort auf die einzelnen Positionen, wie sie in den Anträgen des Ober-Tribunalsraths Waldeck niedergelegt sind, einzugehen.

Ober-Gerichtsassessor **Planck** aus Göttingen: Ich beantrage, daß die von der ständigen Deputation zur Begutachtung aufgeworfene Frage, „ob der Schwerpunkt des nach dem Grundsatze der Oeffentlichkeit und Mündlichkeit zu regelnden Verfahrens in bürgerlichen Streitsachen in der mündlichen Verhandlung oder in dem als Grundlage dienenden schriftlichen Verfahren liegen soll," vor den Waldeck'schen Anträgen auf die Tagesordnung gesetzt werde. Die Gründe dafür liegen darin, daß die Waldeck'schen Anträge in ihrer Einleitung selbst aussprechen, daß sie unter der Voraussetzung eines auf Oeffentlichkeit und Mündlichkeit gebauten Verfahrens gestellt sind; und in der That wird bei Ansicht der einzelnen Anträge sofort klar, daß der Gegenstand derselben nicht entschieden werden kann, wenn man nicht vorher über die allgemeine Form des Verfahrens klar ist. Nun behandelt aber die eben erwähnte von der Deputation aufgestellte Frage gerade, was man unter Mündlichkeit versteht, ob mündliches Verfahren im Sinne der Hannoverschen Prozeßordnung oder ein schriftliches Verfahren mit mündlicher Schlußverhandlung.

Ich glaube daher, daß die Versammlung vorher darüber mit sich einig sein muß, was sie unter dem in dem Waldeck'schen Antrage vorausgesetzten mündlichen Verfahren versteht, und ich beantrage, diese Frage zuerst auf die Tagesordnung zu bringen.

Ober-Tribunalsrath **Waldeck** aus Berlin: M. H.! Ich glaube, daß wir uns doch wohl zunächst an das zu halten haben, was vorgelegt ist. Der vorige Juristentag hat diese Anträge zur anderweiten Debatte für die Abtheilungen und das Plenum des jetzigen Juristentages überwiesen, und so, glaube ich, würden wir doch am besten bei dieser Ordnung hier bleiben.

Der verehrte Vorredner hat wohl ganz mit Recht angeregt, daß die Frage über die Form der Mündlichkeit nicht ohne Einfluß auf die Erörterung jener Fragen sein kann. Ich bin der Ansicht, daß die Prinzipien, die hier aufgestellt sind, allerdings geeignet sind, eine solche unbedingte Mündlichkeit, wie sie z. B. das Rheinische Recht, wie sie die Hannoversche Prozeßordnung kennt, möglich zu machen; ich halte aber den Unterschied, der dergestalt prinzipiell stattfinden soll, daß der vorherige Schriftenwechsel den Begriff des mündlichen Verfahrens ganz und gar ausschließt, mindestens für durchaus bestreitbar und zweifelhaft. Ich glaube, es ist daher ganz zulässig, und es ist logischer, daß man über die verschiedenen Fragen, die in dem einen, wie in dem anderen Verfahren zur Anwendung kommen können, sich einigt, und von dieser Art sind gerade die Grundsätze, die ich eben in dem Bewußtsein, daß es möglich sein sollte, den Weg für eine solche Mündlichkeit zu bahnen, damals aufgestellt habe. Wenn wir uns in die Frage vertiefen, inwiefern es zu dem Begriffe eines mündlichen Verfahrens absolut nothwendig sei, daß ein Schriftenwechsel vorhergehe, — welche Frage uns durch die folgenden Anträge der ständigen Deputation allerdings geboten ist, — so befürchte ich sehr, daß unsere Diskussion einen sehr weitschichtigen verwickelten Charakter annehmen möchte, der wieder verhindern würde, in eine klare entschiedene Entscheidung der einzelnen Fragen, die hier vorliegen, einzugehen. Ich glaube, diese Sache kann daher ganz auf sich beruhen bleiben. Die Voraussetzung ist doch die, daß das öffentlich mündliche Verfahren die Grundlage bildet. Wie das auszuführen ist, ob durch vorbereitende Schriften, die beim Gerichte gewechselt werden ꝛc., das ist eine Frage, die sich nachher bieten wird. Ich glaube, die Diskussion über die einzelnen von mir aufgestellten Fragen ist sehr wohl möglich, und wir werden besser bei der Stange bleiben, wenn wir uns an diesen Weg halten.

Justizrath **Volkmar** aus Berlin: M. H.! Die Deputation, angewiesen, die Waldeck'schen Fragen vorzubereiten, hat ihre Aufgabe in doppelter Weise gelöst. Sie hat Gutachten eingefordert, die uns gedruckt vorliegen; und sie hat veranlaßt, daß wir einen ausführlichen Vortrag erhalten und zwar durch den Herrn Kreisgerichtsrath Kühne. Es scheint daher nothwendig, der Deputation Gelegenheit zu geben, den Auftrag, den sie ertheilt hat, erfüllen zu lassen. Ich glaube, die Debatte wird vorläufig nicht anfangen können, sondern ich möchte bitten, zuerst das Referat vernehmen zu wollen.

Rechtsanwalt Dr. **Mayersohn** aus Aschaffenburg: Im vorigen Jahre wurde der Grundsatz aufgestellt und zum Beschlusse erhoben, daß der Prozeß auf das Prinzip der Oeffentlichkeit und Mündlichkeit gebaut werden solle; allein wir wissen Alle, daß über die Mündlichkeit verschiedene Ansichten bestehen. Man hat in den verschiedenen Prozeßordnungen verschiedene Grundsätze angenommen. Die Grundsätze, über welche wir hier abstimmen sollen, sind aber so tief in das Prinzip eingreifend, daß ich glaube, wir haben zunächst in den Antrag des Herrn Assessors Planck einzugehen, um so mehr, als dadurch bedeutende Inkonsequenzen vermieden werden können.

Rechtsanwalt Dr. **Horwitz** aus Liebenwerda: Herr Volkmar hat bereits angeführt, was ich bemerken wollte. Es scheint mir angemessen, wenn wir überhaupt beschließen, den Bericht der ständigen Deputation durch den Mund des von ihr bestellten Berichterstatters zu hören, daß jetzt, ehe die Debatte weiter in das Detail eingeht, der geeignete Zeitpunkt dazu da ist.

Obergerichtsassessor **Planck**: Ich bin damit einverstanden, daß wir erst den Auftrag der ständigen Deputation erledigen lassen, muß mir aber vorbehalten, nachdem Bericht erstattet worden ist, nochmals auf meinen Antrag zurückzukommen. (Ja wohl!)

Rechtsanwalt **Anschütz** aus Leipzig: Ich beantrage den Schluß der Berathung über den Planck'schen Antrag.

Präsident: Es sind noch einige Redner eingeschrieben. Wir werden also jedenfalls über den Schluß der Debatte abstimmen, und ich glaube, daß die eingeschriebenen Redner das Wort haben sollen. Ist die Versammlung damit einverstanden? (Ja!)

Wird der Schluß der Debatte über den Antrag Plancks beliebt? (Ja!)

Der Schluß der Debatte ist angenommen.

Ober-Tribunalsrath **Faber** aus Stuttgart: Die ständige Deputation hat allerdings von dem Juristentage den Auftrag erhalten, die Waldeck'schen Anträge für den nächsten Juristentag vorzubereiten. Sie hat sich dieses Auftrages in doppelter Hinsicht entledigt; sie hat erstens einen Berichterstatter, Herrn Kreisgerichtsrath Kühne, beauftragt, über die Waldeck'schen Anträge zunächst Bericht zu erstatten; sie hat überdies die Nothwendigkeit tief empfunden, auch über die das Prinzip außerordentlich entscheidende Vorfrage, was unter Mündlichkeit zu verstehen sei, Gutachten einzuholen, und wenn ich recht verstanden habe, wird Herr Kreisgerichtsrath Kühne ausschließlich über die Waldeck'schen Anträge berichten. Wenn ich im Irrthum wäre, und derselbe zugleich sich über die Mündlichkeit äußern würde, wäre ich vollständig befriedigt. Andernfalls halte ich es für eine logische und praktische Nothwendigkeit, daß wir ganz im Sinne des Antrags des Herrn Assessors Planck vor allen Dingen uns darüber entscheiden, welcher Art die Mündlichkeit selbst sein soll; sonst kann es uns begegnen, daß wir kein reines Resultat erlangen; denn die Einen werden ja sagen, weil sie ein mündliches Verfahren unter der einen Voraussetzung, und die Andern, weil sie es unter einer andern Voraussetzung wünschen.

Kreisgerichtsrath **Kühne** aus Berlin: Ich bemerke, daß ich in Folge des Beschlusses der ständigen Deputation nur beauftragt bin, kurz die Resultate der Gutachten, die über die Waldeck'schen Anträge eingegangen sind, vorzutragen, daß ich aber über das Prinzip der Mündlichkeit nicht berichten werde. Mir ist die Berichterstattung ausdrücklich zu dem Zweck aufgegeben, damit die Debatte eingeleitet wird. Ich habe mich auf die weitere allgemeine Frage nicht einzulassen.

Obergerichtsassessor **Planck**: In diesem Falle muß ich auf meinem Antrage beharren, daß die Frage über die Mündlichkeit vorausgeht. Wenn der geehrte Berichterstatter ausdrücklich erklärt, daß er darüber gar nicht zu berichten habe, sondern nur über die Waldeck'schen Anträge, so ist es jetzt Zeit, daß wir einen Beschluß fassen.

Eine Stimme: Wer hat Namens der ständigen Deputation über das Prinzip der Mündlichkeit zu referiren?

Stadtrichter **Hiersemenzel**: Es ist Niemand damit beauftragt.

Präsident: Die Debatte ist geschlossen.

Wir schreiten zur Abstimmung. Es liegt eigentlich nur ein einziger Antrag, der des Herrn Assessor Planck vor, nachdem Herr Kühne erklärt hat, daß er Namens der ständigen Deputation über die Mündlichkeit zu berichten nicht beauftragt sei. Der Antrag des Herrn Assessor Planck geht nun dahin, daß die Vorlage der ständigen Deputation über die Frage:

> „Soll der Schwerpunkt des nach dem Grundsatze der Oeffentlichkeit und Mündlichkeit zu regelnden Verfahrens in bürgerlichen Streitsachen in der mündlichen Verhandlung oder in dem als Grundlage dienenden schriftlichen Vorverfahren liegen, namentlich was das Verfahren in erster Instanz betrifft?"

der Debatte über die Anträge des Herrn Ober-Tribunalsraths Waldeck vorausgehen soll.

Diejenigen Herren, die für den Antrag des Herrn Assessors Planck sind, bitte ich, sich zu erheben.

Der Antrag ist angenommen und wir schreiten demnach zur Debatte über die von mir zuvor vorgelesene Frage.

Justizrath **Volkmar**: M. H.! Ich möchte mir nur ein Wort zum Faktischen erbitten, wenn ich so sagen soll. Von einer Debatte kann nicht die Rede sein, bevor wir nicht klar wissen, wie etwa in Hannover, worauf es am meisten ankommt, die Mündlichkeit gehandhabt wird. Ich möchte daher fragen, ob es der geehrten Versammlung nicht genehm ist, einen Kollegen aus Hannover zu hören, der uns mit sechs Worten ein Bild seines Prozesses entwirft.

Advokat Dr. **Bernays**, Ergänzungsrath am Bezirksgericht zu Mainz: Ich glaube nicht, daß die Prozeßordnung von Hannover hervorzuheben ist; es handelt sich zunächst nicht um ein Hannöversches oder Rheinisches oder Preußisches Recht, sondern darum, ob dem Prozeßverfahren die Oeffentlichkeit uud Mündlichkeit zu Grunde gelegt werden soll. Sind wir darüber einig, so können wir auf die weitere Frage eingehen, wie in dem einen oder andern Lande die Oeffentlichkeit und Mündlichkeit gehandhabt wird.

Rechtsanwalt **Bromme** aus Naumburg: Ich glaube, es kann nicht bezweifelt werden, wie die Frage über Oeffentlichkeit und Mündlichkeit von uns beantwortet wird. Oeffentlichkeit und Mündlichkeit sind Zeitfragen, die wir nur dringend fördern und bejahen müssen. Es fragt sich, ob, nachdem die Klage eingegangen, erst eine Replik und Duplik, wie in einzelnen Partikulargesetzgebungen vorgeschrieben, stattfinden, ob man ohne Noth Zeit verlieren, oder ob unmittelbar nach Eingehen der Klage gleich ein Termin zur öffentlichen Verhandlung, ohne etwas Weiteres abzuwarten, erfolgen soll, wie die Hannöversche Prozeßordnung vorschreibt.

Präsident: Herr Rechtsanwalt Volkmar hat den Wunsch geäußert, es möchte eins der geehrten Mitglieder aus Hannover uns mit kurzen Worten ein Bild der Hannöverschen Prozeßordnung geben. Es scheint dies sehr zweckmäßig, bevor wir die Debatte weiter führen, und ich würde einen von den Herren aus Hannover bitten, sich dazu zu melden.

Obergerichtsanwalt Dr. **André** aus Osnabrück: Die gestellte Frage läßt sich nicht mit zwei Worten beantworten. Wenn Sie mir eine Viertelstunde Zeit gönnen wollen, will ich Ihnen ein Bild unseres Verfahrens entwerfen.

Präsident: Ich müßte darüber zuerst die geehrte Versammlung befragen, allein erlauben Sie mir in diesem Falle etwas diskretionär zu verfahren. Wir wollen ein klares Bild des Hannöverschen Prozesses, und wenn die geehrte Versammlung einverstanden ist, lassen wir über die Insinuation des Vorsprechers nicht abstimmen, sondern ertheilen dem Herrn Dr. André das Wort, und ich bin überzeugt, unser geehrter Kollege aus Hannover wird uns das dortige Prozeßverfahren so zu bezeichnen wissen, daß keine Dunkelheit bleiben wird.

Obergerichtsanwalt Dr. André: Ich würde in Bezug auf den Antrag, der zur Verhandlung steht, mich für das Prinzip der Mündlichkeit in dem Sinne entscheiden, daß ein Verfahren der Art, wie es der Hannöversche Prozeß kennt, der in dieser Beziehung mit dem Rheinischen Verfahren übereinstimmt, eintritt. Ich werde mir erlauben, meine diesfallsige Meinung kurz zu begründen, werde aber zuvor über den Gang des Hannöverschen Verfahrens einige Erläuterungen geben, weil ich aus Privatgesprächen entnommen, daß man auf der einen Seite glaubt, die Schriftlichkeit habe im Hannöverschen Verfahren eine größere Bedentung, als sie wirklich hat, und auf der andern Seite, die Schriftlichkeit habe einen geringern Werth, — daß man sich nicht als möglich denken könne, wie es zuginge, blos bei mündlicher Verhandlung so schwierige Fragen zu erörtern.

M. H.! Der Gang der Sache ist einfach der: Würden Sie die Hannöversche Prozeßordnung in die Hand nehmen, so würde es Ihnen vielleicht sehr schwer werden, sich ein klares Bild von der Sache zu machen und man hat in Hannover selbst, als das Verfahren 1852 eingeführt wurde, geglaubt, die Sache werde mit großen Schwierigkeiten verbunden sein. In der Wirklichkeit ist der Knotenpunkt der Sache sehr einfach Wenn Jemand beabsichtigt, eine Klage zu erheben, so wird ein Anwalt beauftragt, in einem Schriftsatze die thatsächlichen Fundamente der Klage anzuführen. An diese Zusammenfassung der der Klage zu Grunde liegenden Thatsachen knüpft sich das Petitum. Handelte es sich z. B. um ein Darlehn, so würde man sagen: man habe dem Verklagten ein Darlehen auf halbjährliche Kündigung gegeben, die Kündigung sei erfolgt, ohne daß die Rückzahlung geschehen und man bitte, einen Termin zur mündlichen Verhandlung anzusetzen, den Verklagten aufzufordern, vor Gericht zu erscheinen und ihn zu verurtheilen, den Betrag mit den Kosten zu decken. Die so formulirte Klage wird in doppelter Ausfertigung auf das Gericht gebracht, und bleibt eine Abschrift bei dem Gerichte. Durch Vermittelung des Gerichtsvoigtes wird der Beklagte zum Erscheinen vor Gericht aufgefordert. Der Beklagte bleibt entweder aus; dann ist die Sache sehr einfach, oder er wird Einwendungen vorzubringen haben und in diesem Falle muß er einen Anwalt beauftragen, die Sache für ihn zu verhandeln. Der Anwalt des Verklagten theilt nun dem des Klägers in seinem Gegenantrage mit, was er in thatsächlicher Beziehung auf die Klage zu erwiedern habe.

Dann tritt die mündliche Verhandlung ein. Es ist mit Einschränkungen bezüglich der Klage einzig und allein dasjenige maßgebend, was in der mündlichen Verhandlung vorgeht, d. h. wenn eine Partei von ihren Schriftsätzen abweicht, wird der Richter nicht das berücksichtigen, was in den Schriftsätzen enthalten ist, sondern was in der mündlichen Verhandlung vorkommt. Solche Abweichungen kommen mehr oder minder vor. In der Regel aber wird der Sachwalter das thatsächliche Material hinlänglich in den Schriftsätzen vorbringen.

Kommen Abweichungen vor, so ist es Sache des Anwalts, dafür Sorge zu tragen, daß nichts versehen wird. Nachdem mündlich durch die Erörterung der Parteien, durch Frage und Gegenfrage die Sache soweit gediehen ist, daß die Betheiligten ein klares Bild von derselben gegeben haben, verfaßt der Richter das Urtheil und publizirt es entweder sofort oder in einem Termine, der 8 Täge später fällt. Diesem Urtheil wird ein sogenannter „Thatbestand“ von Seiten des Gerichts vorausgeschickt. In diesem Thatbestande setzt der Richter auseinander, welche thatsächlichen Grundlagen seiner Entscheidung unterliegen, d. h. Alles, was mündlich vorgekommen ist.

Dieser Thatbestand dient dazu, zu constatiren, ob die Anträge vollständig oder nicht, ob sie mit Zusätzen, Erläuterungen oder Bemerkungen vorgebracht sind oder nicht. — Im Rheinischen Verfahren macht den Thatbestand nicht das Gericht, sondern der Anwalt und vom Gericht muß entschieden werden, ob der Thatbestand richtig oder nicht, hier aber macht ihn das Gericht, und sollte das Gericht sich geirrt haben, so steht es den Parteien frei, innerhalb einer Frist von drei Tagen Anträge auf Berichtigung des Thatbestandes einzubringen. Diese Anträge sind aber für die abgegebene Entscheidung gleichgültig, die Entscheidung bleibt stehen.

Das ist in der Kürze die Verhandlung, die im ersten Verfahren stattfindet bis zu dem Punkte, ob Beweis zu fordern sei oder nicht. Es ist nämlich bei uns nicht nöthig, sofort einen Beweis in dem ersten Termine schon vorzubringen, sondern alles Thatsächliche ist erst am Schluß der Verhandlung auf Beweis zu stellen. Die Kontumacialsachen bedingen ebenso schriftlichen Thatbestand.

Gerade so nun, wie in dieser ersten Verhandlung die Mündlichkeit sich stellt, gerade so wiederholt sich der Grundsatz auch in der zweiten Instanz. Zum Beispiel, wenn nach geschlossenem ersten Verfahren eine Berufung erhoben werden soll, so wird diese Berufung gerade so behandelt, wie in erster Instanz die Klage, und dann wieder von den Parteien verhandelt. Was in der ersten Instanz von der Bedeutung des mündlichen Verfahrens gegolten, gilt auch hier in der zweiten Instanz von der Bedeutung der Verhandlungen bei eingewendeter Berufung.

Erst wenn über die Sache auf Beweis erkannt ist, findet die Beweisantretung statt, welche ebenfalls durch schriftliche Sätze vorbereitet und eingeleitet wird und dann einen mündlichen Abschluß findet. Auch hier gilt der Grundsatz, daß nur diejenigen Beweismittel angenommen werden, welche in dem Termine vorgetragen worden. Indessen gestaltet es sich der Natur der Sache nach, daß hier der schriftliche Satz größere Bedeutung hat und meist wiederholt wird, weil in diesem Stadium des Prozesses namentlich die vorzubringenden Beweismittel die Hauptsache sind und nur ausnahmsweise die mündlichen Verhandlungen. Die Schriftsätze bekommen also größere Bedeutung, als sie sonst haben würden. Nachdem die Beweisantretung erfolgt ist, ist über die Relevanz der Beweismittel vom Gerichte zu entscheiden. Jetzt werden Urkunden, die vielleicht noch nicht zu den Akten gekommen, herbeigezogen und findet die Abhörung der Zeugen statt. Nachdem die Beweisaufnahme stattgefunden hat, wird ein Termin zur mündlichen Verhandlung angesetzt, in welchem nach dem Schlusse der Beweisführung einzig und allein die Frage entschieden wird, ob der von dem Gericht nach der ersten Verhandlung auferlegte Beweis geführt worden ist oder nicht, und nachdem das Gericht in dieser Beziehung definitiv erkannt hat, wird in Beziehung auf den Inhalt der ersten Verhandlung nicht mehr die Frage aufgeworfen, ob die Resultate der ersten Verhandlung richtig sind oder nicht.

Das ist in der Kürze ein Bild des Verfahrens, wie wir es in Hannover haben. Ich für meinen Theil halte dafür, daß dieses Verfahren von dem Rheinischen Verfahren in den Aeußerlichkeiten nur unwesentlich abweicht, aber wesentlich von dem Preußischen, und daß der Preußische Schriftsatz viel größere Bedeutung hat, als bei uns ihm im Interesse der Zweckmäßigkeit des mündlichen Verfahrens zugestanden wird. Das Verfahren, wie wir es haben, ist eben rein mündlich, und zwar aus dem Grunde, weil immer nur das mündlich gesprochene Wort entscheidet. Es steht im Gegensatze zunächst zu dem Verfahren, welches wir früher hatten, nämlich zu dem Verfahren zu Protokoll. Bei vielen älteren Gesetzen kommt vor, daß man ein Verfahren zu Protokoll aus dem Grunde ein mündliches nannte, weil die Partei vor dem Richter erscheint und zu Protokoll handelt. Ein solches Verfahren hatten wir in Hannover in Bagatellsachen bis 1827, sonst auch im gemeinen Deutschen Prozeß. Das ist aber kein mündliches Verfahren, sondern das Protokoll vertritt die Stelle des Schriftsatzes der Partei in Bezug auf Vorlegung und Abfassung des thatsächlichen Materials. Wir haben bei uns ein ähnliches Verfahren vor Augen in der amtsgerichtlichen Verhandlung. Hier gestaltet sich bei uns die Sache ganz ähnlich. Im Wesentlichen ist ein solches Verfahren zu Protokoll ein schriftliches Verfahren, nicht ein mündliches. Wir müssen, wenn wir zu Protokoll geben wollen, genau darauf sehen, den einzelnen Ausdruck der Thatsachen so im einzelnen Worte zu fassen, daß der Inhalt sich richtig fixirt. Gerade umgekehrt liegt der Werth unseres mündlichen Verfahrens darin, daß nicht eine solche Fixation in dem einzelnen Wort und den einzelnen Klauseln stattfindet, sondern daß hier die ganze Sachlage im Totaleindruck vorgetragen wird. Dieser Totaleindruck ist nicht zu erreichen durch das Protokoll. Wenn das Verfahren zu Protokoll sich hierin unterscheidet von dem mündlichen Verfahren, so unterscheidet sich letzteres auch von dem Verfahren mit vorausgegangenen Schriftsätzen. Man geht hierbei zwar nicht überall in gleicher Weise zu Werke; im Allgemeinen müssen aber die Schriftsätze sich über Alles verbreiten, die Einreden, Repliken und Dupliken genau enthalten. Nach dem Schriftenwechsel wird ein Termin zur mündlichen Verhandlung in der Sache angesetzt und dann über den Ausgang des Prozesses auf den Vortrag eines Referenten entschieden. Eine Abweichung von dieser Art des Verfahrens hat man in Preußen, wo es gestattet ist, in der mündlichen Verhandlung in gewissem Sinne nova, die von den Schriftsätzen abweichen, vorzubringen, wenigstens soviel mir bekannt (Nein!); indeß in Oldenburg hat man gegenüber dem Hannoverschen Verfahren, das ich im Auge habe, Modifikationen, auf die ich hier jedoch nicht näher einzugehen brauche. Erläuterungen finden auch bei uns in der Schlußverhandlung noch statt; es können vom Gerichte zur Aufklärung Fragen gestellt werden. Ein Verfahren dieser Art haben wir nun also als Ausnahmeverfahren, in solchen Sachen nämlich, die wegen ganz außergewöhnlicher Verwickelung der Sache sich nicht dazu eignen, im Laufe der mündlichen Verhandlung vorgetragen zu werden.

Da wird folgendes Verfahren eingeleitet: Es wird die Klage wie sonst dem Gericht eingereicht; im ersten Termin wird dem Beklagten Frist gegeben, sich darüber vernehmen zu lassen. In der Vernehmlassung hat er alle Einwendungen vorzubringen; danach wird die Vernehmlassung dem Kläger mitgetheilt mit der Aufforderung, die Replik vorzutragen; das geschieht. Es wird nun in bestimmter Frist die Duplik eingefordert und dann die Sache geschlossen. In der mündlichen Verhandlung wird ein Referent bestellt, der aus den Akten referirt, und es kömmt nur auf das an, was in den Akten liegt. Die Parteien haben das Wort nach dem Vortrag des Referenten und Gelegenheit über die Auffassung der Sache sich zu äußern. Wir unsererseits in Hannover sind darüber nicht in Zweifel, daß ein solches Verfahren diejenige Unmittelbarkeit, die gerade den Hauptvorzug des mündlichen Verfahrens ausmacht, nicht ersetzen kann, das Verfahren ist eine Halbheit. Der eigentliche Vorzug des mündlichen Verfahrens besteht darin, daß die Partei dem Richter gegenüber steht und selbst bemüht ist, ihm ein klares Bild von der Sache zu verschaffen. Es wird von Mund zu Mund verhandelt. Der

Richter fragt nach dem, was ihm unklar geblieben, und die Partei kann ihm alle Thatsachen vorführen. Es unterscheidet sich das mündliche Verfahren von dem schriftlichen wie Wort und Schrift; es unterscheidet sich wie ein lebendiges von einem todten Verfahren. Das mündliche Verfahren verlangt, daß der Anwalt sich bemühen muß, das ganze Bild der Sache so übersichtlich und klar zusammenzufassen, daß der Richter gezwungen ist, das ganze Bild auch so übersichtlich und klar aufzufassen, und das Urtheil unter diesem Totaleindruck abzugeben. Diese Mündlichkeit geht aber, selbst wenn ich mich blos auf den Standpunkt der Theorie stelle, sobald von vornherein durch den Schriftwechsel unbedingt über das thatsächliche Material entschieden ist, verloren, da nicht das mündliche Wort die Basis bildet und nicht das mündliche Wort entscheidet, sondern das schriftlich constatirte Material. Es widerspricht der menschlichen Natur, daß man blos theoretisch, blos weil man Vergnügen findet an der mündlichen Verhandlung, der Sache besondere Aufmerksamkeit zuwenden sollte, die an und für sich nicht nöthig wäre. Ich will nicht bestreiten, daß auch bei schriftlichem Vorverfahren eine einzelne Sache Richter und Parteien fesselt, daß einzelne Vorträge den Geist in Anspruch nehmen, das ist aber eine Ausnahme. Dagegen bringt im Allgemeinen die menschliche Natur mit sich, daß man auf die Sache nicht mehr Aufmerksamkeit verwendet, als nöthig ist. Der Referent, der sich über die Sachlage speziell unterrichtet hat und gar nicht Gefahr läuft, darin beeinträchtigt zu werden durch die mündlichen Vorträge der Parteien, der Referent wird das Urtheil vorher zu Hause fertig machen. Die beisitzenden Richter sind gar nicht geneigt, auf den Geist der Vorträge zu achten, sie haben immer die schriftlichen Sätze vor Augen und gehen dann in das Berathungszimmer. Haben sie in der mündlichen Verhandlung etwas nicht aufgefaßt, so können sie ja nur nachschlagen und werden in Bezug auf Thatsachen ihre Aufmerksamkeit sehr wenig konzentriren. Auf diese Weise wird die Aufmerksamkeit des Richters wie des Referenten abgelenkt von dem Inhalte der mündlichen Verhandlung.

Gerade so stellt sich die Sache in Bezug auf den Anwalt heraus. Ich will ganz und gar nicht verkennen, daß auch hier der Anwalt oft

Sachen hat, die ihn so interessiren, daß er mit großer Spannung in die mündliche Verhandlung hereintritt; allein in der Regel wird der Anwalt, wenn das thatsächliche Material festgestellt ist, wenn er weiß, der Referent hat sein Referat fertig, das Gericht urtheilt nach den Schriftsätzen, Du kannst höchstens rekapituliren, — da wird der Anwalt mit sehr wenig Aufmerksamkeit sich in die mündliche Verhandlung begeben.

Ja etwas ganz anderes tritt noch hinzu. Der Anwalt ist gar nicht gezwungen, bei Abfassung der Schriftsätze der Einrichtung zu folgen, die bei uns nöthig ist. Da muß der Anwalt schon von vorn herein die Behandlung der ganzen Sache, die Konzentrirung des Stoffes, die Zusammenstellung des Ganzen so einrichten, daß es für die mündliche Verhandlung sich eigne. Er muß die ganze Sache so bearbeiten, daß sie in der mündlichen Verhandlung übersichtlich und klar wird. Man muß daher auch von vornherein erwarten, daß in der That die Bedeutung der mündlichen Verhandlung sowohl für den Richter als den Anwalt sich wesentlich ändere, je nachdem das eine oder das andere Verfahren einzuschlagen ist; nun m. H., schließlich wird die Erfahrung zu entscheiden haben.

Wenn ich bis jetzt theoretisch geblieben bin, so gehe ich jetzt zur Erfahrung über.

Ich will zunächst anführen, was mir namhafte Juristen darüber sagten; ich will keinen Namen nennen, aber so viel ist mir klar geworden, daß die Preußischen Juristen selbst ihr Verfahren keineswegs als ein so geartetes betrachten, daß die Mündlichkeit überwiege. Sie sagen selbst, es muß ein größerer Werth für die mündliche Verhandlung ermittelt werden. Sie sagen, bei uns treten die schriftlichen Sätze zu sehr in den Vordergrund, die mündliche Verhandlung ist mehr ein Zusatz, der in vielen Fällen gar keine Bedeutung hat. Fragt man nun, auf welche Weise soll dieser Schwerpunkt hineinkommen, da kann doch nur die Antwort sein: dadurch, daß man die Schriftsätze mehr zurückstellt. Ein Tertium ist nicht möglich. Ich könnte verschiedene Einzelheiten anführen, ich könnte Sachen anführen, die speziell aus solchen Verhandlungen mir gesagt sind. Ich will mich auf diese Spezialitäten nicht einlassen, ich will aber einen Satz aufstellen, den ich ganz rein verbürgen kann, weil ich mich auf die Erfahrung in Hannover beziehe.

Nun, m. H., wenn es wahr wäre, daß das mündliche Verfahren nicht so gut wäre wie jenes, wenn es wahr wäre, daß das schriftliche Verfahren mit der mündlichen Schlußverhandlung in sich Lebendigkeit und Frische paare, — so würden Anwalt und Richter darauf hinwirken, daß solches Ausnahmeverfahren öfters stattfände, denn ich denke: der Richter hat kein Interesse, zu Gunsten der Theorie ein Prinzip zu desavouiren; allein gerade umgekehrt. Richter, Partei, Anwalt, kein Mensch will das Verfahren. Man betrachtet es bei uns als eine Kalamität dieses schriftliche Verfahren mit mündlicher Schlußverhandlung. Einem Antrage darauf wird immer sehr ungern stattgegeben und nach einer Mittheilung würde vielleicht unter einer Zahl von 200 Sachen sich höchstens eine einzige finden, die in dieser Art des Verfahrens geleitet wird. Wenn wir also die aufgestellte Theorie für die richtige halten, thun wir dies nicht aus theoretischen Gründen, sondern glauben, daß wir auf Erfahrung Anspruch machen können.

Es sind gegen das Verfahren, wie wir es haben, auch Einwendungen gemacht worden. Die eine ist dahin erhoben worden, es sei gegen das Recht der Partei, daß ihr vorgeschrieben werde, auf diese Weise ihre Sache in der mündlichen Verhandlung vorzutragen; es ist ein solcher Einwand nämlich gemacht worden in dem Gutachten, welches Herr Kammergerichtsrath Plathner über diese Sache gegeben hat; allein ich bedauere, daß ich ihn durchaus nicht richtig finden kann; denn wollte man den Grundsatz aufstellen, daß die Partei darüber zu entscheiden hat, welches Verfahren sie für gut findet, so brauchten wir gar keine Prozeßordnung zu machen; es handelt sich eben darum, im Interesse der Sache von Seiten der Gesetzgeber die Partei zu zwingen: die Partei soll nicht frei sein, sondern es soll ein Verfahren gefunden werden, welches zweckmäßig ist, und aus dem Grunde der Zweckmäßigkeit dieses Verfahrens tritt es der freien Willkür der Parteien entgegen.

Wesentlicher dürfte ein andrer Einwand sein, das ist nämlich der: Wie ist es möglich, daß das Gericht in Civilsachen beurtheilen kann, ob die Partei alles zum Thatbestand erforderliche Material in der mündlichen Verhandlung vorgetragen habe. Nun, m. H., es ist sehr schwierig, diesen Einwand zu widerlegen; denn überzeugen läßt sich nur durch Erfahrung. Ich will aber hier nur dagegen anführen, daß es Punkte in der Prozeßordnung giebt, die es sehr erleichtern, daß der Thatbestand vollständig genug vorgetragen wird; einen Grund habe ich schon angedeutet, nämlich die Stellung des Anwalts. Der Anwalt wird sich für die mündliche Verhandlung ein einfaches übersichtliches Bild von der Sache entwerfen, er muß sie so behandeln, daß die Aufmerksamkeit des Richters gefesselt wird; der Anwalt ist gezwungen dazu, er wird die Sache in der Regel so behandeln; wenn er es nicht thut, wird die Thätigkeit des Anwaltes zurücktreten, er wird in solchem Falle seine Praxis verschlechtern. Derjenige Anwalt wird den Vorzug haben, der seine ganze Thätigkeit darauf richtet, die Sache so zurecht zu legen, daß eine übersichtliche Klarheit in die mündlichen Verhandlungen kommt. Denken Sie Sich, m. H., den Schriftenwechsel nach der gemeinen Prozeßordnung, wo die Thatsachen förmlich auseinandergezerrt werden; ja freilich, das ist etwas anderes; denn eine Vernehmlassung von vielleicht 20 Seiten nach einem schriftlichen Verfahren, die kann der Richter nicht auffassen, wenn sie vor Gericht vorgelesen wird. Hier handelt es sich um die Einheit der Verhandlung, und der Anwalt ist der erste, der sie dem Richter erleichtert. Der Richter steht hier ganz anders zu der Sache. Er hat die Nothwendigkeit vor sich, die Sache zu beachten, er hat auch die Möglichkeit dazu; er kann sich Notizen machen, nach Einzelheiten fragen; wenn bei der Schlußverhandlung das Gericht sich zurückzieht und dann findet, wir sind unklar über gewisse Punkte, unklar, wie eine Partei die Sache gemeint hat, wenn vielleicht die Stimmen darüber getheilt sind, dann wird das Gericht in den Saal zurückkehren, es wird die Verhandlungen wieder eröffnen, es wird sich die Aufklärung, wie die Sache gemeint war, geben lassen und bewirken, daß dieselbe klar und präzis gefaßt wird und nun ein deutlicher Thatbestand vorliegt.

Ferner, und das ist zweitens noch von wesentlichem Belange, die Partei wirkt selbst darauf hin, konstatirt Zugeständnisse der anderen

Partei, kann Zahlen notiren, kann sie zu Protokoll geben lassen, kann den Richter bitten: notiren Sie diese Zahl; kann, wenn Thatsachen vorkommen, die schwierig aufzufassen sind (denn man wird es dem Richter anmerken, ob es ihm deutlich geworden), den Richter fragen, ob er die Sache aufgefaßt oder nicht. Diese Mittel gehen sämmtlich dahin, das thatsächliche Verhältniß klar zu machen. Die Erfahrung entscheidet auch hier. Es sind Berichtigungsanträge gegen den Thatbestand äußerst selten, sie sind nur ganz seltene Ausnahmen. Und wenn denn das Verfahren so äußerst gefährlich wäre, warum sollten wir dann Werth darauf legen? Wenn es gefährlich wäre, warum sollten wir es empfehlen? Im Anfange war ich selbst oft bedenklich, ob die Sache so, wie verhandelt, in den Thatbestand aufgenommen werde; ich habe mich gefragt, wie es möglich wäre, daß nichts übersehen werden könne.

Ich habe mich aber überzeugt, habe nur ganz ausnahmsweise Unrichtigkeiten gefunden und muß gestehen, für meine Person aus den Erfahrungen kein Bedenken gefunden zu haben. Und nicht für meine Person allein; ich kann konstatiren, daß in Hannover mit sehr wenigen Ausnahmen, welche noch aus gewisser alter Anhänglichkeit für das schriftliche Verfahren sind, Alles für dieses neue Verfahren ist. Ich glaube also, das kann ich für mich anführen.

Ich muß mich hiernach dafür erklären, daß man die vorliegende Frage so beantwortet: es solle das Hauptgewicht auf die mündliche Verhandlung gelegt werden.

Es ist die weitere Frage aufgeworfen worden über „den Unterschied" zwischen dem Hannöverschen, „Rheinischen" und Preußischen Verfahren. Das Rheinische unterscheidet sich von dem Hannöverschen Verfahren einigermaßen durch die Art und Weise des Schriftenwechsels, der Eingaben; das Rheinische Verfahren weicht ab durch die Fassung des Thatbestandes, desgleichen dadurch, daß in dem letzten Deduktionsverfahren neue Dinge vorgebracht werden können; das sind alles Sachen, die für eine Bearbeitung der Prozeßordnung demnächst noch in Betracht kommen.

Nun würde es meinen Wünschen entsprechen, wenn wir geradezu sagten, es sei die Sache so vorbereitet, daß wir uns dafür entschieden daß auf der Grundlage der Hannöverschen Prozeßordnung weitergegangen werde. Das Richtigste würde sein, geradezu zu sagen, auf dieser Grundlage arbeiten wir weiter. Ich sage, das würde ich für den praktischsten Weg halten. Allein da hier die Frage möglichst einfach beantwortet werden muß und um die Sache nicht noch weiter auszuführen und um nicht ein definitives Urtheil zu geben über Prozeßordnungen, die ich theilweise nicht kenne, wenigstens in der Ausführung nicht, werde ich mich dabei beruhigen, daß es heißt: es soll mündliche Verhandlung als Grundlage angenommen werden. (Anhaltendes lebhaftes Bravo!)

Präsident: Herr Assessor Makower hat die von der ständigen Deputation des Juristentages aufgeworfene Frage in der Form des folgenden Antrags eingebracht:

„Der Deutsche Juristentag erklärt es als wünschenswerth, daß der Schwerpunkt des nach den Grundsätzen der Oeffentlichkeit und Mündlichkeit zu regelnden Verfahrens in bürgerlichen Streitsachen in der mündlichen Verhandlung liege, namentlich was das Verfahren in erster Instanz betrifft."

Ich ertheile nun Herrn Planck das Wort.

Obergerichts-Assessor **Planck:** Ich verzichte vorläufig darauf!

Präsident: Sie behalten sich das Wort für später vor.

Kreisrichter **Lehfeld** aus Beuthen: Der Antrag des Herrn Makower entspricht vollkommen meiner Ansicht; ich wünsche aber ein Amendement dazu zu stellen, und zwar gerade in Folge des Vortrags des Herrn Dr. André. Die Art, wie aus dem mündlichen Vortrage die Thatsachen festgestellt werden, scheint mir nicht eine genügende Garantie für die Parteien zu bieten.

Ich möchte beantragen, zu erklären, es sei wünschenswerth, daß die thatsächlichen Grundlagen auf eine sicherere Art, als in der Hannöverschen Prozeßordnung, festgestellt werden. Wenn eine nähere Debatte hierüber erfolgt, werde ich meine Ansicht des Weitern begründen.

Kreisgerichts-Direktor **Odebrecht** aus Berlin: M. H.! Es scheint mir nicht überflüssig, folgenden Punkt etwas näher festzustellen. Es wird vor allen Dingen darauf ankommen, vor welchem Gerichte in erster Instanz das Verfahren stattfindet. Es scheint mir nach dem, was ich bisher gelesen habe, als wenn man lediglich das Verfahren vor Kollegialgerichten als Regel hinstelle. Bedenken Sie, daß Kollegialgerichte in erster Instanz nicht überall vorhanden, daß vielmehr die meisten Gerichte erster Instanz nur mit Einzelrichtern besetzt sind. Eine große Anzahl Rechtsstreitigkeiten ist vor dem Einzelrichter anhängig. Aus den Mittheilungen über die Hannöversche Prozeßordnung haben wir ersehen, daß vor Amtsgerichten ein ganz anderes Verfahren stattfindet, als vor Kollegialgerichten, und wir wissen, daß Einzelrichter über Gegenstände bis 150 Thlr. entscheiden, ferner über Grenzstreitigkeiten, Wegeprozesse und dergleichen Sachen, daß in dieser Beziehung ein ganz anderes Verfahren stattfindet, als vor Kollegialgerichten.

Ebenso ist es in andern Ländern. So sind z. B. in Baden die Gerichte erster Instanz noch nicht kollegialisch organisirt.

Sollte nun hier eine allgemeine Resolution dahin gefaßt werden, daß der Schwerpunkt des Verfahrens in der mündlichen Verhandlung liegen müsse, so würde man dabei nothwendig voraussetzen: „vor Kollegialgerichten". Ich glaube also, die Sache muß mehr dahin fixirt werden, ob man das Verfahren vor Einzelrichtern oder Kollegialgerichten im Auge hat. Wenn wir ein einheitliches Recht für ganz Deutschland wünschen, so muß zunächst die Frage der Organisation der Gerichte in Anregung gebracht werden. So lange wir darin nichts Einheitliches haben, werden die Resultate der Diskussion nicht in die Praxis übergehen können. Ich möchte daher vor allen Dingen wünschen, daß man die Frage der zweckmäßigsten Organisation erläutert und dann das Material sammelt, was vielleicht dem nächsten Juristentage vorgelegt werden könnte.

Ehe weiter gegangen wird, möchte ich noch einige Worte über das sagen, was wir über die Hannöversche Prozeßordnung gehört haben.

Während bei uns der Grundsatz gilt: „quod non est in actis, non est in mundo", gilt in Hannover: „quod non est in verbis, non est in mundo", bei Anderen: „quod non in verbis et actis, non est in mundo". Es wird darauf ankommen, wohin sich die Debatte richtet.

Wenn wir nun das mündliche Verfahren, das allerdings viel Ansprechendes für sich hat, angenommen, dann, m. H., werden wir auch zu fragen haben, wie das Beweisverfahren geregelt werden soll. Wenn der Richter nach seiner Ueberzeugung urtheilt, wie auch in Preußen schon in Ausnahmefällen geschieht, so wird man sich in jeder Audienz fragen müssen: Wird in dieser Frage nach Beweisregeln oder nach freier Ueberzeugung entschieden? Man wird dahin kommen müssen, daß bei dem bloßen mündlichen Verfahren vor Kollegialgerichten auch bestimmte Beweisregeln festgestellt werden.

Mir scheint es vor allen Dingen darauf anzukommen, die Frage näher zu bestimmen, ob das Verfahren vor Kollegialgerichten, was immer nur ausnahmsweise bei großen Gerichten der Fall ist, oder vor Einzelrichtern stattfindet.

Präsident: Es ist von mehreren Seiten der Wunsch geäußert worden, in der Debatte die Redner, welche pro oder contra, im Sinne der Hannöverschen Prozeßordnung oder nicht, sich erklären, mit einander abwechseln zu lassen. Wäre die geehrte Versammlung damit einverstanden, daß die weiter eingeschriebenen Redner in dieser Reihenfolge zum Worte kommen, so würde ich die bis jetzt eingeschriebenen Redner verlesen und jeden der Herren fragen, ob er pro oder contra zu sprechen gedenkt.

Eine Stimme: Es wäre wohl richtiger so zu fassen: „für oder gegen den Antrag".

Präsident: Also für oder gegen den Antrag?

Ober-Tribunalsrath **Waldeck**: Ich würde den Antrag der ständigen Deputation bejahen!

Advokat **Judeich**: Ja!

Ober-Appellationsgerichtsrath **Becker**: Ja!

Kreisrichter **Elvers**: Ja!

Justizrath **Heinze**: Nein!

Anwalt **Mayersohn**: Ja!

Dr. **Nissen**: Ja!

Rechtsanwalt v. **Wilmowsky**: Ja!

Obergerichtsrath **Bähr**: Nein!

Präsident: Es haben sieben Herren „ja" und zwei „nein" gesagt und Sie haben bereits mehrere „Ja" gehört, so daß ich es jetzt wirklich der geehrten Versammlung überlassen muß, zu entscheiden, ob sie zunächst ein „Nein" oder noch mehrere „Ja" hören will. (Ruf: Nein.)

Unter diesen Umständen ertheile ich Herrn Heintze das Wort.

Justizrath **Heintze** aus Frankfurt a./O.: Ich bin der Ansicht, daß im Gegensatze zum Hannöverschen Verfahren der Schwerpunkt im Prozesse auf der schriftlichen Darstellung der Thatsachen beruhen muß. Der Zweck eines jeden Prozesses ist und kann nur der sein, eine möglichst rasche und eine möglichst gute Entscheidung herbeizuführen. Beide Zwecke werden, glaube ich, nur dann erreicht, wenn die Feststellung der Thatsachen, auf die der Prozeß gegründet ist, schriftlich geschieht. Jeder Anspruch gründet sich auf eine Thatsache, das ist eine bekannte Sache, die keiner Ausführung bedarf. Jeder, der einen Anspruch geltend machen will, muß sagen: „ich habe einen Anspruch an den und den und aus dem und dem Grunde", das ist die Thatsache, die unterliegt. Wenn es nun nach der Hannöverschen Prozeßordnung, wie uns gesagt worden ist, gar nicht darauf ankommt, was in der Klage für Thatsachen aufgeführt worden, wenn im mündlichen Verfahren auf ein ganz anderes Klagfundament übergegangen werden kann, so steht entschieden der Verklagte im Nachtheile. (Nein!)

Es ist gesagt worden, man kann bei der mündlichen Verhandlung abgehen von dem, was man in der Klage angegeben hat. (Widerspruch.)

Präsident: Ich bitte den Redner nicht zu unterbrechen, sowie keine Privatgespräche zu führen.

Justizrath **Heintze:** Die Thatsachen sind das Fundament, welches rechtliche Folgen hat. Wenn ich den Vorredner mißverstanden habe und nach der Hannöverschen Prozeßordnung es unbedingt nöthig bleibt, daß die Thatsachen nicht geändert werden, dann sehe ich gar nicht ein, warum man sie nicht schriftlich feststellt, damit man die Ueberzeugung habe, daß das, was im Urtheile angeführt wird, auch wirklich das ist, was man angeführt hat.

Wird nun also der Schwerpunkt der Verhandlung auf das mündliche Verfahren gelegt, so kann dieses nichts weiter bezwecken und kein weiteres Ziel haben, als durch die An- und Ausführung der Thatsache den Anspruch näher zu begründen. Dann ist es ausreichend, daß ich meine Klage etwa so mache: „Ich habe an irgend Jemand einen Anspruch"; ich brauche weiter nichts zu sagen und nur in der mündlichen Verhandlung zu motiviren, aus welchen Gründen ich den Anspruch erhebe. Es läßt sich nicht leugnen, daß damit der Beklagte entschieden benachtheiligt ist. Wie soll sich der Verklagte, der nicht weiß, worauf sich der Anspruch gegen ihn gründet, der die Beweismittel nicht kennt, wodurch man die Thatsache erhärten will, auslassen? Ich glaube, es ist ein Fehler in der Prozeßordnung, wenn nicht dahin gewirkt wird, daß der Verklagte dem Kläger ganz gleichsteht. Der Kläger hat Zeit, sich vorzubereiten; der Verklagte muß also in derselben Lage sein, er muß seine Einwendungen vorbereiten können, und das kann er nur, wenn ihm schriftlich mitgetheilt wird, was und aus welchen Gründen man etwas beansprucht, und wenn man von dieser Grundlage nicht mehr abgehen darf.

Das Verfahren, wie es nach der Hannöverschen Prozeßordnung, wenn ich es recht verstanden habe, geleitet wird, kann auch entschieden in vielen Fällen weitläufiger sein, als z. B. nach der Preußischen Prozeßordnung möglich ist. Wenn eine Beweisaufnahme nöthig ist, wird überhaupt nur dahin resolvirt — ich habe es dahin verstanden; ich kenne es nicht — „ein Beweis ist nöthig über die und die Punkte", und es folgt daraus nothwendig, wenn die Beweismittel nicht vorher angegeben worden, daß es dem Verklagten, der durch einen Anwalt vertreten wird, nicht immer möglich ist, gleich gegen das nunmehr vorgebrachte Beweismittel seine Einwendungen zu machen; er muß vielmehr oft sagen: „Ich kann mich darauf nicht auslassen und muß bitten, daß ein neuer Termin angesetzt werde." Dies ist entschieden ein weitläufigeres Verfahren, als wenn man gleich in der Klage sagt: „Das und das habe ich zu fordern und das sind meine Beweismittel", damit sich der Verklagte darauf auslassen kann. Die mündliche Verhandlung hat und kann nur den Zweck haben, daß die Parteien davon überzeugt werden, daß der Richter alles das hört, was in der thatsächlichen Begründung des Anspruchs angeführt ist. Dazu dient das Referat, das von dem Advokaten dahin zu kontroliren ist, ob Alles, was die Partei angeführt hat, wirklich vorgetragen wird. Das, was daraus folgt, der Rechtspunkt, ist Sache des Richters, der Bericht Sache des Advokaten in einer geregelten Justizverwaltung. Nach dem Hannöverschen Verfahren liegt der Schwerpunkt lediglich in dem Advokaten, den die Parteien annehmen. Vorausgesetzt eine gleiche wissenschaftliche Befähigung, läßt es sich doch nicht leugnen, daß nicht Jeder eine gleich rasche Auffassung hat und sich so rasch ein Urtheil bilden kann, wie ein Anderer. Derjenige, der langsamer auffaßt, mag er wissen, soviel er will, der langsamer zum Urtheile kommt, als ein Anderer, steht in dem Verfahren entschieden im Nachtheile und durch ihn die Partei, die ihr Recht sucht.

Ich glaube, daß in dieser Beziehung das Preußische Verfahren den Vorzug haben dürfte vor dem Hannöverschen und daß der Schwerpunkt des Prozesses in der schriftlichen Feststellung der Thatsachen, auf die sich der Anspruch gründet, liegen müsse.

Kreisgerichtsrath **Kühne**: Zur faktischen Berichtigung!

Präsident: Herr Kreisgerichtsrath Kühne zur faktischen Berichtigung!

Kreisgerichtsrath **Kühne**: Der geehrte Herr Vorredner hat den Vortrag des Herrn Dr. André unter Anderm dahin verstanden, daß eine mutatio libelli in der mündlichen Verhandlung zulässig sei. Zur faktischen Berichtigung möchte ich §. 203 der Hannöverschen Prozeßordnung vorlesen, um eine Debatte hierüber ein für allemal abzuschneiden. Er lautet:

> Der Kläger kann im Laufe der mündlichen Verhandlung seine Klaganträge verbessern. Für eine Verbesserung ist es zu halten, wenn, unter Beibehaltung der thatsächlichen Grundlagen des Hauptanspruches und der Nebenforderungen, das Vorbringen erläutert und näher oder richtiger bestimmt, desgleichen wenn der Betrag des Hauptanspruches oder der Nebenleistungen erhöht oder vermindert, sowie ferner wenn statt der ursprünglich in Anspruch genommenen Sachen wegen Veräußerung oder Unterganges derselben die Leistung der Entschädigung gefordert wird.

Jede weitere Abweichung von den schriftlichen Klaganträgen (Klagänderung) ist zwar nicht von Amtswegen zu beachten; dagegen steht dem Beklagten das Recht zu, — — die Unzulässigkeit der Abweichung zu rügen ꝛc.

Hierdurch wird sich der Zweifel wohl erledigen.

Obergerichts-Assessor **Planck**: Ich füge dem nur die zweite Berichtigung hinzu, daß, wenn im Laufe der mündlichen Verhandlung von Seiten des Beklagten oder Klägers Nova, die unbeschränkt zulässig sind, vorgebracht werden, nicht wie der Vorredner meint, die Gegenpartei auf dieselben unbedingt sich erklären muß, sondern Aussetzung der Verhandlungen auf Kosten der Partei, die sie vorgebracht hat, verlangen kann, so daß den Ansprüchen der Gerechtigkeit in vollem Maße genügt ist.

Ober-Tribunalsrath Dr. **Waldeck**: Ich will nur einige wenige Bemerkungen, soweit man kurz sein kann in dieser Sache, welche schon sehr eingänglich in dem Sinne, in dem ich die Frage beantworten möchte, behandelt worden ist, hinzufügen. Zunächst ist von dem Herrn Direktor Odebrecht bemerkt worden, daß bei einem solchen Verfahren eine Organisation mit kollegialischen Gerichten nothwendig sei. Damit bin ich für meine Person einverstanden.

Ich glaube, wir müssen auch von dieser Voraussetzung ausgehen; denn im vorigen Jahre, als überhaupt diese Frage durch mich zuerst angeregt ward, ist bei meinen Anträgen durchaus diese Voraussetzung ausgesprochen worden, die Voraussetzung nämlich einer Justizorganisation, welche auf dem Grundsatze der Oeffentlichkeit und Mündlichkeit vor kollegialisch gebildeten Gerichten beruht; ebenso war nur von dem ordentlichen Prozesse bei allen diesen Anträgen die Rede. Es wurde damals in der Prozeßabtheilung nicht einmal für nöthig gehalten, es durch besondere Beschlüsse auszusprechen, daß gerade kollegialisch formirte Gerichte ein wesentliches Korrelat des mündlichen Verfahrens bei allen wichtigen Sachen sind, und daß nur Prozesse über geringere Objekte nach einer gewissen Summe, die die Gesetzgebung feststellen mag, als Bagatellsachen von dem Einzelrichter bearbeitet werden müssen, wie es fast überall gegenwärtig noch der Fall ist.

Ich wiederhole, was ich schon damals gesagt habe: Wenn wir eine neue Gerichtsordnung für ganz Deutschland machen wollen, so ist eine diesen Grundsätzen entsprechenden Organisation der Gerichtsbehörden dabei eine wesentliche Bedingung, welcher durch ein Organisationsgesetz genügt werden muß. Es ist verschiedentlich Nachtheil daraus entstanden, z. B. in Hannover, daß man bei Einführung des mündlichen Verfahrens die Behörden nicht durchweg entsprechend organisiren konnte, theils wegen verfassungsmäßiger Zustände, theils wegen der Kleinheit des Landes, und deshalb genöthigt war, den Einzelrichtern eine viel zu große Kompetenz einzuräumen. Dies Alles hat aber auf die Sache selbst, auf die Frage, die hier vorliegt, keinen Einfluß. Ich bemerke, daß diese Frage auch nur unter der Voraussetzung eines Verfahrens vor kollegialisch formirten Gerichten gestellt ist.

Ich komme nun auf die Einwendungen, welche einige Vorredner vor mir gemacht haben.

In allen Arten mündlichen Verfahrens, im Rheinischen und Hannöverschen, ist irgend eine schriftliche Grundlage vorhanden: in der Klage nämlich. Es kann jedoch nach der Hannöverschen Prozeßordnung im Einverständniß mit dem anderen Theile vom Klagefundamente abgewichen werden. Das ist ein Punkt, der einer verschiedenen Feststellung durch die Gesetzgebung fähig ist; aber die Klage bildet immer die Grundlage. Daß *schriftliche Anträge* unentbehrlich sind, dafür zeugen alle Gesetzgebungen der Länder, in welchen das mündliche Verfahren eingeführt ist. Bei der Mündlichkeit muß man immer voraussetzen, was ich in meinen Anträgen eben deshalb berührt habe, daß *Anwaltszwang* stattfindet. Die Schriften der Anwälte können beim Gerichte eingereicht und durch dasselbe dem Gegentheil mitgetheilt werden; die Mittheilung kann auch gegenseitig durch die Advokaten erfolgen, wie im Rheinischen und Hannöverschen Verfahren. Diese letztere Einrichtung scheint den Vorzug größerer Beweglichkeit zu haben. Im Grunde aber ist dies eine reine Formfrage, worüber wir uns hier nicht aussprechen. Der Kern der Sache scheint getroffen durch die Art und Weise, wie die ständige Deputation die Frage gestellt hat.

In Preußen kennen wir alle Arten von Verfahren. Es besteht

bei uns das Rheinische Verfahren, welches dem Hannöverschen, das aus der Genfer Prozeßnovelle hervorgegangen, im Wesentlichen zu Grunde liegt, nur mit einer Veränderung in der Beweisinstanz, von der bei der allgemeinen Frage nicht die Rede ist. Mir sind die Vorzüge und Nachtheile dieser Verfahren praktisch zur Kenntniß gelangt. Ich glaube, es muß allerdings als ein Nachtheil des Preußischen Verfahrens betrachtet werden, daß wir das Hauptgewicht in die Schriften legen, daß die eine Partei genöthigt ist, in der schriftlichen Klagebeantwortung und Replik die Fakta vollständig vorzutragen, daß also das mündliche Verfahren in thatsächlicher Beziehung nur eine Reproduktion sein kann.

Wenn man nun gesagt hat, daß darin eine gewisse Garantie liege für die Festigkeit der Grundlage der Entscheidung, auch für die folgende Instanz, so kann ich dies allerdings zugeben. Man muß mir aber ebenso gut zugeben, daß dieses strenge Präjudiz sehr häufig die Rechte der Partei verletzt. Ich kann nach meiner Erfahrung, die auf Beobachtung beim höchsten Gerichtshof während einer langen Reihe von Jahren beruht, sagen, daß gerade von diesem Gesichtspunkte aus Abweisungen der Klage „angebrachter Maßen" viel zu häufig bei uns vorkommen, und ich betrachte dies gerade als einen derjenigen Punkte, die in unserem strengen Präjudiz liegen. Nach unserer alten Gerichtsordnung bestand eine viel größere Laxheit in dieser Beziehung. Als man zu einem strengeren schriftlichen Verfahren überging, war es begreiflich, daß man in den Gesetzen von 1833 und 1846 ein strengeres Prinzip annahm. Ich glaube, daß, wie die Sache jetzt liegt, dies Prinzip nicht mehr als zur Förderung der Ordnung und Schnelligkeit nothwendig angesehen werden kann.

Bei allen Fragen, die wir erwägen, wird ein durchaus geordneter Anwaltstand vorausgesetzt, der eben wieder in Folge des öffentlichen mündlichen Verfahrens seine Organisation findet, und der es als Ehrenpunkt betrachtet, im Prozesse zeitig Alles anzuführen, was nothwendig ist, um in dieser Beziehung die Parteien gegen chikaneuse Schwankungen und was durch dergleichen herbeigeführt werden könnte zu sichern. Ich würde also für eine solche Vorschrift nicht sein, wenn von dem schriftlichen Verfahren die Rede wäre oder bei einem nicht gut organisirten Anwaltstande, wie er allerdings in früherer Zeit häufig existirt und bedeutende Klagen veranlaßt hat. Wie glänzend die Sache sich bewährt hat, zeigt kein Land mehr als Hannover, nach den übereinstimmenden Gutachten, die von den Gerichten abgegeben und vom Geh. Rath Leonhardt gesammelt und im Druck veröffentlicht sind.

Es besteht darüber kein Zweifel, daß Anwälte und Gerichte einmüthig sich gegenseitig in die Hände arbeiten, um wahres Recht zu fördern. Unnütze Aussetzung von Terminen u. dgl. gehört dort zu den Seltenheiten.

Wenn man bedenkt, daß Hannover das Land ist, das aus dem mündlichen Verfahren des Französischen Rechts wieder in das unbedingt schriftliche und unendlich dilatorische des gemeinen Prozesses herübergegangen war, und daß die Erfahrung seit dem Jahre 1852 datirt, so muß man das ganz gewiß als ein glänzendes Zeugniß betrachten für die vollkommene Ausführbarkeit dieser Vorschriften. Wenn ohne Schaden für die Sache erreicht werden kann, durch das Prinzip der Möglichkeit neuer thatsächlicher Anführung ohne Aenderung des Klagfundaments das Präjudiz in den mündlichen Termin zu legen — das ist der cardo der Sache —, so entsteht daraus ein großer Vortheil für alle die gar nicht genug zu beachtenden Ausnahmefälle, in welchen durch den Schriftwechsel das Faktum sich wieder anders gestaltet hat, und es im Interesse der einen oder anderen Partei liegt, dem Richter die Wahrheit zum Vortrag zu bringen. Ich bin daher für den Grundsatz, der darin ausgesprochen ist, daß das Präjudiz in dem mündlichen Termine liegt. Das ist die eigentliche prozessualische Frage bei der Sache. Jedenfalls müssen dabei Mittel angewendet werden, um das endlose Aussetzen mündlicher Termine zu verhüten.

Wir haben schon vom Herrn Anwalt André gehört, daß die Hannöversche Prozeßordnung ein Korrektiv besitzt in Ansehung derjenigen Partei, die zu spät Anträge vorbringt, darin, daß auf ihre Kosten der neue Termin angesetzt wird. Ob vielleicht noch andere Mittel nöthig sind, das mag der Gesetzgebung unterliegen. Jedenfalls aber wird der Vortheil, der darin liegt, daß man das Präjudiz wegen der

Anführung der Thatsachen nicht in die Schriften verlegt, nach meiner Meinung so groß sein, daß er bei Weitem alle Nachtheile überwiegen muß. Es kommt, wie bemerkt, hier Alles nur auf tüchtige Organisation des Gerichts sowohl als der Anwälte an. Nach der Mittheilung Oppermanns ist es bei den Hannöverschen Anwälten gewissermaßen ein Ehrenpunkt, Termine nicht unnütz auszusetzen. Wenn ein Verfahren diese Wirkung hervorbringt, ist es besser, als jedes durch Präjudizien zu früh einengende Gesetz, und diese Wirkung kann eben nur in dem mündlichen und öffentlichen Verfahren liegen.

Das wäre die eine Seite der Frage, die legislatorische, in Ansehung der Präjudize.

Ich komme auf die andere Seite der Frage, auf welche Weise dem Richter, der urtheilen soll, die beste Apperzeption des Falles gemacht werde. Auch in dieser Beziehung haben uns in Preußen die drei Formen unseres mündlichen Verfahrens, das eigentlich Preußische, dasjenige nach gemeinrechtlichen Prinzipien und das Rheinische, Stoff zu Erfahrungen und Vergleichungen gegeben.

Da im Preußischen Verfahren die Schriften vor dem mündlichen Termin schon Alles erschöpft haben, so macht der Richter ein Referat, einen weitläufigen Auszug aus diesen Schriften. Nachdem ein solches opus vorgelesen worden, ist der Anwalt eigentlich nicht mehr in der Lage, wieder anzufangen und dasjenige, was der Richter vorgetragen hat, zu wiederholen. Gewiß ist dies nicht der natürliche Weg eines mündlichen Verfahrens. Vielmehr ist es offenbar natürlicher, daß die Vertreter der Parteien selbst die ganze Sache dem Richter vortragen, wie im Rheinischen und Hannöverschen Verfahren.

Werden Schriften, wie in Hannover, und wie ich es für ganz gut halte, auch dem Gericht eingereicht, so ist immer eine Person, der Präsident oder der Referent oder ein Mitglied des Gerichts vorhanden, welches diese Schriften gelesen hat, also schon vorläufig Kenntniß von der Sache besitzt, dem auch ein gewisses Fragrecht eingeräumt werden muß. Wenn nun der Anwalt die Sache mündlich vorträgt, — zugegeben auch, daß auf diesen Vortrag die größere oder mindere Befähigung Einfluß ausübt — so wird immer ein viel lebendigeres Bild der

Sache in dem urtheilenden Kollegium entstehen, als durch das Vorlesen eines schriftlichen Aktenauszugs. In Preußen ist in den zwanziger Jahren die Frage über Aufhebung des Rheinischen Verfahrens fortwährend von einer Seite herangezogen, und dabei der Schriftlichkeit die größere Gründlichkeit vindizirt, dies aber stets von den Rheinischen Juristen bestritten worden.

Schließlich war der Erfolg, daß von dem Rheinischen Verfahren ein großer Theil adoptirt, das schriftliche Referat aber aus dem alten Verfahren beibehalten worden ist, während fortwährend diejenigen Rheinischen Juristen, die beide Verfahren kennen, immer — ich kann keine Ausnahmen anführen — ihr Verfahren für das bessere gehalten haben. Einen Vorzug — das ist meine Ueberzeugung — hat das schriftliche Referat rücksichtlich der besseren Apperzeption gewiß nicht. Ein Nachtheil ist auch von dem rein mündlichen Vortrage der Parteien nicht zu fürchten, vielmehr sind Vortheile zu hoffen, indem der freie und unbefangene Eindruck von der Sache gewährt wird und mit frischem Sinne das Judizium an die Auffassung der Sache geht.

Als dritte Seite der Sache will ich den Punkt der Fixation der mündlichen Verhandlung nur kurz berühren.

Läßt man zu, daß von den Schriftsätzen abgewichen wird, muß man ferner auch zulassen, daß Erklärungen in mündlichen Terminen vorfallen, die das Faktische in Frage stellen können, so müssen diese Erklärungen und überhaupt das Faktum für die zweite Instanz in den Akten fixirt werden, wenn diese Instanz Nova, was man für nothwendig halten muß, und was jetzt durchgehends der Fall ist, zuläßt. Wie diese Fixation stattfinden soll, das ist wieder eine Frage, die mit der vorliegenden in wesentlichem Zusammenhange steht. Die Fixation wäre möglich durch das Protokoll, auch wäre sie möglich in der Art, daß man das Protokolliren zwar vorschriebe, aber doch nicht als Grundlage betrachtete, sondern wie in Hannover: daß die Richter, die das Urtheil abfassen, demselben nachher die Grundlage gewähren durch eine von ihnen gegebene Darstellung des Sach- und Streitstandes. Diese kann, um unnütze Schreibereien zu vermeiden, Bezug nehmen auf die in den Akten liegenden Schriften. Sie kann in kurzen Terminen und vor der Ausfertigung des Urtheils von den Advokaten angefochten und muß dann vom Gerichte anderweit festgestellt werden. Umgekehrt kann man, wie im Rheinischen Verfahren, das Faktum durch die Advokaten aufstellen, vom Gerichte bei erfolgendem Streit berichtigen lassen, und dem Urtheile beifügen.

Es fehlt also nicht an der Möglichkeit guter Fixation des Faktums. Die Frage: wie? betrifft mehr die Form als die Materie.

Der Materie scheint Genüge geschehen, wenn der Juristentag die, wie mir scheint, ganz gut formulirte, von der ständigen Deputation gestellte Frage bejahte. (Lebhaftes Bravo!)

Advokat Judeich: Nach den so schätzbaren Erörterungen über die ganze Frage kann ich nur noch wenig Worte meinerseits hinzufügen. Und im Grunde bin ich ebenfalls für den Deputationsantrag in der Makower'schen Fassung, wie sie der Herr Präsident verlesen hat. Der Deputationsantrag giebt hinsichtlich des Prinzips der Mündlichkeit eines Theils genug: er legt den Schwerpunkt auf die mündliche Verhandlung und zwar in der Weise, daß, wer für denselben stimmt, nicht mehr zweifeln kann, daß in der mündlichen Verhandlung von dem schriftlichen Vorverfahren abgewichen, von dort behaupteten Dingen abgesehen werden kann. Auf der andern Seite giebt der Deputationsantrag auch nicht zuviel. Würde man sich noch näher der Hannöverschen Prozeßordnung anschließen, so würde man meines Erachtens der Gesetzgebung gegenüber zuviel gesagt haben. Man kann den Schwerpunkt auf die mündliche Verhandlung legen und dennoch, wie ich meinestheils, entschieden für das schriftliche Vorverfahren sein. Die nähere Einrichtung, das ist ebenfalls bereits mehrfach hervorgehoben, überlasse man der gesetzlichen Ausführung.

Ich bin prinzipiell für das schriftliche Vorverfahren, weil ich nicht glaube, daß, wenn der Kläger das Recht hat, schriftliche Sätze einzureichen, man dem Beklagten es abschneiden könne, dasselbe zu thun. Da hierdurch der Mündlichkeit nicht geschadet wird, so hat dieses Verfahren nichts gegen sich. Ich bin aber auch aus praktischen, noch nicht erwähnten Gründen ebenfalls für das Vorverfahren, weil nämlich sehr viel darauf ankommt, ob man später mit Herrn Ober-Tribunalsrath

Waldeck für den Advokatenzwang stimmt oder gegen denselben. Wer für den Advokatenzwang stimmt, wird sich viel mehr der Hannöverschen Prozeßordnung nähern können; denn ich glaube, daß, wenn ohne schriftliches Vorverfahren die Verhandlung vor sich geht, dann die Thätigkeit des Anwalts unbedingt nothwendig ist, man machte sonst den Richter zum Anwalt und Referenten der Partei.

Kreisrichter **Lehfeld**: Die Versammlung scheint nur das Prinzip der Mündlichkeit feststellen und das Uebrige der Gesetzgebung überlassen zu wollen; ich ziehe mein Amendement zurück.

(Antrag auf Schluß der Debatte.)

Präsident: Nach Anhörung der eingeschriebenen Redner würde ich den Schluß der Debatte, wenn solcher genehmigt wird, eintreten lassen. Diejenigen Herren, die damit einverstanden sind, daß nach Anhörung der bereits eingeschriebenen Redner die Debatte geschlossen werden soll, bitte ich, sich zu erheben.

Besteht noch ein Mißverständniß über die Fragstellung?

Eine Stimme: Ich bitte die Namen der Redner bekannt zu machen, sowie wer für und wer gegen den Antrag der Deputation sprechen will.

Präsident: Eingeschrieben sind noch folgende Herren — ich bitte dabei zu erklären, ob für oder gegen den Antrag:

Herr Ober-Appellationsrath Dr. Becker (dafür),
" Kreisrichter Dr. Elvers (dafür),
" Dr. Mayersohn (verzichtet),
" Dr. Nissen (dafür),
" v. Wilmowsky (dafür),
" Obergerichtsrath Bähr (dagegen),
" Kammergerichtsrath Plathner (dagegen),
" Gerichtsassessor Makower,
" Kreisrichter Kühnas (dafür) und
" Ober-Gerichtsassessor Planck.

Advokat **Müller**: Ich glaube, daß dieser Antrag zu weit geht. Entweder wir hören zu viel oder wir hören zu wenig in Vertheidigung der Frage, so daß der Antrag auf Schluß der Debatte noch vorzeitig erscheint. Ich würde darum bitten, daß wir noch einige Redner hören und vielleicht den Schluß der Debatte später annehmen; ich bin der Meinung, daß wir uns nicht präjudiziren und die angemeldeten Herren entweder ausreden lassen, wenn sie uns gefallen, oder die Debatte auch früher schließen.

Präsident: Diejenigen Herren, die bereits eingeschrieben sind, kommen jedenfalls zum Worte, wenn nicht die Versammlung ihnen ausdrücklich das Wort abschneidet. Ich als Präsident kann es nicht thun. Neuerdings ist noch ein Amendement des Herrn Justizraths Volkmar zu dem Antrage des Herrn Gerichtsassessors Makower eingegangen, welches dahin geht, aus dem Makower'schen Antrage die Schlußworte:

„namentlich was das Verfahren in erster Instanz betrifft"

fortzulassen.

Da wir bereits mehrere Herren für den Antrag gehört haben und es wünschenswerth ist, dazwischen eine Stimme dagegen zu vernehmen, ertheile ich nun zunächst Herrn Ober-Gerichtsrath Bähr das Wort.

Obergerichtsrath **Bähr:** Ich war in Verlegenheit, ob ich mit Ja oder Nein antworten sollte, insofern als ich eigentlich nicht gegen das Wesen der Sache eine Ansicht zu besitzen glaube, sondern gegen die Form der Fragstellung. Es ist die Frage gestellt, ob der Schwerpunkt des Prozesses in die mündliche Verhandlung gelegt werden soll. Ich glaube, daß diese Frage eigentlich mehrere andere umfaßt, die wir uns vor Allem klar machen müßten; ich glaube es den Herren nicht deutlicher machen zu können, als wenn ich Sie frage, ob Sie wohl in ein Gesetz hineinsetzen würden: „der Schwerpunkt soll in das mündliche Verfahren gelegt werden."

Es scheinen mir drei Punkte zu sein, die vornehmlich in Frage kommen. Zunächst das Maaß der schriftlichen Vorverhandlung im Verhältniß zur mündlichen; sodann die Frage: soll für den Richter die mündliche Verhandlung allein maßgebend sein? — das könnte man in ein Gesetz setzen, — und drittens: soll Alles, was in der mündlichen Verhandlung vorgebracht worden, für den Richter maßgebend sein? mit andern Worten: dürfen Nova unbedingt zugelassen werden? Vielleicht knüpft einer oder der andere der Herren noch weitere Fragen an.

Ich meine nun, alle diese Fragen haben eigentlich nicht eine solche Bedeutung, wie vielleicht von vielen Herren daran geknüpft ist, und theilweise hat dasjenige, was ich in dieser Beziehung bemerken wollte, schon Herr Obertribunalsrath Waldeck gesagt.

Ich will die zwei letzten Fragen zunächst berücksichtigen. Wenn ich diesen Satz aufstelle: der Richter soll allein nur berücksichtigen, was in der mündlichen Verhandlung vorgebracht ist; so wird sich im Leben die Sache doch immer anders gestalten. Die Richter nehmen die schriftliche Verhandlung in die Hand, sie wollen doch auch etwas damit machen, sie wollen sie lesen; ich möchte die Herren aus Hannover fragen, ob sie die Schriften nicht lesen, und, wenn sie dieselben lesen, nicht eine gewisse Rücksicht darauf nehmen, und das um so mehr, als ich mir nicht denken kann, daß nicht hier und da wenigstens ein Zweifel entsteht, was eigentlich in der mündlichen Verhandlung vorgekommen ist. Dann wird man doch immer eine gewisse Beruhigung darin finden, auf die Schriften zurückzukommen. Ich glaube, daß im Leben sich der Gegenstand, selbst wenn ich jenen Satz hineinsetze, nicht in der Weise gestaltet, die Frage verliert praktisch ihre Schärfe.

Die zweite Frage ist sehr wichtig, ob der Richter alles dasjenige berücksichtigen soll, was in der mündlichen Verhandlung vorgebracht, also ob Neues zugelassen wird. Da glaube ich, wird Keiner in dem Sinne Nova ausschließen wollen, daß nicht Erläuterungen, Verbesserungen und dergleichen im weitesten Maße noch in der mündlichen Verhandlung vorkommen dürfen. Daß der Richter die Schriften zu berichtigen, darauf sogar aktiv durch Fragen hinzuwirken habe, darin sehe ich einen Hauptwerth der mündlichen Verhandlung.

Die einzige Frage, über die man meiner Ansicht nach verschiedener Meinung sein kann, ist die, ob völlig neue Thatsachen, von denen in dem Vorverfahren gar keine Spur vorliegt, die in gar keinem Zusammenhange damit stehen, noch zugelassen werden sollen. Wenn der Verklagte in den Schriften die Sache ganz anders erörtert hat, die jetzige Einrede sich auf in der mündlichen Verhandlung vorgebrachte neue Thatsachen bezieht, so kann man über die Zulässigkeit derselben verschiedener Ansicht sein. Aber selbst diese Frage ist nicht von Bedeutung, und zwar aus faktischen Gründen, weil, wie von Herren aus Hannover versichert wurde, dieser Fall äußerst selten vorkommt. Schon vorher wurde bemerkt, daß es sich die Anwälte zur Ehrensache machen, in dieser Beziehung nicht mit ganz neuem Vorgehen die andere Partei zu überraschen, und auch bemerkt, daß darauf die Strafe des Kostenersatzes stehe. Ob nicht in einzelnen Fällen, namentlich von der Partei — von dem Anwalt ist gar nicht die Rede — dadurch, daß sie vor dem Termine mit neuen Behauptungen auftritt, der Prozeß aufgehalten werden könne, ist eine andere Frage.

Die dritte Frage ist, in welchem Maße man das Vorverfahren weiter führen wolle: in Hannover wird nur Klage und Vernehmlassung gestattet, dann geht die mündliche Verhandlung gewissermaßen maschinenmäßig vor sich. Ich kann nicht umhin, hier eine andere Frage hineinzubringen; ich halte die Frage in hohem Maße dadurch für bedingt, wie man die Stellung der Beweisantretung im Verfahren zuerst verfügt sich denkt. Die Hannöversche und die gemeine Prozeßordnung haben das Beweisinterlokut, vorbehaltlich der Frage, ob wir es Dekret oder Interlokut nennen wollen, beibehalten. Es läßt sich die Sache auch anders denken und ich gestehe, daß dieses meine einzige prinzipielle Verschiedenheit von der Hannöverschen Prozeßordnung ist, indem nach meiner Ansicht ein Verfahren nicht allein der Zeit, sondern auch dem Werthe nach sehr empfehlenswerth erscheint, wenn die Beweisantretung mit dem sogenannten ersten Verfahren in enge Verbindung gebracht wird. Es hat mich in dieser Beziehung gefreut, Anklänge in dem Gutachten des Herrn Dr. André zu finden. Herr Dr. André erwähnt den Werth, den die Concentration der mündlichen Verhandlung für das Ganze habe. Gerade im Interesse dieser Concentration liegt nun die Verbindung des Beweisantretungsverfahrens mit dem ersten Verfahren, welche die Hannöversche Prozeßordnung förmlich trennt. Außerdem kann man darüber streiten, ob die schriftlichen Verhandlungen mit der Vernehmlassung ein für allemal durch das Gesetz abgeschnitten werden sollen oder nach der Richter Ermessen vor der mündlichen Verhandlung weiter zu leiten sind. Ich meine, daß der eigentliche

Schwerpunkt der Frage ein freier ist, es wird immer auf die Individualität der Personen ankommen, welche handeln.

Ich glaube: darüber werden wir Alle einverstanden sein, daß das mündliche Verfahren sich in einer gewissen Freiheit bewegen soll, daß es nicht darauf ankommen darf, die, wie es scheint, von manchen Preußischen Gerichten streng gehandhabten Präjudizien anzuwenden, mit andern Worten, daß das mündliche Verfahren, losgebunden von derartigen Vorschriften, sehr wohl geeignet ist zu selbständiger lebendiger Beurtheilung, und daß solche Mündlichkeit auch auf die Mitglieder der Gerichte ihre Einwirkung nicht verfehlen wird. Ich will nur daran erinnern, daß vor Kollegialgerichten nur ein oder zwei Richter die Akten gelesen, die übrigen aber unbefangen sind, und deshalb den frischen Eindruck der Mündlichkeit hinnehmen. Wenn hier Anwälte handeln, die der Rede gewachsen sind und deren Darstellung sich lebendig färbt, so wird das Verfahren noch immer großes Leben behalten, womit ich die Frage, ob zwei, drei oder vier Schriften zu wechseln sind, in der That für wenig bedeutsam halte. Nur in diesem Sinne habe ich mich gegen den Antrag einzeichnen lassen, indem ich eigentlich wünschte, daß lieber über die einzelnen Punkte abgestimmt würde.

Präsident: Es ist mir zu dem Antrage des Herrn Makower noch ein Amendement des Herrn Kreisgerichtsdirektors Odebrecht zugegangen, welches lediglich den Beisatz bezweckt:

> „daß der Schwerpunkt des rc. Verfahrens in bürgerlichen Streitsachen bei kollegialisch formirten Gerichten in der mündlichen Verhandlung liege."

Ober-Appellationsgerichtsrath **Becker** aus Oldenburg: Der Herr Vorredner hat selbst gesagt, daß der von ihm besprochene Punkt, wie weit die Vorverhandlungen nöthig seien, nicht von der Bedeutung sei, um auf die Beantwortung der Frage, über die wir abstimmen wollen, entscheidend einzuwirken. Ich wünsche namentlich hervorzuheben, daß auch der zweite von ihm besprochene Punkt, ob und inwieweit Nova zulässig sind, nicht von Einfluß auf die Frage ist, über die wir abzustimmen haben. Den Schwerpunkt in der öffentlichen und mündlichen Verhandlung haben wir darin zu finden, daß auf Grund der mündlichen Verhandlung, d. h. auf Grund des Gehörs der Parteien selbst oder deren Vertreter, die erkennenden Richter urtheilen und nicht auf Grund von eingegangenen Schriften, deren Inhalt sie entweder lesen oder Einer aus ihrer Mitte ihnen mittheilt. So ist auch vom Herrn Dr. André das Wesen der Mündlichkeit angegeben worden, so auch von Herrn Ober-Tribunalsrath Waldeck, und darin besteht es in Wahrheit allein. Denn gerade das Hören der Parteien selbst oder ihrer Vertreter allein ist es, was Lebendigkeit und Frische giebt im Gegensatz zu dem Lesen der Akten und dem Referate aus den Akten. In diesem Sinne haben auch wir in Oldenburg seit drei Jahren das Prinzip der Mündlichkeit anerkannt und wir kennen keinen einzigen Juristen in unserem Lande, der sich nach dem alten Verfahren zurücksehnt. (Bravo.)

Daneben haben wir aber allerdings und namentlich in zweiter Instanz die Nova ausgeschlossen. Was in Hannover von der Klage gilt, daß sie nicht abgeändert werden kann, wenn der Gegner widerspricht; das gilt bei uns nicht blos von der Klage, sondern in derselben Weise von den Fundamenten der Einreden in erster und für die gewonnene Basis des Urtheils erster Instanz, demnächst für das Urtheil zweiter Instanz, so daß das Urtheil der zweiten Instanz auch ein Urtheil ist, welches die Richtigkeit des Urtheils erster Instanz prüft, während in Hannover es weit eher ein Urtheil ist, welches einen anderweiten Versuch der Partei, Recht zu bekommen, beurtheilt.

Ob das eine oder das andere richtiger ist, das lasse ich hier ganz dahin gestellt sein, ich glaube, die Zeit, das hier zu erörtern, ist uns zu kurz zugemessen; ja mir kommt es nur darauf an, Ihnen zu zeigen, daß die Beantwortung, ob so oder so, es nicht ausschließt, die hier aufgestellten Fragen zu bejahen.

Wenn an diese Frage der Herr Vorredner die Frage geknüpft hat, wie die Herren aus Hannover dies machen, ob sie wohl die Schriften nicht lesen, so antworte ich: „Nein, sie lesen sie gar nicht!" Nur ein einziges Mitglied des Kollegiums — denn nur von Kollegialgerichten sprechen wir — sieht die Schriften zu Hause ein, um die Verhandlung zu leiten, zweckmäßig zu trennen, oder anzuordnen, was zusammen verhandelt werden soll. —

indem die meisten Sachen bei uns in der ersten Instanz erledigt werden. In weit über 90 unter 100 Fällen wird das Urtheil sofort nach der mündlichen Verhandlung abgegeben. Die niederen Gerichte haben keine Zeit, die Schriften durchzulesen. In der zweiten Instanz wird häufig das Urtheil ausgesetzt. Nur wenn die Aussetzung eine längere ist, als das Gedächtniß des Menschen reicht, oder wenn sich findet, daß ein Widerspruch vorhanden ist, so muß die Verhandlung wiederholt werden.

Präsident: Es giebt sich eine solche Unruhe im Saale kund, daß ich die Frage stelle, ob die geehrte Versammlung eine Pause beliebt; ich für meinen Theil würde freilich wünschen, daß dies nicht geschehe. (Ruf: Nein!)

Herr Kammergerichtsrath Plathner!

Kammergerichtsrath **Plathner** aus Berlin: M. H.! Ich möchte Sie vor Allem ersuchen, die uns vorliegende Frage in ihrer ganzen Schärfe aufzufassen, nämlich ganz einfach: „Soll entscheidend sein, was in den Akten geschrieben steht, oder soll entscheidend sein, was vor dem Gericht gesprochen worden ist?“ Ich vermisse in dem uns vorliegenden Antrage des Ausschusses diese Schärfe. So bestimmt ich mich dafür ausgesprochen habe, daß allein entscheidend sein müsse, was schriftlich in den Akten steht, so könnte ich doch diesem Antrage, wie er hier vorgelegt wird, vollständig beistimmen. Nach diesem Antrage sollen wir nur erklären, daß in der ersten Instanz das Hauptgewicht auf die mündliche Verhandlung gelegt werden solle. Ich bin ganz einverstanden; schaffen wir so ein Verfahren, wo entscheidend ist, was schriftlich in den Akten steht, wo aber das Hauptgewicht in die Verhandlungen selbst kommt. Demnächst müssen wir ferner alle Aeußerlichkeiten bei Seite lassen. Es kommt nicht darauf an, ob in Hannover so verfahren wird, ob in Preußen so verfahren wird, sondern wir haben zu entscheiden, was prinzipiell und für das praktische Bedürfniß das Passende ist. In dieser Beziehung will ich mir zunächst auf eine Bemerkung des Herrn Dr. André eine kurze Erwiederung erlauben.

Er führte an, daß sich in Preußen eine Mißstimmung gegen unser Verfahren kundgegeben habe; ich glaube aber, daß entschieden die Mehrzahl der Richter sowohl als der Anwälte in Preußen mit dem Preußischen Verfahren zufrieden ist. Es haben sich allerdings einzelne Mängel herausgestellt; es fehlt uns beispielsweise das Rechtsmittel der Restitution auf eine mitunter erschreckende Weise, aber es sind dies Mängel, die mit der vorliegenden Frage nichts zu schaffen haben.

Zur Sache selbst will ich nur zwei Punkte hervorheben: worauf es nach meiner Ueberzeugung bei Prozessen vor Allem ankommt, ist, das Recht der Parteien zu sichern, d. h. den Prozeß in solcher Weise zu führen, daß das Recht der Parteien wirklich zur Ausführung gelangt, und die Partei nur soweit beschränkt wird, als es der Zweck des Prozesses erfordert. Eine Beschränkung aber erscheint mir als eine unbedingt nothwendige; es muß ein bestimmt geregelter Prozeßgang vorgeschrieben werden. Darin finde ich nun den ersten prinzipiellen Unterschied des Verfahrens nach dem Prinzipe, wie wir es in Preußen haben, und nach dem Prinzipe, wie es die Herren in Hannover haben. Was die Klage anlangt, so besteht im Wesentlichen ein Unterschied nicht, sie erfolgt schriftlich, und auch nach der Preußischen Gerichtsordnung gehört in dieselbe weiter nichts, als die Anführung der Thatsachen, die den Antrag begründen, und der Antrag. Die Beweismittel, — das ist ein Gesichtspunkt, der vorläufig nicht in Frage kommt; es handelt sich nur um die Frage der Mündlichkeit.

Der entscheidende Unterschied liegt in der Klagebeantwortung. Der Verklagte wird durch das Verfahren, wie wir es im gewöhnlichen, nicht schleunigen Prozeß haben, verpflichtet, in der dem Termine zur mündlichen Verhandlung vorangehenden schriftlichen Klagebeantwortung alle Einwendungen, die er überhaupt im Prozesse geltend machen will, sofort anzuführen. Gleiches gilt bezüglich der ferneren Schriftsätze. Damit ist jede Chikane des Verklagten unbedingt abgeschnitten.

Es ist uns heute von den Herren aus Hannover gesagt worden, dieser Zweck werde nach ihrem Verfahren dadurch erreicht, daß der

Anwalt dafür Sorge tragen werde, daß die Sache nicht verschleppt werde; aber bei aller Achtung vor der Ehrenhaftigkeit der Anwälte kann ich mir doch Verhältnisse denken, wo die Ehrenhaftigkeit der Anwälte dem Kläger keinen ausreichenden Schutz gegen die Chikane des Verklagten gewährt. Auch kann ein ehrenhafter Anwalt eine chikanöse Partei nicht unbedingt verhindern, daß sie bei der Informationsertheilung an ihn zunächst eine Menge Einwendungen vorbringt, um die es ihr nicht zu thun ist, und erst unmittelbar vor dem Termine zur mündlichen Verhandlung mit einem entscheidenden Einwande hervortritt. Die nothwendige Folge davon ist, daß der klägerische Anwalt nicht informirt sein und Ansetzung eines neuen Termines beantragen wird; und so kann sich die Sache fortsetzen. Denn darin sind die Herren aus Hannover einverstanden, daß die fortgesetzte mündliche Verhandlung genau so zu behandeln ist, wie die erste; das folgt auch aus dem Prinzipe der Mündlichkeit. Wenn es ordentlich gehandhabt wird, darf weiter nichts ins Protokoll geschrieben werden, als: „Es wurde heute mündlich verhandelt" und nachher: „Das und das ist beschlossen worden".

Den eben hervorgehobenen Umstand halte ich für einen wesentlichen Uebelstand; mögen uns die Herren aus Hannover Mittel und Wege angeben, wie dieser Uebelstand beseitigt werden kann, d. h. wie der Verklagte gehindert wird, auf chikanöse Weise den Prozeß in die Länge zu ziehen. Es ist übrigens nach meiner Ansicht auch nicht sowohl Aufgabe der Anwälte, als vielmehr des Gerichts, resp. der Prozeßordnung, zu verhindern, daß der Prozeß durch Chikanen des Verklagten in die Länge gezogen wird.

Der zweite Punkt, der mir wesentlich scheint, ist dieser: In dem Antrage, wie er formulirt worden, steht: „Es soll das Hauptgewicht auf die mündliche Verhandlung gelegt werden". M. H., was in der ersten Instanz geschieht, und wie in der ersten Instanz prozedirt wird, das halte ich für so wesentlich nicht; entscheidend ist, wie in der letzten Instanz zu prozediren ist. Was in der ersten Instanz verfehlt ist, kann man in der zweiten Instanz redressiren; wenn ich aber in der zweiten Instanz noch Thatsachen anführen darf, muß ich als Partei die Garantie haben, daß diejenigen Thatsachen, die ich wirklich angeführt habe, sei es schriftlich oder sei es mündlich, von dem Richter genau so, wie ich sie anführte, berücksichtigt werden.

Nun sagen die Herren aus Hannover, der Richter werde sich Notizen machen, der Richter werde natürlich seine Aufmerksamkeit auf die Vorträge der Parteien wenden. Indessen ist der Fall doch möglich, daß der Richter sich geirrt hat. Es kommen z. B. bei einem Prozesse viele Zahlen vor. Es handelt sich bei einem Punkt um 200 und der Richter hat irrthümlich 100 angenommen. Demgemäß ergeht das Urtheil und ist definitiv falsch. Die Partei hat vorgetragen 200, der Richter hat erkannt 100. Ist entscheidend, was in den Akten steht, so braucht die Partei nur zu sagen: Ich habe Seite so und so angeführt 200, der Richter aber hat angenommen 100, folglich verlange ich Kassation des Urtheils. Das Urtheil wird kassirt und die Partei kommt zu ihrem Rechte.

Wie nach dem mündlichen Verfahren die Partei ihr Recht erlangt, ist ein Umstand, den ich nicht begreife. Die einzige Auskunft, welche die Hannöversche Prozeßordnung giebt, besteht darin, daß die Partei Sorge tragen müsse, daß protokollirt wird, das heißt also: Es soll schriftlich verhandelt werden. Dagegen meine ich: Wenn einmal schriftlich verhandelt wird, muß dies durch Schriftenwechsel unter den Parteien, nicht durch das Protokoll des Richters geschehen; denn protokollarische Niederschrift ist die schlechteste Weise schriftlicher Verhandlung.

Nun giebt es noch ein Mittel: Die Partei beantragt eine Erläuterung. Damit kann man in manchen Fällen zu seinem Recht kommen, nämlich wenn der Richter sich dessen, was die Parteien vorgetragen, noch erinnert, wenn also, um bei dem Beispiele zu bleiben, der Richter sich dessen erinnert, daß anstatt 200 irriger Weise 100 in das Urtheil gesetzt ist. Aber es ist doch auch der Fall denkbar, daß der Richter der Sache sich nicht mehr erinnert, oder daß vielleicht bei einem Kollegium von fünf Mitgliedern drei der Ansicht sind, die Thatsachen sind so vorgetragen, und zwei, die Thatsachen sind so vorgetragen worden. Soll denn in einem solchen Falle durch Mehrheit der Stimmen darüber entschieden werden, was thatsächlich vorgetragen worden ist? Das ist doch rein unmöglich. Gesetzt ferner: Ein Richter ist verstorben oder versetzt, er kann also nicht mit votiren; wie soll nun das Erläuterungsverfahren stattfinden? Alle diese Uebelstände sind beseitigt, wenn das gilt, was in den Akten geschrieben steht.

Was nun das Referat anbelangt, so ist allerdings das Referat, wie es in Preußen gehandhabt wird, nach meiner Erfahrung eine verfehlte Institution, und es ist sehr wohl ein Verfahren denkbar, wo der Schriftenwechsel entscheidet und doch kein Referat vorgetragen wird. Das Referat, wie es jetzt erfolgt, ist eben nichts weiter, als ein Aktenauszug, in welchen der Referent auch aufnehmen muß, was ihm unerheblich erscheint; eine natürliche Folge davon ist, daß ihm oft Seitens der Richter keine Aufmerksamkeit zugewendet wird, dieselben vielmehr nur darauf achten, was die Parteien demnächst anführen.

Dieser Mangel wird wegfallen, wenn das Referat beseitigt wird. Dann wird sich jeder Rechtsanwalt bemühen, was im Interesse seiner Partei liegt, anzuführen. Von diesem Gesichtspunkte aus bitte ich Sie, das Referat bei der Frage, was entscheidend sein soll, ob, was in den Schriftsätzen steht oder was mündlich vorgetragen wird? gänzlich außer Acht zu lassen. Das Referat hat mit dieser Frage nichts zu schaffen. Es ist ein Verfahren ohne und ein Verfahren mit Referat denkbar.

Vorstehendes sind im Wesentlichen die Gründe, aus welchen ich mich gegen das Prinzip der Hannöverschen Prozeßordnung erkläre, nämlich dagegen, daß entscheidend sei, was mündlich vorgetragen worden ist; Sie aber bitte ich, in diesem Sinne den Antrag der Deputation aufzufassen. Nach seinem unmittelbaren Wortsinne könnte ich, wie gesagt, dem Antrage zustimmen; warum soll nicht in das mündliche Verfahren der Schwerpunkt der Verhandlung gelegt werden? Das kann ich jeden Augenblick erklären; aber, m. H., die Kardinalfrage ist: „Was soll entscheiden? Das, was in den Akten steht, oder das, was mündlich vor dem Gerichte vorgetragen worden ist?“ (Bravo!)

Privatdozent Dr. **Nissen** aus Leipzig: Ich gestehe, daß ich mit einigem Befremden gehört habe, daß überhaupt noch Opposition gegen diese Grundlagen des Prozesses vorhanden ist. Ich dächte, daß Hannover in dieser Richtung in dem Zeitraume von neun Jahren Erfahrungen genug gesammelt hätte, und daß sich diese Liberalität andere Regierungen zum Muster nehmen könnten. Es liegen die Berichte vor, welche an das Justizministerium von sämmtlichen Gerichtsvorsitzenden des Landes eingegangen sind, und es hat bereits der geehrte Vorredner darauf hingewiesen, daß das Ausnahmsverfahren, welches in einzelnen Fällen eine vollständige schriftliche Verhandlung mit darauf folgendem Schlußverfahren gestattet, nur äußerst selten zur Anwendung gelangt. Der Prozentsatz beträgt 1/2: auf 5 Jahre einen Fall auf 195; in gleicher Weise hat Hannover noch eine andere Einrichtung, die an die Stelle jenes blos präparatorischen Verfahrens durch Klage und Gegenanträge eintritt, ein vollständiges Verfahren durch Replik und Duplik. Auch dieses weitere Verfahren ist so selten, daß der Prozentsatz 1 zu 152 beträgt.

Nach diesen Erfahrungen gewinnt die Opposition gegen die scharfe Durchführung dieser Grundsätze wirklich den Charakter einer blos doktrinären Opposition, ich möchte fast sagen, eines Hirngespinnstes. (Oh!)

Was nun die neueren Gesetze betrifft, soweit sie auf diese Frage eingehen, so befolgt der Sächsische Entwurf diese Grundsätze. Nichtsdestoweniger wird eine Abweichung von den materiellen Verhältnissen auf Grund des mündlich vorgetragenen Falles zugelassen. Ich glaube auch weiter, daß eine sorgfältige Fixirung in der untersten Instanz nicht in Widerspruch kommt mit dem Grundsatze, den man im neuesten Prozeßrechte mit Härte festzuhalten sucht, daß in der zweiten Instanz Nova ohne alle Beschränkung zugelassen werden sollen. Thut man dies in der zweiten Instanz, so sehe ich nicht ein, zu welchem Endzwecke man es nicht in der ersten Instanz auch thun könnte. Es würde sich darauf reduziren, daß die Kostenfrage abhängig ist davon, wie in der ersten Instanz das thatsächliche Material vorbereitet ist.

Auch hier geben uns die Hannöverschen Erfahrungen in die Hand, daß eine Berichtigung von durch den Richter verfaßten Erkenntnissen ein äußerst seltener Fall ist, und es scheint auch diese Frage durch das Hannöversche Recht entsprechend erledigt zu sein.

Geh. Finanzrath v. **Wilmowsky** aus Berlin: Ich habe nur in

Bezug auf den vom Herrn Justizrath Volkmar bereis schriftlich formulirten Verbesserungsantrag bemerken wollen, daß meiner Meinung nach das Schlußwort wegfallen müsse: namentlich in erster Instanz. Ich setze voraus, daß das Prinzip der Mündlichkeit an und für sich etwas ist, worüber die Majorität einverstanden ist; jedenfalls will ich nicht zu einer weiteren Ausführung in dieser Beziehung beitragen: ich kann mich darüber auf die theoretische Ausführung berufen, die Herr Dr. André gegeben hat und auf die praktischen Erfahrungen der Hannöverschen Juristen und glaube, daß ich für eine bedeutende Anzahl von Anwälten hinzufügen kann, daß der wesentliche Schwerpunkt nicht auf der zweiten, sondern auf der ersten Instanz liegt. Vertröstet man die Parteien auf eine mögliche bessere Entscheidung der zweiten Instanz, so erinnert dies an den muhammedanischen Richter, der am Ende seines Spruches sagt: „Gott weiß es besser!" Ich glaube, die kollegialischen Gerichte unterster Instanz müssen mit Kapazitäten ersten Ranges besetzt sein. Ich stimme in dieser Beziehung vollständig der Ausführung bei, die Herr Assessor Planck in seinem Gutachten gegeben hat.

Erlauben Sie mir nur noch wenige Worte über Fixirung des Materials. Ich glaube, daß auch hier die Hannöverschen Erfahrungen uns vollständig decken. Wir sind nicht genöthigt, noch besondere Kautelen für diese Frage zu stellen und wenn noch ein schlagendes Beispiel nöthig ist dafür, daß man sich bei diesem Verfahren der Kautelen entschlagen kann, so verweise ich auf den höchsten Dänischen Gerichtshof: dort kommt nichts Schriftliches vor. Die Richter begeben sich ohne alle Kenntniß der Angelegenheit in die Sitzung.

Wir haben hier die negative Erfahrung gemacht, daß unser Preußisches Verfahren kein wirklich mündliches ist, sondern nur ein schriftliches Verfahren mit angehängter Komödie einer möglichen mündlichen Schlußausführung. Ist das Prinzip der Mündlichkeit richtig, so ist es nicht nur für die erste, sondern auch für die zweite Instanz richtig. Ebenso, wie nach der Hannöverschen Prozeßordnung die schriftlich formulirte Klage die Basis giebt und wie darauf die mündlich angeführten Thatsachen und Erklärungen die Grundlage der Entscheidung bilden für die erste Instanz, so wird die Basis der Entscheidung der zweiten Instanz nach der Hannöverschen Prozeßordnung, soviel mir bekannt und theoretisch ganz richtig ist, durch den Thatbestand gebildet, welchen der Richter erster Instanz in sein Erkenntniß aufnimmt.

Sollte ich mich irren, so bitte ich die Hannöverschen Juristen mich zu berichtigen. Jedenfalls ist es theoretisch ganz richtig, daß die Basis für die Entscheidung in zweiter Instanz der Thatbestand der ersten ist, und angenommen, daß das Prinzip der Mündlichkeit ein richtiges ist, müssen wir es bei der zweiten Instanz ebenso gut wahren, wie in der ersten Instanz.

Wenn Sie einen Gegensatz hervorheben wollen hinsichtlich einzelner Theile des Verfahrens, wo die Mündlichkeit nicht zu ihrem vollen Rechte gelangt, so ist meines Erachtens nicht die erste und zweite Instanz einander entgegenzusetzen, sondern die Verhandlung und das Beweisverfahren. Bei dem Letzteren ist ein großer Theil gar nicht möglich, vollständig mündlich bewirkt zu werden. In einem größeren Bezirke können nicht die Zeugen sämmtlich dem Richter vorgeführt werden; es kann nicht das Gericht in corpore die Sache in Augenschein nehmen.

Trotzdem würde ich dem Antrage, wie er von den Herren Makower und Volkmar amendirt ist, beistimmen, ohne einen Antrag mit Rücksicht auf das Beweisverfahren hinzuzufügen, weil die ständige Deputation die Frage, ob die Beweisregeln bindend sein sollen, mit zum Gegenstande einer ferneren Vorlage macht. Hinsichtlich der Ausdehnung der Schriftlichkeit und der Hindeutung auf den Beweis brauchen wir uns nicht auszusprechen, weil wir nicht eine spezielle Prozeßordnung emaniren. Und dadurch widerlegt sich manche von den früheren Einwendungen, weil deshalb das Prinzip gültig bleibt für das Allgemeine ohne alle Spezialitäten, in welchen einzelnen Fällen es der Natur der Sache nach eine Einschränkung erleidet oder wenigstens nicht vollständig zu seinem Rechte kommt.

Präsident: Es ist der Antrag auf Schluß der Debatte gestellt worden.

Zuvor gebe ich der Versammlung noch Kenntniß davon, daß vom Herrn Kammergerichtsrath Plathner folgender Antrag eingereicht worden ist.

„Nur die durch Schrift erkennbar gemachten Erklärungen der Parteien dürfen die Grundlage der Entscheidung bilden."

Es ist das derselbe Antrag, der sich bereits in dem gedruckten Gutachten findet.

Nun bringe ich den Antrag auf Schluß der Debatte zur Abstimmung.

Eine Stimme: Werden nicht die Antragsteller noch gehört?

Präsident: Ich habe vorher bereits gesagt, die Antragsteller erhalten noch das Wort, wie sich von selbst versteht. Wünscht aber noch Jemand das Wort, oder wünscht die geehrte Versammlung die sämmtlichen vorliegenden Anträge nochmals zu vernehmen?

Ist die geehrte Versammlung damit einverstanden, daß wir über den Schluß der Debatte abstimmen? (Ja!)

Diejenigen, welche den Schluß der Debatte wollen, bitte ich, sich zu erheben.

Der Schluß ist angenommen.

Obergerichts-Assessor **Planck:** M. H.! Ich werde Ihre Geduld nicht lange in Anspruch nehmen. Ich glaube, daß Herr Kammergerichtsrath Plathner die Frage ganz richtig dahin scharf aufgestellt hat: soll es auf dasjenige ankommen, was in den Akten steht, oder auf dasjenige, was in der mündlichen Verhandlung vorgebracht worden ist? soll der Richter nur dasjenige, was in der mündlichen Verhandlung vorgebracht worden und Alles das berücksichtigen? oder soll er unter irgend welchen Verhältnissen als Grundlage seiner Entscheidung Schriften, Akten oder schriftliche Fixirung der mündlichen Verhandlung wählen? In diesem Sinne verstehe ich auch die Frage, wie sie von der ständigen Deputation vorgelegt worden ist, sowie den Antrag des Herrn Assessor Makower. Ich meine nun, daß, sobald man in irgend welcher Beziehung schriftliche Fixirung der Parteivorträge als die Grundlage der richterlichen Entscheidung ansieht, daß man da in der That zum schriftlichen Verfahren zurückgeht, daß dann die ganze charakteristische Eigenthümlichkeit des mündlichen Verfahrens und alle wesentlichen Vortheile desselben verloren gehen. Was erwarten wir von der mündlichen Verhandlung, weshalb ziehen wir die mündliche Verhandlung vor? — und daß wir sie vorziehen, ist schon von dem vorigen Juristentage entschieden worden. Von Herrn Kammergerichtsrath Plathner wird als Grund der mündlichen Verhandlung überhaupt angeführt, daß die Partei Gewißheit darüber erlangt, daß der Richter auch das Vorgetragene höre, und deshalb ihr das Recht zusteht, dem Richter auch schriftlich die Sache vorzutragen. Wenn es heißt, daß das Recht der Partei beschränkt werde, so scheint es mir, ich könnte diese Logik auch umkehren und sagen: die Partei muß die Gewißheit haben, daß der Richter Alles erfährt, daß er weiß, was vorgetragen worden. Um das zu können, muß er sich nicht blos auf das mündliche Wort verlassen, sondern auch noch schriftliche Fixirung verlangen. Dieses Recht der Partei auf schriftliche Niederlegung ihrer Anzeige an den Richter in eine Pflicht zu verwandeln, dazu fehlt der Grund. Daraus würde hervorgehen, daß die eine Partei für mündliches Verhandeln, die andere für schriftliches Verfahren sein könnte. Daß ein solches Verfahren durchaus zweckwidrig sein müßte, daß es den Grundsätzen eines wohlgeordneten Prozesses vollständig widersprechen würde, das liegt auf der Hand. Die Prozeßordnung soll das Verfahren ordnen, daß dadurch auf eine dem natürlichen Rechte am meisten entsprechende Weise das Urtheil gefunden werde, der Prozeß rasch zu Ende komme und richtig abgeurtheilt werde. Das öffentliche Interesse verlangt dies, die Parteien können auf ihre Privatrechte verzichten, aber wenn sie dieselben verfolgen, muß es in denjenigen Formen geschehen, die der Staat selbst aufstellt. Die Frage lautet: welches ist diejenige Form des Verfahrens, bei welcher das Recht am besten zur Realisirung gelangt, welches ist die zweckmäßigste Form? Und da, glaube ich, sind alle Gründe eben für das reine, konsequent durchgeführte mündliche Verfahren, weil dadurch beide Hauptzwecke des Prozeßverfahrens, möglichste Raschheit der Verhandlung und Richtigkeit des Urtheils, am besten erreicht werden. Rücksichtlich der Raschheit glaube ich mich auf eine weitere Ausführung nicht einlassen zu brauchen; in dieser Beziehung sind Thatsachen genug vorgebracht und hier hat die Erfahrung Ihnen die Beweise geliefert, wie unendlich schneller in Hannover jetzt die Prozesse erledigt werden, sowohl gegenüber dem rein schriftlichen, als gegenüber dem schriftlichen Verfahren mit mündlicher Schlußverhandlung. Dasselbe gilt aber auch im Allgemeinen rücksichtlich der Richtigkeit des Urtheils; durch die mündliche Verhandlung allein, wie mir scheint, oder wenigstens in weit höherem Grade wird es möglich, daß der Richter eine klare und scharfe Auffassung von dem, was die Partei hat sagen wollen, erlangt. Es ist doch ein ganz allgemein anerkannter Erfahrungssatz, daß Jemand über dasjenige, was er hört und selbst sieht, besser erkennt, als was er sich blos erzählen läßt. Das ist der Unterschied.

In dem schriftlichen Verfahren ist das, was schriftlich fixirt und in schriftliche Form übergegangen, nichts als ein Extrakt, weshalb der Fall oft vorgekommen, daß dabei manche Thatsache, auf welche die Partei Gewicht legt, eine andere Gestalt annimmt; daß mancher Gedanke verunstaltet wird oder verloren geht, das ist nicht minder möglich. Der einfache Gedanke der mündlichen Verhandlung ist der: die Parteien treten selbst vor dem Gerichte auf, und darnach entscheidet das Gericht, nicht auf Grund schriftlicher Erzählung, sondern der Prozeß geht vor ihm selbst vor sich. Es sind im Wesentlichen ganz dieselben Vortheile, die im Kriminalprozeß vollständig allgemein anerkannt sind, die dafür sprechen, daß die Mündlichkeit auch im Civilverfahren Geltung erlange. Ich glaube, daß man im Wesentlichen die Konsequenzen der Mündlichkeit vollständig ziehen kann und muß. Es ist im Gutachten des Herrn Kammergerichtsraths Plathner hervorgehoben, daß wesentliche Konsequenzen sich im Civilverfahren nicht würden ziehen lassen. Ich muß dies entschieden bestreiten, ich erkenne die Konsequenzen mit Ausnahme der ersten vollständig an. Er stellt als solche namentlich die hin, daß Einheitlichkeit der Verhandlung stattfinde und daß die Entscheidung auf Grund der mündlichen Verhandlung selbst erfolge. Das scheinen die wesentlichsten der Konsequenzen zu sein und jede dieser Konsequenzen ist im mündlichen Verfahren vollständig durchzuführen und in Hannover durchgeführt worden. Wo es nicht möglich sein sollte, das ganze Material in eine Verhandlung zusammenzufassen, ist es möglich und widerspricht dem Zwecke der Mündlichkeit durchaus nicht, den Prozeß zu zertheilen in fest gegliederte Abschnitte, jeden derselben in eine mündlichen Verhandlung zusammenzuziehen und durch Urtheil zu erledigen. Auf diese Weise verfährt die bürgerliche Prozeßordnung, und abgesehen von einzelnen Mängeln wird auf diesem Wege den Prinzipien der Mündlichkeit vollständig Genüge geleistet.

Aber wenn das Prinzip der Mündlichkeit heilsame Folgen wirklich darlegen soll, so muß man dasselbe konsequent durchführen. Wie die menschliche Natur einmal ist, — und Anwalt, so wie Richter sind Menschen, — wenn nun ein Richter weniger Gewicht legt auf die Rede als auf die Schrift und der Anwalt weiß, daß, auch wenn er in der mündlichen Verhandlung nicht vorgeht, das Gericht doch erkennen kann, wird in der großen Mehrzahl der Fälle, namentlich bei kleineren Gerichten es eben dahin kommen, daß die mündliche Verhandlung lediglig eine todte Form wird. Nur wenn man das Verfahren derartig einrichtet, daß der Anwalt wie der Richter gezwungen werden, die volle Kraft, ihre volle Thätigkeit und Aufmerksamkeit in die mündliche Verhandlung zu werfen, nur dann wird sie heilsame Folgen entwickeln können. Dann muß man aber auch die Mündlichkeit durchführen, sowohl in erster, als in zweiter Instanz: denn will man sie in zweiter Instanz nicht, so werden große Schwierigkeiten dadurch eintreten, daß man in erster Instanz alle Verhandlungen mündlich geführt hat.

Geh. Finanzrath v. **Wilmowsky**: Erlauben Sie mir nur wenige Worte! — Herr Kammergerichtsrath Plathner hat die Hannöverschen Kollegen darnach gefragt, welche Mittel es wohl gebe, den Chicanen vorzubeugen, die von Seiten eines Beklagten durch Vorschützen falscher Ausflüchte und durch Anberaumung von Terminen hervorgerufen werden können. Ich bin nicht aus Hannover, aber ich glaube mit einer Antwort dienen zu können. Neben dem Grundsatze der Mündlichkeit ist auch der Grundsatz der Oeffentlichkeit gewahrt, und ich erachte, daß derjenige Sachwalter, der sich dazu hergiebt, im Namen seines Klienten mit derartigen Ausflüchten vorzugehen, mit der Zeit verloren gehe. Der Ruf des Sachwalterstandes wird durch die Oeffentlichkeit entschieden gehoben, und wer dies vor dem öffentlichen Gerichte immer im Auge behält, der wird dem Klienten zu Gefallen sich zu Verschleppungen nicht hergeben, er wird selbst darnach streben, das Gericht nicht mit unnützen Sachen zu behelligen und daß danach dem Sachwalterstande die Würde und Achtung im Publikum gewahrt werde.

Gerichtsassessor **Makower**: M. H.! Gestern im Plenum behandelten wir einen Gegenstand, bei welchem die Debatte das Erheblichste war, und bei welchem es ziemlich gleichgiltig blieb, ob der Beschluß in etwas härterer oder milderer Form abgefaßt wurde: umgekehrt geht es heute. Ich glaube, hier kommt Alles auf den Beschluß an. Dasjenige gemeinsame Gesetz, welches für Deutschland zunächst zu erwarten ist, dürfte die Civilprozeßordnung sein. In dieser Beziehung sind Schritte bereits geschehen, in Betreff der anderen Gebiete sind zwar Wünsche ausgesprochen, zu deren Verwirklichung ist aber bisher nichts geschehen. Es handelt sich für uns darum, gegenwärtig darüber Beschluß zu fassen, welches die Grundlage sein soll, auf der das neu zu errichtende Gesetz aufgebaut werde.

Wir haben im vorigen Jahre ganz allgemein dahin sentirt, daß die Mündlichkeit und Oeffentlichkeit des Verfahrens wünschenswerth sei; es zeigte sich jedoch sofort nach dem Beschlusse, daß jeder Einzelne sich unter dem Beschlusse etwas Anderes dachte; namentlich glaubten die Preußen, mit der Mündlichkeit des Verfahrens sei ihr Verfahren gemeint, und die Hannoveraner, daß mit der Mündlichkeit das ihrige gemeint sei. Heute handelt es sich für uns darum, einen Schritt weiter zu gehen. Für sehr gefährlich, ja für unmöglich halte ich es, daß der Juristentag, und namentlich eine so zahlreiche Versammlung wie die diesmalige, sich in Detailfragen der Civilprozeßordnung einlasse und die Entscheidung fälle; denn jede einzelne Frage hängt mit dem ganzen Systeme zusammen. Aber über einen großen Grundsatz können wir uns einigen. Der weitere Schritt, den ich zu thun Ihnen vorgeschlagen habe, ist nicht der: zu erklären, daß wir das mündliche Verfahren entweder ganz im Sinne des bisherigen Preußischen Verfahrens wünschen, oder ganz im Sinne des Hannöverschen; der Antrag, den ich mir zu stellen erlaubte, enthält vielmehr Nichts weiter, als eine

Redaktion der von der ständigen Deputation dem Herrn Hofgerichtsrath Brauer und dem Herrn Kammergerichtsrath Plathner zur Begutachtung vorgelegten Frage, verbunden mit dem Antrage, sie im Sinne der ersten Alternative zu entscheiden.

Die Gründe, welche mich bestimmt haben, mich für die Ansicht auszusprechen, daß es wünschenswerth sei, ganz im Allgemeinen von der Grundlage des Hannöverschen Prozesses auszugehen, sind folgende: Ich gestehe, daß ich mit besonderer Vorsicht an das Studium der Hannöverschen Prozeßordnung gegangen bin, um mich nicht durch das von allen Seiten derselben gespendete Lob und durch das in Folge dessen begründete Vorurtheil in meinem Urtheile bestimmen zu lassen. Sehr kurze Zeit jedoch, nachdem ich mich mit diesem Gesetzbuche beschäftigt hatte, fand ich, daß es besondere Vorzüge habe. Diese Vorzüge finde ich freilich nicht in der Fassung; — denn ich glaube, in dieser Beziehung läßt es sehr viel zu wünschen übrig und wir können uns in Preußen vieler Gesetze rühmen, die besser gefaßt sind; — in Beziehung auf die Prinzipien aber halte ich das Hannöversche Prozeßgesetzbuch für vorzüglicher als unser Preußisches. Der Gesichtspunkt, welcher mich hierbei leitete, ist der, daß ich im Großen und Ganzen einmal die geschichtliche Entwicklung unseres Preußischen Prozesses erwog und mich fragte: wohin, abgesehen von Zeitströmungen, die Entwicklung unseres Verfahrens sich gerichtet habe. Die Herren wissen Alle, daß wir im Civil- und Kriminalverfahren ursprünglich lediglich den Grundsatz der Schriftlichkeit hatten; daß man zuerst aufräumte im Kriminalverfahren, und daß kein Mensch in Preußen sich finden möchte, welcher das öffentliche und mündliche Verfahren im Kriminalprozeß beseitigt zu sehen wünschte. Anders im Civilverfahren. Da traten die ersten Versuche schüchtern auf; im Jahre 1833 erschien eine kleinere Novelle, 1846 eine erheblichere, und diese erheblichere, welche auf das alte Gesetzbuch aufgepfropft wurde — denn das alte blieb im Uebrigen bestehen — führte zu Kollisionen, da man ganz entgegeugesetzte Prinzipien vereinigen mußte. Das Bestreben der Gesetzgebung geht offenbar dahin, dem mündlichen Verfahren immer mehr Einfluß zu geben. Jetzt handelt es sich um die Frage: wollen wir in Preußen stehen bleiben bei dem, was wir erreicht haben, oder wollen wir noch einen Schritt vorwärts gehen? Um sich für das eine oder das andere zu entscheiden, muß man fragen: ist der Zustand, den wir gegenwärtig haben, erfreulich, und genügt er dem Bedürfnisse? Diese Frage glaube ich verneinen zu müssen; eine Modifikation ist bei uns unter allen Umständen nothwendig. Diese allein ist aber nicht hinreichend; denn, um die Wahrheit zu gestehen, die Ueberzeugung, die wir von unserem mündlichen Verfahren haben, geht dahin, daß man durch einen ganz kurzen Paragraphen, durch welchen den Anwälten gestattet würde, eine thatsächliche Erklärung noch n a ch der Duplik schriftlich abzugeben, so ziemlich dasselbe erreichen könnte, was bei uns in der Mehrzahl der Fälle durch die mündliche Verhandlung erzielt wird. Bei uns ist die mündliche Verhandlung rechtlich, aber nicht der Sache nach, ein wesentlicher Theil des Prozesses. Nur dann, wenn ganz ausgezeichnete Anwälte vor dem Gerichtshof plaidiren und wenn jene Zeit hatten, sich vorzubereiten, dann gewinnt die mündliche Verhandlung einige Bedeutung; in allen übrigen Fällen wirkt sie gar nichts, oder doch nur sehr wenig. Meine Meinung ist, daß ein Verfahren mit solchen Resultaten kein wünschenswerthes ist, sondern daß nothwendig weiter gegangen werden muß, und daß Aenderungen vorzunehmen sind. — Die Aenderung könnte ein Rückschritt oder ein Fortschritt sein. Einen Rückschritt würden wir machen, wenn wir das frühere, mit Bewußtsein verlassene Verfahren mit dem überwiegenden Einflusse der Schriftlichkeit wieder einführen wollten: Niemand sehnt sich darnach. Einen Fortschritt könnten wir machen, indem wir der mündlichen Verhandlung einen größeren Einfluß zugeständen, als sie bisher hatte. Handelte es sich darum, einen gewagten Versuch mit einem nagelneuen Systeme zu machen, so könnte man nicht dazu rathen; aber die Uebernahme eines Verfahrens, das bereits in umfangreichen Gebieten, in Frankreich, Belgien und einigen Deutschen Ländern, ja in einem Theile von Preußen selbst die Probe der Erfahrung bestanden hat, kann man, so glaube ich, keinen gewagten Versuch mehr nennen. Dies ist ein Fortschritt, wohin die ganze Entwicklung unseres Preußischen Verfahrens geführt hat, und diesen glaube ich empfehlen zu können.

Dies waren die Gesichtspunkte, aus welchen ich den Antrag der ständigen Deputation mit einer kleinen Redaktionsänderung zu dem meinigen gemacht habe. Zu diesem Antrage sind zwei Amendements eingegangen: zuerst das Amendement des Herrn Kreisgerichts-Direktors Odebrecht, welches ausspricht, daß dieses neu einzuführende mündliche Verfahren auf der Voraussetzung von Kollegialgerichten beruhe. Mit diesem Amendement bin ich vollkommen einverstanden, und nur deshalb habe ich nicht ausdrücklich diese Voraussetzung aufgenommen, weil sie in dem ersten Antrage des Herrn Obertribunalsraths Waldeck wörtlich enthalten ist. Ich nehme diese Voraussetzung als stillschweigend an. — Das zweite Amendement ist von Hrn. Justizrath Volkmar, welcher dafür ist, daß das Prinzip der überwiegenden Mündlichkeit nicht nur für die erste, sondern auch für die zweite Instanz anerkannt werde. Auch hier bin ich ganz einverstanden, und wenn ich von Anfang an nicht so allgemein den Antrag gefaßt habe, so geschah es nur deshalb, weil ich meinte, daß es genüge, wenn die Versammlung vorläufig auch nur für die erste Instanz den überwiegenden Einfluß der Mündlichkeit als wünschenswerth anerkenne. Ich fand darin einen genügenden Fortschritt gegenüber dem Beschlusse des vorigen Juristentages.

Ein selbständiger Gegenantrag von Herrn Kammergerichtsrath Plathner geht dahin, daß nur die durch Schrift erkennbar gemachten Erklärungen der Parteien die Grundlage der Entscheidung bilden sollen. Dieser Antrag bildet den Gegensatz zu dem von mir empfohlenen, die Negation desselben: Ich ersuche Sie, gegen den Plathner'schen Antrag zu stimmen.

Präsident: Wir schreiten zur Abstimmung. Das Verhältniß ist folgendes: Die Anträge sind durch die Vorredner auseinandergesetzt. Wir haben den Hauptantrag in der Fassung des Hrn. Gerichtsassessors Makower als Antwort auf die gestellte Frage, sowie die Antwort, welche Herr Kammergerichtsrath Plathner giebt, und meines Erachtens ist allerdings der Plathner'sche Antrag die Negation des Makower'schen. Zu dem Antrage des Herrn Makower, womit die Deputation sich einverstanden erklärt hat, ist das Amendement von Herrn Kreisgerichts-Direktor **Odebrecht** eingegangen, welches den Zusatz will: „unter Voraussetzung, daß das Verfahren vor kollegialisch formirten Gerichten vor sich gehe", und ein zweites Amendement, „daß der Schwerpunkt nicht blos in der ersten Instanz in der mündlichen Verhandlung liege."

Herr **Makower** konformirt sich, d. h. er zieht aus seinem Antrage den Beisatz, daß der Schwerpunkt in der mündlichen Verhandlung „namentlich in erster Instanz" beruhen solle, zurück. Wenn Niemand anders diesen Satz aufnimmt — —

Kreisrichter Dr. **Elvers** aus Hörter: Ich nehme den Antrag auf und möchte bemerken, daß die Frage noch gar nicht besprochen worden, ob es nicht möglich sei, auch vor dem Einzelrichter das mündliche Verfahren — —

Präsident: Ich kann das Wort nicht mehr ertheilen, die Debatte ist geschlossen.

Die Reihenfolge bei der Abstimmung ist meines Erachtens die, daß zuerst über das Amendement zu dem positiven Antrage Herrn **Makowers** abzustimmen, dann über den Makower'schen Antrag sammt dem Amendement Herrn **Odebrechts**. Wird dieser Antrag angenommen, so ist der des Herrn **Plathner** beseitigt. Von diesen Anträgen ist es gleichgültig, welcher zuerst zur Abstimmung kommt; nehmen wir daher zuerst den positiven mit dem Zusatz: „unter der Voraussetzung von kollegialisch formirten Gerichten", dann das negative Amendement, welches eine Hinweglassung, nämlich die Beschränkung auf die erste Instanz, beantragt. Es würde über diese Amendements abgestimmt werden, ob das eine oder das andere in den Makower'schen Antrag aufzunehmen oder daraus hinwegzulassen sei, dann über den Makower'schen Antrag in toto.

Kammergerichtsrath **Plathner**: Mein Antrag steht zu diesem im positiven Gegensatz, indirekt kann er nicht verworfen werden. Ich verlange über meinen Antrag Abstimmung und glaube, daß er zuerst kommen muß.

Präsident: Von mir aus bemerke ich, daß dasselbe auch von dem Makower'schen Antrage gelten würde, und daß ganz dieselbe Argumentation auch auf diesen Anwendung hat. Aber ich will meine subjektive Meinung nicht zur Geltung bringen und frage die Versammlung, ob zuerst über den Makower'schen oder den Plathner'schen Antrag abzustimmen sei?

Diejenigen Herren, welche dafür sind, daß der Antrag des Herrn Kammergerichtsraths Plathner zuerst zur Abstimmung komme, bitte ich, sich zu erheben.

Die Gegenprobe!

Diejenigen Herren, welche dafür sind, daß der Makower'sche Antrag zuerst zur Abstimmung gelange, belieben sich zu erheben.

Das ist die Majorität!

Ich bringe nun zuerst das positive Amendement, das des Herrn Kreisgerichts-Direktors Odebrecht zur Abstimmung.

Eine Stimme: Ich möchte die Fragstellung dahin gerichtet sehen, daß zuerst über den Makower'schen Antrag vorbehältlich der Erläuterungen durch die Amendements abgestimmt werde, denn nicht blos —

Präsident: Man kann zuerst über das Amendement abstimmen und muß dies auch konsequent, weil jedes Amendement eine Beschränkung des Hauptantrags ist, und weil die Annahme des Amendements sich nur unter der Voraussetzung versteht, daß der Hauptantrag Annahme findet. Wer das Amendement annimmt und dann den Hauptantrag verworfen sieht, der ist eben in einer unglücklichen Lage: sein Amendement fällt mit dem Antrage in den Brunnen.

Diejenigen Herren, welche gemeint sind, daß der Makower'sche Antrag nur in der Voraussetzung anzunehmen sei, daß es sich um das Verfahren vor kollegialisch formirten Gerichten handle, bitte ich, sich zu erheben. (Geschieht.)

Damit ist das Odebrecht'sche Amendement für den Fall der Annahme des Makower'schen Antrags angenommen.

Diejenigen Herren, welche dafür sind, daß der Schwerpunkt in der mündlichen Verhandlung nicht blos in erster Instanz liege, welche also dafür stimmen, daß die Worte

„namentlich was das Verfahren in erster Instanz betrifft"

aus dem Makower'schen Antrage hinweggelassen werden, bitte ich, sich zu erheben. (Die Majorität erhebt sich.)

Damit ist das Amendement gleichfalls angenommen.

Ich bringe nun den Makower'schen Antrag selbst zur Abstimmung; soll ich denselben noch einmal lesen? (Ja!) (Geschieht.)

Kammergerichtsrath **Plathner**: Der Antrag ist zum Theil verworfen; der Schwerpunkt soll sowohl in erster als in zweiter Instanz in der mündlichen Verhandlung liegen. Es ist also nicht mehr darüber abzustimmen, ob in erster Instanz.

Präsident: Ich bitte! Was zunächst das Bedenken des Herrn Kammergerichtsraths Plathner betrifft, so beruht es auf gründlichem Mißverständnisse. Wir haben nur über beide Amendements, welche dem Makower'schen Antrage einzufügen sind, wenn er angenommen, abgestimmt, über die Sache selbst noch nicht.

Advokat Dr. **Bernays** aus Mainz: Wenn durch die Abstimmung erreicht werden soll, daß bei nicht kollegialisch formirten Gerichten Oeffentlichkeit und Mündlichkeit nicht die Grundlage sein sollen, so bin ich offenbar gegen diesen Antrag. Denn, m. H., das wäre für uns Juristen ein ungeheurer Rückschritt — —

Präsident: Ich kann Ihnen das Wort nicht länger lassen, weil Sie über die Sache selbst und nicht über die Fragstellung sprechen. Wir sind bei der Abstimmung über den Makower'schen Antrag, einschließlich der angenommenen Amendements. Diejenigen Herren, die für den Makower'schen Antrag sind, bitte ich, sich zu erheben. (Geschieht.)

Dieser Antrag ist daher angenommen und nach meiner Ansicht ist dadurch das Amendement des Herrn Plathner beseitigt. Nachdem jedoch dagegen Widerspruch erhoben ist, bringe ich den Antrag des Herrn Plathner zur Abstimmung, welcher dahin geht:

„daß nur die durch die Schrift erkennbar gemachten Erklärungen der Parteien die Grundlage der Entscheidung bilden".

Diejenigen Herren, die dafür sind, belieben sich zu erheben!

(Geschieht.)

Der Antrag ist abgelehnt.

Somit wäre dieser Gegenstand, soweit er die Beschlußfassung betrifft, erledigt. Ich glaube, es ist nun an der Zeit, folgenden damit in Zusammenhang stehenden Gegenstand zur Sprache zu bringen:

Früher haben wir die Wahl der Berichterstatter ausgesetzt und ich glaube, jetzt sei der geeignete Zeitpunkt, den Berichterstatter über diesen Theil der von der Abtheilung zu stellenden Anträge zu wählen, und zwar vorbehältlich, daß vielleicht der Berichterstatter auch über die späteren Anträge des Herrn Ober-Tribunalsraths Waldeck gleichfalls Bericht zu erstatten hat, oder daß nach Maßgabe des Resultats aus den Debatten noch ein zweiter Berichterstatter zu wählen ist.

Sind die Herren damit einverstanden oder wünscht Jemand das Wort zu ergreifen?

Ober-Tribunalsrath Dr. **Waldeck**: Ich bitte blos um das Wort, um Herrn Makower vorzuschlagen.

Präsident: Die Frage ist, ob der Zeitpunkt geeignet sei? (Ja!)

Dann liegt der Antrag des Herrn Ober-Tribunalsraths Waldeck vor, daß Herr Makower Berichterstatter der Abtheilung sein möge. Ich glaube, damit wir nicht durch eine Abstimmung mittelst Stimmzetteln die Zeit verschwenden, ist es das Zweckmäßigste, es werden mir Namen von Kandidaten für die Berichterstattung zugerufen, und ich werde dann die Herren alphabetisch zur Abstimmung bringen.

Rechtsanwalt Dr. **Horwitz**: M. H.! Ich glaube, da wir keine kodifizirte Geschäftsordnung besitzen, werden wir wohlthun, wenn wir auf den Gebrauch anderer Versammlungen rekurriren. Ich möchte daher vorschlagen, daß wir dem diskretionären Ermessen des Herrn Vorsitzenden es überlassen, die geeigneten Berichterstatter zu wählen. (Nein!)

Präsident: Ich müßte das auch von mir aus ablehnen. Bisher wurden mir Herr Makower und Herr Planck zugerufen. (Dr. André!)

Dr. André ist der dritte Name. Wir haben also nun Dr. André, Makower und Planck in alphabetischer Ordnung. Werden noch weitere Namen gerufen? (Plathner!)

Kammergerichtsrath **Plathner**: Wie kann ich Berichterstatter sein in einer solchen Sache? (Kreisgerichtsrath Kühne!)

Präsident: Es sind also jetzt die Herren André, Kühne, Makower und Planck; ich bitte, darauf zu reflektiren, daß wahrscheinlich einer oder der andere derselben als Berichterstatter noch später in Aussicht genommen werden kann. Sind die Herren damit einverstanden, daß ich diese Namen nach alphabetischer Ordnung zur Abstimmung bringe? (Ja!)

Diejenigen Herren, die dafür sind, daß Herr Dr. André als Berichterstatter über den zur Abstimmung gebrachten Antrag der ständigen Deputation fungire, ersuche ich, sich zu erheben. (Geschieht.)

Somit ersuche ich Herrn Dr. André, in nächster Plenarsitzung den Bericht zu übernehmen.

Die Herren sind wohl damit einverstanden, daß wir hier eine kleine Pause machen und die Sitzung auf eine Viertelstunde unterbrechen?

(Nach der Pause:)

Präsident: Es wurde mir in der Zwischenzeit ein Antrag mitgetheilt, dahin gehend:

> „Es möge konstatirt werden, daß durch den gefaßten Beschluß über den Makower'schen Antrag das Verfahren vor dem Einzelrichter gar nicht berührt werde".

Es war dies auch selbstverständlich, und es hervorzuheben erzielte eine Bemerkung des Herrn Dr. Bernays. Es ist da wohl kein Beschluß nöthig, sondern es genügt, wenn es im Protokoll erwähnt wird. Soll darüber eine Debatte eingeleitet werden? (Nein!)

Ich glaube, der Sinn des Beschlusses war, daß das Verfahren vor dem Einzelrichter gar nicht berührt würde. Damit ist die Sache abgethan!

Wir schreiten zu den fünf Aufstellungen des Herrn Ober-Tribunalsraths Waldeck, bezüglich deren ich in Erinnerung bringen muß, daß die Abtheilung diese Sätze bereits im vorigen Jahre mit imposanter Stimmenmehrheit angenommen hatte. Nun scheint es aber zweckmäßig, daß den fünf Sätzen auch jener Punkt hinzugefügt werde — nachdem schon einmal die Tagesordnung unterbrochen wurde —

der in der Vorlage der ständigen Deputation als dritter Satz enthalten ist. Er lautet dahin:

„Soll, was den Beweis in bürgerlichen Streitsachen betrifft, das Urtheil nach freier richterlicher Ueberzeugung ohne fest bindende Beweisregeln erfolgen?"

Das ist nun ebenfalls ein Satz des Civilprozesses, welcher ganz füglich an geeigneter Stelle bei den fünf Sätzen des Herrn Ober-Tribunalsraths Waldeck angemerkt werden kann, und wie ich glaube, wäre seine geeignetste Stelle nach Lit. b. der Anträge des Herrn Ober-Tribunalsraths Waldeck, welche lautet: „Sollen Beweisinterlokute appellabel sein?"

Sind Sie mit diesem Antrage einverstanden? (Ja!)

Es wird nun dieser Punkt an jener Stelle in Erwägung zu bringen sein. — Die weitere Frage ist die: „Sollen wir die Anträge des Herrn Ober-Tribunalsraths Waldeck einzeln in Angriff nehmen, oder wird eine General-Debatte gewünscht? Ich glaube, daß das Allgemeine im Allgemeinen durch die frühere Debatte erledigt sei. —

Justizrath Volkmar aus Berlin: Ich bitte, den Berichterstatter Herrn Kreisgerichtsrath Kühne zu hören.

Präsident: Herr Kreisgerichtsrath Kühne, wollen Sie das Wort ergreifen?

Kreisgerichtsrath **Kühne:** Die ständige Deputation des Deutschen Juristentages hat ihren Präsidenten, Herrn Ober-Tribunalspräsidenten Dr. Bornemann beauftragt, Behufs der Einleitung der Debatte den Referenten zu ernennen. Herr Dr. Bornemann hat mich aufgefordert, das Referat zu übernehmen. Ich habe diese Aufgabe nach dem Inhalt der an mich ergangenen Aufforderung nur so auffassen können, daß ich kurz den Inhalt der Waldeck'schen Sätze, sowie der Gutachten, welche über diese Sätze erfordert und welche gedruckt in Ihren Händen sind, in Ihr Gedächtniß zurückrufe, indem ich aus letzteren wesentlich nur die Resultate mittheile. Dies wird zum Zwecke der „Einleitung der Debatte" genügen. — Eine Kritik der Gutachten liegt außerhalb der Grenzen des mir gewordenen Auftrages.

Wenn Sie erlauben, werde ich gleich mit der ersten Frage beginnen:

„Soll mit der Angabe der thatsächlichen Behauptung in Klage, Einrede, Replik rc. die Angabe der Beweismittel verbunden werden?"

Herr Ober-Tribunalsrath Waldeck hat seinerseits bei seinem Antrage die Frage dahin beantwortet:

1. Beweissatz und Beweislast sind zuerst vom Richter zu bestimmen und die Parteien haben erst dann die Beweismittel anzugeben;
2. Eine Ausnahme von dieser Regel bilden die Urkunden; diese müssen sofort bei Anführung der Thatsachen, zu deren Beweise sie dienen sollen, im Original oder in Abschrift eingereicht, oder es muß angezeigt werden, wo sie sich befinden; auch muß, wenn die Urkunden in den Händen der Gegenpartei sich befinden, gleichzeitig das Editionsgesuch angebracht werden;
3. Anticipation der Beweisantretung ist in allen Fällen zu gestatten.

Die Herren v. Sternenfels und André stimmen mit dem Herrn Antragsteller insoweit überein, als sie es für nicht zweckmäßig halten, daß den Parteien zur Pflicht gemacht werde, die Beweismittel gleich bei Anführung der Thatsachen anzugeben; sie weichen aber darin von ihm ab, daß sie den Parteien eine Pflicht zur sofortigen Antretung des Urkundenbeweises nicht auferlegen wollen: eine dahin gehende, unter Strafe der Präklusion gegebene Vorschrift würde zu Unzuträglichkeiten und Härten führen; es genüge, um dem Gerichte und der Gegenpartei klare Einsicht in die Sachlage zu verschaffen, wenn den Gerichten die Befugniß beigelegt werde, die Vorlegung der Urkunden zu verlangen, deren Vorhandensein sich aus den Vorträgen ergebe. Diese Befugniß will Herr Dr. André — nach dem Vorgange der Hannöverschen Prozeßordnung — auch der Gegenpartei beigelegt wissen.

Herr Professor Planck hat zunächst die Frage erörtert: wie die Gerichte zweckmäßig zu organisiren, und wie das Verhältniß der Gerichte der oberen Instanzen zu denen der unteren, namentlich der ersten Instanz, zu bestimmen sei. Er hält es für wünschenswerth, daß der Schwerpunkt des Prozesses in die erste Instanz zu verlegen sei, ganz in der Art, daß in dieser die Thatfrage völlig erledigt wird: die Appellation gegen die Entscheidung darüber, was bewiesen sei, möchte ausgeschlossen werden; Nova thatsächlichen Inhalts dürften in der höhern Instanz nicht zugelassen werden. Entschließe man sich, in dieser Weise das Verhältniß der Instanzen zu einander zu reguliren, so genüge es, wenn die Parteien angewiesen würden, nur die unmittelbar erheblichen Thatsachen vorzutragen, und folgeweise könne dann nicht von ihnen verlangt werden, daß sie bei Anführung der Thatsachen sofort die Beweismittel angäben, weil die Beweisführung sich nicht auf die unmittelbar erheblichen Thatsachen zu beschränken habe. — Große Einfachheit und Uebersichtlichkeit der Verhandlungen des sogen. ersten Verfahrens würden die Folge sein. —

Entschließe man sich aber nicht dazu, die Berufung gegen die Entscheidung des ersten Richters in der Thatfrage gänzlich auszuschließen, so solle man fordern, daß die Parteien im ersten Verfahren nicht bloß die unmittelbar, sondern auch die mittelbar erheblichen Thatsachen anführen, d. h. diejenigen Thatsachen, aus denen auf die Wahrheit oder Unwahrheit der ersteren geschlossen werden könne, welche zur Führung eines künstlichen Beweises oder Gegenbeweises dienen sollen. Denn in diesem Falle müsse das ganze thatsächliche Material des Streites zweckmäßig im ersten Verfahren dem Richter vorgelegt werden; damit dies geschehe, müsse man dann vorschreiben, daß die Parteien mit Anführung der Thatsache die Angabe der Beweismittel verbänden: nur auf diese Weise sei die Angabe der mittelbar erheblichen Thatsachen, welche den Inhalt der Beweismittel bildeten, zu erlangen, und nur auf diese Weise werde das Urtheil über die Erheblichkeit dieser Thatsachen ermöglicht.

Präsident: Wünscht Jemand im Allgemeinen das Wort?

Ober-Tribunalsrath Dr. **Waldeck:** M. H., ich erlaube mir zunächst die außerordentliche Gründlichkeit und Einsicht der Gutachten mit größtem Dank anzuerkennen und, an die Gutachten anknüpfend, eine Abänderung meines ersten Antrags vorzuschlagen.

Es ist von verschiedenen Seiten her darauf aufmerksam gemacht worden, daß die Ausnahme, welche ich wegen der Urkunden hinzugefügt habe, doch wieder auf Bedenken stoßen könne und daß es möglich und nützlich sei, den Urkundenbeweis dennoch als möglichen Gegenstand des Beweisinterlokuts zuzulassen. Das gestehe ich vollkommen zu und war mir nur die Ansicht maßgebend, daß eine ähnliche Bestimmung, wie sie auch in anderen Prozeßordnungen gilt, in Ansehung der Urkunden hier ausgedrückt werden solle. Ich überzeuge mich aber, daß das zu weit führt, zu tief in das Detail hineingeht, wenn man die speziellen Beweismittel absondern will von dem allgemeinen Grundsatze.

Die Idee meines Antrags ging nur dahin, eine Frage, in welcher der Preußische Prozeß vom gemeinen und Französischen abweicht, über welche unter den Juristen noch jetzt eine Verschiedenheit der Ansichten besteht, durch ein Kompromiß zum Austrage zu bringen. Dazu genügt folgende Fassung:

> „Die Angabe der Beweismittel für die Behauptungen der Parteien braucht in der Regel erst nach ergangenem Beweisinterlokute zu geschehen."

Ich habe aus den vorjährigen Debatten erfahren, daß der Ausdruck „Beweisinterlokut", den ich gebrauchte, Manchem anstößig gewesen ist, daß man einen allgemeineren Ausdruck gewünscht hat, daß man unter „Interlokut" Erkenntniß verstanden habe, was auszudrücken nicht meine Absicht war. Ich unterwerfe mich darin jeder Verbesserung, wie man dieses Interlokut ausdrücke: Resolut, Beweisanordnung, Erlaß oder wie sonst. Den Abschnitt, der im gemeinrechtlichen Prozeß gilt, wie in jeder Prozeßordnung wenigstens faktisch sich finden wird, die Trennung des ersten Verfahrens vom Beweisverfahren sehe ich als nothwendig an.

Stellt sich vielleicht in dem Französischen oder Rheinischen Rechte die Trennung nicht so scharf dar, so ist sie in Wirklichkeit und Wahrheit dennoch vorhanden, — damit werden wir einverstanden sein. Die Hannöversche Gerichtsordnung hat diesen Abschnitt über Trennung des ersten Verfahrens von dem Beweisverfahren aus dem gemeinen Prozesse mit Recht beibehalten.

Hier handelt es sich nur davon, prinzipiell über ein Präjudiz sich auszusprechen, welches nach Preußischem Verfahren gilt, nämlich daß schon im ersten Verfahren mit der Anführung der Thatsachen die Angabe der Beweismittel verbunden werden muß unter dem Präjudize der Beweisfälligkeit, — daß man also einen Zwang aufgestellt hat, die Beweismittel anzugeben, ehe von den Richtern Verfügung über den Beweis ergangen ist. Da Preußen einen so großen Theil von Deutschland bildet, so ist auch immer auf die Prozeßordnung dieses Landes besondere Rücksicht zu nehmen.

In Preußen nun habe ich mich durch praktische Erfahrung überzeugt und habe die Gründe davon in meinem vorjährigen Antrage auszuführen gesucht, daß, da einmal darüber ein Kompromiß geschlossen werden muß, ob man das erste Verfahren mit Angabe der Beweismittel obligatorisch belasten soll, man den negativen Satz auszusprechen hat. Es wird mancher Partei häufig zweckmäßig erscheinen, früher schon die Beweismittel beizubringen, und es soll dies unverwehrt bleiben, um der Abkürzung des Beweisverfahrens Mittel und Wege zu bahnen, aber es darf doch kein Zwang sein.

Ich will mich nicht weiter auf die Gründe einlassen, — hoffentlich genügt es, daß dies dem Preußischen Prozesse eigenthümliche Verfahren ganz wesentlich zusammenhing mit der Instruktionsmethode, welche doch in der Gegenwart auch in Preußen aufgegeben ist. Ich halte den beantragten Beschluß um so nothwendiger, wenn man den Schwerpunkt in die mündlichen Verhandlungen legt, wie wir beschlossen haben. Legt man den Schwerpunkt in die mündlichen Verhandlungen, dann darf man das Kontumazialverfahren in der That nicht soweit ausdehnen, daß die Beweismittel abgeschnitten werden, wenn sie bei der mündlichen Verhandlung noch nicht vorgebracht sind.

Anstößig könnte einigermaßen jetzt die Fassung des Antrags sein, sofern es darin heißt: „für die Behauptungen der Parteien in der ersten Instanz in Klage, Klagebeantwortung und Replik", deshalb, weil wir diese nach bestimmten Terminen in dem von uns beschlossenen mündlichen Verfahren, wenigstens obligatorisch in Schriften, nicht haben, — wir werden mögliche Schriftsätze haben, die aber auch unterbleiben können. Wenn man aber darunter die Materie der Sache versteht, wird Klagebeantwortung, Replik ꝛc. unter jeder Form des Prozesses vorkommen. Es wird ein Begriff dadurch ausgedrückt, den man nicht hinwegschaffen kann in dem schriftlichen wie in dem mündlichen Verfahren, und deshalb glaube ich, könnten diese Worte auch ohne Anstoß stehen bleiben. Will man sie nicht stehen lassen, will man zugleich den Satz, was ich billige, auch auf die zweite Instanz ausdehnen, so genügt die oben vorgeschlagene Fassung, um den allgemeinen Gedanken auszusprechen.

Präsident: Ich ersuche die Herren, die Debatte auf den ersten Punkt zu beschränken.

Kreisgerichtsrath Kühne: Ich erlaube mir, auf einen Punkt hinzuweisen, den allerdings Herr Ober-Tribunalsrath Waldeck bereits berührt hat. Ich glaube nämlich, daß die sofortige Angabe der Beweismittel, wie sie jetzt in dem Preußischen Prozesse erforderlich ist, mit dem Wesen der Mündlichkeit gar nicht zu vereinigen ist, daß wenigstens der Zweck der Mündlichkeit vollständig verfehlt werden müßte, wenn bei Anführung der Thatsachen sofort die dafür beizubringenden Beweismittel bezeichnet würden. — Das mündliche Verfahren soll durch die Verhandlung der Parteien vor dem Richter ein lebendiges Bild von dem behaupteten Sachverhalte hervorbringen. Die Lebendigkeit dieses Bildes würde entschieden beeinträchtigt durch sofortige Angabe der Beweismittel. —

Wir werden die aufgeworfene Frage nicht anders als Herr Ober-Tribunalsrath Waldeck beantworten können, wenn wir konsequent bleiben und unsern vorher gefaßten Beschluß, nach welchem der Schwerpunkt des Verfahrens in der mündlichen Verhandlung liegen soll, aufrecht erhalten wollen.

Advokat Dr. Bernays: Ich glaube, m. H., daß wir diese Frage als durch die Beantwortung der ständigen Deputation erledigt erklären können. Aber da wir in der heutigen Debatte hier auf die mündliche Verhandlung das Hauptgewicht legten, so wird es entschieden Sache der Gesetzgebung sein und sein müssen, zu sagen: die Klage solle nichts weiter enthalten, als das Petitum und die Gründe, warum man dieses Petitum stellt; aber bei der Verhandlung vor dem Gericht kann auf die Angabe der Beweismittel erkannt werden. So ist es bei uns im Rheinischen Recht und diese Frage hat bei uns noch gar keine Bedenken hervorgerufen. Im Rheinischen Recht geben wir die Ladung, in dieser ist nichts von einer Angabe der Beweismittel enthalten, außer den Urkunden, wodurch wir eine Forderung beweisen oder die Existenz eines Rechts darthun wollen. Kann nur durch die Urkunde die Klage bewiesen werden, so produziren wir dieselbe, nicht weil es das Gesetz so vorschreibt, sondern weil, wenn ein Interlokut erlassen, wodurch die Produktion veranlaßt wird, derjenige, der sie nicht gleich von vornherein vorgelegt hat, in die Kosten verurtheilt wird.

Also wir legen die Urkunde gleich vor, aber die Festsetzung der Beweismittel, die Produktion, die Angabe der Beweismittel geschieht durch den Richter, und das kann nur geschehen bei der mündlichen Verhandlung. Darum glaube ich, daß wir heute diese Frage als erledigt erklären, indem wir sagen: Da das mündliche Verfahren als Hauptverfahren anerkannt worden, ist es gar nicht nothwendig, darauf einzugehen; die Frage ist erledigt.

Präsident: Wünscht noch Jemand über den ersten Punkt zu sprechen?

Dann bringe ich den ersten Punkt der Anträge des Herrn Ober-Tribunalsraths Waldeck nach seiner zuletzt gemachten Fassung zur Abstimmung. Dieselbe lautet dahin:

„Die Angabe der Beweismittel für die Behauptungen der Parteien braucht in der Regel erst nach ergangenem Beweisinterlokut zu geschehen.“

Diejenigen Herren, welche für diesen Satz sind, belieben sich zu erheben.

Der Satz ist angenommen.

Die Debatte ist nun über den zweiten Punkt zu eröffnen:

„Sollen Beweisinterlokute appellabel sein?“

Kreisgerichtsrath Kühne: Die Frage lautet: „Sollen Beweisinterlokute appellabel sein?" Herr Ober-Tribunalsrath Waldeck beantwortet diese Frage verneinend. Der einzige Grund für die Zulassung eines Rechtsmittels bestehe darin, daß Aufenthalt und Kosten vermindert werden, wenn der auferlegte Beweis unerheblich sei. Dem gegenüber aber fielen die Verschleppungen, welche von der Appellabilität der Interlokute unzertrennlich seien, viel bedeutender in das Gewicht.

Herr v. Sternenfels ist der Ansicht des Herrn Antragstellers beigetreten und hat unter Zurückweisung der Gründe, welche für die Appellabilität der Beweisinterlokute beigebracht zu werden pflegen, ausgeführt, daß bis zum definitiven Spruche dem Richter jedes Mittel offen gehalten werden müsse, um ein richtiges Urtheil zu fällen. — Dies sei nur möglich, wenn der Richter an seinen vorläufigen Ausspruch darüber, was er zur Aufklärung des Sach- und Rechtsverhältnisses für erforderlich hält, nicht gebunden sei. Die Rechtskraft der Beweisinterlokute bringe den Richter, namentlich der höheren Instanz, leicht in die mißliche Lage, über Punkte zu urtheilen, für welche es an aller richtigen Grundlage fehle, wenn das Beweiserkenntniß ganz oder theilweise rechtskräftig geworden sei. Die Erfahrungen der Länder, in denen die Rechtskraft der Beweisinterlokute nicht anerkannt sei, sprächen für die Ausschließung der Appellation.

Herr v. Sternenfels hat sich für das inappellabele Beweisdekret entschieden und will, daß dieses nur den Beweissatz feststelle, sich aber über die Beweislast nicht ausspreche, weil die Entscheidung über letztere füglich bis zum Enderkenntnisse ausgesetzt werden könne. — Er will ferner, daß der Richter zu dem Beweisdekrete Entscheidungsgründe gebe, damit man klare Einsicht in das Beweisdekret und den Ideengang des Richters erlangen könne.

Auch Herr Dr. André spricht sich im Grundsatze dahin aus, daß die ganze Entscheidung auf den Schluß aller Verhandlungen konzentrirt werde; er glaubt aber, daß dieses Prinzip mit mündlichem Verfahren nicht verträglich sei; er entscheidet sich deshalb für das System der Hannöverschen Prozeßordnung, für das Institut der vorbehaltenen Appellation gegen Beweisinterlokute. Er spricht daneben den

Wunsch aus, daß dem Richter, auch in Hannover, noch gestattet werden möge, auf den übereinstimmenden Antrag beider Parteien ausnahmsweise die Berufung gegen das Beweiserkenntniß als sofortige zuzulassen.

Ich bin vorher von einigen Herren gefragt worden, welche Bewandtniß es mit dem Institute der vorbehaltenen Appellation nach der Hannöverschen Prozeßordnung habe? Wenn die Versammlung erlaubt, so will ich das Institut hier kurz erklären.

Wenn nach beendigtem ersten Verfahren sich herausstellt, daß erhebliche Thatsachen ungewiß, bestritten sind, so erläßt der Richter ein Erkenntniß, welches Beweissatz und Beweislast bestimmt. Dieses Erkenntniß kann nicht sofort angefochten werden, aber es ist bindend für den Richter, welcher es erlassen hat; dieser muß das Beweiserkenntniß seiner definitiven Entscheidung zu Grunde legen, ganz in der Art, wie nach gemeinem Rechte. Abgesehen von einzelnen besonderen Fällen, welche eine Ausnahme machen, jedoch am Grundsatze nichts ändern, bleibt die Appellation, die Berufung gegen jedes einen Beweis anordnende Erkenntniß ausgesetzt bis zur Appellation gegen das den Rechtsstreit in der Hauptsache entscheidende Enderkenntniß. Da beschwert sich denn derjenige, der durch das Beweisinterlokut gravirt zu sein glaubt, auch über die ihm zuertheilte Beweislast oder darüber, daß überhaupt Beweis erfordert ist. Thut er es nicht, so wird das Beweiserkenntniß rechtskräftig und folgeweise auch für den zweiten Richter bindend. Wie gesagt, im Allgemeinen bleibt die Appellation gegen Urtheile, welche den Streit noch nicht endlich entscheiden, bis zum Enderkenntniß aufgeschoben. —

Aber ich will doch bemerken, daß nicht in allen Fällen die Appellation gegen das Beweiserkenntniß bis zum Enderkenntniß aufgehalten wird und daß sie in einem Falle früher ausgeführt werden muß, nämlich dann, wenn vor dem Enderkenntnisse ein Urtheil ergeht, welches der sofortigen Berufung unterworfen ist, und dieses Urtheil mit der Beschwerde gegen das Beweiserkenntniß in entscheidendem Zusammenhange steht — eine Bestimmung, welche zu erheblichen Zweifeln Veranlassung gegeben hat. —

Herr Professor Planck, über dessen Gutachten ich noch zu referiren habe, entscheidet sich dafür, daß der Richter Beweissatz und Beweislast festzusetzen habe. Dies müsse durch ein der Rechtskraft fähiges Beweisurtheil geschehen; ein bloßes Beweisdekret sei als ein bloßer den Parteien ertheilter Rath weder theoretisch zu rechtfertigen, noch aus praktischen Gründen zu empfehlen. Insbesondere sei es für das mündliche Verfahren nothwendig, daß ein Urtheil das sogenannte erste Verfahren abschließe. Gegen das Beweisurtheil sei die Berufung zu gestatten, und zwar als sofortige dann, wenn man die Anführung neuer Thatsachen in der höheren Instanz für unzulässig erkläre, als vorbehaltene dann, wenn man Nova in der höheren Instanz zulasse.

Uebrigens hänge die gestellte Frage eng zusammen mit der Frage der Gerichtsorganisation: Seien die Gerichte so organisirt, daß das Urtheil des ersten Richters die Beweisfrage endgültig entscheiden, das Faktum unantastbar feststellen könne, so solle man sich für das appellabele, der Rechtskraft fähige Beweisurtheil entscheiden.

Advokat Dr. **Bernays**: M. H.! Ueber das Wort „Beweisinterlokut" habe ich großen Zweifel. Wir kennen als „Beweisinterlokut" im Rheinischen Recht jedes Zwischenurtel, welches den Beweis anordnet und welches auch angiebt, auf welche Weise der Beweis geführt werden soll und muß. Also z. B. wenn das Gericht sagt, der Kläger hat den und den Satz zu beweisen und kann den Beweis nur führen durch Zeugen oder Urkunden oder Sachverständige, so ist dies ein Interlokut. Dieses Urtheil aber schneidet sehr tief in die Rechte der Parteien ein; denn wenn es angiebt, welche Beweismittel ich nur vorbringen kann und soll, so würde ich ein langes Verfahren durchmachen müssen, wenn ich von der zweiten Instanz ein anderes Erkenntniß erlangen wollte, das andere Beweismittel für zulässig erklärt, als die Beweismittel, welche der erste Richter zugelassen hat. Darum muß erklärt sein, was wir unter „Beweisinterlokut" verstehen.

Wenn wir unter Beweisinterlokut Fixirung der Thatsachen durch den Richter verstehen, so kann man entscheiden, daß es nicht appellabel sei. Wird aber die Beweisart darunter verstanden, so wird nothwen=

diger Weise Appellation zulässig sein müssen. Im Rheinischen Recht ist es so: Nach dem Rheinischen Recht geht das Beweisinterlokut nicht in Rechtskraft über und der Richter bestimmt gleichzeitig auch, auf welche Weise der Beweis geführt werden soll. Wird er nur durch Urkunden geführt, dann ist dieses Urtheil sogleich definitiv, und in dieser Beziehung ist der Unterschied.

Ich sage: Interlokute, wenn sie das verfügen, sind appellabel, und wenn sie das nicht verfügen, sind sie hier nicht appellabel. Das scheint mir der Stand der Gesetzgebung zu sein.

So lange das Wort „Beweisinterlokut" nicht klar ausgedrückt ist, möchte ich also über diese Frage hinweggehen und sie der allgemeinen Gesetzgebung überlassen.

Ober-Tribunalsrath Dr. **Waldeck**: Ich will mir zunächst auch in dieser Beziehung eine andere Fassung vorzuschlagen erlauben.

Der geehrte Redner, dessen Vortrage ich leider nicht ganz habe beiwohnen können, hat, soviel ich vernommen, besonders an dem Ausdruck „Beweisinterlokut" Anstoß genommen und ferner verschiedene Französische Prozeßvorschriften angeführt, wodurch er seine Meinung zu befürworten suchte. Was das Wort „Beweisinterlokut" betrifft, so habe ich es damals absichtlich gebraucht, um beide Formen der Beweisanordnung zu umfassen. Es ist ein Zwischenausspruch des Richters gemeint; ich will mich in Ansehung der Bezeichnung gern bescheiden. Mir schien das Wort „Interlokut" nach den Begriffen des gemeinen Prozesses sowohl als überhaupt am Besten zu passen; ich lege aber darauf kein Gewicht bei der gegenwärtigen Debatte, bei der in diesem Punkte im vorigen Jahre durch den Widerspruch einiger Mitglieder aus Hannover eine Hauptdifferenz zur Sprache kam, welche zum großen Theil in gegenseitigen Mißverständnissen ihren Grund hatte.

Ob der Beweisbescheid in Form eines Erkenntnisses oder in der einer Resolution erfolgen soll, ob die Folge, welche aus dem nichtgeführten Beweise hervorgeht, festgestellt werden soll, diese Fragen habe ich damals nicht zur Entscheidung bringen wollen, wir dürfen sie auch jetzt bei der vorgerückten Zeit wohl nicht zur Entscheidung des Juristentages bringen. Diese Frage ist an sich eine reine Frage der Form, für die eine oder andere Ansicht lassen sich Gründe anführen. Bekanntlich wird von der in Hannover üblichen Form des bedingten Erkenntnisses gesagt, sie sei deshalb nothwendig, weil bei der Mündlichkeit der Verhandlung sonst für die Verhandlung nach erhobenem Beweise, sofern dieselbe sich auch außerhalb des Resultats der Beweisaufnahme verbreiten soll, keine Grundlage existire.

Für die andere Ansicht kann man geltend machen, eine Reproduktion der früheren mündlichen Verhandlung sei nicht unmöglich, die Fixation sei vorhanden, sei es in dem Thatbestande des Richters, sei es in den Akten, sei es darin, worüber sich die Parteien geeinigt haben. Wenn die Personen des Gerichts sich geändert haben oder die Richter nicht mehr auf dem rechtlichen Standpunkte stehen, den jene Richter hatten, die das Beweisinterlokut erließen, so erreicht man durch das Aufgeben der Form des bedingten Erkenntnisses im Interesse der Wahrheit der Entscheidung, daß die Richter nicht wider Willen genöthigt werden, jenen rechtlichen Standpunkt einzunehmen, den sie nicht haben. Diese Frage, werth einer reiflichen Erwägung bei der Gesetzgebung, will ich hier nicht beantworten.

Worauf ich noch fortwährend Gewicht lege und was ich aus dem Munde aller Preußischen Juristen, ich glaube, ziemlich ohne Ausnahme, gehört habe, ist: daß das Beweisinterlokut erfüllt werden müsse, daß nicht eine Appellation oder Beschwerde dagegen die Wirkung haben kann, daß das Beweisresolut nicht zur Erfüllung kommt.

Diesen Grundsatz theilt auch die Hannöversche Prozeßordnung und dies scheint auch nothwendig, wenn man irgendwie darauf rechnen will, eine gemeinsame Gesetzgebung für Deutschland zu bekommen, weil die Länder, welche erfahren haben, wohin eine sofortige Appellation gegen ein Beweisinterlokut führt, und wie wohlthätig es ist, daß ein Beweisinterlokut sofort erledigt wird, nicht darauf eingehen werden, einen solchen Richterausspruch durch alle Instanzen gehen zu lassen — wohlverstanden zu dem Zwecke, um die Ausführung desselben zu hintertreiben.

Im vorigen Jahre konnte man über die Fassung nicht recht einig werden. Einige Herren wollten sagen: „Beweisinterlokute sind nicht sofort oder nicht selbständig appellabel."

In ähnlicher Art würde ich sagen:

„Die Ausführung eines vom Richter angeordneten Beweises kann durch Rechtsmittel nicht aufgehalten werden."

Das ist der Kern dessen, was ich habe aussprechen wollen.

Mit Rücksicht auf die allgemeine Ueberzeugung der Preußischen Juristen über diesen Punkt, welche auch Herr Professor Gneist auf dem vorigen Juristentage bestätigt hat, halte ich es für sehr wesentlich, diesen Ausspruch als Fundamentalsatz für eine gemeinsame Prozeßordnung hinzustellen.

Herr Professor Planck, dessen große Autorität ich sehr bereitwillig anerkenne, ist bei Beantwortung dieser Frage auch von der Eventualität ausgegangen, daß Nova in zweiter Instanz nicht zugelassen werden. Mag hierüber in der Theorie Streit sein, ich bin für die Praxis durchdrungen von der Ueberzeugung, daß die Deutsche Prozeßordnung die Nova in zweiter Instanz zulassen muß.

Es verändert sich in der zweiten Instanz, wie die tägliche Erfahrung zeigt, gar häufig die ganze Gestalt der Sache. Wir haben Zustände, daß wir uns nicht begnügen können mit der ersten Instanz. Wenn man aber in der zweiten Instanz neue Fakta zuläßt, muß man dem Beweisinterlokut der ersten Instanz nicht die Wichtigkeit beilegen, daß die Ausführung durch eine Appellation gehemmt werden könnte. Alle Verwirrungen und Verschleppungen, die dem gemeinen Prozesse mit vollem Rechte vorgeworfen worden sind, beruhen gerade darin, daß eine solche Appellation mit Suspensivkraft gegen jede richterliche Emanation zulässig ist. Auch der Französische Prozeß ist nicht frei von diesem Vorwurfe, und in dieser Beziehung möchte ich ihn keineswegs als Muster empfehlen. Es ist mir von Französischen und Oesterreichischen Juristen mitgetheilt worden, daß davon nur ein beschränkter Gebrauch gemacht wird; es wäre gegen den Usus, regelmäßig gegen Beweis-Bescheide zu appelliren. In dieser Beziehung möchte ich mich aber nicht auf so etwas verlassen; denn ob appellirt werden soll oder nicht, ist Sache der Partei, und manche Partei, in deren Interesse es liegt, den Prozeß zu verzögern, wird gegen das Beweisresolut appelliren, wenn sie die Kosten nicht scheut.

Ich will die vielen Rücksichten, welche gegen die Appellabilität des Beweisinterlokuts sprechen, nicht weiter ausführen — sie sind hinreichend bekannt — und nur noch hervorheben: die Form des Beweis-Ausspruchs, auf die der Herr Prof. Planck so großes Gewicht legt, halte ich bei der Frage nicht für entscheidend. Der Richter muß, meiner Ansicht nach, auch bei der Form des bloßen Resoluts Beweissatz und Beweislast ausdrücklich aussprechen, wobei der Gegenbeweis jederzeit vorbehalten wird. Doch mag es noch zur Erwägung kommen, ob die von Herrn Obertribunalsrath v. Sternenfels empfohlene Württembergische Form der bloßen Beweis-Aufforderung zu wählen sei, ferner ob Gründe gegeben werden sollen.

Diese Fragen sind eben so wichtig, als die schon angeregte Frage über die Form der bedingten Erkenntnisse, sie können aber bei dem hier zu gebenden Ausspruche dahingestellt bleiben. Was bei der Form des bedingten Erkenntnisses appellabel sein kann, das ist nicht die Beweis-Anwendung als solche, sondern die Folge, welche der Richter nach dem Gedankengange, aus welchem das Interlokut hervorgegangen, im Voraus feststellt.

Lassen wir nun diese Fragen, die von großer Tragweite sind, bei Seite, so genügt für unsern Zweck der Ausspruch, den ich vorhin vorgeschlagen habe: „die Ausführung eines vom Richter angeordneten Beweises kann durch Rechtsmittel nicht aufgehalten werden.“

Obergerichtsassessor **Planck**: Mit dieser veränderten Fassung des Antrags kann ich mich vollständig einverstanden erklären; mit der ursprünglichen würde ich dies nicht geglaubt haben. Es schien mir in der ursprünglichen Fassung eine doppelte Frage angeregt zu sein, nämlich die Frage, ob das Interlokut als ein eigentliches Urtheil zu behandeln sei, wodurch der Richter entscheidet darüber, ob und welche Ansprüche durch die von der Partei vorgebrachten Thatsachen begründet würden. Es schien dies durch den Ausdruck, daß das Beweisinterlokut nicht appellabel sei, ebenfalls berührt. Wenn jetzt vom Ober-Tribunalsrath Waldeck erklärt wird, daß nicht die Absicht seines Antrags gewesen sei, diese Frage mit hereinzuziehen, sondern nur die zweite Frage, ob nämlich ein solches Beweisurtheil, werde es als Urtheil oder bloß als Resolut aufgefaßt, nicht einer sofortigen Berufung unterliege, ob durch die Berufung es nicht in seiner Vollziehung gehindert werden könne, so muß ich mich ganz vollständig einverstanden erklären, ob diese zweite Frage mit „ja" beantwortet werden könne. Ich verkenne nämlich nicht, daß gegen die gemeinrechtliche Art der Behandlung ein ganz entschiedenes Bedenken vorhanden ist, das Bedenken, daß dadurch, daß gegen das Interlokut eine Berufung nicht nur zugelassen, sondern auch eine reine Wiederholung der Berufung und Appellation nothwendig wird, die Rechtsstreitigkeiten in die Länge gezogen werden.

Es tritt als ferneres und zweites Moment noch hinzu, daß sehr häufig die Gefahr vorhanden ist, daß ein rechtskräftiges Interlokut feststeht, ehe durch vollständig durchgeführten Rechtsstreit sich übersehen läßt, daß im Verlaufe des Beweisverfahrens eine andere Gestaltung der Sache sich herausstellt, wie sie ursprünglich von der Partei, vielleicht ohne ihr Verschulden, vorgetragen worden ist, und nun in Folge der Rechtskraft des Beweisinterlokuts es für den Richter unmöglich wird, dies zu berichtigen.

Diese beiden Bedenken erkenne ich vollständig an. Ich glaube, daß sie auf beiden Wegen beseitigt werden können, nämlich sowohl auf dem Wege, den die Preußische Gesetzgebung vorzeichnet, als auch auf dem der Hannöverschen Prozeßordnung, wonach das erste Verfahren durch ein förmliches Urtheil abgeschlossen werden muß, welches zwar einer Berufung an sich unterliegt, wo aber die Berufung in der Regel suspendirt wird bis zum Endurtheil. Ich halte den zweiten Weg aus mehrfachen Gründen für entschieden besser, sowohl deshalb, weil durch das Preußische Verfahren, wie ich glaube, die Prozesse in der Regel viel mehr in die Länge gezogen werden, wie durch das Hannöversche, als auch deshalb, weil durch das Hannöversche Verfahren, wie aus dem Vortrage des Dr. André hervorgeht, dem Prinzipe der Mündlichkeit vollständig Genüge geschieht. Da indessen in diesem Augenblicke der Antrag des Herrn Ober-Tribunalsrath Waldeck modifizirt ist, und zwar in der Art, daß gar nicht mehr in Frage steht, welcher von diesen beiden Wegen, die ich angedeutet habe, vorzuziehen sei, so halte ich es nicht für gestattet, auf eine weitere Erörterung dieser Frage einzugehen und behalte mir für den Fall, daß andere Anträge gestellt werden, vor, darauf zurückzukommen.

Ich bin im Ganzen einverstanden, daß diese zwei wichtigen Fragen, ob das Beweisinterlokut als ein Urtheil oder nicht anzusehen sei, Fragen, welche überhaupt noch sehr streitig sind, nicht in einer Versammlung wie die des Juristentages durch Majoritätsbeschluß entschieden werden können; ich glaube, das ist der Weg, den der Ober-Tribunalrath Waldeck eingeschlagen wissen will. (Bravo! Schluß!)

Präsident: Der Antrag des Herrn Ober-Tribunalsrath Waldeck lautet:

„Die Ausführung eines vom Richter angeordneten Beweises kann durch Rechtsmittel nicht aufgehalten werden."

Dagegen wurde von Herrn Dr. Bernays folgende Fassung vorgeschlagen:

„Die Einlegung von Rechtsmitteln hält den vom Richter angeordneten Beweis nicht auf." (Widerspruch.)

Und von Herrn Justizrath Volkmar:

„Die Beweisaufnahme kann durch Einlegung von Rechtsmitteln nicht aufgeschoben werden."

Gerichtsassessor **Makower:** M. H.! Ich würde vorschlagen, den Satz dahin zu fassen:

„Beweisinterlokute werden nicht rechtskräftig."

Der ursprüngliche Antrag des Herrn Ober-Tribunalsrath Waldeck lautet:

„Beweisinterlokute sind nicht appellabel"

d. h. es findet dagegen kein Rechtsmittel statt. Der heutige Antrag unterscheidet sich darin von dem frühern, daß er lediglich ausspricht, die Appellation sei zulässig, habe aber keine Suspensivkraft. Also unterscheiden sich der erste Antrag und der zweite darin, daß bei dem frühern die Absicht vorherrschte, gar keine Rechtsmittel zuzulassen, während der heutige Rechtsmittel gestattet. (Widerspruch.)

M. H.! Erlauben Sie mir, daß ich den heutigen modifizirten

Antrag des Herrn Ober-Tribunalsrath Waldeck nochmals vorlese; er lautet wörtlich:

„Die Ausführung eines vom Richter angeordneten Beweises kann durch Rechtsmittel nicht aufgehalten werden."

Das setzt voraus, glaube ich, daß Rechtsmittel zulässig sind; nur die Ausführung des Beschlusses wird nicht aufgehalten. (Nein! Schluß!)

Präsident: Wenn der Redner ausgesprochen haben wird, werde ich über den Antrag auf Schluß der Debatte abstimmen lassen.

Gerichtsassessor **Makower:** Die Auffassung, die ich von dem Waldeck'schen Antrag habe, habe ich auseinandergesetzt; es mag sein, daß ich im Irrthume bin; indessen kann ich mich nicht davon überzeugen und bleibe bei der Fassung, die ich vorgeschlagen habe. Der Grund, der mich leitet, ist folgender:

Daß ich kein blinder Verehrer des Preußischen Prozeßverfahrens bin, glaube ich vorhin bewiesen zu haben; aber in diesem Punkte bin ich ein Verehrer desselben und würde keine Abänderung wünschen. Sie dürfen überzeugt sein, daß ich mich gefragt habe, welche Vortheile ein anderweites Verfahren hat. Im Hannöverschen Prozesse stellt sich diese Frage ganz anders, wie bei uns. Während bei uns der Richter ein Beweisresolut erläßt, aber daran nicht gebunden ist, sondern abweichen kann, folglich eine Appellation überhaupt nicht stattfindet, ist im Hannöverschen Prozesse eine sehr verwickelte Theorie darüber aufgestellt, wann gegen ein Interlokut eine Appellation eingelegt werden müsse. Es ist vorgekommen, daß man einer Partei, die appelliren wollte, das eine Mal erklärte, die Appellation sei noch nicht zulässig und als sie später kam, ihr antwortete, nun sei die Appellation verspätet. Um nun das auszudrücken, was im Preußischen Verfahren vortrefflich ist, daß weder der Richter der ersten, noch der zweiten Instanz durch das Resolut gebunden ist, habe ich mir erlaubt, den Satz zur Annahme vorzuschlagen:

„Beweisinterlokute werden nicht rechtskräftig."

Präsident: Es ist ein Antrag auf Schluß der Debatte gestellt worden. Es hatten sich noch zuvor zum Worte gemeldet: Ober-Tribunalsrath v. Sternenfels, Ober-Tribunalsrath Waldeck. Diejenigen, welche für den Schluß der Debatte sind, bitte ich, sich zu erheben.

Das ist die Minorität. Freiherr v. Sternenfels!

Ober-Tribunalsrath Freiherr v. **Sternenfels**: Es sind bis jetzt bei der Frage von der Appellabilität des Beweisdekrets zwei Differenzen zur Sprache gekommen. Die eine besteht darin, ob, ehe das Beweisinterlokut ausgeführt werden kann, die Appellabilität in der Weise stattfindet, daß die dritte oder zweite Instanz darüber erst rechtskräftig entscheidet. Ueber diese Frage scheint die Majoritat einig mit dem Antragsteller, daß eine solche Appellabilität der Beweisdekrete nicht stattfinde; aber mit dieser Frage kommen wir nicht weiter. Für den künftigen Gesetzgeber dürfte eine zweite Frage, die sehr zweifelhaft ist, nicht umgangen werden, wenn man einen Stein beitragen will zur künftigen Gesetzgebung.

Es theilt sich die Versammlung in zwei sehr bedeutende Theile, in diejenigen, welche die Hannöversche Gesetzgebung vorziehen und diejenigen, welche das Preußische Verfahren empfehlen. Das ist die Frage, ob der erste Richter ein einmal erlassenes Beweisdekret abzuändern berechtigt ist, wenn er zu der vollkommenen Ueberzeugung gelangt, daß es unnütz oder unvollkommen ist. Die Preußische und auch unsere Würtembergische Prozeßordnung bejaht diese Frage, die Hannöversche verneint sie und hält dem Richter nicht das Recht offen, ein mangelhaftes Beweisdekret zu verbessern. Ich will mich vor der Hand nicht in die Gründe für und wider einlassen, aber ich glaube, daß wir ungeachtet der vorgerückten Zeit diese wichtige Frage nicht übergehen können, wenn sie auch heute nicht mehr zur Entscheidung kommt, die Frage, ob ein Richter befugt ist, ein Beweisdekret, sei es als unnöthig oder als unvollkommen, abzuändern. Es hatte einer der Herren Vorredner geäußert, es komme selten vor, daß ganz neue Beweisdekrete ergehen und alle bisherigen Beweispunkte für irrelevant erklärt werden; aber sehr häufig werden einzelne Punkte, die von Einfluß sind, nachträglich zum Beweise gestellt und deshalb ist es unumgänglich nöthig, daß dem ersten Richter eine Verbesserung seines Beweisdekretes zustehe. (Bravo!)

Ober-Tribunalsrath Dr. **Waldeck**: In Bezug auf das, was Herr Makower äußerte, muß ich eine Erläuterung und Berichtigung mir erlauben. Der Punkt, der zuletzt vom Herrn v. Sternenfels angeregt wurde, ist von der größten Wichtigkeit für die Fassung einer Gerichtsordnung; er könnte jetzt durch einen anderen Antrag mit erledigt werden; ich wäre aber doch der Meinung, daß wir es lieber unterließen, weil darüber zwischen den gemeinrechtlichen Juristen und den anderen eine so bedeutende Differenz besteht, wie namentlich aus dem Gutachten des Herrn Professors Planck aus Kiel hervorgeht. Meine Ansicht ist ganz dieselbe geblieben, wie sie immer gewesen: Es ist gegen ein Beweisinterlokut, was eben nur ein Beweisresolut und weiter nichts sein soll, was nicht die Folge ausspricht, sondern nur festsetzt den Beweissatz und die Beweislast, kein Rechtsmittel zulässig. Ist man der Meinung, daß der Ausspruch in Form eines bedingten Erkenntnisses, wie in gemeinrechtlichen Ländern und in Hannover, zu geschehen hat, so muß gegen ein solches Erkenntniß eine Appellation möglich sein; das versteht sich von selbst, darüber ist kein Mensch in der Welt zweifelhaft; aber die Frage, welche Form dieser Bescheid haben soll, wird besser jetzt nicht entschieden. Da sind so viele Ansichten pro und contra geltend gemacht, ob der Richter an sein Beweisdekret zu binden sei.

Aber wenn ich diese Frage offen halten und dennoch den Satz, der mir am Herzen liegt, aussprechen will, spreche ich negativ, deshalb sage ich: „Die Ausführung des angeordneten Beweises kann durch Rechtsmittel nicht aufgehalten werden." Damit will ich nicht gesagt haben, daß Rechtsmittel überhaupt zulässig sein sollen. Nach meiner Meinung sind sie nicht zulässig. Faßt man aber das Beweisresolut in Form eines Erkenntnisses, wie nach der Hannöverschen Prozeßordnung, wie auch nach dem gemeinen Rechte, so sind sie zulässig. Ich will nur aussprechen, daß eine Appellation, die gegen ein solches Erkenntniß unerläßlich ist, nicht Suspensivkraft haben soll. Herr Makower will implicite eine Controverse entscheiden, wenn er sagt, Beweisinterlokute werden nicht rechtskräftig. Dann wäre es aber viel besser, diesen Satz zu einem separaten Ausspruche des Juristentages hinzustellen, welcher sich über die Form wie den Inhalt der Beweisanordnung, womit die Frage, ob der Richter, der sie erlassen hat, nachher daran gebunden ist, zusammenhängt, verbreiten müßte. Dem würde ich mich nicht widersetzen, wenn wir über diesen Punkt ganz klar werden können; ich glaube aber, daß dies noch füglich ausgesetzt werden kann, daß wir nichts versäumen, wenn dieser Zwiespalt, der heute noch unter uns herrscht, noch ungelöst bleibt. Es ist eine Frage der Form und der Materie.

Ich habe gegen das Amendement des Herrn Dr. Bernays einzuwenden, daß in seiner positiven Fassung die Appellation als nothwendig zulässig erscheint, während ich die Frage, ob sie überhaupt vorkommen kann, durch meine negative Fassung dahingestellt lasse. Mir kommt es nur darauf an, daß durch Rechtsmittel die Ausführung nicht aufgehalten werden soll und ich glaube, daß wir besser thun, wir bleiben hierbei stehen.

Ober-Gerichts-Assessor **Planck**: Gegen den Makower'schen Antrag ist hervorzuheben, daß die Einwände, welche er gegen die Hannöversche Prozeßordnung vorgebracht, nicht das von der Hannöverschen Prozeßordnung verfolgte Prinzip, sondern lediglich einzelne Modalitäten betreffen. Ich will diese Ausnahmen und diese einzelnen Modalitäten nicht vertheidigen, sie sind in der That in manchen Beziehungen mangelhaft und mehrere Ausnahmen ungerechtfertigt. Das Prinzip selbst aber ist so völlig einfach und klar, daß, glaube ich, darüber kein Zweifel und Streit entstehen kann. Der Gedanke ist einfach: Das Beweisinterlokut ist allerdings ein Richter und Parteien bindendes Urtheil, die Berufung wird erst verfolgt und ausgeführt, nachdem das Beweisinterlokut ausgeführt und das Enderkenntniß abgegeben ist.

Ich wiederhole, daß ich die von Herrn Ober-Tribunalsrath Waldeck gemachten Aenderungen nicht für zweckmäßig halten kann, und ebenso wenig scheint es mir nothwendig, auf die weit schwierigere und verwickelte Frage noch näher einzugehen, die Herr v. Sternenfels bezeichnet, ob nämlich die Beweisanordnung als für den Richter bindend zu betrachten sei. Das ist meines Dafürhaltens noch nicht an der Zeit.

Advokat Dr. **Bernays**: Ich ziehe meinen Antrag zurück und bin ganz einverstanden mit Herrn Ober-Tribunalsrath Waldeck.

Präsident: Es liegt kein Antrag mehr vor, kein Redner hat sich zum Wort gemeldet, die Debatte ist geschlossen.

Es sind zwei Gedanken durch Anträge formulirt worden, erstens von Herrn Makower, dessen Antrag eigentlich dahin geht: Beweisinterlokute haben nicht die Eigenschaft von Urtheilen, und der diesen Satz dahin formulirt:

„Beweisinterlokute werden nicht rechtskräftig."

Der andere in der Formulirung des Herrn Ober-Tribunalsraths Waldeck und des Herrn Justizraths Volkmar. Die Formulirung des Herrn Ober-Tribunalsraths Waldeck geht dahin:

„Die Ausführung eines vom Richter angeordneten Beweises kann durch Rechtsmittel nicht aufgehalten werden."

Justizrath **Volkmar**: Ich ziehe meinen Antrag zurück.

Präsident: Dann liegen nur die beiden Anträge des Herrn Makower und des Herrn Ober-Tribunalsraths Waldeck vor. Das sind Anträge, die sich nicht ausschließen, sondern selbständige Gedanken für sich bilden. Ich würde den Makower'schen Antrag, welcher den Beweisinterlokuten die Eigenschaft von Urtheilen abspricht, zuerst nehmen und dann den Waldeck'schen.

Justizrath **Volkmar**: Ich glaube, wir können den Makower'schen Antrag nicht zur Abstimmung bringen, er ist nicht debattirt und konnte für jetzt nicht debattirt werden. Ich bitte, ihn entweder an die ständige Deputation abzugeben oder zu beschließen, ob er ein andermal debattirt werden soll.

Ober-Gerichtsassessor **Planck**: Ich schlage vor, daß über den Makower'schen Antrag die Entscheidung ausgesetzt werde. Ich stelle einen Antrag darauf.

Ober-Tribunalsrath v. **Sternenfels**: Da die Zeit so weit vorgerückt ist, daß man über den Makower'schen Antrag, der mit dem meinigen zusammenfällt, wohl nicht fertig werden würde, stelle ich den Antrag, daß über die Frage von der Abänderlichkeit der Beweisdekrete die künftige ständige Deputation mit erneuerter Berichterstattung beauftragt werde.

Präsident: Im Grunde genommen ist dies der Antrag des Herrn Justizraths Volkmar. Ich bringe, vorbehältlich des Waldeck'schen Antrages, die Frage zur Abstimmung, ob die Debatte und Beschlußfassung über den Makower'schen und v. Sternenfels'schen Antrag auszusetzen und selbige der ständigen Deputation zu neuer Berathung zu übergeben?

Stadtrichter **Primker** aus Breslau: Ich wollte nur gegen das Zusammenwerfen des v. Sternenfels'schen und des Makower'schen Antrages protestiren.

Der v. Sternenfels'sche Antrag betrifft lediglich die Frage, ob das Beweisinterlokut den Richter binde; der Makower'sche handelt lediglich von der Appellabilität der Beweisinterlokute. Beide müssen ganz scharf auseinander gehalten werden. Deshalb würde ich beantragen, den Sternenfels'schen Antrag der nächsten Deputation zu überweisen, dagegen für heute durch Annahme des Waldeck'schen den Makower'schen Antrag zu verwerfen.

Ober-Tribunalsrath **v. Sternenfels**: Ich bin ganz einverstanden damit, so scheint mir die Sache auch zu sein.

Präsident: Ich betheilige mich nicht an der Debatte, will aber rücksichtlich des Makower'schen Antrags bemerken, daß darin noch etwas ganz anderes enthalten ist, nämlich die Frage: sind Interlokute Erkenntnisse oder nicht. Und darum kann er durch den Waldeck'schen nicht erledigt werden. Allein ich füge mich und bringe den Waldeck'schen Antrag, vorbehältlich des Beschlusses über das weitere Schicksal des Makower'schen, zur Abstimmung. Sind Sie damit einverstanden? (Ja.)

Diejenigen Herren welche dafür sind, daß der Satz ausgesprochen werde: „die Ausführung eines vom Richter angeordneten Beweises kann durch Rechtsmittel nicht aufgehalten werden", belieben sich zu erheben.

Der Satz ist angenommen!

Es ist nun der weitere Antrag gestellt worden, daß der von Hrn. Freiherrn v. Sternenfels aufgestellte Satz, daß der Richter an Beweisdekrete nicht gebunden ist, der ständigen Deputation zur weiteren Berichterstattung und Begutachtung anheimgegeben werde.

Wer dafür ist, wolle sich erheben.

Ist auch angenommen!

Nun wurde von Seiten des Herrn Stadtrichters Primker die Meinung ausgesprochen, daß durch Annahme des Waldeck'schen Antrags der Makower'sche Antrag beseitigt sei.

Das ist nun Meinungssache und darüber könnte nicht einmal durch Majoritätsbeschluß abgesprochen werden.

Ich bringe das Amendement zur Abstimmung: „Soll der Makower'sche Antrag der ständigen Deputation zur weiteren Begutachtung überwiesen werden?"

Justizrath **Volkmar**: Der Makower'sche Antrag wird durch den v. Sternenfels'schen erledigt; vielleicht also ist es möglich, daß Herr Makower seinen Antrag zurückzieht, dann sind wir über diese Schwierigkeiten hinaus.

Gerichts-Assessor **Makower**: Es wäre gar kein Grund vorhanden, den Antrag nicht zurückzuziehen, wenn ich glaubte, daß diese Frage erledigt sei. Freiherr v. Sternenfels hat jedoch seinen Antrag lediglich in Bezug auf die erste Instanz gestellt, daß der Richter erster Instanz an sein Beweisinterlokut nicht gebunden sei, während ich noch einen Schritt weiter gehe und sage, daß auch kein Rechtsmittel dagegen zulässig ist; und ich sehe nicht ein, warum nicht beide Anträge überwiesen werden können. Damit war ich schon früher einverstanden.

Präsident: Ich bringe einfach diesen Antrag des Herrn Assessor Makower zur Abstimmung. Diejenigen Herren, welche dafür sind, daß der Makower'sche Antrag an die ständige Deputation zur Begutachtung abgegeben werde, belieben aufzustehen.

Das ist die Majorität! (Widerspruch.)

Es werden Zweifel ausgesprochen. Ich bitte Diejenigen, die dagegen sind, aufzustehen.

Es ist zweifelhaft!

Gerichts-Assessor **Makower**: Ich ziehe meinen Antrag zurück!

Präsident: Herr Makower zieht seinen Antrag zurück und hebt dadurch alle Zweifel.

M. H.! Der Verfolg der Tagesordnuug bringt uns zu der so wichtigen Frage unter Lit. c. der Vorlage der ständigen Deputation, ob der Beweis dem freien Ermessen des Richters zu überlassen sei? Ich halte diese Frage für so wichtig, daß ich bei der vorgerückten Tageszeit die Sitzung schließe, um morgen mit frischen Kräften daran zu gehen. Ich schließe die Sitzung und bitte Sie, morgen um 8 Uhr zu erscheinen.

(Schluß der Sitzung 1 Uhr 10 Minuten.)

Zweite Sitzung der vierten Abtheilung am Donnerstag den 29. August 1861 im Saale von Braun's Hotel.

(Die Sitzung wird gegen $8\frac{1}{2}$ Uhr durch den Abtheilungspräsidenten, Hof- und Gerichtsadvokaten Dr. Berger aus Wien eröffnet.)

Präsident Dr. Berger: Ich erkläre die Sitzung für eröffnet.

Ich habe die geehrten Herren vor Allem darauf aufmerksam zu machen, daß wir im Laufe des heutigen Tages in Gemäßheit eines in der letzten Plenarversammlung gefaßten Beschlusses zehn Vertrauensmänner zu wählen haben, welche berufen sind, an der Wahl der ständigen Deputation des Deutschen Juristentages mitzuwirken. Auf meinem Standpunkte glaube ich, daß wir die Angelegenheit am kürzesten in der Weise erledigen, daß die Herren während der Pause, die ich inmitten der heutigen Verhandlung eintreten lassen werde, sowohl über die Personen, als über die Art, wie diese Wahl am expeditesten durchzuführen ist, sich verständigen und dann ihre Anträge bringen; denn wünschenswerth wäre es, daß wir durch die Wahl die Erledigung unserer Geschäfte nicht verzögern.

Auf der Tagesordnung steht zunächst die Frage: „Soll, was den Beweis in bürgerlichen Streitsachen betrifft, das Urtheil nach freier richterlicher Ueberzeugung ohne bindende Beweisregeln erfolgen?" Herr Kreisgerichtsrath Kühne wird zunächst Namens der ständigen Deputation berichten.

Kreisgerichtsrath Kühne aus Berlin: M. H.! Ich will ganz kurz den Inhalt der Gutachten, welche von den Herren Hofgerichtsrath

Brauer und Professor Planck erstattet worden sind, in Ihr Gedächtniß zurückrufen. Beide sind im Ganzen und Großen dafür, daß die Beweisregeln aufgegeben werden, sie machen aber darauf aufmerksam, daß gewisse Beweisregeln unentbehrlich sind, daß man in Betreff der Urkunden gewisse Beweisregeln aufstellen müsse, daß diese jedoch, wie der Herr Hofgerichtsrath Brauer befürwortet, nicht zu eng gefaßt sein müssen, insbesondere nicht in der Weise des Code Napoleon. Herr Kammergerichtsrath Plathner hat außerdem noch darauf aufmerksam gemacht, daß vernünftiger Weise ein Ergänzungseid, auch wenn er über das Nichtwissen lautet, nicht entbehrt werden könne, und seinen Satz dahin formulirt: „Erachtet der Richter einen Beweis für unvollständig geführt, so darf der Beweis nur durch einen nothwendigen Eid ergänzt werden."

Das ist, glaube ich, abgesehen von der näheren Begründung, der Inhalt dieser Gutachten.

Präsident: Wünscht Jemand das Wort?

Stadt- und Kreisrichter Dr. **Silberschlag** aus Magdeburg: Ich glaube, daß diese Frage nicht so vorbereitet ist, um überhaupt zur Entscheidung durch den Juristentag zu kommen. Es würde der Grundsatz, der vorliegt, auf das Tiefste in das Verfahren und das materielle Recht eingreifen. Es müßte zunächst jede Beweisaufnahme nicht, wie es bisher meistens geschah, vor dem richterlichen Kommissar, sondern vor dem versammelten Gerichte geschehen, es müßten die Richter die Parteien selbst sehen, es müßte ihnen das Recht zustehen, wie im Kriminalprozesse die Parteien zu vernehmen, die Beweismittel aufzunehmen, die von den Parteien eingebracht werden. Ueberhaupt, wenn der Grundsatz gefaßt würde, wie ihn die Deputation gefaßt hat, dürfte die ganze Lehre von der Eidesdelation aufgehoben werden. Ich glaube, daß bei der Fragstellung nicht genügend berücksichtigt ist, daß im Kriminalprozesse es sich um etwas Anderes handelt, als im Civilprozesse. Im Kriminalprozesse handelt es sich um die Ermittlung der Wahrheit, im Civilprozesse nur um rein formelles Recht. Im Civilprozesse muß jede Thatsache als erwiesen gelten, die ein Theil behauptet und der andere nicht ausdrücklich bestreitet, während im Kriminalprozesse es Niemandem einfallen wird, Jemand zu verurtheilen, weil der Staatsanwalt seine Schuld behauptet und der Angeschuldigte sie vielleicht nicht bestreitet. Man muß im Civilprozesse den Parteien das Recht zugestehen, über ihr Recht nach freiem Ermessen zu transigiren. Die ganze Eidesdelation beruht auf einer Transaktion der Parteien und Niemand wird behaupten, wenn der Eid deferirt, angenommen und ausgeschworen ist, daß der Richter die moralische Ueberzeugung habe, die Thatsache sei richtig, die vom Kläger oder gegen ihn beschworen ist. Es ist darauf Bezug genommen worden, daß gewisse Sachen, z. B. Scheidungssachen vom Richter nach seiner subjektiven Ueberzeugung beurtheilt würden. Ich will das zugeben; aber gerade bei Ehesachen ist das Prinzip nur angenommen aus dem Grunde, weil man der Meinung ist, es handle sich nicht bloß um das Recht der Partei, sondern auch um das Recht des Staates, der gewissermaßen das Recht hat, dafür zu sorgen, daß nicht zu viel Ehescheidungen vorkommen. Ich glaube, daß sich überhaupt zur Annahme durch den Juristentag nur solche Grundsätze eignen, für welche ein ganz dringendes praktisches Interesse vorhanden ist, oder die durch communis opinio festgestellt sind.

Als es sich darum handelte, für den Kriminalprozeß die Theorie des formalen Beweises abzuschaffen, lag ein dringendes Interesse vor, denn es lagen unzählige Fälle vor, wo der Richter z. B. Jemand wegen mangelnden Beweises freisprach. Wer möchte nun die Behauptung aufstellen, daß eine solche Person zu verurtheilen sei, an deren Schuld der Richter im Grunde zweifelt. Im Civilprozesse hat sich meines Wissens in der Praxis ein Bedürfniß der Aufhebung der Beweisregeln nicht geltend gemacht. Wollen wir nun ein Prinzip aufstellen, welches den ganzen Civilprozeß umwirft, welches in keiner Gesetzgebung acceptirt und durch die Wissenschaft noch nicht genügend vorbereitet ist? Ich glaube, daß dies noch nicht Aufgabe des Juristentages sein kann, daß es sich eher empfiehlt, die Frage nochmals an die ständige Deputation zu verweisen oder ganz zurückzuweisen, als ein Prinzip anzunehmen, über welches in der That die Mehrheit der Juristen nicht einig ist.

Rechtsanwalt **Bromme** aus Naumburg a/S. Ich würde im Interesse der Sache die Frage selbst so, wie die ständige Deputation sie gestellt hat, mit „Ja" beantworten, und zwar nehme ich an, daß ein dringendes Bedürfniß vorhanden ist, was der Vorredner bestreitet. Das Bedürfniß nehme ich an, weil namhafte Gesetzgebungen die Theorie, die die ständige Deputation anzuempfehlen scheint, aufgestellt haben.

Wir haben z. B. in Preußen in Ehescheidungssachen den Grundsatz, welchen die Frage hier behandelt und haben dasselbe bereits in dem Alimentationsprozesse, bei Filiationsklagen, wir haben dasselbe auch bereits in dem Injurienprozesse. Also das praktische Bedürfniß nach dem Beispiel dieser Partikularstaaten nehme ich als vorhanden an. Es wird sich bloß darum handeln, ob wirklich ein Bedürfniß in der Weise vorhanden sei, daß wir die ganze bisherige Theorie umstoßen.

Eh bien! ich gebe zu, daß dies geschehe, aber das kann uns nicht geniren, da wir bereits beschlossen haben, daß nach dem Vorgange der Hannöverschen Prozeßordnung sofort nach Einreichung der Klage die Parteien und ihre Vertreter unmittelbar vor den Richter beschieden werden. Ferner ist entgegnet worden, daß im Kriminalprozeß Ermittelung der Wahrheit die Hauptsache ist. Warum nicht auch im Civilprozeß, wo die Leute über ihre eigenen Rechte variiren? Auch im Civilprozeß ist die Ermittelung der Wahrheit das Wesentliche, was wir erstreben; sonst wäre nicht abzusehen, warum dem einen oder dem anderen Theile der Eid zuerkannt wird. Ich nehme an, daß diese Frage erledigt ist.

Es käme nur darauf an, daß noch zwei andere Fragen berücksichtigt würden. — Man kann fragen, ob nach Beseitigung der festen Beweisregeln eine Appellation möglich sei? und zwar deshalb, weil nun eigentlich von der subjectiven Ueberzeugung des einen Richters an die des anderen appellirt wird. Wenn ich zunächst sage, ich appellire, so drücke ich als Deutscher, nach unserm Deutschen Rechtsbrauche aus: ich schelte das erste Urtheil. Nun will ich zugeben, daß ich vernünftiger Weise nicht sagen kann: ich schelte den Ausspruch des ersten Richters auf Grund dessen, daß die beiden Zeugen, welche ich anführte, durchaus nichts wußten. Die beiden Zeugen wußten nichts, naturgemäß hat der erste Richter nach ihrer Vernehmung zu meinen Ungunsten entschieden, ich habe eben zwei falsche Zeugen benannt. Nun appellire ich; da kann ich nicht sagen, daß ich wahrhaftig appellire; ich beschwere mich nicht über das, was der erste Richter mir zugefügt hat, sondern ich beschwere mich über mich selbst. Naturgemäß ist es eine bloße restitutio ex testibus noviter repertis. — Will ich mir ferner sagen im anderen Falle: ich appellire nur von einer subjectiven Ueberzeugung an die andere, so ist das richtig. Der erste Richter hat so entschieden, ich halte diesen Ausspruch nicht für richtig, ich appellire an den zweiten und nehme dessen Ueberzeugung in Anspruch. Man kann sagen, das sei logisch nicht richtig, man appellire nur von der objektiven Ueberzeugung des Einen an die des Anderen. Es beruht allerdings unsere ganze Deduktion in appellatorio darauf, daß ich objektiv darlege: der erste Richter hat falsch geurtheilt; sonst könnte ich nicht im Stande sein, zu sagen: du hast Recht oder du hast Unrecht; nämlich es hat jetzt ein Richter, der dem höhern Gerichtshof angehört und weit älter ist als du, sich darüber zu erklären und dessen Ueberzeugung nehme ich als richtig an. Wir haben die Erfahrung, daß sich dies recht gut durchfechten läßt.

Wir haben in Preußen in Kriminalsachen diese nämliche Einrichtung, daß der erste Richter feststellt, der Angeklagte hat diese oder jene Handlung begangen. Es wird nun von der Vertheidigung appellirt, und es werden neue Zeugen namhaft gemacht, die dies widerlegen sollen; es gelingt auch, ein paar Zeugen treten auf und bekunden mit ziemlicher Gewißheit das Gegentheil von dem, was der erste Richter angenommen hat. Ich habe durch eine lange Reihe von Jahren in diesem Partikularstaate die Erfahrung gemacht, daß es recht gut durchzufechten gewesen ist, und daß in zweiter Instanz ein neues Urtheil vorgekommen. Die Hauptsache ist, daß möglichst darauf gehalten wird, daß der Richter, mag er in der ersten oder zweiten Instanz erkennen, die betreffenden Parteien und Zeugen möglichst selbst vor sich bekomme und ebenso, daß, wenn nova in appellatorio angebracht sind, nicht blos die neuen Zeugen vor dem Richter der zweiten Instanz vernommen, sondern auch die Zeugen der ersten Instanz nochmals vorgefordert werden. Warum wollen wir sagen, es ist ein wesentlicher

Unterschied zwischen dem Civil- und dem Kriminalprozeß? Da wir doch zuguterletzt von Fällen sprechen, wo es zweifelhaft ist, welche von den beiden Parteien Recht hat; da bleibt ja doch nichts weiter übrig, als das subjektive Ermessen. Ich würde also die Frage bejahen.

Professor Dr. **Gneist** aus Berlin: M. H.! gestatten Sie, meine Bedenken gegen den Antrag allgemein und kurz zusammenzufassen.

Mit jedem Fortschritt unseres Prozesses ist Civil- und Strafverfahren weiter auseinander gegangen, weil die Beweisung in beiden eine ganz andere ist. Ich lehne jede Analogie zwischen Civil- und Kriminalbeweis aus dem Grunde ab. Im Civilprozeß ist der Beweis zunächst ein äußerlicher, während der Kern des Kriminalbeweises immer die Schuldfrage, also innerlich ist. Ich bitte ferner, den Zusammenhang der Frage mit der materiellen Gesetzgebung zu beachten. Die Klage des Rechtsgeschäfts überhaupt steht in praktischem Zusammenhange mit dem Beweise im Civilprozeß: formlose Verträge mit förmlichen Beweisregeln, eben so wie im französischen Civilprozeß. Ich bitte ferner zu erwägen, daß mit den Beweisregeln unser System der Eide fällt, ebenso die Appellation über Thatfragen fallen muß. Ja, m. H., das würde in der Gerichtsverfassung eine bedeutende Rückwirkung äußern, mit der wir konsequent in dem Civilprozeß zu einer Civiljury kämen, wie im Kriminalprozeß. Das bitte ich zusammenzufassen. Es ist entscheidend die Erwägung für mich, daß so tief eingreifende Anträge das Einigungswerk der Civilprozeßgesetzgebung nicht fördern, sondern die Schwierigkeiten vermehren werden. Wir werden in so viel Widersprüche, zu so vielen, in die vorhandenen Zustände tief einschneidenden Anträgen kommen, daß ich glaube, der Versuch zu einer Einigung könnte nicht weiter hinausgeschoben werden, als dadurch, daß die Frage wegen Aufhebung aller positiven Beweisregeln in dieser allgemeinen und prinzipiellen Schärfe zur Entscheidung käme.

Mit Rücksicht auf diese Erschwerung des Einigungswerkes möchte ich bitten, die Entscheidung darüber für jetzt als unzureichend vorbereitet abzulehnen. Wir werden die Frage innerhalb einer gleichförmigen Deutschen Civilprozeßgesetzgebung, die mit der bisherigen Weise der Beweisregeln wohl möglich ist, reiflich zu überlegen Zeit haben.

Kreisrichter Dr. Elvers aus Höxter: Ich muß mich ebenfalls der Ansicht anschließen, daß eine communis opinio sich durchaus nicht festgestellt habe in dieser Frage. Aber auf der anderen Seite möchte doch darauf hingewiesen werden, wie gerade diese Frage von der Beweistheorie diejenige ist, welche am allertiefsten mit der Rechtsmeinung des Volkes zusammenhängt. Die Frage, worin eine Spaltung zwischen dem Bewußtsein der Nation und der Gesetzgebung stattfindet, tritt gerade bei der Beweistheorie auf, hier spricht unser Volk von einem „Spielen" des Prozesses, von einem „Verlieren" oder „Gewinnen" desselben. Ich kann nicht umhin, wenigstens darauf aufmerksam zu machen, daß eine Revision der Beweisregeln auf's Dringendste zu wünschen ist, und zwar möchte die Revision der Beweistheorie sich dahin entwickeln, daß einerseits dem Richter bestimmte gesetzliche Normen gegeben würden, wonach er zu entscheiden hätte, daß bei diesen Normen aber die nöthige Freiheit gelassen wäre, um in Ausnahmefällen, in Zweifelsfällen, wo die Ausnahme von der Regel sich rechtfertigt, Raum zu haben. Gerade in dieser Beziehung ist mir die Vorschrift des Handelsgesetzbuchs über einzelne Fälle von Bedeutung; was das Handelsgesetzbuch sagt, ist ganz nach meinem Wunsche und sollte in ähnlicher Weise weiter führen.

Ich würde mich aber allerdings gegen die Auffassung einer so vollständigen Revision, daß jede Beweistheorie aufhöre, auf das Entschiedenste aussprechen und möchte auch noch auf einige nachtheilige Folgen aufmerksam machen. Wir Richter müssen ja darauf verzichten, in irgend einem Falle mathematische Gewißheit zu haben: nur formelle Gewißheit, niemals materielle haben wir. Auch das eigene Geständniß, auch die Zeugen, und wenn deren noch so viele wären, lassen die Möglichkeit, daß es unrichtig sei, was die Zeugen aussagten. Aber bestreben müssen wir uns im Civilprozeß, daß materielle Wahrheit und formelle Wahrheit möglichst kongruent sind. Wir bedürfen in jedem Falle einer Beweistheorie, es fragt sich nur, soll diese Beweistheorie von der Gesetzgebung gegeben werden, oder soll sie ganz in das subjektive Ermessen des Richters gestellt werden? Soll das Bewußtsein der Gesammtheit maßgebend sein oder der einzelne Gesichtspunkt des einzelnen Richters? — Nun stimme ich dem vollkommen bei, es giebt gar manche Fälle, wo sich der Weg, um die objektive Wahrheit zu finden, nicht im Voraus normiren läßt, wo die Verhältnisse sich so eigenthümlich kompliziren, daß man nicht voraussagen kann, wie die objektive Wahrheit gefunden werden kann. Aber auf der anderen Seite giebt es auch sehr viele Fälle, wo sich die objektive Wahrheit von vornherein bestimmen läßt, wo das Rechtsbewußtsein der Nation entscheidet, — wenn die und die Voraussetzungen da sind, also z. B. zwei klassische Zeugen geschworen haben, — daß da der Beweis erbracht sein muß. Legen wir aber Alles auf das Bewußtsein, auf das Gewissen des einzelnen Richters, so legen wir ihm eine sehr schwere Aufgabe auf. Er hat in Zukunft nicht mehr zu sagen: das Gesetz sagt, daß du die Voraussetzung erfüllt und den Beweis erbracht habest, sondern ich, der Mensch, glaube, daß du die Wahrheit gesprochen hast, oder ich glaube, daß du die Unwahrheit gesprochen hast. Er steht ganz anders in dieser Beziehung, wie im Kriminalverfahren. Im Strafverfahren steht er dem Verbrecher gegenüber, er sagt: ich habe mich überzeugt, daß du schuldig bist; deshalb verurtheile ich dich, ich scheide mich von dir, es ist eine Kluft zwischen uns, du bist schuldig. Das ist leichter, als wenn er zu entscheiden hat zwischen zwei Menschen, von denen Beiden der eine so sagt, der andere so, und der Richter sagt: ich als Mensch glaube, daß du lügst, und ich glaube, daß du die Wahrheit sprichst.

Das ist eine ganz andere, unendlich schwierigere Aufgabe, als die, die im Strafverfahren gestellt ist, denn hierzu kommen noch die persönlichen Beziehungen zu den Parteien, in denen wir stehen können, und welche sich in dieser Frage geltend machen. Und wenn alle diese persönlichen Beziehungen nur darin beständen, daß ich den Einen gesellschaftlich kenne und den Andern gesellschaftlich nicht kenne, so wird es mir doch schon viel schwerer sein, alle diese Beziehungen fern zu halten und ganz die Gerechtigkeit entscheiden zu lassen. Ihering sagt einmal, es wäre ein großer Unterschied zwischen dem Alterthum und uns, im Alterthum wäre die Gerechtigkeit eine große Tugend gewesen, es sei ein großer Tugendbeweis, daß Aristides gerecht gewesen sei, das würde durch Jahrtausende erzählt; heutzutage sei die Gerechtigkeit Gemeingut des gesammten Standes geworden. Wir sind Alle gerecht, der ganze Stand ist gerecht, ich glaube, die Nation wird uns dies Zeugniß nicht versagen, die Gerechtigkeit ist unsere verfluchte Schuldigkeit. Ob das aber noch so bleiben wird, wenn wir einen so wichtigen Theil des Rechts loslösen, Alles in das subjektive Ermessen des Richters stellen, ist sehr fraglich. Jhering sagt, daß das Recht seit dem Alterthum sich aus dem subjektiven Bewußtsein losgelockert, daß das objektive Bewußtsein der Nation zur Rechtsüberzeugung gestaltet worden sei. Diesen Vortheil geben wir auf, wenn wir ganz und gar das subjektive Ermessen an die Stelle setzen.

Und nun, wie viel schwieriger wird die Aufgabe sein, welche der Civilprozeß zu lösen hat, als die, welche im Strafverfahren zu lösen ist? Im Strafverfahren steht der ganze Mensch mit seiner Vergangenheit und Gegenwart vor uns, er selbst erscheint, wir fragen nach seiner Vergangenheit, nach seinem Leumundszeugnisse, und welche ganz besondere Rolle spielen sie im Strafverfahren?! Im Civilverfahren liegt ein einzelner, herausgerissener Gegenstand vor uns, den wir ohne Verbindung mit dem ganzen übrigen Leben des Menschen kennen lernen. Wir können zum Theil aus Erfahrung sprechen: wir Preußen haben einen Civilprozeß, wo eine vereinzelte Thatsache vorgelegt wird, die wir in Form des Civilprozesses zu verhandeln haben und zwar nach subjektivem Ermessen, wie im Injurienprozesse — und wie schwer wird es da oft, ein Urtheil zu sprechen?

Nun, und weiter, auf der anderen Seite wieder, wohin wird das führen? Was wird in den Civilprozeß hineingebracht werden, wenn blos die subjektive Ueberzeugung entscheidet? Es wird dann nicht mehr die einzelne Thatsache uns vorliegen, sondern, so lange wir nach freiem Ermessen entscheiden, können wir dem Prozeßgegner nicht verwehren, daß er uns möglichst viel Nachtheiliges von seinem Gegner vorbringt, wir werden ihn mit der alten Kinderregel nicht abweisen können: „Wer einmal lügt 2c.", wir werden es in unsere Erwägung hineinziehen, und deshalb wird der Civilprozeß eine Gestaltung annehmen, vor der ich schon ein Grauen habe.

Es ist gesagt worden, wir müßten so verfahren, weil wir schon in

Preußen in einigen Fällen so verfahren hätten; wir haben übrigens nicht blos in Schwängerungssachen, in Ehescheidungssachen xc. diese Aufgabe der objektiven Beweistheorie; auch da, wo es sich darum handelt, ob ein Rechtsgeschäft angefochten werden kann wegen angeblichen Betrügens der Gläubiger, auch in diesem Falle ist das subjektive Ermessen des Richters maßgebend. Nun, meines Erachtens würde dies kein Grund sein, auch im Allgemeinen so zu verfahren. Noch nichtiger ist der Gegengrund, welchen das Gutachten hervorhebt: weil wir in Strafsachen ein solches freies Verfahren haben, so müßten wir es auch im Civilverfahren anwenden. Es ist allerdings ein Dualismus in unser Verfahren gekommen; aber ich glaube, der läßt sich auf andere Weise heben und deshalb halten wir es für nothwendig, daß eine Revision der Beweistheorie vorgenommen werde.

Es giebt einzelne Fälle, wo sich die Beweistheorie unbrauchbar zeigt; es läßt sich für sie nicht eine besondere Norm geben; in allen Sachen, welche delicta sind, da ist die Beweistheorie schwierig, und ich würde auch nichts anderes wissen, als sie da aufzugeben, und auf jeden Fall wünsche ich, daß das Kriminalurtheil, das die Schuld ausgesprochen hat, auch für das Civilverfahren maßgebend sei, da der jetzige Dualismus der Gesetzgebung zur Würde der Rechtsprechung nicht beiträgt.

Das wäre es, auf was ich zunächst aufmerksam machen wollte, und deshalb kann ich zur Zeit nur wünschen, daß der Antrag zurückgewiesen werde. Ich hoffe, daß die Frage nicht ruht, sie liegt in der Zeit und muß gelöst werden, und sie mag daher der ständigen Deputation überwiesen werden oder nicht, — sie wird immer wiederkommen.

Ober-Tribunalsrath Dr. **Waldeck** aus Berlin: Ich wollte ungefähr in demselben Sinne sprechen, wie die geehrten Vorredner, und nur noch hinzufügen, daß beide Berichterstatter mir durchaus nicht auf dem Standpunkte zu stehen scheinen, daß sie diese Frage bejahen. Der zweite Berichterstatter, Herr Plathner, sagt geradezu: es ist nothwendig, für bestimmte Fälle bestimmte Beweisregeln gesetzlich zu geben, und dahin gehört natürlich auch der Eid. Das ist aber nichts anderes, als unsere Prozeßtheorie, die jetzige Beweistheorie des Preußischen Prozesses, nur daß man vielleicht noch gesetzlich einen größeren Spielraum für die Würdigung der Beweise, besonders bei Ergänzung eines unvollständigen Beweises, zulassen könnte.

Der andere Herr Referent hat sich zwar bestimmter für die Bejahung der Frage ausgesprochen; analysirt man aber sein Votum, so kommt man immer wieder zuletzt auf die Theorie des unvollständigen Beweises und auf die Nothwendigkeit eines Ergänzungseides. Von allen diesen Dingen kann gar nicht die Rede sein, wenn wir die Civilsachen den Kriminalsachen gleichstellen, wie diese neue Theorie will: wenn wir annehmen, der Richter soll nur nach seiner Ueberzeugung über den Beweis urtheilen — dann ist der Richter in Civilsachen Geschworener, wie er jetzt ausnahmsweise in Kriminalsachen Geschworener ist, insofern ihm Kriminalsachen geringeren Gehalts überwiesen werden. Das ist der Punkt, worin diese Vergleichung ganz abgelehnt werden muß; denn darum insbesondere hat jede vernünftige neuere Gesetzgebung Geschworene eingeführt in Kriminalsachen, weil man den Richter sonst zum Urtheiler nach subjektiver Ueberzeugung macht. Dies muß vermieden werden, und zwar sowohl im Interesse des Publikums, als im Interesse des Richterstandes selbst.

Ueber solche Fragen, ob ein zu strafendes Verbrechen begangen worden, entscheidet am sichersten das Volksbewußtsein durch Geschworene. Das sind Dinge, worüber auch jeder vernünftige Mensch ohne juristische Bildung entscheiden kann. Wir brauchen gar nicht weit zu sehen, um zu finden, daß es eine ganz andere Frage ist, ob im bürgerlichen Prozesse durch den Beweis die einzelnen Thatsachen konstatirt sind, welche den Thatbestand eines gewissen juristischen Geschäfts, eines Vertrages ꝛc. erkennbar machen.

Diese Frage läßt sich gar nicht so trennen von der Rechtsanschauung und Auffassung, als das bei der Thatfrage in Kriminalsachen möglich ist. Es ist schon hierauf aufmerksam gemacht worden und würde zu weit führen und überflüssig sein, wenn ich in die weitere Ausführung eingehen wollte. Mir liegt durch lange Erfahrung die Sache so klar vor, daß ich als Richter mit bestem Bewußtsein darauf verzichte und mir eine solche Befugniß durchaus verbitte, unbedingt nach freier Ueberzeugung über den Beweis zu urtheilen.

Ich wünsche, daß gerade bestimmte Regeln bestehen, so weit es möglich ist, und glaube auch, daß dies das einzige Mittel ist, dem Richterstande die Integrität zu bewahren, so wie die Achtung des Publikums, welche darauf beruht, daß der Richter Recht spricht nach ganz bestimmten Gesetzen; Jeder würde sonst über Willkür klagen, Beklagter wie Kläger, wenn man über die uralten Sätze, wonach zwei glaubwürdige Zeugen den Beweis führen, wonach eine öffentliche oder anerkannte Privaturkunde den Beweis führt — Sätze, die stets zu Recht bestehen werden — sich hinwegsetzen wollte, wenn man sagte: es liegt zwar eine Urkunde vor, der Inhalt aber erscheint mir, als ob doch nicht so verhandelt worden wäre, als ob eine Simulation obwaltet, wiewohl kein Beweis dafür vorgebracht worden ist.

Diese Fälle gehören aber nicht zu den Seltenheiten: gerade in Folge jener neuen Theorie, welche in Spezialfällen in Preußen adoptirt ist, sind mir wirklich solche Urtheile vorgekommen; es ist mir vorgekommen, daß in Anfechtungssachen ohne eine Spur von Beweis nach diesen neuen Gesetzen der Richter sagte: es liegt zwar ein formell gültiger Verkauf vor, allein es ist ganz gewiß, daß ein Betrug zu Grunde liegt, es ist hier Simulation anzunehmen, es kann nicht die Absicht gewesen sein, diese Mobilien zu kaufen. Dergleichen Rücksichten mögen wohl zu Erfüllungseiden führen können, falls sie durch andere Umstände Gewicht erhalten.

Wenn man aber dem Richter eine solche unbedingte Befugniß giebt, so setzt man den Richterstand herab, man erhöht ihn nicht. — Ich könnte die Frage, ob Beweisregeln in bürgerlichen Rechtssachen wegfallen und das Urtel nach subjektivem Ermessen erfolgen soll, was den Richter dem Geschworenen gleich macht, unmöglich bejahen; ich sehe aus der Motivirung der Berichterstatter, daß sie diese Frage auch nicht bejahen. Wir sehen ferner daraus, daß die Frage unmöglich so unbedingt beantwortet werden kann. In jeder Prozeßordnung werden vielmehr gewisse Regeln über Beweismittel nothwendig sein. Es kommt noch die praktische Rücksicht dazu: wir wollen ja nicht rein theoretische Fragen erörtern, die der Wissenschaft angehören und vielleicht in künftigen Zeiten bei ganz anderen Einrichtungen Geltung erhalten werden. Wir wollen praktische Grundsätze feststellen, die für eine jetzige Deutsche Prozeßordnung maßgebend sein können.

Ich kann nicht glauben, daß auch nur entfernt die Aussicht dazu vorhanden wäre, daß dieser allgemeine Grundsatz von der Majorität einer Kommission einsichtiger Männer, welche über ein einzuführendes Gesetzbuch zu entscheiden hätten, bejaht würde; ich kann unmöglich glauben, daß irgend ein Staat, am wenigsten in Deutschland, sich dazu entschließen würde, solche Sätze in Civilsachen aufzustellen. Es ist das meine innigste Ueberzeugung; es wäre nicht denkbar, wozu sollten also solche abstrakte Sätze die Majorität der gegenwärtigen Versammlung erhalten und zu welchem Zwecke sollten wir sie aussprechen?

Ich bin deshalb auch der Meinung, daß wir entweder, wenn die Versammlung auch dieser Ansicht ist, den Satz geradezu verneinen oder die Entscheidung ablehnen und uns die Frage in anderer Form, wohin das Gutachten des Herrn Plathner meines Erachtens von selbst führen wird, vorlegen. Die Beweistheorie, die eine verschiedene ist, muß in der Gesetzgebung auf angemessene Weise regulirt werden.

Ich will nur kurz noch einige Bemerkungen zur Sache selbst hinzufügen:

Wenn nach unserer Gesetzgebung der Richter auf einen nothwendigen Eid erkennt, so ist es eine unrichtige Idee, daß man glaubt, der Richter mache seine freie Ueberzeugung maßgebend für die Partei. Das thut er gar nicht, sondern der Eid der Partei ist maßgebend. Ein nothwendiger Eid ist ein solches Beweismittel, wie der deferirte Eid, ein nicht sehr erwünschtes Beweismittel, aber man hat es bisher nicht entbehren können. Der Richter thut nichts weiter, als daß er sagt: „die Umstände liegen so, daß ich veranlaßt bin, diesen Eid der Partei aufzulegen". Niemand wird sich darüber beschweren, daß der Richter so spricht. Urtheilt er jedoch lediglich nach seiner Ueberzeugung: „die

Umstände liegen so", dann hat er das ganze Odium, welches aus einer willkürlichen Auffassung der Sache hervorgeht.

In Kriminalsachen hat man keinen nothwendigen Eid zulassen können, da alle Gesetzgebungen längst darüber einig sind, daß ein Reinigungseid des Angeklagten eine viel zu gefährliche Sache ist, daß es zehnmal besser ist, ein Schuldiger wird freigesprochen, als daß ein Schuldloser bestraft oder ein Mensch in die Versuchung geführt wird, einen falschen Eid zu schwören, um Leib und Leben zu retten. Das ist die Ursache, weshalb der Reinigungseid längst gefallen ist, ehe man noch zu den Geschworenen kam. Man mußte in Kriminalsachen wenigstens eine gewisse Beweistheorie für die Richter beibehalten, namentlich früher, wo es kein öffentliches und mündliches Verfahren, sondern nur ein schriftliches gab.

Das war die nothwendige Folge davon, Alles knüpfte sich an einander, Alles führte in Kriminalsachen zum Institute der Geschworenen aus innerer Nothwendigkeit. Wenn der Richter ausnahmsweise in kleineren Sachen als Geschworener fungirt, ist dies ein Umstand, der im Grunde nur deshalb existirt, weil man es nicht anders einrichten kann. In dieser Beziehung ist die Verschiedenheit der Civilsachen von den Kriminalsachen ganz evident. Alle Ausnahmsgesetze, die wir in Preußen bekommen haben, z. B. bei Anfechtungssachen, stehen auch immer auf dem Gebiete der unerlaubten Handlungen. Nun ließe sich rechtfertigen, daß ein Civilanspruch aus einer unerlaubten Handlung zusammen entschieden würde mit der Kriminalsache, so daß diese auch für die Civilfrage maßgebend wäre. Bekanntlich sind hierüber viele verschiedene Rechtsansichten. Daraus sieht man die Verwandtschaft jener Fragen, sobald von unerlaubten Handlungen die Rede ist. In den meisten Civilsachen besteht aber der Beweis darin, daß aus gewissen Momenten ein Rechtsgeschäft konstruirt wird. In allen diesen Fällen ist eine Analogie mit den Kriminalsachen rücksichtlich der Beweisfrage gänzlich abzulehnen.

Ober-Gerichtsassessor Dr. **Planck** aus Göttingen: Ich nehme an, m. H., daß die Idee, lediglich der richterlichen Ueberzeugung die Entscheidung zu überlassen, namentlich hervorgerufen ist durch das Verfahren in Kriminalsachen, was wir in neuerer Zeit überall haben: allein eine Analogie ist nicht zulässig. Denn erstens: in Strafsachen handelt es sich nur um eine Verurtheilung. Wenn man Geschworener ist, und man hat nicht die vollste Ueberzeugung, spricht man frei. Das geht in Civilsachen nicht, man thut sonst der einen Partei Unrecht.

Zweitens, das ist wohl das Hauptsächlichste: bei einem Kriminalverbrechen handelt es sich um einen Dolus, nicht um eine That, sondern um das Innere. Das soll durch unsere innere Ueberzeugung festgestellt werden. Das kann nur durch den Spruch der Geschworenen geschehen. Die Analogie mit dem Strafrechte paßt nicht; sie paßt auch nicht, weil es nicht ausführbar ist im Civilprozesse. Im Kriminalprozesse sehe ich, der Mann hat ein hübsches oder ein niederträchtiges Aeußere. Es muß konstatirt werden, ob der Mensch lügt, die Zeugen müssen vorgeladen werden, vielleicht von Danzig nach Köln. Das wäre nicht einmal ökonomisch richtig, wegen 100 Thlr. einen solchen Aufwand zu verursachen. Es paßt auch aus anderen Gründen nicht. Es wird Niemand der Meinung sein, materielles Recht herzustellen; wenn man aber meint, man müsse die materielle Wahrheit ermitteln, warum nicht gleich einen größeren Fortschritt? Weg mit dem bürgerlichen Gesetzbuche, sonst hat man möglicher Weise formelle Wahrheit und materielles Unrecht; denn der Richter muß nach dem positiven Gesetze sprechen, was im konkreten Falle möglicher Weise Unrecht ist.

Ich würde daher den Antrag stellen, diese Frage zu verneinen; da aber die Vorredner sämmtlich concertiren, die Sache zu vertagen, so schließe ich mich diesem Antrage an und bitte, die Frage auf eine spätere Zeit zu vertagen.

Justizrath Dr. **Straß** aus Berlin: Ich schließe mich dem Antrage vollständig an. Ich will nur noch kurz auf ein praktisches Bedenken hinweisen, m. H. Es ist dann durchaus nothwendig, daß gerade das Richterkollegium durch eigenes Anhören der Zeugen eine Anschauung von der ganzen Sache und eine feste Ueberzeugung gewinne. Wie ist das aber möglich bei einem Kollegium, wo 40 Sachen in einem Vormittage verhandelt werden sollen? Die Anzahl der Richter würde unendlich vermehrt werden müssen, sonst würde es praktisch ganz unausführbar sein und würde, wenn das nicht geschähe, der ganze Werth der Prozedur wegfallen.

Bei einzelnen Sachen, wo es in der Natur der Verhältnisse liegt, bei Ehesachen, Injurien und Gesindesachen, wo die anderen Beweismittel nicht ausreichen, scheint es an der Zeit und praktisch angemessen zu sein, das freie Ermessen walten zu lassen. Das sind aber einzelne Ausnahmsfälle. Wenn der Satz allgemein hingestellt würde, wäre er praktisch unausführbar ohne Stenographen. Ich bitte also ebenfalls, diese Frage zu vertagen, wenn nicht schon jetzt entschieden zu verneinen.

Gerichts-Assessor **Makower** aus Berlin: Ich erkläre mich gegen den Vertagungsantrag und zwar aus folgenden Gründen:

Es handelt sich darum, eine Grundlage für eine neue Civilprozeßordnung zu schaffen, sei es, daß Preußen berufen ist, die Vorlage für dieselbe zu machen, sei es, daß andere verwandte Staaten eine solche Vorlage schaffen. Es läßt sich annehmen, daß eine solche Vorlage im Laufe dieses Jahres fertig wird, und deshalb scheint es mir zweckmäßiger, daß diese Abtheilung ihr Votum, wie sie es in Betreff des Beweises gehalten haben wolle, vorher abgiebt, damit diejenige Kommission, welche von dem einen oder anderen Staate berufen ist, die Vorlage zu machen, das Sentiment der Versammlung kenne, als daß die Versammlung erst, wenn die Vorlage fix und fertig ist, ihre etwaige Mißbilligung nachträglich erklärt. Aus diesem Grunde halte ich es für höchst zweckmäßig, wenn die Versammlung in dem einen oder anderen Sinne sich entscheidet.

Was mich betrifft, so würde ich dem Antrage, welchen die ständige Deputation angenommen hat, beistimmen, und zwar theile ich die Befürchtung nicht, welche von den meisten Herren Vorrednern ausgesprochen worden ist. Auch ich gehe davon aus, daß im Civilprozesse möglichst materielle Wahrheit gefunden werden müsse; ich erwäge aber, daß die Beweisregeln, welche von den verschiedenen Gesetzgebungen aufgestellt worden, ja nichts weiter sind, als das Produkt der Erfahrung des Gesetzgebers.

Wenn z. B. kein vernünftiger Grund vorliegt, Thatsachen, welche in öffentlichen Urkunden vorgetragen sind, in Zweifel zu ziehen, namentlich, daß eine bestimmte Erklärung vor einem Notar oder Richter abgegeben worden ist, so mag man den Richter auch von allen Beweisregeln entbinden und er wird dennoch für festgestellt annehmen, daß diese bestimmte Erklärung vor ihm oder vor dem Notar abgegeben worden ist. Kurz, die meisten Dinge, in welchen sich bestimmte, auf jeden einzelnen Fall passende, positive Beweisregeln aufstellen lassen, werden vom Richter, auch ohne solche Regeln, weil sie aus der Natur der Sache entspringen, beobachtet werden. Ein großer Uebelstand, wenn positive Beweisregeln aufgestellt werden, zeigt sich darin, daß alsdann dem Richter eine Abweichung nicht erlaubt ist und er nun in die Lage kommen kann, aussprechen zu müssen: ich würde kein Bedenken haben, anzunehmen, daß die Thatsache sich so, wie behauptet, verhält, wenn ich lediglich meinem gesunden Verstand und meiner Erfahrung folgen dürfte; ich bin aber durch die gesetzliche Regel gebunden und darf deshalb nicht annehmen, daß die Thatsache sich so verhält. Dies, m. H., scheint vom Uebel zu sein und muß verhindert werden.

Wo positive Beweisregeln aufgestellt sind, hat sich doch die Sache dahin gestaltet, und zwar in Folge einer inneren Nothwendigkeit, daß der Richter seine Ueberzeugung trotz der positiven Beweisregeln zur Geltung gebracht hat. Ich erlaube mir, ganz kurz einzelne Fälle hervorzuheben:

Nach Preußischem Rechte ist in einem Prozesse über 50 Thlr. zur Herstellung eines vollen Beweises das Zeugniß von zwei Personen erforderlich; Jemand beruft sich darauf, daß er Zahlung an einen Dritten geleistet hat, und legt eine Quittung desselben vor. Der Dritte wird vernommen und erklärt, die Quittung ist von mir unterschrieben; ich habe die Zahlung erhalten. Nun handelt es sich aber um einen Prozeß über 50 Thlr. Mir sind Erkenntnisse bekannt, in denen der Richter gesagt hat: „der Zahlungsempfänger muß es am Besten wissen, ob ihm Zahlung geleistet worden ist; kein Anderer kann es besser wissen", und auf Grund dieser Erwägung nahm er den Beweis als geführt an.

Aehnliches kam in Schwängerungssachen vor, in welchen ein Dritter bezeugen sollte, ob er konkumbirt habe oder nicht. Der Richter sagte: „Mag das Prozeßobjekt auch 50 Thlr. übersteigen, ich glaube diesem Zeugen; ein Dritter kann es nicht so gut wissen, wie er, ob der concubitus Statt gefunden hat."

Ich glaube also, daß alle diejenigen positiven Beweisregeln, welche sich von selbst verstehen, auch dann angewendet werden, wenn das freie Ermessen des Richters waltet; daß sie aber da, wo sie auf den einzelnen Fall nicht passen, auch im Prozesse nicht werden angewendet werden. Den Umstand, daß der Richter, wenn der Beweis nicht vollständig geführt ist, einen Erfüllungs- oder Reinigungseid auferlegen muß, erkenne ich als einen Uebelstand an. Damit geschieht nichts weiter, als daß der Richter sagt: „ich erkläre mich außer Stande, in der Sache zu entscheiden; es bleibt mir nichts übrig, als daß die Partei selbst entscheide, was das Wahre ist; ich urtheile nach der durch die produzirten Beweismittel erbrachten höheren Wahrscheinlichkeit, und darnach ermesse ich, welche von den Parteien ich zum Richter in eigener Sache mache."

Ich hoffe, daß, je mehr die positiven Beweisregeln aufgehoben werden, desto weniger nothwendige Eide vorkommen und die Richter sich dahin aussprechen werden: „Wir halten die Sache für so wahrscheinlich, daß wir sie auch ohne nothwendigen Eid für erwiesen annehmen."

Ich habe mich zuvörderst gegen den Vertagungsantrag erklärt; ich erkläre mich in zweiter Linie für den Antrag der Deputation und ersuche Sie, denselben anzunehmen.

Präsident: Es wird der Antrag auf Schluß gestellt.

Eine Stimme: Der Herr Vorredner hat behauptet, daß in Preußen die Richter ihre Ehre verletzt und contra legem erkannt haben; das müßte wenigstens festgestellt werden.

Gerichts-Assessor **Makower:** M. H., einen solchen Vorwurf habe ich dem Preußischen Richterstande nicht gemacht, wenigstens lag dies sicher nicht in meiner Absicht.

Präsident: Ist auch meines Wissens nicht ausgesprochen worden.

Es ist der Antrag auf Schluß der Debatte gestellt worden; Diejenigen, welche für den Schluß der Debatte sind, bitte ich sich zu erheben.

Es ist die Majorität. Die Debatte ist geschlossen.

Präsident: Bevor der Antrag auf Schluß der Debatte angenommen wurde, war noch Herr Kreisgerichtsrath Kühne als Redner eingeschrieben und nach der Gepflogenheit, die wir gestern übten, hat Herr Kühne das Wort.

Kreisgerichtsrath Kühne: Ich bitte ums Wort, nicht um die Frage zu beantworten, sondern um die Vertagung der Beschlußfassung zu beantragen. Meines Erachtens ist die Frage, wie sie von der Deputation gestellt worden ist, zu allgemein. Mich hat die heutige Debatte davon überzeugt, daß die Frage deshalb mißverstanden ist. Ich glaube, daß die Frage so, wie sie hier von einigen Rednern verstanden worden ist, nicht bejaht werden kann. Die Verneinung der Frage aber würde zu einem Mißverständnisse Veranlassung geben. Man könnte einen solchen Beschluß dahin verstehen, daß wir die jetzt bestehenden Beweisregeln billigten. Dies ist gewiß nicht der Fall. Es sind gewiß Viele unter uns, welche die Beweisregeln, die jetzt bestehen, aufgeben wollen. Sie werden in der Majorität überzeugt sein, daß man eine Beweisregel nicht billigen kann, wie z. B. die gemeinrechtliche: ein einziger Zeuge kann unter allen Umständen höchstens nur halben Beweis machen. Wenn ich die Redner, welche gegen die Bejahung der Frage sprachen, richtig verstanden habe, so will keiner einen solchen Grundsatz vertheidigen; sie wollen nur gewisse andere Grundsätze des Beweisrechts über Geständniß, Kontumaz, Urkunden, Eid, aufrecht erhalten wissen. Alle diese Punkte scheint nun die Frage der Deputation nicht treffen zu sollen; aber ich gebe zu, daß die Frage, wie sie vorliegt, vielleicht zu weit gefaßt ist.

Ich will dies nicht weiter ausführen und bitte, die Beschlußfassung über die Frage zu vertagen und der Deputation anheimzugeben, andere und zwar spezielle Fragen zu stellen.

Präsident: Wir schreiten zur Abstimmung. Es ist über drei Anträge abzustimmen. Vertagung und Ueberweisung an die Deputation, Bejahung oder Verneinung. Für die Verweisung an die Deputation ist noch notirt ein Antrag des Herrn Justizrath Volkmar, welcher die Ueberweisung in folgender Weise beschlossen haben will:

„In Erwägung, daß die Frage von der größten praktischen Wichtigkeit und noch nicht genügend vorbereitet ist, verweist die Abtheilung die angeregte Frage zur weiteren Vorbereitung an die ständige Deputation."

Die Herren Silberschlag, Elvers, Planck haben einfach Verweisung an die ständige Deputation beantragt.

Der Antrag auf Verweisung an die ständige Deputation beseitigt alle andern Anträge und bringe ich ihn zuerst zur Abstimmung. Im Fall derselbe nicht Annahme findet, würde ich dann die beiden anderen auf Verneinung und Bejahung der Frage zur Abstimmung bringen, und zwar zunächst den auf Verneinung, als den weitergehenden.

Diejenigen Herren, die dafür sind, daß die Frage, die uns eben beschäftigte, zur weiteren Vorberathung an die ständige Deputation in der motivirten Weise des Herrn Justizrath Volkmar abgegeben werde, bitte ich sich zu erheben.

Ich bitte um die Gegenprobe.

Die Bejahung der Frage hatte die Majorität für sich. Es ist also der Antrag mit der Motivirung des Herrn Justizrath Volkmar angenommen. —

Ich habe Ihnen nun eine Mittheilung zu machen, wie sie mir von dem Präsidenten des Juristentages zugekommen. Um 11 Uhr Vormittags wird eine Versammlung der von den Abtheilungen gewählten, bei uns noch zu wählenden Vertrauensmänner in der Harmonie stattfinden. Die Wahl der Vertrauensmänner muß also sogleich stattfinden. Ich ersuche diejenigen Herren, welche Anträge zu stellen haben, dies zu thun, da ich nicht selbst entscheiden will.

Justizrath **Volkmar** aus Berlin: Es ist von anderen Abtheilungen beliebt worden, daß der Präsident Vorschläge macht; wir werden uns von den anderen Abtheilungen in dieser Frage nicht trennen, ich würde den Herrn Präsidenten bitten, Vorschläge zu machen.

Präsident: Ich würde aber einige der Herren bitten, zu diesem Zweck für ein paar Minuten sich mit mir in engere Konferenz zu begeben, ich kann unmöglich die Frage allein beantworten.

(Kurze Pause.)

Präsident: M. H.! in Gemäßheit Ihres Beschlusses habe ich mich mit mehreren anderen Herren verständigt und wir haben die Liste mit Rücksicht auf die verschiedenen einzelnen Staaten zusammengestellt, natürlich konnten wir bei der Anzahl von 10 Mitgliedern nicht alle Partikularitäten beachten, und werde ich so frei sein, diejenigen Namen, welche in Vorschlag gebracht, Ihnen zu nennen.

Rechtsanwalt Dr. **Horwitz** aus Liebenwerda: M. H.! Sie haben eben beschlossen, daß der Wahlkörper unserer Abtheilung konstituirt werde und daß wir auf Vorschlag des Herrn Präsidenten die Mitglieder ernennen. Nun werden Sie alle einverstanden darin sein, daß, wenn wir Vertrauensmänner wählen, unser Präsident primo loco genannt werden muß. Da er aber nicht selbst sich nennen kann, mache ich den Vorschlag, daß unser Herr Präsident ipso jure Mitglied ist. (Beifall.)

Präsident: Ich danke sehr für das Vertrauen. Zunächst genannt sind die Herren

Dr. André,
Obergerichtsrath Bähr,
Advokat Jubeich,
Dr. Mayersohn,
Obergerichtsassessor Planck,
Sektionschef Dr. Rizy,
Freiherr von Sternenfels,
Dr. Versmann,
Obertribunalsrath Waldeck.

(Zustimmung.)

Somit wären Ihre Vertrauensmänner nebst mir die Herren André, Bähr, Judeich, Mayersohn, Planck, Rizy, v. Sternenfels, Versmann und Waldeck.

Ich ersuche die Herren sich um 11 Uhr zur Konferenz in den Saal der Harmonie zu begeben. —

Der nächste Gegenstand der Tagesordnung ist die dritte Frage, welche Herr Obertribunalsrath Waldeck angeregt hat: „ob die Vertretung durch einen Rechtsanwalt im Civilprozeß obligatorisch sein solle."

Herr Referent Kühne hat das Wort.

Kreisgerichtsrath Kühne: Der Antragsteller hat die Frage bejaht, weil in einer derartigen Vorschrift keine Bevormundung der Parteien, sondern nur eine nothwendige Ergänzung unseres durch den bestehenden gesellschaftlichen Zustand künstlicher gewordenen Rechts- und Prozeß-Systems liege, und weil durch den Mangel einer solchen Vorschrift der Richter in die ihm nicht zukommende Stellung eines Rathgebers und Anwalts der Parteien gedrängt werde.

Herr v. Sternenfels und Herr André sind dem Herrn Antragsteller beigetreten. Der Letztere ist der Ansicht, daß bei einer auf Mündlichkeit des Verfahrens beruhenden Prozeß-Ordnung die Vertretung der Parteien durch Anwälte nicht blos zweckmäßig, sondern absolut nothwendig sei.

Herr v. Sternenfels hat noch die Frage berührt: ob bei Prozessen über geringfügige Gegenstände die Nothwendigkeit einer Vertretung durch Anwälte auszuschließen sei? Er meint, es werde für diese Sachen eine Ausnahme gemacht werden können, wenn für dieselben ein summarisches Verfahren angeordnet werde.

Obergerichtsanwalt Dr. André aus Osnabrück: Ich habe meinen Antrag im Gutachten nur sehr kurz motivirt, dahin, daß wir uns für Vertretung der Parteien durch Rechtsanwälte erklären.

Nachdem wir uns für das mündliche Verfahren erklärt haben, wie es nach der Hannöverschen Prozeßordnung besteht, bin ich der Meinung, daß eigentlich diese Frage nicht mehr gestellt werden kann, denn selbst ein befähigter Jurist, der nicht eine gewisse Routine in dem Auftreten vor Gericht hat, wird sich scheuen, in der mündlichen Verhandlung nach solchem Verfahren eine Sache vor Gericht zu vertreten. Es ist das gerade keine große Kunst, aber es erfordert Uebung, Routine neben der Rechtskenntniß; das Auftreten der Partei in Person wird daher nicht möglich sein, es würde das zu einem Scheinverfahren und dahin führen, daß die Parteien, die selbst auftreten, wesentlich in ihrem Rechte benachtheiligt würden. Ein solches Verfahren darf die Gesetzgebung nicht gestatten. Ich halte daher die Frage für so zweifellos, daß ich zur Motivirung des Antrages Nichts hinzufüge; ich glaube auch, daß Keiner aus Hannover da sein wird, der über diese Frage zweifelhaft wäre und ebenso wird es unter den Rheinischen Juristen der Fall sein.

Advokat **Judeich** aus Dresden: M. H.! Obwohl mir als Sachsen die Erfahrungen des Hannöverschen Praktikers natürlich nicht zur Seite stehen, so kann ich doch von der Perspektive aus, die ich mir für das mündliche Verfahren mache, nicht einsehen, daß eine Vertretung der Parteien durch den Rechtsanwalt unbedingtes Erforderniß sein müsse. Ich denke mir, daß gerade das ausgedehnte Fragerecht des Richters mehr als bisher den Parteien die Möglichkeit geben könne, selbst zu ihrem Rechte zu kommen. Würde das nicht für mich materiell entscheidend sein, so ist formell die Bestellung des Advokatenzwanges für mich nichts Angenehmes: ich kann nicht anders, als sie dennoch für eine Bevormundung der Parteien erklären.

Wenn jetzt auf allen Gebieten des Staatslebens das Prinzip derartiger Bevormundung wegfällt, wenn überall das Wort von der Selbstherrlichkeit gebraucht wird, und namentlich auf dem sozialen und volkswirthschaftlichen Gebiete durchschlägt, so sehe ich nicht ein, warum wir einer Partei nicht gestatten sollen, sich selbst vor Gericht zu vertreten, wenn sie keine Lust hat, einen Anwalt zu nehmen.

Obertribunalsrath Dr. **Waldeck**: Nur zwei Bemerkungen wollte ich mir gestatten, und zwar die nächste dahin, daß, wie ich gestern schon sagte, sämmtliche Anträge sich nicht auf Bagatellsachen beziehen, und daß also die Meinung des Herrn v. Sternenfels gar nicht durch diesen Beschluß alterirt werden wird, — wie auch in der Hannöverschen Prozeßordnung bei dem Verfahren vor den Amtsgerichten dieser Zwang nicht stattfindet. Was das Uebrige betrifft, so handelt es sich nicht darum, ein Monopol zu schaffen, sondern um die allein mögliche und zweckmäßige Art, einen Modus zu schaffen, wie man einen Prozeß nach dem mündlichen Verfahren führen und reguliren kann, ohne die Parteien dabei zu benachtheiligen. Es ist dies aber in der That nicht anders möglich, als daß man die Parteien an Sachverständige weist.

Es kommt noch der zweite Grund hinzu, daß die Parteien durch einen bestimmten Anwalt von Anfang an vertreten werden müssen, weil ein Anderer den Prozeß durchaus nicht mit der Schleunigkeit führen kann, wie es unter diesen Umständen, bei Erklärungen über den Beweis &c. zulässig ist. Wenn man in solchen Fällen erst mit der Partei Rücksprache nehmen soll, so wird dadurch eine außerordentliche Verschleppung herbeigeführt, namentlich unter den gegenwärtigen Konjunkturen. Deshalb halte ich auch in dieser Beziehung den Satz für unbedingt nothwendig.

Präsident: Bevor ich dem Herrn Planck das Wort gebe, theile ich der Versammlung mit, daß Dr. Bernays den Antrag dahin stellt, es solle beschlossen werden, daß die Vertretung durch Anwälte „bei Kollegialgerichten" obligatorisch sei.

Rechtsanwalt **Block** aus Magdeburg: Ich wollte Herrn Dr. André bitten, daß er mir vom praktischen Standpunkte darüber Auskunft ertheile, wie es der Partei denn geht, die kein Geld hat, einen Advokaten anzunehmen.

Ober-Gerichtsanwalt Dr. **André**: Der wird einer vom Staate beigeordnet.

Rechtsanwalt **Block**: Und wer bezahlt die Kosten?

Ober-Gerichtsanwalt Dr. **André**: Niemand!

Advokat **Schöneseiffen** aus M. Gladbach: M. H.! Es ist vom Kollegen André angeregt worden, ob auch wir vom Rheine Nichts dagegen einzuwenden hätten? Nun, an und für sich haben wir gegen eine obligatorische Vertretung durch einen Anwalt nichts, allein es ist ein absoluter Irrthum, wenn er meint, es sei dies nöthig wegen des Prinzips der reinen Mündlichkeit. Wir haben das Prinzip der reinen Mündlichkeit ausgebildet, aber wir haben zwei Institute, die kollegialisch besetzt sind, das Handelsgericht, wo drei Richter, und das Gewerbegericht, wo mehr als sieben sitzen und wo doch kein Zwang stattfindet, und vor denen nach meiner Ueberzeugung auch niemals Advokatenzwang stattfinden kann und darf. Daß es bei dem Handelsgericht möglich ist, mit Prozessen über sehr bedeutende Beträge auch beim Prinzip des rein mündlichen Verfahrens dennoch ohne alle Schwierigkeiten fertig zu werden, das haben die Herren gestern und heute nicht in Abrede gestellt. Das näher auszuführen, ist nicht nöthig; es genügt, auf eins hinzuweisen, das bisher keinem gerichtlichen Institute widerfahren ist, darauf, daß ein Organ der Deutschen Nation sich einstimmig dafür erklärt hat, diese Einrichtung überall einzuführen — nämlich der Deutsche Handelstag. Er hat den Antrag einstimmig dahin gestellt, es möchten überall Handelsgerichte eingerichtet werden und zwar von Kaufleuten; diese Einrichtung würde aber nicht kommen, wenn wir Advokatenzwang hinzufügen. Ich wollte das nur zur Berichtigung bemerken.

Rechtsanwalt Dr. Horwitz aus Liebenwerda: Vielleicht sollte ich Bedenken tragen, in einer Frage das Wort zu nehmen, die das Interesse meines Standes unmittelbar berührt; allein ich glaube, es mit Ruhe thun zu können, da ich mir bewußt bin, — und ich bin der Meinung, daß dies auch bei den anderen Herren der Fall ist, — welches die Tragweite dieses Beschlusses ist. Für mich ist es nämlich unzweifelhaft, daß mit der Neugestaltung unseres Prozeßverfahrens, wie dieselbe angestrebt wird, die Umgestaltung des Advokatenstandes Hand in Hand gehen muß. Auch ich bin mit dem Vorredner aus Sachsen, der gleichfalls meinem Stande angehört, ein Gegner aller Bevormundung, allein ich vermag nicht einzusehen, wie in dem proponirten Satze eine Bevormundung in dem untergelegten Sinne gefunden werden kann. Ist es Bevormundung, so fragt es sich, mit welchem Rechte z. B. bei uns in Preußen der Staat diese Form der Bevormundung eintreten läßt, die den Privaten verhindert, Schriftsätze selbst einzureichen. Bei uns ist die Vertretung nur in Schriftsätzen obligatorisch durch Advokaten zu bewirken, weil man seiner Zeit von der Meinung ausgegangen ist, daß es mit der Klage nicht viel auf sich habe. Um aber den Beweis zu geben, wie langsam und bedächtig man auf dem

Wege der Reform vorwärts geht, erlaube ich mir die Andeutung, daß bereits 1849 die Rede bei uns gewesen ist, auch in Bezug auf die Einreichung der Klage diese Verpflichtung obligatorisch zu machen. Wenn Herr Judeich bemerkt hat, durch das Fragerecht des Vorsitzenden werde jede Inkonvenienz beseitigt, welche aus der Unfertigkeit der Parteien entstehe, so muß ich behaupten, daß die Anwendung dieser Befugniß das ganze Verfahren zu tumultuarisch machen würde, und ich bezeichne es meinerseits nicht sowohl als eine nothwendige Konsequenz aus dem Vordersatz, den wir bereits angenommen haben, sondern ich betrachte es als eine Frage der öffentlichen Ordnung, daß nicht Jedermann aus dem Volke vor das Gericht hintrete und den Richter mit unfertigen Reden behellige und sich selber schade und das Verfahren derjenigen äußeren Würde entkleide, welche es nicht entbehren kann. Ich glaube daher, daß, wenn wir das Amendement des Herrn Dr. Bernays dem Antrage inkorporiren, davon nicht die Rede sein kann, daß durch die Fassung des Antrages der Beschluß eine Generalisirung erleide, die zu einzelnen Nachtheilen führen könne. Damit erledigt sich auch, wie schon Herr André in Bezug auf das Fragewerk andeutete, das Bedenken, daß eine arme Partei einen Advokaten nicht bezahlen könne; denn ich bin der Meinung, daß der Advokatenstand eine entsprechende Reform wird erfahren müssen, und ich weiß zuverlässig, daß dann in einer von den Advokaten selbst konstituirten Advokatenkammer diese Frage mit der Würde und Liberalität entschieden werden wird, welche auszudrücken der Advokatenstand für seine höchste Ehre halten muß.

Advokat Dr. **Bernays**: M. H.! Ich habe dem Antrage die Worte „bei Kollegialgerichten" deshalb hinzugefügt, um kein Mißverständniß aufkommen zu lassen; denn wenn das Handelsrecht erklärte, in handelsrechtlichen Fragen und Obligationensachen habe kein Richter in bürgerlichen Rechtsstreitigkeiten zu entscheiden, sondern es sei das eine Ausnahmejurisdiktion und nur spezielle Fälle seien ihr zugewiesen, und es wären in dem Antrage die Kollegialgerichte nicht aufgeführt, so würden bürgerliche Rechtsstreitigkeiten ausgeschlossen sein. Nach Französischem Rechte sind Gewerbe-Gerichte eingerichtet, um Streitigkeiten zwischen Meistern und Gesellen zu entscheiden und nach Rheinischem Recht ist vorgeschrieben, nur ein Anwalt kann darin erscheinen, und das hat seinen sehr guten Grund darin, daß der Anwalt, der vor Gericht tritt, bei Oeffentlichkeit und Mündlichkeit nach und nach sich gehoben haben muß; er muß sich bemühen, die Achtung des Gerichts zu erwerben, so daß er es nicht wagen darf, eine Unwahrheit zu sagen.

Wir haben in den Französischen Parlamenten Fälle gehabt, wo ein Anwalt auftrat und Behauptungen aufstellte; der Gegner wollte widersprechen, widerlegen, der Präsident sagte aber: „Schweigen Sie! der Anwalt hat es gesagt und der ist für uns die Wahrheit."

Das gilt bei den Rheinischen Gerichten heute noch, und es ist Recht, wo Oeffentlichkeit und Mündlichkeit eine Garantie für den Anwalt bieten. Das habe ich wegen der Handels- und Gewerbegerichte bemerken wollen.

Präsident: Es ist ein Antrag auf Schluß gestellt.

Diejenigen Herren, die für den Schluß der Debatte sind, bitte ich, sich zu erheben.

Das Resultat ist sehr zweifelhaft; ich glaube, daß wir noch den eingeschriebenen Herren das Wort geben.

Justizrath Dr. **Straß:** M. H.! Es könnte auch bei mir den Anschein gewinnen, als wenn ich eine oratio pro domo hielte; da ich aber am Ausgange meiner juristischen Laufbahn stehe, werden Sie mir zugestehen, daß ich die Sache objektiv auffasse. Ich muß Herrn Jubeich entgegentreten. Ich bin allerdings für den Advokatenzwang mit der vorgeschlagenen Modifikation, und zwar aus keinem anderen Grunde, als lediglich im Interesse der Parteien. Wenn man in einer beinahe vierzigjährigen Praxis Beobachtungen anzustellen Gelegenheit gehabt, hat man sich gewiß auch häufig davon zu überzeugen Veranlassung gehabt, in welche Lage die Parteien kommen, wenn sie nicht durch einen Anwalt vertreten werden, besonders in den Fällen, wo von der einen Seite ein Anwalt zugezogen ist und von der andern keiner. Ich provozire auf das Zeugniß meiner Landsleute, die in Richterkollegien gesessen und als Anwälte fungirt haben; sie werden mir bestätigen, daß die wichtigsten Prozesse verloren wurden lediglich durch die Unbeholfenheit der einen

Partei gegenüber der Erfahrung des Anwalts der andern Partei. Es scheint mir also im wahren Interesse des Publikums, diesen Zwang auszusprechen.

Ober-Tribunalsrath Dr. **Waldeck**: Ich wollte nur sagen, daß die Ausnahme bei dem Verfahren vor dem Handelsgericht sich von selbst versteht, und wenn wir, wie wir wollen, sämmtliche Fragen auf den ordentlichen Prozeß beschränken, dann wäre es zweckmäßig, es im Eingange zu sagen und nicht bei den einzelnen Punkten zu wiederholen.

Eine Stimme: Das Verfahren vor den Handelsgerichten ist im Wesentlichen ähnlich dem bei andern Gerichten.

Ober-Tribunalsrath Dr. **Waldeck**: Das ist mir sehr wohl bekannt; es ist aber ebenso gewiß, daß am Rhein und überall das ordentliche Verfahren existirt, daß andere Verfahren zu den Ausnahmen gehören.

Mögen wir nun übereinstimmen oder nicht, wir brauchen auf dieses ganze unerschöpfliche Detail der Ausnahmsgerichte, die gekommen sind und kommen werden, nicht einzugehen. Wir wissen, wovon wir reden: von dem allgemeinen ordentlichen Prozesse, nicht vom Bagatell- und ähnlichen Prozessen, die vor Ausnahmsgerichten verhandelt werden.

Advokat Dr. **Mayersohn** aus Aschaffenburg: Ich habe den bereits gehaltenen erschöpfenden Vorträgen nur noch wenig Worte beizufügen. Ich stimme für den Antrag mit der Modifikation des Herrn Bernays. Es ist, Gott sei Dank! in der Praxis noch niemals vorgekommen, daß eine arme Partei vergebens einen Anwalt gesucht hätte, und dieses Verhältniß wird nach wie vor fortbestehen. Kehren wir in die Praxis selbst zurück, betrachten wir einmal eine öffentliche Sitzung, wo zwölf Parteien auf der Rolle stehen, und sehen wir, wie die Parteien gegen einander ohne Anwalt verhandeln werden; nehmen wir dazu einige verwickeltere Fälle, so wird die Tagesrolle kaum zu erschöpfen sein, und es würde zu einer Geschäftsüberbürdung führen, die wir durch den Anwaltszwang vermeiden wollen.

Wenn wir auch die Frage verneinen, ob ein Zwang stattfinden soll, so können wir es doch keiner Partei verwehren, sich durch einen

Anwalt vertreten zu lassen. Ist nun die eine Partei durch einen Anwalt vertreten, die andere aber nicht, so bleibt nichts übrig, als daß der Präsident sich zum Anwalt des einen Theiles machen muß, und er ist dann genöthigt, in einer Sache, die er selbst vertreten hat, auch das Urtheil zu fällen. M. H., zu einem solchen Mißverhältnisse, das die Praxis uns nothwendig an die Hand geben müßte, werden wir nicht kommen wollen. Ich stimme daher mit dem Antrage des Herrn Dr. Bernays.

Ober-Tribunalsrath v. **Sternenfels**: Ich will auf die Gründe pro und contra für den Anwaltszwang und gegen denselben mich nicht weiter einlassen; sie sind bereits erörtert. Ich will nur auf einige Umstände aufmerksam machen:

Diejenigen Länder, in denen der Zwang besteht, haben bis jetzt nicht die Nachtheile gefühlt, als die, welche ohne Anwaltszwang existiren; die Länder, wo er nicht besteht, haben nur zu sehr empfunden, wie mißlich es für den Richter ist, wenn er Advokat einer Partei und Richter zugleich sein soll. Deshalb dürfen wir auf die Erfahrungen in Ländern, wo kein Anwaltszwang besteht, mehr Gewicht legen. —

Es ist das Handelsgesetzbuch zur Sprache gekommen. Das Handelsgesetzbuch ist ohne Handelsgerichtsbarkeit nicht ausführbar, und diese Handelsgerichtsbarkeit ist in allen Ländern in Angriff genommen. Diese wird festsetzen, wie das Verfahren vor dem Handelsgericht stattfinden soll. Daß in Handelssachen kein Anwalt nöthig ist, folgt daraus, daß nicht Rechtsverständige, sondern Kaufleute die Majorität der Handelsgerichte bilden und Kaufleute vor ihnen streiten werden. Diese haben aber genügende Kenntniß von ihrem Rechte.

Eine zweite Bemerkung möchte ich darüber machen, daß mir der Beisatz: „daß blos vor kollegialisch besetzten Gerichten ein Anwaltszwang stattfinde", nicht zu genügen scheint. Nach mehreren Gesetzgebungen, namentlich nach der Hannöverschen Prozeßordnung, sind vor dem Einzelrichter alle Prozesse bis 150 Thlr. zu verhandeln. M. H., für den gemeinen Mann ist ein Prozeßgegenstand von 150 Thlr. sehr bedeutend. Wenn man unter 150 Thlr. eine Bagatelle versteht, so ist dies eine Begriffsverwirrung. Im größten Theile von Deutschland wird Niemand 150 Thlr. für eine Bagatellsache erklären. Die Einschränkung kann daher nicht für die Ausnahmsprozesse, welche von Einzelrichtern instruirt werden, sondern nur ausnahmsweise für Bagatellsachen gelten. Ich beantrage daher, daß der Antrag, wie er gestellt ist, angenommen werde, blos „mit Ausnahme der Bagatellsachen". Wie groß die Bagatellsachen bemessen werden sollen, gehört nicht hierher.

Ober-Gerichtsassessor **Planck**: Nur mit wenigen Worten will ich das Moment betonen, das nach der Erfahrung in Hannover für mich entscheidend ist. Der Zweck der mündlichen Verhandlung erfordert, wenn sie ihren großen Nutzen gewähren soll, ein einheitliches Zusammenfassen der Verhandlung, ein in rascher lebendiger Rede der Parteien Vorsichgehen des Rechtsstreits. Nach dem durchschnittlichen Bildungszustande unseres Volkes ist die große Mehrzahl der Parteien nicht im Stande, im Zusammenhange die Sache selbst vorzutragen. Um einen solchen Vortrag zu ermöglichen, bedarf es eines Mittelgliedes, entweder des Anwalts oder des Richters. Will man keinen Anwaltszwang, so ist es nicht anders möglich, als daß das Gericht aus den Parteien die Sache herausfragt, und es entsteht, mag das Gesetz es verbieten oder nicht, mit Nothwendigkeit ein Verfahren zu Protokoll. Wir haben diese Erfahrung bei den Amtsgerichten gemacht. Hier findet kein Zwang statt; nach der bürgerlichen Prozeßordnung soll hier ein rein mündliches Verfahren stattfinden; aber praktisch hat sich in der bei Weitem größeren Mehrzahl der Fälle herausgestellt, daß in der That, wie nach der alten Prozeßordnung von 1827, ein Verfahren zu Protokoll stattfindet.

Ich glaube, daß, um das Prinzip der Mündlichkeit rein durchzuführen und die Vortheile davon zu genießen, man mit Entschiedenheit für den Anwaltszwang sich erklären muß.

Präsident: Da sich kein Redner mehr gemeldet hat, ist die Debatte geschlossen. Es liegen folgende drei Fragen vor:

1) Soll der Anwaltszwang überhaupt obligatorisch sein?

2) Im Sinne des Herrn Dr. Bernays, nämlich:

„Soll die Vertretung durch Advokaten vor kollegialisch besetzten Gerichten obligatorisch sein?"

wozu Herr Volkmar den Zusatz wünscht:

„bei ordentlichen kollegialisch besetzten Gerichten", und

3) der Zusatzantrag des Herrn v. Sternenfels:

„Mit Ausschluß der Bagatellsachen".

Ich bringe daher zunächst den am weitestgehenden Antrag zur Abstimmung.

Ober-Tribunalsrath v. **Sternenfels**: Ich würde für den ordentlichen Prozeß den Anwaltszwang für nothwendig halten, blos mit Ausnahme der Bagatellsachen, mögen sie vor Einzelrichtern verhandelt werden oder nicht.

Advokat Dr. **Bernays**: Ich bin damit einverstanden! Ich will mit Ausnahme der Bagatellsachen den Anwaltszwang obligatorisch.

Präsident: Dann stehen die Fragen in folgendender Reihenfolge:

Allgemeine Frage:

„Ist die Vertretung durch Advokaten überhaupt obligatorisch?"

Zusatz des Herrn v. Sternenfels:

„Mit Ausschluß von Bagatellsachen".

Antrag des Herrn Dr. Bernays mit dem Zusatz des Herrn Justizraths Volkmar bei „ordentlich besetzten" Kollegialgerichten:

„Ist die Vertretung durch Advokaten obligatorisch bei kollegialisch besetzten Gerichten in bürgerlichen Rechtsstreitigkeiten?"

Ist jetzt Zweifel gegen die Reihenfolge?

Ober-Tribunalsrath Dr. **Waldeck**: Der Zusatz heißt wohl richtiger:

„bei Streitigkeiten vor Kollegialgerichten".

Die ordentlichen sind an sich allgemeiner! (Nein.)

Ich habe schon den Antrag gestellt, bei Beantwortung dieser Frage dem ursprünglichen Antrage gemäß zu verfahren; um nicht bei jedem Falle durch Beschluß es zu wiederholen, dürfte die Sache im Anfang auf die ordentlichen bürgerlichen Rechtsstreitigkeiten zu beschränken sein. Dann werden alle Bedenken, die man im Einzelnen hat, erledigt;

dann versteht es sich von selbst, daß von Bagatellsachen, Handelsgerichten und alledem nicht die Rede ist, sonst muß man die Ausnahmen hinzufügen.

Präsident: Die Fassung des Herrn Ober-Tribunalsraths Waldeck geht dahin:

„Die Vertretung durch Advokaten ist in allen ordentlichen bürgerlichen Rechtsstreitigkeiten vor Kollegialgerichten obligatorisch."

Es steht daher die Reihe der Abstimmung nun anders.

„Soll die Vertretung durch Anwälte mit Ausschluß der Bagatellsachen überhaupt obligatorisch sein?"

Das ist die erste Frage, und die zweite im Sinne der Fassung des Herrn Waldeck ist:

„Soll die Vertretung durch Anwälte in allen ordentlichen bürgerlichen Rechtsstreitigkeiten vor Kollegialgerichten obligatorisch sein?"

Ist noch ein Bedenken gegen die Fragstellung? (Nein!)

Ich stelle daher, vorbehältlich des Amendements des Herrn v. Sternenfels, die allgemeine Frage:

„Soll die Vertretung durch Anwälte in bürgerlichen Rechtsstreitigkeiten überhaupt obligatorisch sein?"

Die dafür sind, bitte ich, sich zu erheben.

Angenommen!

Soll die Vertretung in Bagatellsachen im Sinne des Amendements des Herrn v. Sternenfels ausgeschlossen sein, so zwar, daß dort die Vertretung nicht obligatorisch ist? (Ja!)

Also dieses Amendement ist auch angenommen worden. Dadurch halte ich den zweiten Antrag für beseitigt; ist dagegen ein Bedenken?

Ober-Tribunalsrath Dr. **Waldeck**: Weil wir eine einzige Ausnahme hinzufügen, könnte man glauben, daß wir andere Ausnahmen, wie am Rhein bei den Handelsgerichten, ausschließen wollen, zumal in der ersten Frage ein „überhaupt" vorkommt. Ich glaube nicht, daß dies im Sinne der Abstimmung gelegen hat.

Präsident: Dann behandeln wir die Sache so: Durch die erste

Abstimmung ist die Frage im Allgemeinen angenommen, durch die zweite eine Beschränkung. Ich bringe daher in diesem Sinne den Antrag des Herrn Ober-Tribunalsraths **Waldeck** zur Abstimmung:

„Soll die Vertretung durch einen Rechtsanwalt in allen bürgerlichen ordentlichen Rechtsstreitigkeiten vor kollegialisch formirten Gerichten obligatorisch sein?"

Wer dafür ist, den bitte ich, sich zu erheben.

Das ist angenommen, und in diesem Sinne die erste Abstimmung auf den Inhalt des Antrags des Herrn Ober-Tribunalsraths **Waldeck** mit dem Amendement des Herrn v. **Sternenfels** reduzirt. —

Wir kommen nun zu dem vierten Punkt der Waldeck'schen Anträge, zu dem Satz:

„Soll eine Abweisung der Klage per decretum zugelassen werden?"

Advokat **Noltemeier** aus Pirna: Wir dürfen als feststehend ansehen, daß das Prinzip der Mündlichkeit mit Beschränkung durch die schriftliche Vorbereitung maßgebend für das prozessualische Verfahren sein solle. Ist dies der Fall, so müssen wir ebenfalls annehmen, daß alle wesentlichen Theile des Prozesses im Wege der Mündlichkeit stattfinden.

Die Abweisung einer Klage ist aber ebenfalls ohne Zweifel ein wesentlicher Theil des Prozesses und deshalb würde eine Abweisung per decretum im Sinne der schriftlichen Zurückweisung nicht passen und nicht vereinbar mit dem mündlichen Verfahren sein.

Ein zweiter Grund, der dagegen spricht, ist der: Wenn die Abweisung der Klage per decretum erfolgen soll, so geschieht sie, ohne daß irgend eine Partei, weder der Kläger, noch der Beklagte, diese Abweisung beantragt haben, es tritt also eine Entscheidung ultra petita partium ein.

Ein dritter Grund aber scheint mir noch bei Weitem wichtiger zu sein: Alles Bestreiten des klägerischen Anspruchs ist ohne Zweifel Sache des Beklagten, also Sache der Partei. Wenn der Richter, ohne die Partei gehört zu haben, Einreden formirt und sogar über die von ihm selbst formulirten Einreden, mögen sie materieller oder formeller

Natur sein, zugleich als Richter auftritt, ist er Richter in eigener Sache nicht allein, sondern er ist auch Partei, er macht sich zum Vertreter der Partei und vermischt den Richterstand mit den Interessen der Partei.

Dieser Umstand ist sehr geeignet, die richterliche Stellung zu beeinträchtigen, und unter diesen Umständen dürfte gewiß die Zurückweisung der Klage per decretum vor allen Dingen zu vermeiden und von den Deutschen Juristen zu verweigern sein. Die Hannöversche Prozeßordnung anlangend, so hat diese einen solchen Fall ebenfalls ins Auge gefaßt und ausdrücklich bestimmt, daß eine solche Zurückweisung ohne vorheriges Gehör der Gegenpartei unzulässig sein solle; sie gestattet sogar den dadurch Beeinträchtigten die Beschwerde vor dem Gericht. Diese Bestimmung ist in hohem Grade zweckmäßig, sie hat sich überall bis jetzt in Hannover bewährt und zwar so, daß kein einziger Richter die Klage per decretum zurückgewiesen hat, was ja auch das Hannöversche Prozeßverfahren vollständig durchbrechen würde.

Unter diesen Umständen ersuche ich Sie, sich gegen die Zurückweisung der Klage per decretum zu erklären.

Präsident: Kein Redner ist mehr angemeldet!

Die Frage lautet:

„Soll eine Klage per decretum abgewiesen werden können oder nicht?"

Diejenigen, die dafür sind, daß eine Klage per decretum abgewiesen werden könne, bitte ich, sich zu erheben.

Die Frage ist abgelehnt! —

Wir kommen nun zur fünften Aufstellung des Herrn Ober-Tribunalsraths Waldeck, kurz gefaßt, dahin lautend:

„ob der oberste Gerichtshof in bürgerlichen Rechtsstreitigkeiten nur über die Frage der Nichtigkeit zu entscheiden hat?"

Wünscht Jemand das Wort zu ergreifen?

Kreisgerichtsrath Kühne: Ich glaube, daß das Referat unterbleiben kann; alle Herren haben die Gutachten gelesen, welche über diesen Punkt nicht umfangreich sind, und die Zeit drängt uns.

Ober-Gerichtsassessor **Endemann** aus Fulda: Nachdem Sie die

Frage über Beurtheilung des Beweises vertagt haben, werden wir die Entscheidung dieser Frage auch vertagen müssen; denn es ist ganz offenbar, daß die Verhandlung über die Berufung wesentlich davon abhängt, wie wir den Beweis behandeln. Wird entschieden, daß über den Beweis nicht mehr nach Beweisregeln, sondern nach freier Ueberzeugung zu entscheiden sei, so würden wir dafür stimmen, daß die Berufung in der That gänzlich abzuschaffen sei. Wollen Sie aber fernerhin nach gesetzlichen Beweisregeln in erster Instanz urtheilen, so kann auch in zweiter Instanz nochmals die Prüfung dieser Beweisregeln gegeben werden. Es liegt darin kein Schaden, denn nach legalen Beweisregeln prüfen, kann die zweite eben so gut als die erste Instanz; während, wenn eine mündliche Beweisaufnahme in erster Instanz stattgefunden hat, auch nicht die mindeste Garantie dafür ist, daß in zweiter Instanz über die Beweisfrage wesentlich anders geurtheilt wird, als in erster Instanz.

Ward über die andere Frage die Debatte ausgesetzt, so, glaube ich, müssen Sie beschließen, daß auch über diese Frage der nächste Juristentag entscheide.

Geh. Finanzrath v. **Wilmowsky** aus Berlin: Aus denselben Gründen, aus welchen die Abtheilung auf dem vorigen Juristentag fast einstimmig diese Frage des Herrn Ober-Tribunalsrath Waldeck bejaht hat, werden Sie auch jetzt dieselbe bejahen können und müssen. Ein Hauptgrund ist einfach der: es ist kein Grund, anzunehmen, daß die Thatfrage durch die dritte, vierte oder fünfte Instanz besser beurtheilt wird, als sie durch die zweite Instanz beurtheilt wird. Man kann nicht annehmen, daß der Richter, der zuletzt urtheilt, auch am besten urtheilt. Nach zweimaliger Prüfung der Thatfrage in erster und in zweiter Instanz, nachdem von den Parteien in zweiter Instanz faktische und sachliche Aenderungen nicht vorgebracht, ist zu einer dritten Prüfung kein Grund. Das Französische Recht kennt die dreimalige Prüfung nicht. Das Preußische Recht erkennt in den meisten Fällen als Rechtsmittel dritter Instanz nur die Nichtigkeitsbeschwerde. Bei dem vorigen Juristentag ist erwogen und fast einstimmig anerkannt worden, daß, wenn wir einen gemeinsamen Gerichtshof dritter Instanz haben, er die

Prüfung nur auf die Rechtsfrage beschränken kann. Schon für den Preußischen Staat ist es unmöglich gewesen, in allen ordentlichen Rechtsstreitigkeiten das Rechtsmittel der Revision zuzulassen. Wollen wir für ganz Deutschland nur einen Kassationshof, nur einen Gerichtshof dritter Instanz, welcher die Einheit der Rechtspflege aufrichtet, so müssen wir die Frage bejahen.

Advokat **Naumann** aus Celle: Der Waldeck'sche Antrag scheint mir drei Instanzen vorauszusetzen, zwei ordentliche und eine Nichtigkeitsinstanz, und so verstanden würde ich mich dafür erklären, daß die Nichtigkeitsinstanz stets die gegebene sei, wo contra jus erkannt worden ist. Der Antrag sagt aber nicht klar das, was er sagen will, denn er spricht von einem Richter letzter Instanz und wir haben vielfach, z. B. in Hannover, nur zwei Instanzen, und daß der Richter zweiter Instanz auch Thatfragen beurtheilen könne, darüber sind wir Alle einig. Ich möchte daher Herrn Ober-Tribunalsrath Waldeck anheimgeben, seinen Antrag dahin zu richten:

„Der Richter der Nichtigkeitsinstanz"

und zugleich auszusprechen, daß Nichtigkeit gegeben werde, wenn contra jus erkannt ist.

Ober-Tribunalsrath Dr. **Waldeck**: Was diesen letzten Wunsch betrifft, so wüßte ich doch nicht, in welcher Art er zu formuliren wäre. Dasjenige, was ich formulirt habe, ist die Kassation und so haben es wohl Alle aufgefaßt.

Da über diesen Begriff verschiedene Ansichten bestehen, ist es mir wichtig gewesen, denselben zu analysiren, nämlich dahin, daß die Anwendung und Auslegung des Gesetzes mit Ausschluß der thatsächlichen Würdigungen Gegenstand des Urtheils des höchsten Gerichtshofes sein soll. Wenn wir blos „Nichtigkeitsbeschwerde" sagen, so kommen wir dadurch in Zweideutigkeiten, da die Nichtigkeitsbeschwerde in verschiedenen Gesetzbüchern ganz verschieden aufgefaßt wird. So ist in Hannover die Nichtigkeitsbeschwerde auf prozessualische Fehler beschränkt. Diese Beschränkung paßt — darin sind die Gutachten einig — nicht für den einstigen höchsten Gerichtshof, der für ganz Deutschland wäre, der nothwendig auch über Verletzungen der materiellen Rechtsgrundsätze zu entscheiden haben muß, nur nicht über Thatfragen. Ich glaube, das ist verständlich genug ausgedrückt. Dann fällt auch das Bedenken des Herrn Vorredners hinweg, denn Richtigkeitsinstanz ist eben die letzte Instanz.

Ich setze voraus, daß die Herren eine feste Meinung mitgebracht haben, da die Frage schon längst diskutirt worden und durch die Erfahrung so vieler Länder die Richtigkeit des Prinzips konstatirt ist, das ich für nothwendig halte. Mir scheint, es kann darüber nicht der mindeste Zweifel mehr herrschen, daß nur die Auslegung und Anwendung des Gesetzes zur Entscheidung des höchsten Gerichtshofes zu bringen ist, daß die letzte Instanz sich nicht über die ganze Sache erstrecken kann. Das geringste Nachdenken zeigt, daß sonst für die letzte Instanz eine unverhältnißmäßig hohe Summe als Objekt des Rechtsmittels angenommen werden müßte, und doch nur etwas ganz Unvollkommenes geschaffen würde. Wir müßten dann durchaus auf die wünschenswerthe letzte Instanz eines allgemeinen Deutschen Gerichtshofes verzichten.

Das Bedenken des ersten Herrn Redners, welches auf die Beweistheorie geht, finde ich nicht Platz greifend; es würde erst dann vielleicht die Rede davon sein können, wenn hier von einer zweiten Instanz die Rede wäre. Es wird von uns Allen zugegeben und ist auch bisher nicht in Frage gestellt worden, daß in der zweiten Instanz Nova zulässig sind. Wenn man sich also die zweite Instanz denkt, so denkt man sie sich, wie sie gegenwärtig ist, fügt noch eine dritte hinzu und charakterisirt diese dritte Instanz, wie sie dem Prinzip angemessen ist. Das ist der Sinn meines Antrages gewesen, das hat mit der Beweistheorie nichts zu thun, denn die Thatfrage bleibt dem Richter dritter Instanz entzogen. Es ist dabei ganz gleichgültig, ob diese Thatfrage in früherer Instanz entschieden war nach festen Beweisregeln oder nach Ueberzeugung des Richters.

Professor Dr. Gneist: Die Minorität in voriger Sitzung ist erheblich größer gewesen, als hier dargestellt wird. Erlauben Sie mir ein paar Momente unseres Widerspruches Ihnen vorzuführen.

Die Art der letzten Instanz ist keiner absoluten Bestimmung fähig, sondern sie richtet sich nach der Beschaffenheit der vorletzten

Instanz und beide richten sich wieder nach der Natur der Beweisführung. Unser Civilbeweis, das haben wir anerkannt, ist ein Gemisch von formellen Regeln und freier Ueberzeugung, er leidet anerkannt an manchen Mängeln auch im Verfahren. Wir müssen deshalb die Zweifelhaftigkeit, das nicht sicher Erschöpfende der Thatfrage in der ersten Instanz anerkennen. Wir gestatten daher nicht blos Korrektur, sondern auch sogar Nova für die Thatfrage. Dieser Grundsatz ist schon gemeinsam in Deutschland, und daran dürfen wir nicht rühren. Gestatten wir aber Appellation über die Thatfrage, so können wir nicht unbedingt die dritte Instanz ausschließen, sondern nur dann, wenn die Appellation den Zweifel wirklich gehoben hat. Und das nehme ich an bei conformes.

Wir brauchen die Kraft unserer höchsten Gerichtshöfe für wichtigere, generelle Dinge. Ergehen aber difformes, so ist der Zweifel nicht gehoben, sondern verstärkt, und ich kann es nicht als konsequent erkennen, daß man in dem Momente abbricht, wo der Zweck der Appellation nicht mit Erledigung der Zweifel, sondern mit Verstärkung derselben geendigt hat. Denken Sie sich in die Lage einer Partei, die mit drei gegen zwei Stimmen beim Appellationsgerichte unterliegt. Sie kann für sich haben die sämmtlichen drei Stimmen des Kollegiums erster Instanz. Wird damit der Zweifel gehoben? Nein! Man kann sich berufen auf die präsumtive Ueberlegenheit des Oberrichters, — aber nicht für die Thatfrage. Für diese ist der näher stehende erste Richter vollkommen ebenbürtig. Gerade der zweite Richter hat das unvollkommene Beweisverfahren als Regel vor sich, er baut nur auf Berichte und Plaidoyers. Ich glaube daher, daß es konsequent ist, bei difformes die nochmalige Appellation oder vielmehr Revision ohne Nova zu gestatten, nach demselben Grundsatze, nach welchem wir die Appellation über die Thatfrage überhaupt zulassen. Wir haben das in Preußen mit einer summa gravaminis von 500 Thlr., mit welcher ein oberster Gerichtshof ohne Ueberlastung wohl bestehen kann.

Wir erkennen als einen Grundzug der Nation in unserm Prozeß die Gewissenhaftigkeit, die uns trotz der ermüdenden und abschreckenden Formen bis jetzt noch nicht abgehalten hat, sogar weit über das Bedürfniß hinaus Appellation und Oberappellation über das Thatsächliche zu gestatten. Es ist auch nicht richtig, daß das Volk die Verletzung der Wahrheit nicht eben so sehr wie die Verletzung des Rechtes fühle. Ich glaube, wir können das gerade als einen Nationalzug ansehen, daß unsere Parteien den obersten Gerichtshof als zur Entscheidung ihres konkreten Rechtes berufen ansehen, daß der gemeine Mann einen höchsten Gerichtshof, der nur über das Recht in thesi zu entscheiden hätte, kaum denken kann. Er will sein Recht entschieden haben, nicht das Recht überhaupt.

Ferner steht unsere Frage in Wechselwirkung mit den Rechtszuständen. Niemand kann die Kassation höher achten als ich, der ich in den Ländern des Prinzips der Kassation längere Zeit verlebt habe. Aber sie setzt voraus einen einheitlichen Rechtszustand, in Frankreich einen kodifizirten. Da ist es nöthig, den einheitlichen Gedanken des Gesetzgebers in allen Einzelheiten des Lebens zu entwickeln. Sie ist aber nicht das entsprechende Mittel bei disparaten Rechtsgrundlagen, da, wo Sie Zustände haben wie die des gemeinen Rechtes und der ihm vielfach widerstreitenden Civilgesetzbücher und provinzieller Rechte nebeneinander! Da geht meiner Ueberzeugung und Erfahrung nach die Entscheidung sicherer und mehr in dem Sinn der Verschmelzung und Vereinigung vor sich, wenn der höchste Gerichtshof zugleich das Thatsächliche zu prüfen hat. Sie vermeiden damit auch die Nothwendigkeit allzu zahlreicher Präjudizien, die für das einheitliche Gebilde eines kodifizirten Rechts unter Umständen eine Wohlthat sind, für disparate Elemente aber nicht. Ich glaube überhaupt, daß man nicht sogleich in den Vordergrund stellen kann einen Deutschen Gerichtshof, sondern wir müssen, um zur Einheit zu kommen, zuerst Gleichartigkeit der Form anstreben, Gleichartigkeit unserer Prozeßinstitute. Der Erreichung dieser Gleichartigkeit aber, glaube ich, wird es nachtheilig sein, wenn Sie das scharfe Prinzip der Kassation als Regel hinstellen. Unser gemeines Recht kann nicht gewinnen dadurch, daß man durch eine zugespitzte Kassationsinstanz die Kontroversen vermehrt. Wir werden, fürchte ich, die widersprechenden Grundsätze unserer positiven Gesetzgebung gerade durch die Präjudizien eines Kassationshofes nicht mildern, sondern eher verschärfen. Wir werden provinzielle Rechte durch zahlreiche Präjudizien der Kassationsinstanz konserviren, mehr als zu wünschen ist. Die Vereinigung findet man vielmehr im Konkreten dadurch, daß wir in den Einzelfällen, sowohl in Personen wie in Sachen, die Gleichartigkeit erkennen. Der Prozeß der Verschmelzung so vieler disparater Elemente wird sicherer erreicht, wenn wir den obersten Gerichtshof nicht von der Thatfrage unbedingt ausschließen.

Es schließt das nicht aus, daß in den Fällen, wo erfahrungsmäßig die Kräfte nicht ausreichen, ein einzelner Gegenstand nicht wichtig genug ist, um seiner selbst willen ein volles Rechtsmittel zu gestatten, wir das ergänzende Rechtsmittel der Kassation (der Nichtigkeitsbeschwerde) daneben stellen. Dieses Nebeneinanderstellen scheint mir der Zustand zu sein, der unserem zusammengesetzten Deutschen Rechte am vollständigsten entspricht. Das scheint mir gerade der Grundsatz, der am gleichmäßigsten durchführbar ist. Ich berufe mich vor allen auf die Länder des gemeinen Rechtes und bitte Sie, keinen Kassationshof zu setzen auf die Zustände des praktischen gemeinen Civilrechtes. Da schaffen Sie Professorenkollegien, welche nur Kontroversen zu entscheiden haben. Ich glaube, die Kombination der beiden Systeme ist gar kein Widerspruch, keine Inkonsequenz. Wir haben von jeher erkannt, daß es unvollständige Rechtsmittel neben vollständigen geben soll. Wo eine einzige Sache nicht wichtig genug erscheint, da kann ein Prinzip wichtig sein. Ich glaube, die Erfahrungen, wie wir sie in Preußen gemacht haben, sind Experimente, um zu sehen, was im Ganzen und Großen gehen werde.

Seit 30 Jahren haben wir beide Rechtsmittel nebeneinander gestellt, und wir verdanken dem Nebeneinanderstehen der beiden sicherlich viel für die Verschmelzung des Disparaten in unserem Lande; während, wenn wir den Satz von der Kassation in seiner Schroffheit hinstellen, wir eine Reihe von Widersprüchen hervorrufen mit den wirklichen Rechts-Zuständen einzelner Deutscher Länder und mit den Rechtsansichten des gemeinen Mannes, denen die Kassation nicht entspricht, ja kaum verständlich ist. —

Dies sind die wichtigeren Gründe, aus denen wir gegen den Antrag gestimmt haben. Wir erkennen an, daß der höchste Gerichtshof den Beruf der Einheit hat, wir glauben aber, daß dieser Zweck durch Nebeneinanderstellung beider Rechtsmittel für unsere Zustände erreicht wird.

Justizrath **Volkmar** aus Berlin: M. H.! Mit wenigen Worten will ich zu widerlegen versuchen, was der geehrte Vorredner so eben vorgetragen hat.

Sie haben ein gemeinsames Handelsgesetzbuch, Sie erstreben eine gemeinsame Prozeß-Ordnung, ein gemeinsames Deutsches Civil-Gesetzbuch; Sie müssen daher auch ein Deutsches Reichsgericht als das Gericht der letzten Instanz anstreben. Ohne diesen Gerichtshof wird die verschiedene Praxis der vielen obersten Gerichte die Einheit der Gesetzgebung zu einer illusorischen Größe herabdrücken. Wird dies aber zugegeben, so ist dafür Sorge zu tragen, daß dem höchsten Gerichtshof die würdigste Aufgabe gestellt werde und daß er diese Aufgabe erfüllen könne. Es ist unmöglich, ihn auf das Gebiet des Faktischen zu verweisen; er müßte darin zu Grunde gehen, wie weiland das Reichskammer-Gericht. Seine Aufgabe kann daher nur sein, die Rechts-Kontinuität zu wahren, an der Einheit des Rechts festzuhalten und durch die echt wissenschaftliche Auslegung des Gesetzes den höchsten Beruf des Richters zu erfüllen. — Ich gebe zu, die Wahl zwischen der Kassation und Revision, sie ist keine leichte, sie muß aber getroffen werden; sie ist nicht dadurch zu umgehen, daß man beide inkommensurable Größen nach dem Vorbilde der Preußischen Gesetzgebung zusammenschmiedet. Auch ich bin nicht durchweg ein prinzipieller Gegner der von dem Herrn Gneist befürworteten Vermittlungstheorie, aber ich verlange, daß sich die Gegensätze vermitteln lassen, daß sie nicht einander widerstreben wie Feuer und Wasser. Darf man die Prinzipien nicht verleugnen oder abschwächen, so ist hier eine Vereinigung in der That nicht denkbar. Und glauben Sie nur nicht, daß Sie dem Rechtsbewußtsein des Volkes durch die Kumulation der beiden Rechtsmittel Vorschub leisten.

Ich habe in derselben Sitzung unmittelbar hintereinander in drei ganz gleich liegenden Prozessen plaidirt. Die drei angegriffenen Urtheile des Appellations-Gerichts waren Satz für Satz gleichlautend.

In der einen Sache war die Revision, in den beiden anderen war nur die Nichtigkeitsbeschwerde zulässig. Das Resultat war, daß das Ober-Tribunal auf die Revision das zweite Urtel geändert, die Nichtigkeitsbeschwerde dagegen verworfen hat!

Glauben Sie, daß durch solche nothwendigen Konsequenzen der Vermittlungstheorie das Rechtsbewußtsein im Volke gestärkt werde? Das Volk glaubt, daß es nur ein Recht giebt und geben darf und es wird wahrlich irre, wenn der höchste Gerichtshof nach Lage der bestehenden Prozeßgesetze die Gerichtseingesessenen vom Gegentheil überzeugen muß.

Herr Gneist wirft uns vor, daß wir eine Untreue gegen unseren Deutschen Prozeß begehen; daß wir die alte Institution der Oberberufung nicht über den Haufen werfen dürfen. Jede Untreue ist mir gewiß fern; wenn es sich aber darum handelt, fortzuschreiten, wenn Herr Gneist selbst zugiebt, das Prinzip der Kassation sei das folgerichtige, wo nicht das allein richtige, so würde ich glauben, daß wir nicht berechtigt sind, ein überlebtes Institut nur seines Alters willen zu wahren. Und Herr Gneist ist, wie mich dünkt, hier wirklich nicht ganz konsequent. — Es mag sein, daß die Treue für den Deutschen Prozeß uns zwingen kann, an der Oberberufung festzuhalten. Wie sie uns aber zwingen kann, gegen duae conformes nur die Kassation und gegen duae non conformes die Revision zuzulassen, ist wenigstens vom Standpunkte der Treue aus nicht überzeugend zu deduziren.

Herr Gneist führt uns endlich die Lage des Richters vor, welcher, obwohl überzeugt, daß der zweite Richter den faktischen Thatbestand unrichtig aufgefaßt, dennoch durch denselben gebunden ist. Er fürchtet, daß durch solchen Zwang die Gewissenhaftigkeit unserer Richter erschüttert werden könnte. Ist die Gerechtigkeit die Grundsäule des Rechtsstaates, so ist die Gewissenhaftigkeit der Richter das Fundament, auf welchem diese Säule steht. Sie soll und darf durch Nichts erschüttert werden; jedes Ziel ist verwerflich, das nur erreicht werden kann, wenn die Gewissenhaftigkeit des Richters darunter leidet. — Diese Gewissenhaftigkeit ist nun aber in der That gar nicht in Frage. Ist ihm die vom subjektiven Ermessen abhängige Würdigung der Ergebnisse des

Beweises entzogen, so ist eine Kollision des Gewissens und des Gesetzes geradezu unmöglich. Der Richter ist dann der Gewissenhafteste, der in den ihm gezogenen Grenzen das Bedeutendste leistet, und dies in einer Stellung, die wie keine andere geschaffen ist, das Leben der Praxis mit dem Geiste der Wissenschaft zu verbinden. — Haben die Geschworenen in einer Kapitalsache das Schuldig ausgesprochen, so ist der Richter der höchsten Instanz gewiß in seinem Gewissen nicht beschwert, obwohl er das Verdikt als solches nicht kritisiren darf. — Soll es denn nun mit einem Schlage anders sein, weil es sich nicht um Leben und Tod, sondern um fünfhundert und einen Thaler handelt?!

M. H.! Wir wollen ein einheitliches Gesetzgebungsorgan; möge man es nun „Einrichtung" oder „Deutsches Parlament" nennen. Wir wollen einen höchsten Deutschen Gerichtshof. Wir können mit Herrn Gneist nicht vermitteln, versöhnen, verbinden. Uns ist keine Wahl gegeben. Wir müssen das Prinzip der Kassation annehmen. (Lebhaftes Bravo.)

Rechtsanwalt Leonhard aus Grünberg: M. H.! Nachdem eben Herr Rechtsanwalt Volkmar, welcher von seinem Standpunkt als Advokat bei dem höchsten Preußischen Gericht ganz besonders befähigt ist, die hier ventilirte Frage gründlich zu beurtheilen, bereits in eingehender Weise sich für den Antrag des Herrn Ober-Tribunalsraths Waldeck ausgesprochen hat, ist mir eigentlich der größte Theil der Aufgabe, die ich mir gestellt hatte, entzogen und ich begnüge mich, Ihre Geduld und Nachsicht nur für eine ganz kleine Nachlese in Anspruch zu nehmen.

Die Frage hat zuvörderst bei einem geehrten Herrn vor mir einen Zweifel hervorgerufen, ob das Rechtsmittel letzter Instanz immer auch das Rechtsmittel dritter Instanz sein werde, da nach einigen Partikulargesetzgebungen die Appellation die höchste Instanz ist. Das ist, wenn ich einmal den Preußischen Standpunkt rekapituliren soll, auch bei uns vorgeschrieben, nur wenige Fälle sind ausgenommen, und Herr Ober-Tribunalsrath Waldeck hat mehrfach erklärt, daß wir es nur mit dem gewöhnlichen und ordentlichen Verfahren zu thun haben. Ist aber das gewöhnliche und ordentliche Verfahren die Voraussetzung sowohl der

Waldeck'schen Anträge überhaupt, als auch der Vorlage, so glaube ich, wird es kein Bedenken haben, den Waldeck'schen Antrag dahin zu amendiren, — was ich hiermit beantrage, — daß statt des Wortes „letzte Instanz" das Wort „dritte Instanz" gesetzt werde.

Es kann mir von einigen Seiten hierauf entgegnet werden, daß diese Frage eine untergeordnete sei und deshalb noch offen bleiben könne. Ich kann mich damit nicht einverstanden erklären, bin sogar der Meinung, daß wir im ordentlichen Verfahren uns nur dann für den Ausschluß einer thatsächlichen Entscheidung in der letzten Instanz entscheiden können, wenn die Möglichkeit gegeben ist, mindestens in der zweiten Instanz eine Thatsache zu korrigiren. Nur unter dieser Voraussetzung würde ich mich für Bejahung der Frage entscheiden, und darum glaube ich, daß eine Umänderung der Worte „letzte Instanz" in „dritte Instanz" keinem erheblichen Bedenken unterliegen kann.

Dies nun vorausgeschickt, ist die Frage zu beantworten: soll dieser Gegenstand vertagt und wieder der ständigen Deputation in den Schoß geworfen werden?

M. H.! Die Frage, die uns beschäftigt, war, ehe der erste Juristentag zusammentrat, Seitens des Preußischen Justizministeriums angeregt und dann in mehrfachen Schriften diskutirt worden. Seit der Diskussion im vorigen Juristentage haben wir mehrfache geschätzte Beiträge über die Frage erhalten und es reihen sich an dieselben mehrfache Gutachten, die auf Anordnung der ständigen Deputation erstattet sind. Ich glaube, wenn eine Frage gehörig durchgesprochen und erwogen ist, so ist es die jetzige. Ausweichen können wir ihr nicht, wir würden uns dadurch ein Armuthszeugniß ausstellen!

Es ist, wenn Sie wollen, eine Kardinalfrage der ganzen Prozeßgesetzgebung, die wir als eine gemeinsame anstreben. Ich glaube nicht auf Widerspruch zu stoßen, wenn ich die Zurückweisung des Antrags als unannehmbar bezeichne. Nun entsteht also die Frage: Kassation oder Revision? Bloße Kassation mit Ausschluß jeder sogenannten Revision, mit Ausschluß einer dreifachen Erörterung des Faktums oder nicht? Diese Frage, wie sie hier gestellt, ist natürlich für die neu anzubahnende Gerichtsordnung ein erhebliches Prinzip; sie ist aber, wenn ich mir erlauben darf, dies zu bemerken, nicht aus einem Prinzip hervorgewachsen, sondern aus rein äußerlichen und Nützlichkeitsgründen wünschenswerth. Darin sind Sie gewiß Alle mit mir einig, daß jede Prozeßsache nach dem Faktum und dem Rechtspunkt so gründlich als möglich erörtert werden muß. Läge es im Bereich der Möglichkeit, überall in allen drei Instanzen das Faktum durchzuarbeiten und den höchsten Gerichtshof beizubehalten, so würde dies gern geschehen.

Die reine Unmöglichkeit dieser so wünschenswerthen Operation, die Ueberfluthung der Arbeit hat dahin geführt, daß man seit Jahren immer mehr eine Beschränkung der Rechtsmittel vorgeschrieben hat. Jetzt ist man zu der Ueberzeugung gelangt, daß aus Mangel an Arbeitskräften es unmöglich ist, den Stoff zu bewältigen und daß man einen Schritt weiter gehen und die dritte Instanz ganz auf den Rechtspunkt beschränken muß.

Ist nun die vorgelegte Frage zu bejahen oder zu verneinen? Wenn schon in einem Partikularstaate, wenn auch allerdings in einem größeren, es als unmöglich erscheint, daß der höchste Gerichtshof sich mit allen thatsächlichen Fragen in dritter Instanz befaßt, so wird wohl kein Zweifel sein, wie schon Herr Volkmar hervorhob, daß der höchste Gerichtshof Deutschlands sich unmöglich in der Lage befindet, eine faktische Erörterung für alle Sachen eintreten zu lassen. Man macht daher einen Unterschied zwischen conformes und difformes.

M. H.! Dieser Unterschied ist scheinbar. Zwei difforme Urtheile sind nicht immer Urtheile über dieselbe Sache. Ein Urtheil, welches in der zweiten Instanz eine neue, dem ersten Richter noch nicht vorliegende Thatsache enthält, ist nicht identisch mit dem frühern. Es können die zwei Richter über dieselbe Sachlage verschiedener Meinung sein, in jure oder in facto; aber das Sachverhältniß in der zweiten Instanz kann auch ein ganz anderes gewesen sein. Ich bin also zu der Ueberzeugung gekommen, daß wir entweder die Revision oder, wie es Professor Gneist nennt, die Oberappellation, also die faktische Erörterung in der dritten Instanz auf alle Fälle ausdehnen oder alle Fälle davon ausschließen müssen.

Es ist nun endlich noch hervorgehoben, daß wir uns zu sehr vom

Deutschen Wesen entfernen und dem Französischen anheimfallen und daß wir ganz abstrakte hohe Professorenbänke bilden würden, die nur Präjudizien feststellten. Ich habe diesen Vorwurf aus dem Munde des verehrten Herrn Professors Gneist nicht recht verstehen können, denn die Thatsache oder die Feststellung derselben kann eigentlich nie zu Präjudizien Anlaß geben, sondern nur die Rechtsfrage. Ich kann die Gefahr nicht für begründet erklären. Daß aber das Institut der Kassation aus fremdem Lande zu uns kommt, wird kein Grund sein, es sich nicht anzueignen, wenn es Bestand hat.

Das sind die Gründe, welche ich glaubte hinzufügen zu sollen, und aus denen ich beantrage, mit der von mir vorgeschlagenen Modifikation dem Waldeck'schen Antrage zuzustimmen.

Präsident: Es ist der Antrag auf Schluß gestellt! Wer dafür ist, wolle sich erheben.

Es ist die Majorität!

Advokat Dr. **Mayersohn**: Ich erlaube mir eine thatsächliche Mittheilung aus Süddeutschland:

Wir haben, wie bekannt, noch die alte Prozeßordnung; aber gegenwärtig gerade liegt ein Prozeßgesetz zur Berathung und Beschlußfassung vor. Wir erfreuen uns eines Ministers von ebenso gründlicher Gelehrsamkeit als Loyalität des Charakters, der in diesem neuen Prozeßentwurfe bereits dasjenige aufgenommen, was Herr Ober-Tribunalsrath Waldeck uns hier vorgeschlagen hat.

M. H., Sie werden uns nicht zumuthen wollen, daß wir dasjenige, was wir freudig in dem Prozeßentwurf begrüßt haben, wieder opfern sollen!

Ober-Tribunalsrath Dr. **Waldeck**: M. H.! Ich kann die Sache natürlich nicht erschöpfen, glaube aber auch nicht, daß das nothwendig ist, besonders nachdem von vielen Herren so eingehend darüber gesprochen worden. Nur ein Paar Bemerkungen will ich mir in Ansehung der Einwendungen des Herrn Professors Gneist erlauben, die noch nicht erörtert worden.

Er hat ein Bedenken gegen die Kassation darin gefunden, daß wir verschiedene Partikularrechte nicht nur bekanntlich in Deutschland, sondern auch in den meisten einzelnen Staaten besitzen. Der höchste Gerichtshof, der wesentlich berufen ist, über Gesetzesfragen zu entscheiden, scheint mir gerade da ein Mittel zu sein, um in diese Partikularrechte mehr Einheit zu bringen; denn ich kann nach eigner Erfahrung sagen, daß es ganz ebenso leicht ist, im Wege der Nichtigkeit alle partikularrechtlichen Gewohnheitsrechte und Fragen im Rechtspunkt zur letzten Entscheidung zu bringen, als im Wege der Revision. Es macht gar keine Schwierigkeit, die Rechtsfrage auch hier scharf hervorzuheben.

In Frankreich war man in ähnlicher Lage. Nachdem man den Kassationshof etablirt hatte, dauerte es noch zehn Jahre, ehe man zu dem Code civil gelangte und dadurch die einzelnen Partikularrechte abschaffte. Aber gerade diese zehn Jahre sind von höchstem Nutzen gewesen, indem sie in die einzelnen Partikularrechte durch Entscheidungen des Kassationshofs Klarheit gebracht haben, und dadurch die beste Vorarbeit gewesen sind für den Code civil. Gerade die Fragen, die zur Sprache gekommen, sind scharf zur Entscheidung gebracht worden. Diese Rücksicht also ist von gar keiner Bedeutung.

Die andere aber, daß man doch irgend einen Obmann haben müßte, wenn in zweiter Instanz aus irgend welchem Grunde abweichend von der ersten Instanz erkannt sei, darin finde ich weder praktischen, noch wissenschaftlichen Gehalt. Denn wenn man konsequent fortschreitet, so muß man zur vierten, fünften, sechsten Instanz übergehen, und wenn man billig sein will, muß man nicht zunächst fragen: sind conformes vorhanden? Man muß vielmehr gründlich analysiren, in welchen Gründen die Richter abweichen. Denn wenn diese Gründe nicht auf eigentliche Verschiedenheit in der Beurtheilung des Rechtspunkts führen, ist wieder kein Grund vorhanden, auf eine dritte Instanz hinzustreben. Die dritte Instanz über Thatfragen ist vollkommen unnütz, wenn zwei wohlformirte frühere Instanzen da sind. Das ist der Hauptpunkt. In unseren Deutschen Reichsgesetzen war von den drei Instanzen deshalb vornemlich die Rede, weil man der außerordentlichen I n s t a n z e n v e r m e h r u n g vorbauen wollte. Die Reichsgesetze sprachen von drei Instanzen; sehr natürlich, denn die erste Instanz, die im gemeinen

Prozeß galt, war soviel wie nichts. Sie werden wohl Alle wissen, wie früher die Gerichte erster Instanz besetzt waren; daher war es den einzelnen Staaten überall, um nur zu einer ordentlichen Rechtspflege zu gelangen, überlassen, Appellationsgerichte zu bilden. Nun konnte man diesen Appellationsgerichten aber nicht die Souveränität in der Rechtsprechung einräumen, sofern kein privilegium de non appellando bestand, das aber wieder die Einrichtung eines höchsten Landesgerichtshofs bedingte. Daher gab die Appellation an das Reichskammergericht der Regel nach von selbst die dritte Instanz.

Das ist der Ursprung der drei Instanzen, die nicht vermehrt werden sollten. Gewiß wäre es keinem Menschen eingefallen, die Nothwendigkeit vorauszusetzen, daß über eine Sache in ihrer Totalität durchaus in drei Instanzen entschieden werden müsse, wenn nicht jene historischen Gründe vorherrschend gewesen wären, namentlich die Mangelhaftigkeit der ersten Instanz. Wir sind glücklicherweise fast in allen größeren Partikulargesetzgebungen schon soweit gekommen, daß eine bessere Besetzung der ersten Instanz vorhanden ist, die überhaupt hier vorausgesetzt wird.

Ich kann gar nicht glauben, daß es schwierig sei für das Volk, wie Herr Professor Gneist meint, dies Verhältniß richtig aufzufassen. Das Volk wird ganz gut einsehen, daß eine zweimalige thatsächliche und rechtliche Erörterung der Sache vollkommen genug ist. Wenn in erster Instanz auf den Erfüllungseid und in zweiter auf den Reinigungseid erkannt worden, ist nicht der geringste Grad von Wahrscheinlichkeit, daß es der dritte Richter bei der thatsächlichen Würdigung des Beweises besser treffen werde. Beim Ober-Tribunal haben wir sehr oft solche Entscheidungen zu treffen, und da habe ich mir immer gesagt: diese bedeutende Arbeit ist unnütz.

Was für ein Prinzip liegt darin, über Thatfragen, Beweis-Würdigungen u. dgl. an die Stelle der Majorität des Appellationsgerichts diejenige des höchsten Gerichtshofs — bei uns vier gegen drei — zu setzen? Dies führt zur Ueberbürdung des höchsten Gerichtshofs, die vom größten Nachtheil ist. Man muß die wissenschaftliche und praktische Aufgabe klar hinstellen, die der höchste Gerichtshof zu lösen hat. Wenn das Kassations-Prinzip erreichbar, wenn es in den meisten größeren Staaten zur praktischen Ausführung mit Erfolg und dem Beifall der Laien und Juristen gebracht ist, dann muß man nicht ein anderes Prinzip daneben stellen. Es handelt sich davon, praktische Grundsätze festzustellen, die einer Gerichtsordnung für Deutschland zu Grunde liegen sollen. Da ist dieses Prinzip deshalb auszusprechen, weil gerade der Schlußpunkt in dem Prozesse eine Hauptsache ist bei allen vorherigen Anordnungen der Prozeßordnung. Auf diesen Schlußpunkt drängt Alles hin.

Ich bitte, den Antrag, wie er vorliegt, anzunehmen. Noch bemerke ich, daß meinerseits nur von ordentlichen Prozeßsachen, in denen zwei Instanzen der letzten vorhergehen, geredet wird, ich also gerade bei der Verbesserung „in dritter Instanz" nichts Wesentliches zu erinnern finde; den höchsten Gerichtshof will ich nur beschäftigt wissen im Wege der Kassation.

Präsident: Die Debatte ist geschlossen. Zur Abstimmung liegt erst ein Vertagungsantrag des Herrn Ober-Gerichtsassessors Endemann vor.

Derselbe wird zurückgezogen!

Nun ist über die Aufstellung des Herrn Ober-Tribunalsraths Waldeck mit dem Amendement des Herrn Rechtsanwalts Leonhard, daß unter „letzter" „dritter" zu verstehen sei, die Frage einfach die:

> „Soll das Rechtsmittel letzter Instanz nur als Kassation zu verstehen sein?"

natürlich unter Erfassung des Waldeck'schen Antrags.

Wer dafür ist, den bitte ich, sich zu erheben.

Das ist angenommen!

Das Amendement, daß unter letzter Instanz die dritte Instanz zu verstehen sei — (Ja, ja!)

Somit wären die rein prozessualischen Fragen in unserer Tagesordnung erledigt; es bleiben nur noch zwei Fragen, die nicht mehr rein prozessualischer Natur sind, die Betheiligung des Staatsanwalts am Civilprozeß, und dann der Primker'sche Antrag.

Jetzt wäre der Zeitpunkt, wo für die prozessualischen Fragen ein Berichterstatter zu wählen ist, und erlaube ich mir die Frage und erwarte Anträge darauf, ob für sämmtliche bisher verhandelten fünf Waldeck'schen Fragen und die Aufstellung der Deputation Lit. b. ein einziger Berichterstatter erwählt werden soll.

Advokat **Judeich**: Ich glaube, daß es passend ist, für die nicht materiell prozeßrechtlichen Fragen besondere Berichterstatter zu wählen. Dazu rechne ich nicht blos die uns noch obliegende Frage über Herbeiziehung der Staatsanwaltschaft zu dem Civilprozeß, sondern auch die bereits entschiedene Frage: „Soll die Vertretung durch einen Anwalt obligatorisch sein?" Für beide möchten besondere Referenten zu bestellen sein.

Ober-Gerichtsassessor **Planck**: Ich möchte beantragen, Alles gemeinschaftlich einem Berichterstatter zu überlassen und Ihnen anheimgeben, ob nicht Herr Ober-Tribunalsrath Waldeck, von dem die Anträge herrühren, und da Sie dieselben sämmtlich angenommen haben, am zweckmäßigsten die Berichterstattung übernehme. (Bravo!)

Ober-Tribunalsrath Dr. **Waldeck**: Ich erlaube mir die Bitte auszusprechen, daß ich von diesem Amt dispensirt werden möge.

Eine Stimme: Ich mache den Vorschlag, dem Präsidenten die Wahl zu überlassen.

Präsident: Nein, das lehne ich ab!

Wir müssen über die Frage abstimmen, ob nur ein Referent über alle prozessualischen Fragen oder für die von Herrn Advokat Judeich ausgeschiedenen zwei Punkte: Betheiligung der Staatsanwaltschaft und Advokatenzwang, ein besonderer Referent zu ernennen ist. Zunächst über die Frage, ob für alle Punkte ein einziger Referent zu wählen?

Ist Widerspruch hierbei?

Diejenigen Herren also, die dafür sind, daß für alle sechs prozessualischen Fragen nur ein einziger Berichterstatter ernannt werde, bitte ich, sich zu erheben.

Das ist die Majorität!

Eine Stimme: Ich halte mich für ermächtigt, den Antrag zu stellen, daß Herr Ober-Tribunalsrath Waldeck über sämmtliche Anträge von der Versammlung zum Berichterstatter ernannt werde.

Präsident: Wer dafür ist, den bitte ich, sich zu erheben.

(Geschieht von allen Seiten.)

So ersuche ich Herrn Ober-Tribunalsrath Waldeck das Referat zu übernehmen.

(Eine Stunde Pause.)

Auf die Tagesordnung setze ich zunächst die Debatte über den Primker'schen Antrag.*) Derselbe geht dahin:

„Der Deutsche Juristentag wolle aussprechen, daß die Unabhängigkeit der Rechtspflege nur dann gewahrt sei, wenn der alte Deutschrechtliche Grundsatz, daß die Gerichte in allen Fällen über ihre Kompetenz selbst und ausschließlich zu entscheiden haben, ungeschmälert Geltung hat."

Wünscht Jemand das Wort?

Advokat Dr. **Mayersohn:** Es bestehen über die Entscheidung der Kompetenzfrage in den verschiedenen Ländern unseres Vaterlandes verschiedene gesetzliche Bestimmungen, die wir begreiflicherweise nicht alle kennen. Wir in Bayern haben in der Beziehung ein den Verhältnissen nach ganz gutes Gesetz: nämlich es werden drei Richter von dem obersten Gerichtshof bestimmt, zusammen mit dreien von der höchsten Administrativbehörde. Der Präsident vom obersten Gerichtshof ist Vorsitzender. Die Verhandlungen sind öffentlich und mündlich. Allein trotzdem, daß diese Einrichtung vielleicht die beste ist von allen Kompetenzgerichtshöfen, hat die Erfahrung meiner Ansicht nach festgestellt, daß in der Regel zu Gunsten der Administrativ-Kompetenz entschieden worden ist. Dies kommt daher, nach meiner Ansicht, daß die Administrativbeamten wohl überwiegende Stimmen hier haben und ich begrüßte daher mit Freude den Antrag des Herrn Stadtrichters Primker, der die vollständigste Unabhängigkeit des Richterstandes bestimmt prä-

*) Vergl. Bd. I, S. 229.

zisiren will. Ich glaube, m. H., daß wir diesen Antrag mit gutem Gewissen annehmen können.

Stadtrichter **Primker** aus Breslau: M. H.! Der gegenwärtige Antrag, den ich zu stellen die Ehre habe, betrifft lediglich die Beseitigung der Kompetenzgerichtshöfe, insbesondere nicht die Frage, ob überhaupt die Administrativjustiz nach allgemeinen Grundsätzen gerechtfertigt ist. Die Administrativjustiz hat in Deutschland eine hohe Stufe erreicht. Während noch bis zum Ende des Deutschen Reichs jede Rechtsverletzung ohne Unterschied des Objektes vor den Richterstuhl gebracht werden konnte, während noch die Macht der Reichsgerichte so groß war, daß gegen Ende des 18. Jahrhunderts gegen einen Reichsstand wegen mißbrauchter Landeshoheit auf Geldstrafe erkannt werden konnte, sind in neuerer Zeit fast alle Fragen dem Rechtswege entzogen, welche Hoheitsrechte betreffen, oder wobei öffentliche oder Polizeiinteressen ins Spiel kommen.

Während die Justizsachen, d. h. diejenigen Prozesse, welche dem Richter überwiesen worden sind, durch unabsetzbare Richter in den schützenden Formen des mündlichen und öffentlichen Verfahrens verhandelt werden, werden die Administrativjustizsachen in geheimer Sitzung von den Verwaltungsbeamten in letzter Instanz, d. h. nach der Anweisung desjenigen Verwaltungschefs, von dem die rechtsverletzende Handlung ausgegangen, abgeurtheilt.

Bei der großen Menge der den Rechtsweg ausschließenden Verordnungen, bei den Mängeln der Rechtswissenschaft in Deutschland, ist es unvermeidlich, daß eine große Anzahl Konflikte entstehen und Zweifel, ob in einer bereits eingeleiteten Prozeßsache der Rechtsweg durch Gesetz ausgeschlossen sei oder nicht. Es ist bis in die neueste Zeit unzweifelhaft Rechtens gewesen, daß über diese Frage, ob das gerichtliche Verfahren überhaupt zulässig sei, Seitens der Gerichte mit vieler Unabhängigkeit entschieden worden ist; diese Frage wird nach manchen Prozeßordnungen als sogenannte exceptio litis behandelt, nach dem neuen Preußischen Gesetze gehört sie zu den präjudiziellen oder vorzüglichen Einwänden, welche die Partei von der Einlassung auf die Klage entbinden und den Richter verpflichten, vorweg darüber zu entscheiden, damit sie auf kürzestem Wege zur Erledigung gebracht wird. Jener alte Grundsatz gilt gegenwärtig nur noch in einer kleinen Anzahl von Staaten, in Hamburg, Lübeck, Weimar und noch einigen andern kleinen Territorien. In manchen andern Staaten werden diese sogenannten Kompetenz-Konflikte vom Souverain entschieden und zwar so, daß er entweder allein entscheidet oder nach Anhörung des Staatsraths oder des höchsten Gerichtshofes die Entscheidung abgiebt. In den meisten übrigen Ländern ist, nachdem in die Deutschen Grundrechte der Satz aufgenommen war, daß über Kompetenz-Konflikte ein Gerichtshof entscheiden solle, ein Kompetenz-Gerichtshof errichtet; die Zusammensetzung desselben aber läßt sich in zwei Systeme bringen. Das eine System besteht darin, daß die Mitglieder entnommen werden aus dem Staatsrathe und daß die Verwaltungsbeamten die Mehrzahl bilden, gewöhnlich der Präsident des Staatsrathes, der Ministerpräsident, der Präsident des höchsten Gerichtshofes. — In Preußen, Hannover, Kurhessen und Baden und einigen anderen Staaten bilden die richterlichen Mitglieder die Mehrzahl, z. B. in Braunschweig, wo der Präsident des obersten Gerichtshofes, Mitglieder eines Obergerichtes, ein Staatsanwalt und zwei Verwaltungsbeamte darin sitzen. In Bremen, wo auch seit 1854 ein Kompetenz-Gerichtshof ist, besteht er aus drei Mitgliedern der Verwaltung und aus drei rechtsgelehrten Mitgliedern, und diese wählen einen Siebenten.

So ist fast überall in Deutschland die Frage, ob durch ein Gesetz der Rechtsweg ausgeschlossen sei, dem Rechtswege entzogen; die Thätigkeit des Kompetenz-Gerichtshofes tritt ein, sobald eine Verwaltungsbehörde der Ansicht ist, daß der Rechtsweg ausgeschlossen sei, diese wird zu den Akten eingereicht, d. h. der Konflikt wird erhoben, darauf geht die Sache an den genannten Gerichtshof, und dieser entscheidet in letzter Instanz die Frage, ob der Rechtsweg ausgeschlossen ist, er entscheidet sie materiell. Und doch betrifft diese Frage lediglich die reine Rechtsfrage, ob ein Gesetz vorhanden ist, welches den Rechtsweg ausschließt. Zur Entscheidung dieser Rechtsfrage bedarf es aber keiner technischen Verwaltungskenntniß, sondern nur Rechtskenntnisse, der Kunst der Interpretation der Gesetze und Subsumtion des einzelnen Falles unter das Gesetz. Niemand als der Richter kann darüber entscheiden. Man kann nicht einwenden, daß diese Frage in Administrativsachen nach Regeln der Zweckmäßigkeit und auch nach der Gerechtigkeit entschieden werde, daß es nicht nothwendig sei, die Frage, ob überhaupt ein Gesetz vorhanden, das den Rechtsweg ausschließe, streng nach den Grundsätzen des Rechtes zu entscheiden, daß derartige Gesetze weder strikt angewendet, noch interpretirt zu werden brauchen, wenn man nicht will, daß die Kabinetsjustiz und Machtsprüche wieder eingeführt werden sollen.

Es ist hiermit zur Genüge dargethan, daß es an einem absoluten Grunde zur längeren Beibehaltung dieser Beschränkung der richterlichen Kompetenz gebricht; es kann aber auch nicht zugegeben werden, daß es überhaupt eine faktische Nothwendigkeit sei, eine solche Beschränkung beizubehalten. Man kann zugeben, daß der Staat verlangen kann, daß seine Aktion durch die Thätigkeit der Gerichte nicht gelähmt und die Aktion der Verwaltung als solche von den Gerichten nicht unterbrochen oder gehemmt werde, damit nicht auf diese Weise ein subordinirtes Verhältniß der Verwaltung unter die Gerichte oder ein Lahmlegen der Thätigkeit des Staats entstehe. Die Gerichte haben jedoch in Deutschland gegenwärtig fast ausschließlich über reines Vermögensrecht zu entscheiden; ein Lahmlegen der Verwaltung kann nicht eintreten, weil, wenn auch der Staatsbürger sich darüber beschwert, daß eine Leistung von ihm verlangt wird, diese auf dem Administrativ-Justizwege ihm abgezwungen wird. Ferner kassirt das Gericht nicht einen Akt der Verwaltung, sondern es zieht nur die Frage zur Erörterung, ob durch eine Handlung der Verwaltungsbehörde ein Recht des Klägers verletzt worden ist, und wenn dies bejaht wird, erkennt es.

Es läßt sich also mit Recht behaupten, daß weder eine praktische Nothwendigkeit, noch ein theoretischer Rechtfertigungsgrund für längere Beibehaltung dieses Institutes spricht. Die einzige Gefahr, welche aus einer Beseitigung der Kompetenz-Gerichtshöfe entspringen könnte, wäre, daß in denjenigen Prozessen, wo eine dritte Instanz ausgeschlossen ist, dadurch, daß in verschiedenen Bezirken die Gerichte verschiedene

Entscheidung geben, bei manchen Fragen der Verwaltung, wo es wünschenswerth, daß Einheit im Lande vorhanden ist, eine Rechtsverschiedenheit stattfindet, wodurch die Verwaltung gestört wird. Diese Gefahr kann aber leicht dadurch beseitigt werden, daß die Regierung in allen Prozessen, von welchen sie Kenntniß erhält, Intervention einlegen und Rechtsmittel anwenden kann, daß auch in allen den Prozessen, wo die dritte Instanz ausgeschlossen ist, ihr die Befugniß ertheilt wird, die dritte Instanz zu beschreiten. Auf diese Weise wird die Gefahr für die Unabhängigkeit der Rechtspflege beseitigt und ebenso die Gefahr, welche für eine energische Staatsregierung vorhanden ist.

Bedenkt man endlich die wirklichen Nachtheile, die aus der längeren Fortdauer dieses Institutes entstehen, — die Grundidee, Eingriffe der Justiz in die Verwaltung zu vermeiden, führt nothwendig dahin, — daß die Gesetze, welche den Rechtsweg ausschließen, weit über ihre Grenzen ausgedehnt werden, und daß in dieser Weise ein ungesetzlicher Zustand geschaffen wird, daß in allen Ländern eine Menge Fragen vorhanden sind, die von der Verwaltung entschieden werden, ohne daß ein Gesetz vorhanden ist, welches die Verwaltung mit der Entscheidung betraut, daß endlich auch die Rechtssicherheit, die Autorität der Gerichte und der Rechtssinn des Volkes dadurch untergraben werden, daß Kompetenzkonflikte sogar gegen rechtskräftige Entscheidungen zugelassen werden, — und dieser Fall ist bei den sogenannten negativen Kompetenzkonflikten vorhanden — berücksichtigt man alles dies, so dürfte man den von mir formulirten Antrag angemessen finden.

Da aber dieser Antrag eine allgemeine Fassung hat, und der einzige Weg, wie dieser Grundsatz auszuführen ist, darin besteht, daß die Kompetenzgerichtshöfe beseitigt werden und daß in letzter Instanz durch die höchsten Gerichtshöfe erkannt wird, möchte ich mir erlauben, den Antrag dahin zu präzisiren: auszusprechen,

> daß Kompetenzkonflikte „durch den höchsten Gerichtshof" zu entscheiden sind.

Präsident: Bevor ich dem nächsten Redner das Wort ertheile, glaube ich von meinem Standpunkte aus eine Mittheilung machen zu müssen.

In Oesterreich besteht der Grundsatz als Gesetz: in Oesterreich entscheiden nur die Gerichte über ihre Kompetenz, und es ist ein zweifacher Weg, auf dem die Entscheidung herbeigeführt werden kann. Es ist entweder der Fall möglich, daß der Richter erster Instanz sich als inkompetent erklärt und die Klage zurückweist; in diesem Falle entscheidet der Gerichtshof zweiter und dritter Instanz über die Kompetenz des ersten Richters, und es wird also auf diese Weise nur die Entscheidung durch die Gerichte herbeigeführt. Oder es tritt der Fall ein, daß über die Klage der Beklagte die Inkompetenz einwendet, und da wird der Prozeß ausgeführt möglicherweise durch drei Instanzen, so daß nur die Gerichte, ohne Rekurs an das Justizministerium, über ihre Kompetenz entscheiden.

Ich glaubte, daß diese Mittheilung aus einem Lande, von welchem man auf dem Gebiete der Gesetzgebung nicht viel Günstiges erwartet, nicht unwillkommen sein würde. (Bravo!)

Kammergerichtsrath **Plathner** aus Berlin: In dieser Weise wird auch in Preußen verfahren, aber es existirt daneben ein besonderes Institut, wo man den Konflikt zwischen Gerichten und Verwaltungsbehörden zum Austrag bringen kann.

Präsident: Wäre das in Oesterreich vorhanden, so würde ich es bemerkt haben; ich präzisire meine Bemerkung dahin, daß in Oesterreich ausschließlich die Gerichte mit Ausschluß aller anderen Organe über ihre eigene Kompetenz entscheiden, sei es im Wege der Berufung, sei es im ordentlichen Rechtswege über die sogenannte Inkompetenz.

Ober-Appellationsgerichts-Vizepräsident **v. Pape** aus Celle: Die Unabhängigkeit der Gerichte besteht nicht in dem Umfange ihres Gebietes, sondern darin, daß sie in dem Gebiete, das ihnen angewiesen ist, von fremdem Einflusse befreit sind. Es gehört allerdings zu den Befugnissen der Gerichte — das ist nirgends bestritten worden — über ihre eigene Kompetenz zu entscheiden; dieselbe Befugniß haben aber auch die Administrativbehörden, über ihre Kompetenz zu entscheiden: eine Unterordnung der Administrativbehörden unter die Gerichte findet nicht statt und kann nicht stattfinden, weil sonst die Gerichte die höchste Macht im Staate sein würden, was sie nicht sind.

Die Gerichte sind unstreitig nicht befähigt, über wesentliche Hoheitsrechte zu entscheiden. Entscheiden sie aber dennoch über wesentliche Hoheitsrechte, so entsteht ein Konflikt bedauerlicher Art, der die Unabhängigkeit der Gerichte gefährdet, wenn ein verfassungsmäßiger Weg nicht gegeben ist, der die Schranke feststellt. Es ist daher sehr wünschenswerth und nöthig, daß ein solcher verfassungsmäßiger Weg gegeben wird. Entscheidet eine Verwaltungsbehörde, sie sei kompetent und entscheidet eine Justizbehörde, sie sei kompetent, so entsteht nothwendig ein Konflikt, indem die Betheiligten verschiedene Entscheidungen erhalten und in ferne Wege geführt werden. Dieser Zweifel muß gelöst werden, und das kann nur geschehen durch die höchste Staatsbehörde; denn die ist es, die Beiden, sowohl der Justiz als der Administration, ihr Gebiet angewiesen hat, und der es obliegt, beide Behörden in ihren Schranken zu halten und in ihren Berechtigungen zu schützen. Es ist daher ganz nothwendig, daß in der Verfassung die höchste Staatsgewalt ein Mittel habe, diesen Konflikt zu beseitigen, und ich kann deshalb meinerseits für den Antrag nicht stimmen.

Geh. Justizrath **Sydow** aus Berlin: Ich befinde mich im Allgemeinen in Uebereinstimmung mit der Ansicht des Herrn Antragstellers; ich glaube aber, daß es vielleicht zu einiger Aufklärung in der Sache dienen möchte, wenn Sie mir erlauben, Sie auf einige Punkte aufmerksam zu machen, welche das Wesentliche in dem Antrage von dem, wie mir scheint, weniger Wesentlichen unterscheiden.

Vorher möchte ich Folgendes bemerken:

Es ist nach meiner Ansicht allerdings ein Grundsatz alten Deutschen Rechtes, daß die Gerichte in allen Fällen über ihre Kompetenz selbst und ausschließlich zu entscheiden haben; ich glaube aber hier schon anfügen zu dürfen, daß diese Ansicht des alten Deutschen Rechtes nie unbestritten gewesen ist, und ich darf mich in dieser Beziehung auf eine Aeußerung in „Struve's rechtlichen Bedenken" und auf eine Aeußerung in „Bülow und Hagemann, Erörterungen" beziehen. Dort wird ausdrücklich ausgeführt, daß, wenn ein Streit darüber entsteht, ob ein

Gericht innerhalb der durch das Gesetz ihm zugewiesenen Befugnisse geblieben sei, nur derjenigen Macht, welche über den Gerichten und über denjenigen anderen Behörden stehe, die neben ihnen mit gleicher Anerkennung von dem Gesetze geordnet sind, das Recht gebühre, die Entscheidung zu geben, d. h. daß der Landesherr eine solche Entscheidung zu treffen habe. Ich führe indessen das nur an, um eben festzustellen, daß derartige Anschauungen auch früher schon und unter anderen Rechtszuständen vorhanden gewesen sind. Ich theile diese Anschauungen nicht, ich erachte sie für nicht berechtigt, und halte für den beklagenswerthesten Ausweg, der zur Regelung dieser Verhältnisse getroffen werden kann, denjenigen, welchen eine solche Ansicht gefunden hat; denn es liegt derselben in der That eine Verwechselung der Unterordnung der Gerichte und Verwaltungsbehörden unter den allerhöchsten Souverain im Allgemeinen und der Entscheidung eines einzelnen Falles durch eine solche Autorität zu Grunde. Die Gerichte sprechen eben im Namen des Souverains Recht, und daraus ergiebt sich meines Erachtens, daß im Allgemeinen Zweifel und Zwiespalt, wenn er hineinkommen kann in die Sache, nicht auf jenem Wege gelöst werden darf, der darauf hinauskommt, auf eine spezielle Verfügung des Regenten in einzelnen Fällen zu rekurriren, ein Weg, welcher zu nichts Anderem als zur Kabinetsjustiz führt. (Bravo!) Auf der anderen Seite können wir uns der Thatsache nicht verschließen, daß der Zustand des Rechts seit der Auflösung des Deutschen Reichs ein wesentlich anderer geworden ist. Er ist deshalb ein anderer geworden, weil früher Verwaltung und Justiz, wenigstens in der unteren Instanz, in einer Behörde vollständig miteinander vereinigt waren, und weil die scharfe Trennung, welche zwischen der Verwaltung und Justiz jetzt meist besteht, erst auf Grund der Deutschen Verfassungen neuerdings eingeführt worden ist. Erst in Folge dieses Umstandes ist die Frage der Entscheidung von Kompetenzkonflikten in ihrer Wichtigkeit und Schwierigkeit hervorgetreten, und wenn in einzelnen Staaten auch jetzt davon nicht die Rede ist, so sind in diesen Staaten eben im Wesentlichen noch jetzt jene früheren allgemeinen Zustände die gesetzlich bestehenden. Ich glaube dies insbesondere auch nicht mit Unrecht auf die schätzbare thatsächliche Bemerkung unseres Herrn Präsidenten über Oesterreich anwenden zu dürfen. Ich glaube, daß, wenn die Schwierigkeit, welche die Frage in anderen Staaten geboten hat, in Oesterreich nicht zu Tage getreten ist, dies in der noch bestehenden Vereinigung der Verwaltung und Justiz in einer Behörde, wenigstens in der untern Instanz, hauptsächlich mit ihren Grund haben dürfte.

Abgesehen hiervon würde mich aber nur bedünken, daß da, wo die Trennung von Verwaltung und Justiz wirklich durchgeführt ist, diese Trennung der Gewalten doch das Anerkenntniß fordert, daß der Staat sein volles Gewicht nicht allein in den Gerichten hat. Die Gerichte sind allerdings die Mächte des Gesetzes, sie sind berufen, auf Anrufen des Privaten zu entscheiden über jede Rechtsverletzung, welche ihm in seiner individuellen Rechtssphäre zugefügt wird; aber auf der andern Seite sind sie nicht berechtigt und berufen, wo es sich um Zweifel über staatsbürgerliche, über politische Berechtigungen handelt, oder wo ein solcher Eingriff in die Privatrechtssphäre nicht erfolgt ist, mit ihren Entscheidungen einzutreten. Ich gehe deshalb davon aus, und will besonders darauf aufmerksam machen, daß ein erheblicher Unterschied besteht zwischen der materiellen und der formellen Seite der Kompetenzkonflikte.

Die materielle Seite betrifft die Frage, wie durch die Gesetzgebung zwischen Justiz- und Administrationssachen zu entscheiden ist. Diese Seite ist in dem Antrage nicht berührt. Er behandelt nur die formelle Seite und hier stelle ich, ungeachtet der Schwierigkeit, welche durch die Sonderung der Gewalten in das neue Staatsleben hineingekommen ist, mich in sofern auf die Seite des Herrn Antragstellers, als ich mit ihm anerkenne: das Prinzip der Unabhängigkeit und Selbständigkeit der Gerichte, welches eine Sicherung des Rechtsschutzes unter allen Umständen ist, muß auch auf dem Gebiet der Entscheidung von Kompetenzkonflikten darin seinen Ausdruck und im Ausbau der betreffenden Institutionen darin seine höchste Spitze wie seinen festen Grund finden, daß eben ein Gerichtshof, d. h. eine keiner andern Autorität als der des Gesetzes unterworfene Behörde darüber entscheidet, ob in einer Sache der Rechtsweg zulässig sei oder nicht. Ich verwerfe damit jede anderweite Zusammensetzung besonderer Behörden, welche unter Abweichung von dem gewöhnlichen Prozeßverfahren ihre Entscheidungen treffen, wie man sie in einzelnen Staaten, sei es zur Abkürzung der Sache, sei es aus andern, politischen Gründen, für nöthig gefunden hat. Ich finde hierdurch aber das Wesentliche, worauf es ankommt, genügend hervorgehoben. Dagegen würde ich meinen, daß es als weniger wesentlich zu bezeichnen ist und vor einer definitiven Entscheidung darüber einer reiflicheren Erwägung, als jetzt in dieser Stunde möglich ist, vorbehalten werden muß, ob wirklich eine Kompetenzstreitigkeit der hier in Rede stehenden Art, die sich von einem Streit über die competentia ratione fori und die competentia ratione causae durchaus unterscheidet, und die schwierigsten staats- wie privatrechtlichen Fragen zu berühren pflegt, ob — sage ich — auch diese Art von Kompetenzstreitigkeiten durch die Instanzen zu führen, oder ob es nicht vielmehr angemessener sei, für die Entscheidung dieser Streitigkeiten einen höchsten Gerichtshof zu etabliren. Am nächsten, und wie von selbst, ergiebt sich das Bedürfniß dazu in den Fällen, wo die Verwaltung in ihrer Sphäre unbetheiligt zu sein glaubt und behauptet, sie sei nicht kompetent, das Gericht aber ebenso anführt, ihm stehe eine Kompetenz auch nicht zu, also der Fall eines negativen Kompetenzkonfliktes vorliegt. Ebenso aber, glaube ich, ist es für die anderen Fälle der positiven Kompetenz-Konflikte wohl verträglich mit den obersten Grundsätzen eines wohlgeordneten Staatslebens, daß ein oberster Gerichtshof da sei, der auch über solche entscheide, und ich fordere für ihn nur, daß auch er wie jedes andere Gericht keiner andern Autorität als der des Gesetzes unterliege. Daraus folgt, daß er aus bleibenden Mitgliedern und daß die Mehrzahl seiner Mitglieder entschieden aus richterlichen Beamten bestehen muß; ich halte es aber nicht für unzulässig, daß eine Minorität der Mitglieder den Kreisen der höchsten Verwaltungsbeamten entnommen sei, die lebenslängliche Mitglieder, doch eben nur als technische Beisitzer thätig sind. Ich halte es ferner für nöthig, daß die Entscheidung im gewöhnlichen ordentlichen Verfahren auf Grund der Mündlichkeit und der vollständigen Vertretung der Parteien vor dem Gerichtshofe erfolge und wird sich deshalb ein solcher

Gerichtshof am angemessensten dem obersten Gerichtshofe des Staats überhaupt anschließen lassen.

Das glaubte ich hervorheben zu dürfen zur Unterscheidung dessen, was ich für wesentlich und dessen, was ich für nicht so wesentlich erachte, und da dies nicht bestimmt in dem Antrage des Herrn Antragstellers ausgedrückt war, habe ich mir erlaubt, einen Abänderungsvorschlag einzubringen. Der Herr Antragsteller ist vielleicht mit mir über die Fassung, die ich formulirt habe, einverstanden und ich erlaube mir, denselben dem Büreau zu übergeben:

> „Der Deutsche Juristentag wolle aussprechen: „„Es ist ein für die Sicherung des Rechtsschutzes nothwendiger Grundsatz alten Deutschen Rechts, daß die Gerichte über ihre Kompetenz selbst und ausschließlich entscheiden, und es ist dieser Grundsatz auch fortan, wo zwischen ihnen und den Verwaltungsbehörden über die Grenzen ihrer Kompetenz Streit entsteht, ungeschmälert dahin zur Anwendung zu bringen, daß über diese Grenzen schließlich ein keiner andern Autorität als der des Gesetzes unterworfener Gerichtshof in den allgemein geordneten Formen des Verfahrens zu erkennen hat.“"

Man kann nach diesem Satz den Gerichtshof so konstruiren, daß er an höchster Stelle ohne Instanzenzug entscheidet oder so, daß das Verfahren sich im Wesentlichen an den bestehenden Prozeß und den bestehenden Instanzenzug anschließt. Ich lasse volle Freiheit dafür; die Ausführung würde in letzterem Fall nur erfordern, daß mit Zulassung außerordentlicher Rechtsmittel auch in denjenigen Sachen, die einer Appellation nicht unterworfen sind, eine Appellation stattfindet. Wesentlich scheint mir allein, was ich mir hervorzuheben erlaubt habe; im Uebrigen, glaube ich, läßt sich über diese Ansichten sehr streiten. (Bravo!)

Kreisrichter Dr. Elvers: Ich sehe als zu erstrebendes Ziel an, daß die Gerichte selbst darüber erkennen, was sie für recht halten, ob sie kompetent sind oder nicht; aber zweifelhaft kann mir nur sein, ob unser öffentliches Recht überall schon nach den großen Revolutionen, die unser Staatsleben erfahren hat, so ausgebildet ist, daß der Staat das Staatswohl lediglich nach diesen Grundsätzen des öffentlichen Rechtes entscheide. Ich sage, das kann mir zweifelhaft sein, aber daß das zu erstrebende Ziel, daß die Gerichte selbst kompetent sind, ist, dessen bin ich gewiß. — Dagegen glaube ich meinerseits einen Kompetenzkonflikt erheben zu müssen. Ich glaube, daß die Frage nicht vor den Juristentag gehört. Die Nation weiß, daß der Juristenstand dahin strebt, die Gerichte selbst entscheiden zu lassen. Das brauchen wir nicht aufs Neue zu bezeugen. Die Frage muß auf einem andern Gebiete entschieden und ausgetragen werden. Ganz andere Faktoren müssen mitwirken, als allein der Juristentag und deswegen fassen wir hier eine Resolution, wie manche andere, die in Deutschland gefaßt und eben nur ein Wort bleiben wird, dem keine That folgt; und das möchte ich dem Juristentage ersparen.

Dieselben Gründe, die überhaupt staatsrechtliche Erörterungen von dieser Versammlung ausschließen, sprechen auch dafür, daß diese Frage hier nicht entschieden werde.

Rechtsanwalt **Bromme**: Nach meinem Dafürhalten kann dem Antrag nur vollkommen beigepflichtet werden. Es handelt sich hier nicht sowohl zunächst um eine Klage der öffentlichen Meinung über negative Kompetenzkonflikte, sondern um die Klage einzelner Privatleute in positiven Kompetenzkonflikten. Mir ist ein Fall bekannt, wo in einem Partikularstaate ein eines Preßverbrechens Angeklagter sich von dem Staatsanwalt in öffentlicher Sitzung gröblich beleidigt fand. Die Sache ist auch später rechtskräftig vom Gericht entschieden worden. Der Angeklagte stellte Klage bei dem gewöhnlichen ordentlichen Gericht an. Rasch erhob der Ober-Staatsanwalt, der Vorgesetzte des Verklagten, einen Kompetenzkonflikt und nun war es so gut wie abgethan. Ich wäge jedes meiner Worte und weiß, was ich sage. Es gingen nun die Akten von dem betreffenden Gericht in dem gewöhnlichen Instanzenwege und wanderten an den Kompetenzgerichtshof. Dort lagen sie Jahr und Tag, ich sage Jahr und Tag, alsdann kam endlich ein der Verfassung allerdings entsprechendes Resolut, das der Verfassung — ich wiederhole es — entsprach, nicht aber der Zeit: daß man doch erst die in der Klage benannten Zeugen vernehmen möchte, damit man wisse, ob wirklich der Fall vorhanden sei, daß der Staatsanwalt excedirt habe oder nicht; die Strafe werde sich dann finden. Nun marschirten die Akten an das Justizministerium und den Instanzenweg herunter. Was geschah nun, als die Zeugen, lauter ehrenwerthe tüchtige Leute, vernommen werden sollten? Da offenbarte es sich, daß der eine die Worte überhört, der andere den Vorfall nicht mehr im Gedächtniß hatte, und die ihn noch wußten, konnten die Worte nicht mehr angeben, so daß glücklicherweise noch ein einziger Zeuge übrig blieb, welcher den Vorgang auf Papier notirt hatte und die Klage rettete. Ich glaube, daß dieser Uebelstand zu wenig berücksichtigt wird. In Bezug auf einige Gesichtspunkte des verehrten Vorredners Herrn v. Pape möchte ich mir eine Bemerkung erlauben:

Herr v. Pape sagt: ich spreche von positiven Kompetenzkonflikten — wenn der Kläger in Uebereinstimmung mit dem Gericht sagt: „hier dieses Gericht ist kompetent", und der Staat, dessen Organ verklagt ist, sagt: „nein, hier ist das Gericht nicht kompetent", so müsse Jemand vorhanden sein, der entscheidet. Nun die Frage ist einfach: Warum soll der Staat in seiner Gesammtheit größere Rechte haben, als der einzelne Staatsbürger? Wenn ich verklagt werde, so ist doch Niemand da, wenn ich sage: ich halte diese Sache nicht für angemessen, den Gerichtshof nicht kompetent, — der mir einen besondern Gerichtshof konstituirt; ich muß mich ruhig der Entscheidung des Instanzengerichts überlassen.

Und dann zuguterletzt gehe Jeder auf die Gerichtshöfe seines Landes zurück und beantworte die Frage aus voller Ueberzeugung: Warum sollen die Ober-Tribunale oder Ober-Appellationsgerichte nicht vollkommen die Befähigung haben, ebenso tüchtig darüber zu entscheiden, ob der Fall zu gerichtlicher Entscheidung angethan sei, als zwei, drei oder vier Personen von diesem Gerichtshof und vier von der Verwaltungsbehörde? Ich bin der Ueberzeugung, daß der Antrag des Antragstellers vollkommen begründet ist.

Die Einrede eines der letzten geehrten Vorredner, daß wir hier möglicherweise unsere eigne Kompetenz überschreiten, beantworte ich ganz einfach: Wir haben gar keine Kompetenz, wir sind keine juristische

Person, sondern ein freier Verein wissenschaftlicher und willenskräftiger Männer, nichts mehr und nichts weniger. Darauf kann es nicht ankommen, ob die Resolution, die wir fassen, eine Resolution im staatsrechtlichen Sinne ist und ob sie Effekt habe oder nicht. Ich bin leider der Ansicht, daß viele unserer Resolutionen keinen Effekt haben werden, aber darauf darf es nicht ankommen: wir thun, was wir können; was wir nicht können, ist Gegenstand unseres Bedauerns, aber niemals unseres Vorwurfs. (Bravo!)

Rechtsanwalt **Herzfeld** aus Insterburg: Ich habe dem Primker'schen Antrage nichts weiter hinzuzufügen; mir ist nur nicht klar geworden, ob Herr Stadtrichter Primker seinen ursprünglichen Antrag nicht dadurch verschlechtert hat, daß er ihn dahin modifizirt, es solle der höchste Gerichtshof über die Kompetenzfrage entscheiden. Mir schien es von vornherein richtiger und sachgemäßer, den Antrag so aufrecht zu erhalten, wie er ursprünglich gestellt worden ist, nämlich dahin, daß der Richter selbst allein über seine Kompetenz zu entscheiden habe; es kann nur zur Unabhängigkeit der Rechtspflege beitragen, wenn er allein über die Kompetenz entscheidet.

Mir ist nicht klar, ob Herr Primker durch seinen modifizirten Antrag dem Richter erster Instanz, dem ordentlichen Richter der ersten Instanz die Entscheidung über seine eigne Kompetenz entziehen will, ob er den jetzt in den meisten Deutschen Staaten bestehenden sogenannten Kompetenzgerichtshöfen oder irgend einer andern Art von exceptionellen Gerichten die Entscheidung über die Kompetenzfrage noch aufrecht erhalten und nur von einer solchen Entscheidung zuletzt appelliren lassen will an den obersten Gerichtshof.

M. E. hat nur der Richter, welcher zunächst in der ganzen Totalität über die Sache, die ihm vorgelegt wird, zu entscheiden hat, auch über seine eigne Kompetenz zu entscheiden. Natürlich führt dies dahin, daß in der letzten Instanz der oberste Gerichtshof entscheidet. Ich sehe gar keinen Schaden für den Staat, wenn der Richter erster Instanz auch zugleich darüber entscheidet, ob irgend ein Staatsorgan einem Individuum Unrecht gethan hat, oder ob ihm Recht widerfahren. Diesem Rechtsspruch hat auch der Staat sich zu unterwerfen; will er es nicht, so stehen ihm die ordentlichen Rechtsmittel zu. Glaubt er durch die Entscheidung in einem speziellen Falle das Prinzip so verletzt, daß die ordentliche Staatsgewalt dabei nicht bestehen könne, daß der Staat nicht dabei fortregieren könne, so möge er sich an die Gesetzgeber wenden, die legislatorischen Faktoren in Anspruch nehmen und durch ordentlich gegebene Gesetze dergleichen Uebelstände beseitigen, aber zunächst unterwerfe er sich dem ordentlichen Richterspruch auch in erster Instanz wie jeder Staatsangehörige. In dem speziellen Falle wird nur über das Interesse des Einzelnen entschieden, Uebelstände können beseitigt werden auf legislatorischem Wege, aber nicht durch eine außerhalb des ordentlichen Richterspruchs stehende Gewalt im Staate. (Bravo!)

Stadtrichter **Primker**: Ich erlaube mir zu bemerken, daß der ursprüngliche Antrag der weiteste ist, weil er ausschließt, daß überhaupt eine Instanz übersprungen werde, also verlangt, daß in jedem Prozeß eine jede Instanz über die eigene Kompetenz zu entscheiden habe, daß die „Sache" an das Ober-Tribunal nur dann gelangen könne, wenn es durch die Landesgesetzgebung vorgeschrieben ist. Mein zweiter Antrag ist insofern enger, als er zuläßt, daß, wenn Kompetenzkonflikt erhoben wird, die Sache sofort an das Ober-Tribunal gebracht werden kann.

Dieser zweite Antrag unterscheidet sich von dem Sydow'schen darin, daß die Zusammensetzung nach meiner Ansicht nur aus den Richtern des obersten Tribunals erfolgt, während nach dem Sydow'schen Antrag der Gerichtshof zum Theil auch aus Verwaltungsbeamten besteht. Es liegt in meinem Interesse, daß mein prinzipieller Antrag angenommen wird, und nur für den Fall, daß er nicht angenommen wird, würde ich den präzisirten Antrag stellen und zur Annahme empfehlen.

Ober-Gerichtsassessor **Planck**: Ich muß mich zunächst für die Kompetenz des Juristentages in Bezug auf die hier gestellte Frage erklären. Die Frage darüber, ob Richter oder Verwaltungsbehörden zu entscheiden haben, ist an sich eine unzweifelhafte Frage des Civilprozesses und der Gerichtsverfassung und diese beiden Gebiete hat der Juristentag sich selbst überwiesen. Es ist eine Frage, die allerdings unzweifelhaft die Politik, ja das Staatsrecht berührt, es ist eine Frage, die in Zeiten der Reaktion vielfach zu politischen Zwecken benützt und vielleicht gemißbraucht wurde. Aber das sind nebensächliche Umstände. Die Frage liegt auf demjenigen Gebiete, welches wir uns vorbehalten haben. Daß sie auch zugleich eine politische Seite hat und politisch mißbilligt werden kann, darf uns nicht abhalten, uns damit zu beschäftigen.

Was die Sache selbst anlangt, so ist zunächst ein eigentlich prinzipielles Bedenken gegen die Entscheidung des Primker'schen Antrags erhoben worden; es ist gesagt: Wenn die Richter und Verwaltungsbehörden verschiedener Ansicht sind, so kann unmöglich das Gericht darüber entscheiden, wer Recht hat, es würde das nichts anderes heißen, als daß das Gericht sich über den Souverän stelle, sich die höchste Gewalt im Staate einräume.

M. H., wenn diese Deduktion richtig wäre, so würde daraus nicht folgen, daß man einen besonderen Kompetenzgerichtshof einsetze, einen besondern Weg in dem Verfahren vorschreibe, auf welche Weise Kompetenzkonflikte zu lösen wären, sondern, daß man in solchem Fall sage: hier entscheidet der Souverän in eigener Person: denn wenn man einen Gerichtshof hat, der über diese Frage entscheidet, würde wieder dieser Gerichtshof nach eben derselben Deduktion als über dem Monarchen, über dem Souverän stehend betrachtet werden können. Ich meine aber, die ganze Deduktion leidet an einem Fehler des modernen Staatsrechts, auf welchen näher einzugehen die Zeit nicht gestattet. — Es haben die Souveräne selbst eingesehen, daß es nicht in ihrem Interesse sei, nicht den Aufgaben des Staats genügen würde, wenn sie selbst diejenigen Funktionen, die innerhalb ihrer Würde-liegen, erfüllten, sie haben namentlich die positive Funktion des Rechtsprechens allgemein unabhängigen Organen überwiesen, — das sind die Gerichte, und sie sollen diese Aufgabe üben nach allen Seiten, sowohl dem Einzelnen gegenüber, als auch der einzelnen Behörde des Staats gegenüber. Man mag darüber streiten, wieweit die Kompetenz der Verwaltungsbehörden auszudehnen sei, man mag darüber neue Gesetze erlassen und glaube ich, daß in vielfachen Beziehungen hier Unklarheit herrscht. Es muß aber doch auch in dieser Beziehung der Gesetzgebung das

Recht gegeben werden, daß, wenn die Verwaltungsbehörden das Recht verletzt, sie dies wieder gut zu machen haben, und darüber können nicht die betheiligten Verwaltungsbehörden, sondern — wie bei jeder andern Verletzung — nur die Gerichte entscheiden. Wenn man für die Entscheidung dieser Kompetenzkonflikte, statt die Frage den ordentlichen Gerichten zu überlassen, sogenannte Kompetenzgerichte einrichtet und in die Kompetenzgerichtshöfe Verwaltungsbeamte hineinsetzt, so hat dies gar keinen andern Sinn, als den: es treten in dieser Rechtsfrage die Erwägungen der Verwaltung ein, es soll indirekt durch die Betheiligung der Verwaltungsbehörde ein Moment der Zweckmäßigkeit in die Entscheidung hineingebracht werden. Es kommen damit, wie gesagt, die Grenzen zwischen Gericht und Verwaltung in Widerstreit, aber es muß eine feste Grenze sein und die soll nicht im einzelnen Fall nach Rücksicht der Zweckmäßigkeit übertreten werden. Um das aber zu vermeiden, soll man eben auch hierüber ordentliche Gerichte entscheiden lassen und nicht durch eine Einrichtung, wo Verwaltungsbeamte sitzen, die bei Entscheidung dieser Rechtsfrage die Zweckmäßigkeitsfrage mit hineinnehmen.

Ich glaube deshalb, daß der Verbesserungsantrag, worin die Einrichtung solcher Kompetenzgerichtshöfe vorwaltet, nicht richtig sei, es müssen über alle diese Fragen die ordentlichen Gerichte entscheiden. Wie das weiter einzurichten sei, ob in dem gewöhnlichen Instanzenzug oder ob von vornherein der höchste Gerichtshof entscheiden soll, das ist eine Frage, die in die Technik der Ausführung gehört und hier nicht weiter in Betracht kommt. Das Prinzip ist, daß nur das ordentliche Gericht zu entscheiden hat, und ich erlaube mir, einen Verbesserungsantrag darauf zu stellen, da der andere Antrag entweder zu viel oder zu wenig sagt.

Ober-Appellationsgerichts-Vicepräsident v. **Pape**: Ich bin damit völlig einverstanden, daß daraus, daß die Gerichte und die Verwaltungsbehörden unabhängig von einander sind, folgt, daß der Souverän, die höchste Macht im Staate, Kompetenzkonflikte zu entscheiden hat und nicht deshalb besondere Behörden anzuordnen sind.

Indessen steht dem nicht entgegen, daß, wenn die souveräne

Staatsgewalt nicht selbst entscheidet, sie es einer Behörde überläßt. — Ein anderer Punkt, der gegen meine Meinung vorgebracht wurde, ist der, daß über jede Rechtsfrage die Gerichte entscheiden müßten, und das bestreite ich eben; die Gerichte haben keineswegs über alle Rechtsfragen zu entscheiden. Ueber die Frage z. B., wieweit die Hoheitsrechte gehen, haben die Gerichte nimmermehr zu entscheiden.

Ober-Tribunalsrath Dr. **Waldeck**: Es ist dies eine Frage von großem Umfang und großer Bedeutung; ich glaube aber, daß wir am Besten thun, wenn wir erklären, wie auch schon verschiedene Herren ausgeführt haben, daß sie innerhalb der Kompetenz des Juristentags liege und auch innerhalb der Kompetenz dieser Abtheilung selbst, daß wir sie aber so einfach wie möglich lösen und zwar nur Grundsätze aussprechen, ohne uns in das Detail einzulassen, wie sie ins Leben treten können. Nun ist es ein alter Deutscher Rechtsgrundsatz, den der Antragsteller ausspricht, darüber ist nicht der geringste Zweifel. Erst in neuerer Zeit hat man durch das Abweichen von diesem Grundsatz das fortwährende vorgebliche Bedürfniß nach neuen Abweichungen hervorgerufen. Sieht man genau zu, worin der Grund dieser Anomalie lag, so lag er darin, daß man über verschiedene Fragen, wenn das Interesse des Einzelnen mit dem Interesse des Staats in Kollision kommt, lieber die Verwaltungsbehörde als die Gerichte entscheiden lassen wollte. Das ist der allgemeine Ursprung dieser außerordentlich zahlreichen Gesetze über die Ausschließung des Rechtsweges, die wir in meinem speziellen Vaterlande Preußen in großer Ueberzahl besitzen.

Es ist allerdings einzuräumen, daß, wenn ein Gericht ganz außerhalb seiner Befugniß handelt, z. B. Steuern eintreibt, wozu es keine Befugniß hat, daß es dann ein Mittel geben muß, Seitens des Staats ihm entgegenzutreten. Von einem solchen Falle ist aber im Antrage nicht die Rede. Die Absicht und Meinung kann nur die sein: Wenn ein Rechtsstreit sich erhebt zwischen Behörden und Privaten oder zwischen Privaten untereinander, dann ist der einzig richtige Weg, daß das Gericht selbst darüber entscheidet, ob es kompetent ist oder nicht. Dieser Grundsatz ist ganz gewiß der allein gültige und er muß als Regel gültig bleiben, das wird sogar von allen Freunden der Ausnahmegesetze anerkannt; denn diese Gesetze würden gar nicht gegeben sein, wenn jener Grundsatz nicht gälte. Die Idee ist die: Wenn ein Einzelner behauptet, sein Recht sei verletzt — der gewöhnliche Fall, wo Kompetenzkonflikte eintreten, — so muß über diese Behauptung, weil sie das Privatrecht des Einzelnen betrifft, entschieden werden; das Privatrecht des Einzelnen ist mit dem Interesse des Staats in Kollision und es ist nicht der geringste Grund vorhanden, warum die Gerichte als Staatsbehörden diese Frage, die zur Lösung ihrer Aufgabe gehört, nicht auch selbständig und in der gewöhnlichen Form entscheiden sollen, warum die Verwaltungsbehörden, welche Rechtsstreite nicht zu entscheiden, vielmehr Aufsichts- und Verwaltungsfunktionen als Organe des Staats auszuüben haben, hier Richter sein sollen.

Es ist von großer Wichtigkeit, daß auf diesem Gebiete eine Schranke gesetzt werde, daß man endlich einsieht, worin die Regel und worin die Ausnahme liegt, so daß es der Mühe werth ist, die allgemeine Meinung der juristischen Welt klar auszusprechen. Ich glaube, das ist derselbe Grundsatz, den auch Herr v. Sydow in seinem Amendement an die Spitze gestellt hat. Die weiteren Zusätze in demselben kann ich aber nicht billigen. Es ist kein Grund vorhanden, über sogenannte Kompetenzkonflikte eine eigne Behörde, die nur uneigentlich Kompetenzgerichtshof genannt wird, urtheilen zu lassen. Will man diese Entscheidung in einer Instanz von dem übrigen Rechtsstreite abscheiden, so muß sie, wie nach der Belgischen Verfassung Rechtens ist, in die Hände des obersten Gerichtshofs gelegt werden. Aber nöthig ist das auch nicht. Sehr wohl kann im Rechtsstreit des Einzelnen, sei es mit dem Einzelnen oder dem Staate, im Wege des ordentlichen Verfahrens von den Gerichtsbehörden über die Frage ihrer eignen Kompetenz entschieden werden. Das ist der alte Deutsche Grundsatz, und er muß aufrecht erhalten bleiben.

In Frankreich entscheidet der Staatsrath die Kompetenzkonflikte. Aber solche Institutionen sind wahrlich nicht nachahmenswerth. Der Staatsrath dient hier vielmehr als ein Instrument des mechanischen Despotismus, das dahin abzielt, gewisse Sachen den Gerichten zu entziehen, weil die Regierung die Gerichte in ihrer Unabhängigkeit scheut und darum die letztere willkürlich beeinträchtigen will. Ein solches System wird in einem Rechtsstaat nie durchgeführt werden können.

Advokat Judeich: Ich bin natürlich für die ursprüngliche Fassung des Primker'schen Antrags; nur ein Wort, das Herr Assessor Planck hinzugesetzt hat, veranlaßt mich zu einigen Bemerkungen.

Ich glaube, daß wir nicht sagen dürfen, daß die ordentlichen Gerichte in allen Fällen die Entscheidung über ihre Kompetenz haben, denn wenn für die untere Instanz einem Handelsgericht die Sache vorliegt, wird man unbedingt ebenfalls dem Handelsgerichtshof die Entscheidung über seine Kompetenz in der untersten Instanz geben müssen. Ich würde daher anrathen, daß der Primker'sche Antrag in der Allgemeinheit angenommen würde, daß die Gerichte in allen Fällen über ihre Kompetenz zu entscheiden haben.

Präsident: Es hat sich Niemand weiter zum Wort gemeldet; die Debatte ist daher geschlossen!

Assessor **Planck:** Ich will meinen Antrag zu Gunsten des Primker'schen zurückziehen. Ich glaube, daß er die Sache richtig auffaßt und daß alle Zweifel geklärt sind.

Präsident: Nach dieser Erklärung liegen nur folgende Anträge vor: Erstens in der allgemeinen Fassung der ursprüngliche Primker'sche Antrag, der von den Herren Primker und Herzfeld aufrecht erhalten wird, und dann der zweite Theil des Sydow'schen Antrags, denn der erste Theil ist in der Wesenheit ganz dasselbe, wie der ursprüngliche Primker'sche; ich werde beide Anträge verlesen, damit wir uns darüber klar werden.

Der ursprüngliche Primker'sche Antrag geht dahin:

(Wird verlesen. Vgl. S. 577.)

Das erste Alinea und der erste Theil des Sydow'schen Antrags gehen dahin:

(Wird verlesen. Vgl. S. 587.)

Diese beiden Sätze sind in der Wesenheit ganz dasselbe: sie sind aequivalent, und da der Sydow'sche Antrag der einfachste ist, glaube ich, daß der Reihe nach derselbe zuerst zur Abstimmung zu bringen ist.

Der zweite Antrag wäre m. E. in Beziehung auf die Abstimmung der modifizirte Primker'sche, welcher den ursprünglichen Antrag etwas beschränkt.

Stadtrichter **Primker**: Ich ziehe meinen eventuellen Antrag zurück!

Präsident: Dieser fällt also weg. Es bleibt als weiterer Antrag der zweite Theil des Sydow'schen Antrags, nämlich die Einführung eines Organs zur Entscheidung von Streitigkeiten zwischen Gerichten und Verwaltungsbehörden rc. und dazu ein Amendement v. Sternenfels. Der zweite Theil des Sydow'schen Antrags geht also dahin:

(Wird verlesen. Vgl. S. 587.)

Dazu stellt Herr v. Sternenfels das Amendement:

„Die Mitglieder des Kompetenzgerichtshofs müssen ständige und unentlaßbare sein."

Die Reihenfolge der Anträge wäre daher: Der Sydow'sche oder ursprüngliche Primker'sche Antrag, und dann die Anfügung des zweiten Theils des Sydow'schen Antrags mit dem Amendement v. Sternenfels.

Stadtrichter **Primker**: Ich will meinen Antrag eben mit dem Sydow'schen konformiren.

Präsident: Dann liegt nur noch der Sydow'sche Antrag mit dem Amendement v. Sternenfels vor.

Geh. Justizrath **Sydow**: Ich bin der Ansicht, daß eine solche Trennung meines Antrags nicht gerade denjenigen Auffassungen entsprechen würde, in welchen ich den ersten Theil mir gedacht hatte. Ich hatte nämlich den Primker'schen Antrag als einen solchen betrachtet, der in der größten Allgemeinheit den Grundsatz hinstellen sollte, den auch ich meine; ich habe aber vorhin auch ausgeführt, daß ich etwas Unwesentliches von dem Wesentlichen unterscheide, und nun habe ich mir den ersten Theil meines Antrags nur als historische Einleitung gedacht und habe das auch im zweiten Satze darlegen wollen durch das Wort „dahin". Ich glaube daher, daß es besser ist, meinen Antrag zusammen zu lassen und den Primker'schen für sich zur Abstimmung zu bringen.

Justizrath **Volkmar**: Ich nehme den Primker'schen Antrag auf!

Präsident: Dann stimmen wir ab über den ursprünglichen Primker'schen Antrag, weil er allgemein ist, und dann über den Sydow'schen, weil er nicht blos diesen Satz, sondern auch eine spezielle Gestaltung enthält.

Nur noch Eins erlaube ich mir zu bemerken: es wäre der Fall möglich, daß der Primker'sche Antrag angenommen würde und auch der Sydow'sche; in diesem Falle würde doch derselbe allgemeine Satz zwei Mal ausgesprochen, und es müßte dann eine logische Verschmelzung leider in der Art gedacht werden, daß man mit dem Primker'schen Antrag den zweiten Theil des Sydow'schen verbände. Wenn kein Widerspruch erhoben wird, schreite ich zur Abstimmung.

Die Herren, die dafür sind, daß der Deutsche Juristentag ausspreche:

> „daß die Unabhängigkeit der Rechtspflege nur dann gewahrt sei, wenn der alte Deutsch-rechtliche Grundsatz, daß die Gerichte in allen Fällen über ihre Kompetenz selbst und ausschließlich zu entscheiden haben, ungeschmälert Geltung hat",

mögen sich erheben.

Der Satz ist fast einstimmig angenommen!

Es wird mir soeben Seitens des Herrn Sekretair bemerkt, daß, wenn man gegen den Sydow'schen Antrag stimmen würde, man nicht gegen das Prinzip ist. Das versteht sich aber von selbst!

Ich bringe nun vorbehältlich des Amendements des Herrn v. Sternenfels den Sydow'schen Antrag zur Abstimmung.

Derselbe lautet:

(Wird verlesen. Vgl. S. 587.)

Diejenigen, die dafür sind, ersuche ich, sich zu erheben.

Der Antrag ist abgelehnt und damit fällt das Amendement v. Sternenfels. —

Wir haben nun noch den Berichterstatter über den Primker'schen Antrag zu bestimmen. (Primker! Planck!)

Gerichts-Assessor **Planck**: Ich möchte anheimgeben — wie bei den Waldeck'schen Anträgen —, auch hier den Antragsteller zum Berichterstatter zu machen. (Nein!)

Präsident: Da Widerspruch erhoben und es nicht die Regel ist, daß der Antragsteller zugleich Berichterstatter ist, so glaube ich, die Frage zur Abstimmung bringen zu sollen. Diejenigen Herren, die dafür sind, daß ein anderer Berichterstatter, als der Antragsteller, gewählt werde, bitte ich, sich zu erheben.

Angenommen!

Sind Sie damit einverstanden, daß Herr Planck Berichterstatter ist?

Angenommen!

Somit wäre diese Angelegenheit beendigt. —

Wir schreiten nun, m. H., zum letzten Gegenstand der Tagesordnung, zu Punkt a. der Vorlage der ständigen Deputation:

„Soll die Thätigkeit der Staatsanwaltschaft auch auf bürgerliche Rechtsstreitigkeiten ausgedehnt werden und inwieweit?"

Darüber wurde ein Antrag von Herrn Ober-Gerichtsassessor Struckmann eingereicht:

„Der Juristentag wolle diese Frage zur weiteren Vorbereitung an die ständige Deputation verweisen."

Wer das Wort ergreifen will, den bitte ich, es zu thun.

Justizrath **Volkmar:** Ich trage darauf an, diesen Antrag durch Akklamation anzunehmen. Die Sache ist noch nicht genügend von der Deputation vorbereitet!

Präsident: Da sich Niemand zum Wort meldet, bringe ich den Antrag auf Verweisung dieses Punktes an die Deputation zur Abstimmung.

Die dafür sind, bitte ich, sich zu erheben.

Der Antrag ist angenommen, und somit wäre die Tagesordnung erledigt, wenn nicht noch ein anderer Antrag gestellt wird.

Es wird mir eben noch ein Antrag übergeben vom Herrn Privatdozenten Dr. Nissen:

„Der Juristentag wolle den Bibliotheken der Deutschen Universitäten seine Druckschriften einliefern."

Der Antrag würde allerdings vom Plenum nach §. 6 Absatz 4 der vierten Abtheilung zugewiesen werden, da sie zugleich für das juristische Studium bestimmt ist. Indessen glaube ich, die Sache ist durch die Mittheilung erledigt, und es wird keinen Anstand haben, von den vielen Exemplaren, die wir haben, den Deutschen Universitäts-Bibliotheken solche abzugeben. Somit wäre die Tagesordnung erledigt, wenn kein weiterer Antrag gestellt wird.

Ober-Tribunalsrath Dr. **Waldeck**: M. H.! Ich bin vollkommen überzeugt, daß ich im vollsten Maße dem Gefühl und der Gesinnung, die uns Alle beseelen, Ausdruck gebe, wenn ich erkläre, daß wir verpflichtet sowohl, als berechtigt sind, anzuerkennen, mit welcher großen Hingebung, mit welcher Sorgfalt, mit welchem Scharfsinn wiederholt in diesem Jahre unser verehrter Vorsitzender unsere Verhandlungen geleitet hat. Wenn wir in den Beschlüssen, die wir gefaßt haben, zu Resultaten gekommen sind, die — das gebe Gott! — fruchtbar für das Vaterland sein werden, wenn wir in der Debatte, die wir geführt haben, dahin gelangt sind, demjenigen, was die Einzelnen ausdrücken wollten, Ausdruck zu geben, dann erkennen wir vor allen Dingen an, daß wir es dem zu danken haben, der unsere Verhandlungen hier leitete und so bitte ich Sie, m. H., stimmen Sie mit mir ein, wenn ich den Herrn Hofgerichtsadvokaten Dr. Berger aus Wien leben lasse; er lebe hoch! (Dreimaliges Hoch!)

Präsident: M. H.! Die Anerkennung, welche Sie mir soeben ausgesprochen haben, und deren Bedeutung und Werth ich umsomehr zu würdigen weiß, weil sie aus dem Munde Desjenigen kam, der sie anregte, übersteigt weitaus das Verdienst, welches ich mir durch die Leitung der Arbeiten dieser Abtheilung erworben. Ich habe meine bescheidenen Kräfte dem Dienste der Abtheilung 2 Jahre gewidmet; ich hoffe, daß, so lange mir zu wirken möglich ist und so lange der Juristentag — was Gott wolle! — besteht, stets wiederzukehren in die vierte Abtheilung. Ich betrachte dies nicht blos als eine juristische Sendung, ich betrachte es als eine politische Sendung, stets hier im Deutschen Juristentage am Platze zu sein. Ich glaube, daß der Deutsche

Juristentag mit eins jener Bänder ist, welches Deutsch-Oesterreich an Deutschland schlingen hilft. Wir haben in Oesterreich bereits mehrere Gesetzesarbeiten, welche wir mit Deutschland theilen: Wir haben die Deutsche Wechselordnung; es ist eben im Werke, das Deutsche Handelsgesetzbuch in Oesterreich einzuführen; die Grundsätze des Civilprozesses, welche wir in Oesterreich berathen, sind dieselben, welche in den letzten zwei Tagen in der Abtheilung debattirt wurden und zum Beschluß gelangt sind. Es werden der Gesetzeswerke immer mehr entstehen, welche Deutsch-Oesterreich an Deutschland ketten und in der Richtung, welche die Oesterreichische Politik eingeschlagen hat, sehe ich nicht nur kein Hinderniß der Deutschen Einheit, nein, ich glaube, die Deutschen Stämme Oesterreichs sind auf dem Wege, daß sie immer mehr dahin gezogen werden, wohin sie gehören: nach Deutschland! (Bravo!)

Mögen wir Alle mit vereinten Kräften dahin streben, trotz der Integrität des Kaiserthums Deutsch-Oesterreich kein Schleswig-Holstein werden zu lassen. Das ist unsere Aufgabe und in diesem Sinne weihe ich meine Kräfte dem Deutschen Juristentage. Was ich leisten kann, thue ich nicht als Individuum, ich thue es für das Ganze. Die Anerkennung, die mir ausgesprochen wurde, sie gilt nicht mir, sie gilt dem Stamme, den ich bei Ihnen vertrete! (Bravo!)

(Schluß der Sitzung 1 Uhr 45 Minuten.)

Tagesordnung der zweiten Plenarsitzung.

I. Verlesung der Protokolle der ersten Plenarsitzung.

II. Anträge der vierten Abtheilung:

1) Vorlage der ständigen Deputation (unter 3 b.): Soll der Schwerpunkt des nach dem Grundsatz der Oeffentlichkeit und Mündlichkeit zu regelnden Verfahrens in bürgerlichen Streitsachen in der mündlichen Verhandlung oder in dem als Grundlage dienenden schriftlichen Verfahren liegen, namentlich in erster Instanz? — Berichterstatter: Ober-Gerichtsanwalt Dr. André.
2) Die fünf Waldeck'schen Anträge — und die Vorlage der ständigen Deputation (unter 3 c.), betreffend den Beweis in bürgerlichen Streitsachen. — Berichterstatter: Ober-Tribunalsrath Dr. Waldeck.
3) Antrag des Herrn Stadtrichters Primker, betreffend die Unabhängigkeit der Rechtspflege. S. 229 der Verhandlungen für 1861. — Berichterstatter: Ober-Gerichtsassessor Planck.
4) Vorlage der ständigen Deputation (unter 3 a.), betreffend die Thätigkeit der Staatsanwaltschaft in bürgerlichen

Rechtsstreitigkeiten. — Berichterstatter: Hof- und Gerichtsadvokat Dr. Berger.

III. Anträge der dritten Abtheilung:

1) Antrag des Herrn Ober-Staatsanwalts Dr. Keller, betreffend die Voruntersuchung im Strafprozeß. — Berichterstatter: General-Staatsanwalt Dr. Schwarze.

2) Die auf dem vorjährigen Juristentage von dem Herrn Rechtsanwalt Lewald gestellten Anträge und Nebenanträge, betreffend die Privatanklage. — Berichterstatter: General-Staatsanwalt Dr. Schwarze.

3) Antrag des Herrn Lewald, sammt den Zusatzanträgen des Herrn Advokaten Dr. Schaffrath, betreffend die Geschworenengerichte, und insbesondere die Aburtheilung der politischen und Preßverbrechen durch Geschworene. — Berichterstatter: Staatsanwalt Stegemann.

4) Antrag des Herrn Professors Dr. Glaser, betreffend die Verjährung rechtskräftig erkannter Strafen. — Berichterstatter: Geh. Justizrath Dr. Abegg.

IV. Anträge der zweiten und ersten Abtheilung:

1) Vorlage der ständigen Deputation, betreffend folgende privatrechtliche Gesetzgebungsfragen:

Ist es wünschenswerth, daß

a) über den Zeitpunkt der Großjährigkeit,

b) über die Handlungsfähigkeit der großjährigen Personen unter väterlicher Gewalt,

c) über die Interzessionen der Personen weiblichen Geschlechts,

schon jetzt — bei Gelegenheit der Emanation einer gemeinsamen Deutschen Civilprozeßordnung — gemeinsame Bestimmungen getroffen werden?

nebst nachstehendem Antrag des Herrn Professors Dr. Unger:

der Deutsche Juristentag wolle sich für eine gemeinsame Bestimmung des Inhalts aussprechen:

„die Handlungsfähigkeit eines Ausländers wird in der Regel nach den Gesetzen seines Wohnsitzes beurtheilt. Doch wird ein nach diesen Gesetzen nicht handlungsfähiger Ausländer durch die Abschließung von Rechtsgeschäften im Inlande verpflichtet, wenn er nach den Gesetzen des Inlandes handlungsfähig wäre."

Nr. 3 der Drucksachen von 1861. — Berichterstatter Gerichtsrath Abeken.

2) Antrag des Herrn Obertribunalspräsidenten Dr. Bornemann, betreffend das Hypothekenwesen, Seite 229 der Verhandlungen für 1861, und Antrag des Herrn Obertribunalsraths Meyer, betreffend leitende Sätze für eine künftige Deutsche Hypothekenordnung, Seite 232 der Verhandlungen von 1861, sowie Zusatzantrag des Herrn Kreisgerichtsraths Geck zu Werden a. R., betreffend die Durchführung des Grundsatzes der Publicität der Hypothekenbücher. — Berichterstatter Assessor Meyer.

3) Antrag des Herrn Notars Dr. Uchatzy zu Reichenberg in Böhmen, betreffend ein gemeinsames Patentgesetz. Seite 236 der Verhandlungen für 1861. — Berichterstatter: Rechtsanwalt Miller.

4) Antrag des Herrn Geh. Justizraths Professor Dr. Heydemann, betreffend ein gemeinsames Gesetz zum Schutze des Urheberrechts an Werken der Literatur und Kunst gegen Nachdruck, sowie gegen unbefugte Nachbildungen und Darstellungen. S. 236 der Verhandlungen für 1861. — Berichterstatter: Professor Dr. Unger.

5) Antrag des Herrn Stadtgerichtsraths Borchardt, be-

treffend die Deklaration zur Deutschen Wechselordnung. — Berichterstatter: Hofrath, Advokat Dr. Edler von Kerstorff.

V. Wahl der ständigen Deputation.

VI. Schlußwort des Präsidenten.

Zweite Plenarsitzung
des Zweiten Deutschen Juristentages
am Freitag den 30. August 1861
im Saale des Linke'schen Bades.

Die Sitzung wird nach $8^1/_2$ Uhr durch den Präsidenten, Professor Dr. Bluntschli aus München eröffnet.

Präsident Dr. Bluntschli: Ist es Ihnen gefällig, m. H., mit den Geschäften zu beginnen?

Als erstes Geschäft ist auf der Ihnen gedruckt vorliegenden Tagesordnung die Verlesung des Protokolls der letzten Plenarversammlung bezeichnet. Ich ersuche Herrn Stadtrichter Hiersemenzel den ersten Theil desselben Ihnen vorzulesen.

(Geschieht.)

Sind Bedenken dagegen einzuwenden?

Es wird kein Bedenken erhoben.

(Verlesung des zweiten Theils des Protokolls.)

Werden Bedenken gegen den zweiten Theil des Protokolls erhoben?

Es wird genehmigt!

(Folgen mehrere geschäftliche Mittheilungen.)

Nun gehen wir zu den eigentlichen Verhandlungen des heutigen

Tages über. Ich habe mir erlaubt Ihnen vorzuschlagen, daß die Anträge der vierten Abtheilung diesmal vorausgehen und will die Gründe kurz angeben.

Es liegt in der Natur einer so großen Versammlung, welche nur eine kurz bemessene Zeit für ihre Gesammtberathungen hat, daß sie gegen Ende des Tages in der Beschlußfassung eilt. Die Anträge der vierten Abtheilung sind daher auf unserer vorjährigen Versammlung in Berlin, gegenüber den Anträgen der anderen Abtheilungen, einigermaßen im Nachtheile gewesen. Um das nun wieder auszugleichen, habe ich die Anträge der vierten Abtheilung diesmal vorausgenommen, also die Ordnung der Abtheilungen umgekehrt. Uebrigens, hoffe ich, werden wir mit sämmtlichen Anträgen in verhältnißmäßig kurzer Zeit zu Ende kommen.

Ich ersuche nun Herrn Obergerichtsanwalt Dr. André über die erste Vorlage zu berichten.

Obergerichtsanwalt **Dr. André** aus Osnabrück: M. H.! Schon auf dem vorigen Juristentage wurde von Seiten der Versammlung und zwar einstimmig der Beschluß gefaßt, daß es wünschenswerth sei, eine Deutsche Civilprozeßordnung zu entwerfen, gebaut auf die Grundsätze der Oeffentlichkeit und Mündlichkeit. Es stellte sich indessen schon in den Berathungen der Abtheilung heraus und noch mehr durch die Besprechungen, welche inzwischen unter den Mitgliedern privatim gepflogen worden waren, daß man sich über den Begriff der Mündlichkeit und über die Art und Weise, wie eine solche Prozeßordnung diesen Grundsatz verwirklichen solle, eine verschiedene Vorstellung mache. Es wurde daher von Seiten der ständigen Deputation für zweckmäßig gehalten, einen Beschluß in der heutigen Versammlung vorzubereiten, der der Sache etwas näher tritt, und es wurden zu diesem Zwecke Gutachten eingefordert, welche sich über die Frage äußern sollten: „ob es zweckmäßig sei, daß bei der mündlichen Verhandlung der Schwerpunkt in den der mündlichen Verhandlung vorausgehenden Schriftsätzen liege, oder aber in der mündlichen Verhandlung selbst?" Es wurden über diese Frage zwei Gutachten eingefordert, eins von Herrn Hofgerichtsrath Brauer zu Bruchsal und ein zweites von Herrn Kammergerichtsrath Plathner in Berlin. Das eine Gutachten spricht sich dafür aus, daß der mündlichen Verhandlung ein größerer Einfluß eingeräumt werden müsse, als wie das bisher, namentlich in der Badenschen Prozeßordnung geschehen ist, welche in manchen Punkten mit der Preußischen übereinstimmt, aber das Referat des Richters wegläßt. Hofgerichtsrath Brauer entscheidet sich dafür, daß ein Verfahren, wie etwa das im Hannöverschen angenommene, als Norm dienen solle. — Von einer andern Auffassung geht Kammergerichtsrath Plathner aus. Dieser ist der Ansicht, daß ein geordnetes Verfahren durchaus eine größere Festigkeit haben müsse, und daß daher den Schriftsätzen ein größerer Einfluß zu gestatten, als es bei dem Verfahren namentlich in Hannover der Fall sei. Er ist daher dafür, daß die Schriftsätze maßgebend sind, und daß nur das in Bezug auf die Thatfrage entscheidet, was durch Schriftsätze für die Entscheidung des Rechtsstreites fixirt worden ist.

In der Berathung der Abtheilung wurde, nachdem die Sache von der ständigen Deputation weiter erwogen worden war, in Uebereinstimmung mit ihren Wünschen vom Herrn Gerichtsassessor Makower der Antrag gestellt:

> „Es solle als wünschenswerth erklärt werden, daß der Schwerpunkt des nach den Grundsätzen der Oeffentlichkeit und Mündlichkeit zu regelnden Verfahrens in bürgerlichen Streitsachen, namentlich was das Verfahren in erster Instanz betrifft, in der mündlichen Verhandlung liege."

Im Laufe der Debatte stellte sich heraus, daß von vielen Seiten gewünscht wurde, in der Fassung dieses Antrages einige Veränderungen vorzunehmen, namentlich wurde vom Herrn Justizrath Volkmar beantragt: die Worte „namentlich was das Verfahren erster Instanz betrifft" zu streichen, und ich darf bemerken, daß demnächst dieser Antrag angenommen wurde und sich insofern der Hauptantrag vereinfachte. Ferner wurde vom Herrn Kreisgerichtsdirektor Odebrecht im Laufe der Verhandlung die Voraussetzung ausgesprochen, daß es sich bei dieser Frage zur Zeit nur um die Entscheidung einer Vorfrage handeln könne, insofern man sich ein Verfahren vor kollegialischen Gerichten denkt.

Auch dieses Amendement fand vielseitige Unterstützung und es wurde angenommen, daß der Antrag des Herrn Makower sich nur auf ein solches Verfahren vor Kollegialgerichten beziehen solle. Dabei ging aber die Versammlung davon aus, daß über das Verfahren vor dem Einzelrichter ebenso wie über die Zweckmäßigkeit des besondern Verfahrens ein bindender Beschluß nicht gefaßt worden wäre. Der Antrag nun, wie er in dieser einigermaßen verkürzten Fassung lautet, geht dahin:

> „den Grundsatz anzuerkennen, daß der Schwerpunkt des nach dem Grundsatze der Oeffentlichkeit und Mündlichkeit zu regelnden Verfahrens in der mündlichen Verhandlung liege, vorausgesetzt daß dieselbe vor kollegialischen Gerichten stattfinde."

Dawider wurde von Herrn Plathner ein Gegenantrag gestellt, der dahin lautet:

> „daß nur die durch die Schrift kennbar gemachten Erklärungen der Parteien die Grundlage der Entscheidung bilden."

Es wurde dieser Antrag in Form eines Amendements gestellt und, nachdem über den Makower'schen Antrag abgestimmt worden war, zur Abstimmung gebracht. Ich will gleich das Resultat mittheilen: Der Makower'sche Antrag ward mit überwiegender Majorität angenommen, dagegen der Plathner'sche Antrag mit einer verhältnißmäßig geringen Minorität abgelehnt.

Das Resultat der Berathung in der Abtheilung besteht also darin, daß der Makowersche Antrag angenommen und beschlossen worden ist, daß der Schwerpunkt der Verhandlung im mündlichen Verfahren liegen solle. — Wollte ich neben der Mittheilung dieses Resultats noch eingehende Erörterungen über alles dasjenige geben, was in der Abtheilung an Gründen pro et contra angeführt worden ist, so würde das in der That zu weit führen; ich will mir daher nur eine kurze Skizzirung dessen erlauben und bemerke nur, daß ich mir vorbehalte, wenn die Debatte sich tiefer in die Sache einlassen sollte, meinen Standpunkt, der „Ja" in sich schließt, noch kräftiger zu vertreten.

Es wurde also zunächst auseinandergesetzt, daß, wenn man von einem Schwerpunkte der mündlichen Verhandlung in dem Sinne spreche, daß die mündliche Verhandlung entscheiden solle, ein solches Verfahren keineswegs ohne gewisse Formen sei, sondern daß auch ein solches Verfahren, wie etwa in Hannover, den Wechsel von Schriftsätzen gestatte, daß aber die mündliche Verhandlung als die entscheidende betrachtet werde, daß man also den Grundsatz aufstelle, das Ganze in eine einzige mündliche Verhandlung zusammen zu fassen, sich eine beliebige Abänderung der Schriftsätze zu gestatten, das Thatsächliche der mündlichen Verhandlung nicht durch Schriftsätze zu fixiren, sondern der mündlichen Rede zu überlassen. Es wurde hervorgehoben, daß ein solches Verfahren vor dem Preußischen und vor allem schriftlichen Verfahren den Vorzug verdiene; daß das ein Vorzug sei, der überhaupt dem mündlichen Verfahren beiwohnt, nämlich, daß das mündliche Verfahren seinem Charakter nach es mit sich bringt, daß der Prozeß vor dem Richter selbst vor sich geht, daß der Richter nicht blos durch Referate über die Sache unterrichtet, daß ihm nicht durch Erzählungen berichtet wird, was nicht vor ihm vorgegangen ist, sondern daß der Prozeß sich vor ihm selbst abwickelt, also die Partei genöthigt ist, ihre Sache einfach und klar aufzufassen und vorzutragen, daß die Aufmerksamkeit des Richters gespannt wird, daß Richter und Partei in die frische, lebendige Verhandlung hineintreten, sich und ihre Sache in Eins zusammenfassen, und auf diese Weise ein übersichtliches klares Bild, ein richtiger Total-Eindruck von der ganzen Sache gewonnen wird. Es wurde von Seiten verschiedener Preußischer Juristen wie Waldeck, Volkmar, Makower anerkannt, daß das Preußische Verfahren Mängel hat, daß es namentlich zu vielen Werth auf die Schriftlichkeit legt und ein größerer Einfluß der Mündlichkeit wünschenswerth sei. Es wurde von Seiten Hannöverscher Juristen mitgetheilt, daß in den dortigen Gerichten ein verschiedenes Verfahren stattfinde, auch ein dem Preußischen ähnliches, wo in verwickelten Sachen die Schriftsätze, die Akten als Entscheidungsmittel zu Grunde gelegt und in mündlichen Verhandlungen nur aus vorhandenen Schriftsätzen referirt würde, so daß die Verhandlung sich anschließe. Man machte aber bemerklich, daß innerhalb der acht Jahre seines Bestehens sich dieses Verfahren weder der Gunst der Richter, noch der der Parteien erfreuen gelernt, so daß die allgemeine Meinung dahin gehe, daß das mündliche Verfahren vorzuziehen und jenes nur wie 1 zu 200 angewendet würde.

Wenn diese Sätze, die nachher bei der Versammlung Annahme fanden, vertheidigt wurden, so wurden doch auch von einer anderen Seite Bedenken hervorgehoben. Zunächst ward von Herrn Plathner geltend gemacht, daß es den Grundsätzen über die Freiheit der Parteien widerspräche, ihnen bindende Vorschriften zu machen darüber, in welcher Weise sie die Sache dem Richter vortragen wollten; es sei verkehrt, die Willkür der Parteien in dem, was sie thun wollten, einzuschränken; es widerspreche den Grundsätzen der Gerechtigkeit. Auf der anderen Seite ward erwidert, daß man die Form des Prozesses nicht von der Willkür der Parteien abhängig machen könne, daß es bei Aufstellung der Grundsätze der Prozeßordnung sich darum handle, auch die zweckmäßigsten Grundlagen für ein solches Prozeßverfahren zu finden, und daß ein Binden der Parteien an die Prozeßordnung nothwendig sei. Von Herrn Plathner wurde u. A. noch hervorgehoben, daß es doch bedenklich sei, bei der Fixirung des Thatsächlichen von Schriftsätzen zu abstrahiren und sich dafür an das mündliche Verfahren zu halten. Es sei nicht zu begreifen, wie im Civilprozeß der Richter im Stande sei, bei oft so verwickelten Thatsachen dem Gange der Sache zu folgen und Alles richtig aufzufassen. Dem wurde entgegengehalten, daß man sich vom Gange einer solchen mündlichen Verhandlung nicht ein Bild machen müsse wie von einem schriftlichen Referat. Die Partei sei genöthigt, die Sache zu concentriren, so daß sie übersichtlich, einfach und klar wäre; aber auch der Anwalt sei genöthigt, die Aufmerksamkeit des Richters zu fesseln und Letzterer nicht minder, dem Falle seine volle Aufmerksamkeit zuzuwenden, da ja so Vieles davon abhänge; — daß daher unter solchen Umständen die Richter wohl in der Lage seien, die ganze Sache zu übersehen und zusammenzufassen, wie denn übrigens die Prozeßordnung selbst noch Mittel und Wege biete, sobald jene über den einen oder anderen Punkt im Unklaren seien, durch beliebige Fragen dem Gedächtniß nachzuhelfen; ja daß sie sogar, wenn sie nach Beendigung der Sitzung durch den Gang derselben sich noch nicht genügend aufgeklärt fänden, die Verhandlung wieder aufnehmen könnten.

Es wurde dies in dem Satze zusammengefaßt, daß über die Fixirung des Thatsächlichen keine Klage vorkäme und daß von Seiten der Anwälte, die ein bedeutendes Interesse dabei haben, und auch pekuniär dabei interessirt sind, in der Fixirung des Thatsächlichen auf diese Weise eine Gefahr nicht gesehen würde.

Dann wurde noch gefragt, wie es möglich sei, dem Anwachsen der Termine zu Vernehmungen entgegenzuwirken und ihre häufigen Wiederholungen zu vermeiden; es wäre leicht möglich, daß chikanöse Parteien durch beliebiges Vorbringen von Thatsachen die Hauptsache von einem Termin zum anderen verschöben und hinzögen.

Auch hier wurde bemerkt, daß der Richter Mittel in Händen habe, durch Schluß der Verhandlung das zu verhindern und der Erfahrung gemäß ein solcher Nachtheil nicht eintrete. Es wurde von der anderen Seite zwar das Bedenken in diesem Sinne geäußert, aber nicht getheilt von der Mehrzahl der Redner und für nicht durchschlagend gehalten; es wurde besonders von Herrn Gerichtsassessor Makower hervorgehoben, daß, wenn in der Weise und in diesem Sinne vorgegangen würde, dagegen der historische Gang der Preußischen Rechtsentwicklung von der Schriftlichkeit ausgegangen sei; aber man habe eine Mündlichkeit eingeführt, die nicht genüge; es sei gewiß, daß die Mündlichkeit des Preußischen Verfahrens keine durchgreifende und nicht wesentlich sei. Wolle man nicht zurückbleiben, so müsse man vorwärts gehen und den Grundsatz der Mündlichkeit in dem Sinne durchführen und in der Weise, die die ganze Prozeßordnung konsequent umfasse.

Nachdem sich viele der geehrten Redner für den Makower'schen Antrag geäußert hatten, wurde er zur Abstimmung gebracht und zwar in der Fassung, die wir vorhin wörtlich vernommen haben, und zugleich mit den gestellten Amendements mit überwiegender Majorität angenommen.

Ich glaube, mein Referat hiermit beschließen zu können, behalte mir aber vor, für den Fall sich eine entgegengesetzte Meinung herausstellen sollte, den Standpunkt, den wir eingenommen haben, noch weiter und ausführlicher zu entwickeln. (Bravo!)

Präsident: M. H.! Der Antrag der vierten Abtheilung über diese Frage geht dahin, zu beschließen:

„daß der Schwerpunkt des nach dem Grundsatze der Oeffentlichkeit und Mündlichkeit zu regelnden Verfahrens in bürgerlichen Streitigkeiten, unter Voraussetzung einer kollegialischen Gerichtsverfassung, in der mündlichen Verhandlung liegen solle."

Wird ein Gegenantrag gestellt?

M. H.! In diesem Falle scheint mir eine weitere Diskussion überflüssig. Es hat sich ein Herr für dieselbe gemeldet. Wenn aber keine Gegenanträge vorliegen, so nehme ich an, Sie sind einverstanden. (Ruf: Abstimmung!)

Ich will eben abstimmen lassen. Diejenigen Herren, welche gegen diesen Antrag stimmen, belieben aufzustehen, die, welche dafür sind, mögen sitzen bleiben.

Es ist eine sehr große Majorität für den Antrag.

Wir gehen über zu Nr. 2. Ich ersuche den Herrn Obertribunalsrath Waldeck darüber zu referiren.

Ober-Tribunalsrath Dr. **Waldeck** aus Berlin: Bei dem vorjährigen Juristentage waren meinerseits fünf verschiedene Anträge gestellt worden, welche das Verfahren betreffen im ordentlichen, bürgerlichen Prozesse unter Voraussetzung der Mündlichkeit des Verfahrens. Nachdem einmal von der Versammlung der Begriff der Mündlichkeit so fixirt worden ist, wie es der eben ausgesprochene Grundsatz mit sich bringt, ist die Abtheilung der Meinung, daß sich nun sachgemäß die Entscheidung jener Anträge hier anknüpfen könne, indem man nun erst recht wisse, was man unter Mündlichkeit verstehe. Es wurde von mehreren Seiten gegenwärtig und von Anfang an darauf aufmerksam gemacht, daß der jetzt angenomme Grundsatz dieser Mündlichkeit, im Sinne der Hannöver'schen Prozeßordnung, eben auch alle jene Grundsätze, die von mir aufgestellt worden sind, bedinge, freilich nicht immer in der damals von mir gewählten Fassung. Es ist im vorigen Jahre über diese Anträge von dem Herrn Justizrath Volkmar Bericht erstattet worden;*) es sind von der ständigen Deputation drei Herren, Herr Ober-Tribunalsrath v. Sternenfels, Herr Obergerichtsanwalt André und Herr Professor Planck zu Gutachtern über diese Anträge bestellt, und deren eingehende umfassende Gutachten werden die Herren in den Verhandlungen des zweiten Juristentages ohne Zweifel gelesen haben. Es würde hier sehr unpassend sein, wenn ich durch wiederholte Ausführung dieser ohnehin jedem Juristen geläufigen Materien der Versammlung lästig werden wollte. Es ist auch in der Abtheilung über diese Anträge verhältnißmäßig wenig diskutirt worden, und die Annahme derselben in einer modifizirten Fassung, wie sie demnächst mitgetheilt werden wird, geschehen.

Ich muß noch zwei Bemerkungen machen, um einiges abzukürzen, was im Protokolle der Abtheilung sich successive herausgestellt hat. Die erste Bemerkung geht dahin, daß ich schon bei dem vorjährigen Antrage die Fassung gewählt hatte:

„Bei vorausgesetzter Justizorganisation und einer Prozedur, welche auf mündliches Verfahren vor kollegialisch formirten Gerichten gegründet ist, für das ordentliche Prozeßverfahren fünf Grundsätze als die richtigen anzuerkennen."

Es ist bei den einzelnen Grundsätzen wiederholt in der Abtheilung betont und auch angenommen worden, daß die Grundsätze, die hier ausgesprochen werden, sich nur auf das ordentliche Prozeßverfahren vor kollegialischen Gerichten beziehen sollen, daß es aber, wie von meinem geehrten Vorredner, Herrn Obergerichtsanwalt André hervorgehoben worden ist, hierbei nicht die Absicht sei, irgend etwas für oder gegen auszusprechen in Ansehung der nicht kollegialisch formirten Gerichte, daß also diese Frage in integro bleibe, während man seine Ueberzeugung über das Verfahren vor Kollegialgerichten ausspreche.

Ich glaube, dieser Standpunkt ist festzuhalten. Ich spreche natürlich nur von den fünf ursprünglich gestellten Anträgen.

---

*) Verh. des ersten D. J.-T. S. 272.

Die zweite Bemerkung, die ich zu machen habe, und worüber auch schon in der Abtheilung Beschluß gefaßt worden ist, betrifft die Art und die Form des Beweisverfahrens. Der Antrag der ständigen Deputation, welcher sich auf die Beweistheorie bezieht, ist an derselben Stelle bei uns verhandelt worden, wo mein zweiter Antrag, die Beweisinterlokute betreffend, verhandelt wurde. In Ansehung des Erfolgs der Sache will ich gleich bemerken, daß dies keinen Einfluß hat, weil die Abtheilung beschlossen hat, über den Antrag der ständigen Deputation zur Zeit nicht zu entscheiden, sondern ihn der künftigen ständigen Deputation zur Bearbeitung und Berathung zu überweisen.

Nach diesen Vorbemerkungen gehe ich nun auf die Anträge näher ein, und zwar lautet der erste derselben in seiner ursprünglichen Fassung dahin:

„daß die Angabe der Beweismittel für die Behauptungen der Parteien erster Instanz in Klage, Klagebeantwortung, Replik ꝛc. erst nach ergangenem Beweisinterlokut zu geschehen habe,"

wobei ich eine Ausnahme gemacht wissen will in Ansehung der Urkunden. Es ist von den beiden ersten Herren Gutachtern diese Ausnahme bedenklich gefunden worden; man hat eingesehen, daß, wenn die Urkunden-Beilegung unbedingt verbunden werden solle mit der Angabe der Thatsachen, jene obligatorische und unbedingte Aussprache der Nothwendigkeit einer solchen Verbindung doch zu weit führen werde, indem es Fälle genug geben würde, wo dem ursprünglichen Beweisinterlokut zufolge noch Urkunden-Beweis zu erheben sei. Die Beweis-Aufnahme steht dem Richter zu, der die Beweisführung verfügt.

Um diesem Bedenken entgegenzutreten und einen allgemeinen Grundsatz auszusprechen, und weil es nicht die Aufgabe des Juristentages sein kann, durch eine enge Formulirung einer künftigen Gesetzgebung in den Weg zu treten, deshalb ist die Fassung des ersten Antrags von mir dahin abgeändert, und von der Abtheilung auch so ohne Widerspruch angenommen worden:

„Die Angabe der Beweismittel für die Behauptungen der

Parteien braucht in der Regel erst nach vorangegangener Beweisanordnung zu geschehen."

Mit dieser Veränderung ist nun dieser Grundsatz anerkannt worden. Es wird nicht nöthig sein, die Motive, die hier obwalten, weiter auszuführen. Es handelt sich hier wesentlich von der Verschiedenheit des Preußischen, des gemeinen und des Hannöverschen Prozesses. Nachdem der Grundsatz der Mündlichkeit angenommen worden ist, liegt es nun schon in der nothwendigen Concentration einer mündlichen Verhandlung, daß man das Feld, worauf sich das Verfahren auszustrecken hat, nicht zu weit ausdehnt. Es ist gewiß keine Veranlassung und nicht zweckmäßig, das obligatorische Verhältniß und den Zwang eintreten zu lassen in Ansehung der Angabe der Beweismittel. Die übrigen Gründe, warum ein Kompromiß stattfinden muß, und warum wir Preußen in der Theorie und in der Praxis nachzugeben haben werden, habe ich schon bei der früheren Motivirung ausgeführt, und die Mehrheit der damals anwesenden Preußischen Juristen hat sich damit einverstanden erklärt. Es ist jetzt auch in der Abtheilung dagegen ein Widerspruch nicht erfolgt, und es wird also wohl hierüber bei der weiteren Verhandlung nichts mehr zu sagen sein.

Präsident: M. H.! Es dient wohl zur Abkürzung, wenn ich nach der Berichterstattung sofort diese Punkte zur Abstimmung bringe. (Ja!) Ich frage Sie, ist irgend ein Gegenantrag vorhanden?

Es ist Keiner. Diejenigen Herren, welche für den Antrag der Abtheilung sind, belieben sitzen zu bleiben, die dagegen sind, aufzustehen!

Er ist also einstimmig angenommen.

Ober=Tribunalsrath Dr. **Waldeck:** Ich komme nunmehr zu dem zweiten Grundsatze, der allerdings von bedeutender Wichtigkeit war und zu manchen Diskussionen schon in den Ausführungen der Herren Gutachter, namentlich in dem gewiß sehr vortrefflichen Gutachten des Herrn Planck Veranlassung gegeben hat. Dieser Grundsatz war von mir dahin formulirt: „Beweisinterlokute sind nicht appellabel." Diejenigen Herren, die dem früheren Juristentage beigewohnt oder von den früheren Verhandlungen Kenntniß genommen haben, werden sich erinnern, daß gerade der Ausdruck „Beweisinterlokute" zu bedeutenden

Mißverständnissen sowohl, als zu einem wirklichen Austausche der verschiedenen gegenseitigen Ansichten Anlaß gab. Ich hatte in Absicht, bei diesem Antrage blos auszusprechen, daß die Appellabilität der Beweisanordnungen, so will ich hier mich ausdrücken, wie im gemeinen Prozesse und im Rheinischen von großem Nachtheile sei, und daß sich die Preußischen Juristen schwerlich dazu verstehen könnten, die große Verzögerung, welche die Appellabilität solcher Zwischenurtheile oder Verfügungen im Prozesse herbeiführt, sich gefallen zu lassen. Es handelt sich also bei dieser Frage, insofern sie eine allgemeine Tragweite hat, insofern sie sich für jetzt eignet zu einer fixen Entscheidung des Juristentages, wesentlich darum, „ob die Ausführung des Beweises durch ein Rechtsmittel suspendirt werden kann." Wenn ich die Frage nun so fasse, so lasse ich dabei ganz in integro, ob gegen einen solchen Bescheid oder ein solches Urtheil überhaupt ein Rechtsmittel zulässig sein soll oder nicht. Wir sagen aber, die Ausführung soll nicht suspendirt, aufgehalten werden können durch ein Rechtsmittel. In diesem Punkte ist auch die Hannöversche Prozeßordnung mit dem Preußischen Systeme einverstanden; denn die vorbehaltene Appellation, die in der Hannöverschen Prozeßordnung bei Beweisinterlokuten vorkommt, ist nur eine Appellation, die mit der Appellation gegen das ganze Erkenntniß kombinirt wird, wenn sie auch deswegen durchaus unterschieden in der Hannöverschen Prozeßordnung, weil die Form des Beweisinterlokuts die eines Urtels ist, weil das Beweisinterlokut eventuell feste Sätze enthält für den Fall des Gelingens oder Nichtgelingens des Beweises. Es versteht sich von selbst, daß wenn man eine solche, den ersten Richter bindende Festsetzung für nöthig erachtet und zuläßt, auch eine Appellation gegen das Beweisinterlokut zulässig sein muß.

Wenn man in das Materielle tief, wie bei einem Gesetzbuche selbst nothwendig sein wird, eingehen sollte, würde die Frage die sein: Ist jener Grundsatz nothwendig, oder kann man sich damit begnügen, daß eine Beweisanordnung ergeht, entweder motivirt oder auch nicht motivirt? — jedenfalls aber ohne irgend eine Rechtskraft, ohne Bedeutung eines Erkenntnisses, also auch so, daß nach ergangenem Beweise der erste Richter, wenn er seine Meinung geändert hat, wenn sich das Personal des Gerichtshofes oder die Ansicht des frühern Personals geändert hat, doch noch in der Lage ist, von dem Beweisinterlokute abgehen zu können. Gerade jene Frage hatte in der früheren Versammlung eine bedeutende Meinungsdifferenz herbeigeführt, und auch aus den Gutachten sehen wir, daß die Meinungsdifferenz noch keineswegs durch eine communis opinio der Juristen gelöst ist, sondern daß sie noch Gegenstand der Erwägung bleiben kann. Ich für meine Person kann das auch durchaus nur zweckmäßig finden, daß eine Frage, die zwar für den praktischen Gebrauch weniger wichtig sein mag, indessen doch eine bedeutende prinzipielle Tragweite hat, gehörig erörtert wird, ehe sie zum Austrage kommt. Das Praktische, und worüber wir einverstanden waren, — denn ein Widerspruch gegen den Grundsatz, wie er demnächst formulirt ist, wurde nicht erhoben, — das Praktische besteht darin, daß der Beweis, den der Richter angeordnet hat, auch erhoben wird. Man will der Partei nicht gestatten, daß sie noch könne Einspruch thun gegen die Ausführung einer Beweisanordnung. Wir sehen dabei wohl ein, daß es Fälle geben kann, wo es wünschenswerth sein würde, einen solchen Aufschub zu erhalten, namentlich bei weitläufigen Beweisen. Diese Fälle sind aber so außerordentlich selten und stehen zu den großen Nachtheilen, die mit der verschleppenden Appellation gegen die Beweisanordnung hervortreten können, so wenig im Verhältniß, daß es zweckmäßiger geschienen hat, den Grundsatz so zu adoptiren, daß eine Beweisanordnung nicht aufgehalten werden kann. Der Grundsatz hat also nun die Fassung erhalten:

„Die Ausführung eines vom Richter angeordneten Beweises kann durch Rechtsmittel nicht aufgehalten werden."

Es wird aus der Motivirung klar geworden sein, wie diese Fassung zu verstehen ist.

Präsident: Sind Gegenanträge vorhanden?

Das ist nicht der Fall. Wir wollen also abstimmen, m. H.!

Wer für die Ansicht der Abtheilung ist, bleibe sitzen, und wer dagegen ist, erhebe sich.

Einstimmig angenommen!

Ober-Tribunalsrath Dr. **Waldeck**: Bei diesem Antrage muß ich noch auf ein Amendement oder einen zusätzlichen Antrag, gestellt von Herrn Ober-Tribunalsrath v. Sternenfels, eingehen. Er hält es nämlich für wünschenswerth, daß auch jene ganze Frage, die schon in der Motivirung angeregt ist, zu einer eingehenden Erörterung und zur Entscheidung des Juristentags gebracht werde. Diese Frage wird sich nämlich, wie ich schon gesagt habe, um die Form handeln, welche die Beweisanordnung zunächst haben muß. In unmittelbarer Verbindung damit steht die Frage: ob der erste Richter an das Beweisresolut gebunden sein soll? das heißt: an den Grundsatz, den das Beweisresolut in sich trägt.

Diese Frage ist dahin formulirt worden:

„Soll der erste Richter an ein von ihm erlassenes Beweisinterlokut bei der Hauptentscheidung gebunden sein?"

Es ist darauf angetragen, diese Frage der ständigen Deputation zur Bearbeitung für den künftigen Juristentag zu überweisen.

Dieser Zusatzantrag enthält also irgend eine materielle Entscheidung nicht, und die überwiegende Mehrheit der Abtheilung ist damit einverstanden gewesen, daß demselben Folge zu leisten sei. Es ist also beschlossen, die eben mitgetheilte Frage der ständigen Deputation zur Vorbereitung für den nächsten Juristentag zu überweisen.

Sollte Jemand bei der Fassung der Frage Zweifel hegen, so erkläre ich dieselben für unbedeutend, da ja die Fassungsfrage erst in Betracht kommen kann, wenn überhaupt über die Sache entschieden wird.

Präsident: Sind Sie damit einverstanden, m. H., daß der Deputation dieser Auftrag gegeben wird, oder ist eine Gegenmeinung?

Diejenigen Herren, welche mit diesem Antrage einverstanden sind, belieben sitzen zu bleiben, die dagegen sind, sich zu erheben.

Der Auftrag ist einstimmig ertheilt!

Ober-Tribunalsrath Dr. **Waldeck**: Ich habe schon vorhin bemerkt, daß die Abtheilung beschlossen hat, mit diesem Antrag zugleich denjenigen, welchen die ständige Deputation rücksichtlich der Beweistheorie formulirt hatte, zu verbinden. Die Frage, welche die ständige Deputation damals zur

Bearbeitung oder Entscheidung des Juristentags vorlegte und worüber Gutachten eingefordert wurden von **Brauer** und **Plathner**, die Sie in den Verhandlungen des zweiten Juristentags gelesen haben werden, ist von der ständigen Deputation dahin aufgestellt worden:

> „Soll, was den Beweis in bürgerlichen Streitsachen betrifft, das Urtheil nach freier richterlicher Ueberzeugung ohne bindende Beweisregeln erfolgen?"

Ich habe schon bemerkt, daß sich die Gutachten der beiden Herren darüber aussprechen. Der erste Gutachter, Herr **Brauer**, bejaht die Frage; der zweite, Herr Kammergerichtsrath **Plathner**, hat dagegen verschiedene Sätze aufgestellt, welche eine Bejahung der Frage keineswegs enthalten, die vielmehr aussprechen, daß bestimmte Beweisregeln an und für sich für den Richter nicht entbehrt werden können; daß aber eine anderweite Formulirung dieser Beweisregeln in Ansehung ihrer bindenden Kraft wohl nothwendig sei. In der Abtheilung ist diese Frage sehr lebhaft diskutirt worden, und diejenigen Herren, welche darüber das Wort nahmen, sind zum Theil in die Sache eingegangen; die Anträge aber, welche hierbei gestellt wurden, liefen im Wesentlichen nicht dahin aus, diese Frage unbedingt zu verneinen, sondern nur, die Entscheidung zu vertagen, da noch eine andere Formulirung etwa oder eine weitere Erörterung, worüber die Meinungen vielleicht auseinandergingen, nothwendig sei; — so daß dies auch wirklich zu dem Beschlusse geführt hat, genannte Frage, die ich nicht zu wiederholen brauche, in Erwägung, daß sie noch nicht gehörig vorbereitet sei, der ständigen Deputation des folgenden Juristentags zu überweisen.

Ich will nur ganz kurz die Motivirung wiederholen; denn wenn dem Antrag Folge gegeben und hier über diese Frage nicht entschieden würde, wäre es gewiß sehr unzweckmäßig, sich in eine weite gründliche Diskussion der Frage einzulassen. Ich werde so kurz, wie es mir in diesem Augenblick möglich ist, die Spitzen berühren, die dabei in Frage kommen:

Es ist von den Anhängern der Meinung, die die unbedingte freie Ueberzeugung des Richters geltend macht, vorzüglich die Nothwendigkeit hervorgehoben worden, dies für den Civilprozeß festzustellen, nachdem es für den Kriminalprozeß angenommen sei. Von den Gegnern ist dagegen die wesentliche Verschiedenheit des Civil- und Kriminalprozeßverfahrens hervorgehoben worden, die Verschiedenheit der Richter und Geschworenen, die Beschaffenheit unserer gegenwärtigen Gesetzbücher und der Form juristischer Handlungen, die es nothwendig machen, den Richter an bestimmte Normen zu binden, um Willkür zu vermeiden.

Was nun die Motivirung und bisherige Erörterung der Gutachten betrifft, so ist auffallend und wird sofort in die Augen treten, daß auch der erste Gutachter, der die Frage bejahen will, dennoch zu dem nothwendigen Eide, zu verschiedenen Beweisregeln kommt und daß die ganze Sache, die hier eigentlich bisher vorgelegen hat und bearbeitet worden ist, nur darin zu bestehen scheint, daß man gewisse formelle Vorschriften, die sich aber auch nur in einzelnen Prozeßordnungen finden und in andern schon weggeworfen worden sind, solche ganz positive formelle Vorschriften nicht für nöthig hält. Das ist nun allerdings eine der umfassendsten und wichtigsten Fragen für den Civilprozeß, inwiefern die Gesetzgebung da einschreiten soll, inwiefern es nothwendig ist, z. B. die Theorie des halben Beweises zu modifiziren, inwiefern es nothwendig ist, in Ansehung des Reinigungs- und Erfüllungseides gewisse Regeln vorzuschreiben, oder dem Richter ein gewisses pouvoir zu geben, was er z. B. in der Preußischen Gesetzgebung schon hat. Das sind Fragen, die sehr in das Detail eingehen und sich vorläufig nicht zu einer Festsetzung durch den Juristentag eignen.

Die Frage selbst aber, inwiefern überhaupt die positiven Beweisregeln ganz und gar weggeworfen werden sollen, insofern sie den Richter bänden, ist von so außerordentlicher Tragweite, und es schien auch vielen Mitgliedern der Abtheilung, daß so wenig Aussicht vorhanden sei, eine solche Frage, wenn sie auch jetzt schon theoretisch beantwortet werden möchte, in dieser abstrakten Art, wie sie hier aufgestellt wird, jetzt praktisch in der bevorstehenden Deutschen Prozeßordnung schon zum Austrag zu bringen, daß sie deshalb auf die Bejahung der Frage nicht eingehen könnten.

Ich habe hier, so kurz ich es konnte, die Für- und Gegengründe dargelegt. Die Sache ist auch, wie bekannt, in neuerer Zeit besonders wissenschaftlich erörtert worden. Es sind einzelne spezielle Gesetze besonders in Preußen vorhanden, wo man dem Richter eine freiere Beurtheilung erlaubt hat in Ehe- und Anfechtungssachen, solchen Sachen, die mit unerlaubten Handlungen eine gewisse Verwandtschaft haben. Ob es nun denkbar ist, eine solche Ausdehnung auf alle Sachen auszusprechen, das schien der Mehrheit der Abtheilung noch weiterer Erörterungen zu bedürfen. Nehmen wir also den Beschluß an, wie ich ihn vorgetragen habe, so sprechen wir uns über die Frage nicht aus, sondern verweisen sie zu einer künftigen Beschlußfassung.

Präsident: Darf ich bitten, den Antrag nochmals zu verlesen?

(Geschieht durch den Referenten.)

M. H.! Ich will die Diskussion über diese Frage eröffnen, da bereits einige Herren sich zum Wort gemeldet haben, und zwar zuerst Herr Endemann.

Ober-Gerichtsassessor **Endemann** aus Fulda: Fürchten Sie nicht, m. H., daß ich etwa in die weiteren Detailfragen eingehen werde! Wir, die es mit der freien Beweistheorie halten, haben gestern auch für den Antrag gestimmt, den der Herr Berichterstatter eben vorgetragen hat, weil sich nämlich in der gestrigen Verhandlung eine merkwürdige Unklarheit über diesen Punkt herausgestellt hat. Allein bei der Wichtigkeit der Frage halten wir es doch für erforderlich, die Verweisung an die ständige Deputation mit einigen Worten der Aufklärung und wohl auch der Empfehlung zu begleiten.

M. H.! Sie haben sich unbedingt für das Prinzip der Mündlichkeit ausgesprochen. In der Fassung, in der dieser Beschluß vorliegt, bezieht er sich freilich zunächst nur auf das erste Verfahren. Ich glaube, wenn Sie die Mündlichkeit wollen, müssen sie erst recht die mündliche Beweisaufnahme wollen, denn darüber kann kein Zweifel sein, ob der Richter besser urtheilt bei unmittelbarer Beweisaufnahme oder auf ein schriftliches Protokoll hin. Wenn Sie mir darin Recht geben, so haben wir für die freie Beweistheorie eigentlich schon gewonnen; denn darüber kann kein Zweifel sein: So gut als die legale Beweistheorie nur Bestand hat bei der Schriftlichkeit, ebenso gewiß ist, daß, wenn Mündlichkeit herrscht, Sie mögen resolviren, was Sie wollen, die Beweisregeln von selbst fallen werden. Vor allen Dingen hat die Empfehlung der freien Beweistheorie auf den Strafprozeß Bezug genommen und ich glaube mit vollem Rechte, denn ich kann kein Haar breit einen Unterschied zwischen dem Straf- und dem Civilprozeß erkennen. Bei dem Strafprozeß handelt es sich um einen Thatbestand, aus dem rechtliche Konsequenzen insofern gezogen werden, als erkannt werden muß, ob darin ein Delikt liegt. Im Civilprozeß handelt es sich darum, festzustellen, ob ein Civilanspruch begründet war. In beiden Fällen beruht die Grundlage des Prozesses auf einem Komplex von Thatsachen und diese muß der Richter erkennen.

Nun weiß ich freilich, daß, wenn freie Beweistheorie herrscht, in der Beweisurtheilung das eintreten muß, was wir einmal mit dem Namen „Inquisitionsmaxime" bezeichnen wollen, der Richter muß frei untersuchen können. Dadurch ist der Gegensatz gegeben zwischen dem Civil- und dem Strafprozeß. Im Civilprozeß handelt es sich um Dinge, über welche die Partei disponiren kann: es ist die Inquisitionsmaxime nicht überall anwendbar. Der Civilprozeß muß sich gliedern in zwei Theile — und das mag zur Aufklärung der gestrigen Zweifel dienen. — Es muß ein Verfahren vorausgehen, in welchem die Disposition der Parteien freien Spielraum hat. Im ersten Verfahren, für welches Sie die Mündlichkeit schon votirt haben, sind Präjudizien vollkommen anwendbar. Aber wenn nach der ersten Verhandlung sich ergeben hat, inwieweit die Parteien nicht durch dispositive Einigung, sei es unter Mitwirkung des Richters, das Rechtsziel finden können, wenn nach dem Ergebniß der ersten Verhandlung sich festgestellt hat, inwieweit die Parteien durch richterliche Hülfe entschieden haben wollen, muß in diesem Raume die freie Ueberzeugung des Richters walten und das kann sie, wie ich erwähnt habe, so gut als im Strafprozeß.

M. H.! Das ist keine Frage, die von heute auf morgen abgethan werden kann. Das weiß ich wohl! Das ist eine Frage, die davon abhängt, ob die Zeit und der Juristenstand zu einer solchen Sache reif ist. Aber meine Ueberzeugung steht fest, daß wir einer solchen Reife entgegengehen. Wer die geschichtliche Entwicklung gerade der Beweislehre betrachtet, sieht, wie von der kanonischen Scholastik, in welcher die Beweislehre damals bestand, ein Blatt nach dem andern Stück für Stück abgefallen ist. Jede neuere Gesetzgebung hat an den Beweisregeln nachgelassen, die Wissenschaft giebt nach, die Praxis schaltet noch viel freier als die Wissenschaft, und so ist die Zeit nahe, wo das Ganze als dürres Reis abfallen wird.

Das ist meine Ueberzeugung von der Sache, und in dem Sinne möchte ich bitten, daß die Deputation ihre volle Aufmerksamkeit diesem wichtigsten Punkte zuwendet; denn es hängt davon nicht allein die ganze Gestaltung des Prozesses ab, — tief schneidet es ins materielle Civilrecht ein. Wir haben hier als Juristen zunächst den Zweck der Rechtseinheit im Auge; wir haben aber auch noch ein anderes Ziel, das ist die echte Volksthümlichkeit des Rechts, und die erreichen Sie meiner Ueberzeugung nach auf keine andere Weise, als wenn Sie den Richter von den Beweisregeln entbinden und der freien Forschung freie Bahn geben. (Lebhafter Beifall.)

Präsident: M. H.! Die Abtheilung hat Ihnen den Vorschlag gemacht, diese Frage als noch nicht zum Schluß reif zur weitern Begutachtung an die Deputation zurückzugeben. Diesem Antrag gegenüber ist dem Büreau ein Antrag eingereicht worden:

> „Die Gesetzgebung soll dahin streben, daß, was den Beweis in bürgerlichen Streitsachen betrifft, das Urtheil möglichst nach freier richterlicher Ueberzeugung ohne bindende Beweisregeln erfolgen kann."

Es würde sich also jedenfalls um die Vorfrage handeln: Wollen Sie schon heute auf diese Frage eine bestimmte materielle Antwort geben oder ziehen Sie es vor, nach dem Antrage der Abtheilung dieselbe zur weitern Begutachtung an die Deputation zu überweisen?

Wer nun über diese formelle Vorfrage das Wort begehrt, möge sich erklären.

Oberamtsrichter **Scheurlen** aus Mergentheim: Die vierte Abtheilung hat trotz des für mich vollständig überzeugenden Vortrags des

Herrn Assessors Makower mit einer geringen Majorität beschlossen, die Frage, um die es sich hier handelt, zu einer neuen Berichterstattung an die Deputation zurück zu verweisen. Dieser Beschluß heißt nichts anderes, als es soll diese Entscheidung um mindestens ein Jahr verschoben werden.

M. H.! Diese Frage ist so wichtig, daß ich überzeugt bin, es ist rein unmöglich, einen Civilprozeßkodex zu verfertigren oder auch die Vorarbeiten dafür in Angriff zu nehmen, wenn man nicht über diese Frage im Reinen ist. Nun haben wir gehört, daß jetzt gerade für das Zustandekommen einer gemeinsamen Civilprozeßordnung die Aussichten am günstigsten sind. Wir sehen gerade in diesem Punkt das Ziel, das wir uns gesteckt haben, in die Nähe gerückt. Wir haben nun zweierlei Wege vor uns. Entweder sprechen wir uns jetzt über diese Frage nicht aus, dann müssen wir uns der Einwirkung auf die Civilprozeßgesetzgebung in diesem wichtigen Punkte enthalten, oder aber wir müssen uns heute darüber aussprechen. Ich glaube auch, daß die Versammlung, wenn sie nur Weniges anhören wollte über das Materielle der Sache, gewiß in die Lage käme, die Ueberzeugung für oder wider auszusprechen.

Ich meine übrigens, daß auch über die Vorfrage sich zu entscheiden schwer werden wird, wenn diese zahlreiche Versammlung nicht wenigstens aus dem Munde einiger Redner über das Materielle sich instruirt hat.

Präsident: Es scheint mir die Diskussion soweit gereift, um die Vorfrage zur Entscheidung bringen zu können. (Zustimmung.)

Sind Sie damit einverstanden? (Ja, ja!)

Ich will nun die Vorfrage zur Abstimmung bringen und zwar in der bisherigen Weise. Ich werde daher dem Antrage der Abtheilung insofern den Vorzug geben, als ich ihn zuerst Ihnen zur Abstimmung vorlege. Wer dafür ist, daß nach dem Antrage der Abtheilung diese Frage zur weitern Begutachtung an unsere ständige Deputation zurückgewiesen werde, beliebe sitzen zu bleiben!

Wer dafür ist, daß heute schon in der Sache selbst der Juristentag seine Meinung aussprechen könne, beliebe sich zu erheben!

Die Mehrheit ist für den Antrag der Abtheilung.

Ober-Tribunalsrath Dr. **Waldeck**: Es folgt nun der dritte, damals aufgestellte Grundsatz, der so lautet:

„Streitführende Parteien müssen sich beim Gerichte durch Rechtsanwälte vertreten lassen."

Dieser Grundsatz ist im vorigen Jahre von der Abtheilung ebenfalls angenommen worden; er ist motivirt in dem damaligen Bericht; er ist auch gegenwärtig angenommen durch eine ganz überwiegende Majorität, und es ist dabei wiederholt betont und in Erinnerung gebracht, daß dieser Grundsatz, wie die anderen vier Grundsätze, auch nur sich beziehen solle auf das ordentliche bürgerliche Verfahren vor kollegialisch formirten Gerichten. Wenn wir ihn so fassen, so glaube ich, werden nicht viel Worte nothwendig sein, um diesen Vorschlag zu motiviren, denn durch diese Beschränkung sind z. B. Bagatellsachen und Sachen vor dem Handelsgericht ausgeschlossen, weil diese zu dem Ausnahmeverfahren gehören und nicht unter das ordentliche bürgerliche Verfahren vor ständigen kollegialischen Gerichten kommen.

Wenn wir nun darüber einig sind, daß der Grundsatz so aufgefaßt werden soll, so ist von einer Seite in der Abtheilung gesagt worden, daß es eine Härte für die Partei bleiben werde, wenn man sie zwinge, einen Anwalt zu nehmen, und der Richter sie selbst nicht höre, und daß man darin eine Art Monopol für den Anwaltstand finden könne. Dagegen ist von der großen Mehrzahl derjenigen, die überhaupt das Wort nahmen, hervorgehoben worden, daß es sich um ein Monopol gar nicht handle, sondern nur um die Möglichkeit, eine geordnete Prozeßführung ohne Nachtheil der Parteien überhaupt ins Leben zu rufen.

Nachdem das Prinzip der Mündlichkeit in der Ausdehnung, wie Sie beschlossen haben, zur Geltung gekommen ist, wird es wirklich nicht möglich sein, daß eine in Prozeß- und Rechtssachen unerfahrene Partei auf solche Weise ihr Recht haben könne, ohne daß Nachtheile eintreten; und darum ist der Staat ebenso berechtigt als verpflichtet, in seinen Institutionen Vorsorge zu treffen, damit nicht durch eine ungeschickte Prozeßführung die Rechte der Parteien verletzt werden. Er muß dies thun, nicht etwa als Vormund der Partei, sondern weil er die ihm nach dem öffentlichen Recht obliegende Pflicht, ein gehöriges Prozeßverfahren, wie es im Interesse des Ganzen nothwendig ist, zu schaffen, sonst unmöglich erfüllen kann, weil er die Fristen, die im mündlichen Verfahren bei dem Beweise und sonst unentbehrlich sind, unmöglich abkürzen kann, wenn er nicht voraussetzt, daß die Parteien gehörige Vertreter haben. — Aus diesen und vielen anderen Gründen hat also die Abtheilung beschlossen, auch diesen Grundsatz anzunehmen.

Präsident: Darf ich den Herrn Berichterstatter ersuchen, den Antrag nochmals zu verlesen?

(Geschieht.)

Ist ein Gegenantrag da?

Herr v. Sternenfels hat das Wort.

Ober-Tribunalsrath **v. Sternenfels** aus Stuttgart: Es ist in der gestrigen Sitzung der vierten Abtheilung zu diesem Antrage, wie er jetzt formulirt ist, noch ein Beisatz beschlossen worden, der mir nicht so unbedeutend zu sein scheint, daß er im Plenum übergangen werden dürfte; es ist der Grundsatz, daß Bagatellsachen ausgenommen werden sollen. Dieser Punkt ist sehr wichtig, insofern zwischen denjenigen Sachen, die vor Kollegial-Gerichte gehören und denjenigen, welche als Bagatellsachen erscheinen, noch ein großer Zwischenraum liegt. Nach der Hannöverschen Prozeßgesetzgebung, die allgemein als Muster aufgestellt werden soll, gehören vor Kollegial-Gerichte nur Gegenstände über 150 Thlr. M. H., von den Streitgegenständen unter 150 Thlr. bis zu den Bagatellsachen ist ein großer Schritt. Ich glaube, wenn man nicht für eine große Anzahl von Prozessen den Anwaltszwang ausschließen will, darf man nur die Bagatellsachen ausnehmen und der kollegialischen Besetzung der Gerichte keine Erwähnung thun, und das will auch im Wesentlichen der Beschluß der Abtheilung.

Kreisrichter Dr. **Gad** aus Sagan: Ich möchte wünschen, daß gesagt würde: „rechtsverständige Personen ausgenommen."

Präsident: Es ist der Antrag gestellt worden als Zusatz: „rechtsverständige Personen sind ausgenommen."

Advokat **Judeich** aus Dresden: M. H.! Obwohl ich mit Freuden allen übrigen Anträgen des Herrn Ober-Tribunalsraths **Waldeck** und der Deputation zustimmte, habe ich doch bei diesem Punkte ein erhebliches Bedenken nicht unterdrücken können. Ich muß mich gegen den Advokatenzwang aussprechen, und zwar glaube ich, daß hier in diesem Punkte über dem Bedürfniß des Prozeßrechtes, sollte es wirklich so streng vorhanden sein, ein höheres und besiegendes soziales Prinzip liegt: ich meine das Prinzip der Mündigsprechung des Staatsbürgers. Wenn wir in der dritten Abtheilung mit Recht das Wort vernommen haben, daß das Deutsche Volk reif sei, sogar über Ehre und Leben seiner Mitbürger Recht zu sprechen, so werden wir doch hinsichtlich der Rechtsgeschäfte behaupten dürfen, daß ein Deutscher Staatsbürger ohne Anwalt vor seinen Richter treten kann. Würde das schriftliche Verfahren, wie es bisher galt, oder auch das mündliche Verfahren mit Vorwiegen des schriftlichen noch Geltung behalten, dann würde ich ebenfalls für den Anwaltszwang sein. Wir haben aber das volle Prinzip der Mündlichkeit angenommen, welches dem Richter die Pflicht und das Recht auferlegt, die Parteien hinlänglich zu befragen, und dann, wenn eine Partei nicht bewandert im Reden sein sollte, sie zur Aufklärung zu veranlassen. Unter solchen Verhältnissen, glaube ich, liegt im Advokatenzwange eine überflüssige Bevormundung der Staatsbürger, und deswegen erkläre ich mich dagegen.

Ober-Staatsanwalt Dr. Keller aus Wien: Der Grund der Beschränkung, welche im Advokatenzwange liegt, ist von der Abtheilung im Mangel der nöthigen Kenntniß zur Prozeßführung gefunden worden. Wo dieser Grund fehlt, fällt auch das Begründete, der Zwang weg. Wenn eins der Erfordernisse einer guten Prozeßgesetzgebung ist, daß der Prozeß so billig als möglich den Parteien komme, so frage ich, wäre es gerechtfertigt, wenn der Richter oder wenn sonst ein Rechtsverständiger in die Lage kommt, einen Prozeß zu führen, er sich erst einen Anwalt suchen muß? Ich glaube daher, daß es nothwendig ist, in den fraglichen Ausspruch folgende Beschränkung aufzunehmen:

> „Streitführende Parteien, **wenn sie nicht selbst die gesetzliche Befähigung von Rechtsanwälten besitzen**, müssen sich im Civilprozesse durch solche vertreten lassen."

Ich erlaube mir daher, Ihnen diesen modifizirten Antrag anzuempfehlen.

Kreisrichter Dr. Gad: Der Antrag des Herrn Ober-Staatsanwalts Keller fällt mit dem meinigen zusammen. Ich habe ihn allgemeiner gefaßt, weil ich voraussetze, daß es die Sache der Ausführung sei, in den einzelnen Gesetzgebungen zu bestimmen, wer im Sinne dieser Gesetzgebung für einen Rechtsverständigen zu erachten, und ich habe, um die Sache deutlicher zu machen, nichts hinein zu korrigiren gesucht in diesen allgemeinen Antrag.

Hofrath Dr. Edler v. Kerstorf aus Augsburg: M. H.! Wir haben viele Advokaten hier. Ich bin seit 27 Jahren Advokat und habe die Nothwendigkeit des Advokatenzwanges nie gefunden. Wer nicht rechtskundig ist, suche sich einen Rechtsverständigen, er mag ihn bringen und vor dem Richter seine Sache mit ihm oder durch ihn allein treiben. Wir haben die Erfahrung, daß sehr häufig die Rechtsuchenden nur theilweise in ihren Prozessen der Advokaten benöthigt sind, theilweise wieder nicht; einen Theil führen sie selbst, zu dem anderen nehmen sie einen Anwalt. Ich erinnere Sie nun gerade an die mündliche Verhandlung, an die Vorverhandlung, wo sie sehr häufig allein und dann zum Beweis mit dem Anwalt oder durch den Anwalt arbeiten. Ich spreche mich laut und offen und entschieden unbedingt gegen jeden Advokatenzwang aus!

Wir sprechen an anderen Orten für Gewerbefreiheit, wir sprechen an anderen Orten für Mündigkeit, wir sprechen an anderen Orten für die unbedingte Handlungsfähigkeit der Frauenspersonen. Bei Interzessionen, Hypothekensachen, in Kriminalsachen, überall nicht — nur, wenn es sich, ich möchte sagen, um lumpiges Geldgeben handelt, da soll der Mann des Advokaten bedürfen. (Bravo!)

Ich spreche mich also für unbedingte Freiheit aus. Wer den Advokaten braucht, der wird ihn suchen, und wer ihn nicht braucht, der wird ihn weglassen. (Bravo! Schluß! Nein! Unruhe.)

Präsident: Herr Dr. Horwitz hat, ehe der Ruf „Schluß!" zu meinen Ohren gekommen ist, um's Wort gebeten; ich glaube, ihm muß ich es geben. (Ja!)

Rechtsanwalt Dr. Horwitz aus Liebenwerda: M. H.! Angesichts der Erregtheit, mit welcher die Debatte fortgesetzt werden zu sollen scheint, erachte ich es für eine dringende Pflicht, mich der möglichsten Ruhe zu befleißigen. (Bravo!)

Ich halte es für geboten, m. H., zunächst Eins hervorzuheben. Diejenigen Herren, welche sich gegen den von unserer Abtheilung und mit großer Majorität beschlossenen Satz aussprechen wollen, verkennen ganz und gar, wie mich dünkt, die Tragweite des Beschlusses, den wir hier zu fassen im Begriff sind. Wir sind keineswegs konstituirt, Paragraphen eines Gesetzbuchs zu beschließen, wir sind beisammen, um allgemeine Prinzipien auszudrücken. Das scheint mir über allen Zweifel erhaben zu sein und ich muß gestehen, es nimmt mich Wunder, daß Sie dieser Sachlage gegenüber das Gegentheil dokumentiren wollen und Spezialitäten hineinbringen, die den Charakter eines allgemeinen Prinzips total verwischen. Ich bitte Sie dringend, m. H, nicht zu verkennen, daß wir nicht zum Schluß gelangen, wenn wir bei jeder einzelnen Frage andere spezielle Fragen gleichzeitig mit zur Erledigung bringen wollen.

In Bezug auf das Materielle der Debatte und im Angesicht der großen Menge wichtiger Fragen, die noch zu erledigen sind, erkläre ich mich versucht, zur Widerlegung dessen, was von den Gegnern ausgesprochen worden, mich darauf zu beschränken, daß bereits gestern in unserer Abtheilung hinreichend nachgewiesen worden, daß nicht von Bevormundung die Rede sein kann, daß ein würdiges Verfahren vor Gericht unmöglich ist, wenn man rechtsunerfahrene Parteien zuläßt und man dem Vorsitzenden die Befugniß einräumt, durch ausgedehnte Fragstellung die eigene Unparteilichkeit in Frage zu stellen. Und es ist auch die Frage, ob sogenannte rechtsverständige Personen auszunehmen seien, eine sehr offene Frage. Ich will Niemand von den rechtsverständigen Prozeßführenden zu nahe treten, aber in der Praxis haben wir oft erfahren, daß die rechtsverständigen Personen in der Prozeßführung in eigener Sache sich am unfertigsten zeigten. (Heiterkeit.)

Ich bitte, m. H., den Antrag der Abtheilung ohne weitere Debatte anzunehmen.

Präsident: Es ist auf Schluß der Debatte angetragen worden, und ich muß diesen Antrag zur Abstimmung bringen, mit dem Vorbehalte, daß dem Herrn Berichterstatter jedenfalls noch das Wort gegeben wird, auch wenn auf den Schluß erkannt werden sollte. Wer dafür ist, daß auf Schluß erkannt werde, beliebe aufzustehen.

Es ist die entschiedene Majorität. — Herr Ober-Tribunalsrath Waldeck hat das Wort als Berichterstatter.

Ober-Tribunalsrath Dr. **Waldeck:** M. H.! Es wird mir obliegen, nur in kurzen Zügen einiges zur Aufrechthaltung des Beschlusses der Abtheilung anzuführen und sodann auf das Amendement einzugehen und schließlich auf die Bemerkung, welche Herr Ober-Tribunalsrath v. Sternenfels als Zusatz gemacht hat.

Was die Sache selbst betrifft, so ist die Ansicht, wie bei allen Anträgen, die gewesen: ein allgemeines Prinzip auszusprechen, wonach es für den Staat möglich sein soll, eine Vereinfachung der Prozeßführung zu bewirken. Dieses Prinzip hatten wir nun in Preußen, wie den Herren bekannt sein wird, in umgekehrter Art. Unsere Gesetzgebung hat den Ausgang genommen von dem denkbar möglichsten Advokatenhaß, sogar von der Abschaffung derselben, und der damalige Haß des großen Friedrich war berechtigt. Es lag daran, daß die Advokatur bei den trostlosen Prozeßverhältnissen und bei den trostlosen politischen Zuständen, die damals existirten, wirklich so heruntergedrückt war, daß, wie uns aus vielen Komödien, satyrischen und anderen Schriften jener Zeit bekannt ist, sie in der That nicht den Anspruch auf Achtung hatte, den sie jetzt hat, und den sie noch viel mehr wird behaupten können, wenn wir erst eine gehörige Organisation des Advokaturwesens, der Prozeßordnung und ein allgemein durchgreifendes mündliches und öffentliches Verfahren haben. (Bravo!)

In der Praxis haben wir die Erfahrung im vollsten Maße gemacht. Die Unentbehrlichkeit des Advokaten ist trotz der Instruktionsmethode, wonach der Richter, nach einem unerreichbaren Ideale, zugleich Anwalt der Parteien sein sollte, nämlich der rechtsunverständigen Parteien, so zu Tage getreten, daß die Advokaten zuerst als Assistenzräthe, dann als Justizkommissare durch die Hinterthüre wieder hereingekommen sind, und daß die Ausschließung der Advokaten und die eigne Prozeßführung der Parteien die größten Uebelstände und Verschleppungen herbeigeführt hat.

Wie sehr ein Preußischer Richter diese Fragen würdigen kann, wollen Sie daraus abnehmen, was schon angeführt wurde, daß bereits 1827, als der neue Prozeß-Codex von dem bekannten Reichardt vorgelegt wurde, dieser den Advokatenzwang für nöthig erkannte. Dasselbe sprechen viele Berichte verschiedener Gerichtshöfe aus; es ist auch indirekt dafür dadurch gewirkt worden, daß die Mandatarienkosten nur in den Bagatellsachen nicht, in anderen aber erstattet werden müssen. Wir haben das Prinzip der Hannöverschen Gerichtsordnung angenommen, und dasselbe Prinzip ist auch im Rheinischen, Französischen Rechte, daß der Schwerpunkt in der mündlichen Verhandlung nach der schriftlichen Vorbereitung liegen müsse. Diese geschieht im Hannöverschen Verfahren einfach und, ich bekenne, noch einfacher im Rheinischen Verfahren durch Kommunikation von Anwalt zu Anwalt. Wenn Sie im Einzelnen ermessen können, wieviel durch dieses Vorverfahren dem Lande an Prozeßkosten, an Zeit, an Allem gewonnen wird, so wird Ihnen ein ganz anderes Bild entgegentreten, als dasjenige der Herren, die hier von Gewerbefreiheit und dergleichen Dingen sprachen, wovon gar nicht die Rede ist. (Bravo!)

Hat irgend ein Mensch unter Gewerbefreiheit verstanden, daß man seinen Körper jedem unwissenden Quacksalber anvertrauen könne? Nennt man das Gewerbeunfreiheit, wenn über wichtige wissenschaftliche Fragen, wenn über juristische Gegenstände, die bis jetzt noch wenigstens nicht Gegenstand eines Geschworenen-Gerichts werden können, so lange wir diese komplizirten Gesetzbücher haben, wenn wir da nicht jeden Menschen urtheilen lassen? Ja, Freiheit ist vorhanden, insofern als wir Jedem das Urtheil ganz frei lassen, er mag Meinungen aussprechen so viel er will; das ist die Freiheit in diesem Punkte. Wenn aber dieser Ausspruch der Meinungen etwas bedeuten soll, so ist das nicht Frage der Gewerbefreiheit, das ist die Frage eines politischen, sozialen und rechtlichen Instituts, und von diesem Gesichtspunkte aus muß diese Frage aufgefaßt werden. Von diesem Gesichtspunkte aus ist in wichtigen Sachen, von denen nur hier die Rede, da Bagatellsachen ausgeschlossen sind, ein geordnetes Verfahren nothwendig, daß der Staat den Richter nicht mehr zum Instruenten mache, sondern es der Partei überlasse, dem Richter ihre Sache frei vorzutragen. Der Richter muß wie ein höheres Wesen über der Sache stehen, nicht nachhelfend, sondern nur aufklärend, wirkend durch sein Fragerecht bei unklar gebliebenen Sachen. Hat der Richter diese Stellung, so muß dafür gesorgt werden, daß auch die Partei gehörig vertreten sei; das kann nur geschehen auf die erwähnte Weise. Diesem Gesichtspunkte schließt sich vor Allem aber der Gesichtspunkt einer zweckmäßig erleichterten Prozeßführung an.

Das sind die maßgebenden Gesichtspunkte, und ich glaube, daß überall, wo man diesen Grundsatz annimmt, man sich viel wohler dabei befinden wird, als bei dem angeblich so humanen und richtigen Prinzipe, daß Jedermann die Befugniß haben solle, Verhandlungen vor Gericht in ungemessene Länge zu ziehen; denn welcher Richter kann denn einer unwissenden Partei das Wort entziehen, wer wird dies auf sein Gewissen nehmen? Wenn aber jenes Prinzip herrscht, so muß es in seiner Macht stehen, ihr das Wort zu entziehen, wenn sie sich herausnimmt, die Verhandlung für Andere unmöglich zu machen, da das Jahr eben nur 365 Tage hat. — Alle diese Sätze führen zu der Ueberzeugung: es ist Advokatenzwang nothwendig; dafür ist eine communis opinio.

Ich halte nicht für nöthig, die Einschränkung, die Herr Ober-Staatsanwalt Keller und Herr Kreisrichter Gad vorgeschlagen haben, hinzuzufügen. Wenn wir das Prinzip in dieser Allgemeinheit anerkennen, wenn wir hier den allgemeinen Satz aussprechen, so soll nicht gesagt sein, daß einzelnen Gesetzgebungen es nicht überlassen bleibe, davon abzugehen und Ausnahmen zuzulassen. Ich würde aber auch materiell gegen den Zusatz stimmen und halte ihn nicht für zweckmäßig. Und wenigstens muß nicht so gesagt werden: „rechtsverständige Personen sind ausgeschlossen." Wir haben solche Ausnahmen in unserem Verfahren auch, namentlich in Ansehung der Anfertigung von Schriften. Aber das kann ich Ihnen versichern, daß oft die Nichtigkeitsbeschwerden der allertüchtigsten Richter in eigener Sache von der Art sind, den höchsten Richter in Verzweiflung zu bringen (Heiterkeit) und daß gerade der tüchtigste Jurist, wenn er seine eigene Sache vertheidigt, in die allertiefsten Spitzen des Rechts so hineingeht, daß er zuletzt selbst den Faden verliert. Das ist ja auch bekannt, daß Stryk, der de cautelis testamentorum schrieb, selbst ein nichtiges Testament gemacht hat.

Ich erkläre mich also gegen die von Herrn Gad gewählte Fassung und meine, daß es der Gesetzgebung der einzelnen Staaten überlassen bleiben kann, sich über die Ausnahme von der allgemeinen Regel zu einigen. (Bravo!)

Was den v. Sternenfels'schen Antrag betrifft, so ist es ganz richtig, daß von seiner Seite dieser Antrag gestellt wurde, eine Ausnahme zu machen in Ansehung der Bagatellsachen, und ganz richtig habe ich gleich von vornherein betont, daß die Abtheilung damit einverstanden ist. Es ward aber nachher in der Verhandlung auch so aufgefaßt, — worüber das Protokoll Aufschluß geben wird, — es ward nachher proklamirt, daß durch die allgemeine Fassung, die demnächst gewählt wurde: „für das ordentliche bürgerliche Prozeßverfahren vor kollegialisch formirten Gerichten," jene Ausnahme von selbst nicht mit eingeschlossen sei. Denn das ordentliche bürgerliche Verfahren vor Kollegien schließt Bagatellsachen, die von dem Einzelrichter bearbeitet werden, aus. Es kann nicht richtig, nicht logisch sein, wenn man über einen bestimmten Gegenstand, namentlich das Verfahren im ordentlichen Prozeß, einen Ausspruch thut und nun hinzufügt, daß dieser Ausspruch doch weiter nichts sein solle, als was er sagt, — daß irgend etwas nicht gemeint sein solle, was er gar nicht umfaßt. Es ist unrichtig, dies hinzuzufügen, — so habe ich den Beschluß der Abtheilung aufgefaßt. Jedenfalls müßte ich es für durchaus hinreichend halten, wenn beschlossen wird: der Grundsatz wird so anerkannt, und keineswegs wird in diesem Punkte einer motivirten Ausnahme die Thüre verschlossen.

Präsident: Wir kommen zur Abstimmung!

Es sind zwei Anträge zu erledigen. Erstens:

„Erklärt sich die Versammlung einverstanden mit dem allgemeinen Grundsatz, daß im Civilprozeß die Zuziehung von Rechtsanwälten nothwendig sei, oder erklärt sie sich dagegen?"

Das ist die erste Hauptfrage. Wenn diese entschieden ist, dann werden die beiden Amendements noch in Frage kommen. Diese beziehen sich auf Ausnahmen zur Regel und Sie werden sich darüber zu entscheiden haben, ob Sie überhaupt auch eine Ausnahme beschließen, oder sich auf das allgemeine Prinzip beschränken wollen; im Einzelnen:

„Ob Sie ausdrücklich einerseits die Bagatellsachen ausnehmen wollen oder nicht, andrerseits die sachverständigen Parteien als frei von der Verpflichtung, einen Anwalt zuzuziehen, erklären wollen."

M. H.! Wer nun nach dem Antrage der Abtheilung dafür ist, daß der allgemeine Antrag:

„Es sei die Zuziehung von Rechtsanwälten im Civilprozesse nothwendig,"

angenommen werde, beliebe sitzen zu bleiben. Ich werde den Antrag noch einmal verlesen lassen.

(Geschieht durch den Referenten.)

Ober-Tribunalsrath v. **Sternenfels**: Sobald in den Antrag aufgenommen ist: „vor Kollegialgerichten", und Bagatellsachen abgelehnt werden, so ist zwischen diesen Sachen noch ein großes Spatium: man muß entweder die Kollegialgerichte fortlassen oder nicht über die Ausnahme der Bagatellsachen abstimmen.

Präsident: Ich beharre auf meinem Abstimmungsmodus. Es ist die deutlichste Form für die Versammlung. Wer dafür stimmt, daß der verlesene Antrag der Abtheilung angenommen werde, beliebe sitzen zu bleiben; wer dagegen stimmt, beliebe sich zu erheben.

Mit großer Mehrheit angenommen! —

Herr v. Sternenfels beantragt, daß noch ein Zusatz beschlossen werde:

„Bagatellsachen sind ausgenommen."

Wer dafür ist, daß der Antrag v. Sternenfels als Zusatz hinzugefügt werde, beliebe aufzustehen.

Eine Stimme: An manchen Orten können auch Bagatellsachen vor Kollegialgerichten verhandelt werden.

Eine Stimme: Es kommt hierbei in Frage: Was sind Bagatellsachen? In jedem Lande ist es in dieser Beziehung anders.

Präsident: Das bezieht sich auf den Inhalt des Antrags, nicht auf die Fragstellung.

Wir kommen nun zur Abstimmung! Wer dafür stimmt, daß der v. Sternenfels'sche Antrag bezüglich der Bagatellsachen hinzugefügt werde, beliebe aufzustehen.

Der Antrag ist in der Minorität geblieben!

Es folgt nun die zweite Abstimmung! Wer dafür stimmt, daß bezüglich der rechtsverständigen Parteien eine Ausnahme gemacht werde, beliebe aufzustehen.

Der Antrag ist ebenfalls in der Minorität geblieben!

M. H.! Ich habe gesagt, daß die Herren sitzen bleiben sollen, welche für die Anträge der Abtheilung sind, indem Sie Alle mit mir darüber einverstanden sein werden, daß dasjenige, was in der Abtheilung berathen und beschlossen worden ist, den Vorzug verdient. Ich schreite nun vorwärts!

Ober-Tribunalsrath Dr. **Waldeck:** Vierter Grundsatz: Abweisung der Klage per decretum. Es ist hier folgender Antrag angenommen worden:

> „Eine Zurückweisung der Klage per decretum ist unzulässig."

Die Gründe dieses Beschlusses sind ebenfalls in den frühern Motiven hinreichend mitgetheilt worden, und es ist nur von dem Herrn v. Sternenfels in Beziehung darauf ein Dissens erklärt worden. Man könnte sagen, daß diese Frage von geringerer Tragweite sei wie die übrigen, indessen hängt sie doch auf das Wesentlichste mit der Einrichtung des mündlichen Verfahrens zusammen; wenn man dem Civilverfahren diejenige bewegliche Einleitung geben will, die Sie am Rhein und in Hannover finden, daß nämlich die Klage durch einen Gerichtsvollzieher insinuirt wird, dann können Sie eine solche Einrichtung gar nicht treffen und ein Verfahren zulassen, nach welchem erst von den Kollegialgerichten nach gehörigem Vortrag über den Rechtspunkt die Frage entschieden wird, ob man die Klage einleiten oder vielleicht als unsubstanziirt durch Dekret abweisen soll. Noch weniger nothwendig ist dies dann, wenn die Vertretung durch Anwälte obligatorisch wird und an und für sich unsubstanziirte Klagen viel weniger vorkommen werden. Ferner ist jenes Vorverfahren auch durchaus nicht von der Art, um die richterliche Unparteilichkeit gehörig zu wahren; denn wenn der Richter einmal bei diesem Verfahren vorher einen Ausspruch in erster Instanz gethan hat und er wird, was nach meiner Erfahrung häufig geschieht, vom zweiten oder, wenn die Entscheidung drei Instanzen — wie in Preußen — erfordert, vom dritten Richter angewiesen, die Klage einzuleiten, so zeigt die Erfahrung, wie ungern ein Gericht von einer solchen vorgefaßten und motivirt ausgesprochenen Entscheidung wieder abgeht, wie oft es sich dann der bessern Ueberzeugung verschließt.

Für den Grundsatz spricht aber auch, daß, wenn der richterliche Spruch nur gegeben werden soll nach Anhörung der Parteien, der Richter der einen wie der andern das Wort gönnen muß und er erst dann sich ein richtiges Bild wird machen können, um diese ganz unnütze Vorfrage, ob er vielleicht die Klage per decretum abweisen will oder nicht, zu erledigen. Gerade deshalb, weil dieser Grundsatz nothwendig ist und sehr erwünschte Erleichterungen in Einleitung der Klagen herbeiführt, haben wir es für zweckmäßig erachtet, denselben aussprechen zu lassen. Bemerken muß ich hierbei, daß schon in dem frühern Entwurf von 1827 das fast ganz so angenommen war, später freilich hat man sich bei uns noch nicht dazu entschließen können. Mir ist aber aus gemeinrechtlichen Ländern die Mittheilung gemacht worden, wie äußerst nachtheilig dieses Verfahren, dieses vorschriftliche Dekretverfahren auf das Rechtsprechen gewirkt hat. Ich möchte daher empfehlen, den Antrag:

> „Eine Zurückweisung der Klage per decretum ist unzulässig,"

anzunehmen.

Präsident: Wenn nicht gegen diesen Antrag gesprochen wird, so schreite ich zur Abstimmung.

Wer dafür stimmt, daß der eben verlesene Antrag angenommen wird, beliebe sitzen zu bleiben; wer dagegen ist, aufzustehen.

Die große Majorität hat sich mit dem Antrag einverstanden erklärt!

Ober-Tribunalsrath Dr. **Waldeck**: Von viel größerer Wichtigkeit und Tragweite ist der fünfte Grundsatz, den ich in Ansehung des Rechtsmittels letzter Instanz aufgestellt habe.

Dieser Grundsatz lautet:

> „Das Rechtsmittel letzter Instanz bringt nicht die Sache in ihrer Totalität, sondern neben Kompetenzüberschreitungen und gewissen Prozedurfehlern nur die behauptete fehlerhafte Anwendung und Auslegung des Gesetzes mit Ausschluß der thatsächlichen Würdigungen des zweiten Richters zur Entscheidung des höchsten Gerichtshofs."

Es wurde von einer Seite hervorgehoben und auch allseitig anerkannt, daß hier mit dem Ausdruck „Rechtsmittel letzter Instanz" das Rechtsmittel dritter Instanz gemeint sei, da nur von dem ordentlichen bürgerlichen Verfahren die Rede ist und in diesem die zweite Instanz die volle Entscheidung der Sache zuläßt, während die dritte Instanz der vorgeschlagenen Beschränkung unterliegen soll.

Durch den aufgestellten Grundsatz wird das Prinzip der Kassation gegenüber demjenigen der Revision oder Oberappellation für das Richtige erklärt. Es kann auch hier nicht meine Aufgabe sein, die Begründung eines solchen Prinzips erschöpfend zu geben; ich darf vielmehr auf die frühern Motive, Berichte und den übereinstimmenden Ausspruch aller drei Gutachter der Deputation verweisen.

Bei einer guten Gerichtsorganisation erster und zweiter Instanz, bei den Vortheilen, welche das mündliche Verfahren gerade in Beziehung auf die Thatfragen darbietet, kann die Gesetzgebung für letzteres Feld sich gar wohl mit zwei Instanzen begnügen. Der Beruf des höchsten Gerichtshofs muß seiner Bestimmung nach vor Allem die Entscheidung der Rechtsfragen, sowie die Abhülfe gegen prozessualische Verstöße ermöglichen. Dies ist, wie die Erfahrung so vieler Länder zeigt, durch das Kassationsprinzip ausführbar. Nur auf diesem Wege ist eine wirksame und nicht auf sehr hohe Objekte beschränkte letzte Instanz herzustellen, die zugleich einen Centralpunkt für die Ausbildung der Rechtseinheit gewährt. Schon deshalb muß, wer einen solchen Centralpunkt für Deutschland anstrebt, das einzige Mittel dazu wollen. Die noch bestehende Verschiedenheit des materiellen Rechts der Einzelstaaten bietet kein Hinderniß dar, indem Fragen des Provinzialrechts ganz ebenso gut auf dem Wege der Nichtigkeitsbeschwerde, als der Revision zur Entscheidung gebracht werden können, wie die Erfahrung in Preußen namentlich gezeigt hat.

Von einer Seite wurde, unter Einräumung des Prinzips als Regel, doch die Koexistenz der Revision für den Fall difformer Entscheidungen befürwortet, als dem Rechtsgefühl und der Billigkeit entsprechend. Dagegen wurde andrerseits das unlogische einer solchen Beschränkung des allgemeinen Prinzips hervorgehoben, sowie ferner der entschiedene Nachtheil, welchen die Beschränkung namentlich in Preußen hervorgerufen hat, indem dieselbe verschiedene Entscheidungen in facto gleichliegender Sachen derselben Parteien beim höchsten Gerichtshof veranlaßte.

Das Prinzip der Kassation hat in Frankreich, Belgien, Holland, England, Spanien Geltung. Es ist auch in Preußen, wenn auch nicht unbedingt, durchgedrungen; es gilt in Hannover, Braunschweig, Oldenburg, ist im neuen Bayerischen Entwurf adoptirt worden und in Oesterreich in Aussicht gestellt. Es hat in denjenigen Deutschen Staaten, welche das Französische Recht beibehalten haben, Geltung behalten, und sowohl unter Juristen als Nichtjuristen allgemeine Anerkennung gefunden. Das Prinzip der Kassation entspricht dem Rechtsgefühl, sobald es richtig angewendet wird. Es ist nicht die Absicht des aufgestellten Grundsatzes, die Formulirung eines Gesetzes über das Rechtsmittel der Nichtigkeitsbeschwerde festzustellen, sondern das Wesentliche des Prinzips auszusprechen. Ein solcher Ausspruch aber kann nicht vertagt werden, er ist nothwendig, ehe man an die Ausarbeitung einer einheitlichen Deutschen Prozeßordnung geht, deren Schlußpunkt gerade durch dieses Prinzip fixirt wird.

Dem entsprechend hat die Abtheilung mit nur wenigen dissentirenden Stimmen den aufgestellten Grundsatz zum Beschluß erhoben.

Ich empfehle Ihnen gleichfalls die Annahme desselben.

Präsident: Sind Gegenanträge? (Nein!)

Wollen Sie abstimmen? (Ja!)

Wer dafür ist, bleibe sitzen; wer dagegen ist, wolle sich erheben.

Der Antrag ist mit großer Mehrheit angenommen!

Nun erlauben Sie mir eine kurze Bemerkung: Die vierte Abtheilung, welche im vorigen Jahre ziemlich bedeutend zu kurz gekommen ist, hat das nun, meine ich, nachgeholt. (Heiterkeit.)

Ich muß Sie nun in meiner Stellung darauf aufmerksam machen, daß es meine Pflicht ist, dahin zu wirken, daß wo möglich sämmtliche Anträge heute zur Berathung und Abstimmung gelangen. Nun ist aber schon eine geraume Zeit verflossen über den bisher zum Vortrag gebrachten, daher ersuche ich die Herren Berichterstatter sowohl als die Herren Redner, sich möglichster Kürze zu befleißigen. Ich meinerseits will selbst auf die Gefahr hin, etwas tyrannisch zu erscheinen, die Kürze der Verhandlung vertreten. (Bravo!)

Es folgt nun der Antrag des Herrn Stadtrichters Primker. Herr Assessor Planck wird das Referat geben.

Ober-Gerichtsassessor **Planck** aus Göttingen: Der an die vierte Abtheilung überwiesene Primker'sche Antrag, über welchen ich jetzt zu berichten habe, lautet folgendermaßen:

> „Der Deutsche Juristentag wolle aussprechen, daß die Unabhängigkeit der Rechtspflege nur dann gewahrt sei, wenn der alte Deutsch-rechtliche Grundsatz, daß die Gerichte in allen Fällen über ihre Kompetenz selbst und ausschließlich zu entscheiden haben, ungeschmälert Geltung hat."

Die vierte Abtheilung hat sich mit großer Majorität für Annahme dieses Antrags entschieden, jedoch nicht ohne daß erhebliche Widersprüche von verschiedenen Seiten dagegen erhoben worden wären.

Es wurde zunächst von einer Seite die Kompetenz des Juristentags zur Entscheidung eines solchen Antrags bezweifelt, weil derselbe in seinen wesentlichen Richtungen staatsrechtlicher und politischer Natur sei. Die Abtheilung hat dieser Ansicht nicht beistimmen zu können geglaubt und es ist die Meinung ausgesprochen worden, daß das Wesen des Antrags civilprozessualischer Natur sei und der Umstand, daß daneben eine staatsrechtliche und politische Seite in Betracht kommen könnte, den Juristentag nicht abhalten dürfe, über eine Frage von so großer Wichtigkeit, wie die berührte, sein Votum abzugeben. Es sind in der Abtheilung daher auch nur die juristischen Gründe, die civilrechtlichen Momente für und wider erwogen worden, und ich werde bei meiner Berichterstattung ebenso verfahren, also die politische Seite vollständig aus dem Spiele lassen.

Was nun die Sache selbst angeht, so wurden zunächst prinzipielle Widersprüche erhoben. Es wurde gesagt: Die Unabhängigkeit der Gerichte beruhe nur darin, daß sie innerhalb desjenigen Kreises, worüber sie zu entscheiden hätten, selbständig und unabhängig urtheilten; der Staat übe seine Rechte, seine Thätigkeit in dieser Beziehung theils durch Verwaltungsbehörden, theils durch Gerichte aus. Jedes dieser Organe müsse innerhalb seines Kreises unabhängig, selbständig sein. Wenn Kompetenzkonflikte entständen, so sei es wünschenswerth, daß durch die Verfassung der Weg gegeben sei, auf welchem diese Konflikte ausgeglichen werden könnten und ein solcher Weg gebe diese Kompetenz einem besonderen Gerichtshof. Wolle man die Entscheidung über Kompetenzkonflikte den Gerichten selbst überlassen, so heiße das in der That die Gerichte über den Souverän stellen, und es sei das unvereinbar mit den Prinzipien des Deutschen Staatsrechts. — Es sei aber auch nicht richtig, daß den Gerichten von jeher das Recht zugestanden hätte, überall hierüber zu entscheiden. Sie hätten nie das Recht gehabt, über Hoheitsrechte des Souveräns zu entscheiden.

Das sind im Wesentlichen die prinzipiellen Gründe, welche gegen den Antrag angeführt wurden. —

Von einer dritten Seite wurde das Prinzip des Antrags an sich als richtig anerkannt; es wurde aber gemeint, daß er Wesentliches und Unwesentliches vermische. Wesentlich sei nur, daß ein selbständiger Gerichtshof in einer bestimmten Form über Fragen der Kompetenz entscheide; unwesentlich, ob er die geordneten Gerichte beseitige. Es sei mit dem Prinzip vereinbar, daß auch ein Kompetenzgerichtshof, in welchem wenigstens die Minorität aus Verwaltungsbeamten bestehen könne, über solche Fragen entscheide. In dieser Beziehung wurde ein Antrag gestellt, den ich wörtlich vorlesen zu müssen glaube. Er lautet dahin:

„Es ist ein für die Sicherung des Rechtsschutzes nothwendiger Grundsatz alten Deutschen Rechts, daß die Gerichte über ihre Kompetenz selbst und ausschließlich entscheiden, und es ist dieser Grundsatz auch fortan, wo zwischen ihnen und den Verwaltungsbehörden Streit über die Grenzen ihrer Kompetenz entsteht, ungeschmälert dahin zur Anwendung zu bringen, daß über diese Grenzen schließlich ein keiner anderen Autorität als der des Gesetzes unterworfener Gerichtshof in den allgemein geordneten Formen des Verfahrens zu erkennen hat."

Außer diesem Antrage wurden noch einzelne Anträge, welche sich mehr auf die Redaktion bezogen, eingebracht; da sie jedoch im Laufe der Diskussion zurückgezogen wurden, so ist hier nicht weiter darauf einzugehen.

Die Abtheilung hat sämmtliche Verbesserungsanträge verworfen und sich für den ursprünglichen Primker'schen Antrag entschieden. Die Gründe dafür sind im Wesentlichen folgende: In dem Gebiete, welches der Primker'sche Antrag berührt, sind zwei wesentlich verschiedene Fragen zu unterscheiden. Die eine bezieht sich darauf, wie weit man die Machtbefugniß der Verwaltungsbehörden ausdehnen wolle? Sie zeigt sich praktisch nach zwei Seiten hin: einmal, indem es sich darum handelt, ob und in wie weit man im Interesse des öffentlichen Wohles den Verwaltungsbehörden das Recht geben will, aus Zweckmäßigkeitsrücksichten in das Eigenthum des Menschen 2c. einzugreifen. Zweitens gehört hierher auch der Fall, wo man ihnen das Recht nicht geben will, nach Zweckmäßigkeitsrücksichten zu entscheiden, sondern nach bestimmten Rechtsgrundsätzen.

Die Frage, ob die Voraussetzungen, welche diese Rechtsgrundsätze vorschreiben, vorhanden sind, ebenso wie die, ob in den angegebenen Fällen dieselben verletzt sind, würde nicht der Entscheidung der Justiz=

behörde, sondern der der Verwaltungsbehörde zu überlassen sein und zwar wesentlich aus dem dafür angeführten Grunde, weil es sich hier um Voraussetzungen handelt, deren Beurtheilung technische Kenntnisse, die gewöhnlich nur den Verwaltungsbeamten zu Gebote stehen, erfordert. Diese beiden Fragen, die ihre politische Bedeutung haben, betreffen den Primker'schen Antrag nicht. Wie man auch immer über die Ausdehnung der Befugnisse der Verwaltungsbehörden denken möge, so muß es doch eine bestimmte Grenze dieser Befugnisse geben; es wird Niemand behaupten wollen, daß nach dem jetzigen Recht die Verwaltungsbehörden befugt seien, Alles zu thun, was sie zu thun Lust haben. Es muß eine bestimmte Grenze geben.

Der Primker'sche Antrag betrifft nun allein die Frage, wer darüber zu entscheiden habe, ob ein Rechts- oder ein Streitfall diesseits oder jenseits der Grenze liege, und vindizirt die Entscheidung hierüber den Gerichten, im Gegensatze der Verwaltungsbehörden oder des besonderen Kompetenzgerichtshofes. Die Gründe dafür sind im Wesentlichen folgende: Es ist unzweifelhaft eine der wesentlichsten Aufgaben des Staates, das Recht zu sichern, das Recht nach allen Seiten hin zur Geltung zu bringen. Der Deutschen Rechtspflege hat von jeher der Gedanke zu Grunde gelegen, daß zur Erreichung dieses Zweckes es das beste Mittel sei, daß unabhängige, selbständige Gerichte über Rechtsstreitigkeiten entscheiden. Die Gerichtsbarkeit steht unzweifelhaft dem Souverän zu. Nach dem Deutschen Staatsrechte aber übt er diese Gerichtsbarkeit nicht selbst aus und nicht durch von ihm abhängige Diener, sondern durch unabhängige Gerichte. Keine Kabinetsjustiz ist in Deutschland gestattet, sondern selbständig und unabhängig sollen die Gerichte entscheiden. Welche rechtliche Motive können nun dazu führen, daß man den Gerichten in dieser prinzipiellen und wichtigsten Frage über die Grenzen ihrer eigenen Kompetenz die Entscheidung entzieht? Der Grund, der dafür angeführt wird, daß die Gerichte, wenn man ihnen diese Entscheidung überließe, über den Souverän gestellt erschienen, geht offenbar zu weit, er würde ebenso gut gegen jeden Kompetenzgerichtshof angeführt werden müssen. Es würde dies also in seinem letzten Grunde dahin führen, daß der Souverän in allen solchen Fällen selbst persönlich die Entscheidung abgeben müßte. Das wird aber Niemand wollen.

Es scheinen mir aber auch diese Gründe auf einer unrichtigen Voraussetzung zu beruhen. Es handelt sich hierbei nicht darum, über den Souverän und dessen Befugnisse zu entscheiden, sondern darum, wer im Namen des Souveräns die Entscheidung abzugeben habe. Sowohl die Verwaltungsbehörden, als auch der Kompetenzgerichtshof entscheiden und sollen im Namen des Souveräns entscheiden, und es fragt sich nun, welche von diesen Behörden ist für diese Entscheidung die geeignetste und beste? und da ist die Antwort des Primker'schen Antrages die, daß Theorie und Praxis, daß die Erfahrungen der Vergangenheit und Gegenwart dafür sprechen, daß über reine Rechtsfragen unabhängige Gerichte in einer die Rechtssicherheit am besten schützenden Weise entscheiden.

Ich mache noch einmal darauf aufmerksam, daß es sich hier nicht darum handelt, ob und wie weit die Befugniß der Verwaltungsbehörden auszudehnen sei, sondern nur darum, ob und welche bestimmte Grenze dieser Befugniß vorhanden sei. Das nun ist eine reine Rechtsfrage, die nicht nach Zweckmäßigkeits-Rücksichten, auch nicht nach technischen Rücksichten, sondern nach Rechtsgrundsätzen beurtheilt werden muß. (Bravo!)

Wenn man nun die Entscheidung dieser Frage dem Kompetenzgerichtshofe überweist, der eben aus Verwaltungsbeamten zusammengesetzt ist, was heißt das anders, als indirekt dahin wirken, daß diese rechtlich feststehende Grenze verwischt wird, so daß bei der Entscheidung der Frage nicht blos Rechtsgrundsätze, sondern auch Zweckmäßigkeits-Rücksichten zur Sprache kommen und in Betracht gezogen werden. Man muß nur die Dinge, wie die Menschen, nehmen wie sie sind. In der Verwaltung sollen Zweckmäßigkeis-Rücksichten entscheiden; die Verwaltungsbeamten müßten natürlicher Weise, wenn sie in dem Kompetenzgerichtshofe sitzen, bei Entscheidung der vorkommenden Streitigkeiten je nach Lage der Sache auch Zweckmäßigkeitsrücksichten mit in Betracht ziehen. Man hat nun in der neuesten Zeit allgemein anerkannt, daß die Verwaltung von der Justiz getrennt werden müsse, damit nicht verschiedene Dinge vermischt würden, damit man nicht in Verwaltungssachen Rechtsgrundsätze für die Entscheidung wähle, wo sie nicht hingehören, und damit nicht Rechtsstreitigkeiten umgekehrt nach Zweckmäßigkeits-Rücksichten entschieden würden. Und hier, bei Entscheidung dieser so außerordentlich tief eingreifenden Frage will man nun künstlich diese Vermischung durch Einrichtung eines solchen Kompetenzgerichtshofes wieder einführen! Dafür ist gar kein Grund vorhanden. Es wird angeführt, daß die Grenze zwischen der Befugniß der Verwaltungsbehörden und der der Gerichte im einzelnen Falle oft schwer zu finden sei, daß das Recht in mancher Beziehung hierüber sehr unbestimmt sei. Gut! So gebe man in dieser Beziehung bestimmte Gesetze, so stelle man die zweifelhaften Rechtsgrundsätze nunmehr fest, aber man vermische nicht noch mehr durch Einrichtung eines solchen Kompetenzgerichtshofes die Gerichte mit den Verwaltungsbehörden. Ich für meinen Theil glaube, daß die Befugnisse der Verwaltungsbehörden ohnehin schon sehr weit ausgedehnt sind und daß die Einrichtung eines solchen Kompetenzgerichtshofes nur dahin führen würde, daß bei der Entscheidung der jetzigen Frage Zweckmäßigkeitsgründe geltend gemacht würden, die die Rechtssicherheit selbst und das Rechtsbewußtsein im Volke auf das höchste gefährden möchten. (Bravo!)

Diese Gründe sprechen, wie ich glaube und wie die Abtheilung annimmt, nicht nur für die Annahme des Primker'schen Antrages, sondern auch für die Ablehnung des ersten Verbesserungsantrages; denn obgleich er das Prinzip als richtig anerkennt, so führt er doch, wie der Herr Antragsteller ausdrücklich in seiner Vertheidigung des Antrags zugiebt, das Gegentheil durch die Hinterthür wieder herein.

Nur das will ich schließlich noch anführen, daß ich glaube, das Wesentliche der Sache liegt darin, daß die ordentlichen Gerichte im regelmäßigen Gange, und nicht blos ein besonders zusammengesetzter Gerichtshof über die Frage entscheiden. Durch den Primker'schen Antrag endlich hat über die technische Ausführung der Sache nicht entschieden werden sollen; ob zunächst in der untersten Instanz entschieden und von da aus bis zu dem höchsten Gerichtshof emporgestiegen werden könne, oder ob von vornherein von dem höchsten Gerichtshof die Kompetenzfrage entschieden werden soll, darüber haben sich die Beschlüsse der Abtheilung nicht aussprechen wollen, — im Prinzipe aber empfehlen wir den Antrag zur Annahme. (Bravo!)

Präsident: M. H.! Es sind verschiedene Anträge eingereicht worden, ich will Ihnen dieselben vorlesen. Ein Antrag — er ist gestellt von dem Herrn Kreisgerichtsassessor Vollert — lautet folgendermaßen:

„In Erwägung, daß der Antrag des Herrn Stadtrichters Primker aus Breslau staatsrechtlicher Natur ist, geht die Versammlung zur motivirten Tagesordnung über.“ (Oh!)

Ferner zwei Anträge, die dem Inhalte nach übereinstimmen und nur in der Fassuug von einander abweichen, der eine von dem Herrn Appellationsgerichtspräsidenten Dr. Schneider, der andere vom Herrn Regierungsrath Hornbostel. Herr Dr. Schneider beantragt,

„daß die Frage, ob die Gerichte in allen Fällen über ihre Kompetenz selbst und ausschließlich zu entscheiden haben, der ständigen Deputation zur Begutachtung überwiesen werde.“

Der Antrag des Herrn Hornbostel geht dahin:

„Der Deutsche Juristentag wolle dem von der vierten Abtheilung über den Primker'schen Antrag gefaßten Beschluß nicht beitreten, vielmehr die Entschließung darüber zur Zeit ablehnen, und diesen Antrag der ständigen Deputation zur Begutachtung überweisen.“

Ich denke, die Herren werden mit mir einverstanden sein, daß wir das nur als eine einzige Meinung betrachten, d. h. als den Antrag auf Ueberweisung an die Deputation. Nun m. H., frage ich, sind noch andere Anträge vorhanden?

Stadt- nnd Kreisrichter **Kurlbaum** aus Magdeburg: Ich nehme den Sydow'schen Antrag wieder auf mit dem v. Sternenfels'schen Amendement, welches unabhängige, bei dem Kompetenzgerichtshofe lebenslänglich anzustellende Richter festsetzt.

Präsident: Nach den Statuten müssen alle Anträge schriftlich eingereicht werden. Dieser Antrag nun liegt nicht vor, wir besitzen ihn nicht.

Eine Stimme: Der Herr Berichterstatter hat den Sydow'schen Antrag vorgetragen, er muß also denn doch vorgelegen haben.

Präsident: Ich sage, er liegt im Büreau nicht vor.

Eine Stimme: Der Antrag liegt vor im Protokolle über die Sitzung der vierten Abtheilung.

Präsident: M. H.! Wollen Sie, daß ich ihn noch einmal vorlesen lasse? (Ja!)

(Der Sydow'sche Antrag wird von dem Referenten nochmals verlesen. Vgl. S. 643.)

Dazu ist noch ein Zusatzantrag gemacht worden, daß die Richter des Kompetenzhofes unabhängig und unentlaßbar sein sollen. Ich weiß ihn aber nicht wörtlich.

Einige von den nunmehr vorliegenden Anträgen beziehen sich auf die Form der Behandlung. Wenn der Antrag des Herrn Vollert angenommen werden sollte, wonach dieser Gegenstand nicht in den Bereich unserer Beschlüsse gehört, sondern vollständig wegzuweisen ist, so ist jede weitere Diskussion gewiß überflüssig. Wenn dagegen, was mir wahrscheinlicher ist nach den Verhandlungen der vierten Abtheilung, die Versammlung erklärt, sie halte den Gegenstand für innerhalb des Bereiches unserer Beschlußfassung, dann kommt ferner die formelle Frage zur Sprache: Ist die Sache schon so weit bereift, um darüber nach dem Antrage der Abtheilung Beschluß zu fassen, oder hält man es für zweckmäßiger, an die Deputation den Gegenstand zurückzuweisen? —

Es handelt sich also wieder zunächst um eine Formfrage, und erst, wenn diese entschieden ist, um die materielle. Ich kann daher gegenwärtig das Wort nur über die Formfrage geben; wird es verlangt, oder hält man in dieser Hinsicht die Sache für klar? (Ja!)

Gut, m. H., dann wird es zweckmäßig sein, über die Form abzustimmen. Diejenigen Herren, welche mit Dr. Vollert der Meinung sind, daß der Antrag des Stadtrichters Primker, weil er staatsrechtlicher Natur sei, nicht zur Berathung und Verhandlung am Juristentage kommen soll, sondern vielmehr zur Tagesordnung übergeschritten werde, beliebe aufzustehen!

Die entschiedene Mehrheit, m. H., daß der Antrag innerhalb unseres Bereiches liege! Nun frage ich ferner ebenfalls formell: Hält die Versammlung die Frage für so bereift, um sie jetzt schon auch in ihrem materiellen Inhalte zu entscheiden, oder zieht die Versammluug vor, dieselbe zur Begutachtung an die neue Deputation zu überweisen? Der Antrag der Herren Dr. Schneider und Hornbostel geht auf diese Ueberweisung. Wer diesem Antrage zustimmt, beliebe aufzustehen!

Das ist die Minderheit. Nun, m. H., kommt die Hauptfrage zur Abstimmung, und da sind zwei Anträge bis jetzt gestellt; der eine der Abtheilung; ich bitte den Herrn Referenten, denselben nochmals zu verlesen.

(Geschieht.)

Präsident: Es ist diesem Antrage ein anderer entgegengesetzt. Darf ich den Herrn bitten, ihn selbst zu verlesen?

Stadt- und Kreisrichter **Kurlbaum:** „Es ist der für die Wahrung der Rechtspflege nothwendige Grundsatz des Deutschen Rechts, daß die Gerichte über ihre Kompetenz selbst und ausschließlich zu entscheiden haben, wo zwischen ihnen und den Verwaltungsbehörden über die Grenzen ihrer Kompetenz Streit entsteht, ungeschmälert dahin zur Anwendung zu bringen, daß über diese Grenzen schließlich ein keiner anderen Autorität als der des Gesetzes unterworfener Gerichtshof in den allgemein geordneten Formen des Verfahrens zu erkennen hat. Die Mitglieder dieses Gerichtshofes müssen ständige und unentlaßbare sein."

Es handelt sich bei vorliegender Frage nicht um eine Frage der Unabhängigkeit der Rechtspflege, sondern um die Frage der Kompetenz, da Konflikte zwischen Verwaltungsbehörden und den Gerichten des Landes entstehen können, wenn jeder von Beiden die Kompetenz für sich beansprucht oder sie von sich ablehnt. Es haben sich also beide Behörden, die in ihrem Kreise gleichgeordnete Organe der Staatsgewalt sind, über eine und dieselbe Frage bereits ausgesprochen. Will man nun, daß das eine Staatsorgan eine vorwiegende Gewalt vor dem anderen haben soll, so ordnet man die andere Behörde dieser unter. Es handelt sich also darum, der Ausspruch welcher Behörde überwiegend sein soll. Vollständig unabhängig sind die Gerichte, wenn sie alle ihrer Kompetenz überwiesenen Gegenstände nur nach der Autorität des Gesetzes entscheiden. Gleichgiltig ist es, worüber sie zu entscheiden haben. Die Gründe für die Unzufriedenheit mit den gegenwärtigen Zuständen scheinen vielmehr ganz andere zu sein. Dieselben liegen einmal in der gegenwärtigen Abgrenzung der Kompetenz zwischen den Gerichts- und Verwaltungsbehörden. Ich kann nichts darüber sagen, wie es sich in Ländern Deutschen Rechtes außerhalb Preußen verhält, für Preußen selbst aber hoffe und wünsche ich von Herzen, daß es trotz der in der neueren Zeit eingetretenen Reform ganz anders werden wird, und daß namentlich die Bestimmungen weit schärfer gefaßt und Zweifel noch mehr ausgeschlossen werden, als jetzt der Fall ist. Ein anderer Grund ist die Zusammensetzung und das Verfahren in den jetzigen Kompetenzgerichtshöfen. Es sind diese Gerichtshöfe, soviel mir bekannt geworden ist, überall nicht aus unabhängigen Richtern zusammengesetzt — und ich verstehe unter Unabhängigkeit und Unentlaßbarkeit die Unabhängigkeit von jeder Instruktion der vorgesetzten Dienstbehörde. Was das bisher geordnete Verfahren betrifft, so entspricht es freilich zum Theil dem, was in manchen Ländern noch für den Civilprozeß gegeben ist. Finden aber in Letzterem Mündlichkeit und Oeffentlichkeit des Verfahrens statt, so müssen sie auch gewährleistet werden in Bezug auf den Kompetenzgerichtshof. — Zwischen kollidirenden Behörden muß eine höhere Entscheidung getroffen werden. Der Kompetenz-Gerichtshof ist also an sich ein prinzipiell gerechtfertigtes Institut; es handelt sich nur darum, ihn richtig zu konstruiren, und dies geschieht durch das Amendement v. Sternenfels; das ist der letztere Theil des Antrags. Damit ist die Unabhängigkeit des Gerichts vollständig gewahrt.

Ich empfehle daher diesen Antrag zur Annahme.

Appellationsgerichtspräsident Dr. **Schneider** aus Dresden: M. H.! Ich bin insofern in einer unangenehmen Lage, als ich nicht gegen den von der Majorität der vierten Abtheilung angenommenen Satz sprechen wollte, sondern nur der Versammlung anheim geben, ob es nicht möglich wäre, diese hochwichtige Frage erst gründlich von der Deputation berathen zu lassen. Durch ein Mißverständniß bin ich aber nicht zu der Vertheidigung meines Antrages gelassen worden, und so bleibt mir nichts übrig, als noch auf einige Bedenken aufmerksam zu machen, die sich auf die Sache selbst beziehen.

Der Satz, der von der Majorität der vierten Abtheilung angenommen worden, ist allerdings bei positiven Kompetenzkonflikten eine Anordnung, die sich handhaben läßt — obgleich sie große Schwierigkeiten haben wird —, wenn die Justizbehörde sagt „ich bin kompetent" und die Verwaltungsbehörde „ich bin kompetent." Es haben die Herren beschlossen, es soll gelten, was die Justizbehörde sagt. Das läßt sich durchführen. Bei negativen Kompetenzkonflikten aber, wenn die Justizbehörde sagt, sie sei nicht kompetent und die Verwaltungsbehörde gleichfalls erklärt, sie sei nicht kompetent, kommt der Mann, den es betrifft, in eine schlimme Lage: er findet keine Hülfe. Solche Unzuträglichkeiten sind der Grund, warum Kompetenzbehörden zur Schlichtung von Kompetenzkonflikten eingeführt worden sind. Man würde in den konstitutionellen Staaten gewiß nicht zu diesem Mittel gegriffen haben, wenn man nicht gefunden hätte, daß das Prinzip, nach welchem die Justizbehörde stets über ihre Kompetenz entscheiden soll, in seiner praktischen Ausführung zu großen Schwierigkeiten führt. Ich will nur, um Sie zu überzeugen, daß Kompetenzbehörden außerordentlich wohlthätig wirken können, Ihnen das Beispiel unseres Königreichs Sachsen vorführen. Wir haben zunächst ein sehr gutes, klar und bestimmt gefaßtes Gesetz darüber, wie weit die Kompetenz der Justiz und wie weit die der Verwaltung geht. Daran scheint es mir in Preußen und Hannover zu fehlen. Wir haben sodann schon seit 1840 auch ein Gesetz über Entscheidung der Kompetenzzweifel. Nach diesem Gesetze spricht die Präsumtion stets für den Rechtsweg. Sobald ein Konflikt entsteht, treten das betreffende Verwaltungsministerium und das Justizministerium zusammen. Vereinigen sie sich nicht, so kommt die Sache an die Kompetenzbehörde, vereinigen sie sich aber dahin, daß ihre Ansicht gegen die der Gerichte und gegen deren Kompetenz geht, so kommt die Sache auch an die Kompetenzbehörde. Diese ist so zusammengesetzt, daß vier Ober-Appellationsgerichtsräthe, einschließlich des Präsidenten, und vier Räthe aus Verwaltungsministerien die Behörde bilden. Es entscheidet aber stets die Präsumtion für den Rechtsweg, folglich wenn Stimmengleichheit ist, ist der Rechtsweg gesichert.

Nach dem Prinzipe, das die vierte Abtheilung angenommen hat, kommt der Mann um sein Recht, wenn sich die Justizbehörde sowohl als die Verwaltungsbehörde für inkompetent erklärt. Bei uns muß die Kommission für den Mann entscheiden, wenn auch nur die vier juristischen Mitglieder für die Justiz sind, oder wenn sonst die Stimmen auch nur stehen. Ich würde glauben, mich gegen das Richteramt, das ich zu bekleiden das Glück habe, zu versündigen, wenn aus unserer Einrichtung irgend eine Gefahr für die Justiz zu befürchten wäre und ich sie doch empfehlen wollte; wäre wirklich eine solche Gefahr vorhanden, dann würde ich der Erste sein, der den von der vierten Abtheilung angenommenen Grundsatz auch bei uns freudig begrüßen würde. (Bravo.)

Advokat Kuntzsch aus Chemnitz: Auch ich muß mich für den wieder aufgenommenen Sydow'schen und gegen den Primker'schen Antrag erklären, und zwar um deswillen, weil ich durch den letzteren das Prinzip der Gerechtigkeit verletzt sehe. Es handelt sich um die Frage, wer zur Entscheidung von Konflikten kompetent sein soll, die zwischen Justiz- und Verwaltungsbehörden entstanden sind. Herr Primker will diese Konflikte durch einen lediglich aus Justizbeamten bestehenden, Herr Sydow durch einen, theils aus Justiz-, theils aus Verwaltungsmännern zusammengesetzten Gerichtshof entschieden wissen. Ich erblicke nun in dem Primker'schen System insofern eine Ungerechtigkeit, als dasselbe die eine der streitenden Parteien, die Verwaltungsbehörden, in dem betreffenden Schiedsgerichte völlig unvertreten läßt und dasselbe vielmehr ausschließlich aus Männern, die der Gegenpartei angehören, zusammengesetzt sein lassen will. Wollte man ein solches System im Privatleben anwenden, wollte man z. B. mit der Entscheidung eines zwischen Rittergutsherrschaften und Bauern entstandenen Streites ein lediglich aus Rittergutsbesitzern zusammengesetztes Schiedsgericht beauftragen, so würde sicherlich Jedermann über Ungerechtigkeit schreien und die Vertretung beider Parteien in dem fraglichen Schiedsgerichte verlangen.

Hier aber will man nur, wie mir es wenigstens scheint, aus einer gewissen prinzipiellen Abneigung, einem Vorurtheile gegen die Verwaltungsbehörden, die noch dazu in unserer Versammlung sehr schwach vertreten sind, dieselben der ihnen von Rechts- und Billigkeitswegen zukommenden Vertretung berauben. — Man hat gesagt: Obenan steht das Recht, und das Zweckmäßigkeitsprinzip muß sich ihm unterordnen. Das ist im Prinzip ganz richtig, in der Praxis aber nicht immer durchführbar: Summum jus summa injuria! — Dieser Grundsatz, er muß dem Fiat justitia, pereat mundus! das Gegengewicht halten, im Staatsleben sind das strenge Recht und das Zweckmäßigkeitsprinzig zwei Faktoren, die, soll der Staat nicht zu Grunde gehen, gleichberechtigt neben einander stehen und sich gegenseitig ergänzen müssen. — Und diese Ueberzeugung veranlaßt mich, gegen den Primker'schen und für den Sydow'schen Antrag zu stimmen.

Präsident: Es ist auf Schluß angetragen worden, ich habe daher zunächst darüber abstimmen zu lassen. Wer für den Schluß ist, beliebe aufzustehen.

Es ist die Majorität!

Justizrath Fischer aus Breslau: Ich beantrage, daß dem Antragsteller noch das Wort gegeben wird. So ist es in allen Sachen, so muß es namentlich in einer so wichtigen Sache sein.

Präsident: Der Antragsteller hat bereits auf das Wort verzichtet. (Widerspruch. Schlußrufe.)

Uebrigens ist im Plenum der Referent der Antragsteller, und wenn der Referent das Schlußwort verlangt, werde ich es ihm geben. Ihm gegenüber erkenne ich kein anderes Mitglied im Plenum als Antragsteller an. (Bravo!)

Ober-Gerichtsassessor **Planck:** Nur wenig Worte habe ich noch hinzuzufügen. — Es ist auf die negativen Kompetenzkonflikte hingewiesen worden und auf die Schwierigkeit, dieselben ohne einen besondern Gerichtshof zu erledigen. M. H., ich glaube, diese Schwierigkeiten werden sich in der Praxis nicht herausstellen, wie sie sich in der That in allen denjenigen Ländern, wo keine Kompetenz-Gerichtshöfe bestehen, sondern wo eben die Gerichte selbständig zu entscheiden haben, nicht gezeigt haben: so in Oesterreich, wo eben kein Kompetenzgerichtshof besteht. Schwierigkeiten, die daraus erwachsen wären, sind nicht bekannt geworden, und die Herren, die in der Abtheilung darüber berichteten, meinten, sie wären auch nie vorgekommen. Es wird ferner gesagt, daß Gerichts- und Verwaltungsbehörden stets unabhängig nebeneinander bestehen müssen, es müsse die eine Sache sich mit der andern ausgleichen. Es ist das allerdings ein prinzipieller Gegensatz: Wenn man meint, daß Recht und Zweckmäßigkeit gleich berechtigt sind, so hat man Recht; wenn man dagegen meint, daß die Zweckmäßigkeit dem Recht sich unterordnen müsse, dann hat man nicht Recht! (Bravo!) Wenn man aber glaubt, daß das Recht im Staate vor Allem zur Herrschaft gelangen müsse, so ist es, — wenn ich auch zugeben will, daß in Sachsen auf dem Wege der Kompetenzgerichte Ersprießliches geschaffen worden ist, — so ist es das Sicherste, den Gerichten die Entscheidung über ihre Kompetenz zu lassen, vorbehältlich der Ausführung im Einzelnen. (Bravo!)

Präsident: M. H.! Es sind zwei Anträge, der eine von der Abtheilung, der andere von Kurlbaum in Magdeburg. Ich bitte beide zu verlesen.

(Geschieht durch den Schriftführer.)

Es scheint mir, der Gegensatz der beiden Anträge ist wohl so zu bestimmen, daß der zuletzt vernommene Antrag, der im Uebrigen auf derselben Grundlage ruht, wie der Antrag der Abtheilung, als ein Verbesserungsantrag zu dem der Abtheilung zu betrachten ist. (Widerspruch. Zustimmung.)

Stadtrichter **Primker** aus Breslau: Zur Fragstellung! Der materielle Unterschied zwischen meinem Antrage und dem Kurlbaum'schen besteht darin, daß nach dem Meinigen auch schließlich in letzter Instanz über die Kompetenz ein lediglich aus Richtern bestehendes Kollegium entscheidet, während nach dem Kurlbaum'schen Antrage entscheiden kann eine Behörde, die zum Theil aus Verwaltungsbeamten zusammengesetzt ist. Es sind daher zwei Anträge, welche sich ganz ausschließen. Der erste betrifft die entschiedene Beseitigung der Kompetenzgerichtshöfe, der andere betrifft die Aufrechterhaltung der Kompetenzhöfe mit Verbesserung des Verfahrens. Wer deshalb sich für meinen Antrag ausspricht, kann das nicht für den Kurlbaum'schen thun. Es müssen beide als Gegenanträge besonders zur Abstimmung kommen, und darum möchte ich bitten.

Stadt- und Kreisrichter **Kurlbaum**: Ich halte den von mir wieder aufgenommenen Sydow'schen Antrag, den ich durchaus nicht als mein geistiges Eigenthum betrachte, allerdings für einen Verbesserungsantrag zu dem ursprünglichen, und ich muß zur Beachtung empfehlen, daß namentlich mit dem aufgenommenen von Sternenfels'schen Amendement wohl festgestellt ist, daß es ein aus Richtern zusammengesetzter Gerichtshof sein soll. (Widerspruch.) Wesentlich für den Begriff des Richters ist die Unabhängigkeit; die Studien, die er gemacht hat, sind nicht wesentlich. (Bravo!)

Präsident: Nun schlage ich die Abstimmung selbst vor. M. H., ich bringe zuerst in Abstimmung den Antrag der Abtheilung rein wie er lautet, und zwar für oder wider. Wie Sie sich darüber entschieden haben, so oder so, kommt jedenfalls der zweite Antrag gleich zur Abstimmung. Ich meine, das macht die Sache klar, und es haben Alle Gelegenheit ihre Ueberzeugung auszusprechen. (Zustimmung.)

Also wer dafür stimmt, daß der Antrag der Abtheilung angenommen werde, beliebe sitzen zu bleiben. Wer dagegen stimmt, beliebe sich zu erheben.

Es ist mit großer Mehrheit der Antrag der Abtheilung angenommen! — Nun käme der folgende Antrag. Wer dafür ist, daß der ursprünglich Sydow'sche, jetzt von Kurlbaum aufgenommene Antrag angenommen werde, beliebe aufzustehen!

Die Mehrheit ist dagegen. — So wäre diese Angelegenheit erledigt. Wir rücken zum Letzten vor: Herr Dr. B e r g e r wird uns Vortrag erstatten.

Hof- und Gerichtsadvokat Dr. **Berger** aus Wien: M. H.! Der Bericht, den ich Ihnen zu erstatten habe, wird Ihre Zeit und Geduld nur wenige Minuten in Anspruch nehmen.

Die vierte Abtheilung hat über die Frage, ob die Thätigkeit der Staatsanwaltschaft auch auf bürgerliche Rechtsstreitigkeiten auszudehnen sei, beschlossen, daß diese Frage, als zur Zeit noch nicht spruchreif, nochmals Ihrer ständigen Deputation zur Vorberathung und gründlichen Vorbereitung überwiesen werde. Die Gründe dieses Beschlusses scheinen, ungeachtet denselben keine Debatte in der Abtheilung vorherging, sehr offen und naheliegender Natur zu sein. Sie sind auch größtentheils in den beiden Gutachten niedergelegt, welche die Herren Hofgerichtsrath **Brauer** aus Bruchsal und Kammergerichtsrath **Plathner** aus Berlin abgaben. Die Nothwendigkeit der Betheiligung der Staatsanwaltschaft in bürgerlichen Streitigkeiten ist nach der Natur des Civilprozesses nicht einzusehen. Wenn es sich aber blos um die Zweckmäßigkeit einer solchen Betheiligung handelt, so sind mindestens die Grenzen in der Theorie noch nicht klar, innerhalb deren diese Betheiligung auszusprechen sei. Die Theorie hat auch noch nicht darüber abgeschlossen, welche Stellung der Staatsanwaltschaft im Civilprozesse, sofern ihr eine solche eingeräumt wird, gegeben werden soll, und was die einzelnen Deutschen und nicht Deutschen Gesetzgebungen betrifft, so weichen sie in der Präzisirung der Fälle der Betheiligung nicht unerheblich von einander ab. Alles das deutet klar darauf hin, daß nach dem heutigen Stande der Theorie und Gesetzgebung die Frage noch nicht spruchreif sei. Eine rasche Verneinung der Frage wäre daher ebenso bedenklich, als eine allgemeine unbedingte Bejahung, welche in's Einzelne der Sache noch nicht einginge. Ich empfehle daher die Annahme des Antrags der Abtheilung, dahin gehend, die Frage der ständigen Deputation zur Vorberathung als noch nicht spruchreif zu übertragen. (Beifall)

Präsident: Ist ein Gegenantrag?

Der Antrag der Abtheilung geht dahin, die Frage der ständigen Deputation als noch nicht spruchreif zu überweisen. — Wer dafür stimmt, beliebe sitzen zu bleiben, wer dagegen stimmt, beliebe aufzustehen.

Der Antrag ist einstimmig angenommen worden!

(Pause.)

Präsident: M. H.! Es folgen die Anträge der **dritten** Abtheilung. Ueber den ersten Antrag des Herrn Ober=Staatsanwalts **Keller** in Wien, oder vielmehr über den Antrag der Abtheilung hieriber, hat Herr General-Staatsanwalt Dr. Schwarze als Referent das Wort.

General-Staatsanwalt Dr. **Schwarze** aus Dresden: M. hochg. H.! Herr Ober-Staatsanwalt Keller aus Wien hat einen Antrag gestellt, welcher sich in der Deutschen Gerichtszeitung S. 229 ff. abgedruckt findet. Dieser Antrag bezweckt gründliche Verbesserung der Voruntersuchung im Strafprozeß. Der Antragsteller hat seine diesfallsigen Ansichten und Anträge in sieben Paragraphen formulirt. Es sind diese Paragraphen von der Art, daß Ihre Abtheilung, an welche diese Sache verwiesen worden ist, bei Prüfung derselben zu der Ueberzeugung gelangt ist, daß eine gründliche und erschöpfende Vorberathung und Entschließung nur möglich sei, wenn dieser ganze Gegenstand an die künftige ständige Deputation überwiesen würde. Ich kann versichern, um Ihnen nicht die sämmtlichen sieben Paragraphen vorzulesen, daß der Inhalt derselben allerdings von ziemlich weitgreifender Art ist, und will in dieser Beziehung, nur um ein Beispiel hervorzuheben, bemerken, daß §. 1 die Erforschung des Verbrechens, die Erhebung des Thatbestandes und die Erforschung der die Beschuldigung und Vertheidigung begründenden Umstände dem Staatsanwalte zuweist. Schon aus diesem Paragraphen, m. höchstg. H., werden Sie leicht erkennen, wie weitgreifend die hier Ihnen in Antrag gebrachten Vorschläge sind. Und die Abtheilung glaubte daher der Sache einen Dienst zu leisten, wenn sie Ihnen den Beschluß empfehle, den Antrag des Herrn Ober-Staatsanwalts Keller zur Vorberathung wie Berichterstattung an Ihre künftige ständige Deputation zu verweisen.

Präsident: Ist Ihnen die Ueberweisung gefällig, oder sind Sie dagegen? — Wer dafür ist, beliebe sitzen zu bleiben, wer dagegen, sich zu erheben.

Der Antrag ist überwiesen.

General-Staatsanwalt Dr. **Schwarze**: M. höchstg. H.! Ich gehe nunmehr über auf den zweiten Gegenstand, der durch Plenarbeschluß der dritten Abtheilung zugewiesen war. Die geehrte Versammlung wird sich erinnern, daß Herr Rechtsanwalt Lewald in Berlin bereits auf dem vorigen Juristentage mehrere Anträge einbrachte, welche nicht nur auf die Privatanklage, sondern auch auf die Stellung der Staatsanwaltschaft selbst sich bezogen. Es sind damals zu diesen Anträgen des Herrn Rechtsanwalts Lewald eine große Anzahl Nebenanträge und Verbesserungsanträge gestellt worden. In diesen waren nicht nur die Privatanklage, nicht nur im Allgemeinen die Stellung der Staatsanwaltschaft in Frage gekommen, sondern es griffen allerdings diese Anträge weiter hinaus, und insbesondere hatten sie auch die gegenseitige Stellung der Staatsanwaltschaft und Vertheidigung zum Gegenstande. Bei der prinzipiellen Wichtigkeit und Bedeutung der Lewald'schen Anträge und ihrer Nebenanträge beschloß der vorjährige Juristentag, die gesammten Anträge an Ihre ständige Deputation zur Vorberathung und Berichterstattung zu verweisen. Ihre Deputation ist dieser Aufgabe nachgekommen; es sind hierüber Gutachten von Herrn Ober-Staatsanwalt v. Groß zu Eisenach und Herrn Ober-Tribunalsrath Freiherrn v. Seckendorff zu Berlin erbeten und von gedachten Herren auch erstattet worden.*)

Ueber diese Gutachten sowie über die gesammten Anträge ist dann von mir im Auftrage der ständigen Deputation derselben in Berlin ein umfassender Bericht erstattet worden,**) ich habe darin als Berichterstatter auf Beschluß der Deputation sofort diejenigen Sätze formulirt, in welchen sich die Deputation theils übereinstimmend, theils zwar nicht mit vollständiger Majorität, aber doch immer so weit vereinigte, daß sie gerade diese Fragen als maßgebend und entscheidend ansah. Ich habe ferner in Folge desselben Beschlusses der Deputation späterhin die Motive zu diesen Sätzen ausgearbeitet und muß wiederholt bitten, diese Motive nachsichtig zu beurtheilen, da ich sie, um etwas Persönliches zu bemerken, mitten unter Reisekoffern einem Stenographen diktiren mußte. — Nun habe ich zur Rechtfertigung des Verfahrens der Deputation noch Folgendes zu bemerken: Die ständige Deputation überzeugte sich bei der Berathung, daß es im Interesse der Lewald'schen und übrigen

*) Vgl. Band I S. 131 ff. und S. 175 ff.

**) Vgl. Band I S. 241 ff.

Anträge läge, wenn man nicht sich beschränke, gerade das Spezielle aller in diesen Anträgen hervorgehobenen Fragen zu prüfen, sondern die Prinzipien, auf welchen diese einzelnen Anträge beruhten, selbst zu erfassen, zu berathen und Ihnen die Ansicht der Deputation darüber zu eröffnen. Nur auf diese Weise glaubte die Deputation es ermöglichen zu können, Ihnen einen eben so umfassenden als gründlichen und erschöpfenden Bericht vorlegen zu können, nur auf diese Weise den Intentionen der Antragsteller zu entsprechen und in Wahrheit Beschlüsse zu erzielen, welche für die Wissenschaft und für die Gesetzgebung, wie für die Praxis einigen Werth beanspruchen könnten. Daher ist es, m. hochg. H., gekommen, daß die Deputation davon abgesehen hat, gerade die Anträge der gedachten Herren Ihnen in der oder jener Weise zur Beschlußfassung vorzulegen, sondern bestimmt formulirte Sätze zu entwerfen und diese Ihnen nunmehr vorgelegt hat. Bei der Berathung in der dritten Abtheilung hat Herr Rechtsanwalt Lewald mit diesem Verfahren sich einverstanden erklärt, ebenso ist auch Seitens der übrigen zahlreichen Antragsteller gegen dieses Verfahren Ihrer Deputation ein Widerspruch nicht erhoben worden. —

Bei der Berathung in der Abtheilung über die neun gedachten Paragraphen ist nun allerdings eine große Anzahl von Amendements eingegangen. Die Abtheilung hat auf meinen Vorschlag, da ich die Ehre hatte, in letzter Zeit bei dieser Abtheilung als Präsident zu fungiren, beschlossen, Ihnen ihre Beschlüsse gedruckt vorzulegen, weil man sich überzeugte, daß es außerdem für Sie höchst schwierig sein müßte, auf der Stelle auf Grund der von der Deputation aufgestellten Sätze sich darüber zu entschließen, wieweit Sie nunmehr den Sätzen und Beschlüssen der Abtheilung Ihre Zustimmung gewähren wollen.*) — Ich würde daher mit Zustimmung des Herrn Präsidenten bitten, daß nunmehr blos die Beschlüsse der Abtheilung, wie sie Ihnen gedruckt vorgelegt worden sind, zur Berathung und Beschlußfassung gelangen, dagegen von den Anträgen der Deputation, wie sie in den gedruckten Verhandlungen früher mitgetheilt waren, abgesehen werde.

---

*) Vgl. S. 247.

Präsident: M. H.! Ich habe mit Ihrer Zustimmung früher Gelegenheit gehabt, es auszusprechen, — und der Juristentag hat in diesem Sinne verfahren, — daß die Anträge der Abtheilung für uns hier in dieser Versammlung entscheidend sind. Dem gegenüber müssen meines Erachtens Anträge der Deputation oder Anträge einzelner Individuen zurücktreten. Der Juristentag löst sich in große Abtheilungen auf, die dem Wesen nach im einzigen Ganzen dieselbe Autorität haben. Von diesem Standpunkt ausgegangen, habe ich meinerseits durchaus nichts dagegen und ich empfehle Ihnen ganz einfach, die Anträge der dritten Abtheilung unserer Berathung zu Grunde zu legen.

Sind Sie damit einverstanden? (Ja!)

Ich ersuche also den Herrn Referenten von diesem Standpunkte aus fortzufahren.

Es wird fast überflüssig sein, nachdem die Artikel gedruckt sind, dieselben zu verlesen.

General-Staatsanwalt Dr. **Schwarze:** Ich habe im Allgemeinen Folgendes zu bemerken: Der §. 9, welcher den Herren vorliegt, soll ebenso wie die übrigen Paragraphen durchaus nicht den Entwurf einer Strafprozeßordnung enthalten; er soll nur allgemeine Grundsätze formuliren. Es ist daher auch abgesehen worden von allen Spezialitäten mit Ausnahme einiger Bestimmungen in §. 9, und diese speziellen Bestimmungen sind nur dadurch veranlaßt, daß gerade die hier zur Entscheidung gebrachten Fragen vorzugsweise in neuerer Zeit wiederholt besprochen worden sind. M. H., es handelt sich bei den Ihnen vorgelegten Sätzen um die wichtigsten Prinzipien unseres neuen Verfahrens, zunächst um die sogenannte prinzipale und um die subsidiäre Privatanklage, so wie um die Stellung des Staatsanwaltes gegenüber der Vertheidigung und um die besonderen Rechte, welche der Vertheidigung im Interesse des Entlastungsbeweises einzuräumen sind.

Was zunächst die sogenannte prinzipale Privatanklage anlangt, so war Ihre Abtheilung zu der Ueberzeugung gelangt, daß es einen vollständigen Bruch mit der Entwicklung unseres Strafrechtes enthalten würde, einen Widerspruch mit den sittlichen und staatlichen Zuständen der Gegenwart, wenn man in der Regel bei dem Verbrechen eine Verletzung blos des Individuums und nicht auch der Gesammtheit erblicken wollte. Wir haben daher den Satz an die Spitze gestellt, daß die Staatsanwaltschaft im Namen des Staates berufen sei, die Verbrechen zu verfolgen, sei es auch, daß im Strafgesetzbuche bei einzelnen Verbrechen aus besonderen justiz-politischen Motiven die Verfolgung des Verbrechens selbst an den vorherigen Antrag des Verletzten geknüpft sei. Nur ausnahmsweise soll die Staatsanwaltschaft in den Fällen sich der Verfolgung nicht unterziehen, wo nicht das Interesse der Gesammtheit, sondern das des unmittelbar verletzten Individui so überwiegend ist, daß man dem Beschädigten ganz allein die Betreibung und Fortstellung der Anklage überlassen könne. Wo diese Ausnahmefälle, in denen einzelne Gesetzgebungen bereits jetzt die prinzipale Privatanklage zulassen, nicht vorliegen, tritt die Staatsanwaltschaft im Namen des Staates klagend auf. Mit Ausnahme dieser wenigen Fälle haben wir uns also gegen die prinzipale Privatanklage erklärt.

Dagegen waren wir, wenigstens in der Mehrheit, der Ansicht, daß der Staatsanwalt durchaus nicht befugt sei, über die an ihn gebrachte Anzeige eines Verbrechens frei zu disponiren, vielmehr habe der Staatsanwalt bei der Kognition darüber nur zu erwägen, erstens, ob die angezeigte Handlung unter das Strafgesetzbuch falle, zweitens, ob sie mit ausreichenden Verdachtsgründen substanziirt sei, um die Verfolgung veranlassen zu können. Die Mehrheit war der Meinung, daß der Staatsanwalt nicht berufen sei, zu sagen: „weil das Interesse der Gesammtheit im einzelnen Falle es nicht verlangt, werde ich die Verfolgung nicht einleiten." Der Staatsanwalt sei nicht befugt, dermaßen über das Strafrecht zu disponiren; weil dies zur Willkür führen würde, und weil dem subjektiven Ermessen und also möglicherweise der befangenen Einseitigkeit eines einzelnen Beamten nicht überlassen werden dürfe, ob in einem Falle der Staat sein Strafrecht geltend machen wolle oder nicht. Es würde das ein Widerspruch sein mit einer gerechten und unparteiischen Rechtspflege, so wie mit dem Begnadigungsrechte der Krone. Es ist zwar uns eingehalten worden, daß dieses unveräußerliche Recht der Krone, die sittliche Verschuldung mit der kriminalrechtlichen im einzelnen Falle auszugleichen und die Härte des Strafgesetzes zu mildern, in den größeren Staaten bei voller Durchführung in jedem Falle fast zur Unmöglichkeit werde. Allein die Mehrheit Ihrer Abtheilung war hier der Meinung, daß solchenfalls eine Institution im Staate geschaffen werden müsse, die Namens des Regenten dieses Begnadigungsrecht übe, eine über jedes Parteitreiben und Privatleidenschaft erhabene Institution, damit eben nicht das Recht herabgedrückt werde in der Hand des Einzelnen zur willkürlichen Disposition. Dies ist der Grundgedanke des §. 2. — Was nun §. 3 anlangt, so waren wir der Meinung, daß das Recht des Beschädigten auf strafgerichtliche Genugthuung für die ihm widerfahrene Verletzung nicht so vollständig im Strafrechte des Staates aufgehen könne, daß man dem Interesse des Beschädigten an der Bestrafung durchaus keine selbständige Vertretung einräumen dürfe. Man war der Meinung, daß es nothwendig sei, daß da, wo der Staatsanwalt die strafrechtliche Verfolgung ablehnt, der Beschädigte selbst sich an das Gericht wenden und dessen Entscheidung verlangen dürfe, ob seine Anzeige berechtigt sei oder nicht. Wir haben dem Beschädigten diese Befugniß einräumen wollen, weil wir auch hier glaubten, daß der Rechtsschutz des Einzelnen höher stehen müsse, als System- und eine Konsequenzmacherei zu Gunsten der Staatsanwaltschaft. Es ist ferner dabei von uns ausgesprochen worden, daß, wenn die Entscheidung zu Gunsten des Beschädigten ausfalle, er nunmehr als Privatankläger sich zu konstituiren habe. Wir waren dabei in der Mehrheit der Meinung, daß der Staatsanwalt in dem Falle, wo das Gericht für Fortstellung der Anklage nach dem Antrage des Verletzten entscheidet, die Staatsanwaltschaft bei der Fortstellung zur Mitwirkung zwar berechtigt, aber nicht verpflichtet sei, weil in diesem Falle in Konsequenz des Vordersatzes über die Zulassung der subsidiären Privatanklage das hier zur Geltung gelangende besondere Recht des Beschädigten zunächst durch ihn selbst verfolgt werden müsse und die Mitwirkung der Staatsanwaltschaft nur in so weit als eine Nothwendigkeit angesehen werden könne, als vielleicht der Staatsanwalt im öffentlichen Interesse während des Verlaufs der Verhandlungen es nachträglich für erforderlich hält, von seiner Befugniß wieder Gebrauch zu machen und als Vertreter des öffentlichen Interesses wieder einzutreten, um die Anklage aufzunehmen und weiter zu verfolgen.

Eine sehr lebhafte Debatte entspann sich demnächst über die Frage, ob dem Beschädigten der Anschluß an das Strafverfahren zur Geltendmachung seiner Schädenansprüche zu gewähren sei. Diese Frage wurde sehr weitläufig erörtert.

Ihre Abtheilung war in der überwiegenden Mehrheit für das Recht des Anschlusses. — Wenn Sie mir hierbei eine einzige faktische Bemerkung noch gestatten wollen, so kann ich aus eigener amtlicher Erfahrung versichern, daß dieser Adhäsionsprozeß in Sachsen außerordentlich günstig aufgenommen worden ist, wir damit außerordentlich günstige Erfolge erzielt haben und alle Praktiker darin eine vorzügliche, eine wichtige Errungenschaft des neuen Verfahrens freudig begrüßen.

Die Frage, wie dem Beschädigten die Mitwirkung bei der Beweisaufnahme zu gestatten sei, bot freilich viele Schwierigkeiten und Zweifel. Ihre Abtheilung kam aber zu der Ueberzeugung — wenigstens in der Majorität —, daß die in §§. 6 und 7 etablirten Grundsätze eine reine Konsequenz der an die Spitze gestellten subsidiären Privatanklage enthielten, weil, wenn man einmal dem Beschädigten die Möglichkeit gewähren wolle, sein Recht selbst mit Umgehung der Staatsanwaltschaft auf Grund eines gerichtlichen Spruchs zu suchen, man ihm auch mit voller Hand die hierzu nöthigen Befugnisse einräumen müsse, um nicht den Vorwurf auf sich zu laden, mit halben Maßregeln ein nothwendiges und als recht anerkanntes Prinzip wieder zu gefährden.

Ich gehe über auf die beiden letzten Paragraphen.

M. höchstg. H.! Zu §§. 8 und 9 hatte Ihre Abtheilung beschlossen, keine Diskussion zu gestatten. Wohl aber hatte man mir als Präsidenten die peinliche Pflicht auferlegt, sofort die zahlreichen bei den §§. 8 und 9 eingegangenen Amendements bei den Fragstellungen mit aufzunehmen und zur Abstimmung zu bringen. Aus den gefaßten Beschlüssen sind die Ihnen vorliegenden §§. 8 und 9 hervorgegangen. Darüber herrschte in Ihrer dritten Abtheilung kein Zweifel, daß es einen Widerspruch mit der sittlichen Anfgabe des Staats und daher auch mit der seiner Beamten enthalten würde, wenn man den Staatsanwalt in eine reine Parteistellung herabdrücken, ihn nöthigen wollte, auch da Verurtheilung anzustreben, wo er sich sagen muß, die Verurtheilung des Angeklagten sei nicht gerechtfertigt. Der Staat kann die Verurtheilung des Schuldigen — nicht die des Angeklagten — verlangen, und keine Einrichtung unseres neuen Verfahrens würde Anspruch auf Beständigkeit machen können, die darauf zielte, den überdies vielleicht ohne Vertheidiger erscheinenden Angeklagten in eine Situation zu stellen, wo er dem Ankläger gegenüber stände, der als öffentlicher Ankläger, mit voller Gewalt und Macht des Beamten ausgerüstet, ihn mit leichter Mühe dann erdrücken könnte, wenn er um jeden Preis seine Verurtheilung anzustreben hätte. (Bravo!)

Man hat sich gestritten über die Worte Parteistellung, Parteieinseitigkeit der Staatsanwaltschaft. Aber um Worte wollen wir nicht streiten. Ueber die Sache sind wir einig. Wir waren daher auch insbesondere der Ansicht, daß die in neuerer Zeit so oft in Zweifel gezogene Verpflichtung des Staatsanwalts unbedingt und ausnahmslos anzuerkennen sei, die Thatsachen, die er zu Gunsten des Angeklagten erfährt, auch dann zur Kenntniß des Gerichts zu bringen und bei seinen Anträgen zu berücksichtigen, wenn sie der Vertheidigung nicht bekannt geworden sind.

Wir waren ferner der Ansicht, daß die Vertheidigung vollständig ihren Beruf und ihre wesentliche Aufgabe verkennen würde, wenn sie in einseitiger Parteistellung es sich zur Aufgabe machen wollte, die Wahrheit zu verdrehen und Unwahrheiten hervorzubringen, nur um vielleicht die Losſprechung des Angeklagten herbeizuführen. Vielmehr glaubten wir, daß durch das Zusammenwirken der Staatsanwaltschaft und der Vertheidigung dasjenige Material dem Gericht vorgeführt werden soll, worüber letzteres die Entscheidung zu ertheilen hat, und daß der Vertheidiger nicht gewissermaßen der Komplice des Angeschuldigten ist, sondern ein Diener der Gerechtigkeit, der aber dem Angeklagten zur Seite gestellt ist, damit er alle Rechte und Interessen desselben rechtzeitig und in richtigem Maße handhaben und wahrnehmen solle. — Dagegen glaubten wir insoweit unterscheiden zu müssen zwischen der Stellung der Staatsanwaltschaft und der Vertheidigung, als man dem Vertheidiger nicht zumuthen kann, daß er ihm bekannt gewordene, dem Angeklagten ungünstige Thatsachen oder Beweismittel zur Kenntniß des Gerichts bringe. Die entgegengesetzte Verpflichtung würde aus dem Vertheidiger einen Ankläger machen und die Stellung desselben korrumpiren. M. höchstg. H.! Ich halte es für eine wesentliche Errungenschaft des neuen Verfahrens, daß man der Vertheidigung eine bessere, ihrer würdigere und der Gerechtigkeit dienlichere Wirksamkeit angewiesen hat. (Bravo!)

Der alte Haß gegen die Vertheidigung wurde früher provocirt durch den Mißbrauch. Aber ich habe mich nie gescheut es auszusprechen, daß der vielfache Mißbrauch der Vertheidigung dadurch erst provocirt worden ist, daß man die Vertheidigung in ihren wesentlichen Punkten gefährdet hatte aus Furcht vor Mißbrauch. (Lebhafter Beifall.)

Allerdings ist aber auf der andern Seite nicht zu verkennen, daß eine gewisse Einschränkung in den Rechten der Vertheidigung eintreten muß, wenn nicht der ganze Zweck der Untersuchung gefährdet werden soll. Wir haben geglaubt, daß in §. 9 im Allgemeinen diejenigen Bestimmungen angegeben sind, welche nach unserer Ansicht vorzugsweise geeignet sein dürften, der Vertheidigung die ihr gebührende Stellung zu sichern und ihr die Wirksamkeit einzuräumen, welche im Zwecke einer guten und gerechten Rechtspflege liegt. Ich will nicht in Abrede stellen, daß namentlich der erste Satz auf Seite 4 unserer Vorlage vielfache Anfechtungen erfahren hat und in besonderm Grade zweifelhaft ist; nämlich von den Worten an: „Ebenso ist dem Vertheidiger" ꝛc., und daß ich selbst nicht damit einverstanden sein kann. Allein, m. H., hier handelt es sich in der That mehr um die Feststellung des Grundsatzes im Allgemeinen, als um die Ausführung desselben in seinen einzelnen Ausstrahlungen. — Wohl aber waren wir der Meinung, daß dem Staatsanwalt wie dem Vertheidiger das gleiche Fragrecht einzuräumen sei, und daß insbesondere auch in Bezug auf die Beweisaufnahme jede Beschränkung zu vermeiden sei, welche ein Mißtrauen in

Bezug auf das Interesse des Staats an dem Entschuldigungsbeweise erweisen kann.

Wir waren ferner der Ansicht, daß bei aller Nothwendigkeit von Formen für den Strafprozeß doch andererseits eine Form nur innere Berechtigung und Anspruch auf Anerkennung hat, wenn sie dazu dient, die Beweisaufnahme in ihren Resultaten, wie auch in ihrer Erhebung selbst zu sichern und dadurch dem eigentlichen Zweck des Verfahrens — die Herstellung der materiellen Wahrheit — zu dienen; daß dagegen jede Form als unpassende System- und Konsequenzmacherei zu verbannen sei, welche nur dem System und der Konsequenz zu Liebe eingeführt werde, ohne den Anspruch machen zu können, daß sie dem Beweise des materiellen Rechts diene. Insbesondere aber glaubten wir, daß bei allen Formen, welche die Erhebung des Beweises der Anklage, sowie des Entschuldigungs- und Entlastungsbeweises berühren, die größtmögliche Freiheit zu gewähren sei, damit nicht hinterher der Vorwurf gemacht werden könne: Die materielle Wahrheit habt Ihr untergehen lassen blos aus Liebe zu leerem Formelkram. (Bravo!)

Daher sind wir auch am Schluß zu der Ueberzeugung gekommen, daß dem Angeschuldigten, wo kein Verdacht des Mißbrauchs oder der Verschleifung vorliegt, die möglichste Freiheit in Vorführung und Gebrauch der Mittel zur Herstellung des Entlastungsbeweises zu gönnen sei.

M. hochg. H.! Das sind die Hauptgrundzüge, von welchen die Abtheilung meistens einstimmig oder — in einzelnen Punkten — wenigstens in der Majorität ausgegangen ist; ich bitte nun, daß Sie diese Grundsätze Ihrer geneigten Prüfung unterwerfen und schließe hiermit vorläufig das mir aufgetragen gewesene Referat. (Vielseitiges Bravo!)

Präsident: Es ist vorläufig nur ein Antrag, welcher sich nur auf die formelle Behandlung der Sache bezieht, von Herrn Rechtsanwalt Schanz aus Dresden eingegangen, welcher dahin lautet:

> „In Erwägung des inneren Zusammenhangs und der bereits erfolgten eingehendsten Berathung der vorjährigen Lewald'schen Anträge, über die Sätze der dritten Abtheilung ohne Debatte en bloc abzustimmen; im Fall der Ablehnung min-

destens die Sätze 1—4, 5—7, 8 und 9 bei der Abstimmung zusammenzufassen."

M. H.! Es scheint mir, daß es noch zu früh ist, diesen Antrag zu stellen. Ich glaube, es ist zunächst das Amt des Präsidenten, Ihnen diese Dinge vorzuschlagen. Ich halte aber die Sache für so wichtig, daß ich anrathe, ebenso wie das Referat vortrefflich sich auf alles bezogen hat, auch die Diskussion, sofern sie beliebt werden sollte, sich auf alles erstrecken zu lassen. Je nach dem Gange der Berathung würde dann auch die Abstimmung zur Sprache kommen, und dann wäre ich so frei, Ihnen die nöthigen Vorschläge zu machen. Wer begehrt nun in der Hauptfrage das Wort?

(Es meldet sich Niemand.)

Nun schlage ich Ihnen von mir aus vor, über sämmtliche Anträge en bloc abzustimmen, da gar keine Gegenanträge zur Sprache gekommen sind.

Staatsanwalt **Dalcke** aus Memel: Gegen diesen Vorschlag, en bloc abzustimmen, muß ich mich mit aller Entschiedenheit aussprechen. Es enthält die Vorlage so heterogene Bestimmungen, daß ich der einen wohl von Herzen beistimmen kann, während ich gegen die andere stimmen muß, und ich glaube, daß sehr viele der anwesenden Herren in demselben Falle sein werden, so daß man durch eine En-bloc-Abstimmung schließlich in die Lage kommen könnte, das Gute mit dem Schlechten zu verwerfen.

Man hat insbesondere den Umstand hervorgehoben, wir wollten moralische Eroberungen machen durch die größtmögliche Einstimmigkeit unserer Beschlüsse! M. H.! Wenn wir das wollen, so müssen wir auch Jedem Gelegenheit geben, sich jedesmal nach seiner innigsten Ueberzeugung auszusprechen! Ich erlaube mir auch Das noch hervorzuheben, daß in unserer Abtheilung über die Frage: Ob auch die subsidiäre Privat-Anklage einzuführen sei oder nicht? gar nicht diskutirt worden ist. (Ruf: O ja!) Wir haben gesprochen und abgestimmt über Amendements, aber über diese Hauptfrage hat die Abstimmung nicht stattgefunden, und ich beziehe mich deshalb auf die Worte des Herrn Petersen aus Breslau, der dasselbe bereits geltend gemacht hat. Ferner ist die Diskussion über die §§. 8 und 9, welche die wichtigsten Anträge enthalten, durch den Antrag, en bloc abzustimmen, abgeschnitten, — ich meine aber doch, wir kämen nicht hierher, um abzustimmen, sondern um unsere Meinungen auszusprechen und auszutauschen. (Widerspruch. Schluß!)

Präsident: Ich will nur das von meinem Standpunkt aus bemerken: Ich habe die Frage an Sie gerichtet, ob gegenüber den Anträgen der Abtheilung Gegenanträge gestellt werden? Da nun ein Gegenantrag nicht gestellt worden ist, so habe ich daraus zu entnehmen geglaubt, Sie seien in der großen Mehrheit mit den Abtheilungsanträgen einverstanden. (Ja, ja!)

Ich kann mich darüber täuschen, Sie werden aber begreifen, daß jener Schluß nicht gar so unwahrscheinlich war. Ich setzte voraus: Viele von Ihnen haben in der Abtheilung schon ihre Meinung ausgesprochen, wechselseitig ausgetauscht und bekämpft, so daß man sich die Möglichkeit denken kann, daß Manche in Bezug auf einzelne Paragraphen nicht einverstanden sind. Ich wünsche nun durchaus nicht eine künstliche Abstimmung zu provociren, wenn daher, was wenig länger dauern würde, Paragraph vor Paragraph abgestimmt würde, so hätte Jeder Gelegenheit, sich nach seiner Ansicht zu erklären. Sind Sie damit einverstanden? (Ja!)

Rechtsanwalt **Petersen** aus Breslau: Ich erlaube mir nur zu bemerken, daß der Herr Vorredner im Irrthum ist, wenn er meint ich hätte bei der Berathung in der Abtheilung erklärt, es sei über das Prinzip noch nicht gesprochen worden. Ich habe nur eine Bemerkung bei §. 4 zur Abstimmung gemacht.

General-Staatsanwalt Dr. **Schwarze**: M. g. H.! Es ist zwar im §. 1 nicht directis verbis von der Privatanklage die Rede. Es ist dieses Wort nicht gebraucht worden, und ebenso ist im §. 3 von der subsidiären Privatanklage, unter Beibehaltung dieser Bezeichnung, nicht gesprochen worden. Aber, m. H., die Literatur scheint doch einig darüber zu sein, daß das Prinzip der Privatanklage dasjenige ist, von welchem in diesen beiden Paragraphen die Rede ist.

Ueber die Frage, ob und inwieweit der Staatsanwalt die Sache zu verfolgen habe oder der Privatankläger, war die Abtheilung der Meinung, daß nur bei ganz geringen Uebertretungen der Privatankläger principaliter auftrete, d. h. daß der Verletzte mit Uebergehung des Staatsanwalts direkt bei den Gerichten den Strafantrag stelle und verfolge. Das ist expressis verbis im §. 1 gesagt; darüber ist diskutirt und von meinem Stellvertreter im Präsidium der Abtheilung die Abstimmung eingeleitet worden.

Im §. 4 heißt es:

> „Fällt die Entscheidung zu Gunsten des Antragstellers aus, so konstituirt sich derselbe als Privatankläger und betreibt die Anklage bei den Gerichten. Der Staatsanwalt ist in diesem Falle zur Mitwirkung berechtigt, aber nicht verpflichtet."

Hier ist die subsidiäre Privatanklage, d. h. die Privatanklage in Fällen der Ablehnung der staatsanwaltschaftlichen Anklage etablirt worden. Es ist also nach meiner Ansicht, welche wohl die meisten Herren der Abtheilung theilen werden, in derselben über das Prinzip der subsidiären Privatanklage gesprochen und auch Beschluß gefaßt worden. (Zustimmung.)

Präsident: Wollen Sie abstimmen? (Ja!)

§. 1 wird anzunehmen beantragt. Sind Sie damit einverstanden? (Ja!)

§. 2. Wird er angenommen? (Ja!)

Es folgt §. 3.

General-Staatsanwalt Dr. **Schwarze:** Ich bitte nur noch um ein einziges Wort über etwas, was mir vorhin entgangen ist. Bezüglich der Worte: „Der durch die strafbare Handlung Beschädigte" hat die Abtheilung durch motivirte Tagesordnung ausgesprochen, daß darunter nicht blos der zu verstehen sei, dessen vermögensrechtliches Interesse durch die strafbare Handlung verletzt ist, sondern überhaupt Jeder, dessen rechtlich anzuerkennendes Interesse durch die That verletzt worden sei. (Bravo!)

Präsident: Wird nach diesen Erläuterungen §. 3 angenommen? (Ja!)

Es folgt §. 4.

Eine Stimme: Wir, die nicht in der Abtheilung gewesen sind und die Sache nicht so genau berathen haben, können unmöglich so schnell folgen!

Präsident: Man kann ja den Antrag nochmals vorlesen.

(Geschieht durch den Referenten. Vgl. S. 428.)

Sind Gegenanträge? — Es wird abgestimmt!

Wer für §. 4 stimmt, beliebe sitzen zu bleiben; wer dagegen ist, beliebe sich zu erheben!

Angenommen! — Es folgt §. 5.

Dazu ist ein Gegenantrag eingegeben worden. Herr Advokat Lauenstein beantragt zu §. 5:

„Den Schlußsatz des §. 5 von den Worten an: „„Es wird hierbei allenthalben““ bis zu Ende zu streichen.“

Advokat Lauenstein aus Lüneburg: Ich erlaube mir nur das Wort zur Motivirung dieses Antrags. Es ist heute auf Antrag der vierten Deputation beschlossen worden, daß man die Frage: ob der erkennende Richter im Civilprozeß an die gesetzlichen Beweisregeln gebunden sein solle oder nicht? doch noch an die ständige Deputation zur abermaligen Berathung überweisen solle.

Ich halte es deshalb für zweckmäßig, diese Vorfrage auch hier gänzlich unerörtert zu lassen. Wir im Hannöverschen haben die Bestimmung, daß das Resultat des Straferkenntnisses für Civilansprüche thatsächlich bis zum Gegenbeweis maßgebend ist. Trotzdem aber haben wir keineswegs allgemeine und absolute Bestimmungen darüber, daß der erkennende Richter auch im Civilprozeß an gesetzliche Beweisregeln nicht gebunden sein solle. Ich glaube auch wohl, daß man, wenn man in der Lage ist, allgemeine Beweisregeln als nothwendig hinzustellen, trotzdem in dieser Beziehung eine Ausnahme zu machen berechtigt wäre, indem doch immer anzunehmen ist, daß, wo ein Angeschuldigter einmal verurtheilt worden, auch jedenfalls förmliche Beweismittel vorhanden sein müssen. Ich möchte deswegen vorschlagen, über diese Frage hier jetzt gar nicht zu entscheiden.

Daß wir darüber entscheiden können, liegt auf der Hand; es wird aber zweckmäßig sein, wenn wir die Beschlußfassung über §. 5 vollständig vorbehielten.

General-Staatsanwalt Dr. Schwarze: M. hochg. H.! Ich glaube, der Einwand des Herrn Advokaten Lauenstein beruht auf einem Mißverständniß. Die Fassung des §. 5 in dem Schlußsatze geht durchaus nicht dahin, daß gesagt wurde: Es wird auch bestimmt, daß im Kriminal- wie im Civilprozeß keine Beweisregeln gelten, sondern es ist nur gesagt worden, daß der Vordersatz des §. 5 von der Voraussetzung ausgehe, daß der Civil- und Kriminalrichter an Beweisregeln nicht gebunden sei. — Wo also eine Gesetzgebung vorhanden ist, die den einen oder den andern Richter an bestimmte Beweisregeln bindet, da leiden die Sätze des §. 5 keine Anwendung. Durchaus also ist nicht ausgesprochen worden, daß der Civilprozeß keine Beweisregeln haben solle oder könne, und es ist nicht ausgesprochen, daß der Kriminalprozeß Beweisregeln haben solle oder könne, sondern es ist einfach nur gesagt, daß der Vordersatz des §. 5 von der allgemeinen Voraussetzung ausgehe, daß der Civil- wie der Kriminalrichter bei seiner Entscheidung an gesetzliche Beweisregeln nicht gebunden sei.

Wollten Sie überdies, m. höchstg. H., dem Antrag des Herrn Advokaten Lauenstein Folge geben, so entstände sofort ein total anderer Sinn in dem Paragraphen. Nehmen Sie den Fall: Es bestehen in einem Lande noch für den Civilprozeß gesetzliche Beweisregeln, aber nicht für den Strafprozeß. Wissen Sie, m. höchstg. H., daß mit der Annahme des §. 5 ohne den Schlußsatz, wenn er in diesem Maße irgendwo gesetzliche Geltung erlangen sollte und eingeführt würde, die Freiheit des Kriminalrichters von Beweisregeln gemißbraucht werden würde, wenn diese Freiheit nicht auch für den Richter im Civilprozeß vorhanden wäre? Es würde dann in den Kriminalprozeß von den Parteien der Civilprozeß herübergespielt werden, um auf diese Weise leichter den Beweisregeln des Civilprozesses entschlüpfen und den Beweis des Civilanspruchs durch die freie Thätigkeit des Kriminalrichters führen zu können. Ganz abgesehen von diesen materiellen Bedenken glaube ich auch, der Satz, wie er beschlossen ist, entthält gar nicht das, was der Herr Antragsteller geglaubt hat.

Präsident: Wollen Sie abstimmen, m. H.?

Ich bitte den Herrn Referenten, den Antrag noch einmal vorzulesen.

(§. 5 wird durch den Referenten nochmals verlesen. Vgl. S. 428.)

Nun ist ein Amendement eingegangen, nämlich, daß dieser letzte Satz ganz wegbleiben könne. Es wird am zweckmäßigsten sein, wenn ich über dieses Amendement zuerst abstimmen lasse und dann erst über den Paragraphen, der je nach Annahme der Meinung des Herrn Referenten oder nach Annahme des Amendements angenommen wird oder nicht. —

Wer also für das Amendement des Herrn Advokaten Lauenstein ist, beliebe sich zu erheben.

Dasselbe ist abgelehnt!

Wer den Antrag der Abtheilung annehmen will, beliebe sitzen zu bleiben.

Der §. 5 ist angenommen! —

Wir kommen zu §. 6.

Wer für dessen Annahme ist, wolle sitzen bleiben; wer dagegen ist, sich erheben!

§. 6 ist angenommen!

Folgt §. 7.

Wer dafür ist, bleibe sitzen; wer dagegen, erhebe sich.

Angenommen!

Zu §. 8 ist ein Zusatz eingereicht worden von Herrn Dr. Mittelstädt:

> „Die Befugnisse der Staatsanwaltschaft und der Vertheidigung im Strafverfahren können daher nicht dieselben sein, und das Verlangen nach einer Gleichstellung der Befugnisse der Vertheidigung mit denen der Staatsanwaltschaft ist unberechtigt."

(Unruhe.)

Der Antragsteller hat das Wort!

Ober-Staatsanwalts-Gehülfe Dr. **Mittelstädt** aus Posen: Mein Antrag ist formeller, nicht materieller Natur. Es lag mir die Absicht fern, über die Stellung der Staatsanwaltschaft zur Vertheidigung selbst noch etwas zu sagen; ich beabsichtige nur, eine Verstümmelung, welche die Resolution der ständigen Deputation, ich weiß nicht, durch welche zufällige Einwirkung, in der dritten Abtheilung erlitten hat, zu heilen — —

(Redner bleibt — wegen der fortdauernden Unruhe — am Stenographentische unverständlich.)

Präsident: Es ist auf Schluß angetragen!

Wer für den Schluß stimmt, beliebe aufzustehen.

Das ist die Mehrheit!

Jetzt, m. H., kommen wir zur Abstimmung. Zwei Anträge liegen noch vor. Der eine geht auf einen Zusatz, der gewissermaßen eine logische Schlußfolgerung zu §. 8 ist, der andere auf Streichung des Passus.

Der Zusatz des Herrn Dr. Mittelstädt, für den Fall, daß §. 8 angenommen wird, lautet dahin:

(Verliest denselben nochmals.)

Wer dafür stimmt, daß dieser Zusatz aufgenommen werde, beliebe aufzustehen.

Der Antrag ist abgelehnt!

Wir kommen nun zur Abstimmung über das weitere Amendement auf Streichung des ganzen ersten Passus.

(Absatz 1 des §. 8 wird von dem Referenten verlesen. Vgl. S. 429.)

Wer nun dafür stimmt, daß dieser Theil des §. 8 nach dem Antrage der Abtheilung angenommen werde, bleibe sitzen; wer diesen Theil verwerfen will, erhebe sich.

Er ist angenommen!

Folgt der zweite Absatz:

(Wird gleichfalls verlesen. Vgl. S. 429.)

Wer dafür stimmt, daß dieser Theil angenommen wird, bleibe sitzen; wer dagegen ist, erhebe sich.

Angenommen!

§. 8 ist also erledigt und folgt §. 9.

(Advokat Kühn aus Leipzig bemerkt, daß der zweite Absatz in §. 9 der Vorlage mit der von dem Abtheilungspräsidenten verlesenen Fassung nicht übereinstimme; General-Staatsanwalt Dr. Schwarze erklärt darauf, daß Rechtsanwalt Lewald sich vor dem Drucke mit der dem Plenum vorgelegten Fassung, welche auch dem Protokoll der Abtheiluug entspreche, einverstanden erklärt habe.)

Präsident: Es ist in Bezug auf diesen §. 9 noch ein Abänderungsantrag eingereicht worden vom Kreisrichter Zenthöfer aus Rybnick:

„auf Seite 4 die Worte: „Ebenso ist dem Vertheidiger" bis „zu gestatten" zu streichen."

Oberamtsrichter **Scheurlen** aus Mergentheim: Ich erkläre mich gegen den ersten Absatz des §. 9, nicht deshalb, m. H., weil ich nicht mit demselben einverstanden wäre, sondern aus dem gleichen Grunde, aus dem ich mich gegen §. 8 erklärt habe und das ist der, weil beide §§. so allgemeine Wahrheiten enthalten, daß ich den gegenwärtigen Zustand tief beklagen müßte, wenn es nöthig wäre, solche Wahrheiten noch auf dem Juristentage auszusprechen. (Bravo!)

Ich bitte den Herrn Präsidenten bei dieser Gelegenheit, über die einzelnen Sätze des Paragraphen, die sehr verschiedener Natur sind, einzeln abstimmen zu lassen.

Präsident: Sobald es gewünscht wird, werde ich darauf eingehen. Ich halte es für die erste Pflicht des Präsidenten, dafür zu sorgen, daß jedes Mitglied Gelegenheit habe, seine Ueberzeugung auszusprechen.

Hof- und Gerichtsadvokat Dr. **Berger:** M. H.! Ich würde Ihnen zwei Abänderungen bei §. 9 vorschlagen, und zwar in der zweiten Alinea und in der fünften. Beide enthalten nämlich einerseits Zugeständnisse an den Vertheidiger, die ihm andererseits sofort auf Umwegen wieder entzogen werden, und dies möchte ich vermieden haben. Es heißt in der zweiten Alinea:

„Dem Angeschuldigten wird daher, auch wenn er verhaftet ist, bereits während der Voruntersuchung der verlangte Beirath eines rechtsverständigen Vertheidigers gestattet, und ist diesem die Akteneinsicht unter Aufsicht des Gerichts in der Regel nicht zu versagen."

„In der Regel" ist ein sehr vages Wort. Wenn Sie die Ausnahme nicht bereits hier fixiren, dann gestatten Sie wenigstens, daß die Regel sehr diskretionär gehandhabt wird, und man wird im konkreten Falle dem Vertheidiger oder Angeklagten einmal die Einsicht der Akten gestatten, das andere Mal verweigern. Dagegen, glaube ich, wäre der Satz viel conciser dahin zu fassen:

> „Dem Angeschuldigten wird bereits während der Voruntersuchung der Beirath eines Vertheidigers und diesem die Akteneinsicht unter Aufsicht des Gerichts gestattet."

Damit ist alle Garantie gegeben; denn die Aufsicht des Gerichts werden wir noch lange nicht beseitigen können. (Bravo!)

Was Alinea 5 betrifft, so scheinen Sie sie mir ebenfalls etwas vag gefaßt zu haben und gleichfalls wieder der Vertheidigung die Befugniß entziehen zu wollen, die Sie im ersten Satze ihr gegeben haben. Es heißt nämlich:

> „Die Vertheidigung hat bezüglich der Benennung von Zeugen gleiche Rechte mit der Anklage."

Gleich darauf kommt aber die Hinterthür:

> „Die von ihr benannten Zeugen sind zuzulassen, wenn nicht Gefährde offen vorliegt."

Was das sein soll, das vermag ich mit meinem etwas beschränkten Unterthanenverstande nicht zu begreifen. (Heiterkeit.)

Ich würde den prinzipiellen Satz vorschlagen, statt „die Vertheidigung hat bezüglich der Benennung" — denn benennen kann ich sehr viel; was nützt es aber, wenn das Benennen kein richterliches Echo findet:

> „Die Vertheidigung hat bezüglich der „Vorladung" von Zeugen gleiche Rechte mit der Anklage",

und würde den Schlußsatz einfach weglassen.

Präsident: Es ist ferner ein Antrag von Herrn Dr. Hilse eingereicht worden, der so lautet:

> „Dem Angeschuldigten wird ein rechtsverständiger Vertheidiger von Amtswegen beigeordnet"

statt „der verlangte Beirath — gestattet."

Es ist auf Schluß angetragen!

Wer dafür ist, beliebe aufzustehen.

Es ist der Schluß beschlossen!

General-Staatsanwalt Dr. **Schwarze**: Es ist gegen den ersten Absatz des §. 9 eingewendet worden, daß er sich von selbst verstände. Im Prinzip mag es sein; aber ich bin sehr gern erbötig, dem betreffenden Herrn, wenn er mir die Freude seines Besuchs gönnen will, Gesetzgebungen zu zeigen, wo dieser Satz in seinen Konsequenzen nicht anerkannt ist. (Bravo!)

Ferner, m. höchstg. H., erkläre ich mich gegen den Berger'schen Antrag. Wir dürfen, glaube ich, auch nicht zu weit gehen in den Befugnissen, die dem Angeschuldigten eingeräumt werden. Ich habe vorhin in der Einleitungsrede Grundsätze entwickelt, mit denen, glaube ich, jede verständige Vertheidigung zufrieden sein kann. Wenn wir aber auf der einen Seite zugeben, daß es nothwendig ist, den Angeschuldigten einzusperren, ihn von jeder Kommunikation mit der Außenwelt abzuschneiden, dann scheint es mir auf der anderen Seite zu weit gegangen zu sein, wenn wir ihm wieder alle mögliche Kommunikation gestatten wollen.

Es ist ferner ein Antrag eingebracht worden von Herrn Dr. Hilse, daß jedem Angeschuldigten ein rechtsverständiger Beirath beigeordnet werden soll. Das Motiv des Herrn Dr. Hilse, daß nicht jeder Angeschuldigte pekuniär in der Lage sei, einen Vertheidiger anzunehmen, ist ein sehr ehrenwerthes. Ich frage Sie aber, ob es irgend möglich und durchführbar sein würde, jedwedem Angeschuldigten, auch wenn es kein schwerer Fall ist, einen rechtsverständigen Beirath beizugeben. Ich glaube, es würde das eine Bürde für die Vertheidiger selbst werden und die Staatskasse so überlasten, daß wir nur Steuern aufzubringen hätten, um diese Kriminalkosten zu tragen. (Beifall.)

Ferner bin ich einverstanden mit der Substitution des Wortes „Vorladung". Ich möchte fast behaupten, daß heutzutage in der strafprozessualischen Terminologie zwischen beiden Worten wenig Unterschied gemacht wird. Allein ich bin mit dem Worte „Vorladung" einverstanden und glaube annehmen zu dürfen, daß auch die übrigen Mitglieder der Abtheilung einverstanden sind.

Was nun die Schlußbemerkung des Herrn Dr. Berger anlangt, indem er nämlich die Worte: „die von ihr benannten Zeugen sind zuzulassen, wenn nicht Gefährde offen vorliegt", streichen will, um dem Angeklagten vollständige Freiheit in der Benennung der Zeugen zu gewähren, so glaube ich bei meinem Vertrauen zu den Sachwaltern, daß sie von diesem Rechte keinen Mißbrauch machen würden. Sie dürfen aber nicht jedem Angeklagten, der nicht mit einem rechtsverständigen Beirath, einem Vertheidiger betraut ist, dieses Recht einräumen. Ich frage Sie nur, ob wir im Stande sein würden, eine einigermaßen größere Sache an einem Tage, ja selbst in einer Woche zu erledigen, wenn dem Angeklagten gestattet ist, ein ganzes Heer von Zeugen vorzuladen? Wir wissen, daß oft Angeschuldigte in dieser Beziehung ganz eigenthümliche Anschauungen über die Bedeutung einer Thatsache haben. Ich bitte daher, die Schlußworte des §. 9 gegen die Ansicht des Herrn Dr. Berger beizubehalten.

Präsident: Nun, m. H., schlage ich Ihnen folgenden Abstimmungsmodus vor:

Es ist wohl das Zweckmäßigste, wenn wir über die Abänderungsanträge, die alle Amendements sind, vorerst eventuell abstimmen und zwar nach den Abtheilungen des §. 9, wie es gewünscht worden ist. Finden diese Abänderungsanträge Erledigung, dann kommt der §. 9, wie er von der Abtheilung vorgeschlagen worden ist, zur Abstimmung. Vorerst würde es sich also um das erste Alinea handeln.

Wer nach dem Antrage der Abtheilung dieses erste Alinea annehmen will, bleibe sitzen; wer dagegen stimmt, wolle sich erheben.

Es ist angenommen!

Es folgt der zweite Satz. Da sind eine Reihe von Abänderungsanträgen.

Zunächst das des Herrn Dr. Hilse:

„Dem Angeschuldigten wird ein rechtsverständiger Vertheidiger von Amtswegen beigeordnet."

Wer für das Amendement im Gegensatz zu dem Antrage der Abtheilung stimmt, beliebe aufzustehen.

Es ist verworfen worden und zwar einstimmig! (Heiterkeit.)

Nun folgen die Amendements der Herren Dr. Berger, Volkmar und Sabarth. Diese wünschen sämmtlich die Worte „in der Regel" zu streichen.

Es ist auch ein weitergehendes Amendement eingereicht worden von Herrn Sehlmacher aus Pyritz, wonach auch die Worte „unter Aufsicht des Gerichts" gestrichen werden sollen.

Wer für diesen Antrag stimmt, daß die Worte „unter Aufsicht des Gerichts" gestrichen werden, beliebe aufzustehen.

Es ist große Majorität, beinahe Einstimmigkeit dafür, daß der Antrag nicht gut geheißen werde.

Wer nun dafür stimmt, daß nach den Anträgen der drei vorhergenannten Herren die Worte „in der Regel" gestrichen werden, beliebe aufzustehen.

Wollen die Herren sich setzen?!

Wer dafür ist, daß die Worte stehen bleiben sollen, beliebe aufzustehen.

Es ist schwer, darüber zu entscheiden.

Ich will die Abstimmung noch einmal wiederholen. Ich ersuche die Herren Vizepräsidenten, sich zu mir auf das Büreau zu begeben, um die Abstimmung zu kontrolliren.

Es ist schwer zu sagen, wo die Mehrheit ist.

Geh. Justizrath Dr. **Krug**: Ich bitte ums Wort zur Abstimmung! Da es sich nur um eine Kundgebung handelt, so scheint es mir vollkommen ausreichend, wenn das unbestimmte Resultat der Abstimmung im Protokoll bemerkt wird. (Nein, nein!)

Präsident: Wenn es möglich ist, mit Bestimmtheit zu sagen, wo die Mehrheit ist, so glaube ich, sind wir verpflichtet, es zu thun (Ja, ja!)

Noch einmal die Abstimmung!

Diejenigen Herren, die dafür stimmen, daß die Worte „in der Regel" weggelassen werden sollen nach dem Amendement, belieben sich zu erheben.

Ich bitte die Herren, sich wieder niederzusetzen!

Wer dafür stimmt, daß diese Worte nach dem Antrage der Abtheilung aufgenommen werden sollen, beliebe sich zu erheben.

M. H.! Ich bedauere, Ihnen folgenden Ausspruch als die Ansicht des Büreaus vortragen zu müssen: Das Büreau ist durchaus nicht einstimmig! Vier Herren erklären, es sei Majorität für die erste Meinung, daß die Worte wegfallen, zwei erklären ebenso bestimmt die entgegengesetzte Meinung, — und zwei erklären, daß sie sich unmöglich entscheiden können, indem jedenfalls die Stimmenzahl so gleich sei, daß man durch eine bloße Uebersicht nicht entscheiden könne.

Rechtsanwalt Dr. **Horwitz**: Ich stelle den förmlichen Antrag, dieses Resultat im Protokolle der heutigen Sitzung zu verzeichnen und den Gegenstand für erledigt zu erklären.

Präsident: Ich bedaure, daß Sie mich nicht haben aussprechen lassen. Das Büreau bestand jetzt aus 9 Mitgliedern; acht haben sich erklärt und ich selbst habe noch nicht gesprochen. Nun erkläre ich, meine Meinung ist, daß in der That Niemand mit vollkommener Sicherheit erklären kann, wo die Mehrheit sei, und das ist, meine ich, bei einer Versammlung, die doch nur ihre moralische Ueberzeugung ausspricht, jetzt viel wichtiger zu konstatiren, als eine scheinbare Mehrheit. Daher erkläre ich als die Ansicht des Büreaus, — ich nehme an, daß bei dieser gleichen Stimmenzahl ich die Entscheidung habe für das Büreau — daß nicht mit Sicherheit zu bestimmen sei, auf welcher Seite die Mehrheit ist, und das muß als Meinungsäußerung des gegenwärtigen Juristentages zu Protokoll genommen werden. — Nun gehen wir weiter!

Stadtgerichtsrath **Stephany** aus Berlin: Ich bin der Ansicht, daß durch Majoritätsbeschlüsse überhaupt nicht etwas rein Faktisches entschieden werden kann. In dieser Beziehung würde also auch die Ansicht des Herrn Präsidenten, insoweit eine Majorität begründet werden soll, nicht entscheidend sein können.

Präsident: Wir müssen eine Entscheidung haben: entweder eine Mehrheit oder Minderheit, oder keine sichere Mehrheit. Das Bureau erklärt die Mehrheit für unsicher; das ist das Resultat der Abstimmung, und dieses Resultat kommt zu Protokoll. Sind Sie damit einverstanden? (Ja, Ja!)

M. H.! Wir gehen nun weiter in der Abstimmung. Es ist ferner ein Amendement vorgebracht, wonach die Worte „ebenso ist dem Vertheidiger“ bis „zu gestatten“ gestrichen werden sollen. Wer für dieses Amendement stimmt, beliebe aufzustehen.

Es ist die Minderheit. Also nehme ich an, m. H., daß der zweite Absatz nun zur Abstimmung kommt wie er im Entwurf lautet.

Er ist angenommen!

Es folgt nun der dritte Absatz. In dieser Beziehung ist kein Antrag. Wer für diesen dritten Absatz stimmt, beliebe sitzen zu bleiben, wer dagegen stimmt, aufzustehen.

Der Absatz ist angenommen.

Es kommt der vierte Absatz.

(Wird durch den Referenten verlesen.)

Wer dafür stimmt, bleibe sitzen, wer dagegen ist, beliebe aufzustehen.

Der vierte Satz ist angenommen.

Endlich kommen wir zu dem letzten Abschnitt. Da sind Abänderungsanträge. Erstlich ist der Abänderungsantrag gestellt, daß statt der Worte „Benennung von Zeugen“ die Worte „Vorladung von Zeugen“ gesetzt werden sollen. Da der Herr Referent mit diesem Abänderungsantrage einverstanden ist, so nehme ich an, daß dies die Ansicht der Abtheilung ist und werde demgemäß verfahren. Es bleibt nun noch ein Amendement übrig, nämlich, daß die Worte „die von ihr benannten Zeugen sind zuzulassen, wenn nicht Gefährde offen vorliegt“ weggelassen werden. Es würde also der zweite Satz in diesem Absatze weggelassen werden nach dem Amendement des Herrn Dr. Berger.

Ich schlage vor, über dieses Amendement zuerst abzustimmen, dann über den ersten Satz.

M. H., wer dafür ist, daß das Amendement angenommen und der zweite Satz der Vorlage gestrichen werde, d. h. also diejenigen Herren, die für Streichung sind, belieben aufzustehen.

Das Amendement ist abgeworfen; dagegen ist entschieden die Mehrheit. Also, nehmen wir nun die Abstimmung über den ganzen Satz vor. Wer nach Ansicht der Abtheilung für den ganzen Absatz mit der Modifikation, daß statt „Benennung“ „Vorladung“ gesagt werde, stimmt, beliebe sitzen zu bleiben, wer dagegen stimmt, sich zu erheben.

Der Satz ist angenommen

Rechtsanwalt Dr. **Horwitz**: Würde es nicht zweckmäßig sein, über das Ganze abzustimmen?

Präsident: Es ist ein Antrag gestellt, über das Ganze abzustimmen. Wer dafür stimmt, daß der Paragraph, wie er lautet, angenommen werde, beliebe sitzen zu bleiben, wer dagegen stimmt, sich zu erheben.

Er ist also im Ganzen auch angenommen.

Wir gehen weiter. Ich ersuche Herrn Staatsanwalt Stegemann als Referenten, uns den Bericht über die Anträge der Herren Rechtsanwälte Lewald und Dr. Schaffrath, betreffend die Geschworenengerichte und insbesondere die Aburtheilung der politischen und Preßverbrechen durch Geschworene, vorzutragen.

Staatsanwalt **Stegemann** aus Wriezen: M. H.! Betreffs der Geschworenengerichte haben die Herren Rechtsanwälte Lewald und Dr. Schaffrath die unter Nr. 8 S. 236 und Nr. 14 S. 276 Ihrer diesjährigen Verhandlungen mitgetheilten Anträge gestellt.

Die dritte Abtheilung hat gestern diese Anträge in Erwägung gezogen und ohne Diskussion beschlossen, Ihnen drei Anträge zu unterbreiten. Es ist nicht möglich gewesen, wegen der Kürze der Zeit diese Anträge und ihren Zusammenhang mit den Voranträgen drucken zu lassen. Ich erlaube mir in aller Kürze den Zusammenhang und die Bedeutung der Punkte, über welche wir Beschluß fassen wollen,

Ihnen vorzutragen. Herrn Rechtsanwalt Lewald's ursprünglicher Antrag geht gahin:

„Der Juristentag wolle die Konkurrenz der Geschworenen in politischen und Preßsachen befürworten, namentlich, weil die Geschworenen sachlich vorzugsweise geeignet wären, diese Sachen abzuurtheilen."

Statutenmäßig hat der Juristentag sich die Förderung einheitlicher Entwicklung des Deutschen Rechts zur Aufgabe gesetzt. Bekanntlich bestehen aber die Geschworenengerichte nicht überall in Deutschland, namentlich nicht in dem Lande, in welchem wir tagen. Es setzt daher die Inbetrachtnahme des Lewald'schen Antrages voraus, daß das Institut der Geschworenen nach der Meinung des Juristentages ein allgemein geltendes sein sollte. Diesem Mangel hat Herr Advokat Schaffrath abgeholfen, indem er diese Frage an die Abtheilung und mit Befürwortung der Abtheilung an das Plenum gebracht hat.

Zunächst habe ich nun die Frage vorzulegen, ob wir das Geschworeneninstitut als ein Bedürfniß Deutscher Rechtspflege anzuerkennen haben. Die Abtheilung stellt an Sie folgenden Antrag:

„Der Deutsche Juristentag erklärt es für ein Bedürfniß Deutscher Strafrechtspflege, daß Geschworenengerichte auch in denjenigen Staaten, in welchen dies noch nicht geschehen, eingeführt werden."

Dieser Antrag beruht auf der Voraussetzung, daß das Geschworeneninstitut sich bewährt hat und namentlich in schweren Sachen nothwendig ist im Interesse der Strafrechtspflege. Ueber diese wichtige Frage wird sich Jeder eine feste Meinung gebildet haben und ich schlage daher vor, daß wir über diesen Kardinalpunkt ohne Diskussion abstimmen.

Geh. Regierungsrath Dr. Lucius aus Leipzig: In Beziehung darauf, was der Herr Referent so eben vorbringt, daß das eine Haupt- und Kardinalfrage ist, in Berücksichtigung des Umstandes, daß die hohe Versammlung, welche hier tagt, einen Druck, oder wenigstens einen großen Einfluß auf die künftige Deutsche Legislatur ausüben dürfte, ferner in Berücksichtigung dessen, daß gestern in der dritten Sektion über diese wichtige Frage gar keine Debatte zugelassen worden, — möchte ich dringend darum bitten, daß heute eine, wenn auch voraussichtlich nur kurze Debatte zugelassen werde.

Präsident: Ich setze Sie davon in Kenntniß, daß bezüglich dieses Antrages verschiedene Gegenanträge dem Bureau angezeigt worden sind. Am weitesten geht von ihnen der des Herrn Geh. Justizraths Krug aus Dresden:

„Der Juristentag wolle erklären, daß die von der dritten Abtheilung zu Nr. 3. des Programms*) beschlossenen Anträge mit §. 1 der Statuten nicht im Einklang stehen, und er daher auf dieselben nicht eingehen könne."

Der Sinn dieses Antrages ist, daß die Frage außerhalb der Grenzen läge, welche der Juristentag durch sein Statut sich gesteckt habe, beziehungsweise daß sie politischer und staatsrechtlicher, nicht juristischer Natur sei.

Dann folgt ferner ein Antrag des Herrn **Kreisrichters Wettke:**

„a. in Erwägung, daß die angeregte Frage überwiegend politischer Natur ist, deshalb außerhalb der statutenmäßigen Zwecke des Juristentages liegt, über den Antrag Nr. III. zur Tagesordnung zu gehen."

Das bezieht sich wohl erst auf den späteren Antrag?

Kreisrichter Wettke aus Mohrungen: Ich erkläre, daß der Antrag zur motivirten Tagesordnung überzugehen sich auf das erste Thema, auf den Vordersatz des Antrags des Herrn Advokaten Schaffrath bezieht. Ich beantrage im Allgemeinen motivirte Tagesordnung und zwar laut §. 1 des Statutes.

Präsident: Also hatte ich ganz Recht gehabt, wenn ich den Antrag hier vornahm:

„b. eventuell in Erwägung, daß der vorliegende Antrag der Abtheilung ein Mißtrauensvotum gegen die Deutschen Richterkollegia enthält, welchem Ausdruck zu geben für den Juristentag keine Veranlassung geboten ist, wird die Tagesordnung angenommen." (Ah!!)

---

*) Vgl. S. 604.

Ich gestehe, daß ich es fast für unschicklich halte über diesen Antrag abzustimmen, denn daß Niemand im Deutschen Juristentage den Richterstand herabsetzen will, betrachte ich als selbstverständlich. (Lebhafter Beifall.)

Endlich noch einmal eventuell von demselben Mitgliede:

„c. Der Deutsche Juristentag wolle für seine Rechtsüberzeugung erklären, daß bei Vergehen, welche politischer Natur sind, oder durch die Presse begangen worden, die Entscheidung der Schuldfrage durch Geschworene nicht minder geeignet ist, als eine Aburtheilung durch Richterkollegia."

Das bezieht sich auf den dritten Abschnitt und gehört nicht hierher.

Jetzt ferner ein Antrag von Herrn Assessor Stiefel aus Diersdorf:

„In Erwägung, daß sich ein unbedingter Vorzug des Laiengerichts vor dem Gericht aus fachmäßig gebildeten und erfahrenen Richtern sowohl überhaupt als für die Thatfrage in Strafsachen, — namentlich auch in politischen und Preßvergehen — nur da behaupten läßt, wo die Unbefangenheit der Richter nicht gewährleistet ist, wo also namentlich die Unabhängigkeit des Richterstandes, sei es durch die Möglichkeit willkürlicher Versetzung oder Absetzung, sei es durch die Möglichkeit willkürlicher Zurücksetzung im ordnungsmäßigen Aufrücken gefährdet ist; — in Erwägung, daß demnach alles auf die Art der Einrichtung des Laiengerichts und der Richterbehörden ankommt, — in Erwägung, daß von den drei möglichen Arten der Schwurgerichts-Verfassung, — der französischen, der englischen, und einer auf deutsch-rechtlichen Grundlagen neu erbauten — gegenwärtig fast überall in Deutschland nur die französische zur Anwendung gekommen ist, daß aber gegen sie aus der Wissenschaft wie aus der Erfahrung erhebliche Bedenken bestehen: aus diesen Gründen geht der Juristentag über den Lewald-Schaffrath'schen Antrag wegen fehlender Vorbereitung des Materials und wegen fehlender Bestimmung des Begriffs „Schwurgerichte" zur Tagesordnung über und beauftragt die ständige Deputation, die Frage, namentlich in Verbindung mit der Gerichtsverfassungs-Frage für die nächste Versammlung zum Vortrag zu bringen."

M. H.! Ich werde die Diskussion über diese Anträge eröffnen. Es versteht sich von selbst, daß gerade in solchen Fragen die äußerste Ruhe und Unbefangenheit höchst wünschenswerth ist, und wäre nicht in einem Antrage selbst dieses Maaß nach meinem Dafürhalten überschritten worden, würde ich gar nicht erst für nöthig gehalten haben, Sie daran zu erinnern.

Geh. Regierungsrath Dr. Lucius: Einer von den allerdings nur sehr Wenigen, die gestern in der Abtheilungssitzung gegen die vorliegenden Anträge gestimmt haben, erlaube ich mir, obwohl ich voraussehe, daß auch heute nur eine geringe Minorität gegen diese Anträge sich erheben wird, meine Abstimmung mit wenigen Worten zu motiviren. Es scheint mir, m. H., ich glaube, ich irre mich nicht, daß die individuelle Ansicht über Werth oder Unwerth, über Nothwendigkeit oder Nützlichkeit der Geschworenengerichte weit weniger auf theoretischen Axiomen beruhen kann, als auf gemachten Erfahrungen. Nun, es ist vielleicht ein unglücklicher Zufall, aber ich muß versichern, daß ich seit dem Jahre 1830, wo ich in Frankreich zum ersten Male den Assisengerichten beiwohnte, dort, sowie dann später in Deutschland, alles das, was ich gesehen und gehört, nicht von der Art gefunden habe, daß sich die Geschworenengerichte mir als nothwendig oder auch nur nützlich bewiesen hätten. Auch habe ich mit verschiedenen Kollegen aus anderen Ländern, in welchen die Schwurgerichte bestehen, schon früher, aber auch in allerneuester Zeit, gestern und heute, über dieses Institut gesprochen und sie haben mir versichert, daß auch nach ihrer Ansicht das Verfahren, was im Königreich Sachsen in wichtigen Kriminalsachen jetzt stattfindet, das öffentliche und mündliche auf Anklageverfahren beruhende Verfahren vor fünf rechtsgelehrten Richtern mit Instanzenzuge einen großen Vorzug vor dem Geschworenengericht verdiene, daß sie mit den Verdikten ihrer Geschworenen durchaus nicht immer einverstanden wären.

M. H., wenn ich also auf Grund der von mir und Anderen gemachten Erfahrungen heute ebenfalls mit der Minorität gegen die Einführung der Geschworenen, namentlich in Sachsen, stimme, so weiß ich im Voraus, daß ich Ihre Sympathie nicht haben werde, bitte aber, daß Sie mir deshalb Ihre Achtung nicht entziehen. Glauben Sie, daß Niemand es besser meint mit treuer Gerechtigkeitspflege, als der, welcher jetzt zu Ihnen spricht. Vorhin wurde von „beschränktem Unterthanenverstande" gesprochen; seit langer Zeit habe ich dieses ehemalige Stichwort nicht mehr gehört; dagegen aber hat es mir seit Dezennien vorkommen wollen, und namentlich die Vorliebe zu dem Institute der Geschworenengerichte scheint darauf hinzudeuten, als wenn man in Deutschland einen beschränkten Richterverstand annehme, und dagegen möchte ich doch für den ganzen Richterstand recht ernstlich protestiren!

Präsident: Es ist der Antrag auf Schluß der Debatte gestellt worden; ich muß darüber abstimmen lassen. — Zunächst hat jedoch Herr Geh. Rath Krug als Antragsteller das Wort.

Geh. Justizrath Dr. **Krug:** Ich werde Sie nicht mit einer langen Rede behelligen. Die Tendenz meines Antrags, die allerdings gegen beide Theile des Vorschlags der Abtheilung gerichtet ist, ist vom Herrn Präsidenten bereits ganz richtig bezeichnet worden. Unser Statut bezeichnet als Zweck des Deutschen Juristentages Meinungsaustausch und sodann Beförderung der einheitlichen Entwicklung auf den Gebieten des Privatrechts, des Prozesses und des Strafrechts. Hierdurch sind staatsrechtliche und insonderheit politische Fragen von der Diskussion des Juristentages ausgeschlossen, wie auch der Herr Präsident bei Eröffnung unserer Versammlung erklärte.

Daß die Frage wegen Einführung der Jury und wegen der Grenzen ihrer Kompetenz eine politische sei, kann von keinem Unbefangenen bezweifelt werden. Jedenfalls kann Niemandem unbekannt sein, daß von anderer Seite nach beiden Richtungen hin gewichtige politische Bedenken geltend gemacht werden, und man kann daher ohne Erwägung dieser politischen Bedenken an die Entscheidung jener Frage nicht gehen. Schon dadurch charakterisirt sie sich als eine wesentlich politische. Man hat ihr in der Abtheilung die politische Spitze abzubrechen gesucht, indem ein Antrag auf Einschiebung der Worte „aus Rechtsgründen" gestellt wurde, allein dieser Antrag ist abgelehnt worden, und dadurch ist nur die politische Bedeutung des Antrages erst recht hervorgetreten.

Auch in einer anderen Beziehung verstößt, meinem Ermessen nach, der Antrag der Abtheilung gegen §. 1 der Statuten: Diese setzen den

Meinungsaustausch als Zweck unserer Zusammenkunft an die Spitze; ein Meinungsaustausch hat aber über die vorliegende Frage nicht stattgefunden und hat nicht stattfinden können, weil ein förmlicher Beschluß gefaßt worden ist, daß ohne vorherige Diskussion über diese Frage abgestimmt werden solle. Auch hierin giebt sich meines Erachtens der politische Charakter der Frage nicht undeutlich kund. Es muß nun aber, glaube ich, sowohl dem Juristentage im Ganzen, als auch jedem einzelnen Mitgliede desselben gar sehr daran gelegen sein, daß demselben nicht durch dergleichen Anträge der Charakter einer politischen Versammlung beigelegt werde.

Präsident: Die Frage, ob Geschworenengerichte oder nicht, würde bei der Verschiedenheit der Meinungen, die sich gerade hier mehr als anderswo geltend machen, eine Debatte von einigen Stunden wenigstens nöthig machen, daher scheint der Antrag wohl gerechtigt, daß wir freiwillig auf jede weitere Diskussion dieser Frage verzichten. Ist es Ihnen gefällig zur Abstimmung überzugehen? (Ja!)

M. H.! Der erste Antrag bezieht sich auf die formelle Behandlung und geht dahin, daß in Berücksichtigung des Umstandes, daß dieser Gegenstand vorwiegend eine politische Natur an sich habe, der Juristentag darüber keine Beschlüsse fasse, sondern zur Tagesordnung übergehe, im Gegensatze zu den Anträgen, die Ihnen von dem Referenten im Namen der Abtheilung soeben entwickelt worden sind. Je nachdem nun die Abstimmung ausfällt, würde dann möglicher Weise die Abstimmung vereinfacht werden. Wer dafür stimmt, daß wir nach dem Antrage der Herren Krug und Wettke zur Tagesordnung übergehen mit Rücksicht auf §. 1 der Statuten und darauf, daß dieser Antrag bezüglich der Geschworenen vorwiegend die politischen Verhältnisse betreffe, beliebe sich zu erheben.

Es ist die Minderheit, die sich erhoben hat, eine kleine Minderheit!

Nun, m. H., kommen die weiteren Abstimmungen. Es ist ein ausführlicher Antrag vorhanden, welcher dem Antrage der Abtheilung entgegengesetzt ist, von Herrn Stiefel. Er ist sehr lang, ich habe ihn bereits verlesen und will ihn also nur mit einem Worte bezeichnen: er geht ebenfalls zur Tagesordnung über, aber aus anderen ausführlichen Motiven und will dazu, daß die Frage an die ständige Deputation zu weiterer Begutachtung zurückgewiesen werde. M. H., wer diesem Antrage zustimmt, beliebe aufzustehen.

Es ist die Minderheit!

Der Antrag der Abtheilung lautet:

(Verliest denselben. Vgl. S. 682.)

Wer diesem Antrag der Abtheilung zustimmt, beliebe sitzen zu bleiben, wer dagegen ist, sich zu erheben.

Der Antrag ist angenommen.

Staatsanwalt **Stegemann**: Nachdem wir uns mit überwiegender Majorität für allgemeine Einführung des Geschworenengerichtes erklärt haben, kommen wir auf die Frage, ob die Mitwirkung der Geschworenen in politischen und Preßsachen ebenfalls zu befürworten sei. Herr Rechtsanwalt Lewald hat in dieser Beziehung den Antrag gestellt:

> „Der Juristentag wolle seine Rechtsüberzeugung aussprechen, daß politische und Preßverbrechen, sowie politische und Preßvergehen sich in sachlicher Beziehung vorzugsweise zur Aburtelung durch Geschworene eignen."

Der Antrag beruht auf der aus dem Französischen Verfahren überkommenen Dreitheilung der strafbaren Handlungen und setzt voraus, daß die schwersten Verbrechen den Geschworenen zur Aburtheilung regelmäßig überwiesen werden. Er will von dieser Regel in schweren Sachen keine Ausnahme gemacht wissen, dagegen auch leichtere Sachen, die vor eine Gerichts-Abtheilung gehören, den Geschworenen überwiesen wissen, wenn sie politischer Natur sind oder wenn zu ihrer Begehung das Mittel der Presse gewählt worden war. Offenbar sind beide Fälle, welche der Antragsteller zusammenfaßt, verschieden zu betrachten, es ist ein Unterschied, ob wir einen Bruch in das System der Gerichtsorganisation hineinbringen dadurch, daß Verbrechen, also an sich vor die Geschworenen gehörige Sachen, deshalb nicht vor die Geschworenen gehören sollen, weil es sich um politische Fragen handelt. Es ist eine andere Sache, ob dieser Bruch in der Organisation und der Kompetenzbestimmung aufgehoben werden soll, oder ob eine neue Ausnahme dadurch eingeführt werden soll, daß man ausnahmsweise leichtere Fälle, die an sich nicht den Geschworenen zu unterbreiten sind, dann, wenn sie politischer Natur oder durch die Presse begangen worden, den Geschworenen überweisen will. Die Abtheilung hat diese beiden Fälle auseinander gehalten und legt Ihrer Beurtheilung als besonders zu erwägende Fragen zwei vor: die erste, welche darauf abzielt, eine in vielen Staaten bestehende Abweichung von der regelmäßigen Organisation der Strafgerichte zu beseitigen; dieser Antrag lautet dahin:

„Der Deutsche Juristentag erklärt für seine Ueberzeugung, daß Strafsachen, welche nach der bestehenden Gerichtsverfassung an sich der Aburtheilung durch Geschworene unterliegen, von der Kompetenz der Schwurgerichte deshalb nicht auszuschließen sind, weil die Strafthat politischer Natur ist, oder durch das Mittel der Presse verübt wurde."

Dieser Antrag will also in Kürze sagen: in Betreff der politischen und Preßverbrechen bleibt es bei der Regel, daß sie an die Schwurgerichte kommen, wenn die That an sich, abgesehen von politischer Natur und Gebrauch der Presse, den Schwurgerichten unterliegt. Es fragt sich also, ob Sie in dieser Beziehung für politische und Preßstrafsachen die regelmäßige Gerichtsorganisation gelten lassen oder eingeführt wissen wollen, wo sie gebrochen wurde. Ich stelle anheim, diesen Punkt besonders in Erwägung zu ziehen und zum Gegenstande der Beschlußfassung zu machen, wie es in der Abtheilung auch geschehen ist. — Es ist übrigens ein Aenderungsantrag dazu gestellt worden vom Herrn Kreisrichter Kühnas, wonach es heißen soll: „Nur die Aburtheilung der politischen und Preßvergehen erfolgt durch die Geschworenen."

Kreisrichter Kühnas aus Prettin: Es war dieser Antrag zu dem vorigen Satze gestellt. Jetzt kommt er wohl zu spät zur Abstimmung.

Präsident: Wollen Sie nicht darüber abstimmen lassen? Es wird auch hier passen, darüber abzustimmen.

Kreisrichter Kühnas: Ich will ihn lieber zurückziehen, es ist zu spät zur Abstimmung!

Ober-Staatsanwalt v. Tippelskirch: Ich gehöre zu den entschiedenen Verehrern der Geschworenengerichte und habe mich vielfach in diesem Sinne ausgesprochen. Demohngeachtet habe ich Bedenken gehabt, den Lewald'schen Antrag in Bezug der politischen und Preßvergehen zu unterstützen, ich bin vielmehr der Meinung, daß es besser wäre, über diese Frage zur Tagesordnung überzugehen oder sie abzuwerfen. Die Geschworenen kann man von verschiedenen Gesichtspunkten auffassen, vom Französischen und Englischen Gesichtspunkte, dem Englischen möchte ich entschieden den Vorzug geben.

Präsident: Es ist beschlossen worden, daß über die Systemfrage keine Diskussion stattfinden soll.

Ober-Staatsanwalt **v. Tippelskirch:** Ich sage, die Geschworenen sind nach Englischem Prinzip gleich den Richtern Organe der Krone, die Französische Auffassung stellt sie als Vertreter des Volkes der Krone gegenüber. (Unruhe. Ruf: Schluß! Schluß!)

Dem wird aber Vorschub geleistet dadurch, daß man gewisse Vergehen und zwar vorzugsweise politische und Preßvergehen von anderen eximirt und den Geschworenen zuweist; denn wenn Sie eine solche Ausnahme statuiren, so müssen sich Jene doch nothwendig die Frage vorlegen: Warum werden wir gerade bei politischen und Preßverbrechen zugezogen und nicht bei anderen? (Schluß! Schluß!) Sie müssen also nothwendig auf den Gedanken kommen, daß es ihre Aufgabe sei, das Recht zu wahren und diese Ansicht halte ich für verderblich. Und, m. H., so lange die Geschworenen sich erinnern, daß sie mit dem Richter zusammen zu gleichem Zwecke wirken, daß sie Organe der Krone sind, so lange haben Sie keinen Beweis — — — — — —

(Der Redner wurde hier durch anhaltenden Schlußruf unterbrochen, so daß das Ende seiner Rede nicht verstanden worden ist.)

Präsident: M. H.! Es ist der Schluß beantragt, lassen Sie uns darüber abstimmen.

Der Antrag auf Schluß ist mit großer Majorität angenommen.

Staatsanwalt **Stegemann:** M. H.! Erlauben Sie mir noch eine kurze Bemerkung, um die Bedeutung des zu fassenden Beschlusses darzulegen, namentlich, da der Antrag mißverstanden worden zu sein scheint. Es handelt sich nicht darum, von der hergebrachten Kompetenzregel eine Ausnahme für die politischen Vergehen herzustellen, im

Gegentheil darum, eine Ausnahme, wo sie durch politische oder andere Gründe eingeführt sein möge, zu beseitigen. (Bravo!)

Darum lautet die Frage, welche ich, um jedes Mißverständniß zu beseitigen, nochmals verlesen werde, dahin:

(Der Antrag S. 689 wird verlesen.)

Darüber bitte ich, nunmehr Beschluß fassen zu wollen.

Präsident: Wer für diesen Antrag der Abtheilung ist, bleibe sitzen, die Gegner wollen sich erheben.

Mit großer Majorität angenommen. Es folgt nun der dritte Punkt.

Staatsanwalt **Stegemann:** Wir haben jetzt beschlossen, m. H., daß die Geschworenen überhaupt Anwendung finden sollen, und daß namentlich auch in politischen Sachen deren Zuziehung da nicht auszuschließen sei, wo sie durch die Regeln der Gerichtsorganisation und der Kompetenzbestimmungen im Allgemeinen bedingt worden. Die Anträge des Herrn Lewald gehen aber weiter, sie wollen eine Ausnahme von den gewöhnlichen Bestimmungen gemacht wissen, sie wollen leichtere Strafthaten, welche wegen ihrer geringeren Bedeutung nicht vor die Geschworenen gehören würden, ausnahmsweise vor dieselben gewiesen wissen, wenn die That politischer Natur oder von der Presse begangen worden ist. Die Abtheilung hat sich mit dem Lewald'schen Antrage nicht darauf allein beschränkt, sondern ist noch weiter gegangen und hat ein Motiv beigefügt, in welchem sie ausspricht, daß in diesen Fällen die Entscheidung über die Thatfrage, der Wahrspruch geeigneter durch die Geschworenen erfolge, als durch Richterkollegien.

Ich stelle anheim, ob wir zuerst die Frage vornehmen: Soll ausnahmsweise eine That, die ihrer Bedeutung nach nicht vor die Geschworenen gehören würde, vor die Geschworenen gewiesen werden, wenn sie politischer Natur ist oder durch die Preßorgane begangen wurde? Bejaht die hohe Versammlung diese Frage, so kommt noch das Motiv oder die Erklärung in Betracht, ob die Geschworenen zur Entscheidung über die Thatfrage geeigneter oder ebenso geeignet sind als Richter. Man kann verschieden darüber denken, und deshalb scheint es sachgemäß, diese auseinandergehenden Anträge getrennt zur Abstimmung zu bringen.

Rechtsanwalt Lewald: M. H.! Zur Aufrechthaltung des Beschlusses der Abtheilung bitte ich sehr, daß zuerst der Antrag der letzteren verlesen werde; der Herr Referent hat ihn noch gar nicht vorgelesen.

Jeder hat gewiß die Pflicht, sich seiner Abtheilung unterzuordnen, also hören wir doch erst den Beschluß derselben.

Staatsanwalt **Stegemann**: Der Antrag lautet dahin:

„Bei Vergehen, welche politischer Natur sind oder durch die Presse begangen worden, ist wegen dieser Natur, beziehungsweise wegen des gewählten Mittels, die Entscheidung der Thatfrage durch Geschworene mehr geeignet, als eine Aburtheilung durch Richterkollegien."

Präsident: M. H.! Hierzu ist vom Herrn Kreisrichter Wettke ein Abänderungsantrag eingegangen, den ich verlesen will.

(Geschieht. Vgl. S. 684.)

Es ist auf Schluß angetragen. Wird derselbe angenommen? (Ja!)

Die große Mehrheit ist für den Schluß.

Eine Stimme; Es ist schon in der Abtheilung jede Diskussion hierüber abgeschnitten worden, wenn das nun auch im Plenum geschieht, wie kann man da die Gründe für seine Abstimmung in dieser hochwichtigen Frage geltend machen? Sind wir blos da, um abzustimmen, sollten wir nicht vielmehr in einer Sache, die von Wichtigkeit ist, auch die Gründe aussprechen? (Schluß! Schluß!)

Präsident: Der Juristentag als große Versammlung muß in der That sein Verhältniß zu den Abtheilungen erwägen. In der Regel wird allerdings die Berathung über so hochwichtige Fragen in den Abtheilungen vor sich gehen, so daß hier nur ergänzend, oder wenn entschieden entgegengesetzte Meinungen sich kund gegeben haben, das dort Versäumte nachgeholt werden kann.

Eine Stimme: Es ist aber nicht berathen worden.

Präsident: Ich setze voraus, daß die hohe Versammlung durch ihr Schlußerkenntniß die Meinung ausgesprochen hat, es sei eine weitere Debatte überflüssig. In Folge dessen, m. H., bleibt mir gar nichts anderes übrig, als zur Abstimmung zu schreiten. Ich bitte zunächst, die Anträge nochmals zu verlesen.

(Geschieht durch den Referenten. Vgl. oben und Seite 684.)

Der Sinn wäre also kurz der: Nach dem letzten Antrage sollen beide Wege offen gelassen werden, nach dem ersten Antrage der Abtheilung soll sich der Juristentag vorzugsweise für Geschworene auch in diesen Dingen erklären, die an sich nach dem sonstigen Kriminalprozesse nicht an die Geschworenen kämen. — Es fragt sich hier hauptsächlich um die Worte: Ueberzeugung oder Rechtsüberzeugung. (Abstimmen!)

Staatsanwalt **Stegemann**: Beide Anträge, über die jetzt abzustimmen wäre, kommen darin überein, daß sie an sich die ausnahmsweise Verweisung politischer Vergehen an die Geschworenen befürworten, sie weichen nur darin von einander ab, daß der Antrag der Abtheilung die Geschworenen für mehr und der weitergehende Wettke'sche Antrag die Geschworenen nicht für minder geeignet erachtet, als Richterkollegien. Wer also diese Fälle nicht durch Geschworene beurtheilt haben will, der wird gegen beide Anträge stimmen müssen; denjenigen, welche die Geschworenen einführen wollen, wird zu überlassen sein, ob sie dieselben für gleich geeignet halten wie die Richter, oder ob sie sie für mehr geeignet ansehen als jene. Ich würde daher bitten, den Wettke'schen Antrag zuerst zur Abstimmung zu bringen, weil er weiter geht als der Abtheilungsantrag.

Präsident: Der Herr Referent beantragt zuerst über den Wettke'schen Antrag abzustimmen, und ich schließe mich dem an. Nach dem Antrage des Herrn W e t t k e würde der Deutsche Juristentag zu beschließen haben:

(Der Antrag wird nochmals verlesen. Vgl. S. 684.)

Wer diesem Antrage beistimmt, wolle sich erheben.

Dieser Antrag wäre v e r w o r f e n. Nun käme der Abtheilungsantrag, welcher lautet:

(Wird verlesen. Vgl. S. 692.)

Eine Stimme: Ich bitte, die Worte besonders zur Abstimmung zu bringen: „oder durch die Presse begangen werden."

Präsident: In diesem Moment habe ich das Amendement noch nicht zur Hand und kann es also gegenwärtig nicht berücksichtigen. Wollen Sie abstimmen über den Antrag wie ich ihn verlesen habe?

(Ja!) Wer diesem Antrage zustimmt, beliebe sitzen zu bleiben, wer dagegen stimmt, beliebe sich zu erheben.

Die Mehrheit ist dagegen. (Bravo!) M. H.! Ich will noch einmal (nein! nein!) Es erklärten einzelne Herren, daß sie mich nicht verstanden hätten, ich glaube deutlich gesprochen zu haben, und bin der Meinung, da die Versammlung sich mit Mehrheit gegen den Antrag erklärt hat, daß sie genau gewußt habe, was sie thue. (Ja! Ja!)

Wir schreiten fort. Herr Professor Dr. Abegg hat das Wort zum Referat über den Antrag des Herrn Dr. Glaser.

Geh. Justizrath, Professor Dr. **Abegg** aus Breslau: M. hochg. H.! Herr Professor Dr. Glaser hat den Antrag gestellt, eine Uebereinstimmung der verschiedenen Gesetzgebungen darüber für wünschenswerth zu erklären, die Verjährung nicht blos in Ansehung einer Strafverfolgung, sondern auch für die rechtskräftig zuerkannte Strafe eintreten zu lassen. Es ist mir der Auftrag von der Abtheilung geworden, darüber Bericht zu erstatten. Die Pflicht der Wahrheit gebietet mir, zu bekennen, selbst auf die Gefahr hin, daß möglicher Weise eine längere Diskussion hervorgerufen werden könnte, daß darüber in der Abtheilung beschlossen worden ist ohne alle Debatte, nach dem Vortrage, den ich unvorbereitet und aus dem Stegreife gehalten habe. Es hat die Abtheilung nach meinem Vorschlage dem Antrage des Herrn Dr. Glaser beigestimmt. Um so mehr wird es für mich Pflicht, unerachtet der Kürze der Zeit, die mir hier streng vorgeschrieben ist, die Gelegenheit nicht ganz unbenutzt vorübergehen zu lassen, die dafür sprechenden Gründe anzuführen. Ich werde mich möglichst kurz fassen, ich bitte aber, da die Natur mir keine starke Stimme verliehen hat, mir zu erlauben, mich in meiner Weise darüber auszusprechen.

Die Frage, ob Verjährung überhaupt eintreten soll, ist verschieden beantwortet und jedesmal bei einer neuen Gesetzgebung zur Sprache gebracht, jedesmal aber endlich dahin entschieden worden, legislativ und theoretisch, daß die Strafverfolgung nach Ablauf einer bestimmten Zeit nicht mehr eintreten, also der Verjährung unterworfen sein solle. Man könnte nun glauben, die Konsequenz müßte zu der Ansicht führen, überhaupt die Verjährung, folglich auch in Beziehung auf zuerkannte

Strafen, eintreten zu lassen. So steht die Sache aber doch nicht ganz. Wenn ich auch zugebe, daß es das Ziel der Gerechtigkeit ist, sowohl daß die Strafe dem verletzten Rechte eine Genugthuung biete, als auch, daß der Kriminalprozeß die Bedingung, unter welcher dieses allein rechtlich geschehen kann, herstelle, als endlich auch, daß das Urtheil durch den Richter als Organ des Gesetzes ausgesprochen und vollstreckt werde, und daß diese drei Forderungen auf die Herstellung des Rechts und auf Gerechtigkeit berechnet seien, so findet dennoch unter diesen drei Stadien ein Unterschied statt. Es ist thatsächlich ein Unterschied zwischen der Bestimmung und Anwendung des Gesetzes. Der Richter, — wenn er sich auch dahin ausgesprochen hat, das ist in diesem Falle Recht, und folglich muß es zur Anwendung kommen, — wird nicht ohne alle Rücksicht nur dahin wirken, daß er den Schuldigen zur Bestrafung bringt. Von diesem Standpunkte aus könnte man zwar wohl die Konsequenz für die Ausschließung der Verjährung der Strafe gelten lassen. Die Bejahung der einen Frage, sollte man meinen, müsse nothwendig zur Bejahung der anderen führen. So steht aber die Sache nicht, denn es gilt etwas anderes für eine Strafverfolgung, und es läßt sich noch eine ganze Reihe von Umständen denken, in Folge deren man zugeben kann, daß ein Unterschied zwischen Verjährung der Strafverfolgung und der erkannten Strafe gemacht werden müsse. Ich will nicht auf den sogenannten politischen Grund der Verjährung hier eingehen, aber ich habe das Argument hier geltend zu machen, daß die Auffassung in Betreff der Resultate höchst verschieden ist. Man hat angeführt, daß der Grund der Verjährung nicht in der etwaigen Wirkungslosigkeit der That nach langer Zeit zu suchen sei, ferner, daß hundert Jahre Unrecht nicht Recht werden könnten, sondern man hat geltend gemacht, nach einer Reihe von Jahren würde es schwer sein, Untersuchungen über das Verbrechen mit Sicherheit und Erfolg durchzuführen, man würde also fruchtlos sich bemühen, und am Ende entweder völlige Freisprechung oder Straflosigkeit wegen mangelnden Beweises aussprechen müssen. Doch ich glaube, Ihnen nichts weiter vorführen zu sollen. Sprechen nur diese Gründe für die Verjährung der Strafverfolgung, so kann auf dieselben die Verjährung von zuerkannten Strafen nicht auch gestützt werden. Denn es ist einleuchtend, was vom Verschwinden aller Spuren des Verbrechens, vom Verschwinden der Erinnerung an dasselbe und des Abscheues davor gesagt wird, kann keine Anwendung in dem Augenblicke mehr finden, wo nach ordentlichem Verfahren das Recht gesprochen hat.

Ich will mich kurz fassen, m. H., ich habe geltend zu machen, daß zwar Zweckmäßigkeits- und Nützlichkeitsrücksichten wohl nicht ganz zu verwerfen sind, aber zugleich muß ich das eine bemerken, daß es noch etwas anderes gebe, dessen Recht das höchste ist, was sich geltend zu machen hat, und daß dieses allem Zeitlichen und Vergänglichen vorangehen müsse. Im ganzen Leben muß uns dieses Recht als das Nothwendigste erscheinen, und es kann uns nicht gestattet sein, rücksichtslos die Vergangenheit zur Gegenwart zu gestalten und uns, als ob es nichts Höheres über dem Wechsel des Zeitlichen gäbe, mit dem Vergänglichen zu begnügen, oder streng bei dem Buchstabenrechte beharrend, nur dieses zur Ausführung zu bringen. Es handelt sich überall nicht darum, nur Nützlichkeitsabsichten zu erreichen, auch nicht darum, den Verbrecher der öffentlichen Genugthuung zu entziehen, sondern schon im Systeme der Rechtspflege jener Wahrheit Geltung zu verschaffen, weil wir uns hier auf einem Boden befinden, wo das größeste Gewicht auf eine höhere Gerechtigkeit gelegt, und wo uns klar werden muß, daß im sittlichen Zusammenhange der Welt nicht blos die Nützlichkeit und Zweckmäßigkeit, sondern ein viel höheres Gesetz maßgebend sei. Die Abtheilung hat sich auf Grund dieser Ansicht dafür erklärt, dem Antrage unseres Herrn Kollegen Dr. Glaser beizutreten. Ich muß aber noch einige Bemerkungen hinzufügen. Es konnte unserer Beachtung nicht entgehen, daß einer der wichtigsten Gegenstände der Gesetzgebungen der neueren Zeit eben die Frage über die Verjährung des Strafurtheiles sei. Seit der K. Sächsischen Gesetzgebung ist hier eine Stufenfolge wahrzunehmen. Indeß darf ich dies den Herren nicht erst in Erinnerung bringen. Im Jahre 1838 erschien in dieser Beziehung dem Vorbilde sich anschließend oder ganz oder theilweise abweichend, die Hannöversche, später die Württembergische, hierauf die neuere Sächsische Gesetzgebung u. s. w.

Es kann uns nicht entgehen, daß man bei den neueren Gesetzgebungen in diesen Staaten mit großer Umsicht zu Werke gegangen, indem sie die Verjährung auch der Strafe zulassen. Nun aber hat die Preußische Gesetzgebung, die mit großer Sorgfalt und Mühe auch hierin vorgegangen ist, den entgegengesetzten Grundsatz aufgestellt, was es uns zur besonderen Pflicht macht, die Sache einer reiferen Erwägung zu unterwerfen. Ich wage nicht, den Preußischen Gesetzentwurf in Schutz zu nehmen, aber ich will hinzufügen, ich halte die Frage an sich weniger von einer besonders großen, praktischen Bedeutung, als vielmehr nach der Seite hin, daß eine Einheitlichkeit oder Uebereinstimmung in den Grundsätzen der Gesetzgebungen der einzelnen Länder vorbereitet werde. Ich erinnere unter Andern an die große Zahl der Fälle, wo Verbrechen aus weniger schlechten Motiven begangen werden, die eine lange Zeit nach gefälltem Urtheile noch einer Strafe zu unterwerfen man sich kaum für berechtigt achten möchte; ich erinnere an andere Verbrechen, wo das Begnadigungsrecht der Krone die nöthige Aushülfe gewährt und wonach man sich dabei beruhigt, daß dieses auch in solchen Fällen, von denen die Rede ist, sich äußern könne. Ich glaube also, daß die Frage über Zulassung der Verjährung erkannter Strafen hinsichtlich der praktischen Wirkungen nicht von einer so großen Wichtigkeit sei, wenn ich nicht darauf einen besonderen Werth legte, sie von dem Standpunkte des Rechtes aus zu beantworten. Aber eben die Gerechtigkeit scheint zu fordern, daß der Zeit eine bestimmte Macht eingeräumt werde.

Bei der Betrachtung der Gestaltung der Sache für die Anwendung muß ich auf den Unterschied aufmerksam machen, der zwischen einem Kontumazialverfahren und zwischen dem ordentlichen Prozesse stattfindet. Bei dem ersteren, wenn Jemand in Abwesenheit verurtheilt wird, tritt, auch wenn sich in der Folge die Möglichkeit ergiebt, doch eine unmittelbare Strafvollstreckung nicht ein, weil alle Gesetzgebungen darin übereinstimmen, daß, wenn Jemand in contumaciam verurtheilt ist und später der Gewalt des Gesetzes unterworfen werden kann, dann erst noch der ordentliche Prozeß gegen ihn eingeleitet und ihm Gelegenheit gegeben werden müsse, sich zu vertheidigen.

Wenn also dort von einer Vollziehung des gefällten Urtheils überhaupt nicht die Rede ist, so kann also nur von solchen Fällen die Rede sein, wo Jemand persönlich sich gestellt hat, oder gestellt ist, kurz, wo der ordentliche Prozeß stattfindet, wo während der Untersuchung der Angeschuldigte oder Angeklagte dem Gerichte unmittelbar unterworfen ist, wie ja selbst der Angeschuldigte, der auf freiem Fuße während des Vorverfahrens sich befindet, in der Regel später zur Haft gebracht werden muß. Es würde gewiß eine seltene Ausnahme sein, wenn ein solcher der Beobachtung des Gerichtes sich mit Erfolg entziehen könnte. Allein ich lege kein Gewicht darauf, denn es handelt sich hier um das Prinzip.

Aber auf ein anderes Moment habe ich noch aufmerksam zu machen, gegenüber der Meinung derer, die sagen, wenn das Urtheil einmal gesprochen ist, so muß es unter allen Umständen vollzogen werden. Diesem Grundsatz der Autorität des rechtlichen Erkenntnisses steht nämlich mit nicht geringerem Anspruch auf Anerkennung der des Rechtes der Zeit und der Geltung eines höheren Rechts gegenüber. Im Namen der Gerechtigkeit könnte man dem einen Satze den anderen entgegenstellen. Wenn es hier auf Analogien ankäme, und wenn es nicht gegründet wäre, daß Gleichnisse stets nur zum Theil für die Erhärtung einer Behauptung ausreichen, so könnte man anführen, daß auch sonst nicht unter allen Umständen die Vollstreckung der Strafe das Letzte und Unerläßliche sei. In den meisten Gesetzgebungen ist in Betreff der Vergehen, welche nur auf Antrag einer hierzu berechtigten Person verfolgt werden sollen, bestimmt, daß, wenn das Gericht das Urtheil gesprochen, dann die Sache der Willkür des Antragstellers entzogen sei; und dennoch gehen andere Gesetzgebungen weiter und lassen noch in späteren Stadien einen Antrag auf Nichtbestrafung zu. Es ist dies etwas Analoges. — Ich erlaube mir schließlich die Bitte, falls es nicht möglich sein sollte, eine Uebereinstimmung über die uns vorliegende Frage hervorzubringen, die Sache nicht geradezu abzuweisen, sondern sie einer Deputation zur weiteren Erwägung zu übertragen.

Präsident: M. H.! Sind Gegenanträge? — Ist es gefällig zur Abstimmung zu schreiten? ich zweifle nicht, daß der Antrag werde angenommen werden. Ich will denselben nochmals verlesen:

„Der Deutsche Juristentag wolle sich dafür aussprechen, daß neben der Verjährung der strafgerichtlichen Verfolgung die Verjährung rechtskräftig erkannter Strafen zugelassen werden."

Wer für diesen Antrag stimmt, beliebe sitzen zu bleiben, wer dagegen, sich zu erheben.

Es ist mit großer Majorität der Antrag angenommen worden.

Nun, m. H., sind sämmtliche Vorlagen auch der dritten Abtheilung erledigt, und es bleiben nur noch übrig die Anträge der ersten und zweiten Abtheilung, die, wie ich hoffe, uns nur sehr kurze Zeit aufhalten werden. Vorher habe ich noch eine erfreuliche Mittheilung zu machen.

(Folgt die Mittheilung des K. Sächsischen Ober-Hofmarschallamtes wegen der Vorstellung im K. Schlosse.)

Gerichtsrath **Abeken** aus Dresden: M. H.! Die ständige Deputation hat die Frage gestellt, ob es wünschenswerth sei, daß schon jetzt eine gemeinsame Bestimmung über folgende drei Punkte getroffen werde: „a. über den Zeitpunkt der Großjährigkeit, b. über die Handlungsfähigkeit der Personen unter väterlicher Gewalt, c. über die Interzession der Personen weiblichen Geschlechts." Vom Herrn Professor Dr. Unger in Wien ist auf Ersuchen der ständigen Deputation ein Gutachten über diese Frage erstattet worden,*) welches verneinend ausgefallen. Die Bedenken des Herrn Professors Dr. Unger gegen die Zweckmäßigkeit und Zeitgemäßheit einer gemeinsamen gesetzlichen Regelung dieser drei Punkte beruhen rücksichtlich der Großjährigkeit auf der Erwägung, daß in dieser Beziehung örtliche Bestimmungen, die physische und geistige Verschiedenheit der Bevölkerung der einzelnen Länder in Betracht zu ziehen seien. Das Gutachten kommt zu dem Schlusse, daß die Bestimmung des Zeitpunktes der Großjährigkeit selbst dann besser der Partikulargesetzgebung auch für die Zukunft zu überlassen sein möchte, wenn zu einer gemeinsamen Kodifikation des gesammten Privatrechtes zu gelangen wäre.

In Betreff seines abfälligen Gutachtens bei Punkt b und c ist

---

*) Vgl. Band I, S. 126.

vom Herrn Professor Dr. Unger hauptsächlich darauf hingewiesen worden, daß durch Herausgreifen dieser Punkte zu einer gemeinsamen Gesetzgebung man Gefahr laufen könne, an anderen Bestimmungen des bestehenden Rechts zu rütteln, an denen man etwas zu ändern gar nicht die Absicht gehabt. Einige wenige Mitglieder der Abtheilung, zu welchen ich selbst gehöre, haben zum Theil die Bedenken des Dr. Unger getheilt. Die überwiegende Mehrzahl jedoch hat dieselben nicht für durchschlagend gehalten. Ich will Ihnen so kurz als möglich diejenigen Gründe geben, welche in der Abtheilung für die Vorschläge vorgebracht worden sind, die Ihnen nachher vorgelegt werden sollen.

Es ist allgemein als ein Bedürfniß des geschäftlichen Verkehrs innerhalb Deutschlands anerkannt worden, daß man sobald als möglich und soweit als möglich zu einem gemeinsamen Rechte über alles das gelange, was die Handlungsfähigkeit der Personen bestimmt. Bei dem jetzigen Rechtszustande muß der Deutsche, der mit einem Deutschen kontrahirt, welcher einem anderen Staate angehört, um sicher zu sein, daß der Vertrag gültig sei, sich darüber unterrichten, wo der Mitkontrahent wohnt, welchem Staate er angehörig, oder wenigstens, wo sein wesentlicher Wohnsitz ist, welche Gesetze in dem angegebenen Punkte in dem anderen Deutschen Lande gelten, und dann noch wo möglich auch darüber, wie in einem etwaigen Rechtsstreite, der über das Rechtsgeschäft entstehen könnte, der zuständige Richter über die betreffende internationale Frage denken und entscheiden würde. Eine Abhülfe dieses Uebelstandes ist nach der Ansicht der Deputation sowie der Abtheilung dringend zu wünschen. Was speziell die Großjährigkeitsfrage betrifft, so ist zwar nicht verkannt worden, daß in Folge klimatischer und anderer Verhältnisse der Zeitpunkt des Eintrittes der Reife eines Individuums bei verschiedenen Völkern und Nationen früher oder später erfolge, allein ein Gleiches kann man nicht voraussetzen in Betreff einzelner Theile einer und derselben Bevölkerung, die eine Nation bilden, gleichmäßigen Kulturverhältnissen und im Allgemeinen auch sonst gleichen Bedingungen in Betreff der Entwicklungsfähigkeit der Individuen unterliegen. Es ist namentlich als Erfahrungssatz ausgesprochen worden, daß auch in den südlichen und nördlichen Ländern Deutschlands die Verschiedenheit in dieser Hinsicht so bedeutend nicht sei, daß nicht eine solche gemeinschaftliche Bestimmung sollte gefunden werden können, welche allen Bedürfnissen nach jeder Richtung in dieser Beziehung hin genüge. Wenn es überhaupt an der Zeit ist, daß ein gemeinsames Obligationenrecht der Deutschen Nation gegeben werde, dann muß auch eine gemeinsame Bestimmung darüber erfolgen können, wer überhaupt fähig sei einen Vertrag einzugehen. — Die zweite Frage, betreffend die Handlungsfähigkeit der Personen unter väterlicher Gewalt, kommt hier nur in sofern in Betracht, als es sich um Personen handelt, welche an und für sich dispositionsfähig, also vor Allem mündig sind.

Präsident: Es ist wohl zweckmäßig, wenn ich die erste Frage sofort abthue. Sie bezieht sich auf das Wünschenswerthe gleichmäßiger Bestimmungen über das Alter der Volljährigkeit. Die Abtheilung stellt Ihnen den Antrag:

„Der Juristentag möge erklären, es sei wünschenswerth, daß über den Zeitpunkt der Großjährigkeit schon jetzt gemeinsame Bestimmungen getroffen werden.“

Sind Gegenanträge?

Wollen Sie abstimmen? (Ja!) Wer für diesen Antrag der Abtheilung stimmt, beliebe sitzen zu bleiben, wer dagegen, sich zu erheben.

Der Antrag ist beschlossen worden. Der zweite Antrag der Abtheilung geht dahin:

„Der Juristentag erklärt es für wünschenswerth, daß schon jetzt eine gemeinsame Bestimmung dahin getroffen werde, daß die väterliche Gewalt mit dem Zeitpunkte der Großjährigkeit aufhöre.“

Ich weiß nicht, ob der Herr Referent nöthig findet, darüber noch etwas zu bemerken. (Referent verneint.)

Bestehen Gegenanträge? — Wer für den Antrag der Abtheilung stimmt, beliebe sitzen zu bleiben, wer dagegen, aufzustehen.

Einstimmig ist der Antrag angenommen. Ferner, drittens stellt die Abtheilung folgenden Antrag:

„Der Juristentag erklärt es für wünschenswerth, daß schon jetzt die bei Interzessionen ausnahmsweise bestehenden, aus dem Römischen Rechte stammenden Beschränkungen der Handlungsfähigkeit der Personen weiblichen Geschlechts (S. C. Vellejanum, Authentica si qua mulier und die daran sich anlehnenden Partikulargesetzgebungen) sowie auch die sogenannte cura sexus durch gemeinsame Bestimmungen aufgehoben werden."

Wird noch ein Referat verlangt? (Nein!) Dann wollen wir abstimmen. Es sind keine Gegenanträge vorhanden. Wer für den Antrag der Abtheilung stimmt, beliebe sitzen zu bleiben, wer dagegen, sich zu erheben.

Mit sehr großer Mehrheit angenommen!

Gerichtsrath **Abeken**: Ich habe nur noch des Antrags des Herrn Professors Unger zu erwähnen. Die Abtheilung war der Meinung, daß dieser eventuelle Antrag durch die gefaßten Beschlüsse für erledigt zu achten sei.

Präsident: Darum ist er nicht erwähnt. (Ruf: Er steht auf der Tagesordnung!) Sind Sie damit einverstanden, daß Herr Unger seinen Antrag zurückzieht? (Ja! Ja!)

Es folgt nun ein Antrag des Dr. Bornemann, betreffend die Hypotheken-Gesetzgebung. Es ist der Bericht auch hierüber vorzutragen. Ich meine aber, in dieser Beziehung könnten wir uns möglicherweise der äußersten Kürze befleißigen, denn der Antrag geht durchaus nicht auf die Sache ein, sondern er verlangt nur eine Ueberweisung zu näherer Prüfung. Indessen will ich doch dem Herrn Berichterstatter das Wort geben.

Gerichtsassessor **Meyer** aus Berlin: M. H.! Zur Reform der Hypothekengesetzgebung sind uns drei Anträge vorgelegt worden, der eine vom Ober-Tribunalspräsidenten Dr. Bornemann, der andere vom Ober-Tribunalsrath Meyer zu Berlin, und ein dritter vom Kreisrichter Geck zu Werden. Die beiden ersten, von denen der eine 10, der andere 16 Paragraphen enthält, beabsichtigen leitende Grundsätze für eine künftige Deutsche Hypothekenordnung aufzustellen. Sie enthalten, wie schon aus der Paragraphenzahl erhellt, viele Detailbestimmungen. Ihre Abtheilung, m. H., hat keineswegs die Wichtigkeit dieser Anträge und das Wünschenswerthe einer allgemeinen Deutschen Hypothekengesetzgebung im Interesse des Realkredits unterschätzt; aber gerade deswegen war sie der Meinung, die Sache vertagen zu sollen, ganz abgesehen davon, ob die Vorlagen, wie sie gemacht worden sind, sich wegen der darin enthaltenen Detailbestimmungen als Grundlage der Berathung eigneten. Man stellte sich die Frage, ob die Anträge genügend vorbereitet seien, und verneinte dieselbe, und zwar wurde von der einen Seite geltend gemacht, die Herren Antragsteller hätten sich vollständig auf den Standpunkt des Preußischen Rechts und lediglich des Preußischen Rechts gestellt, so daß mehrere von diesen Anträgen, theilweise wenigstens, für Nichtpreußen unverständlich gewesen oder nicht in dem Sinne verstanden worden wären, wie sie die Antragsteller anscheinend aufgefaßt haben. Von der anderen Seite aber wurde hervorgehoben, die Beurtheilung dieser Frage setze nothwendig eine Kenntniß der Spezialgesetzgebungen, eine vergleichende Uebersicht derselben voraus, und ohne diese Kenntniß ließe sich nicht urtheilen, welche von den bestehenden Gesetzgebungen als die relativ beste anzusehen sei und als Grundlage der Berathung dienen könne. Die Abtheilung hat diese Gründe als richtig anerkannt und ist deshalb nicht auf die materielle Berathung eingegangen, sie ist ist vielmehr der Meinung gewesen, daß zur Sammlung des erforderlichen Materials und zur Stellung weiterer Anträge die ständige Deputation sehr geeignet sei. Die Abtheilung empfiehlt Ihnen deshalb die Annahme folgender Resolution:

„Der Juristentag geht zwar auf die Berathung der Bornemann- und Meyer'schen Anträge zur Zeit nicht ein, erkennt es aber als ein dringendes Bedürfniß, daß die Hypothekengesetzgebung in allen Deutschen Ländern auf gemeinsamen Grundsätzen erfolge, und beauftragt daher die ständige Deputation, weiteres Material für diesen wichtigen Gegenstand zu sammeln und weitere Vorlagen zu machen."

Ich bemerke noch, daß der Geck'sche Antrag von dem Herrn Antragsteller selbst als ein Zusatz zu dem Meyer'schen Antrage bezeichnet ist.

Präsident: Soll ich den Antrag nochmals verlesen? (Nein!)

Ist es gefällig, darüber abzustimmen? (Ja!)

Wer für diesen Antrag ist, der wesentlich eine Ueberweisung zu näherer Begutachtung und Antragstellung an die Deputation enthält, beliebe sitzen zu bleiben, wer dagegen ist, sich zu erheben.

Der Antrag ist angenommen.

Professor Dr. **Unger** aus Wien: M. H.! Der Antrag des Herrn Geh. Justizraths Dr. Heydemann lautet folgendermaßen:

„Der Deutsche Juristentag wolle sich für baldige Herstellung eines gemeinsamen Deutschen Gesetzes zum Schutze des Urheberrechts an Werken der Literatur und Kunst gegen Nachdruck sowie gegen unbefugte Nachbildung und Aufführung aussprechen."

Meine Berichterstattung über den Gang der Verhandlungen kann sehr kurz sein. Zunächst wurde die Bedürfnißfrage angeregt. Diese wurde ziemlich allgemein, fast widerspruchslos in der Abtheilung bejaht. Ich glaube nicht blos mit Rücksicht auf die Kürze der Zeit es Ihnen schuldig zu sein, auf die Motivirung des Bedürfnisses zu verzichten. Ich denke, es ist das etwas, worüber nicht leicht ein Zweifel sein kann. Die Frage wurde dadurch ein wenig komplizirt, daß man an die Frage des Bedürfnisses eine andere Frage anschloß, nämlich die Frage, nach welchen Prinzipien, nach welchen juristischen Grundsätzen jenes Bedürfniß zu befriedigen wäre. Von einer Seite wurde nämlich geltend gemacht, man solle wenigstens in die Besprechung der Grundsätze einer gemeinsamen Gesetzgebung über den Nachdruck eintreten. Die Majorität der Versammlung lehnte jedoch ein solches Eingehen ab, indem sie den gegebenen Ort nicht für passend hielt, auf diese Prinzipienfragen, die ohnehin schon vielfach berathen seien, nochmals einzugehen, besonders in Erwägung dessen, daß schon von Seiten der Deutschen Regierungen selbst eine gemeinsame Gesetzgebung in diesem Punkte angestrebt werde und daß es daher jetzt für den Deutschen Juristentag nur an der Zeit sei, durch einen Ausspruch in dieser Beziehung sein moralisches Gewicht in die Wagschale zu legen und zu einer gemeinsamen Gesetzgebung in diesem Punkte definitiv zu führen. Von diesem Gesichtspunkte aus wurde, nachdem die Bedürfnißfrage anerkannt war, der zweite Punkt abgelehnt und so blieb der Antrag Heydemann's unverändert stehen. In dieser Fassung nun erlaube ich mir ihn Ihnen nochmals zu verlesen und Ihrer Annahme auf das Wärmste anzuempfehlen. (Verliest den Antrag nochmals.)

Präsident: Sind Gegenanträge? (Nein!) Wollen Sie abstimmen? (Ja!) M. H.! Wer für diesen Antrag der Abtheilung stimmt, beliebe sitzen zu bleiben, wer dagegen, sich zu erheben.

Der Antrag ist angenommen!

Es folgt nun der Antrag des Herrn Notars Uchatzy, Herr Rechtsanwalt Miller ist Referent.

Rechtsanwalt **Miller** aus Dresden: Ich werde Ihre Aufmerksamkeit, m. H., nicht lange in Anspruch nehmen. Es hat Herr Notar Uchatzy aus Reichenberg den Antrag gestellt:

„Der Deutsche Juristentag wolle aussprechen, es sei die baldigste Einführung eines allgemeinen Deutschen Patentgesetzes erwünscht."

Die Abtheilung hat das Für und Wider in längerer Debatte erwogen. Auf der einen Seite wurde das Bedürfniß der Deutschen Industrie nach einem solchen Gesetze hervorgehoben und bemerkt, wie auch die Deutsche industrielle Welt auf einen Ausspruch des Juristentages in dieser Beziehung harre. Es ist sodann hervorgehoben worden, daß die Frage des Patentschutzes eine Eigenthumsfrage sei und insofern vor das Forum des Juristentages gehöre. Es ist ferner hervorgehoben worden die Unverträglichkeit der gegenwärtigen Zustände in Deutschland, die Ungenügendheit der Zollvereinsübereinkunft von 1842, die eine ungeheuer verschiedenartige Patentgesetzgebung neben sich in den einzelnen Staaten bestehen lasse. Es ist Bezug genommen worden auch darauf, daß die auswärtige Gesetzgebung von einem Urheberrechte an Erfindungen spreche, welches wie jedes andere Privatrecht gegen Verletzungen von irgend einer Seite sicher gestellt werden müsse. — Auf der anderen Seite ist aber die Ansicht hervorgehoben worden, daß die Patentfrage hauptsächlich gewerblicher Natur sei und viel weniger juristische Momente darbiete, daß ein Eigenthumsrecht nicht sowohl in Frage komme, als daß man das Patentwesen als Gewerbsprivilegium betrachten müsse. Es ist ferner hervorgehoben worden, daß die legislatorische Praxis sehr schwer sei und daß auf der einen Seite man zu tief in das Detail einer Berathung eingehen müsse, z. B. über Verbesserungspatente, über das Präventivsystem, als daß man sich nun für das eine oder andere ohne Weiteres entscheiden könne. Auch ist bezweifelt worden, ob sich wohl eine gemeinsame Gesetzgebung über ganz Deutschland, d. h. nicht blos über den Zollverein, sondern auch zwischen Oesterreich und Deutschland herstellen lasse. Und endlich ist als Hauptgesichtspunkt hervorgehoben worden, daß der Juristentag nicht blos einen allgemeinen Wunsch auf Erlassung eines Gesetzes aussprechen dürfe, wenn er nicht zugleich sich mit den juristischen Prinzipien näher beschäftigt, welche bei Erlaß eines solchen Gesetzes maßgebend sein sollen. Aus diesem Grunde hat daher die Majorität der Abtheilung Ihnen den Antrag vorgeschlagen:

„Der Deutsche Juristentag erklärt, den Uchatzy'schen Antrag bis dahin, daß über die hauptsächlichen juristischen Grundsätze einer allgemeinen Deutschen Patentgesetzgebung eine Vorbereitung und nähere Vorschläge vorliegen, zu vertagen."

Präsident: Es ist das der Antrag der Abtheilung. Sind Gegenanträge?

Notar Dr. **Uchatzy** aus Reichenberg: Ich nehme meinen frühern Antrag wieder auf.

Ich erlaube mir aufmerksam zu machen auf den Antrag der Abtheilung, der Ihnen den vorherigen Antrag des Herrn Dr. Heydemann anempfohlen hat. Dieser sprach ebenfalls nur den Wunsch aus und hat ebenfalls nur einen Wunsch zum Gegenstande. Ich weiß nicht, ob Sie überzeugt sind, daß in gleichem Maße, wie sich das Wünschenswerthe einer gleichmäßigen Behandlung bei dem literarischen Eigenthume geltend gemacht hat, es sich ebenso geltend mache bezüglich einer gleichmäßigen Patentgesetzgebung. Ich weiß aus meiner Erfahrung, da ich wenigstens so viele Wünsche gehört habe, daß ich den Antrag wohl stellen durfte, daß der Juristentag nach denselben Grundsätzen, nach denen er den Antrag des Herrn Dr. Heydemann und mit Recht angenommen hat, auch meinen Antrag annehme, der auf den Wunsch einer gemeinsamen Patentgesetzgebung ausgeht.

Die Grundsätze in beiden Anträgen sind dieselben. Es handelt sich hier um die Urheberrechte: in ersterer Beziehung blos rücksichtlich des literarischen Eigenthums, hier rücksichtlich des gewerblichen Eigenthums.

(Redner wird durch Schlußrufe an der Beendigung seines Vortrags gehindert.)

Präsident: Es ist auf Schluß angetragen worden. Wer für den Schluß stimmt, beliebe aufzustehen.

Es ist die Mehrheit. M. H., es handelt sich nun um die Anträge. Der Antrag der Abtheilung lautet:

(Verliest denselben. Vgl. S. 706.)

Und dem gegenüber der Antrag des Herrn Notars Uchatzy:

(Verliest denselben. Vgl. S. 705.)

Wer für diesen Antrag der Abtheilung stimmt, beliebe sitzen zu bleiben, wer dagegen stimmt, sich zu erheben.

Ich bitte die Herren, sich zu setzen. Es ist unmöglich, mit Sicherheit zu entscheiden: also nun die Gegenprobe! Ich bitte die Herren aufzustehen, welche den Antrag der Abtheilung gut heißen, wonach eine Vertagung geschehen soll.

Das letztere ist die Mehrheit; es ist also der Abtheilungsantrag angenommen worden. Damit ist der Gegenantrag erledigt.

Endlich bleibt nun noch ein Antrag des Herrn Stadtgerichtsraths Borchardt aus Berlin übrig, betreffend die Deklaratoria zur Deutschen Wechselordnung. Berichterstatter ist Herr Hofrath Dr. v. Kerstorf.

Hofrath Dr. Edler v. **Kerstorf**: M. H.! Mein Referat wird nicht lange Zeit dauern. Der Herr Stadtgerichtsrath Borchardt aus Berlin hat, veranlaßt durch die neuen Vorlagen der Nürnberger Kommission bezüglich einiger Kontroversen und der Interpretation des Art. 2 des Wechselrechts, den Antrag gestellt: „Der Juristentag möge erklären, daß eine Deklaratoria über dieses Gesetz gegenwärtig ein Bedürfniß nicht sei, daß vielmehr eine Deklaratoria, wenn sie jetzt erschiene, die Einheit nicht fördern, sondern eher nachtheilig sein würde.“ Die Abtheilung hat hierüber zunächst vom Herrn Präsidenten Heimsöth als Referenten Aufklärung und Mittheilung der thatsächlichen Lage der Sache sich erbeten, da wir alle aus offiziellen Publikationen über den Gegenstand noch nicht hinreichende Kunde, sondern nur da und dort Erscheinungen, die darauf hindeuten, was beschlossen sei, hatten. Das Bekannte ist uns das, was vor einigen Jahren schon beschlossen und was in literarischen Blättern verkündigt worden ist. Die Sache beruht darauf, daß zum Art. 2 über den Arrest wegen verschiedener Publikationen in den verschiedenen Staaten neuerdings die Reformirung zu einer Einigkeit in dieser Beziehung in Antrag gekommen ist, und daß auf Veranlassung des Bundestages zum zweiten Male von der Kommission die Sache vorgenommen worden ist, und nun ihr Elaborat von den Regierungen schwebend behandelt wird. Ebenso sind, ich weiß nicht wieviel, 6, 8 oder 9 größere und kleinere Kontroversen über den Zinswechsel u. dgl. ebenfalls von der Kommission zum Gegenstand neuer Entschließungen und Vorschläge an die Regierungen gemacht worden. Wir selbst in der Abtheilung glauben, daß die achtungswerthen Motive, welche der Herr Antragsteller Seite 198 der Gerichtszeitung des Näheren aufführt, und die ihn veranlaßt haben, die Furcht auszusprechen, es möge der Einheit geschadet werden, daß diese nicht begründet seien. Die Hauptfurcht, wie er sich ausdrückt, besteht darin, daß er meint, je mehr man jetzt mache, desto difformer werde man. Wir hätten Vorgänge in den Publikationen der verschiedenen Staaten, die darauf hinweisen. Das hat man als Einwand dagegen angeführt, daß man sich nicht zu fürchten brauche, und am allerwenigsten könnten wir von hier aus einen Hemmschuh in die Möglichkeit der Einigung hineinlegen. Das war der schlagende Grund, warum wir glaubten, Ihnen Folgendes empfehlen zu müssen: über den Antrag des Stadtgerichtsraths Borchardt wegzugehen. Ich habe gesprochen.

Präsident: M. H.! Sie haben den Antrag der Abtheilung vernommen. Sind Gegenanträge da? Wollen Sie abstimmen? (Ja! Ja!)

Wer dem Antrage der Abtheilung zustimmt, beliebe sitzen zu bleiben, wer dagegen stimmt, sich zu erheben.

Der Antrag ist mit sehr großer Majorität angenommen. —

Damit sind nun die Anträge der Abtheilungen erledigt und es bleiben nur noch einige formelle Geschäfte übrig. Vor allem ist nun die Wahl der neuen Deputation vorzunehmen. M. H.! Gestern sind die Herren Vizepräsidenten und die Vertrauensmänner, welche Sie bezeichnet haben, unter meiner Leitung zusammengetreten und haben die verschiedenen, hier zu beachtenden Rücksichten wechselseitig in freier Rücksprache erwogen. In Folge dieser Besprechung, die von allen Seiten ganz vertrauensvoll geschehen ist, schlägt Ihnen das Präsidium im Einverständniß mit den Vertrauensmännern diejenige Liste vor, für deren Mittheilung durch den Druck ich habe sorgen lassen, damit die verehrten Herren nicht überrascht werden, sondern sich Jeder seine Meinung gebildet hat. Nach dem Statut entscheidet die Versammlung selbst darüber, ob sie die Deputation insgesammt auf eine derartige, vom Präsidenten vorgeschlagene Liste durch Akklamation annehmen will, oder ob sie es vorzieht, durch Stimmzettel selbst zu wählen. Ich will daher, m. H., vorerst diese Frage an Sie richten. Wollen Sie die Wahl vornehmen auf Antrag des Präsidenten und der Vertrauensmänner?

Hier nun ersuche ich diejenigen Herren, welche für diese Meinung sind, im Gegensatz zu denen, welche für Stimmzettel sind, sich zu erheben.

Es ist einstimmig, kann man wohl sagen, beschlossen. In diesem Falle, m. H., wird Ihnen nun die Liste zur Gutheißung vorgelegt, und ich erlaube mir, sie zu verlesen. Als Mitglieder der künftigen Deputation werden vorgeschlagen die Herren:

Dr Berger, Advokat aus Wien.

Dr. Bornemann, Geh. Rath und Präsident des Obertribunals in Berlin.

Faber, Obertribunalsrath aus Stuttgart.

Dr. Glaser, Professor aus Wien.

Hiersemenzel, Stadtrichter aus Berlin.

Dr. Ihering, Geh. Justizrath und Professor aus Gießen.

Dr. Keller, Oberstaatsanwalt aus Wien.

Kohlschütter, Rechtsanwalt aus Dresden.

Dr. Pfeiffer, Obergerichtsanwalt aus Bremen.

Dr. Planck, Obergerichtsassessor aus Göttingen.

Dr. Schneider, Appellationsgerichtspräsident aus Dresden.

v. Stößer, Hofgerichtsrath aus Bruchsal.

Dr. Schwarze, Generalstaatsanwalt aus Dresden.

Volkmar, Justizrath aus Berlin.

Dr. v. Wächter, Geheimrath und Professor aus Leipzig.

Dr. Waldeck, Obertribunalsrath aus Berlin.

Graf v. Wartensleben, Stadtgerichtsrath aus Berlin.

Wilke, Geh. Justizrath aus Dresden.

Sind Sie einverstanden, diese Herren als Mitglieder der künftigen ständigen Deputation zu betrachten? Wer dafür ist, beliebe aufzustehen.

Einstimmig angenommen!

Dann ersuche ich die Herren, welche für das nächste Jahr als Deputationsmitglieder gewählt worden sind, zu einer Sitzung am Schlusse der gegenwärtigen auf einen Augenblick zusammenzutreten.

Dann bleiben, m. H., noch zwei Dinge übrig. Vorerst halte ich mich für verpflichtet, im Namen des Juristentages den verehrten Kgl. Sächsischen Staatsbehörden, den betreffenden Städten, Privatgesellschaften und Privatpersonen, die sich in gastfreundlicher Weise um unseren Verein verdient gemacht haben, den Dank des Juristentages hier von dieser Stelle aus öffentlich auszusprechen, und ich fordere Sie auf, durch Aufstehen, daß dies die allgemeine Meinung sei, zu bezeugen.

(Die ganze Versammlung erhebt sich.)

Insbesondere, m. H., hat sich ein Mitglied unserer früheren Deputation, das auch in der neuen Deputation sich befindet, ganz vorzüglich durch eine wahrhaft rührende Hingebung für die Interessen des Juristentages verdient gemacht. Es ist dasjenige Mitglied, von dem ich gewünscht hätte, daß es an meiner Stelle diesen Platz eingenommen hätte. M. H.! erlauben Sie mir, daß ich für diesen Mann Ihre Mitwirkung mir erbitte. Danken wir ihm durch Aufstehen.

(Die ganze Versammlung erhebt sich unter lebhaften Beifallsbezeugungen.)

M. H.! Sie werden wohl einverstanden sein damit, daß die neue Deputation den betreffenden Behörden und dem Herrn Generalstaatsanwalt Dr. Schwarze durch eine eigene Urkunde diesen Dank des Juristentages ausspreche. (Ja! Ja!)

Schließlich, m, H., habe ich Ihnen nur noch meinen persönlichen Dank auszusprechen, daß Sie das Amt, welches Sie mir aufgetragen, mir zu einem leichten gemacht haben, obwohl es an sich ein schweres war. Vielleicht sind manche von den Herren nicht zufrieden mit der Führung, zu der ich mich veranlaßt gesehen habe, und manche sind vielleicht gegen ihre Wünsche, gegen ihre Neigung etwas zurückgehalten worden. Ich hoffe, Sie werden mir verzeihen. Was ich in dieser Beziehung gethan habe, ist nur geschehen, um die Arbeiten der großen Versammlung zu fördern und glücklich zu Ende zu bringen. M. H.! Sie haben während der Berathungen den Beweis geliefert, daß die Deutschen Juristen, indem sie lebhafte Wünsche haben für eine gemeinsame Deutsche Gesetzgebung und für bestimmte Richtungen in dieser Gesetzgebung, dennoch jederzeit die Schranken zu beachten verstehen, welche die Natur der Dinge und Ihr eigenes Statut gesetzt haben. Für eine so große Versammlung und für die Kürze der Zeit, die uns gegeben ist, war die Berathung in der That eine sehr ruhige und sehr gemessene zu heißen. Ihnen selbst kommt das Verdienst dafür zu.

M. H.! Täuschen wir uns darüber nicht, die zum Theil eingreifenden Beschlüsse, welche wir bald einstimmig, bald mit großen Mehrheiten gefaßt haben, werden außerhalb dieses Saales sehr verschieden aufgefaßt werden, je nachdem der individuelle oder Parteistandpunkt sie beurtheilt. Wir können dem allgemeinen Schicksale nicht entgehen, daß sowohl öffentlich in der Presse, als insgeheim auch diese Meinungen sich geltend machen. Es ist z. B. schon geschehen, daß ein Beschluß der Versammlung, der mit großer Vorsicht in einer Form ausgesprochen war, von der ich glaube, daß sie in keiner Weise für irgend eine Deutsche Regierung verletzend sein konnte, daß ein derartiger Beschluß dennoch wie eine entschiedene Mißbilligung einer bestimmten Deutschen Regierung dargestellt worden ist. M. H! das sind individuelle Meinungen, darum brauchen wir uns nicht zu kümmern. Jeder, der den Beschluß ruhig erwägt und liest, wird über den Sinn vollständig ins Klare kommen, und manche Einseitigkeit des Urtheils wird sich ganz von selbst erledigen.

Sie kehren nach Hause zurück; ich, m. H., wünsche nichts sehnlicher, als daß der Geist der Gemeinschaft, der durch unseren wechselseitigen Verkehr gehoben und geläutert worden ist, daß dieser Geist der Gemeinschaft, wie er gewaltet hat in den kleineren oder größeren Kreisen, denen Sie angehörten, nach Ihren Kräften vertreten und fortgepflanzt werde, und so groß die Schwierigkeiten sein mögen, welche sich noch dem hohen Ziele entgegensetzen, das wir Alle erstreben, das Ziel ist höher, als die Schwierigkeiten, und wir werden es früher oder später erreichen. Das, m. H., ist der letzte Wunsch, den ich hier auszusprechen wage. Ich erkläre die Versammlung für geschlossen. (Lebhafter, lang anhaltender Beifall.)

Ober-Staatsanwalt Dr. Keller aus Wien: M. H.! Als wir zur Wahl unseres Präsidenten geschritten sind, haben wir sowohl die hohe Wichtigkeit dieses Amtes, als die bekannte ausgezeichnete Befähigung des Mannes, dem wir so großes Vertrauen ausgesprochen haben, ins Auge gefaßt. All dieser glänzende Erfolg, diese Einmüthigkeit, mit welcher wir so wichtige Beschlüsse gefaßt haben, sind zunächst sein Verdienst. Ich glaube gewiß mit Ihrer Zustimmung zu handeln, wenn ich Sie bitte, für diese großen Verdienste, womit die gute Sache, die zu fördern wir hierher gekommen sind, wesentlich gefördert worden ist, für die umsichtige und energische Leitung, die mit wahrer Deutscher Biederkeit gepaart war, nicht nur unsere Anerkennung, sondern dem Herrn Präsidenten Bluntschli auch den herzlichsten Dank auszusprechen. Er lebe hoch!

(Die Versammlung bringt dem Präsidenten Dr. Bluntschli ein dreimaliges begeistertes Hoch. Schluß der Sitzung gegen 3½ Uhr.)

FSC
www.fsc.org
MIX
Papier | Fördert gute Waldnutzung
FSC® C083411

Kolibri 360 GmbH
Ferdinand-Jühlke-Straße 7
99095 Erfurt, Deutschland
produktsicherheit@kolibri360.de